TEOLOGÍA DE LA CREACIÓN DEL UNIVERSO

Y DE LA RELACIÓN DE
DIOS
CON SU OBRA CÓSMICA

Francisco González de Posada

EDITORIAL CLIE
C/ Ferrocarril, 8
08232 VILADECAVALLS
(Barcelona) ESPAÑA
E-mail: clie@clie.es
http://www.clie.es

© 2018 por Francisco González de Posada

«*Cualquier forma de reproducción, distribución, comunicación pública o transformación de esta obra solo puede ser realizada con la autorización de sus titulares, salvo excepción prevista por la ley. Diríjase a CEDRO (Centro Español de Derechos Reprográficos) si necesita fotocopiar o escanear algún fragmento de esta obra (www.conlicencia.com; 917 021 970 / 932 720 447)*».

© 2018 por Editorial CLIE

TEOLOGÍA DE LA CREACIÓN DEL UNIVERSO
ISBN: 978-84-16845-89-7
Depósito Legal: B 16021-2018
Religión y ciencia
General
Referencia: 225050

Impreso en USA / *Printed in USA*

FRANCISCO GONZÁLEZ DE POSADA

Catedrático de Física Aplicada. Universidad Politécnica de Madrid.

Nació en Cádiz, el 5 de enero de 1942. Ingeniero de Caminos, Canales y Puertos (1966) por la Universidad Politécnica de Madrid, doctorándose en 1973. Licenciado en Filosofía y Letras por la Universidad Pontificia de Salamanca (1968). Licenciado en Ciencias Físicas por la UCM (1971). Doctor en Teología (2013), Doctor en Filosofía (2015), Doctor en Sociología (2018). Catedrático, por oposición, de Fundamentos Físicos de la E.T.S. de Ingenieros de Caminos, Canales y Puertos de la Universidad de Santander (1977-87), de la que es nombrado Rector Magnífico (1984-86). Presidente de Cáritas Española (1973-76). Fundador de la Asociación de Amigos de la Cultura Científica , de la que es presidente desde 1983. Medalla de Honor al Fomento de la Invención (1995). Académico de Número de la Real Academia Nacional de Medicina (1998). Académico de Honor de la Academia de Ciencias Médicas de Cantabria (2000). Académico Honorario de la Real Academia de Medicina y Cirugía de Cádiz, (2002). Académico Correspondiente de la Real Academia de Bellas Artes de San Fernando, (2002). Académico Correspondiente de la Real Academia de Ciencias, Bellas Artes y Buenas Letras de Ecija "Luis Vélez de Guevara" (2002). Académico Correspondiente de la Real Academia Nacional de Farmacia, (2002). Académico Numerario de la Academia de Ciencias e Ingenierías de Lanzarote (2003). Académico Correspondiente de la Real Academia Hispano Americana (2003). Académico de Honor de la Real Academia de Medicina de Santa Cruz de Tenerife (2009). Cofrade de la Cofradía Internacional de Investigadores de Toledo (2011). Socio de Honor de la Sociedad Cántabra de Escritores (2014). Académico de Honor de la Real Academia de Cultura Valenciana (2014). Gaditano de Ley (2016). Socio de Honor de la Sociedad Erasmiana de Málaga (2017).

ÍNDICE GENERAL

INTRODUCCIÓN		25
	Estructura de la tesis	
0.1.	OBJETO DE LA TESIS. POSTULADOS (DE FE) QUE SE ASUMEN	27
	1. Objeto de la tesis	27
	2. Postulados primordiales	30
	3. La creación del Universo, sí; la 'creación' del hombre, no	33
	4. Trasfondo intelectual que trasparece en la tesis: El 'contenido fundamental del saber'	34
	5. En torno a la concepción de *problema*	37
0.2.	¿QUÉ ES TEOLOGÍA?	41
	1. La *revelación* como *postulado de respectividad*	41
	2. Breves notas filológicas e históricas	43
	3. Análisis crítico con referencia a la teología católica actual	45
	4. Una consideración respecto a la fundamentación de la teología de la Reforma	48
0.3.	TEOLOGÍA DE LA 'CREACIÓN DEL UNIVERSO'	49
	1. Precisión del objeto de la tesis	49
	2. Los referentes clásicos de la 'teología de la creación'	50
	3. Algunas consideraciones significativas en la 'teología de la creación' tradicional	50
	4. La tradicional confusión Mundo-Universo	52
	5. Notas caracterizadoras de esta 'Teología de la Creación del Universo'	52

PRIMERA PARTE: DIOS. EL *PROBLEMA* DE DIOS

1. Introducción 55
2. Dios, concepto y proceso 55
3. El 'problema de Dios' 58
4. Estructura de esta Primera Parte 63
5. A modo de adenda de actualidad 64

1.1. EN TORNO A LA DIVINIDAD 65
   1. En torno al *hecho religioso*: notas históricas 65
   2. Caracterización del *hecho religioso* en relación con el problema de Dios 68
   3. Introducción al problema de Dios: tipología de religiones 69
   4. Consideraciones de Calvino 69

1.2. EL 'DIOS DE LOS JUDÍOS': LA CONCEPCIÓN UNITARIA DE DIOS 71
   1. El papel relevante del 'Dios de los judíos' en la historia 71
   2. En torno a la existencia de Dios 72
   3. En torno a la esencia de Dios, Dios *en sí* 73
   4. En torno a la relación Dios-Universo 74
   5. En torno a la relación de Dios con los hombres 74
   6. A modo de complementos 75
   7. Notas acerca de la Biblia 76

1.3. EL 'DIOS DE LOS CRISTIANOS': UNO Y TRINO 77
   1. La presencia de Jesús en la historia humana 77
      1.1. La novedad radical: Jesús, el Cristo 77
      1.2. La predicación de Jesús a los hombres 77
      1.3. Dios en la predicación de Jesús 78
      1.4. Un nuevo plano 'intelectual' teológico: la Cristología 78
   2. La concepción trinitaria de Dios: el 'Dios de los cristianos'. Construcción histórica 79
      2.1. La cuestión cristológica 79
      2.2. La naturaleza divina de Jesús: el Concilio de Nicea I (325) 79

        2.3. La existencia y naturaleza divina del Espíritu Santo: el Concilio de Constantinopla I (381) 80
        2.4. La formulación (casi) definitiva: el Concilio de Calcedonia (451) 81
   3. El credo cristiano 'actual' 82
        3.1. El Credo, los Credos 82
        3.2. El contenido dogmático acerca de 'Dios en sí' 83
        3.3. Consideraciones críticas 86
   4. Las referencias a *Dios* en los textos constitucionales gaditanos 87
        4.1. En el *Texto constitucional* 88
        4.2. En los *Decretos* 89
        4.3. En el *Discurso preliminar* 90
   5. La referencia a las *personas divinas* en la Constitución de Cádiz: la 'fórmula trinitaria gaditana' 91
   6. Consideraciones críticas 93

1.4. EL 'DIOS DE LOS FILÓSOFOS' 95
   1. En el marco de la unicidad: del 'Dios de los judíos' al 'Dios de los filósofos' 95
   2. El 'Dios de los filósofos': atributos cósmicos 96
   3. En torno al problema de la existencia 97
        3.1. Una primera mirada a la historia 97
        3.2. Sistematización de Kant: los 'argumentos' 98
        3.3. Teísmo filosófico fundamental 99
        3.4. Otras concepciones filosóficas, tras el imperio de la Razón (Revolución francesa): el ateísmo 99
   4. En torno al problema de la esencia 100
   5. Unas consideraciones desde la Física del siglo XX 100

1.5. 'ATRIBUTOS CÓSMICOS' DE DIOS 103
   1. En torno a Dios: sus 'atributos' 103
   2. El problema de la actuación de Dios en el Universo: dos doctrinas diferentes 104
   3. El problema Mundo-Universo: el concepto religioso de 'mundo' 106

SEGUNDA PARTE: EL UNIVERSO. EL *PROBLEMA* DEL UNIVERSO: "EL *TODO* LO QUE EXISTE"

    1. Introducción 109
    2. ¿Qué es "Universo"? 109
    3. El problema del Universo: Cosmología y cosmologías 111
    4. A modo de marco: una fugaz mirada a la cosmología física actual 112
    5. Problemas abiertos (entre otros) 115
    6. El tránsito de ámbito intelectual de la Cosmología: de la filosofía-teología a la física 117
    7. Estructura de esta Segunda Parte 118

2.1. CONCEPTO DE UNIVERSO 121
    1. Introducción 121
    2. En torno a la voz Universo 121
    3. Acerca del concepto de Universo 122
    4. La concepción básica tradicional del Universo 124
    5. ¿Universo trinitario o unitario? La revolución de Einstein 126

2.2. COSMOLOGÍA Y COSMOLOGÍAS 131

A) TÉRMINOS LINGÜÍSTICOS Y CONTENIDOS 131
    1. Introducción 131
    2. Nociones de Cosmología y cosmologías 131
    3. Voces compuestas con el prefijo 'cosmo' 132
    4. Voces compuestas con el prefijo 'astro' 134
    5. En torno a la voz Mundo 136

B) BREVE RELACIÓN HISTÓRICA DE LAS COSMOLOGÍAS 136
    6. Las cosmologías míticas 137
    7. Cosmologías filosóficas griegas 137
    8. Cosmologías precientíficas 139
    9. Cosmologías observacionales 140
    10. Cosmologías matematizadas 140
    11. La cosmología científica actual 141

2.3. COSMOLOGÍAS PRIMITIVAS 143
    1. El Universo de la antigüedad en las civilizaciones pregriegas orientales 143
    2. El Universo en el pensamiento griego clásico 145
        2.1. La esfericidad de la Tierra 145
        2.2. El sistema geocéntrico del Universo (330 a.C.-1543 d.C.) 147

2.4. COSMOLOGÍA ARISTOTÉLICO-PTOLEMAICO-ESCOLÁSTICA 149
    1. La asunción de la física y de la cosmología de Aristóteles 149
    2. El papel de Claudio Ptolomeo 153
    3. El Universo del Medioevo: consideraciones preliminares 155
    4. La Alta Edad Media 156
    5. Notas relativas a la astronomía árabe 157
    6. La Baja Edad Media 158
    7. El 'sistema del Mundo' 159

2.5. LOS ALBORES DE LA MODERNIDAD 161
    1. Introducción 161
    2. Unas notas caracterizadoras 161
    3. La estructura de estos capítulos 162

2.6. NICOLÁS COPÉRNICO (1473-1543): SISTEMA MATEMÁTICO HELIOCÉNTRICO 165
    1. Notas biográficas 165
    2. El sistema copernicano 166
    3. Concepto copernicano de teoría científica 167
    4. Consideraciones críticas 168

2.7. TYCHO BRAHE (1546-1601) 171
    1. Notas biográficas 171
    2. Contribuciones astronómicas 171
    3. El sistema tychónico 172
    4. Consideraciones críticas 173

2.8. GIORDANO BRUNO (1548-1600): SU ANÁLISIS DE LA
OBRA DE COPÉRNICO 175
   1. Introducción... 175
   2. Análisis crítico de la obra de Copérnico 175
   3. Sus pensares metafísicos y la cosmología
      científica posterior... 176

2.9. LA MODERNIDAD... 177
   1. Etapa histórica 177
   2. Unas consideraciones en torno a la ciencia moderna 179
   3. Las creencias del 'hombre moderno'.................................. 180
   4. Características científico-filosóficas del
      pensamiento moderno 181
   5. Estructura de los capítulos de la Modernidad.................... 184

2.10. GALILEO GALILEI (1564-1642): ORTO DE
LA MODERNIDAD... 187
   1. Introducción... 187
   2. Cronobiografía sintética de Galileo Galilei 188
   3. Notas relativas a su quehacer astronómico....................... 192
   4. Síntesis de las características más significativas
      de su biografía 193
   5. Concepto galileano de ciencia... 194
   6. La revolución intelectual galileana: sus *manifestaciones* 195
   7. Su paso a la historia: perspectiva del papel
      que desempeñó 198

2.11. JOHANNES KEPLER (1571-1630): PRIMERA FASE DEL
PROCESO DE MATEMATIZACIÓN.. 201
   1. Notas biográficas.. 201
   2. La contribución de Kepler: primera fase del
      proceso de matematización... 204
   3. Consideraciones críticas 205
   4. Breves reflexiones conjuntas sobre Galileo y Kepler 205

2.12. RENÉ DESCARTES (1596-1650): LOS VÓRTICES.................... 209
   1. Introducción... 209
   2. Notas biográficas.. 210

	3. Descartes científicos	211
	4. Unas consideraciones críticas	213
2.13.	EL 'SISTEMA DEL MUNDO' DE NEWTON (1642-1727): SEGUNDA FASE DEL *PROCESO DE MATEMATIZACIÓN*	215
	1. Introducción	215
	2. Notas biográficas	216
	3. El espacio absoluto newtoniano	218
	4. El tiempo absoluto newtoniano	219
	5. La teoría *Dinámica newtoniana*	220
	5.1. Constitución de la teoría	220
	5.2. La aceptación de la teoría	220
	6. Teoría newtoniana de la gravitación universal: ubicación en la historia	221
	6.1. Concepciones previas sobre la gravedad	221
	6.2. El descubrimiento newtoniano	223
	7. Caracteres del Universo según Newton	226
	8. Una consideración especial: Jorge Juan	228
2.14.	PIERRE-SIMON DE LAPLACE (1749-1827): LA CONCLUSIÓN DEL *PROCESO DE MATEMATIZACIÓN* DE LA MECÁNICA CLÁSICA	231
	1. Introducción	231
	2. Notas biográficas	231
	3. Contribuciones cosmológicas	232
	4. Consideraciones críticas	233
2.15.	LA POSTMODERNIDAD (1900-1930): LAS REVOLUCIONES RELATIVISTA Y CUÁNTICA	237
	1. Notas introductorias	237
	2. Cronología básica de los descubrimientos y de las concepciones novedosas y revolucionarias de la época de crisis de la Modernidad y construcción de la Postmodernidad	238
	3. En torno a la revolución relativista	242
	3.1. Introducción	242
	3.2. El 'sentido histórico' de la teoría de Einstein	243

	3.3. Análisis de las tendencias generales (según Ortega)	245
	4. En torno a la revolución cuántica	250
	4.1. Introducción	250
	4.2. Análisis de las tendencias que afloran en la Física cuántica	251
	4.3. Notas complementarias	253
	4.4. El principio de incertidumbre	254
	5. Una referencia a Prigogine	255
2.16.	EL UNIVERSO DE ALBERT EINSTEIN (1879-1955)	257
	1. Introducción	257
	2. Notas biográficas	259
	3. Apuntes sobre la obra relativista de Einstein	260
	4. El Universo de Einstein: consideraciones conceptuales	261
	4.1. En torno a los conceptos tradicionales de espacio y tiempo	262
	4.2. En torno a los conceptos tradicionales de materia y energía	262
	4.3. En torno al problema finitud-infinitud	263
	4.4. Universo unitario	263
	4.5. Consideraciones complementarias	263
	5. La Relatividad Especial o Restringida	265
	6. La transición hacia la Relatividad General	266
	7. El Universo de la Relatividad General	267
	8. Resumen de la naturaleza matemática de los Universos de Newton y Einstein	269
	9. Consideraciones cosmológicas einsteinianas en torno al año 1920	270
	10. Impacto y desarrollo de la Relatividad General: tres personajes significativos	271
2.17.	COSMOLOGÍA FÍSICA ACTUAL: ORIGEN Y EVOLUCIÓN DEL UNIVERSO, EL MODELO DEL *BIG BANG*	273
	1. Introducción	273
	2. Acontecimientos básicos en la década de los 20	274
	2.1. Alexander Friedmann	274

	2.2. Edwin Hubble..	275
	2.3. Georges Lemaître	275
3.	Descubrimientos y realizaciones relevantes desde 1930.....	276
4.	Cosmología actual: los fundamentos del modelo del *Big Bang*	282
5.	Descripción básica del modelo..	283
	5.1. En torno al origen...	283
	5.2. En torno a la evolución...	285
	5.3. En torno al destino...	285
6.	La 'confirmación' del modelo del *Big Bang*: George Smoot, 1992	286
7.	La 'revolución del 98'	288
8.	Algunas preguntas al modelo estándar..............................	288

2.18. EL UNIVERSO EN PERSPECTIVAS CIENTÍFICAS ABIERTAS AL FUTURO 291

1. Consideraciones introductorias 291
2. A modo de catálogo de los grandes problemas pendientes clásicos.. 292
3. Panorama sintético de problemas cosmológicos desde la perspectiva propiamente física 293
4. Teorías básicas sobre el origen del Universo 294
   4.1. Teoría del *Big Bang* 295
   4.2. Teoría inflacionaria 295
   4.3. Teoría del estado estacionario 295
   4.4. Teoría del universo oscilante 296
5. Teorías actuales y en elaboración sobre el Universo............ 297
   5.1. Teorías de cuerdas.. 297
   5.2. Gravedad cuántica de bucles... 298
6. Los temas primordiales que presenta la cosmología actual... 299
   A) Problemas relativos a la constitución del Universo..... 299
   6.1. Materia oscura 299
   6.2. Energía oscura 300
   B) Problemas relativos a los instantes iniciales del Universo... 301

	6.3.	Radiación cósmica de neutrinos primigenios	301
	6.4.	Radiación cósmica de ondas gravitacionales	302
	C)	Vacío cuántico	302
	7.	Consideraciones finales	303

TERCERA PARTE: EL *PROBLEMA* DE LA RELACIONALIDAD DIOS-UNIVERSO **305**

    1. Introducción 305
    2. Naturaleza prioritariamente religiosa 306
    3. El Universo: primer *problema* de la filosofía-ciencia 307
    4. El Universo: fuente y objeto de conocimiento 308
    5. El Universo: *medio* para un más adecuado conocimiento de Dios 309
    6. El puesto del hombre, sujeto del conocimiento 312
    7. Los *problemas concretos* desde la relacionalidad Dios-Universo 314

3.1. EL *GÉNESIS*: ORIGEN, PRINCIPIO Y REFERENTE **317**

    1. Introducción 317
    2. El texto del *Génesis* 318
    3. La concepción genesíaca del Universo 320
    4. La concepción genesíaca de Dios 320
    5. La concepción genesíaca de la relación Dios-Universo ... 321
    6. Algunos problemas complementarios 322

3.2. EL COSMOS HEBRAICO **323**

    1. Introducción 323
    2. Notas culturales contextuales relevantes 324
    3. Fundamentos cosmogónicos y cosmológicos 325
    4. Objetivos astronómicos 326
    5. Cosmografía hebraica 327

3.3. *COSMOLOGÍA CRISTIANA*: EL SISTEMA ARISTOTÉLICO-PTOLEMAICO-ESCOLÁSTICO **331**

    1. Introducción 331
    2. La componente *filosófica*: Aristóteles (384-322 a.C.) 332

	3. La componente *científica*: Claudio Ptolomeo (c. 100 - c.170)	334
	4. La componente propiamente *religiosa*. Tomás de Aquino (1225-1274)	335
	5. La *cosmología cristiana*: su caracterización	339
	6. Consideraciones críticas complementarias	341
3.4.	MARTÍN LUTERO (1483-1546): SUS REFERENTES	343
	1. Introducción	343
	2. El *alegato* de Lutero de 1521	343
	3. Características del momento histórico 1521	344
	4. El contexto próximo al *alegato*	345
	5. El primer referente: las Escrituras	346
	6. El segundo referente: la razón	347
	7. El tercer referente: la conciencia	348
3.5.	CALVINO (1509-1564): TEOLOGÍA DE LA CREACIÓN SEGÚN LA *INSTITUCIÓN DE LA RELIGIÓN CRISTIANA*	351
	1. Introducción	351
	2. En torno a Dios: Creador y Gobernador del Mundo	352
	3. En torno a la Creación	355
	4. En torno al Gobierno del Universo: la Providencia de Dios	360
3.6.	EL UNIVERSO, CUESTIÓN TEOLÓGICA: LA CONDENA DEL COPERNICANISMO (1616)	363
	1. Notas generales	363
	2. La consideración del sistema heliocéntrico por la Iglesia católica en el siglo XVII	365
3.7.	GIORDANO BRUNO (1548-1600): UNA CONCEPCIÓN METAFÍSICO-TEOLÓGICA DEL UNIVERSO	367
	1. Breve introducción contextual	367
	2. Notas biográficas	368
	3. Análisis crítico de la obra de Copérnico	371
	4. Actitud ante la 'filosofía vulgar' (aristotélico-escolástica)	372
	5. La concepción cosmológica bruniana	372
	6. Notas complementarias	375

3.8. GALILEO: LA REVOLUCIÓN TEOLÓGICA. I. EN TORNO
Al PAPEL DE LAS SAGRADAS ESCRITURAS 377
1. Una referencia a Ortega y Gasset: la ciencia como forma especial de creencia.. 377
2. La revolución intelectual galileana.. 378
3. Trasfondo de creencias de Galileo 380
4. Los postulados de la *revolución teológica bíblica*.................... 381
5. En torno al primer postulado: "El Universo ha sido creado por Dios" 381
6. En torno al segundo postulado: "Las Escrituras no son obra científica"... 382
7. En torno al tercer postulado: "Las obras de Dios no pueden ser contradictorias" 383
8. Consideraciones complementarias a los postulados 384
9. El 'caso Galileo' en su trama histórica personal: notas escuetas 385
10. El 'caso Galileo' en la trama histórica de la relación ciencia-religión 390
11. El Vaticano ante el 'caso Galileo' 400 años después.............. 393
12. En torno a la religiosidad de Galileo.. 394
13. Notas sobre el quehacer científico en la Modernidad 400

3.9. GALILEO: LA REVOLUCIÓN TEOLÓGICA. II. EL
PRINCIPIO DE MATEMATICIDAD DE LA NATURALEZA.... 403
1. A modo de introducción: las *manifestaciones* de la revolución galileana.. 403
2. La preparación intelectual de Galileo. En torno a la datación del *Principio*: 1604-1611... 406
3. Galileo, hombre de fe 409
4. ¿*Normatividad* en el Universo o *actuación* (actuaciones coyunturales, concretas) de Dios? 410
5. La *naturaleza filosófica* del principio de *matematicidad* 411
6. Enunciado del principio en *versión débil* 411
7. Enunciado del principio en *versión fuerte* 412
8. El estado actual de la Física 413
9. En torno a las restantes disciplinas científicas: Química, Geología, Biología, Medicina 414

      10. En torno al papel del Principio 416
      11. A modo de consideración final 418

3.10. TEOLOGÍA COSMOLÓGICA NEWTONIANA 419
      1. Introducción... 419
      2. En torno al título de este capítulo... 420
      3. El punto de partida: "es procedente hablar de
         Dios en Física" 421
      4. La existencia de Dios: su necesariedad..................................... 423
      5. Dios 'dominador'.. 423
      6. Notas caracterizadoras de Dios 425
      7. En torno a la naturaleza íntima de Dios 426
      8. La proximidad del pensamiento de Newton al de Calvino.... 427
      9. Un poco más acerca de Newton y su concepción de Dios 428
      10. Consideraciones complementarias acerca del
          teólogo Newton.. 428

3.11. UNAS NOTAS CIENTÍFICO-RELIGIOSAS
      POSTNEWTONIANAS EN LA CIENCIA DE LOS
      SIGLOS XVIII Y XIX: EL *NEWTONIANISMO*.
      JORGE JUAN, MUTIS, LAGRANGE Y LAPLACE..................... 433
      1. Introducción... 433
      2. La Inquisición española contra Copérnico, Galileo
         y Newton en el pensamiento de Jorge Juan
         y Celestino Mutis 434
         2.1. El alegato-testamento de Jorge Juan (1713-1773)........... 434
         2.2. El sacerdote-astrónomo-botánico José Celestino
             Mutis (1732-1808) 436
      3. La 'coronación' de Newton en Francia: Lagrange
         y Laplace 438
         3.1. Joseph-Louis de Lagrange (1736-1813) 438
         3.2. Pierre Simon de Laplace (1749-1827)................................ 438

3.12. LOS 'ARGUMENTOS' DE LA EXISTENCIA DE DIOS Y LA
      TEOLOGÍA DE INMANUEL KANT (1724-1804) 441
      1. Introducción... 441
      2. Argumentos o 'pruebas' de la existencia de Dios 442

19

      3. En torno al *problema* del conocimiento de Dios 444
      4. Acerca de la teología.. 445

3.13. ATEÍSMO POSTNEWTONIANO Y POSTKANTIANO 447
      1. Introducción.. 447
      2. Ludwig Feuerbach (1804-1872) 448
      3. Carlos Marx (1818-1883)... 449
      4. Friedrich Nietzsche (1844-1900) 451
      5. Sigmund Freud (1856-1939)... 452
      6. Consideraciones complementarias: Charles Darwin (1809-1882) 453

3.14. ALBERT EINSTEIN (1879-1955): "DIOS NO JUEGA A LOS DADOS" 457
      1. Introducción.. 457
      2. El Universo de Einstein (1905-1923), perspectiva religiosa 458
      3. Análisis de la transición 459
          3.1. La concepción tradicional de Universo................... 459
          3.2. ¿Universo *trinitario o unitario*? La revolución de Einstein 462
      4. Einstein y Dios... 466

3.15. LA EXPANSIÓN DEL UNIVERSO. LEMAÎTRE (1894-1966): EL PROBLEMA DEL ORIGEN 469
      1. Introducción.. 469
      2. Georges Lemaître (1894-1966): El 'átomo primigenio' 470
      3. El *problema* del origen del Universo 471
      4. La cosmología física 472
      5. Encuentros de Lemaître con Einstein en torno al 'átomo primigenio' 473
      6. En torno al problema ciencia-religión................................ 474
      7. Lemaître y el Vaticano 477

3.16. EN TORNO A ZUBIRI: METAFÍSICA Y TEOLOGÍA DEL COSMOS 479

A) LA METAFÍSICA ZUBIRIANA DEL UNIVERSO: EL UNIVERSO DE LA *ESTRUCTURA DINÁMICA DE LA REALIDAD* 479
   1. Notas introductorias, a modo de justificación 479
   2. En torno a la obra de Zubiri 480
   3. Visiones anteriores del Universo según Zubiri 482
      3.1. Aristóteles o la visión substancial del Universo 482
      3.2. El siglo XIX y la visión sistemática del Universo 482
      3.3. El pensamiento de Zubiri 483
      3.4. Crítica de Zubiri a estas concepciones 484
   4. El problema del dinamismo estructural de la realidad 484
   5. El dinamismo de la variación 486
      5.1. Introducción. El 'Escolio' primicial de los *Principia* de Newton 486
      5.2. Caracterización del dinamismo variacional 487
   6. La respectividad básica. En torno al espacio 488
   7. En torno al movimiento 489
   8. En torno al tiempo 490
   9. El dinamismo de la alteración 491
   10. Tipos de alteración 491
   11. Constitución del Universo zubiriano 492

B) TEOLOGÍA ZUBIRIANA DEL COSMOS 494
   12. La 'vía cósmica' de Zubiri para acceder a la existencia de Dios 494
   13. La concepción de Dios de Zubiri, por sus atributos cósmicos 497
   14. A modo de contraste con nuestro punto de partida 498

3.17. LA COSMOLOGÍA ACTUAL EN TANTO QUE UN MODO DE CONFLUENCIA DE LA FÍSICA Y LAS RELIGIONES MONOTEÍSTAS EN TORNO AL PROBLEMA DEL ORIGEN DEL UNIVERSO 501

A) EL PROCESO HISTÓRICO 501
   1. El *problema* de Dios 501
   2. La *respuesta* de los años 20: la *expansión* del Universo 503

	3. La *respuesta* de los años 30. Recuerdo especial de Georges Lemaître como pionero del *Big Bang*..................................	506
B)	EL MODELO COSMOLÓGICO VIGENTE: FÍSICA Y FILOSOFÍA...	508
	4. Consideraciones previas	508
	5. Visión cosmológica actual: caracterización metafísica del Universo...	509
	6. Los problemas del Universo..	511
	7. El *problema* del *origen* del Universo a la luz del *modelo estándar* vigente..	513
C)	CONSIDERACIONES COMPLEMENTARIAS.........................	514
	8. La cosmología 'atea' de Hoyle, Jordan y Bondi: cosmología del 'estado estacionario'....................................	514
	9. La hipótesis inflacionaria de Alan Guth...............................	515
	10. La autoorganización del Cosmos..	515
D)	REFLEXIONES TEOLÓGICAS: Y… DIOS: ¿QUÉ?, ¿DÓNDE?, ¿CUÁNDO?...	516
	11. A modo de presentación	516
	12. El Dios de las teologías de las grandes religiones.................	518
	13. En torno al *qué* de Dios en su relación con la Física............	520
	13.1. El plano de la Física..	520
	13.2. El concepto "Dios"	521
	13.3. Primer nivel de reflexión: la no existencia de Dios en los diferentes planos de la Física...........................	523
	13.4. Segundo nivel de reflexión: la coexistencia de Dios y de la Física en el hombre	525
	14. En torno al *dónde* y al *cuándo* de Dios en relación con el Cosmos	526
	14.1. El sentido de la reflexión	526
	14.2. Breve análisis de las implicaciones posibles de los atributos de Dios en la Cosmología	527
	14.3. En torno al *dónde* de Dios en su relación (espacial) con la Cosmología	528
	14.4. En torno al *cuándo* de Dios en su relación (temporal) con la Cosmología................................	530
	15. Reflexiones complementarias..	530

3.18. EL PRINCIPIO ANTRÓPICO: EL PRINCIPIO DE LOS PRIMEROS PRINCIPIOS.. 533
    1. Introducción.. 533
    2. El "puesto del hombre en el Universo" a lo largo de la historia humana 534
        2.1. La *tradición judeo-cristiana* 535
        2.2. La *tradición naturalista*...................................... 535
    3. El entorno actual del problema................................. 537
    4. La aparición en escena del "principio antrópico" 538
    5. Intento de definición de referencia............................ 540
    6. Objetivo de este trabajo... 542
    7. *Condiciones* del Universo: *requisitos* para *nuestra existencia* . 543
        7.1. Relación de "condiciones" o "coincidencias" 543
        7.2. Consideraciones generales y complementarias........... 550
    8. Los "Principios" de la Física actual............................ 552
    9. La naturaleza científica intrínseca del Principio Antrópico 554
    10. El lugar del Principio Antrópico en el plano de los Principios de la Física... 555
    11. En torno a los problemas correlacionados 557

3.19. EL PROBLEMA DEL 'FIN DEL MUNDO' *VERSUS* EL PROBLEMA DEL 'DESTINO DEL UNIVERSO' 559
    1. Introducción.. 559
    2. El *problema* del 'Fin del Mundo'................................. 560
    3. El *problema* del 'Destino del Universo' desde perspectiva religiosa 562

3.20. HAWKING. EL 'UNIVERSO AUTOSUFICIENTE': LA INNECESARIEDAD DE DIOS 565
    1. Introducción.. 565
    2. Recordatorio de algunas ideas filosóficas y científicas........ 566
    3. Las preguntas de Hawking... 567
    4. La posición intelectual de Hawking........................... 569
    5. La teoría última de *Todo*: la teoría *M* 570
    6. La tesis central: la innecesariedad de Dios................. 571
    7. La presencia humana en el Universo: "Señores de la Creación"... 572

      8. Y sin embargo… Dios permea todo el libro 573
      9. Consideraciones sobre el ateísmo en la actualidad.............. 576

3.21. LAS *NUEVAS* IDEAS *EXTRAORDINARIAS* DE PENROSE: *RESIDUOS* DE UN UNIVERSO PRECEDENTE 579
      1. Introducción 579
      2. La *pretendida* fundamentación científica 580
      3. En torno a las consideraciones cíclicas........................... 581
      4. La *cosmología cíclica conformal* 582

CONSIDERACIONES FINALES. A MODO DE CONCLUSIONES
      A) En torno a la Introducción general 585
      B) En torno al problema de Dios 586
      C) En torno al problema del Universo 587
      D) En torno al problema de la relación de Dios con su obra cósmica 590

BIBLIOGRAFÍA **595**

INTRODUCCIÓN

Estructura de la tesis

La tesis «Teología de la Creación del Universo y de la relación de Dios con su obra cósmica» se estructura con una introducción bastante amplia, tres partes perfectamente diferenciadas y unas consideraciones finales a modo de conclusiones.

Introducción. En la que se expresa el **objeto de la tesis** y se formulan los **postulados de fe que se asumen**. Complementariamente se reflexiona en torno a: 1) Qué es Teología; y 2) Qué se entiende por Teología de la Creación del Universo y de la relación de Dios con su obra cósmica.

Primera Parte. En torno a Dios, **acerca de Dios**, desde diferentes perspectivas, concepciones, creencias. Por su interés teológico cristiano se tratan de manera expresa las ideas básicas de los judíos y de los cristianos, así como la construcción del concepto de Dios desde la razón, desde la racionalidad filosófica en conjunción con el conocimiento científico. La intención es 'determinar' la naturaleza de Dios en su relación con el Universo, concretando y analizando los denominados **atributos cósmicos** de Dios. Es decir, trata del *problema* **de Dios**, pero orientado **solo en su relación con el Cosmos**, prescindiendo explícita y radicalmente de su relación con el Hombre.

Segunda Parte. En torno al Universo, a '**nuestro Universo**', al Universo del que habla la Física, del Universo que ha venido estudiando, analizando, observando, la ciencia. El proceso histórico de progresivo conocimiento hasta la concepción hoy vigente. Es decir, trata del *problema* **del Universo** o de los problemas del Universo a lo largo de la historia humana desde la perspectiva propiamente científica.

Tercera Parte. Estudio histórico aceptablemente pormenorizado de las conexiones, acuerdos y desacuerdos, entre la concepción de Dios y la concepción del Universo y la de su posible relacionalidad; si se quiere, con una mejor expresión, las relaciones entre las concepciones de Dios y las concepciones del Universo. Y cómo el conocimiento de este, la Creación en versión religiosa, informa acerca de Dios, su creador, facilitando, modulando, la elaboración humana del concepto de Dios. Es decir, trata del **problema de la relación Dios-Universo** a lo largo de la historia humana, o, propiamente, de la **teología de la Creación del Universo** en su largo desarrollo histórico a la luz de los progresos científicos.

Finalmente, se presentan unas *Consideraciones Finales*, a modo de *Conclusiones*, que resumen, de manera concreta, algunos de los frutos principales de la tesis.

0.1.
OBJETO DE LA TESIS. POSTULADOS (DE FE) QUE SE ASUMEN

1. Objeto de la tesis

El objeto de la tesis, en síntesis inicial muy apretada, consiste en la elaboración de una **Teología de la Creación del Universo y de la relación de Dios con su obra cósmica**. En este capítulo introductorio se pretende abrir de manera lógica el amplio panorama de dicho objeto.

Una primera afirmación categórica, con expresa reivindicación, debe hacerse: es **teología**, no filosofía, no ciencia. Teología es estudio, es reflexión, es racionalidad, es 'razonar acerca de Dios' (porque no me gusta la expresión 'ciencia de Dios'[1]). En torno al tema objeto de estudio se ha pretendido a lo largo de la historia encontrar 'pruebas' de la existencia de Dios e indicar 'vías' para la *demostración* de dicha existencia, siempre partiendo bien de concepciones filosóficas o bien de hechos científicos, como tendremos oportunidad de constatar –Tomás de Aquino, Kant, Zubiri–. Obviamente ninguna logra su pretensión por la sencilla razón de que la existencia de Dios ni es demostrable ni es indemostrable desde cualquiera de esos puntos de partida, filosofía o ciencia.

En consonancia con la naturaleza de teología, la **Teología de la Creación del Universo y de la relación de Dios con su obra cósmica** se funda en la **FE**, se construye –debe construirse– desde la fe, a la luz de las **creencias**, que –primeramente– son personales. [En otro campo, la ciencia es bastante objetiva y, en consecuencia, generalizable y está de ordinario casi generalizada y asumida como tal]. En la *racionalidad teológica*, se acompaña la fe –debe acompañarse– de **ideas** filosóficas y de **conocimientos** científicos (considerados

---

1. 'Ciencia', para un científico profesional –catedrático de Física–, es algo diferente, por objeto, metodología y utilidad.

hechos, pero en medida no despreciable basados en ideas). No es baladí recordar aquí el texto de Ortega y Gasset, *Ideas y creencias*[2], para diferenciar desde estos inicios ambos ámbitos, elevándolos, por nuestra parte, del nivel personal al general. Las *ideas* son pensamientos que 'ocurren', que se tienen; por el contrario, las *creencias* no se tienen, no se accede a ellas por actos pensantes, sino que de ordinario constituyen el entramado básico de nuestras vidas; con la usual radicalidad orteguiana puede decirse: «Las ideas se tienen, en las creencias se está».

En la Teología, en las creencias, en las que "se está", se pueden "tener ideas", es conveniente que se tengan ideas, sobre todo si cambian las *ideas contextuales* en las que "se estaba y se está estando"[3] así como en las que "se estará" en el futuro inmediato. Conviene también, como nota previa sintética, delimitar 'perfectamente' el tema objeto de reflexión que indica el título completo: **Teología de la creación del Universo y de la relación de Dios con su obra cósmica**. Se trata, pues, del 'primer problema' de la Teología (en consonancia, por otra parte, con la 'primera cuestión' que plantea la Escritura –el Génesis– si se considerara 'resuelto', en primer lugar, el 'problema de Dios'). Al hablar de *creación* se utiliza el término en su acepción tradicional religiosa: "en tanto que 'ex novo', de la Nada". Y por tratarse expresa y concretamente de *creación del Universo* no se trata en absoluto del problema de la 'creación (sea por evolución o también 'ex novo') del Hombre'.

El estudio se hace teniendo en cuenta las diferentes visiones cosmológicas generadas a lo largo de la historia, tanto las filosóficas y las religiosas como, sobre todo, las prioritariamente científicas, destacando los papeles representados, entre otros muchos, por Aristóteles, Ptolomeo, Tomás de Aquino, Copérnico, Bruno, Brahe, Galileo, Kepler, Newton, Kant, Juan, Mutis, Lagrange, Laplace, Einstein, Planck, Minkowski, Friedmann, Hubble, Lemaître, Gamow, etc., hasta las actuales de Hawking y Penrose integradoras, aunque discordantes de la asumida por el modelo científico vigente, del último gran descubrimiento 'revolucionario' –y fundamental– acerca de la "expansión acelerada del Universo".

---

2. Ortega y Gasset, J. (1979), *Ideas y creencias* (se presenta en [2005]), en *Obras completas*, vol. V.
3. Esa expresión es del autor de la tesis.

OBJETO DE LA TESIS. POSTULADOS (DE FE) QUE SE ASUMEN

La pretensión –el objeto de la tesis– es ofrecer unas *respuestas* – término cuyo significado aquí expondremos más adelante en este mismo capítulo– a los problemas fundamentales que constituyen, por una parte, el Universo, y, por otra, Dios. Es decir, el *problema de Dios* y el *problema del Universo*, así como el *problema de la relación de Dios con el Universo*, con referencia especial al *problema del origen del Universo* en el que se encuentran –¿de pronto?– el concebido y concebible como Ser Supremo –Dios Creador– y su incipiente creación: el Universo. Las *respuestas* se construyen desde tres perspectivas independizables, aunque no sean propia y totalmente independientes: la ciencia física (completada con la química y la biología), la filosofía y la religión, *respuestas* que se ofrecerán a la luz de las fuentes de las creencias y de las ideas que se consideran en la tesis: Física, Filosofía y Religión.

Estas tres fuentes, y frentes, no son absolutamente independientes, no son perfectamente separables ni siquiera en sí pero mucho menos tras las respectivas dinámicas históricas con los cambios de residencia de algunos problemas –mejor, subproblemas– en los diferentes ámbitos disciplinares. Así, por ejemplo, el *problema del Universo* ha transitado de la filosofía a la teología para situarse finalmente –al menos hasta el presente– en el territorio de la física. Tampoco, seguramente, serán de aceptación general estas ideas en momentos como los actuales, de esplendor de la física y de crisis de la filosofía y de la teología, al menos vistas desde fuera. Diríamos, con rigor, que cada una de las partes es solo prioritariamente física, prioritariamente filosófica y prioritariamente teológica.

La elección –selección– de pensadores excepcionales –físicos, filósofos, teólogos– tienen significados complementarios: las referencias a Aristóteles, Kant y Zubiri, presencia de la filosofía; a Tomás de Aquino, la teología católica; a Lutero y Calvino, la Reforma; a Copérnico y Galileo, la de cristianos católicos críticos con 'lo establecido', con ruptura desde el lado de la "realidad", iniciando el problema que permanece hasta la actualidad de la relación razón-fe, ciencia-religión; a Newton, por una parte, máxima referencia científica, y, por otra, la iglesia anglicana y la creencia arriana; Juan y Mutis, la defensa frente a la Inquisición; Lagrange y Laplace, la Ilustración científica laica; a Einstein, la condición judía; a Lemaître, el catolicismo científico actualizado; a Hoyle y Hawking, el ateísmo reciente.

2. Postulados primordiales

El punto de partida de la tesis, como se ha indicado, por tratarse de teología, precisa de una postulación desde la fe. En esta perspectiva se enuncian tres *postulados de fe*, que se denominan propiamente y que se establecen como *bases primeras* para la reflexión teológica, con sustratos de fundamentación filosófica y científica.

1°. *Postulado de principialidad.* A modo de principio primero, se postula junto a la existencia de Dios, su carácter eterno: existe Dios desde la eternidad. Así, **Dios se concibe como Principio de todo, sin origen.**

La intelección de la eternidad teológica (y filosófica) se interpreta con extrema facilidad en la perspectiva físico-matemática del *concepto de tiempo* de Newton, en tanto que conjunto biunívoco con el de los números reales, R, aunque *orientado* (dirección de afinidad) del pasado al futuro. Con las posibilidades de edición ordinaria puede escribirse así:

o bien:

$$T \longleftrightarrow \xrightarrow{R} \equiv \{-\infty, +\infty\},$$

$$T \longleftrightarrow \xrightarrow{R \equiv \{-\infty, +\infty\}}$$

La 'recta real tempórea', concebida por Newton y establecida matemáticamente para la introducción a partir de ella de la teoría de los números reales, R, que presupuestamente servirían para la descripción de la Realidad, de la Naturaleza, de todos los fenómenos naturales, y constituiría base matemática para la Física, se representa mediante una línea recta continua infinita, tal como

Representación de la recta real del tiempo newtoniano (infinita)

El *concepto de tiempo* de Newton se caracteriza, en expresiones lingüísticas filosóficas, como *absoluto, verdadero, matemático e infinito*. En él pueden situarse 'instantes' (mediante cortaduras topológicas) e 'intervalos tempóreos' (*duraciones* de procesos). Desde esta perspectiva en la recta del tiempo puede situarse el 'instante creacional' si se concibe como instante (representación a/ en el dibujo) o el proceso (por ejemplo, el genesíaco de una determinada duración, los simbólicos seis o siete días; representación b/), de manera que Dios existe desde la eternidad (anterior a la creación). La representación de cada uno de los casos sería:

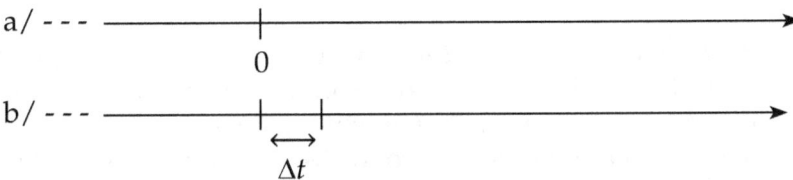

Representaciones de un instante (a) y de un intervalo tempóreo o duración (b) en la recta real

En estas concepciones y representaciones matemáticas se utiliza como referencia el *concepto de tiempo* de Newton concebido como ordinario y sobre todo 'real'.

Pero desde la perspectiva actual del *Big Bang*, interpretable mejor, propiamente, como 'instante original' en un marco filosófico-científico, el tiempo ha dejado de ser una sustantividad radicalmente independiente, según se había concebido el Universo desde Aristóteles hasta Einstein, 'Universo trino':

Universo = {*Espacio, Tiempo, Materia; fenómeno (solo en la material)*}

Desde Einstein, el tiempo no se considera como *sustantividad* –tiempo–, sino como *propiedad* –temporalidad o temporeidad– del Universo, de un 'Universo uno' como se verá más adelante. En este marco, pero referido al concepto de tiempo de Newton solo que con origen, el tiempo sería biunívoco solo con la semirrecta real positiva, es decir:

$$T \longleftrightarrow R^+ \equiv (0, +\infty\},$$

Y la representación gráfica elemental, tal como se hace en los modelos cosmológicos actuales (donde el origen de todo el Universo 'uno' –espaciosidad, temporeidad y materidad– está en el *Big bang*) sería:

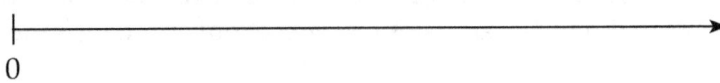

En resumen, este postulado de principialidad supone que existe Dios, anterior al Universo, infinitamente anterior, y que este, tanto a la luz del conocimiento científico actual –hace unos 13.8001000.000 años– como a la luz de las Sagradas Escrituras tuvo un origen. Tiene así Dios naturaleza de Principio (de fe, postulado) y no solo de principio (inicio, previo).

2º. *Postulado de relacionalidad.* El Universo existe, no plantea ninguna duda a nadie. Otros temas son los de su aparición, en su caso, su constitución, su funcionamiento, su evolución, su destino, su hipotética o real finalidad o propósito, etc. Pero no solo 'existe', sino que se 'sabe' (ciencia) que tuvo un origen –el *Big bang*– y, también desde mucho antes, se 'cree' (fe) –obviamente, los creyentes– que tuvo un origen.

Este segundo postulado de fe afirma que **Dios se relaciona con el Universo** en condición de autor, de creador, de creador a partir de la Nada. Dios, que existe antes del Universo, decidió crearlo, constituyéndolo en 'su Creación', de modo que este tiene un origen, como obra 'creada', bien en un determinado 'instante' (imagen del modelo cosmológico hoy vigente del *Big bang*) o bien durante un 'intervalo temporal' (modelo literal del *Génesis*). En resumen, el Universo es obra de Dios, hecho por Él de la Nada.

Esta relacionalidad se refiere aquí a la Creación original, al problema de la existencia y solo de la existencia del Universo. No se considera, por el momento, la relacionalidad, en su caso, de Dios con el funcionamiento posterior del Cosmos. Los problemas relativos a la considerada 'Providencia' o la 'actuación o no' de Dios en el Universo serán tratados más adelante.

3º. *Postulado de totalidad.* La **concepción de Universo**, es decir, a qué se denomina Universo, no está nada clara desde el conocimiento actual –empírico más el construido mediante idealización razonable–. Con este postulado se introduce la perspectiva más general posible de considerar como Universo 'Todo lo que existe' (incluso mejor se interpreta si, asumiendo la ignorancia persistente, decimos '**todo lo que exista**'), para integrar, en su caso, el pensamiento general relativo a la posibilidad de existencia de otros Universos (o realidades) coexistentes, precedentes o consiguientes de 'nuestro Universo', que sería el actual objeto de estudio por la Física y de consideración tradicional por la Teología.

Pues bien, este principio de totalidad se refiere a que 'Todo lo que existe' o mejor 'Todo lo que exista' es creación de Dios, directa o indirectamente, inmediata o mediatamente. Y 'Todo' es todo, lo más o menos conocido: materia, energía, espacio, tiempo, leyes, etc., y lo que aún permanezca oscuro: materia oscura, energía oscura, destino, etc.

* * *

Estos postulados permean la tesis implícitamente y lógicamente surgen explícitos en numerosos diferentes momentos.

3. La creación del Universo, sí; la 'creación' del hombre, no

La teología de la creación tradicional se refiere, de hecho, siempre, al hombre. Los tres postulados anteriores en los que se funda la tesis, considerados como de fe –*principialidad, relacionalidad y totalidad*–, se estiman necesarios como introducción general. Tanto como esto, pero, de momento, solo esto. Y ya es bastante. Y, sobre todo, se precisan para actualizar las creencias y se presentan como marco primariamente novedoso en el contexto de los diferentes ámbitos religiosos.

Pero debe hacerse desde el comienzo una observación complementaria y fundamental, también introductoria, que se reiterará con cierta profusión en diversos capítulos. ¿Qué asunto teológicamente también primordial no interesa a los efectos de esta tesis? Nada menos que la perspectiva de la *relacionalidad* de Dios con el hombre. Es decir, no son objeto de estudio, por ejemplo, el problema de la 'creación' del hombre por Dios; ni el de las características de Dios, o atributos de Dios, respectivas al hombre: bueno, justo, misericordioso, revelado, etc.; ni el de las condiciones del hombre ante Dios: pecador, redimido, salvado, etc.; etc., etc.

Y otra observación elemental. Desde la perspectiva científica actual, el hombre –(¡bueno!, aquí, qué es 'hombre', desde 'cuándo' se considera hombre, hay otro gran problema para la Teología)–, diremos mejor, los homínidos aparecen en la historia del Universo hace unos $2_{1}000.000$ de años y, en concreto, el *homo sapiens* hace solo unos 135.000 años, en un planeta del Sistema Solar con unos 5.000.000.000 años, en el Universo que tiene, como se ha adelantado, unos 13.800.000.000 de años.

4. Trasfondo intelectual que trasparece en la tesis: El 'contenido fundamental del saber'

La tesis, de teología, tiene una notable fundamentación científica, al hilo del desarrollo de la cosmología, y un apoyo no tan considerable en la filosofía, quizá más en el filosofar que en una exposición pretendidamente erudita en la historia de esta disciplina. Dado que el hilo histórico lo desempeñará la física parece importante destacar en esta introducción unas primeras referencias de corte teológico y filosófico, respectivamente, para desde ellas, señalar por dónde debe ir el 'conocimiento', en qué debe basarse el conocimiento. Para ello se eligen dos textos, uno bíblico y otro filosófico, que son, a su vez, el uno muy antiguo y el otro del siglo XX. ¿Cuál es el contenido 'fundamental' del saber? Veamos qué dicen Salomón y Ortega para el interés del objeto de la tesis.

4.1. Salomón, Sabiduría VII: 17-21[4]

Salomón, hablando de sí mismo, expone:

> [17] Porque Él nos da la ciencia verdadera de las cosas, y el conocer la constitución del universo y la fuerza de los elementos;
>
> [18] El principio, el fin y el medio de los tiempos; el curso regular de los astros y los cambios de las estaciones;
>
> [19] El ciclo de los años y la posición de las estrellas;
>
> [20] La naturaleza de los animales y los instintos de las fieras; la fuerza de los vientos y los razonamientos de los hombres; las diferencias de las plantas y las virtudes de las raíces.
>
> [21] Todo lo que me estaba oculto lo conocí a las claras, porque la sabiduría, artífice de todo, me lo enseñó.

Este texto invita, antes de la detención para establecer y ordenar los "contenidos" del "saber", a destacar dos cuestiones filosófica y

---

4. Texto de la *Sagrada Biblia*, Versión Nácar Colunga (1963), Madrid, BAC.

científicamente importantes en el ámbito epistemológico: la distinción entre el "saber" en cuanto contenido y el "modo de alcanzar la sabiduría" en cuanto método; es decir: a) "la ciencia verdadera de las cosas" o "la sabiduría verdadera de todas las cosas"; y b) "el conocer" o "el modo de saber". En el estudio de la Modernidad hablaremos de la "razón" y del "método científico", asuntos que tienen que ver con esto.

Pero ahora, debe enfocarse la atención en los "contenidos" del saber. La ordenación que establece Salomón, con una reinterpretación actualizada, podría ser la siguiente:

1. "La constitución del Universo", o sea, física.
2. "La virtud de los elementos" (o "la fuerza de los elementos"). ¿Puede interpretarse como la materia y/o los fenómenos?
3. "El principio, el fin y el medio de los tiempos"; es decir, Cosmogonía, ¿Escatología?, Cosmología.
4. "El curso regular de los astros y los cambios de las estaciones, el ciclo de los años y la posición de las estrellas"; es decir, Mecánica celeste y/o Astronomía.

En resumen, en lectura presente: Primero, y sobre todo, Física, fundamento y principio de los "saberes", de la "sabiduría", de la cultura. Física del Cosmos, conocimiento del mundo físico en el que estamos. Después, segundo, Biología. Y a continuación, tercero, Filosofía. Esta es la "ordenación" de "saberes" que puede deducirse de este texto de Salomón.

4.2. Ortega y Gasset, J. *Misión de la* **Universidad**[5]

Por su especial interés, recomendando la lectura íntegra del ensayo, reproducimos unos cuantos párrafos.

La función primaria y central de la Universidad es la enseñanza de las grandes disciplinas culturales.

Estas son:

1ª. Imagen física del mundo (Física).
2ª. Los temas fundamentales de la vida orgánica (Biología).

---

5. Ortega y Gasset, J. (1930): *Misión de la Universidad*, en *Obras Completas*, Vol. IV.

3ª. El proceso histórico de la especie humana (Historia).
4ª. La estructura y funcionamiento de la vida social (Sociología).
5ª. El plano del Universo (Filosofía).

[...] cultura es el sistema de ideas vivas que cada tiempo posee. Mejor: el sistema de ideas desde las cuales el tiempo vive. Porque no hay remedio ni evasión posible: el hombre vive siempre desde unas ideas determinadas que constituyen el suelo donde se apoya su existencia. Esas que llamo "ideas vivas o de que se vive" son, ni más ni menos, el repertorio de nuestras efectivas convicciones sobre lo que es el mundo y son los prójimos, sobre la jerarquía de los valores que tienen las cosas y las acciones: cuáles son más estimables, cuáles son menos.

[...] ese plan y esa justificación implican que nos hemos formado una "idea" de lo que es el mundo y las cosas en él y nuestros actos posibles sobre él. En suma: el hombre no puede vivir sin reaccionar ante el aspecto primitivo de su contorno o mundo, forjándose una interpretación intelectual de él y de su posible conducta en él. Esta interpretación es el repertorio de convicciones o "ideas" sobre el Universo y sobre sí mismo a que arriba me refiero y que ahora se ve claro no pueden faltar en vida ninguna.

La vida no puede esperar a que las ciencias expliquen científicamente el Universo [...] El atributo más esencial de la existencia es su perentoriedad: la vida es siempre urgente. Se vive aquí y ahora sin posible demora ni traspaso [...] Y la cultura que no es sino su interpretación, no puede tampoco esperar.

En la "Facultad" de Cultura no se explicará Física según esta se presenta a quien va a ser de por vida un investigador físico matemático. **La física de la Cultura es la rigurosa síntesis ideológica de la figura y del funcionamiento del cosmos material, según resultan de la investigación física hecha hasta el día**[6]. Además, esa disciplina expondrá en qué consiste el modo de conocimiento que emplea el físico para llegar a su portentosa construcción lo cual obliga a aclarar y analizar los principios de la Física y a escorzar breve pero muy estrictamente su evolución histórica. Esto último permitirá al estudiante darse clara cuenta de lo que era el "mundo" hacia el cual vivía el hombre de ayer y de anteayer o de hace mil años, y,

---

6. El uso de negritas es nuestro.

por contraste, cobrar conciencia plena de la peculiaridad de nuestro "mundo" actual.

De Salomón a Ortega ha pasado algún tiempo; el suficiente para que el segundo introduzca la Historia y la Sociología después de la Biología y antes de la Filosofía. Hasta aquí estamos conformes. Pero Ortega, 'vitalista' y también 'racionalista', no considera otros dos ingredientes fundamentales de los 'saberes' desde la perspectiva y los conocimientos del siglo XX, otras dos grandes disciplinas culturales: 6ª. El ámbito de la trascendencia (Religión); y 7ª. El recinto de la intimidad y de la personalidad (Psicología). No podemos extendernos ahora en estos complementos, pero dejamos constancia de ello.

Por lo que afecta al objeto y a los objetivos de esta tesis basta una declaración expresa de acuerdo básico con Salomón y Ortega. Lo primero es la Física, y, ciertamente, con la orientación y el contenido que ellos le dan en el plano cultural. Nuestra síntesis, en este momento, consiste en remachar el último párrafo seleccionado de Ortega. A lo largo de esta tesis se irá dando respuesta y completando esta visión.

5. En torno a la concepción de *'problema'*

En la Introducción se ha destacado la palabra *problema* como la más significativa de las tres Partes de la tesis. En asuntos intelectuales que tocan a las disciplinas (humanas) que catalogamos como Física (Ciencia), Filosofía y Religión, posiblemente los tres ámbitos del pensamiento más radicales, es necesario, para mejor entendimiento, comenzar recordando o fijando, dada su complejidad, la noción de *problema*. Tanto más si los temas a tratar desde dichas disciplinas se refieren a las realidades primitivas y consecuentemente a conceptos primitivos, tales como, en este caso, a los propiamente más primitivos: Universo y Dios. Así, a lo largo del texto hemos de referirnos con reiteración, sin duda, a estas ideas introductorias, dada la naturaleza de las cuestiones objeto de estudio.

Concepto de problema, concepto de problema fundamental y catálogo de problemas fundamentales serán las tres cuestiones capitales que conviene, aunque sea en síntesis, explicitar, destacar y caracterizar[7].

---

7. Un tratamiento similar al presente se ha publicado en González de Posada (2012).

5.1. Concepto de problema

Problema, en síntesis apretada y de forma apodíctica, puede considerarse toda cuestión intelectual que *no tiene solución*.

Completando más esta sintética definición puede afirmarse que no tiene solución portadora de las siguientes características: única, exacta, verdadera, correcta, general, absoluta, precisa. Pero no necesariamente portadora de todas estas notas, sino que de ninguna. Es decir, reiterando la definición escueta, problema es aquello que no tiene solución[8].

5.2. Concepto de problema fundamental

Un *problema* –sustantivo– se adjetiva aquí como *fundamental* si, desde una *perspectiva intrínseca*, en sí:

a) Constituye problema, es decir, no tiene solución (única, exacta, verdadera, correcta, precisa); y

b) Problema que es, se considera como, de suma importancia (básico, primordial, primicial, ultimidad, independiente). De suma importancia, podría decirse, para toda persona, toda civilización, toda ideología, toda religión.

Y desde una *perspectiva extrínseca*:

c) Problema que (nos: a cada persona, grupo, civilización) *exige una respuesta*.

---

8. Para mayor claridad y mejor caracterización conviene no confundir con otra noción que titulamos con la palabra ejercicio y referimos prioritariamente a las ciencias matemáticas y físicas, en las que de ordinario se utilizan términos como: clase de problemas, examen de problemas, etc., siendo así que, con casi absoluta generalidad, en estas expresiones se sobrentiende que dichos problemas tienen una solución única, exacta, verdadera, correcta, general, absoluta, precisa. De tal modo que si la *solución* de un *ejercicio* tiene que resultar, por ejemplo, 27 pascales, a todos los que pretendan resolverlo han de obtener precisamente 27 pascales; y en el caso de un *ejercicio de examen* quien obtuviera 27 pascales recibiría una nota de sobresaliente, quien obtuviera, por ejemplo, 25 pascales aprobaría, pero quien obtuviera como resultado, por ejemplo, 27 julios sería metafóricamente reo de septiembres infinitos, ya que habría confundido la noción de presión con la de fuerza.

5.3. Catálogo de los problemas fundamentales

Como breve catálogo de 'problemas fundamentales' de la historia del pensamiento, con una perspectiva no profesionalizada de la Filosofía, y en un tono personal con lenguaje sencillo e integrador de la Ciencia, puede considerarse el integrado por los siguientes problemas expuestos por orden cronológico del interés que prioritariamente despertaron.

1°. El *problema de la Naturaleza* [s. VII a.C., los "Presocráticos": Tales de Mileto, Anaxímenes, Anaximandro] integrado, a su vez, por dos subproblemas también independiente y propiamente 'fundamentales' cada uno de ellos:

a) El problema del Universo: la Cosmología[9].

b) El problema de la Materia.

2°. El *problema del hombre* (s. IV a.C.: Sócrates, Aristóteles, Platón)[10].

3°. El *problema de Dios* [s. IV d.C., San Agustín (esencia); s. XIII, Sto. Tomás (existencia)].

4°. El problema del conocimiento [s. XVII: Galileo, Descartes, Newton, Kant, la Ilustración].

5°. El problema de la vida [s. XIX y XX: Darwin, existencialismo, raciovitalismo].

Todos estos problemas, que son poliédricos, permean la historia del pensamiento, ofreciendo una cara diferente en cada momento histórico, como en esta tesis podrá observarse en el tratamiento de los problemas objeto de estudio: el problema de Dios (Primera Parte), el problema del Universo (Segunda Parte) y el problema de la relacionalidad Dios-Universo (Tercera Parte).

---

9. En este problema se enmarcará, por ejemplo, el famoso 'caso Galileo'.
10. En este problema se enmarcaría, por ejemplo, el también famoso 'caso Darwin'.

0.2.
¿QUÉ ES TEOLOGÍA?

1. La *revelación* como *postulado de respectividad*

Este capítulo tiene como única pretensión precisar un poco más el objeto de la tesis, con referencia, ligera y fugaz, a unas consideraciones históricas y de contenido básico de las teologías católica y evangélica.

Se han expuesto en el capítulo precedente, unas primeras ideas acerca de la Teología. Obviamente no tenemos la menor pretensión de inventar, ni de caracterizar, ni siquiera de discutir acerca de esta disciplina, que, como todas, es plural, crecientemente plural. Pero sí destacar algunas de las notas que le confieren sustantividad para que en ella se encaje el problema objeto de estudio visto en el capítulo anterior. Se ha insistido como cuestión primaria que no es filosofía, que no es ciencia, que **sus postulados** (puntos de partida) **son, han de ser, de FE**.

Pero, a continuación, por tratarse de una *disciplina intelectual*, de un *tratado*, de un *logos*, de una tarea de la *razón*, presenta también características más o menos similares a las otras disciplinas académicas por lo que respecta a poseer objeto, fuentes, metodología, análisis históricos y críticos, hermenéutica, etc. Y todo con el trasfondo propio de que **sus fundamentos son, deben ser, cuestiones de FE**.

En el capítulo anterior se han introducido como fundamentos tres postulados de fe –*principialidad, relacionalidad* y *totalidad*– que se refieren directamente al Universo y se ha expresado con nitidez que el objeto de estudio de esta tesis es la "Teología de la Creación del Universo" afirmando expresamente, y no solo implícitamente, que no se trata de "Teología de la Creación" (en sentido tradicional), que no se refiere a la "Creación del Hombre", y tampoco, en consecuencia, a la relacionalidad Dios-Hombre. No obstante, estos temas no solo forman parte de la Teología (especialmente judeo-cristiana), sino que constituyen su núcleo. Por ello, en este capítulo, y para mejor fijación del objeto del estudio, se dedica una cierta atención a la Teología básica y tradicional.

El postulado (también de fe) principal en este marco es el relativo a la antedicha relacionalidad Dios-Hombre que aquí prefiero denominar[11] **postulado de respectividad** para indicar que se trata de una relación propiamente *respectiva*, bidireccional. Por la *revelación* Dios se ha manifestado a los hombres y la humanidad ha conocido esa revelación. De manera expresa se afirma que, la revelación de Dios a los hombres ha tenido lugar, principalmente, por mediación de las Sagradas Escrituras. Personalmente mantengo, a modo de meta-principio, que Dios se ha revelado (y se revela) a quien quiere, cuando quiere y como quiere; de esta manera puede entenderse mejor que se trata de un postulado de fe, y, aún más, expresar así, en términos populares, el lema-creencia "la fe es un don de Dios". Este 'revelarse' de Dios a los hombres puede representarse al modo de las aplicaciones en la teoría de conjuntos como una biyección o correspondencia biunívoca.

$$\text{Dios} \leftarrow (\text{revelación}) \rightarrow \text{Hombre}$$

La *revelación* es el *modo* por el que Dios se manifiesta a los hombres y los hombres conocen a Dios y los deseos de Este sobre ellos; también es el *contenido* de lo revelado, según se expresa en la *Revelación*[12].

La teología se ha hecho muchas veces filosofía, incluso a veces parte de la filosofía, otras veces 'suma filosofía', extrafilosofía o suprafilosofía..., pero la filosofía –puede decirse que– tiene como objeto el no tener objeto propio –estar, por tanto, al margen de los objetos de otros saberes particulares–, sino que posee como especificidad propia la *forma de pensar*, y como instrumentos de trabajo la *palabra* y la *razón*, a la búsqueda de lo real, de la verdad, con el esfuerzo de llegar hasta el límite de lo posible para el ser humano; en esto parece que consiste la radicalidad filosófica, alcanzar el límite

---

11. Para una nítida distinción con el *postulado de relacionalidad* (que no es bidireccional) Dios-Universo; siendo así que este *postulado de respectividad* Dios-Hombre sí es bidireccional.

12. Nótese la diferencia entre *revelación* en tanto que *modo*, y la *Revelación* en tanto que *contenido*.

de lo que estamos en condiciones de pensar[13]. ¡Ah!, pero la Teología sí tiene objeto propio primario, Dios, y, tradicionalmente, como consecuencia de ello, también al hombre en su *respectividad*[14] con Dios: y en este aspecto, la teología cristiana básicamente el pecado, la redención por Cristo, la salvación.

2. Breves notas filológicas e históricas

La etimología del término teología (del griego: θεος, theos, 'Dios'; y λογος, logos, 'estudio, razonamiento') conduce al significado de 'estudio de Dios', y, como consecuencia, el estudio de las cosas o hechos relacionados con Dios. En un sentido más amplio y abstracto puede referir al estudio y conjunto de 'conocimientos' acerca de la divinidad.

Suele decirse que el término teología fue usado por primera vez por Platón en *La República* para referirse a la comprensión de la naturaleza divina por medio de la razón, en oposición a la comprensión literaria propia de los poetas coetáneos. Y que más tarde, Aristóteles utilizó el término en numerosas ocasiones con dos significados distintos: a) inicialmente como denominación del pensamiento mitológico inmediatamente anterior a la Filosofía, en un sentido peyorativo, y supuestamente para llamar teólogos a los pensadores antiguos considerados no-filósofos (entre los que suelen citarse a Hesíodo y Ferécides de Siros); y b) en acepción contraria, posterior, como la rama fundamental y más importante de la Filosofía, también llamada filosofía primera o estudio de los primeros principios, más tarde llamada Metafísica por sus seguidores[15].

El término 'teología', por tanto, no puede considerarse como de origen cristiano. Mediante un largo proceso histórico se impuso tanto

---

13. Puede verse, a este respecto, el artículo de Manuel Cruz, *Hay quien piensa y no le pagan*: El País (18.5.2013) 32.
14. De acuerdo con lo dicho anteriormente, *respectividad* (doble direccionalidad) mejor que *relacionalidad* (unidireccionalidad de Dios hacia el Universo).
15. Siempre me llamó la atención que Zubiri no quisiera llamarse 'filósofo' sino 'metafísico' y que como *honoris causa* pretendiera ser –y fuera– 'doctor en Teología' y no en Filosofía. En esta tesitura el conjunto de exposiciones con que inauguramos la "Universidad Internacional de la Axarquía (Costa del Sol oriental)", 1988, en el Palacio del Marqués de Beniel, como homenaje a la Cultura Científica Española, llevaron los títulos de "Blas Cabrera, físico", "Enrique Moles, químico" y "Xavier Zubiri, metafísico", condición que deseó expresar Carmen Castro, su viuda, comisaria específica de la exposición de Zubiri.

en Oriente como en Occidente el uso por los cristianos de este término. Suele recordarse que para Clemente de Alejandría (ca. 150–214), indicaba el "conocimiento de las cosas divinas"; para Orígenes (185–254) expresaba la "verdadera doctrina sobre Dios y sobre Jesucristo como Salvador"; y que correspondió a Eusebio de Cesarea (ca. 275-339) el privilegio de haber aplicado por primera vez el atributo 'theologos' a Juan Evangelista, ya que en su evangelio escribió una "eminente doctrina sobre Dios". También recordamos que Agustín de Hipona (354-430) utilizó el concepto de *teología natural* (*theologia naturalis*) de la obra *Antiquitates rerum divinatum*, de Marco Terencio Varrón (ca. 116 a.C.-55 a.C.), como única teología verdadera de entre las tres presentadas por este: la mítica, la política y la natural. Sobre esta, situó la *teología sobrenatural* (*theologia supernaturalis*), que basaba en los datos de la revelación y, por tanto, la consideraba de orden superior. Así, la *teología sobrenatural*, situada fuera del campo de acción de la Filosofía, estaba por encima de esta, que era considerada su sierva, y que, en todo caso, ayudaría a la *teología* en la comprensión de Dios. Este planteamiento perduraría a todo lo largo de la Edad Media y penetraría en la Edad Moderna hasta superar históricamente incluso la época de la Ilustración y llegando formalmente hasta mediados del siglo XX en las Facultades teológicas de las Universidades eclesiásticas.

El saber teológico se constituye sobre la base del conocimiento de su objeto primario y por mediación del análisis de sus fuentes. El objeto de la teología, como se ha indicado anteriormente, es Dios. Así, de manera directa, la Teología tradicional fundamental se pregunta, primero, acerca de la naturaleza, las propiedades y la esencia de Dios usando como fuente la Revelación, y, segundo, su obra, el 'mundo' y el hombre, a la luz de Dios. Las fuentes del conocimiento teológico son la revelación divina y, ¡claro está!, la razón humana que ofrecerán sus criterios de verdad. La teología, en algunos casos, alcanzó un alto nivel de especulación y de elaboración, de tal modo que esta especie de 'saber racional' ha sido considerado 'ciencia' por teólogos y por no-teólogos desde el pasado medieval y hasta épocas contemporáneas, incluso en la actualidad.

La Teología es, en su mayor parte, cristiana, aunque también las religiones no cristianas tienen una respetable tradición teológica, aunque basada en otros principios. Las Iglesias cristianas y sus teologías se fundan sobre dos misterios aceptados por todas ellas: el misterio trinitario y el misterio cristológico.

3. Análisis crítico con referencia a la teología católica actual

De la lectura del libro *La teología hoy: perspectivas, principios y criterios*, que tantos años ha tardado en elaborar la Comisión Teológica Internacional, editado a finales de 2012, pueden señalarse, en este capítulo de relación con la teología en general, unos puntos relevantes para el ejercicio de unas consideraciones críticas para nuestro objeto[16] que de ninguna manera suponen crítica al mismo respecto de sí misma ni respecto a su finalidad y marco. Se trata, de aquí su valor, de un documento con estas tres características básicas: 1) de teólogos, no propiamente del magisterio; 2) internacional, en comisión; y 3) actual, 2012. Documento de teólogos católicos, sí, pero en este análisis crítico no se considera el extenso Capítulo II relativo a "permanecer en la Comunión de la Iglesia" que es, en principio, específico católico.

a. "**La teología es la reflexión científica sobre la revelación divina**, que la Iglesia acepta como verdad salvadora universal por medio de la fe"[17].

La afirmación parece 'corta' en la expresión general y aún más 'corta' en la primera parte. La teología, a mi juicio, es bastante más. Teología es una disciplina intelectual, una disciplina académica, que es un tratado "acerca de Dios", de modo que es: 1) reflexión directa sobre Dios "al que no vemos", pero también: 2) reflexión indirecta sobre Dios a través de su obra: el Universo; y, consecuencialmente, por derivarse de la dinamicidad intrínseca de este: 3) reflexión sobre la Tierra; 4) reflexión sobre la vida (de toda clase) en esta; y 5) reflexión sobre el Hombre (que debería serlo respecto de todas sus diferentes especies, asunto aún no propiamente realizado); e incluso: 6) análisis pleno desde la hipótesis (que considero 'harto plausible') de otros seres inteligentes en otros lugares del Universo que: a) tuvieran conocimiento de una historia de salvación más o menos análoga a la nuestra; o b) que no tuvieran ninguna, caso, por ejemplo, entre otras muchas, de nuestras civilizaciones terrestres pre-judías, pre-cristianas o pre-musulmanas.

Esta consideración pone de mayor relieve la necesidad de conocimiento indirecto de Dios por mediación del conocimiento directo

---

16. Comisión Teológica Internacional [CTI], (2012): *La teología hoy: perspectivas, principios y criterios*, BAC.
17. CTI, 5.

que la humanidad está adquiriendo sobre **el Universo**, que, **desde la fe, es la obra de Dios. El conocimiento del Universo se hace cada día más necesario para la actualización teológica**. Se trataría de una especie de regreso, de recuperación; la teología (y la filosofía) abandonó la Cosmología que era 'suya', aunque en la recuperación no puede transitarse al margen del conocimiento científico.

Se propone la necesidad imperiosa de que el estudio del Cosmos se reincorpore a los centros teológicos y filosóficos sin temor a las dificultades matemáticas y físicas, lingüísticas y formales. A fin de cuentas sería reasumir parte de la tradición disciplinar y académica. Pero, ¡ojo!: **Estudiar el Universo tal como este sea, conocer la obra de Dios tal como Este la ha hecho (plano de la ciencia), y no imponer al Universo cómo tiene que ser, cómo debería ser** según las interpretaciones que determinados teólogos o determinados poderes religiosos hubieren decidido en momentos pretéritos o decidieran en el futuro.

b. "En sentido estricto, **se hace teología** cuando el creyente se compromete a presentar el contenido del misterio cristiano de una manera racional y científica. La Teología es, por tanto, *sciencia Dei* en tanto que es participación racional de la sabiduría que Dios tiene de sí y de todas las cosas"[18]. Pues también parece demasiado 'estricto' no siendo necesario, por nuestra parte, reiterar las consideraciones del punto anterior.

c. La **materia propia es el solo y único Dios** y se estudia por medio del **uso de la razón iluminada por la revelación**"[19]. En perfecto acuerdo, con la consideración –condición– de que en el uso de la razón esté integrado el conocimiento adquirido por las ciencias y la reflexión filosófica. El Misterio de Dios contiene una amplia variedad de materias, asuntos y contextos que derivan del propio Misterio.

Así, con respecto al diálogo interdisciplinar –Física, Filosofía, Teología– la Comisión considera con razón que en la asimilación e integración crítica por parte de la teología de los datos provenientes de las otras ciencias, la filosofía tiene un papel mediador que jugar. Esta cuestión, a nuestro juicio, ocupa lugar de excepción en la visión cosmológica de la física para la integración de la concepción

18. CTI, 18.
19. CTI, 74.

del Universo en la Teología. Se dice, quizá con demasiada prudencia y algo de temor: "Pertenece a la filosofía, en tanto que sabiduría racional, introducir los resultados obtenidos por distintas ciencias dentro de una visión más universal. El recurso a la filosofía en su papel mediador ayuda al teólogo a utilizar los datos científicos con el debido cuidado. Por ejemplo, el conocimiento científico obtenido sobre la evolución de la vida necesita ser interpretado a la luz de la filosofía, de manera que se determine su valor y significado, antes de ser tomado en consideración por la teología. La filosofía ayuda asimismo a los científicos a evitar la tentación de aplicar de manera unívoca sus propios métodos y los frutos de sus investigaciones a cuestiones religiosas que precisan un enfoque distinto"[20].

d. Puede recibirse con sumo gozo esta otra idea fundamental: "Que Dios existe y es uno, el creador y Señor de la historia, puede conocerse con la **ayuda de la razón a partir de las obras de la creación**, según una larga tradición que se encuentra tanto en el Antiguo (cf. Sab 13,1-9) como en el Nuevo Testamento (cf. Rom 1,18-23)"[21].

En este plano no se precisa pasar al capítulo característico del cristianismo: Trinidad, Verbo, Encarnación, Salvación por muerte y Resurrección, etc. Es decir, no hace falta explicitar lo que continúa en el texto de la Comisión Internacional: "Sin embargo, que Dios se ha revelado a sí mismo a través de la encarnación, vida, muerte y resurrección de su Hijo para la salvación del mundo (cf. Jn 3,16) y que Dios en su vida interior es Padre, Hijo y Espíritu Santo, solo puede conocerse por medio de la fe"[22]. La fe puede completar, facilitar el conocimiento científico de la obra del Creador, y, por ende, la fe en Dios. "El acto de fe, en respuesta a la Palabra de Dios, abre la inteligencia del creyente hacia nuevos horizontes"[23].

e. "**La fe y la razón** son como las dos alas con las cuales el espíritu humano se eleva hacia la contemplación de la verdad"[24].

f. A modo de resumen, se reitera en el texto: "La teología es *sciencia Dei* y *sciencia fidei*"[25]. De acuerdo con el contenido, pero en

---

20. CTI, 82.
21. CTI, 12.
22. CTI, 12
23. CTI, 16.
24. Cita de la CTI, 16: Juan Pablo II, Carta encíclica *Fides et ratio* (1998), palabras iniciales.
25. CTI, 84.

desacuerdo con el uso de la palabra 'ciencia'. La teología, para san Agustín, se concebía como "razonamiento o discurso sobre Dios"[26].

4. Una consideración respecto a la fundamentación de la teología de la Reforma

Con Martín Lutero se inició un nuevo proceso teológico, separado e independiente respecto de la teología tradicional que se continúa en la 'católica'. La Biblia se considera como la Palabra de Dios, infalible y única, frente a la consideración doctrinal católica que integra además la Tradición y el Magisterio.

La Teología protestante destaca 5 creencias que la resumen, las *cinco Solas*: Sola Fide, Sola Gratia, Sola Scriptura, Solus Christus y Soli Deo Gloria. En síntesis, esto debe interpretarse en sentido radical respecto a la Salvación del hombre, ya que esta es por la Sola Fe, por la Sola Gracia de Dios, por la Única Obra intercesora de Cristo, dando así la Gloria Solamente a Dios. Hay que realizar la difícil tarea de no elevar a radical –única– la suficiencia de la Palabra de Dios expresada en la Biblia, la *Sola Escritura*, en acuerdo con Lutero (cf. el capítulo correspondiente de la Tercera Parte[27]), que exige fundarse, además, en la razón (interpretable como ciencia y filosofía) y más aún para el estudio de la Creación.

---

26. San Agustín, «De divinitate ratio sive sermo» (*De civitate Dei VIII*, 1: CCSL 47, 216-217).
27. Capítulo 3.4.

0.3.
TEOLOGÍA DE LA 'CREACIÓN DEL UNIVERSO'

1. Precisión del objeto de la tesis

En el capítulo 0.1. se ha explicitado el objeto de esta tesis, que se ha caracterizado, entre otras notas menores y complementarias, por las siguientes: a) naturaleza teológica; b) consecuente establecimiento de unos postulados de fe: *principialidad, relacionalidad* y *totalidad* con consciencia de que el punto de partida ha de ser teológico y no un conocimiento científico ni unos principios filosóficos; c) teología de la creación, pero no de toda la creación; sí de la creación del Universo, no de la creación del hombre. Por otra parte, se ha sugerido, a los efectos de la relación Dios-Universo, que se considera: d) la creación del Universo entendido en dos sentidos: 1) el tradicional y vigente de "Nuestro Universo"; y 2) el correspondiente a la visión más amplia integradora de nuevas perspectivas, que hemos venido considerando en ocasiones anteriores[28], de "El TODO lo que exista".

Y estas notas deben ampliarse aún más, pero de momento basta con otra de suma importancia, para una más clara reflexión en la distinción de los dos problemas básicos planteados acerca de la Creación: 1) el problema de la creación del Universo; y 2) el problema de la creación del hombre. ¿Cuándo tuvieron lugar? Por lo que "se sabe" (decimos en ciencia, aunque debiéramos decir "por lo que se cree saber"), "Nuestro Universo" surgió hace unos 13.8001000.000 años y el primer *homínido*-¿hombre? –otro gran problema teológico–, siendo más bien generoso, hace solo unos 31000.000 años. Este impresionante desfase invita a una especial consideración teológica en el estudio del problema de la "Creación del Universo y de la relación Dios-Universo", esta entendida como relación de Dios con su obra cósmica.

---

28. González de Posada (2012).

2. Los referentes clásicos de la 'teología de la creación'

Cuando a lo largo de la historia de la teología se ha hablado y escrito acerca de la Creación, se han utilizado dos referentes básicos: 1) la consideración más o menos (próxima a lo) 'literal' de la narración del *Génesis*, donde se resume 'toda' la creación en (seis o) siete legendarios días, con la consecuente pérdida (desde la actualidad) de perspectiva temporal, ya que es 'nula' en el desarrollo de la historia del Universo; 2) el Hombre, y este, de manera más precisa, con la finalidad de la *relacionalidad* Dios-Hombre, con los temas capitales del pecado, la redención por Cristo y la salvación. Estos dos referentes, por otra parte, se integraban en una unidad concentrada en el Hombre.

Insistamos un poco más. La 'teología de la creación' (tradicional) se ha referido básicamente y construido sobre las siguientes ideas: a) la creación narrada en las Sagradas Escrituras; b) tomando como punto de partida, precisamente, la narración del Génesis; y c) con un trasfondo claramente antropológico, de la creación del hombre.

La 'creación', en los tratados teológicos, no es que incluya la creación del hombre y con esta (casi) todo lo demás, sino que, de hecho, excluye el tratamiento propio de la creación del Universo (y de lo que sea este y cómo sea este), debiendo al menos recibir un trato parcialmente exclusivo –singular–, como primero y primario –antecedente– para el Sol, la Tierra, la Vida y el Hombre.

El tema objeto de estudio aquí no es el de la 'teología de la Creación' concebida según el modo tradicional descrito en la anterior síntesis extrema –el Hombre–, sino que se trata, como se ha reiterado, de la 'teología de la Creación del Universo y de la relación de Dios con su obra cósmica', acto divino primero que tuvo lugar, según el conocimiento científico actual, como se ha dicho, pero que conviene insistir, hace unos 13.800₁000.000 años, y desde entonces todo el proceso de la evolución del Universo.

3. Algunas consideraciones significativas en la 'teología de la creación' tradicional

Solo a título de disponer de algunos nuevos elementos, que sirvan de contraste, parece de cierto interés bucear en los textos teológicos que tratan de la creación para seleccionar algunas otras ideas, tales como las siguientes.

Por la vía de Internet, Google, pueden leerse los dos párrafos, harto significativos, siguientes.

> La teología de la creación es una "teología crítica", pues separa a Dios de la creación y del orden existente. Critica el actual estado de cosas no identificando a Dios con lo dado. Pero la teología de la creación también es una "teología de esperanza" pues testifica de Dios quien no solo hace el mundo, sino que también se hace parte de la creación (en la encarnación) para dar lugar a una nueva creación.
>
> Aspecto básico determinante. La teología de la creación es teología del ser humano. Valora sus potencialidades, aunque reconoce también sus limitaciones. La teología de la creación ineludiblemente nos lleva a pensar en la teología de la salvación, de la revelación, de la providencia, en la doctrina de la trinidad, en la escatología, en la teología del mundo, en la antropología, en la ecología, en la ética y en la misión de la iglesia. He allí su importancia para la iglesia.

En la teología tradicional, y desde la teología tradicional, también pueden destacarse algunas manifestaciones de importancia para la cuestión objeto de estudio, en sus lecturas literales, aunque adquieran en nuestra perspectiva otra significación, unas veces próxima y otras lejana.

a. Con carácter de fundamental: "Cualquier error acerca de la creación da lugar a errar en cuanto a Dios". (Tomas de Aquino, *Suma Contra Gentiles*, II.3). Suele explicarse con relación al 'mundo' (dado el contexto), y decirse, con razón, que esto es así porque la pregunta acerca de la acción de Dios en el mundo ineludiblemente toca la cuestión de la misma identidad de Dios.

b. La teología de la creación contextualiza la teología.

c. La teología de la creación obliga a pensar en el propósito de Dios para toda la creación.

d. La teología de la creación exige comenzar la teología con la creación y el propósito de Dios para la misma, en lugar de hacerlo con el pecado y el mal del mundo.

e. La teología de la creación provee las bases para un adecuado entendimiento de la relación creador-creatura y creatura-creatura.

f. En todo caso: **"La creación es un acto de la libre y soberana voluntad de Dios"** ya que la creación se ha hecho no por alguna necesidad en Dios, sino que es producto de la libre voluntad de Dios que no tenía ninguna obligación de crear.

4. La tradicional confusión Mundo-Universo

Otra cuestión de relevante interés para el conocimiento del objeto de la tesis, que ahora se expondrá también sintéticamente, pero que brotará con profusión a lo largo del texto, es el de la confusión muy extendida en los usos de los términos Mundo y Universo, confusión que ha tenido lugar casi siempre por identificación del primero con el segundo. Conviene una reflexión al respecto, aunque sea mínima y de momento casi superficial, para evitar precisamente la confusión de los contenidos respectivos.

Cuando la Biblia y la teología cristiana hablan de 'mundo' no se refieren, de hecho *nunca*, a la acepción de Universo –asociada a la física– sino a la de 'mundo del hombre', 'mundo desde el hombre', 'mundo para el hombre'; no es *nunca* el Universo, el Cosmos. Aún estamos anclados, quizá inconscientemente, en la perspectiva prioritariamente religiosa de la conjunción escolástica de **Universo geocéntrico-geoestático-antropocéntrico** (que se estudiará con detalle en las partes segunda y tercera). Utilicemos ahora un texto bíblico casi neutro, en el que cabrían las interpretaciones del cielo: a) como el 'más allá'; y b) como el alrededor de una tierra, que ni siquiera parece el planeta Tierra cuya 't' en este caso habría que escribir con mayúscula.

> El Dios que hizo el mundo y todas las cosas que hay en él, siendo, como es Este, Señor del cielo y la tierra (Hechos 17:24).

De manera significativa puede considerarse la idea de que la creación, en los términos de las escrituras hebreas, es menos un asunto concerniente a los inicios que una descripción teológica del continuo compromiso de Dios con el mundo.

5. Notas caracterizadoras de esta 'Teología de la Creación del Universo'

Por una parte está lo establecido positivamente ("es") en el parágrafo 1 de este capítulo, como concreción de lo expuesto en el

TEOLOGÍA DE LA 'CREACIÓN DEL UNIVERSO'

capítulo 0.1. Por otra parte lo deducible de lo expuesto negativamente ("no es") en relación con la perspectiva de la creación en la teología tradicional. Para que sea teología cristiana no es necesario tomar como punto de partida la literalidad de las Escrituras, sino, a nuestro juicio, sí el establecimiento de unos postulados de fe en el Dios de las Escrituras, dado que estas no tienen la finalidad de describir el Universo y su funcionamiento. Para fijar de manera más precisa el sentido de esta tesis, pueden explicitarse las siguientes ideas.

1) El fundamento radica en los postulados de fe establecidos: *principialidad, relacionalidad* y *totalidad.*
2) La aceptación de que el conocimiento acerca del Universo se obtiene prioritariamente desde el conocimiento científico del mismo a la luz de la cosmología física hasta el presente.
3) Se asume el principio galileano, manifestación teológica de su revolución intelectual[29], de que las Sagradas Escrituras, en lo relativo al Universo, deben interpretarse a la luz de cómo sea este, por su condición de obra de Dios.
4) Se estudia la 'teología de la creación del Universo' no la tradicional 'teología de la Creación' que a fin de cuentas conduce a la creación del Hombre, y, en consecuencia, a la teología del pecado, la redención por Jesucristo y la salvación.
5) No parece, al menos no conocemos, que exista ningún libro, tratado o artículo, con título análogo o próximo al de "Teología de la creación del Universo y de la relación de Dios con su obra cósmica", ni ninguna tesis, y, por supuesto, ninguna concepción como la que aquí se pretende exponer.
6) De manera complementaria, creemos que es teología válida, ortodoxa, para todas las teologías, creencias e iglesias cristianas, ya que se encuentra en el lugar común a todas ellas: el Dios Uno Único y su obra. Tiene, en consecuencia, un interés ecuménico.

---

29. Cf. el capítulo 3.8. de la Parte Tercera.

PRIMERA PARTE: DIOS

EL PROBLEMA DE DIOS

1. Introducción

Esta Primera Parte, propiamente de Teología fundamental, en torno a **Dios**, acerca del 'problema de Dios', está, en general, bien elaborada y completa. Se ha escrito mucho, existen numerosos tratados. En consecuencia, es poco lo que debe decirse, aunque siempre pueden presentarse tratamientos algo diversos; quizá estemos en uno de estos casos. Parte prioritariamente teológica.

La Segunda Parte, propiamente de historia de la Cosmología, acogerá las sucesivas concepciones y los descubrimientos astronómicos y astrofísicos que han ido facilitando progresivamente un mejor conocimiento del **Universo**. Parte prioritariamente científica y complementariamente filosófica.

Y en la Tercera Parte, de mayor extensión, se relacionarán Dios y el Universo, a la luz de las sucesivas cosmologías, con la finalidad de estudiar el **problema de la relacionalidad de Dios con su obra cósmica**, objeto primordial de la tesis.

Tratemos, pues, de Dios.

2. Dios, concepto y proceso

En esta Primera Parte se pretende hablar de Dios, obviamente sin pretensiones de originalidad en el contenido fundamental, aunque formalmente se ofrezca una construcción con algún tono especial debido a la orientación específica cosmológica propia del objeto de la tesis.

La primera afirmación consiste en considerar, a estos efectos y en principio, a Dios como '**concepto**', independientemente de que fuera o no realidad, la 'realidad divina'. Así, primero, Dios es un concepto, o, quizá mejor, se trata de una **concepción**.

La segunda afirmación consiste en precisar que, por tratarse de una concepción Dios es, también en principio, **elaboración humana**, construcción intelectual.

Y la tercera afirmación se refiere a que esta elaboración ha consistido en un **proceso histórico**. Y precisamente aquí nos encontramos, en la parcela de relación de Dios con su Creación, a la luz del aporte que el conocimiento del Universo puede dar para, quizá, una mejor elaboración del concepto de Dios.

Esta concepción, de elaboración humana, y realizada como proceso histórico, no ha sido lineal, ni continua, ni de aceptación general.

En tanto que concepto, o mejor concepción, ha sido elaborado en los ámbitos de la inteligencia humana que denominamos filosófico y teológico, incluso algo de antropológico. Y en sentido negativo puede afirmarse que el **concepto de Dios no es concepto científico** (definición que expresa una idea clara y precisa de un objeto o de un evento de/en la Naturaleza y que sirve como base para la construcción de otros conceptos y de teorías, etc.); es decir, la concepción de Dios no es objetivable, Dios no es conocido ni cognoscible con definición o descripción de validez objetiva, más o menos exacta, generalizable, absoluta.

A modo de síntesis, como momentos más significativos de este proceso pueden considerarse los siguientes.

a. La constatación desde antiguo (tanto que, más que probablemente, al menos los neandertales ya mostraron claras manifestaciones de elementos religiosos) acerca de la naturaleza religiosa, espiritual, sobrenatural, de apertura a la trascendencia de los humanos.

b. Las consideradas culturas primitivas de nuestra especie *homo sapiens* ya concibieron *divinidades*, "dioses", múltiples y de muy diversas naturalezas, tales como objetos: el Sol, la Luna,...; o, por ejemplo, propiedades: Fecundidad, Belleza,...

c. La gran aportación del pueblo hebreo a la humanidad fue, sin ninguna duda, visto desde la fría realidad socio-histórica y con intención de objetividad intelectual, presupuestamente neutra en este punto, el acontecimiento de la consideración del "Dios Uno", la unicidad de Dios, el Uno Único.

d. Esta concepción del "Dios Uno" fue asumida por las consideradas como grandes religiones o "religiones de libro" –judíos,

PRIMERA PARTE: DIOS

cristianos, musulmanes– conjuntamente; constituyéndose, pues, en monoteístas.

e. Y esta concepción del "Dios Uno", por vía del cristianismo, se integró en la cultura occidental.

f. Paralelamente, desde perspectivas externas al ámbito propiamente religioso, o al margen de la fe, en elaboración intelectual agnóstica se consigue elaborar propiamente un concepto de Dios que puede denominarse el "Dios de los filósofos" y que presenta también como principio: "Si existe... es Uno".

g. La actualización teológica que aquí se pretende despertar –y que se hace desde el conocimiento científico y desde la fe, Dios y la Creación– se ofrece con presupuesta validez tanto para los territorios intelectuales como para los religiosos, para la comprensión y para la creencia.

Tras esta introducción pueden considerarse los diferentes capítulos de esta primera parte relativa a Dios que presentan especial interés a los efectos de esta tesis, y como es tradicional considerando los dos aspectos fundamentales: 1) el problema de la existencia; y 2) el problema de la naturaleza; y junto a ellos los dos relevantes: a) el problema de la relación de Dios con el Cosmos, objeto de reflexión; y b) el problema de la relación de Dios con los hombres, que no se integra en el objeto presente.

Por otra parte, está el Universo, que ha constituido objeto de estudio y de reflexión desde tiempos antiguos por la Filosofía, y desde otros más antiguos por la Astronomía, no exenta de astrología. En la época medieval europea confluyeron consideraciones filosóficas, teológicas y científicas con predominio de las disciplinas 'religiosas'. La modernidad ofrecerá un cambio radical: la referencia básica será la ciencia, pero con manifestaciones entre propiamente científicas y con expresiones lingüísticas y conceptuales bien de la matemática, la filosofía de la Naturaleza, la física y la astrofísica, para de nuevo concebirse como Cosmología, pero considerada como física, *cosmología física* o solo cosmología, pero sin considerar que pueda ser de otra naturaleza. En el siglo XXI no debe quedar ninguna duda acerca de que: a) "el Universo es lo que es, es como es" (en expresión convertida en popular desde la manifestación de Newton); b) "el Universo funciona como funciona" (versión Einstein); y c) quizá mejor, aunque con dificultades de expresión por carencia de conceptos

57

filológicos y de expresiones lingüísticas, "el Universo es-funciona o funciona-es como es-funciona o funciona-es", de modo que, en todo caso, hay que 'descubrirlo', estudiarlo, conocerlo como hace la Física, **renunciando a toda pretensión de imponer al Universo, desde planteamientos distintos a los de la ciencia, cómo tiene que ser o cómo tiene que funcionar.**

3. El 'problema de Dios'

El 'problema de Dios' o 'Dios como problema' filosófico aparece en la historia, según las historias de la filosofía, con San Agustín, y según las historias de la Iglesia en los primeros concilios ecuménicos (Nicea I, Constantinopla I y Calcedonia), a fin de cuentas en el siglo IV d.C. Aquí el problema se refiere a la naturaleza de Dios 'en sí', a la esencia de Dios, en un ámbito religioso que cree en un 'Dios Uno Único' y se encuentra con el difícil problema cristológico: ¿Jesús, el Cristo, es Dios? Y más tarde, los padres conciliares, en un maremágnum de ideas —consideradas muchas como herejías— tendrán que dictaminar también acerca de la existencia y divinidad del Espíritu Santo. Concluirán con la respuesta, desde entonces fundamento del cristianismo, con la concepción del 'Dios Único Uno y Trino': Padre, Hijo y Espíritu Santo. Así se establece un marco de referencia básico, entendido, en la perspectiva de respuesta al problema, como *Misterio* de la Santísima Trinidad. Pero la *solución* no existe. El 'problema de Dios' ha integrado tradicionalmente dos subproblemas, el de la *existencia* y el de la *esencia*[30]. Pero esto hace referencia al 'Dios en sí', según podemos conceptualizar los hombres. Pero el 'problema de Dios', o con más generalidad, el 'problema de la divinidad', precisamente, desde la racionalidad y la sentimentalidad humanas, adquiere otras dificultades relacionadas, por ejemplo, con: a) el problema del sentido de la vida; b) el problema de la finalidad, en su caso, de la vida; c) el problema de la naturaleza del bien y del mal; d) el problema del dolor y de la muerte; etc.

---

30. En matemáticas, sobre todo en el ámbito del álgebra, al caracterizar las operaciones se utilizan como elementos fundamentales las ideas de *universalidad, existencia, unicidad* y *pertenencia*, términos que desempeñan análogo papel: 1º existencia con su carácter de universalidad y unicidad; y 2º pertenencia a un determinado conjunto, –naturaleza–, que se abrirá con las *propiedades* de la operación.

PRIMERA PARTE: DIOS

Se concluía el capítulo 0.1 de la Introducción con un 'catálogo de problemas fundamentales' establecidos según aparecieron en la historia de la filosofía: 1) el problema de la Naturaleza, del Universo, del Cosmos, de la Realidad; 2) el problema del hombre; 3) el problema de Dios; 4) El problema del conocimiento; y 5) el problema de la Vida. Pero en los momentos citados solo hicieron propiamente 'aparecer', ya que por su naturaleza de problemas carecen de solución y su tratamiento permean toda la historia del pensamiento ofreciendo en las distintas épocas y culturas diferentes respuestas. El 'problema de Dios' es, por tanto, problema también actual, como lo es el 'problema del Universo', y desde la actualidad de ambos problemas hemos de tratar del problema de la relación entre dichos problemas: Dios y el Universo. Sobre el Universo crece, y de forma notable, nuestro conocimiento. Este conocimiento científico del Cosmos, que la fe propone como obra de Dios, ¿facilita o no, mejora, las *respuestas* a los problemas de la existencia y de la esencia de Dios?

En síntesis, a nuestros efectos, prioritariamente cósmicos, de la *relacionalidad* de Dios con el Cosmos, interesan precisamente los dos principales problemas básicos: el de *existencia* y el de *esencia* o *naturaleza*. ¿Existe Dios? Y, en el caso de que así sea, ¿Qué podemos conocer de su esencia? Y ¿con qué soporte?, ¿con qué medios? Aquí, a la luz de la Teología, desde la reflexión teológica, es decir, con los aportes de la fe y la razón, de la razón y la fe, y hacerlo específicamente desde el conocimiento de la obra de Dios, su Creación: el Universo.

Desde la aceptación de los postulados denominados de *principialidad* (existencia de Dios desde la eternidad) y de *relacionalidad* de Dios con el Universo (su Creación), expuestos como *postulados de fe*, hemos de tratar de ese Dios Creador del Universo, a la luz de la historia del Universo y de la historia humana, para comprender, en la medida de lo posible, su naturaleza a la luz del conocimiento de su obra.

Esta Primera Parte, relativa a Dios, es previa a las consideraciones acerca del Universo a lo largo de la historia humana (Segunda Parte) y de las consideraciones acerca de la relación o no de Dios con el Universo (Tercera Parte).

Para el estudio de esta relacionalidad Universo-Dios desde el hombre, resultan de interés, al modo que se utiliza en teoría de conjuntos la noción de aplicaciones o relaciones, los esquemas siguientes:

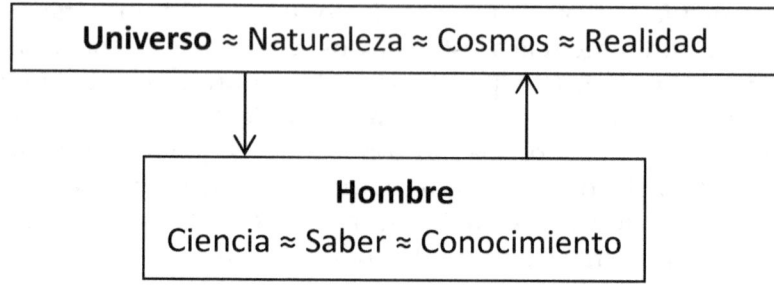

En síntesis, el hombre, por su inteligencia, por su ciencia, con su razón, adquiere saber –conocimiento– sobre el Universo (relación determinada por la flecha ascendente), el Universo se manifiesta ante el hombre como impresión de realidad, estimulando su ansia de conocer (relación determinada por la flecha descendente). El Universo está próximo, es inmediato al hombre y general a todos los hombres.

Ese esquema, a los efectos de nuestro interés, se completa con otro en el que Dios ocupa el lugar superior como Creador del Universo y en este del Hombre.

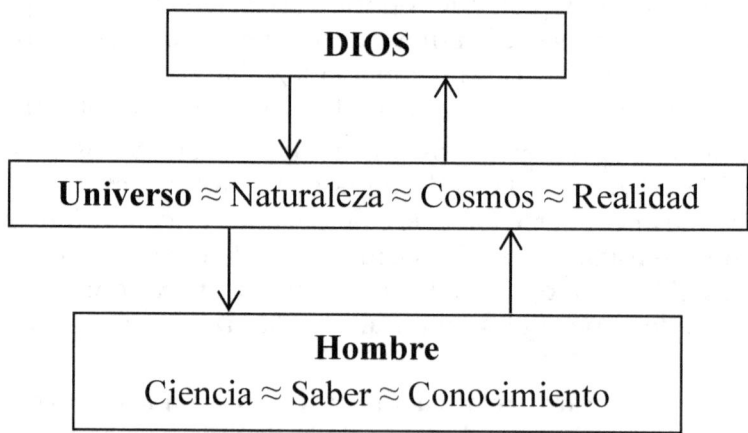

El nuevo esquema representa al Universo como *intermedio* entre Dios, creador del Universo, y el hombre, estudioso del Universo, de modo que este estudio puede conducirle a un mayor conocimiento de Dios. El Universo, inmediato y general para todos los hombres, se presenta como mediato entre los hombres y Dios, en la perspectiva de fe de los creyentes. Más adelante[31] se completarán de manera extensa estas consideraciones en torno a estos básicos esquemas.

Una apoyatura significativa puede ser:

> Que Dios existe y es uno, el creador y Señor de la historia, puede conocerse con la ayuda de la razón a partir de las obras de la creación, según una larga tradición que se encuentra tanto en el Antiguo (cf. Sab 13,1-9) como en el Nuevo Testamento (cf. Rom 1,18-23)[32].

Plano, pues, de la filosofía, de la razón, pero como 'ayuda' de la fe, que se concreta y expresa mediante: 1) Existencia; 2) Unidad, unicidad; 3) Creador; y 4) Señor de la Historia.

En este plano Dios-Universo no se precisa pasar al capítulo característico del cristianismo: la Trinidad, y en ella el Verbo, la Encarnación, la Salvación por su muerte y resurrección, etc. Es decir, no hace falta explicitar la continuación de la cita precedente:

> Sin embargo, que Dios se ha revelado a sí mismo a través de la encarnación, vida, muerte y resurrección de su Hijo para la salvación del mundo (cf. Jn 3,16) y que Dios en su vida interior es Padre, Hijo y Espíritu Santo, solo puede conocerse por medio de la fe.

Pero sí dejar manifiesto que desde esta perspectiva de fe se afirma que: 1) En su vida interior Dios es Padre, Hijo y Espíritu Santo; y 2) Dios se ha revelado a sí mismo a través de la encarnación, vida, muerte y resurrección de su Hijo para la salvación del mundo. De modo que se establece el Misterio fundante de la Trinidad y se estudia el Misterio de Dios, la prioridad absoluta de Dios.

En el marco de la **relacionalidad Dios-Universo** avanzada y establecida como base para esta reflexión puede adelantarse que las características, que denominaré "atributos cósmicos", utilizando palabras tradicionales religiosas, apropiadas por su funcionalidad desde el Cosmos, de Dios, son: Creador, Todopoderoso u omnipotente, y Omnisciente; y que, en la confrontación ciencia-fe hasta el

---

31. Capítulo introductorio de la Tercera Parte.
32. Comisión Teológica Internacional [CTI], (2012): *La teología hoy: perspectivas, principios y criterios*, Madrid, BAC, nº 12.

presente permanece, como pregunta capital o problema con grandes dificultades en su respuesta, la cuestión de si Dios actúa en el Universo o simplemente, en todo caso, observa o contempla. Este es el 'gran problema' de Dios en su "funcionalidad" en el Cosmos, ¿actúa o solo observa?, ya que en el marco de la física, ámbito del Universo, plano de la ciencia, parece –al menos, parece– que no; y, sin embargo, en el ámbito del Hombre, plano de la fe, afirmamos rotundamente que sí actúa. Así, ocuparán nuestra atención cuestiones tan importantes como: 1) Dios creador del Universo; 2) el Universo ("obra de Dios") como fuente de conocimiento de Dios y para una mejor interpretación de las Sagradas Escrituras; 3) la consideración del Universo en tanto que "escrito en lenguaje matemático"; y 4) el problema de la actuación o no de Dios en el Universo. Junto a estos problemas de expresión simple, al margen de su radicalidad, también serán objeto de tratamiento, con palabras propiamente filosóficas, desde su posición lógica (no geométrica), algunas cuestiones relativas a: Ultimidad (nada hay más atrás, antes de), consecuente Primariedad (primero), Principialidad (en tanto que principio fundamental y fundante, principio lógico, y no solo el 'principio' en el tiempo), Eterno (permanente) y Perfecto (idéntico a sí mismo siempre, "SER"); y ¡cómo no!, el 'Principio antrópico'.

Por otra parte, conviene dejar claro que no es preciso considerar otras características de Dios, propias de la **relacionalidad Dios-Hombre**, que pueden denominarse, por ejemplo, "atributos edificantes", tales como las referidas a la Persona del Padre, de Padre, Bueno, Misericordioso y Justo, o bien, otras relativas a la Persona del Hijo como Encarnado, Redentor, Salvador, u otras relativas a la Persona del Espíritu Santo como Santificador, Vivificador, Animador.

El problema de Dios, como se ha indicado, presenta, en la concepción humana, como primer subproblema el de la existencia, ¿existe o no existe Dios?, ligado, ¡cómo no!, en caso afirmativo, al subproblema de la esencia o naturaleza, desde la formulación de, al menos, tres posibles tipos de preguntas radicales: ¿Qué Dios?, ¿Qué es Dios?, ¿Quién es Dios?

Con respecto al problema de la *existencia* de Dios, Tomás de Aquino estableció lo que desde entonces se denominan 'vías' ("maneras de llegar a" la convicción de la existencia, no propiamente "pruebas de") señalando las famosas 'cinco vías' denominadas como: 1) Primer motor; 2) Causa eficiente; 3) Ser necesario; 4) Grados de perfección; y 5) Ser inteligente y gobierno del mundo; cinco vías suficientemente conocidas y abundantemente tratadas. Aquí veremos otros 'caminos', o bien otros modos de expresión, si se quiere, con lenguaje más científico y menos filosófico, entroncados en el posterior desarrollo de la ciencia hasta la actualidad. Pero con una convicción tradicional, desde el propio Sto. Tomás, en la Teología cristiana, que asume que la *existencia* de Dios no es tarea "comprobable" por "método científico" sino, en todo caso, mediante reflexión metafísica acompañada de la fe.

El subproblema de la *naturaleza* –o *esencia*– de Dios, en su radicalidad, también ha recibido numerosos tipos de respuestas, tales como "Ser" supremo; Persona (s); Ente individual (característica del monoteísmo); "Suprema deidad" (pero no como un Ser); que se completaría en cada caso con un extenso conjunto de *propiedades* o *atributos*. En síntesis, el problema de la conceptualización de Dios, asumida su existencia, también constituye un permanente tema de debate, de discusión, como corresponde a todo 'problema fundamental' que requiere, precisamente por esta condición, algún tipo de respuesta.

4. Estructura de esta Primera Parte

La estructura de esta Primera Parte, "Dios. El problema de Dios", se organiza en los siguientes capítulos.

En el Capítulo "1.1. En torno a la divinidad" se recuerdan, en apretadas síntesis y breves consideraciones, algunas ideas básicas de carácter esencial y a modo de escuetas notas históricas. El trasfondo de esta larga etapa queda caracterizado, en el marco del tratamiento propio de este trabajo, prioritariamente por el politeísmo.

El Capítulo "1.2. 'El Dios de los judíos': La concepción unitaria de Dios" trata sobre la idea de Dios que se 'autoimpone' al pueblo hebreo, básicamente, *en sí*, como "Dios, Uno Único".

El Capítulo "1.3. 'El Dios de los cristianos': Uno y Trino" se dedica a la concepción de Dios generada en el cristianismo.

El Capítulo "1.4. 'El Dios de los filósofos'" acoge las reflexiones que hicieron, y hacen posible, la conceptualización de "Dios, Uno Único", a la luz de la razón, y solo de la razón, ciencia y filosofía, orientado hacia y desde el Universo.

Y en el Capítulo "1.5. Los 'atributos cósmicos' de Dios se concreta la *naturaleza* de Dios en lo referente a su *relacionalidad* con el Universo.

5. A modo de adenda de actualidad

Con ocasión de las múltiples conmemoraciones que se han venido celebrando relativas a los bicentenarios de diversos aconteceres de la Guerra de la Independencia (1808-14), de las Cortes de Cádiz (1810-14) con especial relevancia de la Constitución (1812), y a las independencias de las Repúblicas de la América española, hemos escrito unos artículos, y dictado numerosas conferencias, relativas a temas religiosos con centralidad en la Constitución gaditana[33].

En el primero de estos artículos, acerca de "lo propio y expresamente religioso" en la Constitución de Cádiz, se trata de 'Dios en sí', es decir, del concepto de Dios que expresa la Constitución, situado en un contexto prioritario si no exclusivamente teológico, aunque, esto sí, con referencia al proceso histórico constructivo del concepto católico de Dios. Y el concepto constitucional gaditano de Dios se pone en relación con el concepto que se expresa literariamente en los credos 'oficiales' actuales de la Iglesia. El artículo constituye, así, una reflexión inserta en las usuales tareas de investigación histórico-teológica.

Dicho artículo tiene, pues, naturaleza de breve ensayo con nítido predominio de la reflexión sobre la erudición filosófica, histórica y teológica. En él se hace un análisis crítico, intrínseco y respectivo al contexto básico monoteísta, de la Constitución de Cádiz, desde la que se considera y denomina la perspectiva prioritariamente teológica. Para ello se reflexiona sintéticamente acerca de la concepción unitaria de Dios, con referencia a las de los judíos y de los filósofos, y de la concepción trinitaria cristiana. Se reproducen los Credos sancionados por la autoridad católica, Símbolo de los Apóstoles y Credo niceno-constantinopolitano, para su contraste con el concepto monoteísta de Dios expresado en el texto constitucional, mediante la que se denomina 'fórmula trinitaria gaditana' que expresa mejor que los propios Credos el carácter monoteísta de la religión cristiana: Dios Uno y Trino.

---

33. González de Posada, F. (2013): Artículos sobre Dios, Religión e Iglesia en la Constitución de Cádiz presentados en el V Congreso Beresit, de la Cofradía Internacional de Investigadores de Toledo, celebrado en Sevilla. Se han dictado conferencias en Laredo, Cádiz, Madrid, Gandía, Sevilla y El Puerto de Santa María.

1.1.
EN TORNO A LA DIVINIDAD

1. En torno al *hecho religioso*: notas históricas

En la Introducción a esta Primera Parte se ha indicado que en este Capítulo "1.1. En torno a la divinidad" se recuerdan, en apretadas síntesis y breves consideraciones, algunas ideas básicas de carácter esencial y a modo de escuetas notas históricas. El trasfondo de esta larga etapa de la humanidad queda caracterizado, en el marco del tratamiento propio de este trabajo, prioritariamente por el **politeísmo**. A fin de cuentas se trata de los orígenes del fenómeno religioso y de sus múltiples ramificaciones y orientaciones. Pero, conviene insistir, nuestro desarrollo aquí se hace mediante síntesis apretadas y breves consideraciones que se enumeran a continuación.

1. No presenta relevancia alguna para esta *Teología de la Creación* el siempre interesante estudio de las religiones en plural. Tampoco una cierta extensión en el análisis de sus comienzos, en las manifestaciones iniciales de naturaleza mitológica y entroncamiento primigenio con los ámbitos de la magia y del espiritismo, que aunque hemos escrito 'primigenio' permanecen aún vigentes en numerosos lugares y en múltiples ocasiones. Pero sí se pretende fijar, de alguna manera, algunas de las concepciones de la divinidad, con sus atributos específicos, así como de los problemas del hombre que impulsaron su 'necesidad' de búsqueda de la divinidad.

2. En la '**historia de la religión**'[34] se considera a esta, a veces, tan antigua como la del hombre mismo, a partir de los estudios antropológicos y arqueológicos, o incluso, más bien, se considera, a veces, que la adquisición de la condición propiamente humana de los homínidos tiene que ver precisamente con la cuestión de la religiosidad (inclinación innata hacia lo espiritual, algún tipo de adoración, apertura a la trascendencia, consideración de la muerte, etc.).

---

34. Sería, quizá, más apropiado, hablar de 'historia de las religiones'.

3. Desde hace miles de años la humanidad ha sentido, con dificultades, dudas y pesadumbres, *necesidades religiosas*, anhelos de espiritualidad, y se ha puesto a la búsqueda y al encuentro de Dios o de dioses. Entre las preguntas que se ha formulado, de esta naturaleza, pueden destacarse las siguientes, en línea con la propia vida: 1) ¿Por qué existo?; 2) ¿Por qué vivo, para qué vivo y cómo debo vivir?; y 3) También acerca del futuro, sobre el enigma de la muerte, y, en su caso, del 'más allá'. En ellas se encuentra el hombre siempre con el 'problema de la divinidad', con el 'problema de Dios'. Las respuestas a estas cuestiones, y a otras del mismo ámbito religioso, han sido de muy diferentes naturalezas según lugares, tiempos, culturas y situaciones concretas. Por todo el mundo se ha desarrollado una gran diversidad de expresiones religiosas.

4. No hay que olvidar que ante el 'problema de Dios' en sentido estricto se han mantenido, y se mantienen, tres tipos de actitudes básicas: 1) ateísmo, la asociada a los no creyentes en ningún dios; 2) agnosticismo, correspondiente a quienes sustantivamente piensan que Dios es desconocido y/o que es imposible conocerlo; y 3) religiosidad, la de los creyentes. Si se sustituye la expresión 'problema de Dios' por 'problema de religiosidad' y esta se entendiera en sentido amplio –conducta ética, devoción a algún principio, orientación por la conciencia– no cabrían las anteriores denominaciones, que se refieren, obviamente, a la consideración de un 'algo-alguien' 'otro', denominado Dios.

5. El punto de arranque, objetivo, de la existencia de Dios, y consecuente creencia en Él, debería haber sido relacionado con el Universo –la Creación–, con lo que existe a nuestro alrededor, con el dónde existimos; pero, sin embargo, como se ha visto antes, las preguntas se han referido básica y principalmente al hombre en cuanto especie y/o al yo. A continuación, como consecuencia de la admiración del Universo inmediato y del 'orden' apreciable en él –los fenómenos de los movimientos celestes, el ritmo de la vida– y de los desórdenes también apreciables en él –tormentas, volcanes, terremotos–, se concibe un Creador-Gobernador.

6. Uno de los temas recurrentes del ansia de espiritualidad fue, quizá aún es, el que se relaciona con lo denominado *alma* en la confianza, en el deseo, en la esperanza de *inmortalidad* de un *cuerpo* que, de ninguna manera, lo es. Tras la muerte, el *alma* pasaría a otro lugar

trascendental o bien se *reencarnaría*. En torno a esta cuestión, con ella, surge la creencia en un *más allá*, en el *cielo*.

7. El otro de los temas recurrentes, también supuestamente primitivo, fue el de la creencia en un ***poder* sobrenatural *impersonal*** que despertó en los hombres los sentimientos de *reverencia* (objeto de adoración) y de *temor* (consecuentemente, impulsión hacia una buena conducta), sentimientos claves en la historia de las religiones; y en un contexto de especie de respuesta emocional a lo desconocido.

8. Como tercer elemento fundante de las religiones primitivas –junto a la noción de alma y de poder sobrenatural impersonal– puede considerarse el conjunto de cuestiones que se incluyen en el ámbito de la *magia*, con sus ritos, sus ceremonias y sus hechizos que se desarrollaron hasta su conversión en sacrificios y oraciones dedicados al poder sobrenatural. Los *mitos* constituyeron base para creencias y ritos, y evidencian que desde la antigüedad el hombre buscaba/temía a los dioses. Espiritismo, magia, adivinación, astrología y otras prácticas supersticiosas permean la historia de la humanidad hasta el presente.

9. Los objetos de adoración más frecuentes que se encuentran son del ámbito natural –Sol, Luna, estrellas, montañas– que en diferentes sentidos serían personificados como espíritus o dioses que recibirían adoración.

10. Uno de los temas que llaman la atención es el de la enorme **diversidad** de las concepciones, de las concreciones como dioses de entidades objetuales o fenoménicas o de seres vitales y de las realizaciones religiosas en la historia de la humanidad. Y junto a esta diversidad también pueden encontrase similitudes entre casi todas ellas, con los referentes principales de la creencia en un alma inmortal (caso singular y harto significativo de Platón, pero también en la América prehispánica de aztecas, incas y mayas, y en numerosas mitologías africanas) y en una recompensa o castigo celestial, así como narraciones legendarias acerca de una etapa primitiva de felicidad (algún tipo de 'paraíso') y una especie de rebeldía comúnmente aceptada que acabó con aquella.

11. Ya en época de Jesús de Nazaret en la culta **Atenas** coexistían diferentes escuelas de pensamiento con distintas ideas acerca de los **dioses**, de modo que consecuentemente se veneraban numerosas deidades y se desarrollaron distintos modos de adoración,

y la ciudad se presentaba como expositora de numeroso ídolos y templos. **Roma** ofrecía una imagen similar. Los Olimpos griego y romano, ambas mitologías, expresan y explican significativamente el sentido religioso del **politeísmo**, como antes en el mundo egipcio o en el asirio-babilónico.

12. Los primeros cristianos, siglo I d.C., estaban rodeados de griegos y romanos, con sus numerosos dioses y deidades y con sus ritos supersticiosos. En estos extensos ámbitos del Imperio Romano se difundiría inicialmente, tras la salida del reducido marco geográfico palestino hacia la gentilidad, la creencia judeo-cristiana de un solo Dios: **monoteísmo** emergente en un mundo politeísta.

13. En este marco general puede considerarse la expresión: "**el hombre ha inventado a Dios**", ha 'conceptualizado a Dios' desde el hombre mismo, por sí mismo, para sí mismo. Y en esta línea se entronca el ateísmo, que surge con fuerza y expansión en el siglo XIX. Ya antes, en los albores de la Ilustración, Voltaire había afirmado: "Si Dios no existiera habría que inventarlo". En todo caso, en singular o en plural, puede afirmarse que en (casi) todos los pueblos ha existido –y existe– un concepto de Dios en tanto que expresión de la conciencia en la existencia de un(os) ser(es) supremo(s).

14. La concepción de la divinidad como '**Dios Uno Único**', que se tratará en el próximo capítulo, constituyó la gran aportación intelectual-religiosa del pueblo hebreo a la historia de la humanidad. Poco más aportó este pueblo al progreso, en nada se le reconoce en los campos de la ciencia y de la técnica, donde tan fecundos fueron otros. Pero Dios, si existe, y para ellos sí existía, es 'Un Único Uno'. Veámoslo en el capítulo siguiente. ¡Ah!, pero aquí no se trata propiamente de un 'invento del hombre', sino de la **revelación de Dios** a los hombres.

2. Caracterización del *hecho religioso* en relación con el problema de Dios

El hecho religioso, sociológica y psicológicamente, consiste en:

a) Conjunto de creencias en la existencia de realidades de orden superior al humano, a las que los hombres dedican básicamente: a) adoración; b) rogativas; c) sacrificios.

b) Realidades superiores que actúan (pueden actuar) en la vida de los hombres, lo que sugerirá/impondrá unas determinadas conductas.

c) Creencia en que después de la muerte (que no es fin definitivo) hay algún tipo de 'vida': inmortalidad, otro tipo de vida, reencarnación. De lo que se derivarán diferentes manifestaciones de culto a los muertos.

d) Establecimiento de un conjunto de ritos, cultos, ceremonias.

El hecho religioso, desde una perspectiva socio-histórica, se manifiesta con dos notas harto significativas:

1) Gran diversidad de expresiones religiosas en todas las épocas.
2) Constatación de antigüedad en la evolución 'humana'.

3. Introducción al problema de Dios: tipología de religiones

En síntesis extrema de exposición tipológica estrictamente nominal, pero como marco de encaje para los capítulos próximos, las religiones pueden clasificarse de la siguiente manera.

a) Religiones con raíces en la mitología: los "dioses" bajo consideraciones tales como: Superstición, Magia, Ritos, Ceremonias, Sacrificios, Astrología...

b) 'Religiones' (plural, diversas concepciones) conceptuales desde la pura abstracción: el 'Dios de los filósofos' o los dioses de los filósofos.

c) Religiones con raíces históricas –basadas en 'hechos'–, las monoteístas: hebrea, cristiana, mahometana.

4. Consideraciones de Calvino

He procurado completar mi formación básica con el estudio de las principales obras de la Reforma. En este proceso de formación complementaria me parece adecuado introducir en este capítulo unas consideraciones de Juan Calvino en su obra cumbre *Institución de la religión cristiana*.

En primer lugar, puede decirse que constata:

– En III.1 considera que "La religión es un hecho universal": "Nosotros, sin discusión alguna, afirmamos que los hombres tienen un cierto sentimiento de la divinidad en sí mismos; y esto, por un instinto natural […] mismo Dios imprimió en todos cierto conocimiento de su divinidad […] entiendan que hay Dios y que es su Creador".

– En III.4: "Todos tienen conciencia de que existe un Dios", "está esculpido en el alma de cada hombre un sentimiento de la Divinidad, el cual de ningún modo se puede destruir; y que naturalmente está arraigada en todos esta convicción: que hay un Dios".

– En V.1: Dios "plantó la semilla de la religión de que hemos hablado en el corazón de los hombres". "Su esencia es incomprensible, de tal suerte que su deidad trasciende todo razonamiento humano".

En segundo lugar, que hace los siguientes juicios:

– V.13: "La temeridad y el atrevimiento se unieron con la ignorancia y las tinieblas, apenas ha habido alguno que no se haya fabricado un ídolo a quien adorar en lugar de Dios".

– V.14: "¡Cuán grande es la diversidad [de dioses, de ídolos] entre los mismos filósofos que han querido, con su inteligencia y saber, penetrar los cielos!" ("especulaciones de los filósofos").

– V.15: "No hay conocimiento natural de Dios". Parece estar en contradicción con el principio y, consecuentemente, con lo que se denomina "Dios de los filósofos" y todos los intentos de 'demostración' de la existencia de Dios.

Y, en tercer lugar, a modo de colofón por nuestra parte, afirma:

– VI: "Es necesario para conocer a Dios en cuanto Creador que la Escritura nos guíe y encamine". La Escritura nos muestra al verdadero Dios.

1.2.
EL 'DIOS DE LOS JUDÍOS': LA CONCEPCIÓN UNITARIA DE DIOS

1. El papel relevante del 'Dios de los judíos' en la historia

Dios concebido como 'el Único Uno' Ser Supremo fue la gran contribución histórica del pueblo judío a la historia de las civilizaciones. Frente a las culturas politeístas preexistentes, coetáneas y sucesoras, los hebreos sorprenden con una concepción monoteísta. Yahvé es el Único dios, Dios. Ni hay ni puede haber otro. A modo de axioma se presupone la existencia de este Dios como 'hecho' incuestionable. Y ese Dios único, que existe, es el Creador del Universo ("de los cielos y de la Tierra").

La concepción hebraica establece, así, la creencia fundamental para judíos y para la historia de la humanidad, de la existencia de un **Dios Uno y Único,** un solo Dios, Ser Supremo sin par. De un plumazo, en tanto que concepción [otros cantares serán las respuestas personales o sociales de los increyentes, de los herejes, de los idólatras del propio pueblo judío], se niega la posibilidad de existencia de deidades secundarias, de una divinidad consorte de sexo femenino, de un Dios malo rival de Yahvé.

La idea de este 'Dios de los judíos', 'Dios de la Biblia', tanto en su conceptualización "en sí" como en su respectividad con el Universo, es inteligible, relativamente sencilla e incluso convincente, harto coincidente, como podrá apreciarse, con la concepción básica de la 'construcción positiva' del 'Dios de los filósofos' (creador, omnisciente y omnipotente). El 'Dios de los judíos' añade un atributo cósmico más: actor, actuante concreto en el funcionamiento del Cosmos; cuestión esta que desde la ciencia –y, en perspectiva actualizada, por tanto, desde la filosofía–, no se acepta: el Universo funciona por sí mismo conforme a leyes en él impresas desde la creación. Es creador del Universo, del Sol y del sistema solar en él, de la Tierra en este, de la Vida en la Tierra y del Hombre, mediante actos singulares concretos. Interviene en el funcionamiento, es actor de su dinamismo.

Pero el 'Dios de la Biblia' en su respectividad con el género humano, ofrece unas peculiaridades singulares.

Primero. Es un Dios que se ha revelado a los hombres, un Dios que ha hecho historia. El Antiguo Testamento es una especie de "la historia de Dios con los hombres". La revelación presenta a un Dios que trata directamente con humanos: cumple sus promesas, solicita adoración (tres primeros mandamientos) y exige conductas correctas a los hombres (los siete restantes).

Segundo. Es un Dios personal en su trato directo con los hombres. No es un principio o ser general, no es una abstracción. En la Biblia se habla de Dios y sobre Dios, pero también se habla a Dios y con Dios. Dios es sujeto y no predicado, Dios es alguien a quien se puede oír e invocar, Dios es un tú que interpela y se deja interpelar.

En resumen, se introduce la concepción de Dios como Único Uno, Creador del Universo, todopoderoso, omnisciente y actor.

Estas ideas generales iniciales pueden estructurarse formalmente de manera más precisa. El considerado "Dios de la Biblia" (en realidad, Dios del Antiguo Testamento), es el propio «Dios de los judíos», "El Dios de Abrahán, Isaac y Jacob", "el Dios de Israel".

A continuación se expone, de manera organizada y en apretada síntesis, nuestra consideración acerca de la teología hebraica.

2. En torno a la existencia de Dios

Con respecto a la respuesta que el pueblo judío da al 'problema de la existencia', puede organizarse en dos postulados:

Primer postulado. Dios existe. Y existe como "hecho" obvio, a modo de Axioma. No admite la menor duda.

Segundo postulado. La existencia del mundo es prueba suficiente para la existencia de Dios. Dios es el Creador del Universo.

Y ese Dios que existe: "En el principio creó Dios los cielos y la tierra". Este principiar, empezar, comenzar no se refiere obviamente a Dios, sino que es el principio-comienzo del Universo.

3. En torno a la esencia de Dios, Dios *en sí*

Con respecto a la respuesta que el pueblo judío da al 'problema de la esencia' de la divinidad, de Dios, a 'Dios *en sí*', presenta una primera nota históricamente singular.

Primer postulado. Dios es Uno Único. Se establece así, por primera vez en la historia de la humanidad, con significado determinante, el monoteísmo.

Se convierte en la creencia fundamental para los judíos y para la historia de las religiones. A Israel debe el mundo la fe inequívoca, programática y exclusiva en un solo Dios, 'Ser Supremo', sin par, ya que, como se ha anticipado, en la religión judía:

a) No hay deidades secundarias.

b) No hay una divinidad 'consorte' de sexo femenino.

c) No hay un Dios malo rival de Yahvé.

Esta 'primera básica concepción judía' acerca de la Idea de Dios, en un mundo *racionalista*, es fácilmente inteligible, relativamente sencilla e incluso hasta apreciablemente convincente. Pero esta concepción de la *unicidad* de la divinidad en un solo Ser tendría unas relevantes consecuencias.

1ª. Implicó el destronamiento de los 'dioses' antiguos y modernos (que se habían 'establecido' en diferentes culturas en relación con temas de sexo, poder, ciencia, nación, ideología, etc.).

2ª. En su relación con el Universo presenta una aceptable concordancia con el que se denomina "Dios de los filósofos", que así serían también deudores del "Dios de los judíos".

3ª. El "Dios de los cristianos", que trataremos en el próximo capítulo, y el "Dios de los musulmanes", resultarían ininteligibles sin el "Dios de los judíos" que les precedió históricamente.

Segundo Postulado (referido a la idea de Materia): **Dios es Incorpóreo.**

Dios no tiene cuerpo (lo que integra que no tiene género). Dios no es física (la adoración al becerro de oro, objeto material, constituyó idolatría). De esta idea deducen una absoluta negativa a todo tipo de imágenes.

Tercer postulado (referido a la idea de Tiempo): **Dios es eterno.** Es decir, no tuvo principio-comienzo ni tendrá fin.

Cuarto postulado (referido a la idea de Espacio): **Dios es Infinito y Omnipresente.**

Está en todas partes al mismo tiempo, simultáneamente, y al mismo tiempo que en el 'más allá'.

4. En torno a la relación Dios-Universo

Primer postulado. Dios creó el Universo de la Nada. El Universo tuvo un comienzo en el marco de la eternidad de Dios. El Universo tuvo un principio y tendrá un fin. "En el principio creó Dios el cielo y la Tierra". Dios es el origen y será la consumación del Universo.

Segundo postulado. Dios actúa en el Universo, aunque formalmente 'actúe en el mundo de los hombres' (Sucesivos días del Génesis operando en él; separación de las aguas del Nilo, paralización del 'desplazamiento del Sol' en su recorrido diurno a solicitud de Josué, etc.). Dios actúa con los siguientes atributos, a la luz del Génesis, que denominamos *atributos cósmicos*:

a) Creador.
b) Omnipotente.
c) Omnisciente.
d) Actor, en la acepción de actuante (no de representante). Este actuar significa la intervención de Dios como acción inmediata, concreta, específica, coyuntural; es decir, intervención directa. (Desde la perspectiva de la actualidad científica, se diría –en esta tesitura– que en el Universo ocurrieron –y ocurren– "milagros", no aconteceres 'naturales' consecuentes con unas leyes científicas).

5. En torno a la relación de Dios con los hombres

Primer postulado. Dios se ha revelado a los hombres. Es un Dios que trata directamente con humanos, y que ha inspirado las Sagradas Escrituras, la Biblia hebrea, y el Nuevo Testamento cristiano.

Segundo postulado. Dios ha hecho historia: "La historia de Dios con los hombres", el Antiguo Testamento. Abraham. Moisés, con los diez mandamientos para: 1) "Adoración" a Dios; y 2) "Conducta" de los hombres. Éxodo de Egipto a la tierra prometida. Sacerdotes, Reyes y Profetas. Así, es el Dios de la 'liberación', de la 'conservación' y de la 'salvación' del pueblo de Israel. En síntesis, es un Dios que: a) Cumple promesas; b) Solicita "adoración" (los "tres" primeros mandamientos); y c) Exige "conductas correctas" (4º a 10º mandamientos).

Tercer postulado. Es un Dios personal en su trato directo con los humanos. Dios no es un principio general ni un ser general, no es una fuerza de la naturaleza, no es ninguna abstracción. Dios es sujeto y no predicado, es una respectividad para el hombre. En la Biblia se habla de Dios y sobre Dios, pero también se habla a Dios y con Dios. Dios es alguien a quien se puede oír e invocar. Dios es un "tú" que interpela y se deja interpelar.

En este contexto de **respectividad de Dios con los hombres** puede considerarse a Dios con los siguientes atributos, que denominamos *atributos edificantes*:

a) Omnisciente: conoce todo acerca de "mí" –pensamiento y obras (pasado, presente y futuro)– y acerca del "pueblo".

b) Omnipresente: cerca de todo "yo", cerca de "mí", y de todos, y de todo.

c) Omnipotente, de modo que solo escapa a su control la voluntad libre del hombre.

d) Justo: recompensa el bien y castiga el mal.

e) Misericordioso: permite la expiación de los pecados –arrepentimiento, oración, caridad–.

6. A modo de complementos

Desde la perspectiva de esta tesis, podrían considerarse como cuestiones complementarias, pero de las que conviene dejar constancia por su importancia en general –y haciendo referencia exclusivamente a lo conocido por el mundo hebreo–, las siguientes:

a) Dios es también el Creador de la Vida en la Tierra.

b) Dios es, como se ha dicho, el Creador del Hombre.

c) Dios interviene con acciones inmediatas, concretas, específicas, coyunturales, es decir, intervención directa en la historia del Hombre, como en la del Universo. Dios es el origen y la consumación del Hombre.

7. Notas acerca de la Biblia

La Biblia, en el entendimiento judío, es solo el Antiguo Testamento de la Biblia de los cristianos. De interés relevante para los temas teológicos, con validez para las dos versiones, pueden considerarse las siguientes notas.

a) Es probablemente el libro **más antiguo** que afirma que ha sido **inspirado por Dios**. Así, por ejemplo, dice: "Toda Escritura es inspirada de Dios y provechosa para enseñar, para censurar, para rectificar las cosas, para disciplinar en justicia, para que el hombre de Dios sea enteramente competente y esté completamente equipado para toda buena obra" (2 Timoteo 3:16-17). La parte más antigua de la Biblia precede a todos los demás escritos religiosos del mundo. La Torá (los primeros cinco libros de la Biblia –la Ley que escribió Moisés por inspiración divina directa se remonta al siglo XV a.C. [Se considera que los escritos hindúes Rigveda (colección de himnos) se completaron alrededor del año 900 a.C. y no se les atribuye inspiración divina. El Canon de las tres cestas budista se sitúa en el siglo V a.C. El Corán, supuestamente trasmitido por Dios a Mahoma mediante el ángel Gabriel, es del siglo VII d.C. El Libro del Mormón, supuestamente dado a Joseph Smith en los Estados Unidos mediante un ángel llamado Moroni, es producto del siglo XIX d.C. Resulta, pues, que la Biblia, en todo caso, sería, al menos, fuente inspirada original y/o primera].

b) Constituye expresión manifiesta de la **voluntad de Dios sobre los hombres** (Romanos 12:2): "Cesen de amoldarse a este sistema de cosas; más bien, transfórmense rehaciendo su mente, para que prueben para ustedes mismos lo que es la buena y la acepta y la perfecta voluntad de Dios".

c) Es el libro más traducido, **más editado** y más distribuido de toda la historia.

1.3.
EL 'DIOS DE LOS CRISTIANOS': UNO Y TRINO

1. La presencia de Jesús en la historia humana

En síntesis apretada pueden expresarse unas ideas relevantes en torno al más prodigioso evento de la historia de la humanidad.

1.1. La novedad radical: Jesús, el Cristo

En el mudo hebreo, en su cultura y su religión, aparece Jesús de Nazaret, con la condición de judío. Se trata así de un hecho histórico, no de un mito, no de una abstracción: se trata de un hombre.

Desde la perspectiva judía, la respuesta a la pregunta ¿es Jesús el Mesías?, es negativa.

Desde la perspectiva cristiana, Jesús de Nazaret es el Mesías esperado por el pueblo judío, el Ungido, el "Hijo de Dios". Con él se produce la "consumación" –la plenitud– de la Revelación de Dios a los hombres; constituye un "Rostro" desvelado; es manifestación de Dios trascendente e inmanente de manera simultánea.

1.2. La predicación de Jesús a los hombres

Según los evangelios, Jesús de Nazaret, predica a los hombres:

a) La conversión.
b) La salvación: la misericordia.
c) La Buena Nueva: el "reino de Dios"

No dice nada considerado relevante, directamente, para el problema del Universo en sí ni para el problema de la relación entre Dios y el Universo.

1.3. Dios en la 'predicación' de Jesús

Y, respecto a Dios, ¿qué dice Jesús?, a la luz del Nuevo Testamento.

a) Confirma la existencia de Dios.

b) No hace nuevas revelaciones sobre *Dios en sí*, acerca de: i) la esencia de Dios; ii) un nuevo concepto de Dios; iii) la naturaleza interna de Dios; y iv) determinadas consideraciones metafísicas.

c) Nada propiamente en cuanto al Universo, no plantea –según el Nuevo Testamento– el problema de la relación de Dios con el Universo; su mensaje se refiere al 'Mundo del hombre', incluso mejor 'al hombre en su Mundo'.

Así, respecto a las relaciones de Dios con los hombres –el **problema de la respectividad Dios-Hombre**–, ofrece una auténtica revolución, de la que solo se señalan algunos aspectos ya que esta cuestión es solo complementaria en la tesis.

a) Llama a Dios 'Padre', misericordioso, bueno, pero, obviamente, no como atributos objetivos sino como *propiedades activas* a favor del hombre. No son predicados de un 'ser en sí', sino de su relación con los hombres.

b) Predica a Dios como "su" Padre y como "Padre nuestro".

c) Predica a los hombres un Dios que (frente a la consideración de 'dominador', juez, castigador): i) Perdona; y ii) Libera.

1.4. Un nuevo plano 'intelectual' teológico: la Cristología

Tras el tránsito de Jesús hombre, entre sus discípulos y en los primeros siglos, surge la *cuestión cristológica* que se refiere a la relación de Jesús con Dios. Jesús de Nazaret: ¿es hombre?, ¿es Dios?, ¿qué es?

Jesús es el Cristo: crucificado, muerto y resucitado. Redentor y Salvador. Es el 'Hijo de Dios'.

En torno a Jesús, en el ámbito del cristianismo, se plantea el 'problema de Dios' en su máxima profundidad. Jesús, el Resucitado; exaltado a "la derecha del Padre"; Redentor; reconciliador; Único mediador; Camino, Verdad y Vida; 'Hijo de Dios' desde la eternidad (con preexistencia eterna).

2. La concepción trinitaria de Dios: el 'Dios de los cristianos'. Construcción histórica

2.1. La cuestión cristológica

El hecho histórico de Jesús de Nazaret, una novedad radical en la historia de la humanidad, ni es mito ni es abstracción, sino que se trata de un hecho histórico. Por ello, concentró –y sigue concentrando– una atención especial desde las posibles consideraciones de Mesías, de "el Hijo de Dios", de concreción en Él de la 'consumación' –plenitud– de la Revelación de Dios a los hombres, de 'rostro desvelado' de Dios, de Dios simultáneamente trascendente e inmanente.

Con este trasfondo, el cristianismo, superado los primeros siglos de existencia marcados por la marginalidad y las persecuciones en el seno del Imperio Romano, alcanza tal difusión y tanta presencia pública que tiene necesidad de establecer con claridad su doctrina, sus creencias. El problema capital se centra en la cuestión cristológica. Jesús de Nazaret: ¿hombre?, ¿Dios? El Cristo: crucificado, muerto y resucitado; el Redentor, el Salvador. Jesús predicó a Dios como su Padre y como nuestro Padre. Así, se plantea como problema fundamental el de la relación de Jesús con Dios, para la construcción de su doctrina, de su canon, de su dogma, del núcleo de su creencia religiosa. Esta será la tarea de más trascendencia del cristianismo en el siglo IV: la caracterización 'exacta, precisa y definitiva' de Jesús, el Cristo.

Y la respuesta a esta trascendental cuestión cristiana se ofrecerá en terminología de categorías ontológicas propias de la filosofía griega.

2.2. La naturaleza divina de Jesús: el Concilio de Nicea I (325)

El Concilio de Nicea I, fue convocado por el Emperador Constantino, según la visión más extendida de la historia, con la finalidad de apaciguar las tensiones que en el interior de su imperio enfrentaban a los cristianos, que se encontraban divididos en torno a esta cuestión tan principal: Jesús es hombre (para los arrianos), Jesús es Dios (para los alejandrinos).

Tras numerosas sesiones, llenas de dificultades y de fuertes discusiones inacabables, con descaradas intromisiones de Constantino, el Concilio proclama que Jesús, el Cristo, es: "Dios de Dios, luz de luz, Dios verdadero de Dios verdadero, engendrado, no creado, de la misma naturaleza que el Padre". Queda establecida la doctrina, pero no la unidad del mundo cristiano que continuaría dividido como antes del Concilio, con las respectivas y mutuas condenas de los unos a los otros y las consiguientes consideraciones de herejía, destituciones, cárceles, destierros, etc.

A los efectos de este trabajo conviene destacar que no se trataba de introducir un diteísmo. Dios es UNO y ÚNICO. Jesús tiene la misma naturaleza (divina) que el Padre y es eterno (por ello es no creado). Con el 'término' persona (divina) y con la idea de idéntica naturaleza que el Padre se considerará que el 'verdadero hombre' Jesús de Nazaret es revelación real del único Dios a los hombres, Palabra de Dios –el Verbo–, Hijo de Dios, Revelador de Dios.

2.3. La existencia y naturaleza divina del Espíritu Santo: el Concilio de Constantinopla I (381)

No se han concluido las tensiones del Concilio de Nicea, más bien se ha complicado el panorama intelectual básico acerca de quién (marco de la consideración de persona) y/o qué es Dios. El problema intelectual básico está candente. Hay necesidad de ofrecer una respuesta, que se considerará solución definitiva al problema de Dios del cristianismo. Las dificultades que se vienen presentando son muchas. La proclamación final es clara: "El Espíritu Santo tiene, con el Padre y el Hijo, una sola naturaleza". Se introducirá definitivamente el término *persona divina* para caracterizar a los tres ("?") integrantes del Único Dios, el poseedor de la naturaleza divina, que compartirían las tres personas divinas, que integraban y constituían una "verdadera diversidad, indivisible unidad".

Así, desde una perspectiva histórico-filosófica actualizada con el trasfondo del Universo (y, desde la ciencia), en síntesis podría explicarse afirmando que, primariamente, Dios es un Único Uno, indivisible unidad (creador, omnisciente, todopoderoso y legislador de 'todo lo que existe'), tal que, secundariamente, se presenta (a los hombres, transcurridos unos 13.700 millones de años de vida del Universo) como verdadera diversidad mediante las tres personas divinas.

Continuando con la historia intrínseca de la cuestión cristológica ampliada a la consideración del problema trinitario, serán tres los aspectos principales que irían consolidándose y transmitiéndose una vez establecidos: doctrina trinitaria (creencia), misterio trinitario (el central del cristianismo) y dogma de fe. Las fórmulas trinitarias se impusieron relativamente pronto en las profesiones de fe.

2.4. La formulación (casi)[35] definitiva: el Concilio de Calcedonia (451)

Como es lógico, cuestiones tan arduas, tan discutidas, tan abstractas, con una terminología tan equívoca y tan distante para muchos, no resultaba completa. Las disputas cristológicas acerca de cómo se integran en Jesucristo su naturaleza humana y divina exigían, entre otras cuestiones, una respuesta. Así, también en síntesis apretada, se concluye: a) En Jesucristo –Cristo Jesús– están verdaderamente presentes Dios y el hombre; b) Es consustancial con el Padre (Cristo) y consustancial con el hombre (Jesús); c) Jesucristo es 'verdadero Dios' y 'verdadero hombre'. La segunda persona divina, el Hijo de Dios, tiene naturaleza divina y naturaleza humana, dos naturalezas –divina y humana– pero es solo persona divina, no persona humana.

Por lo que respecta al Espíritu Santo, en relación con Jesucristo, se afirmará, también en síntesis, que "El Jesús glorificado actúa por el Espíritu, en el Espíritu, como Espíritu".

El (casi) que se introduce en el título del parágrafo se refiere a la convicción acerca de la necesariedad en la actualidad de unas nuevas formulaciones con terminología lingüística más apropiada para la denominación de los conceptos concretos que se utilizan y la formulación de las concepciones generales.

Han sido muchas las consideraciones críticas tradicionales en perspectiva general. Unas, referidas al dogma trinitario 'en sí mismo', considerándolo como absolutamente incomprensible para muchos en el propio plano teológico. Otras, en su relación con los hombres por cuanto, se dice, dificulta innecesariamente la fe y la priva de credibilidad. Y otros acerca de su construcción intelectual,

---

35. El 'casi', aunque sea entre paréntesis, es del autor de la tesis. Como se verá un poco más adelante, no me satisfacen las 'fórmulas' oficiales vigentes, y, por ello, sería de esperar, aunque con ellas se haya vivido unos 16 siglos, una actualización de las mismas.

en tanto que se presenta como una especulación helenística ajena a la Escritura y, por tanto, rechazable.

Pero también han sido muchas las consideraciones críticas tradicionales en perspectivas concretas. Una discusión especialmente interesante ha tenido lugar en torno al término 'persona', en tanto que cuestión harto compleja, con uso de definiciones ambiguas de difícil comprensión en la actualidad. ¿Qué significa 'persona' hoy? Desde los entornos principales del cristianismo –judaísmo e islam– se perpetúa la acusación de politeísmo. La consideración de EL DIOS ÚNICO UNO de los judíos convertida en EL DIOS ÚNICO TRINO de los cristianos y reafirmada como EL DIOS ÚNICO UNO de los musulmanes ha hecho de este tema un problema perenne que se mantiene en la actualidad, el problema del monoteísmo cristiano. Una respuesta a este problema concreto (subproblema del general) de las 'personas divinas' lo ofrece Hans Küng[36], el famoso teólogo católico 'díscolo', afirmando que Dios es la realidad más real transpersonal o suprapersonal: "La esencia divina, que desborda todas las categorías y es absolutamente inconmensurable, implica que Dios no sea personal ni apersonal porque es ambas cosas a la vez, por tanto, transpersonal".

Otra cuestión, también harto compleja, es la consideración masculina de Dios 'Padre' que con definiciones lingüísticas claras resultan de difícil comprensión en la actualidad (el Hijo, encarnado en Jesús, sí fue 'hombre histórico').

Y otra cuestión, siempre referida cuando de estos temas se trata, ¡y cómo no hacerlo!, dejando constancia de su existencia, es el denominado 'problema de la procedencia del Espíritu Santo', el famosísimo *filioque*, 'problema' que hace referencia especial a la controversia entre la Iglesia Católica y la Iglesia Ortodoxa, disputa teológica secular, relativa a la procedencia del Padre (forma oriental) o a la procedencia del Padre y del Hijo –*filioque*, en latín– (forma occidental).

3. El credo cristiano 'actual'

3.1. El Credo, los Credos

El Credo cristiano, o símbolo de la fe, se considera una 'fórmula' fija, establecida para validez general, en la que se resumen los

---

36. Küng, H., *Existiert Gott?*, 1978 (traducción española de Bravo Navalpotro, J. M., *¿Existe Dios?*, Trotta, Madrid ²2010, p. 692.

artículos de fe esenciales de la religión cristiana. La formulación, con determinación de fijeza, implica una sanción de la autoridad eclesiástica. Se trata, pues, de una fórmula 'sancionada' y establecida, es decir, oficial.

Se denomina con frecuencia «símbolo apostólico» y se compone esencialmente de una parte trinitaria –tres artículos en que se profesa la fe en las tres divinas Personas–, de otra propiamente cristológica, que se añade al segundo artículo, ampliándolo considerablemente, y de una tercera, complementaria, que lo cierra.

Por lo que respecta al Credo católico actual puede considerarse la existencia de dos versiones básicas: el Credo de Nicea-Constantinopla y el denominado Símbolo de los apóstoles.

Durante los concilios ecuménicos de Nicea, en el 325, y de Constantinopla, en el 381, se 'construye' el dogma de la Trinidad y en base a este se enuncia el llamado 'Credo de Nicea-Constantinopla', credo que resumió las respuestas definitivas que 'solucionaron' –suele decirse– la crisis provocada por Arrio, que negaba la divinidad de Jesús. En estos concilios se afirma la fe trinitaria, es decir, en Dios Padre, Jesucristo Dios Hijo y Dios Espíritu Santo.

Un segundo credo, ampliamente conocido en las Iglesias cristianas, es el que se denomina 'Símbolo de los Apóstoles', que se considera resumen fiel de la fe de los apóstoles. Es el antiguo símbolo bautismal[37].

Estos dos credos que se reproducen en paralelo en el cuadro adjunto son aceptados por los tres principales ámbitos vigentes en la actualidad del cristianismo: Iglesia católica, Iglesias protestantes, Iglesias ortodoxas.

El Credo no está escrito de manera literal en la Biblia, es un compendio de los principios fundamentales de la fe cristiana, basados en el Antiguo y el Nuevo Testamento.

3.2. El contenido dogmático acerca de 'Dios en sí'

El contenido dogmático básico, para el objeto de nuestro estudio, común a ambos credos, como puede verse en el cuadro –versiones

---

37. Puede verse, por ejemplo, la Segunda Sección: «La Profesión de la fe cristiana», art. 185ss., del *Catecismo de la Iglesia Católica*, Tercera edición revisada, 1992.

españolas–, tomando como referencia por su menor longitud de texto el 'Símbolo de los Apóstoles', es el siguiente:

1) Creo en Dios, Padre Todopoderoso, creador del cielo y de la tierra.

2) Creo en Jesucristo, su único Hijo, nuestro Señor, que fue concebido por obra y gracia del Espíritu Santo. Y más adelante, "sentado a la derecha de Dios, Padre Todopoderoso".

3) Creo en el Espíritu Santo.

Y las diferencias entre ellos, en lo que se refiere al contenido dogmático básico objeto de nuestro estudio, diferencias obviamente significativas aunque pudieran considerarse nimias, son, en tanto que complementos que ofrece el Credo de Nicea- Constantinopla, más detallado, las siguientes.

1) Creo en "un solo Dios", expresión explícita de monoteísmo que queda al menos nublado en el Símbolo de los Apóstoles. Diferencia, sin duda, fundamental, aunque, en el contexto general, no ofrezca tanta, quizá ninguna, relevancia, al expresarse abiertamente: "Creo en un solo Dios, Padre Todopoderoso, Creador del cielo y de la tierra", donde la todopoderosía y el hecho de la creación se adscriben al Padre. Aparentemente al menos queda aplicado 'solo' al Padre (aunque finalmente, Padre, Hijo y Espíritu Santo reciban "una misma adoración y gloria").

2) Creo en "un solo Señor, Jesucristo", expresión con más fuerza que la del Símbolo, pero "Señor", no Dios. Y, por otra parte, "sentado (¿) a la derecha del Padre", redacción más apropiada, y no la del Símbolo "sentado (¿) a la derecha de Dios, Padre Todopoderoso", que reitera la todopoderosía exclusivamente al Padre.

El Credo[38] [5]	
Símbolo de los Apóstoles	Credo de Nicea-Constantinopla
Creo en Dios, Padre Todopoderoso, Creador del cielo y de la tierra.	Creo en un solo Dios, Padre Todopoderoso, Creador del cielo y de la tierra, de todo lo visible y lo invisible.

38. *Catecismo de la Iglesia Católica*, Tercera edición revisada, 1992, Reproducción de la pág. 50.

EL 'DIOS DE LOS CRISTIANOS': UNO Y TRINO

Creo en Jesucristo, su único Hijo, Nuestro Señor,	Creo en un solo Señor, Jesucristo, Hijo único de Dios, nacido del Padre antes de todos los siglos: Dios de Dios, Luz de Luz, Dios verdadero de Dios verdadero, engendrado, no creado, de la misma naturaleza del Padre, por quien todo fue hecho; que por nosotros, los hombres, y por nuestra salvación, bajó del cielo,
que fue concebido por obra y gracia del Espíritu Santo, nació de Santa María Virgen,	y por obra del Espíritu Santo se encarnó de María, la Virgen, y se hizo hombre;
padeció bajo el poder de Poncio Pilato, fue crucificado, muerto y sepultado, descendió a los infiernos, al tercer día resucitó de entre los muertos, subió a los cielos y está sentado a la derecha de Dios, Padre Todopoderoso. Desde allí ha de venir a juzgar a vivos y muertos.	y por nuestra causa fue crucificado en tiempos de Poncio Pilato; padeció y fue sepultado, y resucitó al tercer día, según las Escrituras, y subió al cielo, y está sentado a la derecha del Padre; y de nuevo vendrá con gloria para juzgar a vivos y muertos, y su reino no tendrá fin.
Creo en el Espíritu Santo,	Creo en el Espíritu Santo, Señor y dador de vida, que procede del Padre y del Hijo, que con el Padre y el Hijo recibe una misma adoración y gloria, y que habló por los profetas.
la santa Iglesia católica, la comunión de las santos,	Creo en la Iglesia, que es una, santa, católica y apostólica. Confieso que hay un solo Bautismo
el perdón de los pecados, la resurrección de la carne y la vida eterna. Amén	para el perdón de los pecados. Espero la resurrección de los muertos y la vida del mundo futuro. Amén.

Paralelismo de los Credos, Símbolo de los Apóstoles y Credo Niceno-Constantinopolitano.

3) Manifestación precisa de unas notas capitales caracterizadoras del Espíritu Santo, tratado también como "Señor" ("Señor y dador de vida"), pero "Señor", no propiamente Dios.

El lenguaje, que es sin duda fundamental –y más aún en estos tiempos de tantas crisis, entre otras las religiosas– precisa de correcciones y actualizaciones profundas y urgentes, ya que en su estado actual genera numerosas confusiones y provoca diversas dudas.

3.3. Consideraciones críticas

Pueden, y deben, hacérsele al texto del «Símbolo de los Apóstoles» (por extensión, a los dos textos de Credos) algunos apuntes críticos desde la más estricta ortodoxia, manifiestamente olvidada por sus redactores y continuadores responsables, al margen e independientemente de la altísima posición intraeclesial de los mismos. Utilizaré tres términos diferentes para las distintas consideraciones, pero pueden ser intercambiables en estas: incorrecta, confusa y errónea, referidas a la redacción oficial española.

Primera, y principal. *Incorrecta*, por la incoherencia del monoteísmo con la fórmula trinitaria, que es complementaria, un 'además' pero no un 'contra', de la 'indivisible unidad' –unicidad de la divinidad–. Los Credos no se refieren, en absoluto, a Dios como ÚNICO, a la creencia monoteísta primordial del cristianismo. La redacción entra de lleno a describir al DIOS TRINO. Ni siquiera como preámbulo establece claramente "Creo en un solo Dios" que se caracterice por alguna nota o algunas notas independientemente de la constitución trinitaria.

Segunda. *Confusa*, enormemente confusa. La Creación, el acto creacional de '*El* TODO lo que existe'[39] –el Big Bang de la Cosmología física actualmente vigente–, corresponde a Dios, el ÚNICO, no al Padre por ser la 'Primera Persona Divina de la Santísima Trinidad'. Las tres personas divinas, consustanciales, son integradoras de la realidad divina única que es Dios. Así, bien escrito: "La creación es el comienzo y el fundamento de todas las obras de Dios"[40] y no de Dios Padre. "En el principio, Dios creó el cielo y la tierra"[41].

---

39. González de Posada, F., *El problema del origen del Universo*: Burgense 53/1 (2012), Facultad de Teología del Norte de España. Sede de Burgos.
40. *Catecismo de la Iglesia Católica*, Tercera edición revisada, 1992, pág. 198.
41. Génesis 1:1.

Tercera. *Errónea*. Creador y Todopoderoso es Dios, no solo el Padre. No solo una 'parte' de Dios, sino Dios. La segunda persona, el Hijo, es también Todopoderoso, participa, como divina, de la naturaleza omnipotente, y no "sentado a la derecha de Dios, Padre Todopoderoso" como Señor, sino que comparte con él y con el Espíritu Santo la Todopoderosía, la Omnipotencia.

4. Las referencias a *Dios* en los textos constitucionales gaditanos

Por razones de actualidad –bicentenario de la Constitución de Cádiz–, y a título complementario, considero de interés reproducir prácticamente una parte de un artículo de análisis y crítica teológicos, para fijar un poco más las ideas anteriormente expuestas, y con la intención de mejora de las expresiones que se utilizan.

La Constitución gaditana, la "Constitución política de la Monarquía Española promulgada en Cádiz a 19 de Marzo de 1812" hace numerosas *referencias* a Dios, de ahí el uso plural en el título de este punto. El título del próximo apartado estará en singular: solo una *referencia*, por tanto singular, pero sustantivamente será capital a los efectos de este breve estudio.

Conviene señalar que se habla aquí de referencias directas, expresas, a Dios, y no propiamente de religión ni de iglesia[42], ni tampoco de temas concretos relativos a cuestiones eclesiásticas y/o de eclesiásticos, aspectos que se analizaron en otros artículos o capítulos.

El concepto de Dios que aflora tras el uso del término lingüístico por las diferentes manifestaciones acerca de Él es el Dios de las religiones monoteístas: judío, cristiano, musulmán, aunque obviamente, en la 'católica España' con el trasfondo cristiano católico. "El solo UNO", el Único, el Supremo, el Todopoderoso. Solo habrá, como se ha anticipado, una referencia a las Personas Divinas, que se tratará en el próximo apartado.

En resumen, en este punto solo se pretende condensar una recopilación estructurada y brevemente comentada, de las citas a Dios, del uso del término *Dios*.

---

42. 'Religión' e 'Iglesia' en dicha Constitución dieron lugar a otros artículos, presentados también en el V Congreso Beresit, Sevilla, de la Cofradía Internacional de Investigadores.

4.1. En el **Texto constitucional**

Las referencias expresas a Dios en el texto de la Constitución, organizadas según la lectura del mismo con breves selecciones de contexto y escuetos análisis, son las siguientes.

Primera. **Reconocimiento de que el poder viene de Dios**, "autor y supremo legislador de la sociedad". Así: Don Fernando Séptimo es Rey de las Españas: 1º. Por la gracia de Dios; y 2º. Por la Constitución de la Monarquía española[43]. Claridad de ideas, fundamentos nítidamente diferenciados y diferenciadores. Encaje desde la divinidad, pero **el poder le viene** no directamente de Dios, sino **de Dios por mediación del pueblo**, de la Nación, de los españoles. El poder que procede de Dios (autor-actor) estará elegido, condicionado, regulado por la Constitución, manifestación de la soberanía de la Nación y no del 'Soberano'. A los efectos de este trabajo, interesa destacar, de nuevo: el poder viene de Dios y el Rey lo recibe por la Constitución, donde se establecen sus prerrogativas, sus poderes, sus responsabilidades. Es decir:

1º. El poder que viene de Dios.

2º. El poder radica en el pueblo y lo otorga el pueblo.

3º. El pueblo otorga el poder, los poderes, mediante una Constitución reguladora del poder, divisora del poder, moderadora del poder, etc., como ejercicio del derecho al establecimiento de sus leyes fundamentales.

Como *principio innegable,* afirman los comisionados[44] que "la autoridad soberana está originaria y esencialmente radicada en la Nación" y la Constitución: "Art.

13. La soberanía reside esencialmente en la Nación, y por lo mismo pertenece a esta exclusivamente el derecho de establecer sus leyes fundamentales".

Segunda. **El Rey lo es "por la gracia de Dios".**

Complemento del párrafo anterior puede considerarse el contenido del Art. 155 para la promulgación de las leyes, determinando que el Rey debe usar la siguiente fórmula: "N. (el nombre del Rey) **por la gracia de Dios** y por la Constitución de la Monarquía

---

43. Texto constitucional. Fórmula de la sanción regia de la Constitución, 1812.
44. Discurso Preliminar, Ed. facsímil, Editorial MAXTOR, 2001, pág. 26.

española, Rey de las Españas, [...] sabed: que las Cortes han decretado y Nos sancionamos [...]".

Tercera. La consideración de **Dios como "autor y supremo legislador de la sociedad"** [11], no es solo una referencia a Dios, sino que supone un 'algo más' relativo a la naturaleza de 'Dios en sí' y también, y sobre todo, en su relación con la sociedad, con la Nación, con la re-ligación Dios-humanidad.

Cuarta. El cierre de la fórmula-proceso de **juramento de los diputados**. Tras el "Sí juro", el tomador del juramento pronuncia: "Si así lo hiciereis, **Dios os lo premie; y si no, os lo demande**" (Art. 117).

Quinta. **El juramento del Rey en su advenimiento al trono.** Lo hará bajo la fórmula: "N. (aquí su nombre) por la gracia de Dios y la Constitución de la Monarquía española, Rey de las Españas; **juro por Dios y por los santos evangelios** que defenderé y conservaré la religión católica, apostólica, romana, sin permitir otra alguna en el reino: [...]. Así **Dios me ayude**, y sea en mi defensa; y si no, me lo demande" (Art. 173). [Dos observaciones deben hacerse aquí: a) En el momento histórico de 1812, la Iglesia Católica aún no se ha abierto a la Sagrada Biblia –lo haría León XIII, a finales del siglo XIX–, por ello el símbolo público son los Evangelios –el Nuevo Testamento–; la Biblia, en occidente, lo era de los cristianos protestantes; y b) El tema de la religión en la Constitución de Cádiz se tratará monográficamente en otro artículo].

Y sexta. **El juramento del Príncipe de Asturias**, llegando a la edad de catorce años: "N. (aquí el nombre), Príncipe de Asturias, **juro por Dios y por los santos Evangelios**, que defenderé y conservaré la religión católica, apostólica, romana, sin permitir otra en el reino; [...]. **Así Dios me ayude**" (Art. 212).

4.2. En los Decretos

Las seis referencias anteriores a Dios, en asuntos tan importantes [desde una *perspectiva jurídico-política* probablemente los más] del texto constitucional, se completan con las asociadas a los diferentes trámites complementarios de los actos de recepción, difusión y juramento de la Constitución que se regulan en los tres *Decretos* a ella asociados: 1) "*Mandamiento* de la Regencia para imprimir y publicar"; 2) "*Mandamiento* de la Regencia por el que se prescriben las solemnidades con que debe publicarse y jurarse la constitución en todos los pueblos de la Monarquía"; y 3) "*Decreto* en que se fija el modo con que el clero y pueblo han de jurar la Constitución". En estos las referencias a Dios pueden organizarse de la manera siguiente.

Primera. Uso de la fórmula protocolaria: "**Dios guarde a V. muchos años**".

Segunda. El juramento de la Constitución, en **todos los pueblos** de la Monarquía, señalando un día para la publicación solemne y realizado el primer día festivo, tras la celebración de una Misa solemne en acción de gracias y la lectura de la Constitución antes del Ofertorio, "se prestará juramento por todos los vecinos y el clero de guardar la Constitución bajo la fórmula siguiente: *¿Juráis por Dios y por los santos Evangelios guardar la Constitución política de la Monarquía Española* […]. A lo que responderán todos los concurrentes: Sí juro; y se cantará el *Te Deum*".

Tercera. **Los que ejercieren jurisdicción y/o autoridad** (entre ellos, los M. RR. Arzobispos, RR. Obispos, Prelados, Cabildos eclesiásticos, Comunidades religiosas) prestarán juramento bajo la siguiente fórmula: "*¿Juráis por Dios y por los santos Evangelios guardar y hacer guardar la Constitución política* […]". Y "En todas las Catedrales, Colegiatas, Universidades y Comunidades religiosas se celebrará una Misa de acción de gracias con *Te Deum*".

4.3. *En el* Discurso preliminar

En el *Discurso preliminar* leído en las Cortes a plazos (en función del avance de la discusión del texto), en la presentación por la Comisión del Proyecto de Constitución, se usa otra expresión de enjundia, en el extenso párrafo dedicado a las conductas del órgano inmediato del Rey, los Secretarios del Despacho [los Ministros, al cambio, en la actualidad].

El medio más seguro y sencillo […] es el de obligar a los Secretarios del Despacho a autorizar con su firma cualquiera orden del Rey […] hace inverosímil que el Monarca se aparte jamás del camino de la razón y de la justicia; y si tal vez apareciese en sus órdenes que se desvía de aquella senda, será solo por haber sido inducido a ello contra sus paternales designios por el influjo o mal consejo de los que **olvidados de lo que deben a Dios**, a la patria y a sí mismos, hayan osado abusar del sagrado lugar, en que no debe oírse sino el lenguaje respetuoso de la verdad, de la prudencia y del patriotismo. […] Y para asegurar por otra parte el fiel desempeño de sus cargos, y protegerlos contra el resentimiento, la rivalidad y demás enemigos de la rectitud, enfereza y justificación que deben constituir el carácter público de los hombres de estado[45].

En síntesis: avaricia, abuso de poder, corrupción, cohecho, nepotismo, etc., [tan extendidos y graves en la España actual] suponen, en la mente de los legisladores gaditanos, olvido de la deuda con Dios que se presenta como fundamento de la moralidad en el ejercicio de las tareas públicas: rectitud y entereza, y control al Rey.

5. La referencia a las *personas divinas* en la Constitución de Cádiz: la 'fórmula trinitaria gaditana'

A la luz de lo expuesto en los puntos anteriores puede sorprender, obviamente desde muchas perspectivas, pero aquí y ahora solo interesa la *teológica*, la que denomino *'fórmula trinitaria gaditana'*.

El Preámbulo de la "Constitución Política de la Monarquía Española", Constitución de Cádiz de 1812, comienza con el siguiente párrafo:

EN EL NOMBRE DE DIOS TODOPODEROSO, PADRE, HIJO, Y ESPÍRITU SANTO, AUTOR Y SUPREMO LEGISLADOR DE LA SOCIEDAD

Antes de iniciar el punto de vista que interesa, conviene aclarar que no se trata aquí de cuestiones, entre otras, como las siguientes: 1) el papel de la religión en las Cortes de Cádiz; 2) la presencia más o menos numerosa de obispos y clérigos; 3) el sentido patriótico-religioso de los diputados; 4) la religión católica en el texto constitucional; 5) el hecho de que las Cortes redacten, enuncien, promulguen y publiquen la Constitución en nombre de Dios. Solo y exclusivamente interesan unas breves y claras consideraciones críticas de tenor teológico, que se ha denominado *perspectiva prioritariamente teológica* relativa al análisis del texto constitucional en el marco del proceso histórico entre la elaboración de la doctrina trinitaria y la actualidad del Credo (o los Credos). Y hacerlas desde las raíces de

---

45. Discurso Preliminar, pág. 52.

la construcción histórica de la concepción cristiana de Dios, en la acepción de las iglesias católica, ortodoxa y evangélicas, referidas al contenido de la expresión teológica.

Primera. El 'todopoderoso' es Dios. La todopoderosía, como atributo de la divinidad, corresponde a Dios, el Uno único.

Segunda. Dios es el 'autor' –que puede considerarse versión débil de creador– de la sociedad. Creador en versión fuerte lo es de '*El* TODO lo que *existe*': aplicado aquí a una realidad menor, la sociedad, le corresponde mejor la versión débil, el 'autor' es Dios. [Puede apreciarse la analogía: Universo (creador, omnipotente, omnisciente) – Sociedad (autor, todopoderoso, legislador supremo de la ley de leyes)].

Y tercera. Dios es el 'supremo legislador' –que puede considerarse también como versión débil de la acción plena de la creación del Universo donde dejó impresas sus leyes de funcionamiento y 'descansó'–. Además significa signo de respeto de los legisladores de la Constitución que piropean a Dios como 'supremo' entre los legisladores.

Desde la perspectiva del Universo ("*El* TODO lo que *existe*") los atributos cósmicos de Dios (comunes al 'Dios de los filósofos', al 'Dios de los judíos', al 'Dios de los cristianos' y al 'Dios de los musulmanes'; a todas las concepciones monoteístas) son: creador, omnipotente, omnisciente y eterno.

En su referencia a Él, en cuyo Nombre redactan y decretan la "Constitución política de la Monarquía española" para "la Nación española [que] es la reunión de todos los españoles de ambos hemisferios"; es decir, para una determinada sociedad humana; no para el Universo. Así, Dios, poseedor de la todopoderosía, será solo *autor* (versión débil de *creador*) de la sociedad, y *supremo legislador* (versión débil de lo correspondiente al establecimiento de las leyes del Universo) de las leyes sociales, y en concreto de la Constitución de Cádiz.

Y ese Dios, todopoderoso, autor y legislador, dado que es el 'Dios de los cristianos', el Dios de los españoles, está integrado por tres 'personas divinas': Padre, Hijo y Espíritu Santo.

Se trata, en efecto, de una lección exquisita de expresión profesoral. Los diputados gaditanos no crean teología, no son investigadores teológicos. Pero demuestran que se saben muy bien la teoría. Y la explican perfectamente. **Perfección formal, uso magistral del**

lenguaje (al menos en contraste con los Credos). Ni construyen, ni explican, ni justifican el misterio; no se refieren al dogma, solo expresan, de forma correcta, la fundamentación de la doctrina trinitaria que asumen, referida a la construcción del texto jurídico-político por excelencia: la Constitución.

La expresión constitucional de 1812 puede recibir el título de 'fórmula trinitaria gaditana', sobre la que en este año 2012, es decir, doscientos años después, pueden aún reflexionar teólogos, doctores y autoridades doctrinales de las Iglesias cristianas, y, en concreto, convendría que lo hicieran los responsables de la redacción del Credo católico.

6. Consideraciones críticas

Casi siempre puede aprenderse algo, incluso pueden enseñárnoslo desde fuera, y más aún algunos de los nuestros, que sin cancha en el interior pueden proclamarlo en otros lugares.

Desde la actualidad, puede uno enfrentarse con un texto, en tanto que tal y solo tal, descontextualizándolo de las condiciones políticas, sociales e ideológicas y de las tensiones en las que se concibe.

¿Qué ejemplo más notable, harto significativo, fue el propio Concilio de Nicea en el que tras un primer triunfo de la tesis de Arrio acerca de la naturaleza humana y solo humana de Jesús, negándose la divinidad de este, la acción *gubernativa* del emperador Constantino, supuestamente para salvar la paz de su Imperio, impele a los conciliares la aprobación de la opción alejandrina: Jesús es verdadero Dios? Así se iniciaría *formalmente* como *Credo* la construcción del dogma trinitario. Permanece el dogma, el *Credo*, y se nublan en la lejanía las condiciones históricas, sociales, lingüísticas, etc.

Esta cuestión constitucional en *perspectiva teológica* ni ha ocupado ni preocupado a la Iglesia, que se sepa, en ningún momento tras estos doscientos años. Se ha interesado de ordinario por las cuestiones más propiamente políticas, de relación entre poderes, y de presencia social, religiosa y educativa [13].

A modo de consideraciones finales pueden establecerse las siguientes.

Primera. Las Cortes no pretenden hacer teología ni la hacen, ni tampoco dar lecciones de ella. ¡Solo faltaba! Y, sin embargo, manifiestan la creencia cristiana en Dios con extremo rigor, suma precisión, elocuente brevedad y extraordinaria claridad.

Segunda. La Constitución de Cádiz, mediante un texto inusualmente escueto, ofrece una fórmula más en consonancia con la propia creencia cristiana en "un solo Dios" que las fórmulas (sancionadas como) oficiales de la Iglesia.

Tercera. Desde las perspectivas cristianas, es de sumo interés en la actualidad difundir, predicar y 'publicar' su radical **monoteísmo cristiano**, tan apagado *cultural* y *socialmente* ante la impresionante floración de 'remedos': las tres *personas divinas* (con los numerosos "cristos", "corazones", "escapularios", etc.), la(s) Virgen(es) con sus advocaciones, la multiplicidad de santos, beatos, honorables, etc. La imagen social que ofrece el catolicismo es claramente politeísta.

Cuarta. Las Cortes de Cádiz decretan y sancionan la "Constitución Política de la Monarquía Española", que "Don Fernando Séptimo, **por la gracia de Dios** y la Constitución de la Monarquía, Rey de las Españas" hace saber.

Y quinta. Como conclusión más relevante para el objetivo de esta mirada en *perspectiva teológica* al texto constitucional es la expresión de la 'fórmula trinitaria gaditana' del Preámbulo con que se promulga la Constitución: EN EL NOMBRE DE DIOS TODOPODEROSO, PADRE, HIJO, Y ESPÍRITU SANTO, AUTOR Y SUPREMO LEGISLADOR DE LA SOCIEDAD.

1.4.
EL "DIOS DE LOS FILÓSOFOS"

1. En el marco de la unicidad: del 'Dios de los judíos' al 'Dios de los filósofos'

El hombre, desde sus aptitudes para conocer y sus capacidades para pensar, a la luz, por tanto, de sus conocimientos (más o menos científicos) y reflexiones filosóficas, puede concebir y ha concebido múltiples conceptos *posibles y racionales* de Dios, asumidos intelectualmente, a modo de postulados. Puede considerarse, al menos yo así lo considero, que la concepción más elaborada desde la razón, con "*El* TODO lo que existe" como referencia, es la que parte de la idea de que "si existe la divinidad, Dios ha de ser Uno único". Esta concepción 'sumamente intelectual' exige ciertamente superar el plano del 'Mundo del hombre' –y con él, además, todo tipo de antropocentrismo– para situarse ante el plano del Universo. Y en este marco, puede decirse que el filósofo construye –puede construir– el que se denomina 'Dios de los filósofos', concepto que se apoya en dos pilares: el Universo y la razón. Son posibles diversas de estas construcciones 'filosóficas' de Dios. En la Tercera Parte se analizarán algunas, especialmente –aunque estas con raíces bíblicas– las de Giordano Bruno[46] e Isaac Newton[47]. Lo significativo, que debe destacarse, es que en la construcción predominante, los 'filósofos' se han alineado, tras el establecimiento del Dios judeo-cristiano, por la concepción unitaria de Dios.

En consecuencia, sin necesidad de "recurso religioso a la fe", sino desde la razón, puede construirse un **concepto de Dios en relación con el Universo**, como respuesta a la pregunta clásica ¿por qué existe todo lo que existe?, descompuesta en las dos preguntas

---

46. Capítulo 3.7. "Giordano Bruno (1548-1600): Una concepción metafísico-teológica del Universo".
47. Capítulo 3.10. "Teología cosmológica newtoniana".

capitales que orientan nuestra reflexión: ¿Por qué existe el Universo?, y ¿por qué existe el Hombre?; y tras ellas toda la ristra de preguntas subsiguientes.

La construcción de este "Dios de los filósofos" se basa, pues, en un **primer postulado** que puede formularse de forma muy abierta: **"Si existe, que debe existir, es Único"**. Pero judíos, cristianos y musulmanes "han ido muy lejos", mucho más: Dios existe y se ha revelado; y en la relacionalidad Dios-Hombre desempeña un papel capital la fe, aunque a esta la acompañe la razón.

Esta filosófica concepción unitaria de Dios, el "Dios de los filósofos", con referencia al 'Dios de la Biblia' descrito en los capítulos precedentes, se caracteriza por estas otras notas:

a) Es un concepto abstracto e indeterminado: a modo de mera razón universal.
b) Carece de nombre.
c) No se revela directamente a los hombres.

Para facilitar el contraste, puede recordarse que el "Dios de la Biblia", también Uno Único, en contraste con el "Dios de los filósofos" presenta estas notas:

a) Concepto concreto y determinado: Dios es 'persona' real.
b) Tiene nombre: Yahvé.
c) Se revela en la historia a los hombres.

En consecuencia, el 'Dios de los filósofos' es un concepto que se construye racionalmente, a partir de "lo existente", desde la inteligencia humana y que puede 'legitimarse' racionalmente. Es decir: creación humana, construcción humana, concepción humana, invención humana.

2. El 'Dios de los filósofos': atributos cósmicos

Desde la abstracción, consecuente con una cierta reflexión sobre el Universo, "*El* TODO lo que existe", cabe la concepción de un Ser Supremo con un conjunto de atributos intrínsecos, de 'Dios en sí', que pueden denominarse de las siguientes maneras: **omnisciente, omnipotente y eterno**, y como atributo respectivo al Universo, **creador**. Este conjunto de atributos de Dios puede integrarse bajo la denominación conjunta de *atributos cósmicos*, los sugeridos desde y para la reflexión sobre el Universo. Así se construye –o puede construirse– intelectualmente, en sentido positivo, el concepto abstracto de Dios, que suele denominarse 'Dios de los filósofos', el que realmente puede concebirse sin más referencia que el Universo, pero, afirmo, que puede concebirse, no que necesariamente tenga que concebirse. Al margen de toda referencia con caracterización 'personal' y de relación con el hombre, se considera 'Ente' o 'Ser', y Supremo.

La concepción expresada en el párrafo anterior es la respuesta, de las consideradas positivas, más completa. Pero ese 'Dios de los filósofos' no se relaciona con los hombres, no es un quien, no se ocupa, y menos se preocupa, de los hombres.

Como se ha visto en el Capítulo 1.1, existen, y han existido a lo largo de la historia, otras múltiples diferentes concepciones (más o menos filosóficas) acerca de la divinidad, que en conjunto se insertan en el considerado como 'problema de Dios'.

El 'Dios de los filósofos' no se construye desde la Biblia, tampoco supone la Trinidad, y está al margen de las versiones de concepción relevante como fundamento religioso.

3. En torno al problema de la existencia

3.1. Una primera mirada a la historia

La pregunta capital del problema de Dios, ¿Existe Dios?, se recibe de manera fuerte y se contesta, con bastante generalidad, colateralmente: "Si existe, debe ser posible demostrarlo". Se entra así de pleno en la cuestión de las 'Pruebas' de la existencia de Dios que alcanzaron un impresionante valor y adquirido una larga tradición.

El trasfondo subyacente al concepto de Dios desde la perspectiva filosófica, lo sitúa como fundamento primero, soporte primordial y sentido originario de la Realidad.

He aquí una fugaz mirada superficial a la historia del problema.

Platón expondría el tema bajo unas ideas eternas, como única y suprema idea del Bien, el Bien absoluto.

Aristóteles establecería, desde una perspectiva que consideramos lógica, las concepciones de causa eficiente y causa final; de motor inmóvil y de fin.

Agustín de Hipona, en tanto que filósofo, y a los efectos de este tema, consideraría a Dios como verdad primordial, suprema, eterna e inmutable.

Anselmo de Canterbury pondría el énfasis en el puro pensamiento, la idea de un ser perfectísimo y absolutamente necesario.

Tomás de Aquino, con un planteamiento cercano al propiamente teológico –desde la fe–, establecería, en línea aristotélica, las famosas "cinco vías" bien sistematizadas[48].

Descartes, Spinoza, Leibniz y Wolff concretarían el denominado 'argumento ontológico'.

Kant, cuya sistematización del problema expondremos en el punto siguiente, realiza una crítica radical, y presentaría finalmente una especie de sustitución por un "postulado moral"[49].

Y esta rápida mirada a la historia, puede cerrase con la referencia clásica a Voltaire: "Si Dios no existiera, habría que inventarlo".

3.2. Sistematización de Kant: los 'argumentos'

Inmanuel Kant, el filósofo por antonomasia de la Ilustración, organizaría la cuestión en forma de 'argumentos' considerando cuatro tipos de 'pruebas' que desde entonces se consideran 'clásicas' de modo similar a las de Tomás de Aquino. Dado que son de conocimiento general es suficiente concretarlas con unas breves notas.

1. *Argumento cosmológico*. El punto de partida es la dinamicidad de la realidad en el mundo de la experiencia externa (entronque, pues, con la ciencia). El *principio de causalidad*, constituye a Dios como causa primera.

2. *Argumento teleológico* (o físico-teológico). El punto de partida es la finalidad del acontecer en la Naturaleza (en orden). El *principio de finalidad*, la orientación intencional hacia el fin, pone de manifiesto que existe un creador y ordenador supremo del mundo.

---

48. Se tratará con algo de extensión en el Capítulo 3.3, parágrafo 4 y, en contraste con él, en el Capítulo 3.12, con referencias a Kant.
49. Se tratará con algo de extensión en Capítulo 3.12.

3. *Argumento ontológico*. Parte del concepto de Dios (supuesto innato en todo hombre) como ser perfectísimo y necesario. Se establece a priori, sin experiencia empírica.

4. *Argumento moral*. Parte de la necesidad de armonizar: a) la moralidad ('imperativo categórico'); y b) el anhelo de felicidad del hombre. Dios es la condición de posibilidad del bien supremo.

3.3. Teísmo filosófico fundamental

El denominado teísmo filosófico considera los siguientes importantes aspectos acerca de la existencia de Dios:

a) Es lógicamente necesaria, a modo de Axioma.

b) Existe Dios sin causa precedente (no hay 'antes de Él', ni objetos ni procesos).

c) Existe por sí mismo.

d) Dios es independiente de todo.

3.4. Otras concepciones filosóficas, tras el imperio de la Razón (Revolución francesa): el ateísmo

En el siglo XIX la filosofía posthegeliana revolucionó muchas cosas. Baste aquí, por la naturaleza religiosa del estudio, dejar constancia, solo a modo de píldoras, de algunas ideas centrales en torno a Dios y a la religión de algunos de los filósofos más significativos, aunque tienen poca relevancia con respecto al tema de la construcción filosófica de Dios, ya que todos se integran en el ámbito del ateísmo.

Estas ideas *negativistas*, en lemas sintetizadores, ya considerados como tradicionales referencias, son las siguientes: Dios como "Proyección del hombre" (Feuerbach); la religión como "Opio del pueblo" (Marx), como "Resentimiento de frustrados" (Nietzsche) y siendo una "Ilusión de infantiloides" (Freud)[50].

Desde una autoconsideración de solo agnóstico, y a modo de nota postdata de actualidad, Mario Vargas Llosa ha aumentado este

---

50. Se estudian con cierto detalle en el Capítulo 3.13. "Ateísmo postnewtoniano y postkantiano".

panorama de expresiones llamativas con un nuevo lema: "Superstición elevada"[51].

4. En torno al problema de la esencia

Desde la filosofía, diríamos mejor desde el pensamiento científico-filosófico, cómo se construye al Dios *'en sí'*. Pueden distinguirse, y clasificarse –no exentos de dificultad–, los *atributos* en tres tipos: a) Unos, irrelevantes desde la ciencia y para la ciencia, aunque no lo fueran para el quehacer científico, *morales* (término prioritariamente filosófico) o *'edificantes'* (término prioritariamente religioso que prefiero), con respecto a los efectos inmediatos para la respectividad con el hombre; b) Otros, secundarios –aunque no todo ni del todo– desde la ciencia y para la ciencia, *metafísicos*; y c) Otros, relevantes para la ciencia y desde la ciencia, *cósmicos*.

a) Los atributos, o propiedades, *morales* son, entre otros: Santidad, Justicia, Amor, Bien, Bondad, Verdad, Misericordia.

b) Los atributos, o propiedades, *metafísicos* son, entre otros: Divinidad, Necesidad, Espiritualidad, Simplicidad, Inmutabilidad, Felicidad, Perfección, Supremo, Eternidad, y el siempre difícil de explicar de la 'Infinitud': ¿Presencia en todas partes siempre?

c) Los atributos, o propiedades, *cósmicos*, que no son de Dios 'en sí', sino de su **relacionalidad con el Universo** y constituyen el aspecto capital desde y para la ciencia, son: Creador, Omnisciente y Omnipotente. Queda pendiente el atributo o no de *actor*, de actuante de *hecho*, salvada obviamente la *capacidad* y posibilidad de actuación. Junto a los ya expuestos están también los atributos no solo metafísicos, sino conexos con la física de: Eterno, Infinito, y Omnipresente (en todas partes siempre).

5. Unas consideraciones desde la Física del siglo XX

Las revoluciones de la Física del siglo XX, la relativista y la cuántica, no solo han revolucionado la Física, sino también, y quizá sobre todo, a la Metafísica, a la Filosofía fundamental, a la visión de la Naturaleza, y, en consecuencia, a la relacionalidad de Dios con el

---

51. *El País*, 19.05.2013 (Artículo que puede considerarse "modélico" desde la perspectiva agnóstica).

Universo y no solo a la cosmología genuinamente física, sino obviamente también han de participar en la concepción de la Teología de la Creación del Universo.

En el ámbito de la Física clásica, determinista, el problema de la ciencia, el problema de la concepción del Universo, tiene unas perspectivas dominadas por el *principio de causalidad*, el determinismo; así propiamente ha sido desde Galileo a Einstein transitando por Newton y Kant. Este principio de causalidad se presenta fácilmente como excluyente de una intervención divina (concreta, sobrenatural, determinada, coyuntural) en la marcha del mundo, que quedaría absolutamente organizado por un conjunto de leyes que determinaría exactamente su marcha. Esta concepción determinista del mundo respondería negativamente al problema de la actuación o no de Dios en el Cosmos aunque no negara que pudiera hacerlo, saltándose las leyes 'impresas' en el Universo.

Pero en el ámbito de la Física cuántica, probabilista, la Naturaleza se interpreta, y puede decirse también se conoce, de tal manera que las predicciones no se harán con certeza (determinismo), sino solo con probabilidad (estadística). El *principio de incertidumbre* (o *principio de indeterminación*) de Heisenberg se presenta como un camino abierto para que "Dios juegue a los dados", actúe. La cuestión de la probabilidad se completa con la noción de propensualidad.

No obstante, con carácter general, desde el punto de vista de la Física, una intervención sobrenatural directa de Dios en el mundo, constituiría un absurdo. Se rechazan categóricamente los 'milagros' que violan las 'leyes naturales' en el Universo.

Nuestra consideración o contexto intelectual para la construcción de una "Teología de la Creación del Universo y de la relación de Dios con su obra cósmica" tiene dos fundamentos, dos pilares de apoyo firmemente establecidos.

Primero. El Universo se conoce por la 'ciencia', tarea humana continua y progresiva, cuyos descubrimientos aceptamos –tanto o solo– como verdades científicas.

Segundo. Dios se conoce por la 'fe', participamos de la del cristianismo.

Entendemos que estos dos ámbitos, con y desde Galileo, son perfectamente compatibles, aunque lamentablemente en el seno del cristianismo no siempre los tengamos compatibilizados.

1.5.
'ATRIBUTOS CÓSMICOS' DE DIOS

1. En torno a Dios: sus 'atributos'

Ante la *respuesta*, parcial por su referencia prioritaria al Universo, que estamos dando al 'problema de Dios', se presenta una importante cuestión: ¿es realmente el mismo único Dios, del que estamos hablando? Todos los cristianos, los judíos y los musulmanes lo consideran Uno Único, pero ¿el mismo? Contesto: obviamente, no; ciertamente, no; intelectualmente, no; culturalmente, no; históricamente, no; religiosamente, no; teológicamente, no. ¿Entonces? Entonces –y a pesar de ello– podemos seguir hablando de **Dios** y no solo como **Uno Único**, que es consideración común a todos ellos, sino como *el mismo*; pero eso sí, **a los efectos de la relacionalidad con el Universo**, en la construcción de sus atributos cósmicos. Las diferencias –profundas las de judíos y musulmanes en contraste con la de los cristianos– entre las diversas creencias, quedan prácticamente anuladas en el tema que aquí tratamos y que, en principio y en finalidad, tiene validez y aplicación en todas ellas y, además, para todas debe integrarse en la teología fundamental correspondiente. Expresamos nuestra esperanza de validez ecuménica de estas reflexiones.

Tras las consideraciones relativas a la divinidad en general, y de manera concreta y extensa a los conceptos del 'Dios de los judíos' y del 'Dios de los cristianos' y de las reflexiones en torno al 'Dios de los filósofos', desarrolladas en los capítulos anteriores, parece conveniente fijar, a modo de conclusiones primeras en torno a Dios en su relacionalidad con el Cosmos, aunque aún no hayamos tratado directamente de este, el conjunto de características, propiedades, notas o **atributos de Dios para su *relacionalidad* con el Universo**, objeto de esta Teología de la Creación del Universo.

Dado que constituirá motivo de contraste con las diferentes visiones cosmológicas en sus manifestaciones religiosas implícitas, explícitas o respectivas que se tratarán en la Tercera Parte, basta aquí fijar los elementos o *atributos* **de Dios propios de la relación Dios-Universo**. Estos atributos pueden clasificarse en dos grupos.

a) *Primer grupo*, con palabras tradicionales religiosas, apropiadas por su funcionalidad desde el Cosmos:

    i) Creador.

    ii) Todopoderoso u Omnipotente.

    iii) Omnisciente.

b) *Segundo grupo*, con palabras filosóficas, por su posición lógica (no geométrica)

    i) Ultimidad (nada más atrás).

    ii) Primordialidad (primero generador).

    iii) Principialidad (principio).

    iv) Eterno (permanente).

    v) Perfecto (idéntico a sí mismo siempre, "SER" supremo).

Y sin respuesta quedaría la cuestión del "**gran problema**" de Dios en su relacionalidad con el Universo: el de su modo de funcionalidad. **¿Actúa o solo observa?** En el ámbito del Universo (marco físico) parece que no actúa; en el ámbito del Hombre, del 'Mundo del hombre', la cuestión parece más compleja, aunque desde la fe no existe la menor duda de que sí actúa.

2. El problema de la actuación de Dios en el Universo: dos doctrinas diferentes

Desde mi percepción del Génesis, y tras él del resto de la Escritura, cabe concebir dos tipos de respuestas antagónicas, ambas posibles interpretaciones 'religiosas', 'bíblicas'.

a) **Dios actúa: Providencia y Gobierno.** Esta es la respuesta extendida, y considerada única y tradicional, de que Dios actúa en la marcha del Universo, que lo gobierna y que lo mantiene mediante su Providencia. DIOS GOBIERNA LA MARCHA DEL UNIVERSO. Esta visión acerca de la necesidad, o el placer, de la actuación de Dios ha adquirido 'carta de naturaleza' a lo largo de la historia judía y cristiana. Por necesidad, por conveniencia, por deseo, por ruego de los creyentes, Dios actúa, está actuando. La tesis de la PROVIDENCIA, del gobierno de Dios del Universo, está muy extendida en los textos de la tradición evangélica[52], en gran parte de sus denominaciones, pero también en muchos católicos. Un texto sagrado de referencia básica es el *Catecismo Romano* (I. 1. 21-22): "Las cosas creadas por Dios no pueden subsistir, después de creadas, sin su virtud infinita. Por eso mismo, Dios está presente a todas las cosas creadas por su Providencia, conservándolas en el ser con el mismo poder con que las creó al principio, sin lo cual volverían a la nada (Sab. 11,26). En esta providencia, Dios no impide la acción de las causas segundas, sino que, previniendo su acción, se sirve de ellas, ordenándolo todo con fuerza y con suavidad (Sab. 8,1)". "Las criaturas, todas –sean de la naturaleza que sean– no tienen en sí la causa de su ser y no solamente necesitan de Dios para pasar de la nada a la existencia, sino para seguir existiendo. Por eso (siempre contingentes), persisten en el ser por el constante influjo causal de Dios que, con su voluntad omnipotente, conserva los seres no por una acción nueva, sino por la continuación de la acción que les dio el ser. Todo lo que Dios creó con su providencia lo conserva y lo gobierna (Dz. 3003), es decir, la creación continúa en la conservación"[53]. A su vez admitiría interpretaciones, pero la continuidad de la acción de Dios se manifiesta como 'necesaria': en caso contrario, las criaturas decaerían en la nada. El Proceso por el que el Creador ejercita esa acción de conservación de cuanto existe en el Universo es una incógnita.

Esta interpretación la considero *visión pesimista respecto de la Omnisciencia* de Dios, ya que se presenta como *negadora* de este atributo puesto que implica que el Universo no se hizo absolutamente bien –'omnisciencia infinita'– y presenta una continua necesidad de atención por la *Omnipotencia* –que sí se manifestaría como 'infinita'–.

b) **Dios no actúa: lo creó 'perfecto'**. Perfecto en su 'realidad cósmica'. La que considero más apropiada en cuanto manifestación explícita primera del quehacer creador de Dios: hacer, rehacer y hacer

---

52. De manera especial se tratará este tema en el Capítulo 3.5. "Calvino (1509-1564): Teología de la Creación según la *Institución de la Religión Cristiana*".

53. Fernando Aranda Alonso (2013): «El vacío cuántico. Puerta de Dios. Timón de la creación». VIII Jornada de Reflexión Teológica. Cofradía Internacional de Investigadores. Toledo (11.05.2013).

(manifestación de todopoderosía pero no de absoluta omnisciencia) para concluir el sexto día con: "Y vio que era bueno y descansó": DIOS NO NECESITA ACTUAR; el Universo funciona como Dios, en su omnipotencia y en su omnisciencia, quiso –y quiere– que funcione, no necesita darle cuerda: concibió el Universo como un 'siendo-funcionando' o 'un funcionando-siendo'. No le comunicó solo la condición de Ser, sino también las leyes 'impresas' para su funcionamiento con su sabiduría infinita (su omnisciencia). Así, el Universo, una vez creado, sería autosuficiente, **Universo por sí y desde sí**. En síntesis, a esta tesis, que induce a pensar en la Creación como un acontecimiento interválico con un principio y un fin relativamente próximos –'seis días'– dedicando el séptimo día, *'en* el que descansó', o más bien *'desde* el que descansó'. Esta interpretación literal directa no debe descartarse como extraña y mucho menos como 'herética'.

Así, un Universo, creado por Dios omnipotente y omnisciente, que se manifiesta acorde con leyes y que no necesita correcciones 'externas', constituye una *visión optimista respecto de la Omnisciencia* de Dios, y, a mi juicio, es compatible con el *Génesis*, aunque ciertamente según interpretación personal en coherencia con lo que parece indicar la ciencia.

3. El problema Mundo-Universo: el concepto religioso de 'mundo'

La identificación tradicional de Universo (físico) con Mundo ('Mundo del hombre') será uno de los temas que aflorarán a lo largo de la tesis. Esta identificación induce a confusión; por ello, constituye uno de los temas a desvelar para mejor entendimiento del objeto de la tesis. A mi juicio demasiadas veces se confunden en ámbitos y publicaciones religiosas los términos referidos de Universo y Mundo.

Aquí, el **Universo** es el Universo físico total tal como se conoce –o se cree que se conoce–, más todo lo que de él se desconoce, es "El TODO lo que existe".

El **Mundo** se refiere de ordinario, principalmente, al 'Mundo del hombre', a 'nuestro mundo'. En la esfera de la moral religiosa se precisa de manera clara y extrema: los enemigos del hombre son tres: mundo, demonio y carne. El 'mundo', por el otro extremo, abarca, a lo sumo, hasta el planeta Tierra –de hecho su superficie y atmósfera– y lo que desde esta 've' en los cielos próximos –y aparentemente– el hombre. No tiene ningún sentido identificar el 'mundo' tradicional de las religiones –que he denominado 'Mundo del hombre'– con el Universo físico.

El hombre tardó mucho en aparecer. A la luz del conocimiento actual ('lo que se cree saber') el Universo apareció en el *Big Bang* hace 13.800.000.000 años terrestres; el *Homo sapiens* hace unos 135.000 años terrestres.

En su atributo de Creador, Dios creó el Universo, y en este, por supuesto, el 'mundo', 'mundo del hombre', mundo de la vida, mundo de la Tierra, pero, en este sentido, no Universo.

En esta tesis se trata de la **Teología de la Creación del Universo y de la relación de Dios con su obra cósmica, no del mundo, 'Mundo del hombre'**.

SEGUNDA PARTE: EL UNIVERSO
EL PROBLEMA DEL UNIVERSO: "EL 'TODO' LO QUE EXISTE"

1. Introducción

Esta Segunda Parte da cabida al Universo en tanto que Realidad física y según tratamiento humano prioritariamente científico y, colateralmente, en su caso, filosófico. No trata de la Creación, perspectiva prioritariamente religiosa, que aquí se evita, tanto como sea posible, pues para esta perspectiva está la extensa Tercera Parte.

A modo de nota, pero importante, dada esta perspectiva prioritaria desde la ciencia, no pueden eludirse totalmente las expresiones matemáticas que suelen asustar a los no versados, aunque, en todos los casos, las formulaciones utilizadas se expliquen, también, literariamente, destacando su significación filosófica.

En resumen, pues, esta parte es básicamente física, física-matemática, pero también filosófica; en todo caso, **al margen de consideraciones propiamente religiosas**, que ocuparán su lugar en la tercera parte.

2. ¿Qué es "Universo"?[54]

La primera cuestión a dilucidar consiste en determinar a qué se denomina Universo. La tarea no es fácil, ni está desligada de la perspectiva que se adopte.

En primer lugar, puede decirse que el Universo es aquello de lo que habla la física, de lo que tratan las cosmologías; y por contraste, diremos aquí, que la Creación es aquello de lo que trata la religión.

Pero el Universo, del que trata la ciencia, también exige otra precisión. Hay que distinguir claramente, radicalmente, del Universo en tanto que *realidad* –la Realidad por antonomasia– y del Universo en tanto que *concepto* o concepción o concepciones. Aquí se sitúa el gran

---

54. Con más extensión se tratará en el Capítulo 2.1. "Concepto de Universo".

'**problema del Universo**'. El ámbito lógico de la realidad Universo se refiere a lo que el Universo sea y a como funcione. Una máxima que me gusta repetir, con características de popular, es esta: "Al Universo le trae completamente sin cuidado lo que nosotros pensemos sobre él". ¡Faltaría más! Fueren los pensadores quienes fueren.

El ámbito lógico de las concepciones humanas acerca de la realidad Universo muestra numerosas y muy diferentes concepciones del mismo. Esta ha sido la tarea humana a la búsqueda de respuestas. Cuando el *problema* deja de considerarse como tal *problema*, la *respuesta* se convierte en *solución*. Y entonces, ¡cuántos otros problemas se han planteado desde la convicción de certeza en lo que es problemático! El Universo ha sido siempre el mismo, él, lo mismo, pero en los aproximadamente tres mil años de historia humana, ¡cuántos universos distintos ha concebido el hombre sobre una única realidad!

Con expresión sintética y apodíctica puede afirmarse, en principio, que el Universo es "*El* TODO lo que existe", como hemos descrito recientemente[55]. Fácil de expresar y primariamente de aceptar. Pero la cuestión no es hoy tan fácil. Es complicado el "*El*" por su naturaleza de algo determinado, y, por tanto, concreto, único; es complicado el "TODO" en estos tiempos en los que se habla, en y desde la ciencia, de otros universos coetáneos y/o precursores, reales o posibles; y quizá más aún más complejo, con lectura filosófico-teológica, sea "lo que existe", por las dificultades inherentes al problema de la existencia física o real y con otras adjetivaciones. Pero de momento, dado que la perspectiva actual es prioritariamente científica, es más que suficiente.

En la perspectiva tradicional, construida sobre base aristotélica, ese "*El* TODO lo que existe" se concretaba en una concepción del Universo constituida por tres categorías fundamentales, tres existires concebidos como independientes: el espacio, el tiempo y la materia. Y a esta, y solo a esta, le ocurrirían fenómenos. Así, al modo conjuntista, podría expresarse ese TODO lo que existe de la siguiente manera:

Universo = {Espacio, Tiempo, Materia; fenómenos}

---

55. González de Posada, *El problema del origen del Universo en la actualidad*: Burgense (2012).

Complementariamente puede afirmarse que en esta concepción tradicional, lógicamente, nada existe fuera del Universo, ya que este lo integra todo.

3. El problema del Universo: Cosmología y cosmologías[56]

El problema del Universo, en la actualidad, está integrado, tras la larga historia del pensamiento (humano, ¡claro!), por tres problemas capitales.

Uno. El **problema del origen**, problema que se ha planteado tradicionalmente en relación con el 'problema de Dios', y que hoy, desde la ciencia, se expresa mediante el *Big Bang* del modelo estándar vigente.

Dos. El problema de su **constitución**, presupuestamente constante a lo largo de la pasada historia humana, pero que en la actualidad se presenta más bien como **problema de la evolución**, aspecto que en anteriores cosmologías se reducía al del movimiento de los astros en un marco de Universo estático, igual a sí mismo siempre. Desde el inicio de la astrofísica y el descubrimiento excepcional de la expansión del Universo, el problema de la evolución se ha constituido en el problema de mayor atención, es decir, los problemas asociados a la dinamicidad del Cosmos, y aquí se presentan hoy numerosos subproblemas.

Tres. El **problema del destino**. Tradicionalmente considerado problema escatológico por y desde la Teología y no propiamente científico, hasta el siglo XX, momento en el que la física lo ha detraído para su terreno intelectual.

Cada conjunto de respuestas, más o menos elaboradas, a estos problemas constituía una *cosmología*, una *visión* acerca del Cosmos. Veremos a lo largo de esta Segunda Parte que han sido muchas las *cosmovisiones*. Y se considera como *Cosmología* la disciplina intelectual que trata del Universo y que, a su vez, integra las consideraciones históricas sobre este. Tendremos oportunidad más adelante de analizar con cierto detalle que, por lo que afecta al ámbito que tradicionalmente se reserva a la ciencia, interesa destacar el cambio de marco con el correr de los tiempos, de la Teología a la Física.

---

56. Con más extensión se tratará este tema en el Capítulo 2.2. "Cosmología y cosmologías".

Desde la antigüedad, más o menos remota, el problema del movimiento de los astros dio origen a la **Astronomía**, considerada como la 'ciencia' más antigua (la astrología no fue nunca ciencia; la cosmología en esa época primitiva era, en todo caso, teología).

El problema de la 'vida' de los astros –origen, evolución, muerte– dio origen propiamente, a finales del primer tercio del siglo XX, a la **Astrofísica**.

El interés creciente por el problema del origen, unido al conocimiento de la consideración de un Universo dinámico, por la expansión observacional del Universo, dio origen a mediados del siglo XX, a la Cosmología científica, que hoy, en este ámbito de la ciencia, se llama con frecuencia y generalidad **Cosmología física**. A lo largo de la historia la *cosmología*, como se ha señalado, se colocaba en ámbitos de la filosofía y de la teología, mientras en ciencia se hablaba de astronomía (estática general, geometría –matemática– y cinemática de astros en un Universo estático). Hoy, en el ámbito de la ciencia, no solo ha conocido mejor su primitivo supuesto objeto de estudio –el Universo o Cosmos–, sino que ha incrementado notablemente su territorio. Interesa, pues, destacar que, a lo largo de la historia, coexistían Astronomía, ámbito prioritario de la ciencia, con la Cosmología, territorio intelectual propio de la Filosofía y de la Teología, pero que, a partir de los años 30 del siglo XX, la Física se ha apropiado no solo del término Cosmología, sino de su contenido clásico: origen y, en su caso, destino del Universo.

4. A modo de marco: una fugaz mirada a la cosmología física actual

A los efectos de disponer de un lenguaje adecuado y de tener unos referentes desde la actualidad para el análisis de las cosmologías históricas, parece conveniente hacer algunas consideraciones a la luz del conocimiento supuesto actual.

Por lo que respecta al problema del ORIGEN la física actual considera que el Universo surge con el *Big Bang,* una especie de gran explosión de TODO lo existente en aquel momento inicial, que ha evolucionado hacia TODO lo existente en los momentos posteriores hasta el presente. Suelo repetir con frecuencia que, de momento, el *Big Bang* es una hipótesis "harto plausible", tanto como esto pero solo esto, hipótesis harto plausible, sin la cual hoy no podemos explicar el ser y el funcionar del Universo, pero, 'todavía' no podemos concederle *status* de 'hecho'. Subproblemas relacionados con el origen serían, entre otros muchos, los que pueden formularse rápidamente con los siguientes términos: la Nada, el vacío, el espacio, el tiempo, etc.

Por lo que respecta al problema de la EVOLUCIÓN puede afirmarse, sin ninguna duda, que es un HECHO INCUESTIONABLE. Frente al tradicional estatismo del Universo hoy se nos presenta con una propiedad radical: el DINAMISMO CÓSMICO. Este dinamismo, supuestamente intrínseco, se expresa, entre otros muchos fenómenos, por los siguientes:

a) Universo en **expansión**, que hoy parece acelerada; y

b) Universo en **transformación** permanente. He aquí la expresión que he pretendido transmitir por su sencillez y profundidad, sobre todo en marcos filosóficos: "Está continuamente dejando de ser el SER que es para ser otro SER", con el rico juego de la voz 'ser' en sus acepciones de sustantivo –SER– y verbo –ser–.

Esta cuestión hoy es creída, asumida y vivida con práctica "generalidad". Pero puede formularse una pregunta complementaria capital para esta tesis. Este dinamismo: ¿es intrínseco? –con la respuesta sí, en versión científica prácticamente general–. Pero, un poco más allá, con esta otra: ¿es solo intrínseco? –con la respuesta sí, en versión científica aunque ya no tan general; y con respuesta no, en versión religiosa prioritariamente dominante.

Pero, desde mi perspectiva, conocedor de la *historia del Universo*, la propia del Universo no la de las cosmologías, que describe la cosmología física actual, la cuestión que merece más radical atención, filosóficamente hablando, es la asociada a que el **Universo es Realidad abierta**. Con otras palabras menos técnicas: el Universo aún no ha dado de sí todo lo que puede dar, potencialmente, pues en su desarrollo muestra su gran capacidad de generar 'novedad'.

Esto hace que junto a numerosos subproblemas abiertos como tales problemas queden abiertas a su vez multitud de posibles cuestiones inimaginables en la actualidad para el futuro del Universo.

Entre los 'problemillas' –aunque sean extraordinarios y de suma importancia– del presente pueden citarse: materia oscura, energía oscura, dimensiones extras, la constancia de las constantes, la unificación de las fuerzas, etc., etc. Y, a nuestros efectos actuales, un 'problemón': la consideración de la posibilidad de otros Universos, lo que exigiría no solo cambiar el lenguaje y los conceptos básicos, sino también determinadas concepciones. El hasta ahora conocido debería llamarse "Nuestro Universo" y *"El* TODO lo que existe" sería, en esta nueva tesitura, el conjunto de TODOS los Universos, de los multiversos.

Y por lo que respecta al problema del DESTINO, las cuestiones se asocian con lo ya indicado acerca de que el Universo es "abierto", tiene la potencialidad posibilitadora de novedad. Y de esta cuestión hacia el futuro NO SABEMOS ("casi") NADA. Entre las respuestas (obviamente hipotéticas) que se consideran como consecuencia de las perspectivas que ofrece el conocimiento actual está, entre otras, la del *Big Rip*, o "Gran desgarro".

Esta mirada fugaz sobre la cosmología actual puede anticiparse con el gráfico y las figuras que se reproducen a continuación que permiten, ciertamente con obvias numerosas dificultades, hacerse unas primeras ideas.

Tras las consideraciones precedentes parece oportuno hacer unas reflexiones complementarias que fijen unas ideas de interés.

Primera. El Universo fue el primero de los 'problemas fundamentales'[57] del pensamiento en la historia de las civilizaciones.

Segunda. Como consecuencia de lo anterior, el Universo ha sido *problema* a lo largo de la historia humana. El hombre ha buscado 'la' *solución*, pero solo –que no es poco– ha encontrado *respuestas* con validez relativa para algunos períodos históricos.

Tercera. El Universo sigue siendo problema, y problema de suma importancia, 'problema fundamental'. He aquí tanto el supuesto valor histórico del objeto de estudio como la oportunidad de esta tesis, referida, además, a consideraciones de naturaleza científica, filosófica, histórica y, sobre todo, teológica.

Cuarta. Probablemente (quizá, más que probablemente) será problema siempre, porque no solo el problema humano –las ganas de conocer, de saber– está "abierto", sino que, lo más relevante, es "abierto" el propio Universo.

Estas reflexiones actuales no son las de siempre aunque lo sean siempre. Hay materia para la reflexión, como se ha indicado, desde

---

57. Cf. Capítulo 0.1, apartado 5.

distintas perspectivas y en distintos ámbitos: CIENCIA, FILOSOFÍA, HISTORIA, Y TEOLOGÍA.

5. Problemas abiertos (entre otros)

Se ha anticipado que el 'conocimiento' y la 'reflexión filosófica', como consecuencia de la naturaleza intelectual del hombre, están permanentemente 'abiertos' a un saber más completo y superior. También que el Universo, basta una mirada a cualquier estadio anterior de su historia y desde él analizar el presente, es 'abierto'. Pero ahora se quiere dejar constancia de otro aspecto: el de las cuestiones objeto de estudio científico observacional y teórico y consecuentes reflexiones intelectuales en la actualidad, que aún no han alcanzado *respuesta* apropiada –mucho menos *solución*–, y que pueden considerarse como 'problemas abiertos'. Constituyen un extenso catálogo. Véanse solo algunos de ellos de especial trascendencia y significación, bastantes de ellos con implicaciones teológicas capitales para la "Teología de la creación del Universo y de la relación de Dios con su obra cósmica".

1. El problema de la continuidad-discontinuidad del devenir temporal, inserto, a su vez, en el problema de la naturaleza espacio-temporal del Universo, y de la tensión, tanto intelectual como acerca de la naturaleza cósmica, relatividad-cuántica. ¿Existe el *cronón*[58]?

2. De manera análoga, ¿existe el *topón*[59]?

3. El propio 'problema del espacio', ¿existe 'el espacio' como *sustantividad* –perspectiva aristotélica, newtoniana y kantiana– o existe la 'espacialidad o espaciosidad' como *propiedad* del Universo –perspectiva einsteiniana?

4. Análogamente, el propio 'problema del tiempo', ¿existe el *tiempo* o existe la *temporeidad*? En la correspondiente discusión respecto al tiempo, paralela a la anterior sobre el espacio, mediaría Zubiri, afirmando: "El tiempo es tiempo y solo tiempo y no le demos más vueltas". En este problema estamos.

5. En un plano más próximo a la terminología teológica cristiana, los problemas anteriores se insertan, a su vez, en el problema

---

58. Mínima cuantía posible de *tiempo*.
59. Mínima cuantía posible de *espacio*.

acerca de la naturaleza unitaria o trinitaria –espacio, tiempo, materia– del Universo.

6. El problema que se pone de manifiesto con la consideración del denominado Principio Antrópico[60] acerca de la 'finalidad' o no del Universo, cuestión inmersa en la Teología.

7. El problema del origen del Universo, con la *respuesta* actual en la ciencia del *Big Bang*[61], de tanta importancia teológica.

8. El problema del destino del Universo[62], absolutamente 'abierto' en la cosmología actual, y que tanto importa también a la teología.

9. El problema –o los problemas– de los 'límites', en su caso, de 'nuestro Universo', límites, en terminología físico-matemática, 'espaciales' (¿existe un exterior, un fuera, y qué, o nada, nada de nada) y 'temporales' (aquí propiamente se solapan con los anteriores de origen y destino).

10. El problema de la matematicidad, que denominamos *principio galileano de matematicidad de la Naturaleza*, acerca de la normatividad intrínseca o no de todo el funcionamiento del Cosmos de acuerdo con leyes matemáticas, de tanta relevancia para la teología, en el problema capital de la relacionalidad de Dios con su obra cósmica. La dinamicidad del Cosmos, ¿es principio intrínseco?, ¿es solo principio intrínseco?

11. Por si fuera poco, 'lo tan poco expresado' hasta aquí, el mismo concepto de Universo constituye problema. Nosotros hemos dado una respuesta que, al menos de momento, lo resuelve, "El TODO lo que existe", que integraría, en su caso, lo que existiera 'fuera' o hubiera existido 'antes' del que podríamos denominar 'nuestro Universo'.

12. Y para problemas, por ahora centrados en la perspectiva científica, y solo científica, pueden recordarse: a) existencia y naturaleza de la *materia oscura*; b) existencia y naturaleza de la *energía oscura*; c) ¿son constantes –en tiempo y espacio– las 'constantes universales' de la física?; d) ¿cómo puede explicarse el *Big Bang*?; e) ¿existe la *radiación fósil cósmica* de neutrinos?; f) ¿existe la *radiación fósil cósmica* de ondas gravitacionales o gravitones? Y otros, y otros, y otros, que harían esta relación interminable, para este capítulo introductorio.

---

60. Cf. el Capítulo 3.18.
61. Cf., especialmente, el Capítulo 3.15.
62. Cf., especialmente, el Capítulo 3.19.

SEGUNDA PARTE: EL UNIVERSO

6. El tránsito de ámbito intelectual de la Cosmología: de la filosofía-teología a la física

Otra cuestión a tratar como introducción está asociada al ámbito disciplinar de pertenencia de lo designado con el término lingüístico *Universo* en su relación con el de *problema*. En cuanto a la relación lingüística entre ellos, tradicionalmente podía llamarse 'problema del Universo' pero hoy cuadraría mejor la denominación de 'el Universo como problema' dado que son numerosos los problemas que de modo especial en la actualidad se presentan en este campo, como ha podido constatarse.

Pero de mayor interés resulta, a los efectos presentes, la dedicación de una fugaz mirada a la historia del pensamiento humano que sitúa el estudio de la Cosmología en las Facultades de Filosofía y de Teología hasta bien entrado el siglo XX, cuando la física ha alcanzado tanto conocimiento y lo ha expresado con tanta matemática que su intelección es enormemente difícil, si no imposible, para los no especialistas. El *problema del Universo* ha huido de los foros humanistas, de la Filosofía y de la Teología. La ciencia —amparada en las disciplinas denominadas, primero, Astronomía, después, también, Mecánica celeste, y, más recientemente, Astrofísica— vehiculaba por las Facultades universitarias científicas, los Institutos de investigación y los Observatorios astronómicos. Y, por otra parte, los estudiosos y hacedores de ciencia del Universo, en el entorno del año 1930, que hasta entonces se venían denominando *astrónomos*, comienzan a deleitarse, y no exentos de razón, con el de *astrofísicos*, en tanto que científicos y también análogamente para sus instituciones (véanse la proliferación de centros con nombres similares al de *Instituto de Astrofísica de* —en España, por ejemplo: Canarias, Andalucía, etc.–). Pero desde la física, paralelamente, primero se sugiere y luego se introduce en el seno de sus ideas y finalmente se establece, como *hipótesis harto plausible* el *Big Bang*, lo que conduce al estudio *en, por* y *para* la física del problema del origen del Universo, y, así, los nuevos físicos de las últimas décadas del siglo XX que se dedican al Cosmos entienden, no exentos de razón, que deben denominarse *cosmólogos*. En esta perspectiva histórica, la Cosmología constituye hoy parte importante del extenso territorio científico, y la ciencia la posee casi en exclusividad. La Física se ha apropiado del Cosmos tanto como lo han abandonado las otras disciplinas —Filosofía y Teología— que lo tenían por objeto fundamental tradicionalmente. Y la Cosmología

Física, como podríamos denominarla, ha crecido tanto que habla en la actualidad del origen, de la evolución y del destino del Universo, problemas que hace cien años no los consideraba propiamente suyos. Y esta Cosmología Física se encuentra, lógicamente (en el amplio espectro de teorías, hipótesis, aconteceres observacionales, presupuestos filosóficos, insuficiente arsenal matemático, nuevos descubrimientos, etc.), con numerosos y excitantes problemas, subproblemas de diversos órdenes del tradicional *problema del Universo*, como se ha expuesto en apartados precedentes.

En este punto hemos de limitarnos a tomar como referencia (prescindiendo de las sucesivas *respuestas históricas*), y de modo escueto, con la consideración de 'estado actual de la cuestión', el denominado *modelo estándar* del Universo. Y hacerlo de forma clara, pero –conviene decir– sabiendo que no es *solución definitiva*, sino solo o tanto como *respuesta actual*[63].

Esta transición de ámbito disciplinar de la Cosmología, desde la Filosofía y la Teología a la Física, ha hecho que hoy, *primariamente*, y con carácter general (para –casi– todos los hombres), y en tanto que *problema* (humano), sea considerado como *problema científico*. Y en esta condición está la base de la *reflexión*, y sobre él, y no al margen de él, y solo así, además, continúa siendo problema filosófico y problema religioso. Esta transición hacia la ciencia del *problema del origen del Universo* había tenido claros antecedentes con los problemas del origen del Hombre, del origen de la Vida, y del origen de la Tierra, problemas que hoy, en su radicalidad y en su fundamentación, se debaten también *prioritariamente* en el ámbito científico.

7. Estructura de esta Segunda Parte

En esta Segunda Parte se tratan, más expositiva que críticamente, aunque con una estructuración algo original, y obviamente con criterios propios[64], las diferentes concepciones acerca del Universo

---

63. Puede verse con amplitud, en sus concepciones *física* y *filosófica*, en el Discurso de ingreso en la Real Academia Nacional de Medicina, González de Posada, F. (1998): *Consideraciones de naturaleza física en torno a la protección y prevención de los riesgos de la vida de la especie humana en un contexto cosmológico: arquitectura e ingeniería sanitarias*. Instituto de España. Real Academia Nacional de Medicina.

64. Uno de los criterios propios consiste en negarse al que denomina 'recreo intelectual', tan extendido en la generalidad de los campos, consistente en dedicar el curso –o libro– poco menos que a la prehistoria sin alcanzar en casi ningún caso la edad moderna.

'creadas' por el hombre, dedicando, como debe corresponder, mucha más atención al esplendoroso presente de estudios cosmológicos que a la prehistoria científica.

En unos primeros capítulos se trata de los conceptos básicos de Universo (capítulo 2.1) y de Cosmología (capítulo 2.2) y de la tipología fundamental de cosmologías (capítulo 2.3). El resto desarrolla el hilo del proceso histórico de las concepciones que se han ido construyendo sobre el Universo, es decir, de las diferentes cosmologías o cosmovisiones. Así, se ha organizado en 5 bloques: 1) Antigüedad; 2) Albores de la Modernidad; 3) Modernidad; 4) Postmodernidad; y 5) Actualidad, de modo que con fundamento en la historia se dedique especial atención a los descubrimientos más recientes hasta la actualidad.

De la **Antigüedad**, por la naturaleza propiamente teológica de esta tesis, se destaca la (no bien conocida) cosmología hebraica y la propia del pensamiento griego, referida a sus *autores*, en tanto que constituirán las bases sobre las que se irá construyendo el edificio intelectual primitivo del Universo desde sus tres vertientes fundamentales que aquí se consideran: ciencia, filosofía y religión, *con vistas al presente* y *orientación teológica*. El resto de cosmovisiones: asiria, sumeria, egipcia, azteca, maya, etc., plenas de interés histórico y antropológico, no poseen prácticamente ninguno a nuestros efectos; estas cosmologías primitivas se exponen como parte de las cosmovisiones de los pueblos y no como propias de *autores* concretos.

El **Medioevo** occidental presenta pocas novedades significativas, pero en él se construye la gran síntesis aristotélico-ptolemaica-tomista que puede denominarse *cosmología cristiana* y que, digo yo –con fuerte expresión–, "se impondrá al Universo tener que ser así", negando la posibilidad de ser como fuera.

En los **albores de la Modernidad**, y desde estos hasta casi la actualidad, las cosmologías (las novedades, las contribuciones primordiales, los descubrimientos principales) son prioritariamente *personales*, tienen nombre propio[65]. Para estos capítulos se adoptará

En el tema del Universo esta tentación es notablemente mayor por las dificultades de índole matemática desde Newton hasta el presente. Así, por ejemplo, merecen más espacio la astronomía azteca que la newtoniana, o la egipcia que la einsteiniana.

65. En la actualidad se presta suma atención a lo *personal*, pero de esto ciertamente tiene poco, dado que las investigaciones principales se realizan en grandes centros institucionales y multinacionales y colectiva y aditivamente.

una estructura más o menos común consistente en: a) síntesis biográfica en su contexto cultural; b) contribuciones específicas al conocimiento –novedosas, originales, y que se establecerán–; y c) unas consideraciones críticas. En estos *albores de Modernidad* se introducen tres autores harto representativos: Nicolás Copérnico, Tycho Brahe y Giordano Bruno.

La **Modernidad** integrará a Galileo Galilei, Johannes Kepler, René Descartes, Isaac Newton, Inmanuel Kant y Pierre-Simon Laplace. En ella se establecerá el *modelo newtoniano*, basado en conceptos formalizables matemáticamente –que se formalizarían– y en leyes matemáticas que se describirían y comprobarían.

La **Posmodernidad**, que consideraremos de una manera peculiar, integrará los ámbitos intelectuales caracterizados por las revoluciones –intelectuales– relativista y cuántica, dedicando atención singular a la obra cosmológica de Einstein con sus consecuencias inmediatas y descubrimientos de 'confirmación': Einstein, Minkowski, Friedmann, Hubble.

La **Actualidad** integrará el conjunto de descubrimientos, extenso e importante, que han permitido la elaboración del actual modelo cosmológico físico estándar. La relación de físicos, astrofísicos y cosmólogos de relevancia a los efectos de nuestro interés sería enormemente prolija.

En conjunto resultará una Segunda Parte aceptablemente equilibrada, aunque con capítulos, para evitar una extensión desmesurada, a nuestro juicio, realmente bastante reducidos.

Y tras la historia del pasado y la asombrosa perspectiva presente está la convicción de que el futuro (humano) –en el caso deseable de que 'el Mundo del Hombre' continúe con normalidad– deparará nuevos conocimientos que supondrán nuevas cosmologías. El conocimiento actual es muy grande, las convicciones de los científicos en sus 'certezas' también, pero, más que probablemente, si se repara en la historia y se aprende de ella, sin duda, habrá 'nuevas cosmologías'.

A modo de *nota complementaria*, conviene decir que algunos capítulos de esta Segunda Parte, si así se desea, pueden completarse con los históricamente correspondientes de la Tercera Parte, y viceversa, de modo que las lecturas de ambas partes –segunda y tercera– pueden ser independientes –intrínsecamente diacrónicas cada una– o bien paralelas –aproximadamente sincrónicas–.

2.1.
CONCEPTO DE UNIVERSO

1. Introducción

En el capítulo anterior, de presentación general de esta Segunda Parte, se ha tratado de: a) introducir el concepto de Universo; b) caracterizar y distinguir la cosmología –tratado del Universo– de las cosmologías concretas –o cosmovisiones–; c) ofrecer un primer panorama esquemático de las cosmovisiones por sus autores y concepciones básicas; y, sobre todo, d) ofrecer una visión general del Universo como problema y del abanico de problemas que ofrece el estudio del Universo.

En este Capítulo 2.1 se pretende profundizar en el concepto, con naturaleza de *concepto primario*, de Universo; en el Capítulo 2.2 en el de Cosmología; y en el resto de los Capítulos de esta Parte, describir las diferentes principales cosmovisiones y los más significativos 'descubrimientos' cósmicos a lo largo de la historia humana así como las 'concepciones teóricas' (filosófico-físicas) y 'formalizaciones matemáticas'.

2. En torno a la voz Universo

Como se ha escrito en la Presentación, la primera cuestión a dilucidar consiste en determinar a qué se denomina Universo. Ciertamente la tarea, aunque pudiera parecer de otra manera, no es fácil; ni está desligada de la perspectiva intelectual ideológico-religiosa que se adopte ni ha sido única a lo largo de la historia humana. Desde nuestra consideración, de base científica, afirmamos que, en primer lugar, puede decirse que el **Universo es aquello de lo que habla la Física**, y, en segundo lugar, de lo que han tratado como *referente* las distintas cosmologías; el Universo, así, es 'término lingüístico' de la Física. Por y para contraste, diremos aquí que la

Creación –en principio sinónimo de Universo– es el 'término lingüístico' que utilizan las religiones abrahámicas. En esta Segunda Parte se trata del Universo físico, en la Tercera Parte se relaciona el 'Universo físico' (perspectiva científico-filosófica) con la 'Creación' (perspectiva religiosa).

Pero el Universo, del que trata la ciencia, como se ha escrito, también exige otra precisión. Hay que distinguir claramente, radicalmente, del Universo en tanto que *realidad* –la Realidad por antonomasia– y del Universo en tanto que *concepto* o concepción, o concepciones. Aquí se sitúa el gran **'problema del Universo'**. El ámbito lógico de la realidad Universo se refiere a lo que el Universo sea y a como funcione.

El ámbito lógico de las concepciones humanas acerca de la realidad Universo muestra numerosas y muy diferentes concepciones del mismo. Esta ha sido la tarea humana a la búsqueda de respuestas. Cuando el *problema* deja de considerarse como tal *problema*, la *respuesta* se convierte en *solución*. Y entonces, ¡cuántos otros problemas se han planteado desde la convicción de certeza en lo que en sí es problemático! El Universo ha sido siempre el mismo, él, lo mismo, pero en los aproximadamente tres mil años de historia humana, ¡cuántos universos distintos ha concebido el hombre sobre una única realidad!

Con la voz Universo se han abarcado tres niveles: 1) el nivel de la Realidad; 2) el nivel lógico del concepto (que ha sido ocupado por numerosísimos diferentes conceptos concretos, que está ocupado por algunos y previsiblemente seguirán construyéndose otros); y c) el nivel gramatical del término propiamente lingüístico.

3. Acerca del concepto de Universo

La primera cuestión problemática, que exige en la actualidad profunda y sensata reflexión, sería la respuesta a las preguntas: ¿A qué se denomina Universo? y/o ¿qué es Universo? (Para mayor claridad, no se pregunta ¿qué es *el* Universo? –para un contexto prioritariamente filosófico–, ni tampoco ¿cómo es *el* Universo? –para un contexto prioritariamente físico–. Las preguntas iniciales son más radicales y anteriores lógicamente a estas otras. Nótese en estas últimas preguntas el uso del artículo determinado *el*, escrito en cursivas).

CONCEPTO DE UNIVERSO

Tradicionalmente Universo significaba "TODO lo que existe", de modo que constituía una definición nítida a lo largo de la historia del pensamiento. Y TODO era 'todo'. Permanecían de manera problemática, si quiere verse así, los aspectos complementarios en torno al verbo existir. Pero a los efectos actuales, la existencia debiera ser real o física, considerando estas voces como términos sinónimos. Pero, por otra parte, se hablaba y se sigue hablando, y muy bien, por ejemplo, de la existencia de Dios, del alma, de la espiritualidad, etc., y de la realidad de Dios, del alma, de los sueños, etc. Así se hablaba de 'existencia real' o 'existencia física' antes de que hoy se disparate con el uso tan frecuente de los pleonasmos 'físicamente real' o 'realmente físico', sin acuerdos previos, en todo caso, para distinguir matices científicos de los filosóficos en estos compuestos.

Como se ha anticipado, desde la actualidad, y con una expresión propia sintética, puede afirmarse, en principio, que el Universo es "*El* TODO lo que existe", como hemos descrito recientemente[66] y ahora se introduce para una mejor visión de conjunto de las cosmologías que se describirán y como prólogo del cierre final, fruto de los descubrimientos y pensamientos más actuales. Fácil de expresar, pues, e incluso primariamente de aceptar. La cuestión no es hoy tan fácil como podrá comprobarse, consecuencia del desarrollo histórico y del deslumbrante conocimiento presente. Es complicado el "*El*" por su naturaleza de algo determinado, y, por tanto, concreto, único; es complicado el "TODO" en estos tiempos en los que se habla, en y desde la ciencia, de otros universos coetáneos y/o precursores, reales o posibles; y quizá más aún más complejo, con lectura filosófico-teológica, sea "lo que existe", por las dificultades inherentes al problema de la existencia física o real y con otras adjetivaciones. Pero de momento, dado que la perspectiva actual es prioritariamente científica, es más que suficiente.

Así, pues, con la consideración de que el Universo, el del nivel lógico de Realidad, es "*El* TODO lo que existe", o que está constituido integradoramente por TODO lo existente, pueden analizarse inicialmente algunas concepciones –propias, por tanto, del nivel lógico de concepto–, supuestamente básicas, en la historia de la humanidad.

---

66. González de Posada F., *El problema del origen del Universo en la actualidad*: Burgense (2012).

CIENCIA-FILOSOFÍA
Representación gráfica con referencia en el Universo
A) Lo *inmediato* y *general*: el Universo (próximo)

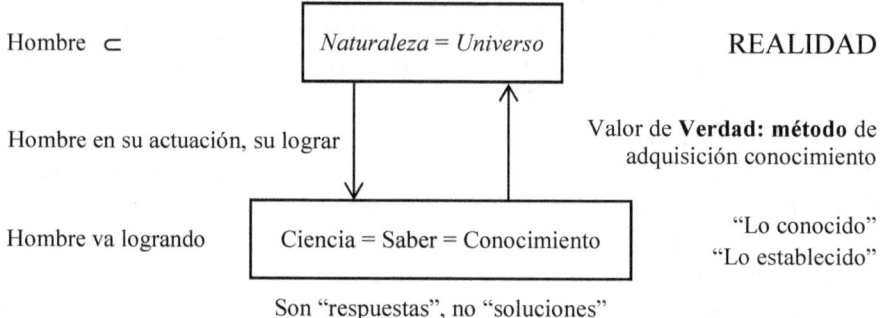

4. La concepción básica tradicional del Universo

En la perspectiva tradicional, construida sobre base aristotélica, el Universo de la realidad y en realidad, ese *"El* TODO lo que existe"*, se expresaba en una concepción del Universo constituida por tres *categorías* (entidades, sustantividades) fundamentales, tres existires concebidos además como absolutamente independientes: el espacio, el tiempo y la materia. Y a esta, y solo a esta, le ocurrían fenómenos. Así, al modo conjuntista, podría expresarse ese TODO lo que existe de la siguiente manera:

Universo = {Espacio, Tiempo, Materia; fenómenos}

Y este "TODO lo que existe", precisamente por ser 'todo', era además ÚNICO, no existía –no podía existir– 'otro', ni 'lo otro'. La concepción tradicional de Universo para todos los ámbitos del pensamiento humano lo determinaba, en primer lugar y radicalmente, como EL TODO ÚNICO. Además, esta visión tradicional de Universo ÚNICO implícitamente supone que NADA (físico, real) existe fuera del Universo, pues este integra todo lo que existe.

Así pues, el Universo 'era' (estaba constituido por) el conjunto de tres entidades o sustantividades –espacio, tiempo y materia– radicalmente diferentes e independientes entre sí, de modo que quedaban constituidas en primicialidades (constituyentes básicos del Universo) y ultimidades (en el hipotético proceso de búsqueda de fundamentación del mismo). En síntesis, en el plano filosófico, estos integrantes del Universo pueden denominarse, por ser ciertamente fundamentales en esta concepción, categorías fundamentales. Y con una particularidad bastante singular: a la materia, y solo a la materia, le ocurrían (o podrían ocurrirle) procesos (cambios, acaecimientos, fenómenos) que no podían tener lugar en el espacio ni en el tiempo (que eran en todas partes y siempre iguales, constantes, independientemente de lo que le ocurriera a la materia que se encontraba necesariamente en los referenciales de lugares, espacio, y de instantes, tiempo).

En síntesis, la concepción tradicional de Universo, la respuesta a las preguntas ¿a qué se denomina Universo? y/o ¿qué es Universo?, "*El* TODO lo que existe", queda caracterizado, nada menos que desde Aristóteles (384-322 a.C) hasta la revolución de A. Einstein (1879-1955), como EL TODO ÚNICO TRINO.

1. "TODO lo que existe" (se repite, con existencia física o real) precisa de un *EL* (artículo determinado) y rechaza el un (que es, en tanto que artículo, indeterminado).

2. Y ese "TODO lo que existe" lo integra todo, no existe nada fuera de él, es *EL* TODO.

3. Y, además, es ÚNICO, no hay, no existe, otro. Por tanto, es *EL* TODO ÚNICO.

4. Pero, más aún, es TRINO porque está integrado por tres sustantividades, categorías fundamentales, que se presentan como existires físicos distintos con caracteres de ultimidad, de primicialidad, de homogeneidad, de continuidad y tales que siendo radicalmente independientes entre sí.

La concepción tradicional del Universo puede expresarse, pues, como *EL* TODO ÚNICO TRINO.

Esta concepción tradicional, paralelamente a las consideraciones tratadas, se presentó como FINITO hasta que Giordano Bruno (1548-1600) e Isaac Newton (1642-1727) lo concibieron INFINITO, filosóficamente el primero y física y matemáticamente el segundo.

Así se ha perpetuado EL TODO ÚNICO TRINO, como FINITO primero y como INFINITO después, hasta Einstein.

5. ¿Universo trinitario o unitario? La revolución de Einstein

Otra cuestión básica se refiere precisamente al tránsito en la historia del pensamiento de la concepción trinitaria tradicional referida en el parágrafo precedente a la hoy prioritariamente vigente concepción unitaria del mismo. Aquí, con el uso de las voces trinitaria y unitaria, se trata exclusivamente de utilizar términos descriptivos precisos y apropiados.

La concepción tradicional trinitaria del Universo permea toda la historia intelectual desde una aceptable expresión mediante ideas filosóficas por Aristóteles, pasando por Newton con loables construcciones físico-matemáticas que concluyeron en precisos conceptos físicos (bien matematizados), hasta A. Einstein, quien alumbrará la concepción unitaria de momento solo referida nominalmente.

El tránsito, en la Física, de la concepción trinitaria a la unitaria tuvo lugar muy rápidamente como puede verse en el cuadro adjunto, de 1905 a 1915, considerándose 'establecida' desde 1919 tras la expedición científica organizada por Arthur Eddington (1882-1944) para una primera comprobación observacional de la Relatividad General de Einstein y su manifestación pública en la *The Royal Society* de que "Einstein tiene razón". ("La luz pesa", la luz se curva en las proximidades de una gran masa).

NEWTON, 1687	EINSTEIN, 1905 MINKOWSKI, 1908	EINSTEIN, 1915
Tiempo	Espacio-tiempo	Espacio-tiempo-materia-fenómeno
Espacio		
Materia	Materia	
Fenómenos	Fenómenos	

Cuadro en el que se sintetiza la rápida transición intelectual físico-matemática de la concepción de Universo trinitario a Universo unitario.

En su trabajo de 1905 "Sobre la electrodinámica de los cuerpos en movimiento"[67] formula los dos primeros y famosos postulados

---

67. González de Posada, F. y Trujillo, D. (2005).

(prioritariamente filosóficos en sí mismos, aunque de ellos deduciría unas extraordinarias consecuencias matemáticas para su contraste con la Naturaleza) de la Relatividad (especial o restringida): primero, el postulado R (de relatividad; en este momento 'restringida' a los sistemas de referencia inerciales o galileanos); y segundo, el postulado L (sobre la constancia y la naturaleza de límite en el Universo de la velocidad de la luz, tal que su valor codeterminaría junto a la constante de la gravitación newtoniana G el funcionamiento del Universo).

Entre las consecuencias matemáticas de esta Relatividad restringida (denominada usualmente 'especial') pueden destacarse, en primer lugar, la necesaria interconexión de las medidas de longitudes (distancia espacial) y de duraciones (intervalo temporal) asociadas a un cuerpo en movimiento respecto a distintos sistemas de referencia, magnitudes que tanto en la tradición filosófica como en la científica eran absolutamente independientes. Aparecen, así, conjuntamente en escena las expresiones 'contracción de longitud', expresión esta que ya había utilizado H. A. Lorentz (1853-1928), y 'dilatación del tiempo'.

Otra importante consecuencia, en expresión matematizada de la Relatividad restringida, se manifiesta en la posibilidad de transformación, biyectiva, entre las magnitudes masa y energía mediante la que se hizo tristemente famosa ecuación

$$E \iff mc^2$$

Pero en 1905, estas consideraciones teóricas –'elucubraciones'– de un, por decir algo sustantivamente positivo sobre Einstein, joven pensador, carecían de sentido para la Física de la época, a pesar de que el pensador en el mismo año publicara otros dos históricos trabajos, uno sobre el efecto fotoeléctrico (por el que le otorgarían el premio Nobel en 1921) y otro sobre el movimiento browniano, que sí presentaban características propiamente científicas. Pero, sin embargo, no solo Max Planck (1858-1947) accedió a su publicación en los *Annalen der Physik*, prestigiosa revista de la que era director, sino que al menos H. Minkowski (1864-1909) lo leyó, lo estudió y elevó de rango la respuesta dada entonces por Einstein al movimiento de las partículas cargadas. La conexión, la interdependencia entre medidas de longitudes y medidas de tiempo tenía un trasfondo básico: no eran independientes las categorías tradicionalmente supuestas fundamentales de espacio y tiempo perfectamente matematizadas tras las ideas newtonianas. Y desde su dominio geométrico, Minkowski conceptualiza (cualitativa y matemáticamente) el espacio tetradimensional (espacio-tiempo de Minkowski, espacio euclidiano no propiamente euclídeo), también con las propiedades de absoluto, verdadero, matemático e infinito, como el espacio y el tiempo newtonianos. Así se construye la segunda columna del cuadro precedente en el que desaparece la frontera existente en la primera columna, la de Newton (tomado presupuestamente desde Aristóteles), entre espacio y tiempo. La realidad cósmica, el Universo, tiene en la visión de Minkowski un solo referencial, el espacio-tiempo (concebido como geometría, pero existir físico), donde se sitúa la materia y tienen lugar los fenómenos en esta.

Esta concepción minkowskiana (1908) agrada a Einstein que la asume críticamente y dedica sus esfuerzos intelectuales durante los años 1909 a 1915 a la construcción de otra concepción harto más compleja, que se refleja en la tercera columna del cuadro y que publica Einstein a finales de 1915 y que ha pasado a la historia del pensamiento con el título de Relatividad General. Esta nueva teoría, definitiva, estará integrada por tres postulados: el postulado R (de relatividad, ahora no restringida sino general, para cualesquiera sistemas de referencia); el postulado L (relativo a la velocidad de la luz); y el postulado M (de equivalencia entre las masas de inercia y gravitatoria, que facilitaría la generalización del postulado R).

Pero lo que aquí interesa de la Relatividad General es el modelo que ofrece de Universo en la línea histórica que se está construyendo en este trabajo. Cuatro serán las características implícitas en la teoría de la Relatividad que integrarán la revolución de Einstein.

Primera. Las ya antiguas, tradicionales, categorías fundamentales, entidades o sustantividades en sí, por sí y desde sí mismas, dejan de ser fundamentales (es decir, primordiales, ultimidades y radicalmente independientes entre sí) y adquieren la condición de propiedades del que era *EL* TODO ÚNICO TRINO que ahora deja de ser TRINO y se presenta como UNO. Así, en este contexto y desde esta teoría (si no quiere decirse que "desde este momento de la historia científica") hay que hablar, con propiedad, de que precisamente solo existe como fundamental, como sustantividad, el Universo, que se presenta como *EL* TODO ÚNICO UNO.

Segunda. Coherentemente con lo anterior, no existen propiamente el espacio, ni el tiempo ni la materia (en tanto que todo lo que existe no siendo espacio ni tiempo), sino que el Universo es espacioso, es tempóreo, es matérico y es dinámico. Abusando de la terminología de X. Zubiri (1898-1983)[68] puede decirse que la unitariedad de la realidad cósmica se expresa como estructura de 'propiedades-de' la unitariedad: espaciosidad o espacialidad, temporeidad o temporalidad, materidad y dinamicidad (pero esta última propiedad, en el proceso histórico de la concepción de la cosmovisión actual, en este momento de 1915 aún no se ha establecido). En consecuencia, tras la Relatividad General el Universo queda concebido como EL TODO ÚNICO UNO dotado de ESTRUCTURA.

Tercera. El Universo de la Relatividad General, en sus propiedades espacio- temporales, es una variedad real diferenciable tetradimensional de Riemann que implica una naturaleza curva y consecuentemente su finitud. El Universo de Einstein es FINITO contra el carácter INFINITO tanto del espacio como del tiempo newtonianos. Así, tras esta consideración, la concepción hoy prioritariamente vigente se expresaría como EL TODO ÚNICO UNO FINITO dotado de ESTRUCTURA.

Cuarta. El Universo de Einstein consiste más bien en un 'funcionar' que en un 'ser'; es un 'siendo-funcionando' o, quizá mejor, un 'funcionando siendo'. Pero esta característica de dinamicidad intrínseca es una 'propiedad-de' el Universo (que aunque integrada hoy en la concepción vigente tras el proceso histórico que se está describiendo) no se establece explícitamente en 1915, sino que habría que esperar unos pocos años, como se verá en el capítulo correspondiente.

De modo que, en resumen, puede decirse que, tras la publicación de la teoría general de la Relatividad de Einstein, el Universo se presenta como EL TODO ÚNICO UNO FINITO dotado de ESTRUCTURA que 'funciona-es' o 'es-funciona', es decir, intrínsecamente DINÁMICO, de acuerdo con un sistema de diez ecuaciones diferenciales en derivadas parciales que se denominan *ecuaciones de campo* que lo rigen.

---

68. Zubiri (1989).

2.2.
COSMOLOGÍA Y COSMOLOGÍAS

A) TÉRMINOS LINGÜÍSTICOS Y CONTENIDOS

1. Introducción

La Cosmología, en tanto que estudio del Universo por el hombre, constituyó propiamente el *primer problema* que se plantea formalmente la historia de la filosofía, mejor –a nuestro juicio– del pensamiento, en la Grecia primera, siglo VII a.C. El *problema de la Naturaleza*, tal como se describió en la Parte Introductoria, constituido por dos subproblemas: 1) el Universo todo; y 2) la naturaleza de la materia. Y en la búsqueda de la *solución*, siglo tras siglo, civilización tras civilización, descubrimiento tras descubrimiento, concepción tras concepción, el hombre ha ido dando *respuestas* parciales y limitadas mediante diferentes cosmologías.

En consecuencia, *Cosmología* es la disciplina que estudia el Universo, el Cosmos, y *cosmologías* son las diferentes concepciones, imágenes o representaciones que se han hecho a lo largo de la historia humana del Universo.

2. Nociones de Cosmología y cosmologías

Con objeto de caracterizar de una manera aceptable la disciplina *Cosmología* se señalan unas notas significativas sobre ella y sobre las *cosmologías*.

1. Cosmología es la rama del pensamiento que se enfrenta con el problema del Universo, problema que ha sugerido a las distintas culturas un sinfín de preguntas como las del siguiente tenor: ¿por qué existe todo lo que existe?, ¿cómo ha surgido si es que ha surgido?, ¿es finito o infinito?, ¿cuándo comenzó?, ¿cómo?, ¿cambia?, ¿se acabará?, ¿de qué está constituido?, ¿por qué se mueven los astros?, etc., etc.

2. Ha estado siempre –y está hoy– en los límites de los ámbitos intelectuales conocidos como Ciencia (Física), Filosofía (metafísica o filosofía de la Naturaleza) y Religión (Dios y su creación).

3. En la actualidad, desde aproximadamente finales de los años 20 del siglo XX, la ciencia (prioritariamente la física) constituye su contenido básico. De manera complementaria se tratan problemas de índole filosófica y teológica en relación con el Universo. Así, puede decirse que coexisten una Cosmología física, una Cosmología filosófica y una Cosmología teológica.

4. En su rica historia se integran multitud de *cosmologías*. El conjunto de respuestas, nunca solución, dado por cada cultura o civilización o por cada "cosmólogo" puede considerarse como una cosmología: una determinada visión del Cosmos o Universo. Una *cosmología* es, pues, una concepción determinada del Universo físico. La *cosmología actual* se construye prioritariamente a la luz del conocimiento físico.

5. Por *cosmovisión*, para facilitar su distinción de *cosmología*, puede entenderse una síntesis de fundamentos de concepciones científicas y no científicas –no con referencia ni necesaria ni estricta al Universo– elaborada filosóficamente. No se trataría de una 'suma enciclopédica' de conocimientos propiamente científicos, sino que por su pertenencia más bien a la Filosofía, en tanto que compendio con elementos de más allá de la ciencia, se refiere más bien a la noción de Mundo (integrante de lo humano) que a la de Universo.

Estas notas ofrecen una primera perspectiva de interés relevante a nuestros efectos, porque se destacan y diferencian los términos lingüísticos de uso preferente en el desarrollo de la tesis, pero conviene ofrecer una mayor clarificación dada la proliferación de términos en la actualidad, fruto, sobre todo, de las numerosas especializaciones de la cultura vigente. Con esta finalidad se analizan a continuación sintéticamente las voces compuestas con los prefijos 'cosmo' y 'astro'. Y, posteriormente, se hará una descripción general histórica de las *cosmologías* antes de desarrollarlas de manera concreta en sucesivos capítulos.

3. Voces compuestas con el prefijo 'cosmo'

(*Cosmo*, prefijo, derivado del griego *kosmós* = el Mundo, material, total, universo).

1. *Cosmogonía* (*gónos* = generación). Disciplina o rama del saber que estudia el origen –formación– y evolución del Universo.

'Sistemas, cosmogónicos' son los diferentes conjuntos de concepciones e ideas –de naturaleza física, filosófica y/o religiosa– acerca del origen o creación del Universo.

2. *Cosmografía* (*graphé* = escritura). Parte de la Astronomía cuyo objeto es la descripción 'geométrica' de los astros, sus posiciones y movimientos (coincide con la Astronomía descriptiva).

3. *Cosmología*. Es la voz más compleja y más rica en la actualidad. Término introducido por Kant en el lenguaje filosófico, con el significado de "doctrina del mundo considerado como un todo organizado".

Actualmente existen dos acepciones fundamentales:

a) *Cosmología (filosófica) o filosofía natural o de la Naturaleza*, de carácter racional y general que estudia la Naturaleza –el ente material– en sus causas últimas (parte de la Metafísica).

Comprende, según la división de Wolf[69], tres partes:

1. El mundo en general (origen, fines, leyes, espacio y tiempo).
2. Los cuerpos inorgánicos (origen, constitución y características).
3. Los cuerpos orgánicos (origen, desarrollo y evolución).

b) *Cosmología (física)*. La Física se ha apropiado del sustantivo Cosmología hoy. Es la rama de la Física que estudia el origen y la evolución del Universo –mediante modelos matemáticos–, las causas y las leyes de los fenómenos físicos.

Actualmente las concepciones y los problemas se interpenetran dada la no rigidez de las fronteras; los modelos concebidos 'inciden' sobre la naturaleza de los conceptos de materia, espacio y tiempo y también con los temas de filosofía de la ciencia acerca de la validez del 'conocimiento' aportado por las ciencias.

---

69. La clasificación de Wolf de la Filosofía especulativa es:
   1. Metafísica general u Ontología.
   2. Metafísica especial:
      a) Cosmología o filosofía del mundo.
      b) Psicología o filosofía de la vida (del hombre).
      c) Teodicea o filosofía de Dios.

4. *Cosmonomía* ("*nomos*" = ley). Conjunto de leyes que rigen –gobiernan– el Universo.

5. *Cosmoteísmo.* Una denominación genérica del panteísmo en el que confluyen panteístas, realistas y trascendentalistas. Identifica divinidad con el Cosmos; niega la existencia de un Dios personal; Dios es todo aquello que es objeto de nuestro entendimiento.

4. Voces compuestas con el prefijo 'astro'

Astro: cualquiera de los innumerables cuerpos que pueblan el Cosmos (bien brillen con luz propia –estrellas, novas, cuásares,...–, bien con luz recibida de otro cuerpo luminoso –planetas, satélites, cometas–, o bien que no brillen –agujeros negros, enanas marrones,...–).

Las voces fundamentales para el objeto de nuestro estudio son tres: astrología, astronomía y astrofísica. Su importancia radica no solo en sus contenidos, sino también en que simbolizan, por sus respectivos predominios, diferentes períodos de la historia del conocimiento humano del Cosmos.

1. *Astrología*. 'Ciencia'(?) o 'saber'(?) que explica la acción de los cuerpos celestes sobre las cosas mundanas y pretende pronosticar los acontecimientos futuros según la posición y aspecto de los astros en un determinado momento.

Su origen parece caldeo. Se propagó a Egipto, Grecia y Roma. Durante bastantes siglos se consideró 'ciencia secreta' en Oriente. Con los árabes se extendió por Europa en la Edad Media. Los astrólogos tuvieron estado oficial en las Cortes europeas. En el siglo XVII se reconoció su carácter supersticioso (con la aparición de la ciencia moderna).

Se denomina también *Astronomía judiciaria* a la astrología adivinatoria relacionada con el destino humano.

2. *Astronomía. Ciencia* que estudia los cuerpos celestes, los astros; fundamentalmente sus posiciones relativas y sus movimientos. (También estudia la composición y la evolución física y química, aunque este conjunto de aspectos hoy son objeto de la Astrofísica y Astroquímica, respectivamente).

Es la más antigua de las ciencias y, sin duda, la que más influencia ha ejercido sobre el pensamiento del hombre, sus creencias religiosas y su actitud ante la vida.

La Astronomía se divide en tres partes principales actualmente:

a) *Astronomía descriptiva o cosmografía.* Sus objetivos son: la enumeración general y descripción de los astros: planetas, asteroides, satélites, cometas, estrellas, nebulosas, etc.

b) *Astronomía, gravitacional o Mecánica Celeste o Astrodinámica.* Estudia los movimientos de los astros sometidos a las acciones gravitatorias. Creada por Newton.

c) *Astrofísica o astronomía física.* Estudia la constitución física –composición, luminosidad, temperatura, etc.– y los fenómenos físicos que tienen lugar en los cuerpos celestes y en la materia interestelar.

Entre los instrumentos y métodos pueden destacarse: i) análisis espectral; ii) fotografías; iii) fotometría; iv) radioastronomía; etc.

3. *Astrofísica.* Independizada de la *astronomía*, apartado c) anterior, puede considerarse también –y así se considera ya– como una 'ciencia nueva' o independiente por su desarrollo.

4. *Otras voces.* Otro conjunto de voces, de menor interés para nosotros, está integrado por las siguientes:

Astrofotografía: parte de la Astronomía que trata de la obtención y análisis de imágenes fotográficas de los astros. Objetivo iniciado en 1886 por el Almirante Mouchez, director del Observatorio de París, fue el 'Trazado de la Carta del Cielo'.

Astrofotometría. Parte de la Astrofísica que trata de la medición de la intensidad lumínica de los astros.

Astrolabio. Aparato o instrumento para 'medir' (observar) la altura, lugares y movimiento de los astros sobre el horizonte (Creado por Hiparco de Alejandría, su utilización llegó hasta el siglo XVIII).

Astrolatría. Culto o adoración a los astros.

Astrolito o aerolito. 'Piedra' o 'cuerpo celeste' que deambulando por el espacio interplanetario impacta contra un planeta o satélite.

Astronáutica o Cosmonáutica. Arte de navegar por los espacios interplanetarios (y, por, extensión, galácticos, intergalácticos, etc.). Ciencia y técnica de estos viajes.

Astroquímica. Ciencia que estudia la composición química de los astros. Se basa principalmente en el análisis espectrográfico.

5. En torno a la voz Mundo

La voz *Mundo*, aunque a nuestro juicio es inductora de confusión, puede sernos útil. Aceptando que el Cosmos o Universo "es lo que es" o "el que es" y "funciona como funciona", *Mundo* podría significar precisamente el concepto, la creencia o la imagen que del Universo tiene cada civilización, religión o estadio científico.

Los problemas más importantes que los hombres se han planteado desde siempre –y se siguen planteando– acerca del *Mundo han sido*:

1º. Su origen.
2º. Su finalidad.
3º. Su duración en el tiempo (... eternidad...).
4º. Sus dimensiones o extensión (finitud,... infinitud).

Desde el punto de vista científico, físico y matemático, la eternidad (infinitud en el tiempo en ambas direcciones) y la infinitud espacial son conceptos, recursos propios, en rigor, de la Modernidad.

Estos problemas fundamentales han ido desplazándose desde la Religión primero hacia la Filosofía y después hacia la Física. En la actualidad, como hemos señalado reiteradamente, se integran prioritariamente en la Física; las otras fuentes de conocimiento o de reflexión están, en general, a la 'espera' y a la 'escucha' de lo que diga la Física.

En la esfera religiosa, *Mundo* refiere, por integración, al *Mundo del hombre*, como se indicará repetidamente, a la luz de los textos sagrados.

B) BREVE RELACIÓN HISTÓRICA DE LAS COSMOLOGÍAS

Parece conveniente realizar una mirada fugaz, aunque penetrante, en el frondoso bosque de las cosmologías, antes de iniciar las descripciones concretas pormenorizadas, para así enmarcarlas globalmente con carácter histórico y según naturaleza básica de las mismas. En consecuencia, se hará una síntesis –síntesis apretada, pues ahora no se necesita más, pero esta no debe obviarse– con interés introductorio para los capítulos siguientes de esta Segunda Parte.

Se hace una clasificación histórica destacando en sus denominaciones una característica predominante.

6. Las cosmologías míticas

Entre las muy numerosas cosmologías de carácter mítico se hace referencia a dos de ellas.

a) Cosmología acadia. En la *Enuma Elish*, esculpida en piedra en lengua acadia y que se remonta aproximadamente al 2000 a.C., se narra una antigua historia de la creación según los babilonios. Carácter antropomórfico de los personajes de los antiguos mitos, se separa cielo y tierra y el mundo queda rodeado de agua. Sugiere la idea del interés humano por comprender el mundo y describir una historia del mismo.

b) Leyendas budistas e hinduistas, con múltiples diferentes versiones sobre la creación. Una de ellas ofrece finalmente la idea de que se forma el Universo con tres capas: la tierra, que es un disco aplanado; la atmósfera, asociada al viento y la lluvia; y los cielos, lugar del Sol y el fuego. Estas leyendas suelen contemplar ciclos infinitos de nacimiento, muerte y renacimientos (tanto para las personas como para el Universo).

7. Cosmologías filosóficas griegas

En el pensamiento griego, paulatinamente, los dioses y los mitos fueron sustituidos por mecanismos más o menos de naturaleza física en las especulaciones cosmológicas, que manifiestan un progresivo razonamiento lógico. Estas cosmologías son de naturaleza prioritariamente filosófica. Históricamente pueden considerarse como tales desde los orígenes del pensamiento griego hasta la cosmología cristiana bajomedieval.

a) Cosmología de Anaximandro (siglo VI a.C.). El Universo era infinito en el tiempo (sin principio ni fin, eterno) e infinito en el espacio, conteniendo una sustancia infinita y eterna. Los mundos se formaban al separarse de esta substancia, perecían y luego los absorbía de nuevo. La Tierra era un disco aplanado: los mundos individuales aparecían y desaparecían.

b) Cosmología de Demócrito (ca. 460-370 a.C.). Toda la materia estaba compuesta de átomos (cuerpos microscópicos indivisibles e indestructibles). Tenían distintas propiedades –duros y blandos, suaves y ásperos, por ejemplo– lo que explicaba la diversidad de substancias distribuidas por el Universo. Esta concepción atomista del Universo lograba explicación para todo. Las substancias podían cambiar alterando sus átomos pero estos no podían ni crearse ni destruirse, eran eternos. En algún sentido se correspondían con la substancia infinita de Anaximandro. La visión atomista integraba (según afirmaba Lucrecio en su poema clásico *De la naturaleza de las cosas* [ca. 60 a.C.]): a) "Nada puede crearse de la nada"; y b) "Nada puede destruirse para convertirse en nada" de donde se deducía que todo precisa de una causa física. En la aplicación de esta concepción atomista al Cosmos se concibe este como Universo sin proyecto ni propósito alguno: los átomos se desplazan libre y ciegamente a través del espacio, y cuando un gran número se entrecruzan generan un planeta o una estrella, hasta que se desintegre y devuelva los átomos a la libertad. Todo lo existente –por ejemplo, planetas y personas– son islas de orden temporal y accidental en un Universo desordenado. El Universo no posee límites ni de espacio ni de tiempo. No se puede crear o destruir un Universo compuesto de átomos indestructibles.

c) Cosmología de Aristóteles (ca. 350 a.C.). El mundo está compuesto de cinco elementos; tierra, agua, aire, fuego y éter. Nada era casual ni accidental, todo tenía su lugar natural y su propósito. El lugar de la Tierra era ser centro del Universo (*Universo geocéntrico*) y hacia ella se dirigían todas las partículas semejantes. El éter es una substancia divina e indestructible cuyo espacio natural son los cielos, donde forman estrellas y otros cuerpos celestes. El agua, aire y fuego ocupan lugares intermedios. El Sol, los planetas y las estrellas están fijos a superficies esféricas rígidas que giran en circunferencias 'perfectas' alrededor de la Tierra estática, dando lugar al día y a la noche. La esfera exterior, *primum Mobile*, gira por acción de un dios y las interiores en armonía por la misma causa. El Universo tiene propósito y está limitado en el espacio, es finito, pero es eterno en el tiempo. El éter es eterno, no crece ni se reduce, es inalterable y permanente. El Universo es estático (inalterable), creencia que dominaría el pensamiento hasta bien entrado el siglo XX.

d) Cosmología de Ptolomeo. Claudio Ptolomeo (ca. 100 – ca. 170 d.C.) fue astrónomo, astrólogo, geógrafo y matemático greco-egipcio. Su modelo, geocéntrico, es propiamente astronómico. Su obra, *Almagesto*, conservada en árabe, trata de astronomía empírica y puede, en consecuencia, considerarse más bien científica que filosófica.

e) Cosmología aristotélico-tolemaico-escolástica. El Universo es obra de Dios. Y está hecho para el Hombre.

8. Cosmologías precientíficas

Se considera como *precientíficas* el conjunto de visiones cosmológicas con cierto fundamento científico, pero dominadas por ideas filosóficas. Corresponden históricamente al siglo XVI.

a) Cosmología de Copérnico, 1543. La Tierra es un planeta orbitando alrededor del Sol. Degrada la situación y la naturaleza de la Tierra (en tanto que lugar del Hombre). Sustituye el Universo geocéntrico y geoestático por otro heliocéntrico y geodinámico. Esta hipótesis facilitaba una explicación mucho más simple para los movimientos observados de los planetas pero implicaba rechazar la sensación intuitiva de que la Tierra no se mueve. Pero mantiene prácticamente intactas las demás características de la cosmovisión aristotélico-ptolemaico-tomista. Las órbitas planetarias permanecían circunferenciales y los cuerpos celestes esféricos. El Sol ocupa una posición central. Finito, limitado por una capa exterior de estrellas, fijas e inalterables, inmutables. "El estado de inmovilidad es más noble y divino que el de cambio e inestabilidad, cuestiones que deben pertenecer a la Tierra y no al Universo". Como para Aristóteles, los fenómenos terrestres se rigen por unas leyes y los cuerpos celestes, "divinos", por otras. El Universo es obra de Dios. Y está hecho para el Hombre.

b) Cosmología de Thomas Digges, discípulo de Copérnico. Hace una descripción de los orbes celestiales liberando a las estrellas de las superficies esféricas cristalinas y adjudicándoles un espacio infinito. Genera un efecto liberador en el pensamiento cosmológico. Las estrellas podían ser objetos físicos y estar sujetas a las mismas leyes físicas que la Tierra.

c) Cosmología de Giordano Bruno extrapolando las hipótesis de Copérnico y de Digges.

9. Cosmologías observacionales

Conjunto de visiones cosmológicas con claros soportes observacionales que se desarrollan en el tránsito intersecular de los siglos XVI y XVII, inmediatamente antes y después del uso del telescopio como instrumento de observación de los cielos.

a) Cosmología de Tycho Brahe.

b) Cosmología de Galileo.

10. Cosmologías matematizadas

A principios del siglo XVII se iniciará el proceso de matematización de la Naturaleza, mediante la generación de la física moderna. Tres períodos con tres relevantes figuras deben destacarse:

a) Cosmología de Kepler. Geometría y cinemática. Los planetas orbitan alrededor del Sol según elipses, estableciendo unas leyes para sus movimientos.

b) Cosmología de Newton. Elevó las leyes físicas a la condición de universalidad (validez en todo lugar, en todo instante y para todos los cuerpos). En los *Philosophiae Naturalis Principia Mathematica* (1687) se aplican igualmente sus leyes de la dinámica y de la gravitación a las parábolas descritas por las balas de cañón, las órbitas elípticas de las lunas y de los planetas y los recorridos de los cometas, calculando dichas trayectorias y desplazamiento en ellas de forma detallada. En tanto que hombre muy religioso, concibe el Universo como proveniente de la sabiduría y dominio de un Ser poderoso e inteligente. El Universo debía ser estático[70]. Fuera argumento racional o creencia religiosa, Newton sustenta la tradición aristotélica de un Cosmos inalterable. Hasta finales de los años 20 del siglo XX no se pondría en duda esa tradición que ni siquiera Einstein desafió.

---

70. En 1692, en carta al teólogo Richard Bentley argumentaba que el Universo no podía estar expandiéndose o contrayéndose globalmente, puesto que esos movimientos requieren por necesidad un centro (de modo análogo a una explosión), y la materia esparcida en un espacio infinito no define ningún centro.

c) Cosmología de Laplace. Enaltecimiento de la cosmología de Newton sin la *necesaria* referencia a Dios por el logro del desarrollo de la matemática.

11. La cosmología científica actual

Independientemente de que incluso en la actualidad cada uno nos fabriquemos una cosmología, una determinada visión acerca del comienzo, historia y hacia dónde irá el Universo, en la actualidad se dispone de unas cosmovisiones elaboradas por científicos – astrónomos y físicos– que ya no se contentan con considerarse como tales, sino que a partir de los años 30 del siglo XX entendieron que debían llamarse astrofísicos porque la astronomía (posición y movimientos de los astros) significaba poco, ya que en los astros ocurrían fenómenos físicos distintos del movimiento y análogamente en todo el conjunto del Universo. Más adelante se fueron atreviendo a investigar y a pensar acerca de aquellas preguntas que pertenecían tradicionalmente a los ámbitos de la filosofía y de la teología, acerca del principio, de la historia y del final del Universo, incluso en sus relaciones con el concepto de Dios. Así nos encontramos con dos novedades en la historia humana.

Primera. La progresiva desaparición de los estudios de Cosmología de las Facultades de Filosofía y Teología.

Segunda. La progresiva conversión de la Cosmología en una ciencia, con el consiguiente deseo de quienes se dedican a ella, que anteriormente eran considerados astrónomos o astrofísicos, de denominarse y ser considerados como cosmólogos. Aunque ciertamente la cosmología actual tiene un claro trasfondo científico, rango de ciencia pues, no debe obviarse que integra elementos especulativos.

Desde el presente hacia el futuro se abren numerosas perspectivas: *Big Bang*, universo inflacionario, expansión acelerada, teoría de cuerdas, etc.

Tras esta primera impresión panorámica puede comenzarse la descripción de las principales *cosmologías* que se han concebido a lo largo de la historia.

2.3.
COSMOLOGÍAS PRIMITIVAS

En este capítulo se pretende dar cabida, aunque solo sintéticamente –en forma de notas–, a lo principal de las concepciones primitivas entendiendo por tales a las anteriores a la *cosmología cristiana* establecida como conjunción *aristotélico-ptolemaico-escolástica*. Las casuísticas son irrelevantes a nuestro propósito.

1. El Universo de la antigüedad en las civilizaciones pre-griegas orientales

a) «La ciencia tuvo sus raíces históricas en dos funciones principales. En primer lugar, la tradición técnica, en la que las experiencias y habilidades prácticas se transmitían y desarrollaban de una generación a otra. En segundo lugar, la tradición espiritual en la que las ideas y aspiraciones humanas crecían y se comunicaban. Tales tradiciones existían antes de que apareciese la civilización, tal como podemos colegir de la continuidad en el desarrollo de las herramientas empleadas por los hombres de la edad de piedra y por sus prácticas de enterramiento, así, como por las pinturas rupestres. En las civilizaciones de la Edad de Bronce ambas tradiciones parecen haber estado en gran medida separadas, perpetuándose gracias por un lado a los artesanos y, por otro, a las corporaciones de escribas sacerdotales, si bien estos últimos poseían algunas importantes técnicas utilitarias propias»[71].

b) La Astronomía es la Ciencia más antigua. Desde los tiempos primitivos el hombre observó los astros y creyó que se movían sobre la Tierra, supuestamente fija.

c) La Astronomía rudimentaria de los pueblos de la antigüedad tuvo como base las observaciones celestes que permitieron clasificar los cuerpos en dos categorías: las estrellas fijas (estrellas

---

71. Mason, S. F.: *Historia de las Ciencias*, Alianza Editorial, Madrid 2012, vol., 1, pág. 9.

propiamente dichas) y los planetas (Sol?, Luna?, Mercurio, Venus, Marte, Júpiter y Saturno).

d) La Cosmología ha preocupado a 'todos' los pueblos de 'todas' las épocas. Carentes de conocimientos científicos profundos, los antiguos asirios, indios, chinos, egipcios, griegos, romanos, etc., crearon sus propias cosmogonías basadas en leyendas, tradiciones y relatos de hechos sobrenaturales. Los adelantos técnicos y el progreso científico pusieron posteriormente –Grecia clásica– un poco de orden en aquella mitología y literatura.

e) Los caldeos distinguieron mediante observación los planetas de las estrellas. Conocieron cinco planetas –Mercurio, Venus, Marte, Júpiter y Saturno– que con el Sol y la Luna consideraron manifestaciones especiales de los dioses, de modo que cada planeta representaba la voluntad de los dioses y, de la observación de sus movimientos, pensaron que era posible conjeturar los sucesos humanos; se cree que fueron los primeros en suponer que la respectiva posición de los astros en el instante de nacer el hombre indicaba todo su destino en la vida. Establecieron los fundamentos de la Astrología o Astronomía judiciaria.

f) Por sus creencias astrológicas los babilonios 'vivían' 'observando' los cielos y, haciendo registros astronómicos importantes. Hacia el 2.000 a.C., el año, para ellos, constaba de 360 días dividido en 12 meses de 30 días cada uno, y en torno a esa fecha se había constatado que Venus ocupaba posiciones idénticas 5 veces en 8 años. A partir del 700 a.C. las observaciones eran ya bastante precisas y se hicieron sistemáticamente (así calcularon valores medios correctos de los principales fenómenos periódicos: revoluciones planetarias, eclipses lunares). La estructura del Universo babilonio 'consistía' en la Tierra, disco plano que 'flotaba' sobre las aguas, y la cúpula celeste apoyada sobre las aguas que rodeaban el disco de la Tierra. Sobre la cúpula existía más agua y por encima la morada de los dioses.

g) Los egipcios fueron más geómetras de la Tierra que de los cielos. Crearon numerosas leyendas míticas que sirvieron de base a diversos 'sistemas' cosmogónicos. El dios principal adorado en cada centro era 'el Creador'. No han sobrevivido –en el caso de que hubieran existido– registros de la astronomía observacional egipcia. La estructura del Universo 'era' –para los egipcios– una caja paralelepipédica de base rectangular con la Tierra en el fondo y el cielo con forma ligeramente abovedada apoyado en cuatro picos de montañas existentes en los vértices.

h) Veamos un ejemplo de leyenda cosmogónica. La Cosmogonía mesopotámica (acadio-sumerio-asirio-babilónica) puede, esquemáticamente, expresarse a partir de Marduk, el dios Creador, el formador y ordenador del Mundo hasta entonces caótico, de modo que:

a) ordena el caos dividiéndolo en tres partes: 1) Cielo, parte superior, donde fija su morada el dios Anu; 2) Abismo y océanos (agua), vivienda del dios Ea; c) Tierra, entre las dos anteriores, donde vive Enlil;

b) fabrica las estaciones;

c) fija las estrellas;

d) abre las puertas del cielo;

e) hizo resplandecer la luna; y

f) crea al hombre y a los demás seres.

i) En la antigua China existen también numerosas leyendas y tradiciones míticas. Generalmente un 'ser' (un 'alguien') superior crea y ordena. Las cosmogonías se fundamentan sobre hipótesis elementales construidas a partir de datos próximos. Así, por ejemplo, la teoría cosmogónica de Chu-Hsi integra dos ideas básicas: a) De un caos primordial se separa lo pesado –la Tierra– de lo sutil –que se desplaza hacia el espacio y se forman el Sol, la Luna, estrellas,... el Cielo–; b) la primera pareja de cada especie animal se genera por la unión de los principios masculino (Cielo) y femenino (Tierra).

j) Como resumen puede afirmarse que las civilizaciones de Oriente creyeron que la Tierra era plana cubierta por una gran cúpula con estrellas fijas.

2. El Universo en el pensamiento griego clásico

2.1. La esfericidad de la Tierra

a) Para las civilizaciones 'primitivas' la Tierra 'era' plana, el Universo una 'caja' alargada en dirección Este-Oeste. En Fenicia, como consecuencia de los largos viajes al norte y al sur de las costas atlánticas de Europa y África, debieron comenzar las críticas y discusiones sobre dicha idea ya que desde distintas latitudes se ven diferentes estrellas (los viajes por el Mediterráneo eran este-oeste, es decir, según paralelo).

b) Desde el punto de vista filosófico la hipótesis de Tierra plana también planteaba enormes dificultades. ¿La superficie terrestre tenía fin? ¿Lo tendría el mar que 'la circundaba'? A lo largo de la historia ha existido y predominado un cierto 'horror' al concepto y a la idea de 'infinito físico' de y en la Naturaleza. En la hipótesis de 'Universo caja', para cualquier forma y tamaño, cabe preguntarse: ¿cómo y dónde se 'sostiene' y/o se 'apoya'? Estas hipótesis, aparentemente de sentido común, presentaban grandes dificultades de índole filosófica (también de sentido común, por incoherencia de los razonamientos de recurso sucesivo a otros apoyos y a otros límites).

c) Parece probable que los magos caldeos, los hierofantes egipcios y los iniciados griegos tuvieran ideas suficientemente claras acerca de la esfericidad de la Tierra e incluso que conocieran el sistema heliocéntrico aunque no comunicaran estos conocimientos al vulgo ni a los astrónomos no iniciados.

d) Anaximandro de Mileto (611-546 a.C.) sugirió que la Tierra era un cilindro curvado en la dirección N-S, en torno a 550 a.C. No obstante, la visión del alejamiento de un barco hasta que se pierde en el horizonte, en cualquier dirección, invita a pensar en la curvatura generalizada; es decir, en la redondez de la Tierra.

e) Los eclipses de luna concebidos como motivados por la sombra que producía la Tierra sobre ella al interponerse entre esta y el Sol mostraban sombras curvas sobre su superficie, lo que invitaba a considerar la Tierra como redonda.

f) Filolao de Tarento está considerado como el primer filósofo que explicitó la hipótesis, hacia el 450 a.C., de la esfericidad de la Tierra.

Este concepto esférico acabó con la problemática del fin o de los límites ya que una superficie esférica es ilimitada aunque sea finita. Se supera, por esta parte, el recurso a la noción de infinito.

g) Como consecuencia de las consideraciones precedentes y del prestigio de Aristóteles (384-322 a.C.) puede afirmarse que desde el año 330 a.C. la idea de la esfericidad de la Tierra fue aceptada por todos los hombres cultos del ámbito occidental, ya que aún sin pruebas directas estaba exenta de paradojas. Había quedado resuelto el problema básico de la forma de la Tierra. [Entre las pruebas directas posteriores pueden citarse como fundamentales: a) El 'viaje alrededor del Mundo' iniciado por Magallanes en 1519 y concluido por Elcano en 1522; y b) La obtención de fotografías desde cohetes y satélites artificiales].

Aristóteles analizó consecuencias que se derivaban de la hipótesis de la esfericidad:

a) Los conceptos de 'abajo' y 'arriba' se refieren a una dirección relativa, orientada en el lugar de referencia según la línea que lo une al centro de la Tierra; no es una dirección fija y precisa, salvo que se indique el lugar.

b) Las leyes naturales hacen que los objetos y los componentes de la Tierra y ella misma también 'caigan' hacia 'abajo' (centro de la Tierra). Esta es la 'razón por la cual la Tierra es esférica', ya que esta figura geométrica tiene la propiedad de que las distancias totales entre sus partes son menores que en cualquier otro sólido de diferente forma geométrica.

2.2. El sistema geocéntrico del Universo (330 a.C.–1543 d.C.)

a) En torno al 400 a.C., para unos, la Tierra redonda 'estaba' rodeada por una esfera que sostenía las estrellas y se explicaban y justificaban los movimientos del Sol, la Luna y planetas alrededor de la Tierra; para otros, la Tierra, como los demás planetas, giraba alrededor del Sol.

b) Aristóteles 'opta' por la hipótesis geocéntrica, sistema de las 'esferas homocéntricas' de Eudoxo de Cnido que se enfrentó a la hipótesis heliocéntrica 'conocida' por los caldeos y defendida por Aristarco de Samos. Aristóteles construye un 'sistema' general de pensamiento; esto da seguridad, convicción, firmeza, simplicidad, coherencia, tranquilidad, aunque no tenga demasiado que ver con la realidad, con la Naturaleza; con él se explica mejor, se justifica casi 'todo'. [A partir de Aristóteles se arrincona la idea heliocéntrica prácticamente hasta 1543 en que la resucita Copérnico].

c) El sistema geocéntrico se basa en una Tierra inmóvil, centro del Universo, alrededor de la cual giran los demás cuerpos celestes.

d) Aristarco de Samos (320-250 a.C.) calculó la distancia Tierra-Luna.

e) Eratóstenes (276-196 a.C.) calculó el tamaño de la Tierra midiendo el ángulo correspondiente al arco (de meridiano)

Assuán-Alejandría mediante estudio de las sombras de unos palos verticales.

f) Hiparco (190-120 a.C.), el astrónomo griego más importante, calculó bastante bien la distancia Tierra-Luna y explicó el movimiento de los planetas con dos componentes: la deferente o círculo principal y los epiciclos o círculos pequeños complementarios; hizo numerosas y precisas observaciones. Fue compilado por Claudius Ptolomaeus (Ptolomeo). Esta visión del Cosmos ha pasado a la historia con el nombre de sistema tolemaico o tolomeico.

g) Hacia el 150 a.C., 'los griegos' habían logrado determinar con suficiente precisión, científicamente, la forma y tamaño de la Tierra y la distancia a la Luna. Su Universo era una esfera gigante en cuyo centro estaba el sistema Tierra-Luna.

2.4.
COSMOLOGÍA ARISTOTÉLICO-PTOLEMAICO-ESCOLÁSTICA

En esta Segunda Parte se pretende dejar constancia de los 'avances' científicos, observacionales y teóricos –matemáticos– y de las reflexiones propiamente filosóficas, eludiendo tanto como sea posible las referencias religiosas. Por ello, en el capítulo anterior no se ha tratado en absoluto ni del Génesis en sí ni de la cosmología hebraica (si fuera única y así pudiera denominarse), cuestiones a las que, sin embargo, por su naturaleza prioritariamente religiosa, se dedican capítulos independientes en la Tercera Parte.

El tema de la cosmología medieval europea no puede eludirse en ningún caso en ninguna de ambas Partes, aunque se procurará darles sentidos algo distintos.

1. La asunción de la física y de la cosmología de Aristóteles

Aristóteles (Estagira, Macedonia, 384 a.C.–Atenas, 322 a.C.) está considerado como autor enciclopédico, creador de la lógica formal, precursor de la biología y de la anatomía, poseedor de una clara visión del mundo y del pensamiento y convertido en determinante del *corpus* del pensamiento occidental.

Aristóteles establece tres clases de movimientos que denomina: 1) Movimiento natural; 2) Movimiento violento; y 3) Movimiento celeste.

Sus planteamientos cosmológicos los deduce de unos supuestos hechos. La Tierra era el centro del Universo y los planetas, el Sol, la Luna y las estrellas se encontraban en esferas fijas que giraban en torno a la Tierra. Pero existían ciertos problemas para tales afirmaciones. Algunos planetas, como Venus, y, sobre todo, Marte, describen trayectorias errantes en el cielo, es decir, a veces se mueven hacia adelante y otras hacia atrás, lo cual está en flagrante contradicción con la tradición aristotélica, que decía que todos los movimientos y las formas del cielo eran círculos perfectos. [Antes que Aristarco, Heráclides Póntico encontró una posible solución al problema al proponer que los planetas podrían orbitar el Sol y este a su vez la Tierra. Esto ya fue un gran salto conceptual pero aún era un modelo parcialmente geocéntrico].

El paradigma que dominaba la Edad Media era la Teoría geocéntrica de Aristóteles que desarrolló años más tarde Ptolomeo.

Debe dejarse constancia de que la física aristotélica es propiamente cualitativa, no cuantitativa. Para él lo que sucede en el mundo ('Mundo del hombre', en la Tierra) no puede ser matematizado porque es heterogéneo: es el mundo de los cambios, del movimiento, de la diversidad; la naturaleza terráquea se presenta como diversa, no por apariencia, sino por su intrínseca realidad. Pero los cielos presentan tal armonía que constituyen una región de orden, donde los cambios (de posición, movimiento) son absolutamente predecibles, regulares, estables: el sol sale todos los días y los ciclos lunares se repiten sin variación. De esta manera, la cosmología aristotélica diferencia dos regiones del Universo que no son reductibles la una a la otra: el *mundo sublunar* y el *mundo supralunar*.

El *mundo sublunar*, el 'Mundo del hombre', es la región terrestre, 'nuestro mundo'. La física que lo que caracteriza es el cambio, tanto substancial como accidental. No hay estaticidad, se trata de un mundo móvil y heterogéneo. Los movimientos característicos de los seres de este mundo sublunar son finitos, es decir, tienen un principio y un fin, y rectilíneos (ascendentes o descendentes)[72]. Todos los cuerpos que componen esta región están compuestos de cuatro elementos últimos[73] que poseen distintas naturalezas y distintos lugares naturales a los que tienden para encontrar el reposo. Primero, la tierra, el elemento más pesado que tiende a ocupar su lugar natural, que es el centro de la Tierra. Segundo, el agua, que se sitúa inmediatamente por encima de la tierra. Tercero, el aire. Y cuarto, el fuego, que es el elemento más ligero y tiene una tendencia intrínseca a dirigirse hacia el exterior. Así, los movimientos que se observan se deben a la tendencia de cada elemento de esta región a

---

72. No obstante, empíricamente, en la experiencia ordinaria, no se observan líneas rectas infinitas.
73. Los cuatro elementos de Empédocles: tierra, agua, aire, fuego.

COSMOLOGÍA ARISTOTÉLICO-PTOLEMAICO-ESCOLÁSTICA

ocupar su *lugar natural*. Los movimientos naturales de los cuerpos terrestres son rectilíneos, ascendentes (fuego, aire) y descendentes (tierra, agua). Los movimientos no rectilíneos son siempre violentos o forzados por algo exterior al cuerpo, y suponen una violación del orden natural. Todos los movimientos se realizan de acuerdo a un fin: el mantenimiento del orden del conjunto.

La cosmología aristotélica se presenta, pues, como teleológica. El fin, *telos*, es algo inmanente a los cuerpos e intrínseco a la materia, siendo la forma, *morphé*, la esencia o naturaleza de los compuestos hilemórficos, la que determina, como su causa, su comportamiento y su desarrollo, es decir, su destino. Por otra parte, en el marco del conjunto total del Cosmos, la tierra (que no es un planeta para Aristóteles) ocupa el centro necesariamente, ya que al estar compuesta del elemento tierra en su mayor parte, tiene forzosamente que ocupar el centro del Cosmos, su lugar natural. En síntesis, una cosmología teleológica y una concepción geocéntrica del Universo.

El *mundo supralunar* abarca la luna y todo lo que se halla más allá de ella: cinco planetas o 'cuerpos errantes' (Mercurio, Venus, Marte, Júpiter y Saturno), el Sol y las estrellas. Esta región es radicalmente distinta de la terrestre; en esta reinan el orden, la armonía, la regularidad; y esto porque los cuerpos celestes se componen de éter, materia sutil, óptima, imponderable, transparente, elemento incorruptible y eterno que le otorga al cielo una homogeneidad y perfección que no poseen los cuerpos terrestres. Los cuerpos celestes, compuestos de éter, no vagan por el espacio vacío, que es inexistente. Los planetas y las estrellas están sujetos en unas coronas esféricas de éter que son movidas por motores inmóviles, desplazando a los cuerpos que en ellas se encuentran, de modo que gira la corona esférica pero no el planeta en el vacío. Aristóteles no podía explicar los movimientos a distancia y tomó el modelo geométrico de Eudoxo de las esferas homocéntricas para construir su cosmología. El universo es esférico, finito, formado por coronas esféricas que se hallan unas dentro de otras, siendo la esfera central la Tierra y la última corona, que rodea a todas las demás, la de las estrellas fijas. El elemento éter, que forma el mundo supralunar, tiene un movimiento (natural e intrínseco) circular y uniforme. El cielo es el mundo del orden, de la estabilidad y del equilibrio frente al mundo terrestre de la diversidad y del cambio. La civilización exigía disponer de un conocimiento preciso del cielo para poder elaborar calendarios, lunares o solares, y regular así las actividades humanas como la agricultura y las fiestas religiosas. Como la tierra no podía ofrecer referencias estables los cielos constituyeron, por su regularidad y orden, la medida del tiempo y de los acontecimientos.

Tras estas consideraciones acerca del *mundo sublunar* y del *mundo supralunar*, en tanto que constituyentes diferenciados del *Universo aristotélico*, puede afirmarse, desde la perspectiva material, que es un *universo dual*.

Desde la perspectiva temporal puede describirse como universo sin principio ni final, es decir, *universo eterno*, pero sin historia, sin posibilidad de concebir una cosmogonía.

Desde la perspectiva espacial puede afirmarse que se trata de un *universo finito*, pero que propiamente no está en un espacio ya que si ocupara espacio de/en 'un espacio' habría 'otro' algo, que no sería el universo más allá del universo mismo (que, presupuesta y conceptualmente, es todo lo que hay o existe), y esto sería imposible. De esta manera la pregunta sobre el más allá del universo o sobre dónde está el universo sería ilegítima, ya que no habría un recipiente, espacio exterior, que diera cabida al universo como si este fuera una cosa situada en aquel. En este marco intelectual puede decirse, con expresión popular, que "más allá del universo mismo no hay nada porque él es todo lo que hay" en línea con la concepción clásica del Universo que se expresa en nuestro léxico como "*El* TODO lo que existe". Así, pues, dual, eterno y finito. Pero lo existente para Aristóteles es materia, tiempo y extensión (es decir, espacio, aunque lleno, sin existencia de vacío), universo trinitario.

El Universo, según la cosmología aristotélica, en resumen, tiene las siguientes características:

a) Es "Todo lo que existe".
b) Espacialmente esférico, finito.
c) Temporalmente eterno.
d) Cosmográficamente geocéntrico y geostático.
e) Dual, compuesto de dos mundos: *mundo sublunar* y *mundo supralunar* (caracterizado por el orden y la estabilidad; la 'perfección').
f) Carácter teleológico.

g) No existe el vacío, todo está lleno de materia: cinco elementos que constituyen los cuerpos de las diferentes regiones: tierra, agua, aire y fuego (*mundo sublunar*) y éter (*mundo supralunar*).

h) El Cosmos está integrado por seres jerarquizados en tres categorías: a) *Seres inmateriales inmóviles*: el primer motor inmóvil y los motores inmóviles de las esferas; b) *Seres materiales móviles*, eternos e incorruptibles, que constituyen el mundo supralunar (coronas esféricas, planetas, estrellas); y c) *Seres finitos móviles*, corruptibles, que constituyen el mundo sublunar.

i) Los planetas, que no se mueven en el vacío (inexistente), están fijos a las coronas esféricas de éter en las que se hallan, que son las que se mueven (y, en consecuencia, los arrastran).

El *problema* más grave de esta cosmología consistía en que no explicaba la ya conocida irregularidad de ciertos movimientos de los cuerpos celestes. El movimiento de las estrellas se presentaba como regular (movimiento diurno de Este a Oeste), análogamente el del Sol y el de la Luna. Pero el movimiento de los planetas presentaba 'anomalías': la retrogradación, de modo que 'parecía' que se movían en bucles, yendo hacia atrás. El *problema* no tenía respuesta apropiada dado que el movimiento del *mundo supralunar* debía ser circular uniforme y los planetas no se desplazaban así. Con la intención de "salvar las apariencias", ya que lo importante era la concepción cualitativa –filosófica, teórica– del Universo, las 'irregularidades' podían considerarse como fallos perceptuales –desde la tierra–, pero sin que fueran aconteceres reales.

2. El papel de Claudio Ptolomeo

Claudios Ptolemaios (Tolemaida, Tebaida, 90 d.C.–Cánope, 170 d.C.) fue astrónomo, astrólogo, geógrafo y matemático. Considerado como griego-egipcio y supuestamente establecido en Alejandría (en la famosa biblioteca de la Antigüedad) se dedicó especialmente a la observación astronómica.

Escribió el *Almagesto* (gran tratado, que se preservó, como la mayoría de los tratados griegos clásicos, en manuscrito árabe, y de aquí su nombre), disponible en versión latina de Gerardo de Cremona en el siglo XII. Dos aspectos conviene señalar de esta obra: a) El extenso catálogo de estrellas que, presupuestamente, tomó –y completó– de una obra considerada perdida de Hiparco de Nicea; y b) La formulación de criterios para la predicción de eclipses.

Ptolomeo, aunque heredero de la concepción *general* –cosmovisión– del Universo construida por Platón y, sobre todo, por Aristóteles, trabajó prioritariamente como astrónomo, es decir de manera empírica, estudiando la gran cantidad de datos existentes sobre el movimiento de los planetas con la finalidad de construir un *modelo geométrico* que explicase las posiciones que tuvieron en el pasado y que fuese capaz de predecir sus posiciones futuras.

En el mundo intelectual griego se presentaban dos orientaciones para la explicación de la Naturaleza, que pueden considerarse como: a) una explicación *realista*, en tanto que intento de expresar de forma rigurosa y racional lo que realmente es y cómo se comporta la Naturaleza; y b) una la explicación *positivista*, en tanto que intento de expresar de forma racional lo aparente, independientemente de la relación entre lo que se observa y lo que la Naturaleza sea en realidad. En la línea *positivista*, Ptolomeo afirma explícitamente que su sistema –*modelo geométrico*– no pretende descubrir la realidad, sino que es solo –o tanto como– un método de cálculo (con objeto de predecir posiciones futuras de los planetas). Así, su *modelo geométrico* del Universo puede considerarse también como *teoría geocéntrica* pero diferente a la concepción aristotélica; por ejemplo, las órbitas de su sistema son excéntricas, en contraposición a las circulares y perfectas de Platón y Aristóteles.

En síntesis, el *modelo geométrico* de Ptolomeo puede caracterizarse por las siguientes notas:

a) La Tierra inmóvil ocupa el centro del Universo, que es, por tanto, *geocéntrico* y *geoestático*.

b) La Luna, el Sol, los planetas y las estrellas giran alrededor de la Tierra, en órbitas excéntricas.

c) Mediante la técnica de los *epiciclos* y la *deferente* trata de resolver los dos grandes problemas del movimiento planetario: a) La retrogradación de los planetas y su aumento de brillo mientras retrogradan; y b) La distinta duración de las revoluciones siderales.

En tanto que astronomía, de orientación *positivista*, este modelo, de ordinario en conjunción con la visión aristotélica, tuvo éxito e influyó en el pensamiento occidental de astrónomos y matemáticos hasta el siglo XVI (científicamente hasta Copérnico –1543–, pero socialmente, de hecho, hasta Galileo y Kepler)[74].

3. El Universo del Medioevo: consideraciones preliminares

a) El sistema geocéntrico tolemaico, integrador de las opiniones de Aristóteles, queda 'establecido' como verdad incontrovertible sociológica, académica y religiosa, de modo que el 'error' perdura formalmente sin fisuras hasta la publicación del *De revolucionibus* de Copérnico en 1543.

b) El período comprendido entre Ptolomeo y Copérnico (150-1543), por lo que respecta a la Ciencia, y, en concreto, a la Cosmología, puede considerarse como la Edad Media, pero de tal manera que integrada en la que puede considerarse época de la prehistoria científica; no existe todavía una actitud científica.

c) El medioevo es una etapa de la humanidad, muy larga, caracterizada por la aceptación rígida y generalizada de un determinado 'sistema del mundo' cuyas notas constructivas más radicales pueden ser estas: a) observaciones a simple vista; b) aceptación de las 'apariencias' como 'realidades'; y c) creencias religiosas y metafísicas 'impuestas' a la Naturaleza. En la práctica, no se discute el sistema en todo el período medieval.

d) El sistema heliocéntrico concebido por Aristarco con objeto de superar las contradicciones del sistema geocéntrico de Eudoxo parece que fue el último intento heliocéntrico hasta Copérnico. Las dificultades 'se salvaban' de dos maneras: a) mediante la complicada idea de los *epiciclos*, circunferencias recorridas por el astro en torno a un centro móvil según otra circunferencia, *deferente*, con centro en la Tierra; y b) mediante la aceptación de circunferencias excéntricas (Hiparco utilizó una excéntrica fija para explicar el movimiento del Sol y una excéntrica móvil para el de la Luna).

e) Puede conjeturarse, incluso, que Ptolomeo estaba convencido de que 'su sistema' era más bien una 'conveniencia matemática' que una 'realidad física'.

---

74. Como se verá en los correspondientes capítulos.

f) Los 'científicos griegos', en general, no lograron desprenderse de la idea de que la Tierra y los cielos eran de naturalezas totalmente diferentes tanto en el aspecto de la materia que los constituyen cuanto por las leyes que rigen su conducta. Esta creencia llevó implícita la opinión de que la Tierra inferior estaba inmóvil en el centro del Universo y que los demás cuerpos celestes eran perfectos, moviéndose según circunferencias en las regiones superiores.

g) Desde los tiempos del sometimiento por Roma, el mundo griego adopta dos tipos de actitudes predominantes: escepticismo y religiosidad, de tal modo que esta última se va imponiendo poco a poco.

Gémino de Rodas (70 a.C.), que representa la primera actitud, expresó su opinión acerca de que un sistema astronómico del mundo significaba más una hipótesis matemática que una representación de la realidad física: "No es asunto del astrónomo decir qué es inmóvil por naturaleza ni de qué clase son las cosas móviles, sino que, concibiendo hipótesis sobre los objetos que están fijos y los que están en movimiento, comprueba cuales hipótesis son conformes con los fenómenos celestes".

Posteriormente la astronomía se recubre con ropaje religioso y más tarde se somete a la Teología.

4. La Alta Edad Media

a) Proclo (412-485), filósofo de Bizancio, explica que en su época se ha desarrollado una concepción del mundo que integra:

i) El sistema matemático de Ptolomeo, y

ii) Los elementos de la cosmología física de Aristóteles.

b) El Universo 'está compuesto' por la Tierra inmóvil en el centro y los Cielos, que constan de 9 capas esféricas, concéntricas con la Tierra: 1^a) Luna; 2^a) Mercurio; 3^a) Venus; 4^a) Sol; 5^a) Marte; 6^a) Júpiter; 7^a) Saturno; 8^a) Estrellas fijas; y 9^a) *Primum mobile*. Cada capa o corona esférica tenía el espesor necesario para contener los epiciclos correspondientes de la teoría ptolemaica. Todas sus capas estaban yuxtapuestas.

c) Estas nueve capas esféricas precisan de 'motores' que, según Aristóteles y Platón, deben ser de naturaleza 'superior' a los cuerpos movidos. Un tal Dionisio, neoplatónico y posiblemente discípulo de

Proclo, identificó a los 'motores' con los diferentes seres angélicos de las Escrituras de tal modo que las distintas capas eran movidas por 1ª) Ángeles; 2ª) Arcángeles; 3ª) Principados; 4ª) Potestades; 5ª) Virtudes; 6ª) Dominaciones; 7ª) Tronos; 8ª) Querubines; y 9ª) Serafines. Dios se encontraba en un 'décimo cielo'. [Filopón, siglo II, condenado por hereje, niega la acción de seres angélicos y afirma que Dios concedió a los cuerpos celestes una 'potencia motriz propia inagotable' (ímpetus propio). De aquí deducía la posibilidad del vacío y la no necesidad de un 'continuo material' para transmitir acciones. Esta hipótesis del ímpetus 'renace' en el siglo XIII].

d) El esquema se corresponde con la visión jerárquica de ordenamiento en todos los órdenes, propia de la época medieval.

e) En todo lo que respecta a la filosofía natural y, por tanto, a la Cosmología, la Alta Edad Media ha representado ciertamente una época de oscuridad, de dormición de la inteligencia, de atraso.

5. Notas relativas a la astronomía árabe

a) El mundo musulmán integra paulatinamente la ciencia griega.

Los Omeyas, primer califato, Damasco, año 661, estaban helenizados y fundaron en el 700 un observatorio astronómico.

Los Abasíes, segundo califato, Bagdad, año 747, fundaron escuelas científicas que tradujeron obras hindúes y griegas. En el 829 se crea un observatorio astronómico donde se integran especialistas de Mesopotamia en astrología. Al Batani obtiene datos astronómicos más precisos que los de Ptolomeo.

b) Otra tendencia, representada por los 'hermanos puros', se oponía al razonamiento deductivo y geométrico, heredado de los griegos por los 'intelectuales ortodoxos', en la idea de que los misterios deben colocarse por encima de la razón.

c) En el califato occidental de Córdoba pueden destacarse algunas notas relativas a los astrónomos árabes españoles:

i) Azarquiel (1029-1087) confecciona las *tablas astronómicas toledanas* (1080) y modifica el sistema tolemaico considerando un deferente elíptico para Mercurio.

ii) Los astrónomos del siglo XII critican el sistema de Ptolomeo porque desean uno que sea físicamente real. Rechazan el recurso de los epiciclos sobre la base de que los cuerpos tienen que girar en torno a otros cuerpos reales físicamente y no en torno a puntos geométricos.

iii) Los intentos de construir otro sistema del Universo, basado en las esferas homocéntricas de Eudoxo adoptados por Aristóteles pero que fuera plausible físicamente, no tuvieron éxito.

iv) España se convirtió en la ruta principal por la que entró en la Europa medieval la ciencia antigua.

6. La Baja Edad Media

a) La 'novedad' consiste en el conocimiento pleno de la obra de Aristóteles; el aristotelismo de la escolástica sustituye al platonismo de los Padres de la Iglesia.

b) La filosofía de Aristóteles se integró con la teología cristiana por obra de Alberto Magno (1206-1280) y Tomás de Aquino (1225-1274) quienes repitieron la cosmología del estagirita: el Universo 'era' una esfera llena de materia en su totalidad –'horror al vacío'– convertido en necesidad de contacto entre la fuerza actuante y el cuerpo movido. Dios es el Primer Motor que exigían los movimientos de las esferas celestes.

c) No obstante, el sistema aristotélico-ptolemaico-tomista (escolástico) no fue aceptado íntegramente en algunas universidades europeas.

En Oxford, Guillermo de Ockham (1295-1394), basándose en la atracción de un trozo de hierro por un imán, discrepa de la necesidad del contacto físico y de la existencia continua de materia (son posibles la 'acción a distancia' y el 'vacío'). Por otra parte, resucita la hipótesis del *ímpetus* de Filopón.

En París, durante el siglo XIV, la hipótesis del *ímpetus* es difundida, desarrollada y justificada por Buridán, Alberto de Sajonia y Nicolás de Oresme, quien adoptó la idea de que la Tierra giraba en torno a su eje diariamente y no los cielos en torno a la Tierra.

Este movimiento de rotación se explicaba también en el ámbito de la noción del *ímpetus* inicial de la creación.

Este conjunto de pensadores cristianos críticos sugirieron la posibilidad de que el Universo fuera de extensión infinita y de que existiesen otros mundos como el nuestro.

COSMOLOGÍA ARISTOTÉLICO-PTOLEMAICO-ESCOLÁSTICA

Nicolás de Cusa (1401-1464) explicita y concreta las concepciones de la 'escuela del ímpetus': i) rotación de la Tierra en torno a su eje diariamente como consecuencia del ímpetus recibido en la creación; ii) los Cielos son de naturaleza análoga a la Tierra (todo el Universo había sido hecho con los cuatro elementos); iii) los cuerpos celestes estaban habitados; y iv) el Universo era infinito.

Esta 'escuela del ímpetus' constituía un conjunto minoritario y sus opiniones no fueron aceptadas aunque la hipótesis se siguió explicando en algunas universidades hasta el siglo XVI.

7. El 'sistema del Mundo'

La visión medieval aristotélico-escolástica del Universo que se 'establece' como *cosmología cristiana* puede resumirse, con un punto de vista histórico, mediante las siguientes notas de tipo prioritariamente físico:

— La Tierra como 'mundo único'.
— Idea de las capas esféricas móviles.
— Los cuerpos ocupan el lugar que les corresponde.
— Universo finito.

Y otras de naturaleza filosófico-religiosa tales como:

— Los cielos son inmutables.
— Los cuerpos celestes son eternos.
— Los cuerpos celestes son de substancia diferente a la Tierra.

Tres preguntas fundamentales están 'vivas':

1. ¿Qué mantiene 'colgados' en el cielo a los astros?
2. ¿De qué están constituidos?
3. ¿Por qué (causa) se mueven?

En tanto que antecedente primero de la revolución galileana (antecedente como Universo precopernicano, siendo el copernicano el segundo) esta cosmología aristotélico-ptolemaico-escolástica (prioritariamente filosófica) puede caracterizarse también por las siguientes notas:

— Universo finito.
— Universo geocéntrico.
— Universo geoestático.
— Dualidad: Tierra-Cielos, de materias diferentes, corruptibles e incorruptibles respectivamente.
— Idea de "perfección" (no solo de la Materia, sino abarcando la Geometría y la Cinemática) de los Cielos.
  a) Cuerpos celestes: esféricos y homogéneos.
  b) Superficies (coronas): esféricas.
  c) Trayectorias: circunferencias.
  d) Movimiento: circular uniforme.

El sistema aristotélico-ptolemaico-escolástico vigente en el mundo occidental cristiano desde Tomás de Aquino se había construido básicamente como síntesis de la filosofía natural de Aristóteles con la teología. El tema del sistema del mundo –cosmovisión– era entonces competencia de filósofos y de teólogos y no de matemáticos (científicos).

2.5.
LOS ALBORES DE LA MODERNIDAD

1. Introducción

El siglo XVI de la era cristiana se reconoce en la historia, principalmente, por las siguientes características que solo enunciaremos sin análisis ni crítica, dado que nuestra orientación actual es otra: a) La plenificación del Renacimiento; b) La formación de los Estados modernos; c) La Reforma Protestante y la Contrarreforma; y d) La constitución de los Imperios español y portugués en América, Asia y África.

Nuestro tema, en esta Segunda Parte –el Problema del Universo–, se refiere, como trasfondo, al conocimiento científico, y, como objetivo, al conocimiento propio del Universo. En estos respectos conviene caracterizar este siglo que se denomina aquí "Los albores de la Modernidad", desde nuestra perspectiva orteguiana de la historia de la civilización propiamente europea[75], en la que se considera que la Edad Moderna nace "en torno a Galileo", es decir, a principios del siglo XVII.

2. Unas notas caracterizadoras

a) La **Edad Antigua** puede interpretarse de tal manera que el referente cultural básico, el más radical, el de referencia última para la conducta, las creencias, las esperanzas, en resumen, para la vida, es el Cosmos, en sí, como tal. La Antigüedad es una etapa **cosmocéntrica**.

b) La **Edad Media** introduce un cambio importante, radical: "Dios es la verdad", la referencia última. El Cosmos es creación de Dios, Yahvé o Alá, que lo atiende, ordena y mueve. El Medioevo es una etapa **teocéntrica**.

---

75. Ortega y Gasset (1933): *En torno a Galileo*. Curso con ocasión del tricentenario de la condena a Galileo de 1633.

c) Estas dos etapas, la primera casi exclusivamente mítica, y la segunda de prejuicios y concepciones fundamentales de tipo religioso y metafísico, aunque no exentas de racionalidad en los desarrollos y conclusiones consecuentes con aquellos, constituyen estadios precientíficos de la civilización humana y las consideramos integradas en una época que puede denominarse prehistoria científica.

d) En el siglo XVI alborea una actitud diferente en algunos intelectuales que se va a coronar con éxito en el siglo XVII. El Cosmos está ahí, es objeto natural externo al hombre, tiene unas leyes naturales o físicas 'impuestas' por el Creador al principio de los tiempos y puede y debe ser objeto de estudio, observación y conocimiento. Se abre paso la razón, se instaura el 'método científico' y el propio hombre se constituye en el referente radical en el ámbito del conocimiento.

e) La **Edad Moderna**, así, por lo que respecta a la ciencia y al pensamiento, es una etapa **antropocéntrica**. Se pretende conocer la naturaleza sin prejuicios míticos, religiosos o metafísicos; la ciencia se identifica paulatinamente con la razón.

f) Del "Dios es la verdad" se transita a "la verdad es la ciencia". El papel intermediario de la Iglesia y de la Teología entre Dios y los hombres se sustituye por el del 'método científico' en cuanto instrumento de relación y de conocimiento del Universo por el hombre.

g) La crisis de lo medieval, o mejor, lo sustantivamente medieval pero en crisis, tiene dos representantes genuinos: **Nicolás Copérnico** (1473-1543) y **Giordano Bruno** (1548-1600), considerando que **Galileo Galilei** (1564-1642) es ya representante pionero de la Modernidad. La fecha de 1600, muerte en la hoguera inquisitorial de Giordano Bruno en Roma, puede utilizarse como referencia aceptable para el tránsito, en cifra 'redonda', del Medioevo a la Modernidad.

h) Un tercer testigo de importancia en la crisis es **Tycho Brahe** (1546-1601), representante máximo del quehacer científico astronómico hasta la utilización del anteojo por Galileo en 1609, y cuyas observaciones heredaría su colaborador **Johannes Kepler** (1571-1630), iniciador del período que hemos denominado como de 'matematización' del Universo.

3. La estructura de estos capítulos

En consecuencia, en esta etapa de la historia de la Cosmología, de transición de la Edad Media científica a la Edad Moderna científica, siglo XVI, deben dedicarse atenciones especiales a las contribuciones de Nicolás Copérnico[76], Tycho Brahe[77] y Giordano Bruno[78], cuyas contribuciones ocuparán los próximos capítulos, para, a continuación, caracterizar, en los siguientes, a la Modernidad, y, en esta, destacar a Galileo Galilei[79], Johannes Kepler[80] y **Renato Descartes**[81] (1596-1650) como precursores del 'genial' **Isaac Newton**[82] (1642-1727), cuyo sistema cerraría, tras el impresionante desarrollo del cálculo infinitesimal en el siglo XVIII, **Pierre Simon Laplace**[83] (1749-1827), quedando establecido como 'sistema del Mundo' hasta principios del siglo XX con la aparición de la Teoría de la Relatividad de Einstein y de la Física Cuántica.

---

76. Se le dedica el capítulo 2.6 (en esta Segunda Parte, de carácter prioritariamente científico) y el capítulo 3.6 (en la Tercera Parte, de carácter prioritariamente religioso-metafísico) con el título de "El Universo, cuestión teológica: la condena del copernicanismo, 1616".
77. Se le dedica el capítulo 2.7 (en esta Segunda Parte, de carácter prioritariamente científico).
78. Se le dedica el capítulo 3.7 (en la Tercera Parte, de carácter prioritariamente religioso-metafísico) con el título de "Giordano Bruno (1548-1600): una concepción metafísico-teológica del Universo".
79. Se le dedica el capítulo 2.9 (en esta Segunda Parte, de carácter prioritariamente científico) y los capítulos 3.8 y 3.9 (en la Tercera Parte, de carácter prioritariamente religioso-metafísico).
80. Se le dedica el capítulo 2.10 (en esta Segunda Parte, de carácter prioritariamente científico).
81. Se le dedica el capítulo 2.11 (en esta Segunda Parte, de carácter prioritariamente científico, aunque con perspectiva filosófica).
82. Se le dedica el capítulo 2.12 (en esta Segunda Parte, de carácter prioritariamente científico) y el 3.10 (en la Tercera Parte, de carácter prioritariamente religioso-metafísico) con el título de "Teología cosmológica newtoniana".
83. Se le dedica el capítulo 2.13 (en esta Segunda Parte, de carácter prioritariamente científico).

2.6.
NICOLÁS COPÉRNICO (1473-1543): SISTEMA MATEMÁTICO HELIOCÉNTRICO

De acuerdo con lo indicado en el capítulo introductorio de esta Segunda Parte (2.0.) se desarrollan unos capítulos de cosmologías, o al menos de importantes contribuciones cosmológicas, concebidas o descubiertas por *autores* concretos, con nombres propios, tal como se han citado en el capítulo precedente. En estos próximos se ofrecerán unas breves biografías contextualizadas, se expondrán sus contribuciones y se harán unas consideraciones críticas sobre las mismas y su influencia en el devenir cosmológico. Se inician con Copérnico.

1. Notas biográficas[84]

Nicolás Copérnico (1473-1543) –en polaco Mikołaj Kopernik, en latín Nicolaus Copernicus– nace el 19 de febrero de 1473, en Thorn, Polonia (Prusia polaca).

Estudia en la Universidad de Cracovia filosofía, medicina y astronomía y de 1496 a 1506 en Italia en diferentes ciudades: Padua (aquí estaría de 1501 a 1503, en la que sería la Universidad de Galileo un siglo más tarde), Bolonia y Roma.

Desde 1510 está en Frauenburg donde ocupa una canonjía, se dedica a la política y a las finanzas, ejerce la medicina, y estudia Astronomía y piensa sobre ella concibiendo un nuevo 'sistema del mundo'.

Copérnico no era un astrónomo 'observador', no lo fue al menos en el sentido clásico y usual, sino más bien un 'pensador', filósofo, físico y/o matemático, es decir, propiamente lo que se considera como "un hombre del Renacimiento".

---

84. Para mayor extensión, rapidez y comodidad puede recurrirse a la vía de Internet (Wikipedia), sobre todo cuando se trata de cuestiones de contexto, generales o superficiales (pueden resultar cuando menos confusas si se trata de cuestiones de fondo, concretas o específicas, con interés de precisión).

Su primera obra escrita fue un opúsculo, *Comentariolus*, que circula a partir de 1530 y en la que se exponen sus primeras ideas.

Parece ser que era tímido, con miedo al ridículo y miedo también tanto a su Iglesia romana como a la Iglesia reformada.

En 1543, ya en el lecho de muerte, publica *De revolutionibus orbium coelestium*, editado en Holanda, en el que ofrece –y solo– como *hipótesis matemática* facilitadora de los cálculos planetarios, la revolución de la Tierra alrededor del Sol (hecho en el que más que probablemente creería), quedando este constituido en centro del Universo entonces conocido.

Muere el 24 de mayo de 1543, en Frombork, Polonia, y está enterrado en la Catedral de esta ciudad.

2. El sistema copernicano

El Universo de Copérnico puede considerarse como análogo al aristotélico- ptolemaico-escolástico pero intercambiando los lugares de la Tierra y el Sol. Se trata, pues, de un **sistema heliocéntrico**, en el que el Sol ocupa el lugar central y los restantes astros planetas giran a su alrededor según órbitas circulares.

Como características significativas del 'sistema del mundo' de Copérnico, es decir, de la **cosmología copernicana**, pueden considerarse las siguientes.

a) La principal: "**La Tierra se mueve**". Y tiene tres movimientos: rotación diaria sobre su eje, desplazamiento anual alrededor del Sol y giro del eje de rotación para dar cuenta de la precesión de los equinoccios (se reduce así considerablemente la complejidad del sistema tolemaico con *deferente* y *epiciclos* –introducidos para explicar la 'retrogradación' aparente desde la Tierra supuesta en el centro–, que resultan innecesarios).

b) Rechaza implícitamente el prejuicio, o concepto básico que no acepta, la idea de 'Cielos perfectos y Tierra imperfecta'. La Tierra gira alrededor del Sol como los demás planetas, con movimiento circular y uniforme como los demás. Todos los planetas poseen idéntica naturaleza: materia común, gravedad (que actúa solo sobre los aglomerados de materia, otorgando cohesión y esfericidad) y circularidad de movimientos.

c) El Sol ocupa el lugar central en el Universo. Comienza así intelectualmente (aunque el heliocentrismo tenía una larga historia, pero marginal y esporádica), y de momento en foros reducidos, la **era heliocéntrica de la civilización humana**[85].

d) Permanecen los conceptos de órbitas circulares y de movimientos uniformes en el ámbito cultural de las 'esferas de cristal' sin que se deseche el 'octavo cielo' o 'esfera de las estrellas fijas'. El Universo continúa jerarquizado, de modo prácticamente análogo al aristotélico.

e) Este sistema es más simple que el ptolemaico y hacía más sencillos los cálculos ya que precisaba de un número menor de círculos.

f) Con objeto de dar respuesta a la desigual duración de las estaciones, Copérnico 'situó' el centro del Universo en el centro de la órbita terrestre quedando el Sol algo desplazado del mismo.

g) **El Sol**, en la parte central del Universo, **rige los cielos**. El Sol es fuente del movimiento y de la luz (rechazo de las concepciones aristotélicas del primer motor y de las teorías del *ímpetus*). Los cuerpos celestes poseen movimientos propios naturales y espontáneos, como atributos de la forma geométrica de las esferas perfectas, de modo que las más próximas al Sol giran más deprisa.

3. Concepto copernicano de teoría científica

Un aspecto relevante de las ideas de Copérnico para la fundamentación de la ciencia es su concepción acerca de una 'teoría científica' que ha de estar constituida por un conjunto de hipótesis (suposiciones, proposiciones) que deben cumplir las dos condiciones siguientes.

Primera. Concordancia con las observaciones, es decir, dar cuenta de los datos registrados.

Segunda. No contradicción con los conceptos considerados básicos (por ejemplo, en su caso: 'los movimientos de los cuerpos celestes son circulares y uniformes').

En sus reflexiones hace un análisis crítico meticuloso de las ideas preexistentes, revisa los datos referidos a la concepción geocéntrica y establece nuevas hipótesis matemáticas.

---

85. Puede, y debe, recordarse especialmente que la teoría heliocéntrica del Sistema Solar, había sido concebida en primera instancia por Aristarco de Samos (c. 310 a.C.–c. 230 a.C.), que pasó la mayor parte de su vida en Alejandría, pero su concepción no logró 'establecerse' en el pensamiento general. De su modelo heliocéntrico solo quedan citas de Plutarco y Arquímedes y se supone que los documentos originales desaparecieron en alguno de los incendios de la Biblioteca de Alejandría.

4. Consideraciones críticas

a) El desplazamiento de la Tierra del centro del Universo se consideraría muchos años después, filosófica y teológicamente, como tendremos ocasión de ver, como una profunda 'revolución', de tal magnitud que todavía en la actualidad se utiliza con profusión la expresión 'revolución copernicana' cuando se trata de catalogar un cambio de gran envergadura.

b) Rechaza, como se ha anunciado, implícitamente el prejuicio o concepto básico que no acepta, la idea de 'Cielos perfectos y Tierra imperfecta'.

c) Parece más que probable que consideró su sistema como 'real' o 'verdadero' (es decir, físico) y no solo como mera hipótesis matemática. No obstante, reivindicaría, con carácter general, el derecho a elaborar hipótesis o modelos matemáticos con la finalidad de demostrar lo que se desee.

d) Copérnico, no obstante la relevancia de su 'revolución', puede considerarse como 'conservador' en el sentido de que se mantuvo fiel al concepto griego pitagórico de que los movimientos de los cuerpos celestes debían ser circulares y uniformes, como habían aceptado Aristóteles y la Escolástica.

A modo de resumen, para contraste de los dos sistemas en liza, se considera de interés la confección de un cuadro comparativo de las ideas correspondientes entre ambos sistemas, colocadas en paralelo.

Sistema aristotélico-ptolemaico-escolástico	Sistema copernicano *De revolutionibus orbium coelestium* (1543)
Universo finito	Universo finito
Universo geocéntrico	**Universo heliocéntrico**
Universo geoestático	**Universo geodinámico**
Dualidad material Cielos-Tierra	*Identidad material Cielos-Tierra*
Idea de perfección geométrica: Cuerpos celestes: esféricos y homogéneos Superficies (coronas): esféricas Trayectorias: circunferencias Movimiento: circular uniforme	Idea de perfección geométrica: Cuerpos celestes: esféricos y homogéneos Superficies (coronas): esféricas Trayectorias: circunferencias Movimiento: circular uniforme

En negritas se destacan las principales diferencias explícitas propiamente descriptivas de la realidad física relativa a la teoría más elemental, la del movimiento; de la consideración del Universo como geocéntrico y geoestático se pasa a la de heliocéntrico y geodinámico: "la Tierra se mueve". Y se asesta, implícitamente, un duro golpe a la idea de la perfección intrínseca de los cielos, en su aspecto material: "la Tierra y los demás planetas son de la misma naturaleza". No obstante, las ideas acerca de la 'perfección geométrica de las formas' –astros esferas masivas, situadas en superficies esféricas– y de la 'perfección de los movimientos celestes' –cinemática: órbitas circulares y movimiento uniforme– permanecerían. Había cambiado poco, visto desde la actualidad, pero había cambiado casi todo 'lo fundamental'.

El *sistema aristotélico-ptolemaico-escolástico* constituirá un primer antecedente para Galileo y el *sistema copernicano* constituirá el segundo. Y con ellos como referencias se jugará la gran batalla científica, filosófica y teológica del primer tercio del siglo XVII que perduraría hasta avanzado el siglo XVIII, como tendremos oportunidad de analizar sobre todo en la Tercera Parte.

2.7.
TYCHO BRAHE (1546-1601)

1. Notas biográficas

Tycho Brahe nació en 1546 en Knutstorp (Escania-Dinamarca). En fecha tan temprana como 1563, a sus 19 años, estudió la conjunción de Júpiter y Saturno (mediante predicción con algunos errores) descubriendo la necesidad de compilar nuevas y precisas observaciones planetarias que permitieran realizar tablas más exactas.

En 1572, Federico II de Dinamarca y Noruega le financia la construcción de observatorios en la isla de Hven. Cataloga más de 1000 estrellas (con una precisión de medio minuto de arco). En ese año tuvo lugar la 'aparición' de una famosa 'Supernova'.

En 1577 sugiere que los cometas no son fenómenos meteorológicos, sino objetos más lejanos, astros.

En 1599 discute con Cristián IV de Dinamarca y decide desplazarse a Praga donde recibe el favor del emperador Rodolfo II, que lo acepta como "matemático imperial". A él dedica Brahe las 'Tablas rodolfinas'.

Disfruta de la colaboración de Johannes Kepler que heredaría sus observaciones astronómicas en 1601 cuando Brahe fallece el 24 octubre en Praga.

2. Contribuciones astronómicas

Tycho Brahe está considerado como el último –y el "mayor"– de los grandes astrónomos observadores del cielo 'a simple vista', es decir, de la era previa a la del uso del telescopio que iniciará Galileo, que puede considerarse como la de la 'astronomía instrumental óptica'.

Uraniborg, en la isla de Hven, fue su palacio convertido en el primer centro de investigación astronómica del mundo.

Diseñó instrumentos que le permitieron medir posiciones de estrellas y planetas con superior precisión a los existentes en su época.

Se le considera también propiamente como representante del tránsito de las observaciones puntuales a las organizadas sistemáticamente, es decir, mediante registros todas las noches y medidas continuas con los instrumentos más precisos.

3. El sistema tychónico

El *sistema del mundo de Tycho Brahe* puede considerarse como híbrido entre los dos sistemas entonces existentes. La Tierra se considera estática, y en consecuencia se trata de un sistema propiamente geoestático. Y de alguna manera el Universo es geocéntrico, ya que la Luna, el Sol y las estrellas giran alrededor de la Tierra inmóvil.

No obstante, en este sistema, Mercurio, Venus, Marte, Júpiter y Saturno giran alrededor del Sol, que los 'arrastra' en su movimiento alrededor de la Tierra.

Puede afirmarse que, a partir de aquí, coexisten, pues, tres 'sistemas del mundo'[86]. De alguna manera esto es consecuencia de la dificultad en la época para lograr una determinación 'definitiva' acerca de la 'verdad' o 'realidad' del Universo, cuestión que justificaría, es obvio que solo parcialmente, las discusiones, declaraciones de herejía y condenas que tuvieron lugar durante los siglos XVII y XVIII y que alcanzaron el momento capital en el 'caso Galileo' como se verá en la Tercera Parte.

En el cuadro adjunto se establece el contraste triádico de los tres sistemas existentes a finales del siglo XVI, que competirán entre sí durante los siglos XVII y XVIII.

---

86. La coexistencia de los tres —en realidad la permanencia del *sistema tychónico*— no se entiende bien, a la luz del hecho cierto y deslumbrante que no fue seguido ni siquiera por el discípulo de Brahe, Johannes Kepler, quien siguiendo el *sistema copernicano* lo mejoró con las tres leyes 'matemáticas' que se verán en un capítulo próximo.

SISTEMA ARISTOTÉLICO-PTOLEMAICO-ESCOLÁSTICO	SISTEMA COPERNICANO *De revolutionibus orbium coelestium*[87] (1543)	SISTEMA TYCHÓNICO
Universo finito	Universo finito	Universo finito
Universo geocéntrico	**Universo heliocéntrico**	**Universo bicéntrico** Geocéntrico: Sol, Luna y estrellas Heliocéntrico: planetas
Universo geoestático	**Universo geodinámico**	**Universo geoestático**
Dualidad material Cielos-Tierra	*Identidad material Cielos-Tierra*	
Idea de perfección geométrica: Cuerpos celestes: esféricos y homogéneos. Superficies (coronas): esféricas Trayectorias: circunferencias Movimiento: circular uniforme	Idea de perfección geométrica: Cuerpos celestes: esféricos y homogéneos Superficies (coronas): esféricas Trayectorias: circunferencias Movimiento: circular uniforme	La idea de 'perfección' no se manifiesta con claridad absoluta.

4. Consideraciones críticas

a) Tycho Brahe ha pasado a la historia de la astronomía como el más relevante de los astrónomos 'a simple vista', sin instrumentación óptica. También como el promotor-director del primer Observatorio Astronómico de la Historia, Uraniborg.

b) La aceptación por Kepler de la invitación de Brahe para trabajar junto a él en Praga puede considerarse como una notable suerte de la ciencia, ya que al disponer de todos los cálculos de Tycho, Kepler pudo elaborar sus leyes geométrico-cinemáticas del Sistema Solar.

c) Los jesuitas, bastantes de ellos bien preparados intelectualmente, tras la condena como herético del sistema copernicano y la admonición de Belarmino a Galileo, 1616, con demasiada generalidad, optaron por adoptar este sistema híbrido que no se consideró 'contrario a las Sagradas Escrituras' ni había sido 'condenado', ya que podía interpretarse como geocéntrico y geoestático. Suele

---

87. Se ha utilizado Copérnico, N. (Ed. De Carlos Mínguez y Mercedes Testal), Madrid, Editora Nacional (1982).

extenderse, en algunos ambientes, sustituyendo la consideración de 'los jesuitas' por la de 'la Iglesia católica' que esta aceptó el sistema de Tycho frente al de Copérnico. Entiendo que lo más correcto, aunque como casi todas las expresiones de esta naturaleza sean complejas, por su precisión, que corresponde a 'los jesuitas'.

2.8.
GIORDANO BRUNO (1548-1600): SU ANÁLISIS DE LA OBRA DE COPÉRNICO

1. Introducción

No sería necesario citar a Giordano Bruno en esta Segunda Parte, dedicada a la historia de la ciencia del Universo, en sí mismo –sin referencia a Dios–, ya que no se le puede considerar como propiamente científico ni sus pensares como propios de la ciencia. Pero su influencia, también en ciencia, fue de trascendencia en estos tiempos de los albores de la Modernidad, en los que el problema del Universo radicaba más en ámbitos filosóficos y teológicos que científicos. Su concepción metafísico-religiosa del Universo se tratará con cierta extensión en la Tercera Parte[88], pero en esta debe dejarse constancia de su paso por esta historia de la ciencia del Universo, aunque solo sea para señalar algunas ideas y de manera breve.

Giordano Bruno (1548-1600), en 1584, publicaría en Londres, en italiano, tres relevantes libros de carácter metafísico: *Sobre la causa, el principio y el uno*; *Sobre el Universo infinito y los (innumerables) mundos* y *La cena de las cenizas*, obras que en sus consideraciones cosmológicas son de raíces copernicanas aunque descaradamente superadoras de la misma. Bruno acabaría su vida, tras muchos años de cárcel, en la hoguera de la Inquisición romana el 17 de febrero del año 1600.

2. Análisis crítico de la obra de Copérnico

Giordano Bruno elogia –y critica– a Copérnico con expresiones que se resumen en los siguientes puntos.

---

88. Dada la naturaleza prioritariamente metafísico-teológica de sus pensamientos se le dedicará una atención especial en el Capítulo 3.7. "Giordano Bruno (1548-1600): una concepción metafísico-teológica del Universo".

Primero. El juicio de Copérnico sobre la Naturaleza lo sitúa en un plano superior, en cuanto astrónomo, a Ptolomeo, Hiparco, Eudoxo, etc.

Segundo. El polaco logró liberarse de varios presupuestos de la filosofía vulgar aristotélico-escolástica, aunque no se apartó totalmente de ella.

Tercero. Conoce mejor la matemática que la Naturaleza; por esto solo ha sugerido o iniciado el camino para profundizar en el conocimiento de la Naturaleza y para liberarse del peso del pasado.

Cuarto. La concepción heliocéntrica constituye una fundamental contribución histórica aunque Copérnico no extrajera las consecuencias cosmológicas consiguientes.

Quinto. Defiende como interpretación correcta de Copérnico la de que la Tierra se mueve realmente (plano o ámbito de la Física) y refuta la consideración de aquellos que suponen que se trata solo de una hipótesis de cálculo matemático o de un modelo matemático cómodo. Puede afirmarse que Bruno diría que Copérnico no solo es matemático, sino también físico.

Sexto. Critica la jerarquía de la distribución copernicana de los astros en el espacio; sobre todo el mantenimiento por Copérnico de la 'octava esfera', el cielo de las estrellas fijas; para él no existe este cielo o esta esfera; las estrellas no son equidistantes del 'centro solar'.

3. Sus pensares metafísicos y la cosmología científica posterior

Su muerte tuvo un efecto disuasorio en el avance científico de la civilización, particularmente en las naciones católicas, pero a pesar de esto, sus observaciones –de referencias científicas aunque formalmente filosóficas– continuaron influenciando a otros pensadores. Puede considerársele como uno de los precursores de la Revolución científica.

Puede resultar de interés extraer de sus pensamientos metafísicos del siglo XVI algunas consideraciones que la ciencia ha revelado o se ha planteado como propios en tiempos más recientes, tales como los siguientes: a) el Universo (espacialmente) infinito; b) Universo con un número infinito de astros; c) astros con 'vida propia' (anticipo de astrofísica); d) vida en otros cuerpos celestes; etc.

2.9.
LA MODERNIDAD (1600-1900)

1. Etapa histórica

Nuestra visión de la historia del pensamiento, en la línea de Ortega y Gasset, sitúa la Modernidad con su origen 'en torno a Galileo' y crisis 'en torno a Einstein'.

Unas fechas de referencia, hitos, pueden ser las siguientes: 1600, muerte en la hoguera de Giordano Bruno; y 1900, formulación de la 'hipótesis de los cuantos' de Planck, o también, aunque no con fecha 'tan redonda', 1905, publicación del primer trabajo relativista de Einstein sobre lo que actualmente se denomina 'Teoría especial de la relatividad'[89].

Esta época, 1600-1900, coincide con el predominio cultural de la *razón* que se identifica paulatinamente con el concepto de *ciencia* y que tiene como modelo, al principio, a la Mecánica, en tanto que ciencia primera, y después, a la Física, en la que se integra aquella. Esta etapa histórica relevante se genera y se desarrolla principalmente en Europa, de modo que las ideas de modernidad, europeidad, racionalidad y ciencia física tienen un común denominador en sus contenidos más radicales que hacen que en alguna medida puedan considerarse casi sinónimas.

El nuevo marco aportado por la Modernidad queda constituido y caracterizado por las siguientes acciones: a) analizar críticamente el legado recibido; b) observar la realidad libre de prejuicios; c) experimentar creativamente; y d) construir teorías, mediante la construcción de unos conceptos básicos y la formulación de hipótesis con relaciones entre ellos, tales que sus consecuencias se contrasten con datos empíricos.

---

89. Por nuestra parte, colaboramos en la primera traducción al español de la obra de Einstein, *Sobre la electrodinámica de los cuerpos en movimiento*, en la conmemoración del centenario, en González de Posada y Trujillo (2005).

Del "Dios es la verdad" y de la teología como instrumento para alcanzarla del Medioevo se transita a "la verdad es la ciencia" y el método científico el instrumento para alcanzarla.

El 'sistema del Mundo newtoniano' se constituye en la referencia fundamental del pensamiento. Kant completa conceptualmente dicho sistema caracterizando complementariamente los conceptos ya clásicos de espacio y tiempo, introducidos por Newton.

El hombre culto moderno cree saber todo lo fundamental y, sobre todo, tiene fe por sí mismo, por su razón, por su método científico, en que puede alcanzar el conocimiento de todo. La ciencia, sobre todo la Física, sustituye, reemplaza a la Filosofía y a la Religión como referencias últimas; todos los saberes quieren ser 'ciencia' y reproducir los modos y esquemas de la Mecánica.

Concluido en el siglo XVII el edificio intelectual, el 'Templo de la Ciencia', por Newton, con sus teorías *Dinámica* (ciencia del movimiento, de todos los movimientos, de todo tipo de cuerpos) y *Gravitación universal* (visto desde hoy, *Teoría newtoniana de la gravitación*), el 'sistema newtoniano del mundo' se establecerá en la Ilustración (siglo XVIII) y el *mecanicismo* constituirá el fundamento de las filosofías predominantes en el siglo XIX: positivismo y materialismos, al menos hasta el marxismo.

A principios del siglo XX la Modernidad entra en crisis. El mundo de la racionalidad (científica, moderna) quiebra. El hombre adquiere conciencia de que no sabe 'nada' fundamental (a pesar del gran arsenal de conocimientos) y de que no posee instrumento, medio o método para alcanzar el conocimiento exacto. Entran en crisis las nociones sobre el Universo (Cosmología, Relatividad), sobre la Materia (Física cuántica, Física atómica, Física nuclear, Estado sólido, Física de partículas elementales), y sobre el Hombre (Psicología, Biología, Evolucionismo, Antropología, Existencialismo). La realidad se ofrece de nuevo como lejana y desconocida. La ciencia no es realidad, es solo modelo de interpretación. La perspectiva de la 'vida' es distinta que la perspectiva de la 'ciencia' y ambas interactúan.

En el siglo XX pervive y persiste la Modernidad pero sus características e ingredientes no son las fundamentales. Se inicia otro período histórico que puede denominarse, y así lo hacemos,

Postmodernidad. Estas cuestiones fueron objeto de un curso de título "Modernidad y Postmodernidad"[90].

Como representantes máximos de esta etapa histórica, por lo que se refiere al estudio del Universo, y consecuentemente a nuestro juicio con carácter general, se consideran Galileo, Kepler, Descartes, Newton y Laplace.

2. Unas consideraciones en torno a la ciencia moderna

a) La **Ciencia**, es decir, la ciencia moderna, tuvo dos raíces históricas: la técnica y la filosofía, la práctica y el pensamiento. Estas dos raíces dieron origen a dos tradiciones de naturaleza diferente y desarrollos separados en casi todas las civilizaciones, salvo aproximaciones concretas y esporádicas. En la crisis de lo medieval y el alborear de la Modernidad ambas tradiciones comienzan a converger en la ciencia. Esta adquiere autonomía independizándose de la filosofía y sirviendo de fundamento a la técnica.

b) Las **matemáticas**, primero, dejan de ser un determinante 'a priori' de la Naturaleza; así Copérnico y el Kepler de la primera época utilizan una matemática de naturaleza metafísica aceptando las ideas de Pitágoras y Platón: los cuerpos celestes necesariamente esféricos y las órbitas circulares; de modo que las formas matemáticas –geométricas– y las armonías determinaban la estructura del Universo. Pero segundo, las matemáticas, constituyendo parte de la lógica del método científico se convierten en instrumento neutral de investigación.

c) El cambio tiene lugar prioritariamente en el ámbito de la **Mecánica**, en la que los 'ingenieros' han desarrollado el método científico y realizado numerosos experimentos aunque no creado nuevos cuerpos de doctrina. La 'vieja mecánica' fue rechazada, ridiculizada por Galileo, quien funda la 'nueva mecánica'. Por esto, por su

---

90. Cf. González de Posada, F. (1986): "Modernidad y Postmodernidad. Visión de la historia desde una perspectiva científico-filosófica". Pre-texto del Curso de Cultura Científica dictado en Laredo en 1986 (Universidad de Cantabria). Posteriormente desarrollado en la Universidad Belgrano de Buenos Aires con ampliación del título a "…. Dos ejemplos argentinos: Mario Bunge y Ernesto Sábato" y en la Universidad de La Laguna como curso a Profesores de Segunda Enseñanza.

actitud y por su compromiso, Galileo es el prototipo del hombre de ciencia moderno, del 'hombre nuevo', de la Modernidad.

d) El **telescopio** (a principios del siglo XVI, anteojo) desempeña un papel primordial. Prácticamente, con Galileo, inicia su vida con la astronomía de la Modernidad, siendo un instrumento, medio, indispensable para la revolución científica y su desarrollo. Comienza con él la etapa óptica de la Astronomía.

3. Las creencias del 'hombre moderno'[91]

Una vez establecido el 'Sistema del Mundo', el hombre culto moderno, desde la perspectiva objeto de nuestra atención, puede caracterizarse por las siguientes notas, que se ofrecen como creencias.

Primera. Cree saber todo 'lo fundamental'.

Segunda. Y sobre todo, cree que el hombre puede saberlo todo por sí mismo, por su razón, por su método científico, por mediación de su ciencia. En síntesis, la fe en que la razón humana constituye un importante soporte para la adquisición del conocimiento aún no adquirido. Se enaltece la autonomía del hombre y la aproximación y cuasi identificación de los términos:

$$\text{Saber} \approx \text{Conocimiento} \approx \text{Ciencia} \approx \text{Razón}$$

que marcan la conciencia de una nueva era no fundamentada ni en la pura abstracción filosófica ni en la religión.

Tercera. Cree que el conocimiento preciso, objetivo y cierto lo ofrece la ciencia, básicamente la «ciencia por excelencia», la Mecánica.

En síntesis, para el hombre moderno, la Ciencia sustituye a la Filosofía y a la Religión como referencias últimas de conocimiento y de sabiduría. «La naturaleza está escrita en lenguaje matemático» (leyes físicas)[92] y así se ofrece la matemática como salvación.

---

91. Tema 5 del curso citado "Modernidad y Postmodernidad".
92. Esta cuestión ha dado lugar al extenso contenido que se expone en el Capítulo 3.9. "Galileo: la revolución teológica. II. El *principio de matematicidad* de la Naturaleza".

4. Características científico-filosóficas del pensamiento moderno

Siguiendo los modos y maneras aprendidos de Ortega y Zubiri puede caracterizarse el pensamiento moderno científico-filosófico por las siguientes notas.

Primera. Continuismo.

La Modernidad adopta, en seguimiento de la tradición no explicitada, como principio generalizador de su pensamiento, el continuismo; esta es la primera de sus opciones, la básica, y, por tanto, también una de sus notas distintivas. Pero hace falta decir de inmediato, para su fácil intelección, que transita bruscamente de la concepción filosófica a la formalización matemática.

Con lenguaje y expresiones actuales, veamos un conjunto de ámbitos en los que se manifiesta pujante esta característica.

Uno. En Teoría de Números, y en Álgebra, se instaura el *imperio del número real* desbancando al número natural; se impone el continuo frente al discreto.

Dos. Se crean la Geometría analítica, la Teoría de Funciones y el Cálculo Infinitesimal (Diferencial e Integral), todo ello sobre el soporte previo de las nociones de variable continua (real) y función continua (real). Se establece, pues, también un imperio del continuismo en el ámbito del Análisis matemático.

Tres. Las magnitudes físicas (longitud, tiempo, masa, velocidad, aceleración, fuerza, etc.) que consideran las diferentes teorías de Newton, Fourier, Ampére, Faraday, Maxwell, etc., son todas magnitudes continuas reales; y, por supuesto, entre ellas también el calor y la energía (s. XIX) como todas las asociadas a la materia, en tanto que propiedades de la materia.

Cuatro. Este ambiente moderno de continuismo, tan nítido en los diferentes campos de la Matemática y de la Física, inunda el resto de las disciplinas como un 'signo de los tiempos'; así, por ejemplo, se aplicará sociológicamente al mito del progreso indefinido en la historia humana, y se interpretará con enorme fuerza, a pesar de la dura detracción, imponiéndose finalmente, el evolucionismo en Biología.

Segunda. Determinismo.

La Naturaleza se concibe como 'determinista' y, en consecuencia, la Física es determinista.

El *principio de causalidad* ocupa la reflexión fundamental de la era moderna. En síntesis extrema, y como manifestación filosófica, puede expresarse así: "Dada una determinada *causa* se produce necesariamente, siempre, un determinado *efecto*". El conocimiento de las leyes que relacionan los efectos con sus causas permite determinar dichos efectos en función de las causas. Por ejemplo, en el ámbito de la Mecánica, ciencia entonces capital como venimos afirmando, dadas unas fuerzas actuando sobre un sistema, por mediación de las leyes de la dinámica, se deduce el movimiento del sistema; las fuerzas son las causas generadoras del movimiento que es el efecto; pero debe tenerse en cuenta el valor concreto de las fuerzas y las características propias del sistema para conocer el movimiento. Es decir, en la Física hay que precisar más, de modo que este *principio de causalidad*, como manifestación física, puede expresarse de esta manera más completa: "Dada una determinada *causa* –que se expresa mediante una cantidad de una magnitud física– actuando en/sobre un determinado cuerpo/sistema produce necesariamente, siempre, un determinado *efecto* cuya *cuantía* –cantidad de otra magnitud física– depende de la causa y de una propiedad del cuerpo/sistema –que se expresa también mediante una cantidad de otra magnitud física–".

Conviene destacar dos ideas diferentes y dos momentos cruciales del desarrollo científico.

Uno. Newton, al establecer las leyes de la Mecánica y 'el Sistema del Mundo', aporta lo que cree 'verdad': describe –presupuestamente, ya veremos en la Tercera Parte– 'correcta y exactamente' la Naturaleza. Sus leyes se conciben como "manifestación real y verdadera de la Naturaleza misma" cuyo funcionamiento él ha descubierto. Así Newton, inglés, no solo es, según Lagrange y Laplace, franceses, 'el hombre más genial' que ha existido en la historia de la humanidad, sino –en expresión popular– 'el más afortunado' ya que Universo solo hay uno y aquel lo había descubierto de una vez, por completo y para siempre.

Dos. Frente a esa concepción de 'manifestación de verdad', de 'Naturaleza que se explica exactamente' por dichas leyes, que está implícita en el esquema de Newton y se explicita de esa manera en toda la Ciencia moderna y se intenta trasladar a todo tipo de pensamiento, y a todas las demás ciencias,... surge con timidez y distanciamiento, pero con suma claridad, la orientación, aún no suficientemente destacada en la Historia de la Ciencia, que introduce Fourier como 'modelo' en su *Teoría analítica del calor*. Ya 'no es la Naturaleza misma expresándose a través de unas leyes', sino la capacidad de creación y abstracción de una mente humana para concebir unos conceptos y un marco de leyes conscientemente 'no reales' pero que sirven para interpretar y estudiar la Naturaleza y que se comportan 'como si' fueran ciertas. La teoría física es, por tanto, desde esta perspectiva, no un 'descubrimiento' de la Naturaleza sino una 'creación' humana que se convierte en instrumento útil para el estudio de aquella[93].

Reconociendo, ¡qué duda cabe!, que la Mecánica ha sido, y es, mucho más trascendental para la Física y para el pensamiento que la Teoría del Calor, en cuanto planteamiento filosófico científico las dos concepciones y orientaciones son válidas. De momento parece más correcta la noción de modelo. Si, 'de verdad', la Naturaleza estuviera escrita en lenguaje matemático, conociéramos ese lenguaje y descubriéramos en aquella este, representaría un estadio superior el conocimiento de la Naturaleza misma sobre su interpretación mediante un modelo teórico de ella.

Las tres principales teorías de la Física moderna: Mecánica clásica (Newton), Calor (Fourier) y Electromagnetismo (Maxwell) son teorías deterministas.

Tercera. Infinitismo.

Sobre el Universo infinito y los mundos es el título castellanizado de una de las obras fundamentales del alborear de la Modernidad (obra ya citada de G. Bruno, 1584) que hemos considerado.

Esta noción de 'lo infinito', de ruptura radical con la finitud clásica griega y medieval, inunda lo espacial (Universo) y lo temporal (eternidad, en las dos direcciones: hacia el ayer y hacia el mañana); desaparece todo límite, toda acotación. El Universo "finito aunque ilimitado" de Einstein será de otra época: la Postmodernidad[94].

---

93. Bien es verdad que la Mecánica y la Conducción del Calor son ámbitos de muy diferente valor científico, sobre todo por sus muy diversos referentes. Pero, aunque no se diga, aunque no se reconozca, aunque las historias no lo recojan así, Fourier ha tenido casi tanto 'éxito' científico como Newton (la Mecánica de Newton ha 'durado' en plenitud de 1687 a 1873, la Conducción del Calor de Fourier de 1808 hasta... veremos cuándo.

94. Como se verá a partir del capítulo 2.15. "La Postmodernidad".

El 'recurso al infinito' es, pues, otra nota característica de la época moderna que se manifiesta también en todas las áreas del pensamiento, con mayor nitidez, ¡claro está!, en las más precisas y más 'importantes' en la era de la racionalidad y de la cientificidad: la Matemática y la Física.

Cuarta. Racionalismo.

Modernidad casi se identifica, hemos dicho, con racionalidad, cientificidad, europeidad, Física. En consecuencia, una de las notas que deben caracterizarla es el racionalismo. Pero aquí queremos destacar, siguiendo a Ortega[95], dos 'deformaciones' del pensamiento moderno: *utopismo* y *ucronismo*, dos variantes, dos sucedáneos de la racionalidad, del pensamiento moderno:

> La propensión utópica ha dominado en la mente europea durante toda la época moderna; en ciencia, en moral, en religión, en arte. Ha sido menester de todo el contrapeso que el enorme afán de dominar lo real, específico del europeo, apareciera, para que la civilización occidental no haya concluido en un gigantesco fracaso. Porque lo más grave del utopismo no es que dé soluciones falsas a los problemas científicos o políticos, sino algo peor: es que no acepta el problema, lo real según se presenta: antes bien desde luego, a priori, le impone una caprichosa forma [...] La desviación utopista [...] se produce donde quiera llegue a exacerbación el racionalismo. La razón pura construye un mundo ejemplar, cosmos físico o cosmos político, con la creencia de que él es la verdadera realidad y, por tanto, debe suplantar a la efectiva. La divergencia entre las cosas y las ideas puras es tal que no puede evitarse el conflicto. Pero el racionalista no duda de que en él corresponda ceder a lo real. Esta convicción es la característica del temperamento racionalista [...].

5. Estructura de los capítulos de la Modernidad

Establecido como continente la etapa de la Modernidad (1600-1900), queda por determinar el contenido de la misma.

A los efectos de "El Universo de la Modernidad" puede considerarse, así se considera aquí al menos, dividido en cinco capítulos:

---

95. Ortega y Gasset, J. (1923): «El sentido histórico de la teoría de Einstein», que de ordinario se presenta en sus obras como anexo a *El hombre de nuestro tiempo*.

LA MODERNIDAD (1600-1900)

1) La manifestación de fe científica de Galileo acerca de que la Naturaleza está escrita en lenguaje matemático; 2) El inicio del proceso de matematización por Kepler; 3) la contribución filosófica y geométrica de Descartes; 4) la culminación del proceso de matematización por Newton; y 5) la conclusión de Laplace de que las leyes de Newton explican exacta y completamente el funcionamiento del Sistema Solar. Como puede observarse, de acuerdo con nuestra visión, la matemática –en lo que respecta al Universo– ocupa lugar de excepción.

En síntesis, esta etapa de la Modernidad estará integrada por otros cinco capítulos dedicados, respectivamente, a Galileo, Kepler, Descartes, Newton y Laplace.

2.10.
GALILEO GALILEI (1564-1642): ORTO DE LA MODERNIDAD

1. Introducción

Una consideración introductoria de importancia parece conveniente hacer, a modo de aviso y también de justificación: dada la **relevancia del papel de Galileo Galilei en la historia intelectual, científica y religiosa**, concretada precisamente en el estudio del Universo y en la relación de Dios con este, elementos de extraordinario relieve a los efectos de esta tesis, recibirá un tratamiento especialmente extenso, no solo en este capítulo de la Segunda Parte, prioritariamente científica, sino, sobre todo, en la Tercera Parte, fundamentalmente religiosa. Así, pues, en el presente capítulo se expondrá, como en los anteriores, en síntesis y en forma de notas, su perfil biográfico, sus contribuciones científicas concretas y sus concepciones acerca de la ciencia y del Universo. Y en la Tercera Parte se le dedicarán otros dos capítulos referidos respectivamente: 1) al papel de las Sagradas Escrituras, interpretadas a la luz del conocimiento científico del Universo; y 2) a la relacionalidad Dios-Universo desde la perspectiva de su creencia en la matematicidad de la Naturaleza.

Galileo representa el comienzo de la **revolución científica**, entendida esta, entre otros ingredientes, con un alto papel de la matemática. Es el **orto de la Modernidad**. Y puede considerarse como el *profeta científico anunciador* del *mesías* Newton quien a su vez tendrá su *apóstol* principal en Laplace. Por ello se dedicará una especial atención a Galileo, a su biografía (en la que se integrarán las referencias propiamente astronómicas), sus contribuciones científicas, sus consideraciones acerca de la ciencia y un análisis crítico de su obra, dedicando un apartado específico a la que denominamos su revolución intelectual.

Sobre Galileo se ha escrito mucho. No obstante, no se puede eludir en esta tesis la repetición, como en otros capítulos, de asuntos ya escritos. Pero quizá lo relevante sea que se dirán cosas nuevas, básicamente en la Tercera Parte, la más relevante de esta tesis. Para Ortega, la Modernidad nace "en torno a Galileo", Albert Einstein lo llamó 'Padre de la ciencia moderna' y de acuerdo con Stephen Hawking, Galileo fue más responsable del nacimiento de la ciencia moderna que cualquier otro.

2. Cronobiografía sintética de Galileo Galilei[96]

1564 El 15 de febrero nace en **Pisa** Galileo Galilei, hijo de Vincenzo Galilei, nacido en Florencia en 1520, matemático y músico de cierto relieve, que incorporó a la música cálculos matemáticos y técnicas experimentales. Deseaba que Galileo, hijo mayor de siete hermanos, estudiase medicina. La familia pertenecía a la baja nobleza y se ganaba la vida con el comercio. Hasta la edad de diez años fue educado por sus padres.

1574 La familia se mudó a Florencia, dejando a Galileo a cargo del religioso Jacobo Borghini, vecino. Por medio de este, accedió al convento de Santa María de Vallombrosa en Florencia donde recibió una formación religiosa.

1579 Galileo no prosiguió con la carrera eclesiástica por mucho tiempo, pues su padre, aprovechándose de una enfermedad de los ojos de su hijo, se lo llevó a Florencia.

1581 Ingresa en la Universidad de Pisa, donde seguirá cursos de Medicina, Matemática y Filosofía.

1582 Reforma del calendario por el Papa Gregorio XIII (transición del calendario *juliano* al *gregoriano*).

1583 Galileo se inicia en la matemática por medio de Ostilio Ricci, un amigo de la familia, alumno de Tartaglia, que tenía la costumbre, rara en esa época, de unir la teoría a la práctica experimental.

1585 De vuelta a Florencia, sin diploma pero con grandes conocimientos y una gran curiosidad científica, siente atracción

---

96. Se destacan en negritas algunas fechas e hitos con objeto de facilitar una lectura rápida de recuerdo histórico de lo más determinante de su biografía.

por la obra de Euclides, sin mostrar ningún interés por la medicina y todavía menos por las disputas escolásticas y la filosofía aristotélica. Reorienta sus estudios hacia las matemáticas y desde entonces se considera seguidor de Pitágoras, de Platón y de Arquímedes y, quizá más señaladamente, opuesto al aristotelismo.

1589 Plaza de Profesor de Matemáticas de la Universidad de Pisa. Estudia el *movimiento* en el manuscrito de *De motu*.

1591 Muerte de su padre y asunción de la responsabilidad familiar.

1592 Cátedra de Matemáticas en la Universidad de Padua.

1592-1610 Galileo fue **Catedrático de Matemáticas en la Universidad de Padua**, en unos años en los que la hostilidad entre Venecia y Roma se radicalizó.

1597 En cartas privadas (*Opere*, II, pág. 198) se declara copernicano desde hacía tiempo y afirma haber escrito mucho acerca de las razones y refutaciones de los argumentos contrapuestos, pero sin haber osado publicar sus escritos. En concreto en una carta a Kepler expresa su copernicanismo.

1599-1610 Unión sentimental (sin llegar a casarse) con Marina Gamba, de la que tuvo 3 hijos: Virginia (1600), Livia (1601) y Vincenzo (1606).

1602 Isocronismo del péndulo (*Opere*, X, pág. 97).

1604 Ley de la caída de los cuerpos (*Opere*, X, pág. 115). La *nova* enfrentó por primera vez a Galileo con los aristotélicos.

1609 En julio tiene noticias de la existencia del **anteojo**, construye unos cuantos, en busca de creciente perfección, e inicia con ellos la **astronomía observacional** con instrumentación óptica.

1609-10 En diciembre y enero realiza observaciones de la Luna y de los satélites de Júpiter.

1610 Publicación (12 de marzo, sorprendentemente rápida) de sus primeros descubrimientos astronómicos en *Sidereus Nuncius*.

A finales de año descubre las fases de Venus.

Regreso a Toscana y establecimiento en Florencia con los Médicis, Cosme II, en condición de filósofo y matemático.

Cesa su relación con Marina Gamba a la que deja casada y se lleva consigo a sus hijos.

1611 Viaje *triunfal* a Roma.

1611 Christof Scheiner observa manchas solares (fenómeno supuestamente extrasolar) que Galileo había observado previamente como propias "manchas" del Sol.

Miembro de la **Academia dei Lincei** (fundada por Cesi en 1603).

1613 Carta a Benedetto Castelli afirmando la **independencia de la ciencia y la Biblia: "Naturaleza y Escritura proceden de Dios"**, en consecuencia han de estar en armonía.

1613 *Historia e dimostrazione interno alle macchie solari*, donde arremete contra el criterio de Scheiner. Se discute el problema de prioridad entre ellos, agria polémica. Por primera, y única vez, Galileo dio a la imprenta una prueba inequívoca de su adhesión a la astronomía copernicana.

1615 En Roma, para defender el sistema copernicano en debate abierto guiado por el *método o procedimiento científico*: a) datos de observación; y b) razonamiento lógico.

Carta a Cristina de Lorena en la que, admitiendo que no podía existir contradicción alguna entre las Sagradas Escrituras y la ciencia, manifiesta que era preciso establecer la absoluta independencia entre la fe católica y los hechos científicos.

1616 El 23 de febrero: a) **Condena del Santo Oficio del sistema copernicano como "falso y opuesto a las Sagradas Escrituras"**; y b) **Admonición a Galileo de no enseñar públicamente las teorías de Copérnico.**

25 de febrero: **amonestación del Santo Oficio** (por medio del cardenal Belarmino) a Galileo para que abandonara el copernicanismo, **prohibiéndosele sostener, enseñar y defender la inmovilidad del Sol y el movimiento de la Tierra.**

5 de marzo: **Decreto de la Congregación del Índice** (aprobado por el Papa Pablo V) afirmando que el **sistema copernicano es "totalmente contrario a la Sagrada Escritura"**[97].

---

97. Los defensores de la conducta de la Iglesia insisten, con tanta verdad como vaciedad (ante la cerrazón de la inercia histórica del "sostenella y no enmendalla"), en: a) que

Se refugia en Florencia.

1623 Publicación de *Il Saggiatore* (*El Ensayador*), obra dedicada a Urbano VIII. Reflexiones sobre la naturaleza de la ciencia y el método científico, con la idea expresa de que "el Libro de la Naturaleza está escrito en lenguaje matemático", editada por la Accademia dei Lincei.

1630 Concluye el manuscrito del *Diálogo sobre los dos máximos sistemas del Mundo* y viaja a Roma para obtener la licencia eclesiástica.

1632 Publicación de **Diálogo sobre los dos máximos sistemas del Mundo** (*Dialogo sopra i due massimi sistemi del mondo, tolemaico e copernicano*), con *imprimatur* de publicación en 1632.

1633 Proceso y condena de Galileo.

22 de junio, se dicta sentencia: 1) Condena de Galileo ("vehementemente sospechoso de herejía"); y 2) Obligación de abjurar del copernicanismo.

a) Renuncia a defenderse.

b) Retractación formal.

c) Condena a prisión perpetua. Urbano VIII permaneció firme y nunca se le levantó la condena, que de hecho consistió en "arresto domiciliario", ya que se le suaviza la pena al permitírsele que la cumpliera en su quinta de Arcetri, cercana al convento donde en 1616

este Decreto fue de la Congregación del Índice (por tanto de carácter jurídico y penal pero no doctrinal) y no del Tribunal del Santo Oficio (que le hubiera conferido carácter magisterial y dogmático); y b) que no afirma (expresa y tajantemente) que sea herética o se oponga a la fe (en este caso, afirman, sí se habría abierto "un abismo entre ciencia y fe"). Puede verse Martínez (2009): "[contenido dogmático] solo poseería una declaración del Papa en primera persona, en la que el contenido dogmático se afirmara explícitamente. Y no hubo tal: Urbano VIII decidió la pena que debía ser aplicada, pero fueron los cardenales quienes decretaron la sentencia, por su propia autoridad". Convendría recordar –a quienes así se expresan– que la infalibilidad del Pontífice y el magisterio pontificio *ex catedra* son ingredientes eclesiásticos introducidos en el siglo XIX, carentes de sentido en su aplicación a acontecimientos del siglo XVII.

En 1757 Benedicto XIV ordena el levantamiento de la prohibición general contra los "libros copernicanos"; no obstante, las obras de Copérnico, Galileo y Kepler continuarían en el Índice unos cien años más. [Esta fecha es harto significativa en relación: a) con la situación española que denunciaría Jorge Juan en su *alegato* y la persecución a Mutis hasta principios del siglo XIX –que se verán en el capítulo 3.11–; y b) con la persecución y expulsión de los jesuitas (que se inicia en 1750) y la supresión de la orden (1773)].

había ingresado su hija Virginia con el nombre de María Celeste.

1634 Fallece sor María Celeste.

1638 Publicación de ***Discorsi*** *e dimostrazioni matematiche intorno à due nueve scienze* (*Discursos y demostraciones matemáticas sobre dos nuevas ciencias*) en Leiden por Luis Elzevir.

1642 El 8 de enero **fallece en Arcetri** confortado por dos de sus discípulos, Viviani y Torricelli, a los que se les había permitido convivir con él los últimos años.

3. Notas relativas a su quehacer astronómico

a) Galileo en 1597 en carta a Kepler le manifiesta que desde hacía muchos años era partidario de la teoría de Copérnico.

b) En 1604 habla de la *nueva estrella* aparecida en 1572 y desaparecida en 1574 en la constelación de Sagitario. Arremete en sus clases de Padua, rebosantes de público, contra la concepción aristotélico-escolástica de la inmutabilidad de los cielos. La estrella se concibe como más lejana que la 'esfera de las estrellas fijas' pero, sobre todo, queda claro que «los cielos son alterables».

c) En 1609 Galileo recibe la noticia de que se han construido instrumentos ópticos que aumentan el tamaño de los objetos distantes. Investiga las propiedades ópticas de diferentes combinaciones de lentes y construye diversos telescopios que emplea con profusión en observaciones astronómicas. Contempla una multiplicidad de 'nuevas estrellas' (respecto de lo que se aprecia a simple vista). La noción de infinitud ya no es solo un ente de razón, un recurso de la especulación, sino que se presenta como 'intuible' dada la inmensidad de los espacios. El 'recurso al infinito' se convierte en una noción caracterizadora de la Modernidad.

d) También en 1609 Galileo descubre en la Luna cráteres y montañas, cuya altura estima a partir de la sombra que proyectan. Concluye: «los astros no son perfectos». La tensión con los aristotélico-escolásticos crece considerablemente.

e) En 1610 descubre las 'manchas solares' («Los cielos son corruptibles»). La 'guerra' con los escolásticos se desencadena. Galileo se constituye en 'gloria de la humanidad', y así comienzan conjuntamente los honores y las persecuciones.

f) Sus observaciones fueron de naturaleza (prioritariamente) cualitativa. Su autoridad (la de la Ciencia) se oponía a la de Aristóteles (Filosofía) y a la de la Iglesia (Teología).

g) Manifiesta que existen diferentes centros de rotación en el Mundo: el Sol (tesis copernicana), la Tierra (con su satélite Luna), Júpiter (con sus cuatro 'lunas') independientemente del 'sistema del mundo' que se prefiera. El descubrimiento de las fases de Venus por Galileo mediante el telescopio apoyaba –de hecho, 'demostraba' o 'justificaba'– el heliocentrismo.

h) En 1615 es convocado a Roma por la Inquisición que le obligaría a adjurar de la 'teoría copernicana'. La rotación de la Tierra y el movimiento de esta alrededor del Sol se declaran en 1616 oficialmente falsas; la obra de Copérnico se incluye en el Índice de Libros prohibidos.

i) En 1632 publica *Diálogo sobre los dos máximos sistemas del mundo*, el ptolemaico y el copernicano.

j) Galileo no 'estableció' definitivamente el copernicanismo, solo lo apoyó eficazmente y lo difundió en auditorios de amplitud mucho mayor que el de matemáticos, filósofos y astrónomos. Su (aparente al menos) desconocimiento de la obra de Kepler y su preocupación cualitativa y no matemática de la astronomía hicieron que no superara (explícitamente) el prejuicio de los movimientos circulares y uniformes de los astros. No obstante, destrozó el cuerpo doctrinal filosófico aristotélico-escolástico.

4. Síntesis de las características más significativas de su biografía

A modo de escueta síntesis de notas caracterizadoras, pueden destacarse las siguientes.

a) La condición de astrónomo, matemático y físico. Por mi parte, deseo introducir complementariamente otras dos: filósofo y teólogo. En estos ámbitos no se trata de considerarlo un 'profesional', autor de tratados extensos y a gusto en estos gremios intelectuales, sino en tanto que creador de nuevas concepciones de radical validez, como hemos de ver, y quizá más relevantes aún por el enfrentamiento de filósofos y teólogos con sus ideas y por las persecuciones que sufrió. De hecho, durante toda su vida, Galileo rechazaría el ser comparado a los profesores de su época, lo que le supondría numerosos enemigos.

b) Relacionado estrechamente con la revolución científica, tanto como que es considerado el iniciador de la misma.

c) Eminente hombre del Renacimiento, que mostró interés por casi todas las ciencias y artes (música, literatura, pintura).

d) Sus logros científicos astronómicos incluyen: a) la mejora del telescopio; b) gran variedad de primeras observaciones astronómicas.

e) Su logro científico físico-mecánico: la primera ley del movimiento, los estudios del péndulo, plano inclinado, etc., la construcción primitiva de la Mecánica.

f) Su logro científico-filosófico: apoyo determinante para el copernicanismo.

5. Concepto galileano de ciencia

Todo lo anterior, de una u otra manera, ha sido dicho y escrito en otros muchos lugares. A partir de aquí –en este apartado y en el próximo– la novedad, y por tanto el riesgo de encuentro de considerables discrepancias, es notable.

La 'ciencia moderna', galileana, integra, a nuestro juicio, tres aspectos básicos, que pueden expresarse sintéticamente de la siguiente manera.

Primero. FILOSOFÍA. El conocimiento filosófico (no necesariamente erudición histórica, sino capacitación intelectual creativa, conceptual y crítica) como medio de expresión de los conceptos propiamente físicos y de formulación de las concepciones generales.

Segundo. OBSERVACIÓN Y EXPERIMENTACIÓN, es decir, la consideración de la experiencia como origen determinante del conocimiento científico frente a la especulación y los prejuicios.

Tercero. RELEVANCIA DE LA MATEMÁTICA. La matemática como instrumento neutral para el descubrimiento y la formulación de las leyes de la Naturaleza, que otorga un carácter racional a la interpretación de esta.

Así, puede decirse que en Galileo confluyen una línea filosófica (conceptuación, imaginación, abstracción), una línea matemática (Arquímedes, Eudoxo, Copérnico) y una línea experimental (Bacon, Vinci, Stevin). Esta conjunción hace de Galileo no solo el prototipo de hombre moderno, sino que fuera y sea considerado como 'genio'. Las tres líneas, procedimientos, tipos o fuentes de conocimiento independientemente son casi irrelevantes, juntas facilitan una obra tan importante históricamente como la de Galileo.

En su visión de científico, por lo que respecta al conocimiento, quizá no en su actitud ante los hombres, es humilde. La ciencia no es inmutable, ni cerrada, ni segura; la observación, la experimentación y la razón conducirán progresivamente a una ciencia mejor. Galileo ha puesto las bases y divisa humildemente la tarea que otros harían más adelante.

Directo y sin rodeos, en 1613, en una carta a Castelli manifiesta la necesidad de delimitar los campos de la Teología y de la Ciencia para evitar injerencias y expone la tesis de la conveniencia de interpretar las Escrituras en sentido simbólico y no literal.

6. La revolución intelectual galileana: sus *manifestaciones*

La revolución intelectual originada por Galileo, consecuencia, primero, de su trayectoria intelectual, y, segundo, del uso del anteojo, presenta diversas perspectivas constitutivas de adjuntas revoluciones. Podríamos decir que Galileo genera *una* revolución *estructural* integrada por un conjunto de revoluciones, dado el panorama abierto de los saberes humanos. Galileo es *uno*, como cualquier persona, pero son múltiples los ámbitos de su pensamiento, y múltiples los campos intelectuales sobre los que incide su revolución.

A mi juicio, la *revolución galileana* integra básicamente **cuatro revoluciones**, o se manifiesta especialmente en cuatro ámbitos diferenciados del *saber* humano, que pueden denominarse, por ejemplo, respectivamente: revolución instrumental, revolución filosófica (destructiva de concepciones precedentes), revolución teológica y revolución filosófico-científica constructiva que abre una nueva era en la que aún estamos.

La *primera manifestación* de la revolución galileana es la *astronómica observacional con instrumentación* óptica (anteojo, hoy telescopio) dando inicio a una **nueva era de la astronomía**. Por lo que respecta a esta *manifestación instrumental* de su revolución supone el cambio de era de la astronomía, debido al salto asociado a la transición de la *observación visual* a la era de la astronomía óptica o de *observación instrumental óptica*. Galileo construyó numerosos anteojos de los que algunos parece que se conservan. Así pues, mediante su revolución instrumental y observacional, contempla a partir de 1609 multitudes de *nuevas* estrellas en el firmamento (que no se apreciaban a simple vista), montañas y valles en la Luna, manchas en el Sol, cuatro satélites en Júpiter y (según cree) dos (apariencia de los anillos) en Saturno; y, como más significativo para el problema en discusión, la confrontación geocentrismo-heliocentrismo, puede considerarse el descubrimiento de las fases de Venus que 'obligaría' a considerar este planeta como situado en una órbita interior a la, consecuentemente necesaria, órbita de la Tierra. Y publicaría inmediatamente sus primeros descubrimientos en 1610 en la obra *Sidereus Nuncius*. Esta revolución astronómica observacional, contemplando lo que nadie antes que él había visto, le permitió intuir que el camino de Copérnico era correcto.

En resumen, esta primera manifestación de su revolución confirmaría las tesis de Copérnico relativas a la convicción acerca de la visión del Universo como geodinámico y heliocéntrico.

La *segunda manifestación* de la revolución galileana se refiere a su **concepción** *filosófica* que le permite reafirmar sus convicciones previas antiaristotélico-escolásticas relativas ahora especialmente a las preconsideraciones o presupuestos filosóficos cosmológicos que, desde su convicción copernicana en la naturaleza heliocéntrica y geodinámica del Universo, se encierran básicamente en estos dos supuestos: a) la aceptación de una única clase de materia, es decir, la negación de la dualidad material Tierra-Cielos; y b) la negación de la idea de perfección de los cielos que implicaba la concepción de que los cuerpos celestes habían de ser perfectamente esféricos y homogéneos. En síntesis, supo interpretar sus primeras observaciones astronómicas como confirmación de la *realidad* del sistema heliocéntrico [hasta entonces asumible solo como método (matemático) útil de cálculo]. Esta interpretación realista implicaba una nueva cosmovisión consecuencia del cambio de presupuestos conceptuales filosóficos.

En resumen, desde esta perspectiva filosófica, su revolución implica la no dualidad material Tierra-Cielos y la no perfección de los cuerpos celestes (esfericidad y homogeneidad). La no circunferencialidad de los movimientos y no uniformidad (constancia de la velocidad circular) sería la tarea que le correspondería demostrar, de manera casi sincrónica con él, junto a otras, a Johannes Kepler.

La *tercera manifestación* de la revolución galileana es de naturaleza **teológica**. Desde su pertenencia, satisfactoria y fiel, a la Iglesia Católica Romana, la encierra en tres postulados o principios que aquí, por exponer conjuntamente el total de su revolución –aunque corresponda, por su contenido religioso, a la Parte Tercera–, solo se enuncian: 1º. "El Universo ha sido creado por Dios", es "expresión como obra de Dios"; 2º. "Las Sagradas Escrituras, aunque reveladas, han sido escritas por el hombre"; y 3º. "Las Sagradas Escrituras deben interpretarse a la luz del conocimiento del Universo". Esta revolución teológica se tratará con cierto detenimiento en el capítulo 3.8 de la Tercera Parte.

Y, finalmente, a mi juicio, la revolución galileana ofrece una *cuarta manifestación* que denomino **filosófico-científica**, y que tendrá, como se verá en la referida Tercera Parte, capítulo 3.9, una importancia capital en el problema de la relacionalidad de Dios con su obra cósmica; se trata de su creencia acerca de que "la Naturaleza está escrita en lenguaje matemático", por lo que con este fundamento se iniciará el que denomino 'proceso de matematización' que se expresará en tres fases principales: 1) Kepler; 2) Newton; y 3) el desarrollo del Análisis matemático del siglo XVIII que culminará, a nuestros efectos, en Laplace. Sus respectivas contribuciones constituirán el objeto de los próximos capítulos. Escribiría en *Il Saggiatore*:

> La filosofía está escrita en este gran libro continuamente abierto ante nuestros ojos, me refiero al universo, pero no se puede comprender si antes no se ha aprendido su lenguaje y nos hemos familiarizado con los caracteres en los que está escrito. Está escrito en lenguaje matemático, y los caracteres son triángulos, círculos y demás figuras geométricas, sin los cuales es humanamente imposible entender ni una sola palabra; sin ellos se da vueltas en vano por un oscuro laberinto.

Esta cuestión la hemos asumido y elaborado bajo el título de *Principio galileano de matematicidad de la Naturaleza*[98].

---

98. González de Posada (2010).

7. Su paso a la historia: perspectiva del papel que desempeñó

Como notas más significativas que se han destacado acerca del papel que Galileo ha desempeñado en la historia de la humanidad pueden señalarse las siguientes.

1. Fundamentar las bases de la mecánica moderna: cinemática y dinámica, considerado como el «padre de la física moderna».

2. Por sus observaciones telescópicas astronómicas iniciadas en 1609, ha sido considerado también como el «padre de la astronomía moderna», y a él (y al telescopio, en su época anteojo) se ha dedicado 2009 como "Año Internacional de la Astronomía", en amplia conmemoración de IV centenario.

3. Establece definitivamente el heliocentrismo, en versión científica, o el dicho "la Tierra se mueve", en versión popular.

4. Globalmente viene siendo considerado como el "padre de la ciencia" (experimental, observacional) de toda la ciencia, no solo de la mecánica, de la astronomía, de la física.

5. Su trabajo experimental es considerado complementario de los escritos de Francis Bacon en el establecimiento del moderno método científico y su carrera científica complementaria de la matemática de Johannes Kepler.

6. Su trabajo propiamente intelectual se considera de ruptura radical con las en su tiempo y en su medio firmemente asentadas ideas aristotélicas.

7. Su condena, arbitraria y absurda, lo ha tenido en candelero –y aún lo tiene– desde entonces, dada la trascendencia cultural de la Iglesia católica y la problemática constante que ha representado la relación entre ciencia y religión, creencia y conocimiento, razón y fe.

8. Para mí, lo más singular, sin duda, fue la manifestación citada, relativa a 1623 en *Il Saggiatore* (*El Ensayador*), editada por la Accademia dei Lincei, obra dedicada a Urbano VIII, con las reflexiones sobre la naturaleza de la ciencia y el método científico, y con la idea expresa de que "el Libro de la Naturaleza está escrito en lenguaje matemático".

Esta consideración, esta manifestación de fe, anuncia la necesidad de 'crear' matemática y 'usar' matemática para la descripción del **Universo**, porque este es **matematizable**, porque la **Naturaleza** toda tiene como propiedad la **matematicidad**. El proceso que conduzca al descubrimiento de su expresión matemática, como se ha indicado anteriormente, lo denomino **proceso de matematización** que se desarrollará básicamente en dos fases primeras representadas respectivamente por Kepler y Newton, y que constituirán los capítulos siguientes.

2.11.
JOHANNES KEPLER (1571-1630): PRIMERA FASE DEL *PROCESO DE MATEMATIZACIÓN*

1. Notas biográficas

Johannes Kepler, teólogo, astrónomo y matemático, fue una figura clave en la revolución científica del siglo XVII, que ha pasado a la historia universal por sus leyes sobre el movimiento de los planetas en sus órbitas elípticas alrededor del Sol.

Nació el 27 de diciembre de 1571 en Weil der Stadt, Baden-Wurtemberg (Alemania), en el seno de una familia de religión protestante luterana. Hijo de Heinrich Kepler, mercenario en el ejército del Duque de Wurtemberg de ordinario ausente del domicilio familiar, y de Katherina Guldenmann, curandera y herborista, que regentaba una casa de huéspedes y que sería acusada más tarde de brujería. Johannes Kepler, nacido prematuramente a los siete meses de embarazo, se manifestaba hipocondríaco y de naturaleza endeble, sufriendo durante toda su vida una salud frágil. En 1574 contrae la viruela.

De niño destacaba por su facilidad para las matemáticas y su gusto por la astronomía habiendo contemplado el cometa de 1577 y el eclipse de luna de 1580.

En 1584 entró en el Seminario protestante de Adelberg y dos años más tarde en el Seminario superior de Maulbronn, donde obtuvo el diploma de fin de estudios.

En 1589 se matriculó en la universidad de Tubinga estudiando al principio ética, dialéctica, retórica, griego, hebreo, astronomía y física, y después, como era propio en la época, filosofía y teología, obteniendo una maestría en 1591. Se refiere de ordinario que su profesor de matemáticas, el astrónomo Michael Maestlin, le enseñó el sistema heliocéntrico de Copérnico, cuestión que se reservaba exclusivamente para los mejores estudiantes, ya que los demás conocían como cierto el sistema geocéntrico de Ptolomeo enriquecido por las consideraciones aristotélico-escolásticas. Kepler se convirtió pronto en copernicano convencido.

En 1593 Kepler, cuando consideraba hacerse ministro luterano, tiene noticia de que la escuela protestante de Graz buscaba un profesor de matemáticas, situación que acepta abandonando los estudios de Teología y dejando Tubinga en 1594.

En 1596 publica la obra cosmológica *Mysterium Cosmographicum* (*El misterio cósmico* o *El misterio del Universo*) en la que expone sus ideas del momento en búsqueda de armonías entre las proporciones de las órbitas circulares planetarias 'encajando' poliedros regulares en las superficies (coronas) esféricas ocupadas por los planetas. Por su notable vocación religiosa, Kepler veía en este su primer modelo cosmológico una celebración de la existencia, sabiduría y elegancia de Dios. Escribió: «Yo deseaba ser teólogo; pero ahora me doy cuenta, a través de mi esfuerzo, de que Dios puede ser celebrado también por la astronomía».

En su condición de profesor de Matemáticas en Graz y firme en su convicción copernicana, se ve obligado a abandonar Austria cuando el archiduque Fernando promulgó un edicto contra los protestantes. En 1600 Tycho Brahe lo llama a Praga como colaborador y recibirá de este su gigantesco arsenal de datos astronómicos.

En consecuencia, Johannes Kepler, en 1600, año que hemos considerado como de inicio de la Modernidad, "en torno a Galileo" según Ortega, es un buen matemático de tradición copernicana que se encuentra al frente de la importante herencia observacional astronómica del 'mayor' de los astrónomos. Colaborador de Tycho Brahe, sustituye a este, a su muerte en 1601, como matemático imperial de Rodolfo II y como consejero astrológico.

El 17 de octubre de 1604 Kepler observó una supernova (que más tarde se la denominaría 'estrella de Kepler'), situada en la Vía Láctea, nuestra propia galaxia. Publicaría este año *Astronomiae Pars Óptica* [*La parte óptica de la astronomía*] y *De Stella nova in pede Serpentarii* [*La nueva estrella en el pie de Ophiuchus*].

Kepler, hombre profundamente religioso, incapaz de aceptar que Dios no hubiera dispuesto que los planetas describieran figuras geométricas simples, se dedicó con tesón ilimitado a probar con toda suerte de combinaciones de círculos. Finalmente se convencería de que 'las cosas son como son y no como se quiere que sean'.

En 1609, en su obra *Astronomia Nova* [*Nueva astronomía*], comentarios sobre los movimientos de Marte, establece las dos primeras leyes del movimiento planetario:

1ª. Los planetas describen órbitas elípticas en uno de cuyos focos está el Sol.

2ª. El segmento variable Sol-planeta barre en el plano orbital áreas iguales en tiempos iguales.

Debe recordarse también que la publicación por Johannes Kepler de *Astronomia Nova* en ese año 1609 significó propiamente el inicio de la mecánica celeste, es decir, del uso de una matemática ecuacional y no solo geométrica.

En 1615, su madre, ya con 68 años, fue acusada de brujería, y Kepler, persuadido de su inocencia, se pasó seis años asegurando su defensa ante los tribunales y escribiendo numerosos alegatos, regresando dos veces a Wurtemberg. Estuvo un año encerrada en la torre de Güglingen, viviendo a expensas de Kepler, y se libró con dificultades de la tortura, siendo liberada en 1621 y falleciendo unos meses después.

En 1619 en *Harmonices Mundi* [*La armonía del mundo*] enuncia la considerada como 3ª ley:

3ª. Los cuadrados de los tiempos de revolución de dos planetas cualesquiera alrededor del Sol son proporcionales a los cubos de sus distancias medias.

Tras muchos años de trabajo, en 1627 publicó las *Tabulae Rudolphine* [*Tablas rudolfinas*], que se usarían durante más de un siglo para calcular las posiciones de los planetas y las estrellas. Utilizando las leyes del movimiento planetario fue capaz de predecir satisfactoriamente el tránsito de Venus del año 1631, que no podría observar, y con lo que su teoría quedaría confirmada.

Johannes falleció antes, el 15 de noviembre de 1630, en Ratisbona.

2. La contribución de Kepler: primera fase del *proceso de matematización*

En 1609, Johannes Kepler en su obra *Comentarios sobre los movimientos de Marte* establece las dos primeras leyes del movimiento planetario.

1ª Ley: Los planetas describen órbitas elípticas en uno de cuyos focos está el Sol.

Esta primera ley es de *naturaleza exclusivamente geométrica*, ofrece la descripción de las trayectorias en tanto que figuras geométricas.

2ª Ley: El segmento variable Sol-planeta barre en el plano orbital áreas iguales en tiempos iguales.

Esta 'ley de las áreas' es equivalente a la constancia del momento angular, es decir, cuando el planeta está más alejado del Sol (afelio) su velocidad es menor que cuando está más cercano al Sol (perihelio). En el afelio y en el perihelio, el momento angular L es el producto de la masa del planeta, por su velocidad y por su distancia al centro del Sol. Esta ley se expresa en lenguaje matemático actual de la forma:

$$\frac{dA}{dt} = cte$$

y puede considerarse como exclusivamente *cinemática*: referencia solo a (mediciones de superficie) espacio y (mediciones de intervalos de) tiempo.

En 1619 en su *Armonía del mundo* enuncia la tercera ley.

3ª Ley: Los cuadrados de los tiempos de revolución de los planetas alrededor del Sol son proporcionales a los cubos de sus distancias medias al Sol.

La expresión matemática de esta ley como *relación de proporcionalidad entre cantidades* es:

$$(T)^2 \propto (a)^3$$

y su expresión como *ecuación entre medidas* con la constante de presencia matemática necesaria:

$$T^2 = ka^3$$

de modo que aplicada a dos planetas cualesquiera (por ejemplo, la Tierra y Marte) resulta:

$$\frac{T_T^2}{T_M^2} = \frac{a_T^3}{a_M^3}$$

que también es exclusivamente *cinemática*.

3. Consideraciones críticas

¿Qué representa el trabajo de Kepler? Hagamos unas valoraciones.

Primera. La introducción por primera vez en la historia de **órbitas elípticas** supone la **ruptura con la geometría** astronómica previa. Concluyen así las nociones de 'regularidad' y de 'perfección' concedidas clásicamente a la circunferencia.

Segunda. El **movimiento no** solo no es 'regular' (circular), sino que, como consecuencia, tampoco **es uniforme** (velocidad constante); esto supone la **ruptura con la cinemática** previa.

Tercera. Admite la existencia de un orden basado en las 'irregularidades' anteriores y tiene fe en la posibilidad de expresar matemáticamente dicho orden. [Posteriormente se diría que las 'regularidades' no eran de forma (geometría) ni de movimientos (cinemática)].

Cuarta. Kepler completa, con la fuerza de los datos y de los cálculos matemáticos, la destrucción de los aspectos geométricos y cinemáticos del sistema ptolemaico. (De los elementos filosóficos aristotélico-escolásticos, que Kepler deja casi intactos, se había encargado Galileo).

4. Breves reflexiones conjuntas sobre Galileo y Kepler

a) Galileo y Kepler son coetáneos; sabían, respectivamente, de la existencia del otro, se habían escrito y, sin embargo, parece ser que 'casi' desconocían sus obras respectivas (los 'momentos cruciales' de ambos –de difusión de sus ideas, digamos 1615 a 1624– están condicionados por el silencio obligado tras la admonición del primero y por la preocupación del segundo durante el largo encarcelamiento de la madre). De todas maneras, constituyen un caso ciertamente extraño, llamativo y de fuerte contraste, dado que, en principio, ambos se dedican a casi 'lo mismo' y participan de intereses astronómicos prácticamente comunes, aunque difieran notablemente en sus espíritus, sus actitudes y compromisos vitales y sus confesiones religiosas (Galileo, católico; Kepler, luterano).

b) Galileo, en astronomía, adopta una actitud metodológica cualitativa y no propiamente matemática (método contrario al utilizado en las ciencias terrestres; ámbito en el que su gran obra es la 'dinámica': efecto escala, caída de cuerpos, lanzamiento de proyectiles, péndulo, ley de inercia). Kepler se ocupa en ordenar, sistematizar y sacar conclusiones de los datos astronómicos –inmenso arsenal acumulado–, de Tycho Brahe.

c) Muchos se interesan por los telescopios. Galileo los construye y los utiliza, Kepler no les dedica especial atención.

d) Kepler pretende una astronomía formal y técnicamente más precisa, más matemática; Galileo es un misionero de la revolución iniciada por Copérnico. La aportación de Galileo es más radical y de mayor impacto inmediato (cualquiera podía contemplar las montañas de la Luna, las manchas del Sol, las fases de Venus, los satélites de Júpiter); la de Kepler es de difícil difusión pues solo matemáticos expertos podían convencerse de sus hallazgos. En Astronomía, Galileo tuvo mayor trascendencia, pero Kepler aportó novedades científicas de mayor relieve para la Mecánica Celeste.

e) Con Galileo y Kepler queda pulverizado científicamente todo el edificio viejo (Geometría, Cinemática y Filosofía de la Naturaleza). Con respecto al cuadro utilizado con reiteración para el contraste básico de los sistemas en liza, que se reproduce a continuación prescindiendo del *sistema tychónico* (que no adoptó, ni consideró siquiera por respeto al maestro),

Sistema aristotélico-ptolemaico-escolástico	Sistema copernicano *De revolutionibus orbium coelestium* (1543)
Universo finito	Universo finito
Universo geocéntrico	Universo heliocéntrico
Universo geoestático	Universo geodinámico
Dualidad material Cielos-Tierra	*Identidad material Cielos-Tierra*

Idea de perfección geométrica: Cuerpos celestes: esféricos y homogéneos Superficies (coronas): esféricas Trayectorias: circunferencias Movimiento: circular uniforme	Idea de perfección geométrica: Cuerpos celestes: esféricos y homogéneos Superficies (coronas): esféricas Trayectorias: circunferencias Movimiento: circular uniforme

puede detectarse (destacado con negritas) que la contribución de Kepler modificará las creencias comunes de todos sus predecesores –y de todos los sistemas hasta entonces expuestos– respecto a las figuras geométricas que ocurren en los cielos: circunferencias, círculos, superficies esféricas, coronas esféricas, esferas perfectas. Deshace así esta otra 'imposición filosófica de (hipotética) perfección' a la constitución y al funcionamiento de los cielos: las órbitas no son circunferencias, son elipses. Y sobre ellas –trayectorias planetarias– determinará, mediante leyes matemáticas, el desplazamiento de los planetas, la cinemática de los movimientos: velocidad y período de revolución.

Con esto se conoce la descripción geométrica y cinemática del movimiento de los planetas alrededor del Sol. Pero no se conoce la *causa* generadora de estos movimientos: ¿por qué así? Esta tarea quedará pendiente hasta Newton para completar el nuevo edificio; es decir, conocer la Dinámica (no solo la descripción cinemática) de los cielos (especulación, observación y matematización).

Hasta aquí todo se había basado en observaciones, bien de apariencias bien de realidades, pero solo de observaciones, a simple vista, con instrumentos mecánico-geométricos, o incluso con anteojos a partir de Galileo. Pero había una absoluta falta de *Teórica* –expresión usual en los textos de nuestro máximo matemático Jorge Juan[99]–, de fundamentos físico-matemáticos.

f) Galileo, por otra parte, y como se ha recordado, había explicitado con aceptable claridad su creencia científica acerca de que "la Naturaleza está escrita en lenguaje matemático", expresión de fe en la *naturaleza matemática* del Universo. Establecida así, como creencia,

---

99. Pueden verse, por ejemplo, González de Posada, F. (Coord.): *La ciencia en la España ilustrada* (2007), Madrid: Instituto de España; y (2008): *José Celestino Mutis y la ciencia fundamental de su época en la América española*, Madrid: Instituto de España; o (2009): *José Celestino Mutis. Otra perspectiva científica con el trasfondo de Jorge Juan*, Madrid: Fundación Jorge Juan.

la *matematicidad*, faltaba, prácticamente por completo, una adecuada matematización, es decir, el descubrimiento de la ley o de las leyes (que en todo caso habrían de ser expresadas matemáticamente) que rigen el Cosmos, a las que se someten todos los fenómenos. Esta tarea será la que ha emprendido Kepler y culminará Newton, cenit de la Modernidad.

2.12.
RENÉ DESCARTES (1596-1650): LOS VÓRTICES

1. Introducción

No parece lógico en un tratado de la presente naturaleza no citar a René Descartes que ha pasado a la historia del pensamiento por su *Discurso del método*, a la historia de la matemática por su contribución a la Geometría analítica, a la historia de la filosofía, además, por sus *Meditaciones metafísicas*, y con carácter general como fundador del racionalismo. No obstante, propiamente, desde la perspectiva del Universo, carece de relevancia para la historia de la Cosmología.

Lo más significativo para esta historia presente de la cosmología, que además se escribe con una mirada especial hacia las consideraciones de relación con la religión, es el papel que desempeñó en el ámbito cultural francés en el último tercio del siglo XVII y primer tercio del siglo XVIII, por cuya causa –respeto de su concepción filosófica cualitativa frente a la perspectiva matemática de Fourier y Newton– quedó frenada la cultura científica francesa que surgió imperiosa en el seno de la *Académie des Sciences*, novedosa institución que se colocaría a la cabeza del pensamiento y de la investigación científica. Hemos dedicado los capítulos precedentes al italiano Galileo y al alemán Kepler y queda para completar el trío básico de los 'físico-matemáticos' fundamentales del siglo XVII el inglés Newton. El francés Descartes –para el que la 'cristiana Francia' lograría su liberación del Índice de libros prohibidos– quedaría marginado como científico una vez que la *Académie* supo, tras las primeras expediciones científicas del mundo al Ecuador y a Laponia, que la Tierra estaba achatada por los polos, de acuerdo con las previsiones de Newton, y no alargada según pensamiento de Descartes. Voltaire, Maupertuis, Godin, Clairaut, etc., iniciaron la senda matemática newtoniana que continuarían con notable éxito Euler, los Bernouilli, Lagrange, Legendre, etc., y finalmente, a nuestros efectos actuales, Laplace.

Regresando al principio, René Descartes, considerado prioritariamente como filósofo, también fue matemático y físico, en tanto que 'padre' de la geometría analítica y de la filosofía moderna y, en consecuencia, partícipe destacado de la revolución científica del siglo XVII, de la Modernidad.

2. Notas biográficas

Nace el 31 de marzo de 1596, en La Haye, Turena francesa. Con once años entra en el Collège Henri IV de La Flèche, un centro de enseñanza jesuita. Aprendió física y filosofía escolástica, y mostró un notable interés por las matemáticas. El resto de la enseñanza estaba basada principalmente en textos filosóficos de Aristóteles, autor de referencia además para el estudio tanto de la física como de la biología.

Sus obras más significativas son, las ya citadas, *Meditaciones metafísicas* y *Discurso del método*.

En 1628 había decidido instalarse en los Países Bajos, lugar que consideró más favorable para cumplir los objetivos filosóficos y científicos que se había fijado, residiendo allí hasta 1649.

Los cinco primeros años a partir de 1628 los dedicó principalmente a elaborar su propio sistema del mundo y su concepción del hombre y del cuerpo humano, que estaba a punto de completar en 1633, cuando, al tener noticia de la condena de Galileo, renunció a la publicación de su obra, acontecimiento que tendría lugar póstumamente. En 1637 apareció su famoso *Discurso del método*, "para dirigir bien la razón y hallar la verdad en las ciencias", presentado como prólogo a tres ensayos científicos –*Geometría, Dióptrica y Meteoros*– que ofrecían un compendio de sus teorías físicas, entre las que destaca su formulación de la ley de inercia y una especificación de su método para las matemáticas. Los fundamentos de su física mecanicista, que hacía de la extensión la principal propiedad de los cuerpos materiales, los situó en la metafísica que expuso en 1641, donde enunció así mismo su 'demostración' de la existencia y la perfección de Dios y de la inmortalidad del alma. El mecanicismo radical de las teorías físicas de Descartes, sin embargo, determinó que fuesen superadas más adelante.

En 1641 publicó las *Meditaciones metafísicas*. En 1642 puede fecharse la que sería también obra póstuma, *La búsqueda de la verdad mediante la razón natural.* Y en 1644 aparecen los *Principios de filosofía.*

Descartes es considerado (filosóficamente por los 'profesionales' de la Filosofía que consideran 'científico' en sentido estricto a Galileo) como el iniciador de la filosofía racionalista moderna, por su planteamiento y resolución del problema de hallar un fundamento del conocimiento que garantice la certeza de este, y también como el filósofo que supone el punto de ruptura definitiva con la escolástica.

Falleció el 11 de febrero de 1650 en Estocolmo, Suecia.

3. Descartes científico

Sin ninguna duda Descartes es la figura europea emergente que se consolida en el continente como referencia máxima en el segundo cuarto del siglo XVII. Ocupa el lugar preeminente entre Galileo y Newton.

En lo relativo al conocimiento de la Naturaleza, en tanto que defensor de la vía de la experiencia, y en concreto del Universo, es heredero y continuador del heliocentrismo propuesto por Copérnico y defendido y elaborado por Galileo y Kepler. Es crítico con la física aristotélica, se manifiesta partidario del atomismo que expone Gassendi[100], aunque este se constituye en uno de los críticos de sus obras. Con carácter general, a la luz de su correspondencia, puede afirmarse que Descartes está al corriente de las ideas que se están generando en las nacientes física y matemática.

Descartes considera de manera especial el carácter matemático del espacio como pone de manifiesto en su contribución a la geometría. El fundamento del espacio lo centra en una idea para él clara y evidente: la *extensión*. Así, los cuerpos se caracterizan prioritariamente por su extensión, ocupación de espacio, ya que pueden abstraerse –considera él– todas las demás propiedades sensibles menos esta. En *Principios de filosofía* escribe:

---

100. Pierre Gassendi (1592-1655), coetáneo de Descartes, sacerdote católico, filósofo, teólogo, astrónomo y matemático. Se le recuerda, sobre todo, por su intento de conciliar el atomismo (materialista) de Epicuro con el pensamiento cristiano, mediante sustitución de la concepción de átomos infinitos, eternos y semovientes de Epicuro por un número finito de átomos creados e impulsados por Dios, tales que: a) La materia está formada por átomos, partículas indivisibles; y b) estos son diminutos y compactos, y de tamaños diferentes.

> El espacio o el lugar interior y el cuerpo que está comprendido en este espacio no son diferentes sino por nuestro pensamiento. Pues, en efecto, la misma extensión en longitud, anchura y profundidad que constituye el espacio, constituye el cuerpo.

Descartes, por otra parte, se manifiesta como 'clásico' negando la posibilidad de existencia de 'vacío', que solo puede concebirse como límite de la idea de la "falta de algo". Así, en la perspectiva física de Descartes, la *extensión* llena el espacio de forma continua, y concibe unos *vórtices*, especie de remolinos materiales, que generan el movimiento continuo de los astros. Esta concepción sería arrumbada por los físicos franceses anteriormente citados tras fuertes discusiones en el seno de la *Académie* y en otros foros franceses.

También resulta de interés señalar su concepción del 'espacio-mundo' como indefinido, dado que –según él, de nuevo 'imposiciones al Universo desde creencias'– no puede ser infinito, pues la infinitud es un atributo solo de Dios. Así, considerará que el carácter de *lugar* es *relativo*. Escribe también en *Principios de filosofía*:

> Las palabras lugar y espacio no significan nada que difiera verdaderamente del cuerpo del que decimos que está en algún lugar, y, nos indican solamente su magnitud, su figura y cómo está situado entre los otros cuerpos. Pues es necesario para determinar esta situación dar constancia de algunos otros que consideramos como inmóviles; pero según cuales sean los que así consideremos, podemos decir que una misma cosa cambia de lugar o que no cambia.

La idea de 'movimiento relativo' está, pues, en juego; Descartes conoce bien la obra de Galileo y, en concreto la idea de la *invariancia galileana*. El Universo tendrá que referirse con más amplitud y con más precisión a la noción de espacio. Serán temas fundamentales a los que se enfrentará y dará *respuesta*, respuesta matematizada, Newton: la naturaleza del espacio como absoluto, verdadero, matemático e infinito; el espacio como referencial de lugares y ocupares; la métrica del espacio para la determinación de longitudes, áreas y volúmenes de los cuerpos y las distancias entre ellos.

Descartes concibe el Universo como un gigantesco mecanismo, que no describe matemáticamente de ninguna manera.

4. Unas consideraciones críticas

a) Descartes formuló el célebre 'principio' (expresado en síntesis extremo y como referencia popular): *Cogito ergo sum* («pienso, luego existo»), considerado elemento esencial del racionalismo occidental.

b) En física, está considerado como el creador del mecanicismo; y en matemática, de la geometría analítica. Por otra parte, se le asocia con los ejes cartesianos (o sistemas de referencia cartesianos, en su honor) en geometría, con la iatromecánica y la fisiología mecanicista en medicina, y con el principio de inercia en física.

c) Refuerza el dualismo filosófico mente/cuerpo, el dualismo metafísico materia/espíritu y, por ende, el dualismo religioso cuerpo/alma, mediante el establecimiento de un dualismo sustancial entra alma –*res cogitans*, el pensamiento– y cuerpo –*res extensa*, la extensión–.

d) Su teoría de los *vórtices o remolinos* para explicar los movimientos de los astros fue condenada al olvido prontamente, tras el triunfo de la *teórica* de Newton.

e) Su método filosófico y científico, que expone en *Reglas para la dirección de la mente* (1628) y más explícitamente en su *Discurso del método* (1637), establece una clara ruptura con la filosofía aristotélico-escolástica que se enseñaba en las universidades.

f) Consciente de las penalidades de Galileo por su apoyo al copernicanismo, intentó sortear la censura, disimulando de modo parcial la novedad de las ideas sobre el hombre y el mundo que exponen sus planteamientos metafísicos, unas ideas que supondrán una revolución para la filosofía y la teología de su tiempo.

g) Sería rechazado por la Ilustración, especialmente por Diderot, Rousseau y Voltaire: la luz proviene de Newton. Las expediciones científicas para el estudio de la forma y el tamaño de la Tierra organizadas por la Academia de Ciencias francesa demostrarían que Newton tenía razón frente a Descartes.

2.13.
EL 'SISTEMA DEL MUNDO' DE NEWTON (1642-1727): SEGUNDA FASE DEL PROCESO DE MATEMATIZACIÓN

1. Introducción

Isaac Newton (1642-1727) fue físico, filósofo, teólogo, inventor, alquimista y matemático inglés, autor de *Philosophiae naturalis principia mathematica*, obra más conocida como los *Principia*, considerada, por muchos, como la obra cumbre del pensamiento humano y en todo caso de la ciencia moderna. Y él la culminación del pensamiento de la Modernidad. En ella se introducen las dos *teorías* propiamente científicas, primeras históricamente, que se constituirían en modelos para las siguientes: la *Dinámica* o ciencia del movimiento (por mediación de las tres leyes clásicas) y la *Atracción universal* de los cuerpos (después denominada de la *Gravitación universal*).

Cuando se recuerda a Isaac Newton, con cierta frecuencia, se destacan simultáneamente sus fechas de nacimiento y defunción en los calendarios juliano y gregoriano (25 de diciembre de 1642 JU – 20 de marzo de 1727 JU; 4 de enero de 1643 GR – 31 de marzo de 1727 GR), detalle que es inusual para el resto de los mortales (podría ser consecuencia de que según una y otra referencia habría nacido el año de la muerte de Galileo, 1642, buena anécdota, o al siguiente). Junto a los *Principia*, donde, como se ha dicho, describió la ley de la gravitación universal y estableció las bases de la mecánica clásica mediante las leyes que llevan su nombre, su legado científico se completa con los trabajos sobre la naturaleza de la luz y la óptica (que se presentan principalmente en su obra *Opticks*, de 1704) y el desarrollo del cálculo matemático.

Newton comparte con Leibniz el crédito por el desarrollo del cálculo integral y diferencial, que utilizó para formular sus leyes de la física. También contribuyó en otras áreas de la matemática, desarrollando el teorema del binomio y las fórmulas de Newton-Cotes.

2. Notas biográficas

Fecha de nacimiento, según el calendario juliano: 25 de diciembre de 1642, en Woolsthorpe-by-Colsterworth, Reino Unido.

A los dieciocho años ingresó en la Universidad de Cambridge para continuar sus estudios. Se recuerda en sus biografías que Newton 'nunca' asistió regularmente a sus clases, ya que su principal interés estaba en la biblioteca. Así, se graduó en el Trinity College como un estudiante mediocre debido a su formación principalmente autodidacta, mediante la lectura de algunos de los libros más importantes de matemática y filosofía natural de la época. Se sabe que en 1663 leyó la *Clavis mathematicae*, de William Oughtred; la *Geometría*, de Descartes; la *Óptica* de Kepler; la *Opera mathematica*, de Viète, editadas por Van Schooten, y, en 1664, la *Aritmética*, de John Wallis, que le serviría como introducción a sus investigaciones sobre las series infinitas, el teorema del binomio y ciertas cuadraturas[101].

En 1663 conoció a Isaac Barrow, quien le dio clase en condición de primer profesor Lucasiano[102] de matemática. En la misma época entró en contacto con los trabajos de Galileo, Fermat, Huygens y otros, a partir, probablemente, de la edición de 1659 de la *Geometría*, de Descartes, por Van Schooten. Newton superó

---

101. A los historiadores de la ciencia españoles les (nos) gusta recordar que Newton cita entre sus obras conocidas la del matemático gaditano Antonio Hugo de Omerique, nacido el 6 de enero de 1634 en Sanlúcar de Barrameda (Cádiz). Escribió un tratado de aritmética y otros dos de trigonometría, actualmente perdidos, pero su obra considerada más importante fue el tratado *Analysis geometrica* (1698), elogiada por Newton.

102. (A la luz de la voz en Internet). Se denomina profesor Lucasiano al profesor (catedrático) titular de la Cátedra Lucasiana de Matemáticas (Lucasian Chair of Mathematics) de la Universidad de Cambridge, cargo que fue fundado en 1663 por Henry Lucas, miembro del parlamento inglés por la Universidad entre 1639 y 1640, y establecida oficialmente por el rey Carlos II en 1664. Lucas, en su testamento, legó su biblioteca de 4000 volúmenes a la Universidad, mandó la compra de terrenos que diesen un rendimiento anual de 100 libras para poder fundar una Cátedra, y ordenó que el profesor que ocupase esta cátedra tenía que dar por lo menos una clase de matemáticas a la semana, y habría de estar disponible dos horas semanales para resolver las dudas de los alumnos. El primer profesor Lucasiano fue precisamente Isaac Barrow, que fue sucedido por Isaac Newton. El cargo fue ocupado entre 1980 y 2009 por Stephen Hawking. El actual ocupante de la cátedra es Michael Green.

rápidamente a Barrow, quien solicitaba su ayuda frecuentemente en problemas matemáticos.

En esta primera época científica se considera que tanto la geometría como la óptica desempeñaban un papel esencial en la vida de Newton. Fue en estos momentos cuando su fama comenzó a crecer, motivada al parecer, sobre todo, por el inició de una importante y amplia correspondencia con la *Royal Society*. Newton les envió algunos de sus descubrimientos y un telescopio que suscitó gran interés entre los miembros de la Sociedad, aunque también, como no suele ser de otra manera, y las críticas de algunos, principalmente de Robert Hooke[103]. Este fue el comienzo de una de las muchas disputas que tuvo en su carrera científica. Suele recordarse que Newton mostraba agresividad ante sus contrincantes, que fueron principalmente (pero no únicamente) Hooke, Leibniz y, en lo religioso[104], la Iglesia Católica Romana. Como presidente de la Royal Society, ha sido descrito como un dictador nada menos que cruel, vengativo y busca-pleitos.

Se considera que fue una carta de Hooke, en la que este comentaba sus ideas intuitivas acerca de la gravedad, la que hizo que iniciara de lleno sus estudios sobre la mecánica y la gravedad. Newton resolvió el problema con el que Hooke no había podido y sus resultados los escribió en el que, como se ha adelantado, muchos científicos creen que es el libro más importante de la historia de la ciencia, *Philosophiae naturalis principia mathematica*.

Después de escribir los *Principia* abandonó Cambridge, mudándose a Londres, donde ocupó diferentes puestos públicos de prestigio, siendo nombrado Preboste del Rey, magistrado de Charterhouse y director de la Casa de Moneda, responsabilidad que asume en 1696. Durante este periodo fue un incansable perseguidor de falsificadores, a los que enviaba a la horca, y propuso por primera vez el uso del oro como patrón monetario. Durante los últimos treinta años de su vida, abandonó prácticamente toda actividad científica y se consagró progresivamente a los estudios religiosos. Fue elegido presidente de la Royal Society en 1703 y reelegido cada año hasta su muerte. En 1705 fue nombrado caballero por la reina Ana, como

103. Robert Hooke resulta especialmente familiar en el mundo de la ingeniería por la conocida ley de Hooke de la Elasticidad Lineal, $\sigma = E \varepsilon$
104. En el capítulo 3.10. "Teología cosmológica newtoniana" de la Parte Tercera se tendrá en cuenta su marco oficial luterano, su formación calvinista y su pensamiento arriano.

EL UNIVERSO. EL PROBLEMA DEL UNIVERSO

recompensa a los servicios prestados a Inglaterra. Aun perteneciendo al Gobierno y siendo por ello un hombre rico, hacia 1721 acabó perdiendo 20.000 libras, debido a la 'burbuja de los mares del Sur'[105], acontecimiento ante el cual diría que «puedo predecir el movimiento de los cuerpos celestes, pero no la locura de las gentes».

Fecha de la muerte: 20 de marzo de 1727, Kensington, Londres, Reino Unido.

Enterrado en: Abadía de Westminster, Ciudad de Westminster, Reino Unido.

3. El espacio absoluto newtoniano

El **espacio newtoniano**, en tanto que propio del Universo, es un espacio matematizado y denominado hoy *espacio puntual euclídeo tridimensional*. Para Newton era "absoluto, verdadero, matemático e infinito". Hoy puede caracterizarse, básicamente, en síntesis apretada, de la siguiente manera con referencia a los diversos ámbitos del saber humano en cuestión[106].

En *Filosofía* (además de los términos usados por Newton) el espacio es **algo** (sustantivo), real (físico), *existe* y *es* en sí, por sí, desde sí, independiente de todo lo demás.

---

[105]. (A la luz de la expresión en Internet) La 'burbuja de los mares del sur' fue una burbuja especulativa que ocurrió en Gran Bretaña a principios del siglo XVIII, y que condujo al llamado crack de 1720. Se produjo alrededor de las acciones de la 'Compañía de los Mares del Sur' (*South Sea Company*), compañía de comercio internacional que ostentaba el monopolio del comercio británico con las colonias españolas de Sudamérica y las Indias Occidentales. Derechos comerciales exclusivos (el asiento comercial) le habían sido concedidos a la empresa como parte del Tratado de Utrecht que puso fin a la Guerra de Sucesión Española. A cambio del monopolio sobre dicho asiento, la Compañía de los Mares del Sur asumió toda la deuda británica sobre los costes de la participación del Reino Unido en dicho conflicto. Dado que el comercio directo con las colonias españolas estaba muy restringido, muchos inversores ingleses vieron en el asiento de la Compañía una fabulosa oportunidad de negocio. Las historias y rumores sobre las riquezas de Sudamérica a la espera de ser importadas a Europa hicieron que muchos ahorradores británicos, desde los más humildes hasta los lores más ricos del país, invirtieran y se sumaran al frenesí especulador. En 1720, cuando las condiciones específicas del Tratado de Utrecht se hicieron públicas y las promesas de oportunidades de negocio dejaron de verse como realizables, la burbuja especulativa explotó. Constituyó (junto a la crisis del tulipán de 1637) uno de los primeros *cracks* económicos de la Historia.

[106]. Estas consideraciones son de especial interés para su contraste con los conceptos de Einstein que se verán en próximos capítulos.

EL 'SISTEMA DEL MUNDO' DE NEWTON (1642-1727)

En *Física*, el espacio es una entidad física (supuesta existencia real) caracterizada por: 1) Tres dimensiones; 2) Infinito; 3) Euclídeo: cartesiano (rectilíneo, plano); y 4) Constante: igual en todas partes (homogéneo) siempre (estable).

En *Matemática*, el espacio se caracteriza mediante la métrica elemental euclídea:

$$ds^2 = g_{ij}dx^i dx^j; \quad i,j \in I_3 \equiv \{1,2,3\}$$

O bien, referido a un sistema cartesiano triortonormal (que supuestamente existe)

$$ds^2 = dx^2 + dy^2 + dz^2$$

ya que en este sistema el tensor métrico fundamental del espacio se expresa mediante la matriz unidad

$$[g_{ij}] = \begin{bmatrix} 1 & 0 & 0 \\ 0 & 1 & 0 \\ 0 & 0 & 1 \end{bmatrix}$$

4. El tiempo absoluto newtoniano

El **tiempo newtoniano** se matematiza mediante la consideración de la topología de la recta real, pero con el condicionante –agravante– de la 'flecha del tiempo', es decir, con sentido exclusivo hacia el futuro:

$$T \longleftrightarrow \xrightarrow{R \equiv \{-\infty, +\infty\}}$$

Los 'instantes' son cortaduras en dicha recta real. La magnitud física 'tiempo' está constituida por las cantidades de tiempo expresadas por las 'duraciones' entre dos instantes.

Con estas concepciones matemáticas de *espacio* y *tiempo* (en síntesis muy apretada: la matematización de los conceptos filosóficos iniciados con Aristóteles) y las elaboraciones pioneras de los conceptos matematizables de *masa* (o cantidad de materia) y de *fuerza*, unidos a los ya tradicionales de la cinemática: posición, desplazamiento, velocidad y aceleración, podrá Newton establecer sus novedosas teorías universales consideradas como *Dinámica newtoniana* y *Teoría newtoniana de la Gravitación*.

5. La teoría *Dinámica newtoniana*

5.1. Constitución de la teoría

Con la consideración de magnitudes primarias introducirá las siguientes: Longitud, Duración (Tiempo), Masa y Fuerza.

Y estudiará el problema del movimiento, formulando la teoría física *Dinámica newtoniana*, con las características básicas siguientes:

La *masa inercial* como propiedad pasiva de los cuerpos.

La *fuerza* como causa de todo movimiento (desplazamiento, variación de posición).

La *aceleración* como efecto de toda fuerza y manifestación de movimiento.

Así, la caracterización de los cuerpos se realiza mediante su 'cantidad de materia' o masa, la *masa inercial*, m_i; y su posición, $\vec{s}$, en un instante, t.

Para la descripción del fenómeno –el movimiento, su cinemática– bajo el *determinismo causal* (fundamento filosófico de todas las leyes clásicas) considera la fuerza, f, como *causa* productora de un *efecto*, el movimiento, que puede expresarse mediante la posición en función del tiempo, $s(t,)$ la velocidad y/o la aceleración.

Así, la primera 'ley matematizada' universal, de la *Dinámica newtoniana*, se expresa de la forma:

$$\vec{f} = m_i \frac{d^2\vec{s}}{dt^2}$$

y queda resuelto, a la altura de finales del siglo XVII, el *problema del movimiento* mediante esta teoría física. En ella la masa inercial representa una propiedad pasiva, la fuerza es *causa* del movimiento y la aceleración es el *efecto* de la fuerza sobre el móvil.

5.2. La aceptación de la teoría

a) Las ideas de Newton no se aceptan de inmediato. La 'teoría aristotélica' sigue vigente en bastantes lugares, la cartesiana (que se integró en el Índice de libros prohibidos[107]) también tiene sus adeptos. En el ámbito científico existen disputas, incluso propiamente 'nacionalistas' entre las concepciones cartesianas y la teoría newtoniana.

b) En la discusión con las opiniones cartesianas, Newton ofrece un conjunto de ideas alternativas; de ellas parece oportuno destacar la hipótesis de la existencia del éter, 'medio etéreo' estacionario sumamente sutil que llena todo el espacio como instrumento o vehículo de la acción gravitatoria.

c) La fricción de los cuerpos con el éter reducirá la cantidad de movimiento. El Universo no era un mecanismo perfecto, autosuficiente, y Dios actuaba restableciendo las condiciones de regularidad.

d) Newton postuló (ámbito, en principio, de la filosofía especulativa) que el espacio, el tiempo y el movimiento eran entidades absolutas, en cuyos marcos se establecían las magnitudes absolutas que utilizaría la física: longitud, duración –intervalo de tiempo, tiempo como magnitud– y desplazamiento, velocidad o aceleración. En realidad postulaba la existencia de unos referenciales de espacio y tiempo absolutos (determinados e inmóviles) que permiten conocer con absoluta precisión las posiciones, los instantes y el movimiento.

El edificio referencial newtoniano sería asumido y completado filosóficamente por Kant, constituyéndose así el sistema clásico que puede denominarse newtoniano-kantiano.

Desde el éter cósmico en reposo se podían medir con precisión, en principio, las variables cinemáticas, ya que estas tenían carácter absoluto. Esta concepción perdura hasta comienzos del siglo XX.

e) El método científico se enaltece, llega al cénit con la teoría de la gravitación. La Mecánica es ejemplo a imitar, la Física es la ciencia por excelencia, el sistema de leyes newtoniano es considerado como la obra más portentosa de la capacidad humana. El pensamiento de la modernidad (s. XVIII) quiere hacerse 'mecanicista'.

6. Teoría newtoniana de la gravitación universal: ubicación en la historia

6.1. Concepciones previas sobre la gravedad

a) En la Antigüedad clásica y en la Edad Media la concepción relacionada con la noción de 'gravedad' se había considerado más

---

107. Cuestión que se 'salvó' para Francia.

bien como una propiedad de la posición que de la materia (idea de los 'lugares naturales' o propios para cada tipo de cuerpo respecto del centro del Universo que en esa época 'era' el centro de la Tierra).

b) Copérnico cree que cada cuerpo celeste (la Tierra es un planeta que gira alrededor del Sol, centro del Universo) posee una gravedad propia que actúa en su entorno (en su origen pudieron ser puntos geométricos del espacio). Los cuerpos celestes no se ejercen influjos entre sí; la distribución y sus movimientos son naturales.

c) La idea de que están situados en coronas esféricas cristalinas que rotaban arrastrando a los cuerpos no era aceptable desde que en 1577 Tycho Brahe (1546-1601) descubre que un cometa 'cruza' las hipotéticas esferas de la cosmología aristotélica. Se plantea con crudeza el problema de cómo se mantiene la disposición regular del sistema del mundo y qué mueve los astros. ¿Un único principio?, ¿independiente cada uno?, ¿sin orden regular? La idea de un principio único director de la regularidad de la disposición y de los movimientos de los astros era aceptada generalmente desde el comienzo de la Modernidad.

d) Asimismo, desde 1600, los científicos conciben la gravedad como propiedad de la materia.

e) Gilbert de Colchester (William Gilbert, 1544-1603 [en 1600 escribió *De magnete magneticisque corporibus, et de magno magnete tellure*]) piensa que el principio único que mantiene la regularidad del sistema es el magnetismo. Según él los cuerpos celestes son imanes y ya había estudiado la atracción magnética (proporcional a la masa, recíproca entre los cuerpos) que producían sobre trozos de hierro. Esta visión ofrecerá, por otra parte, un modelo muy interesante. La gravedad la poseían los aglomerados de materia.

f) Kepler continúa la visión de Gilbert y supone que el Sol envía efluvios magnéticos como radios de una rueda que arrastran a los planetas con fuerzas tangenciales; los más próximos son arrastrados con más velocidad, los efluvios pierden fuerza con la distancia. La distorsión respecto de la circunferencia (movimiento elíptico) es consecuencia de que el Sol posee solo un polo y los planetas los dos (según la posición actúa la atracción o la repulsión). Esta concepción implica que la 'gravedad' es una fuerza que actúa a través del espacio entre dos cuerpos no en contacto.

g) El trabajo recíprocamente aislado de Galileo y Kepler no facilitó la posible unificación de la Mecánica y de la Astronomía. La 'primera unificación' (en la historia de la Física) de disciplinas o teorías físicas tuvo que esperar hasta los tiempos de Newton. La versión cartesiana de los vórtices y torbellinos complicó y quizá retardó más el descubrimiento.

6.2. *El descubrimiento newtoniano*

El proceso de matematización al encuentro de una respuesta matemática al *problema del movimiento planetario* puede caracterizarse, por ejemplo, mediante las siguientes consideraciones.

a) La búsqueda de la causa física del ordenamiento y movimiento planetarios ('principios del movimiento'), denominado 'problema de la gravedad', constituye un trabajo fundamental en la historia de la Física, de la Ciencia, del pensamiento universal. Este proceso tuvo lugar en Inglaterra por lo que puede considerarse como 'escuela inglesa del XVII' al conjunto de científicos integrado por Robert Hooke (1635-1703), Isaac Newton (1642-1727) y Edmund Halley (1656-1742), junto a otros de menor relieve.

b) Se ha concluido la versión actualizada y 'correcta' del principio de inercia galileano según el cual el movimiento de un cuerpo sobre el que no se ejerce ninguna acción es rectilíneo y uniforme. Se plantea el problema de interpretar los movimientos planetarios en el ámbito de la Mecánica. Visto a posteriori se resuelve en dos etapas:

1ª. Determinación de la ley correspondiente a la fuerza centrípeta necesaria para que los planetas giren alrededor del Sol; estas fuerzas centrípetas deben existir ya que el movimiento es curvilíneo y no rectilíneo y uniforme.

2ª. Demostración de que la gravedad es la generadora de dicha fuerza centrípeta; es decir, obtención de la ley de gravitación (expresión de fuerza en función de las masas y de la distancia).

c) En 1664 Hooke descubre que la trayectoria del cometa que aparece ese año no es rectilínea, sino que se curva en las proximidades del Sol, según él, debido a la atracción gravitatoria solar. No encuentra la ley de la fuerza centrípeta necesaria para el movimiento orbital.

d) Según narró Newton bastantes años más tarde, en el período 1665-1666, en el que se ausentó de Cambridge huyendo de la peste, resolvió completamente el problema: obtuvo la ley de la fuerza centrípeta, y con ella, a partir de la 3ª ley de Kepler, la ley gravitatoria del inverso del cuadrado de la distancia. Contrastó dichas leyes con las características conocidas del sistema Tierra-Luna. La conclusión fue convincente: la gravedad suministra la fuerza centrípeta necesaria para el movimiento de la Luna alrededor de la Tierra. Pero estos resultados no los publicó y se aventuraron diversas conjeturas en diferentes momentos, todas relativas a que en esa fecha sus estudios no estaban coronados por el éxito que hubiera deseado el autor (de 1666 a 1679 desarrolló otras líneas de investigación para el problema de la gravedad).

e) En 1679 Hooke, Wren, Halley y Huygens ya conocían la ley de la fuerza centrípeta y la del inverso del cuadrado de la distancia. En distintos momentos escriben a Newton acerca del tema. En 1685 Newton logra demostrar que el campo gravitatorio creado por un cuerpo esférico en su exterior es idéntico al que crearía toda la masa si estuviera concentrada en el centro de la esfera (problema fundamental de la posteriormente denominada 'Teoría del Potencial'). Los cuerpos, a los efectos gravitatorios entre ellos, pueden considerarse como puntos materiales (pesados). Las medidas astronómicas (radios de la Tierra, Luna y Sol y distancias entre ellos) se conocían mejor que en 1665.

f) Newton demuestra:

i) Que la fuerza de la gravedad es exactamente la fuerza centrípeta necesaria para mantener la Luna en su órbita alrededor de la Tierra.

ii) Que el campo gravitatorio solar produce las fuerzas centrípetas necesarias para que los planetas describan las órbitas según las leyes de Kepler; y sugiere que:

— Las trayectorias de los cometas son parábolas alrededor del Sol.

— Los planetas están achatados por los polos y ensanchados por el ecuador (se constató en Júpiter por medio del telescopio y se aceptó en la Tierra como consecuencia de que la gravedad era menor en el Ecuador que en los polos).

— Las mareas son consecuencia de las acciones gravitatorias de la Luna y el Sol.

g) En 1687 se publica la obra *Philosophiae Naturalis Principia Mathematica* considerada como coronación del edificio de la física moderna que se denominará más tarde *Mecánica clásica* y *Dinámica newtoniana* (entre otros títulos). Newton ha pasado a la historia como 'gigante', como 'figura cumbre'. Su decisiva contribución personal a la teoría de la gravitación no debe conducir al olvido de los otros científicos que trabajan en el mismo problema y contribuyen también, en diversas medidas, a su resolución. La ciencia ha comenzado a ser 'tarea colectiva'. Esta 'escuela inglesa' realizó la conexión de la 'dinámica terrestre galileana' con la 'mecánica celeste kepleriana'; se había logrado así la unificación de Mecánica y Astronomía.

h) El 'método' de Newton sigue la línea de Galileo: el origen del conocimiento son los efectos o datos observados de los que deben obtenerse unas leyes generales del movimiento; a partir de estos se hacen las deducciones físico-matemáticas que sirven, en caso positivo, para confirmar unos fenómenos y predecir otros. Newton distinguió claramente entre 'filosofía natural experimental' y 'filosofía natural especulativa'.

i) Newton concibe la gravitación como principio general del movimiento pero explicita claramente que no ha descubierto la causa (metafísica) de ese principio.

j) Las leyes de la *Dinámica newtoniana* explican el modelo kepleriano del Sistema Solar de un modo matemático deductivo directo; permite calcular las órbitas de cualesquiera cuerpos alrededor del Sol, como, por ejemplo, los cometas.

En consecuencia, fruto de este largo proceso de matematización queda resuelto (según la historia de los dos siglos posteriores) el *problema de la atracción general de los cuerpos* mediante la *Teoría newtoniana de la gravitación universal*. En esta la masa gravitatoria es una propiedad activa, la *causa* de la atracción; y la fuerza es *efecto* de la existencia de cuerpos (de masas), que se expresa mediante la ley matemática (con escritura formal actual):

$$\vec{f} = \frac{m_g . m_g'}{r^2} \vec{r}_o = G \frac{m_i . m_i'}{r^2} \vec{r}_o$$

donde las m_g son las masas gravitatorias de dos cuerpos, las m_i las masas inerciales de los mismos, r la distancia entre los centros respectivos, G la constante de la gravitación universal y los símbolos con flechitas superiores representan respectivamente la naturaleza vectorial de la fuerza y el vector unitario direccional entre los centros.

7. Caracteres del Universo según Newton

Tras el proceso de matematización concluido por Newton, la sorpresa y la admiración que producen la sencillez y belleza de unas ecuaciones matemáticas, cabe la pregunta: ¿Se ha resuelto el problema del Universo? O, quizá mejor: ¿En qué Universo estamos? En principio pueden considerarse como harto significativas las siguientes palabras de Newton:

> No sé cómo puedo ser visto por el mundo, pero en mi opinión, me he comportado como un niño que juega al borde del mar, y que se divierte buscando de vez en cuando una piedra más pulida y una concha más bonita de lo normal, mientras que el gran océano de la verdad se exponía ante mí completamente desconocido.

Newton fue el primero en demostrar que las leyes naturales que gobiernan el movimiento en la Tierra y las que gobiernan el movimiento de los cuerpos celestes son las mismas. Como se ha señalado anteriormente, a menudo es calificado como el científico más grande de todos los tiempos, y su obra como la culminación de la revolución científica. El matemático y físico matemático Joseph Louis Lagrange (1736-1813), dijo que «Newton fue el más grande genio que ha existido y también el más afortunado dado que solo se puede encontrar una vez un sistema que rija el mundo».

Como referencia básica puede utilizarse el cuadro que se adjunta, de modo que se constate que Newton asume las *categorías fundamentales*, o entidades constitutivas, del Universo (trinitario) tradicionales: espacio, tiempo y materia; de manera que solo a esta y en esta podrían tener lugar los fenómenos.

Categorías fundamentales	
Aristóteles	Newton
Tiempo	Tiempo referencial: $T \longleftrightarrow \xrightarrow{R \equiv \{-\infty, +\infty\}}$ *Duración*: métrica

EL 'SISTEMA DEL MUNDO' DE NEWTON (1642-1727)

Espacio	Espacio referencial: infinito *Longitud*: métrica
Materia	Materia: substancia, cuerpo *Masa*: métrica
Fenómeno	Movimiento, gravitación, luz, ...

Newton da el salto –asombroso– de la concepción cualitativa, filosófica, a la construcción matemática, en dos ámbitos para cada categoría: la referencial (naturaleza propia de la Naturaleza) y la métrica (necesaria para la introducción de las magnitudes físicas y la formalización matemática de las leyes). El Universo, todo él, se expresa matemáticamente mediante los referenciales espacio y tiempo, y los fenómenos mecánicos que en él ocurren, todos, se expresan mediante las leyes de la Dinámica newtoniana y de la Gravitación universal que se construyen con las magnitudes físicas (métricas asociadas al espacio –longitud–, al tiempo –duración–, al movimiento –desplazamiento, velocidad y/o aceleración–, a la materia –masa inercial y/o gravitatoria– y a la causa universal –fuerza–).

Existe un *espacio físico* "absoluto, verdadero, matemático e infinito". Este espacio físico tiene la estructura matemática del espacio geométrico de Euclides (tridimensional, homogéneo, sin curvatura), en él, la recta es la distancia más corta entre dos puntos. En la actualidad, técnicamente, se expresa como *espacio puntual euclídeo tridimensional*.

Existe un tiempo físico "absoluto, verdadero, matemático y eterno".

Las dimensiones espaciales (3) y la temporal son absolutamente independientes entre sí.

Existe una fuerza atractiva entre cualesquiera dos masas cuyo valor se expresa mediante la ley de la gravitación universal:

$$\vec{f} = \frac{m_g \cdot m_g'}{r^2}\vec{r_o} = G\frac{m_i \cdot m_i'}{r^2}\vec{r_o}$$

que *resuelve* el problema (presupuestamente significa la *solución* 'definitiva' del problema) de la atracción de los cuerpos. La *masa gravitatoria* es propiedad activa de la materia, la *causa* de la atracción; la *fuerza* (que era *causa* en la *Dinámica newtoniana* para el movimiento de los cuerpos) es *efecto* de la existencia de cuerpos (que poseen masas).

El Universo de Newton quedaría 'establecido' para la comunidad científica y para (casi) 'todo el mundo' en torno a 1740, tras las expediciones científicas de la *Académie des Sciences* de París al Ecuador y a Laponia[108]. El carácter de 'establecido' supone la aceptación como cierto, consecuencia de que se trata de una representación matemática que permite hacer cálculos que 'justifiquen' el pasado y 'predicciones' que puedan contrastarse en el futuro.

Este Universo de Newton se propone, a su vez, como expresión de independencia de la Física de la Filosofía, ¡tamaño disparate!, en y con el que se recrean simultánea y respectivamente los 'profesionales' de la ciencia y de la filosofía. El título de la 'obra cumbre' del pensamiento –*Principios matemáticos de la Filosofía Natural*– es suficiente para hacer ver que toda física fundamental es, a la vez, filosofía, metafísica de la Naturaleza.

8. Una consideración especial: Jorge Juan[109]

He aquí unas expresiones del matemático español Jorge Juan (1713-1773), cuyo tricentenario de su nacimiento conmemoramos en este año 2013, fruto del trasfondo filosófico de su concepción científica newtoniana:

> La necesariedad de la concordancia de una teórica –que ha de existir– con la experiencia.

Como consecuencia de los estudios experimentales:

> Esta es pues la fuerza que aquellos dos célebres filósofos Huygens y Newton llamaron centrífuga, porque tira a huir del Centro; y esta según ellos, es la causa, que hace a la Tierra Lata. Porque sentada esta doctrina, suponen ambos, que la Tierra se mueve, revolviéndose diariamente sobre su propio Eje.

---

108. Pueden verse numerosas referencias personales a estos acontecimientos en nuestras obras (2007), (2008) y (2009).
109. Con gran extensión pueden leerse estas ideas en González de Posada (2005), (2007), (2008) y (2009).

Y la conclusión fundamental:

> Las experiencias acreditan la Teórica de Newton... Todas las observaciones convienen en que la Tierra es una Elipsoide Lata.

Así, hemos destacado el *newtonianismo* de Juan afirmando que, de hecho, Copérnico no tiene existencia en su obra, no es objeto de consideración. Juan empieza con Newton. Y son continuas sus manifestaciones de fe newtoniana:

> [...] Planetas, cuyos movimientos ha explicado con tanta propiedad el Caballero Newton con solos los principios de Mecánica, y la ley de la atracción general, que cada día verifica más y más la experiencia.

Y, por su relación con la religión y con la situación de las Españas del Siglo XVIII, aunque sea reiterativo, considero que resulta de interés la reproducción de los párrafos claves del Alegato-testamento de Jorge Juan (1773) que reproduce la Recapitulación de Celestino Mutis (1801).

> ¿Será decente con esto obligar a nuestra Nación a que, después de explicar los Sistemas y la Filosofía Newtoniana, haya de añadir a cada fenómeno que dependa del movimiento de la Tierra: pero no se crea este, que es contra las Sagradas Letras? ¿No será ultrajar estas el pretender que se opongan a las más delicadas demostraciones de Geometría y de Mecánica?
>
> ¿Podrá ningún Católico sabio entender esto sin escandalizarse? Y cuando no hubiera en el Reyno luces suficientes para comprehenderlo ¿dejaría de hacerse risible una Nación que tanta ceguedad mantiene?
>
> No es posible que su Soberano, lleno de amor y de sabiduría, tal consienta: es preciso que vuelva por el honor de sus Vasallos; y absolutamente necesario, que se puedan explicar los Sistemas, sin la precisión de haberlos de refutar: pues no habiendo duda en lo expuesto, tampoco debe haberla en permitir que la Ciencia se escriba sin semejantes sujeciones.

2.14.
PIERRE-SIMON DE LAPLACE (1749-1827): LA CONCLUSIÓN DEL *PROCESO DE MATEMATIZACIÓN* DE LA MECÁNICA CLÁSICA

1. Introducción

Laplace representa la confirmación 'definitiva' de las teorías de Newton, de modo que según él las ecuaciones de este, tras el desarrollo del análisis matemático durante el siglo XVIII, explican por sí solas el funcionamiento mecánico de los cuerpos del Sistema Solar sin la necesidad de 'recurrir a Dios' que preconizaba el físico inglés, cuya teología se expone en la Tercera Parte. Se asiste, pues, a la entronización de Newton[110].

2. Notas biográficas

Pierre-Simon Laplace (Beaumont-en-Auge, Normandía, 28 de marzo de 1749–París, 5 de marzo de 1827) ha pasado a la historia como astrónomo, físico y matemático. Por su condición de pensador podría considerarse también, y con todo derecho, filósofo, a la luz de la fundamentación filosófico-científica de su creencia en el determinismo causal.

Asistió a la Escuela Prioral Benedictina en Beaumont, de los 7 a los 16 años, edad a la que ingresó en la Universidad de Caen, para estudiar Teología[111]. Escribió sus primeros artículos matemáticos mientras estudiaba en dicha universidad.

---

110. Solo a finales del siglo XIX se conocería como primer 'fallo' del sistema newtoniano el hecho de que no daba respuesta de la 'precesión' del perihelio de Mercurio, es decir, del giro de la órbita del primer planeta y no solo del propio planeta en ella.
111. Hasta aquí podría decirse que también fue, como sus precursores Galileo, Kepler y Newton, teólogo, pero no sería esta una afirmación correcta.

Al cumplir los 19 años, principalmente por la influencia de d'Alembert, fue designado para cubrir una plaza de profesor de matemáticas en la Escuela Real Militar de París. Y a los 24 años se le consideró "el Newton de Francia" por algunos de sus descubrimientos, de modo que en 1773 sería miembro de la Academia de Ciencias de París.

En 1785, actuando como miembro del tribunal del Cuerpo de Artillería Real, examinó y aprobó al joven de 16 años Napoleón Bonaparte.

En 1796 publica *Exposition du système du monde*, en el que presenta su hipótesis nebular sobre la formación del Sistema Solar.

Durante la Revolución Francesa y el Consulado ayudó notablemente a establecer el Sistema Métrico. Enseñó Cálculo en la Escuela Normal.

Bajo el mandato de Napoleón fue Ministro del Interior, miembro del Senado y después Canciller y recibió la Legión de Honor en 1805. Llegó a ser conde del Imperio en 1806.

Aunque había intervenido en política en tiempos de Napoleón, se pasó al bando de Luis XVIII, ingresando en la Academia Francesa en 1816 y recibiendo el título de marqués en 1817. Sin embargo, Napoleón, en sus memorias escritas en Santa Elena, dice que cesó a Laplace de su puesto –Ministro del Interior en el Consulado, 1799– después de solo seis semanas porque: "trajo el espíritu de lo infinitamente pequeño al Gobierno".

En sus últimos años vivió en Arcueil, donde ayudó a fundar la Sociedad de Arcueil, potenciando la investigación de los jóvenes científicos.

Sus obras relevantes fueron: 1796, *Exposición del sistema del mundo*; **1799-1825**, ***Tratado de mecánica celeste***; 1812, *Teoría analítica de las probabilidades*; y 1819, *Ensayo filosófico de las probabilidades*.

3. Contribuciones cosmológicas

a) Laplace descubrió la invariabilidad de los movimientos medios planetarios. En 1786 probó que las excentricidades e inclinaciones de las órbitas planetarias entre sí, siempre permanecen pequeñas, constantes y además se autocorrigen. Estos resultados aparecen en la mayor parte de sus obras.

b) Sus escritos directos significativos con respecto al Universo son: *Exposición del sistema del mundo* (1796) y *Tratado de mecánica celeste* (1799-1825).

c) Laplace presentó su famosa *hipótesis nebular* en la obra *Exposition du systeme du monde*, París 1796. El origen de dicha hipótesis lo atribuye a Buffon, de modo que, aparentemente al menos, no sabe que Immanuel Kant se le había adelantado parcialmente en su obra *Allgemeine Naturgeschichte, Historia General de la Naturaleza*, publicada en 1755.

Su exposición del sistema del mundo contiene la hipótesis cosmogónica según la cual una nebulosa primitiva habría ocupado el emplazamiento actual del sistema solar rodeando como una especie de atmósfera un núcleo fuertemente condensado, a

temperatura muy elevada y girando alrededor de un eje que pasaría por su centro; el enfriamiento de las capas exteriores, unido a la rotación del conjunto, habría engendrado en el plano ecuatorial de la nebulosa unos anillos sucesivos, mientras que el núcleo central formaría el Sol.

La materia de cada uno de los anillos daría por condensación en uno de sus puntos un planeta. Por el mismo procedimiento se engendrarían los satélites: el anillo de Saturno sería un ejemplo de esta fase intermedia.

d) Entre 1799 y 1825 publicaría su gran obra, *Traité du Mécanique Céleste*, la cual, como su autor estableció "ofrece una completa solución al gran problema mecánico que presenta el sistema solar". Apareció en cinco volúmenes, publicados en París. Laplace resumió en un cuerpo de doctrina los trabajos separados de Newton, Halley, Clairaut, d'Alembert y Euler acerca de la gravitación universal; y concibió, acerca de la formación del sistema planetario, como se ha indicado, la teoría que lleva su nombre.

4. Consideraciones críticas

a) Lo que hemos denominado *proceso de matematización*, iniciado tras la manifestación de fe científica de Galileo: "La Naturaleza está escrita en lenguaje matemático", se ha desarrollado en tres fases: primera, la representada por Kepler, caracterizada como geométrica y cinemática; segunda, la representada por Newton, caracterizada como dinámica y gravitatoria en unos referentes de espacio y tiempo infinitos, pero con clara insuficiencia matemática; y, tercera, la construcción del edifico matemático postnewtoniano durante el siglo XVIII 'para' el desarrollo del sistema de Newton que coronará precisamente Laplace.

b) En su obra, *Traité du Mécanique Céleste*, **ofrece una completa solución al gran problema mecánico que presenta el Sistema Solar.**

c) En definitiva, Laplace **probó la estabilidad del Sistema Solar** según las teorías de Newton (sin necesidad del 'recurso a Dios')[112].

d) En esta tercera fase del *proceso de matematización* se entroniza la obra de Newton. Las formulaciones precedentes están escritas con un lenguaje simbólico matemático más reciente (cálculo diferencial y ecuaciones funcionales que no conocía Newton). Tampoco este sabía interpretarlas –operar con ellas– exhaustivamente y ante su constatación de la pérdida de sus órbitas por los planetas recurrió a Dios como actor para recomponer la posición de los planetas en las órbitas que (presupuestamente) abandonaban.

e) En el siglo XVIII el desarrollo de la matemática permitiría, en expresiones mediante síntesis extremas, establecer:

Primero. La constitución de la Mecánica como ciencia ejemplar.

Segundo. Una correcta matematización del supuesto funcionamiento del Universo, consecuencia de las contribuciones de los Bernoulli, Euler, D'Alambert, Lagrange, Coulomb, etc.

Tercero. La consideración de la Ilustración como tránsito intelectual definitivo del "Dios es la Verdad" a "La verdad es la ciencia".

Cuarto. Parangonando a Ortega, la formal ecuación reductora "Europa = Razón = Ciencia = Física". La Física de la Edad Moderna, de la razón, de Galileo a Einstein, de 1600 a 1900, la hoy denominada 'clásica', sería considerada por el filósofo español como "la maravilla de Occidente", "la gran y específica contribución de Europa a la historia de la civilización".

f) Otra gran contribución de Laplace a la historia del pensamiento fue la *conjunción de filosofía y matemática*[113], sobre todo en sus obras

---

112. Cuestión que se tratará con detalle en la Tercera Parte en el Capítulo 3.10. "Teología cosmológica newtoniana".

113. Puede decirse además, expresamente, de modo análogo a los matemáticos cita-

de madurez relativas a la teoría de las probabilidades. Dos son sus obras principales en este ámbito: la *Teoría analítica de las probabilidades* (1812) y el *Ensayo filosófico de las probabilidades* (1819).

g) Por lo que respecta al *determinismo*, que en el marco de la física clásica es preferible denominar *determinismo causal*, Laplace, en su *Essai Philosophique sur les Probabilites* (1819), escribe, aplicado al Universo:

> Deberíamos [...] considerar el presente estado del Universo como el efecto de su estado anterior, y la causa del que le seguirá. Supongamos [...] una inteligencia que pudiera conocer todas las fuerzas que animan la naturaleza, y los estados, en un instante, de todos los objetos que la componen; [...] para [esa inteligencia] nada podría ser incierto; y el futuro, como el pasado, sería presente a sus ojos.

De este modo puede afirmarse que no solo había completado el edificio matemático del mecanicismo newtoniano, sino que también logra explicar de manera clara la concepción filosófica subyacente.

Por otra parte, el *determinismo causal*, expresado con claridad y generalidad, sustrato de toda la física clásica, quedó establecido por él como *principio general de la física*.

h) En términos anecdóticos literarios puede decirse que Newton no solo quedó constituido en la máxima figura de la humanidad, lo que podría considerarse como obvio, sino además en el ser más afortunado de la historia ya que Universo solo hay uno y él había descubierto su funcionamiento de una vez por todas, por completo y ya para siempre. Así, tras la obra confirmadora de Laplace se establece el imperio racional del *mecanicismo* no solo en física, sino extendido hacia toda la ciencia y con pretensiones en la filosofía.

i) En consecuencia, matematizada la dinámica del Universo, presupuestamente de manera *total* y *definitiva*, faltaba *matematizar* el resto de fenómenos *físicos*, es decir, construir, al modo de la Mecánica, las demás teorías físicas. Así se fue haciendo: teoría elemental

---

dos del siglo XVIII, que no se le puede considerar como teólogo, 'profesión' que indudablemente sí ejercieron las figuras claves del siglo XVII consideradas: Galileo, Kepler y Newton.

del calor de Lavoissier-Laplace, teoría electrostática de Coulomb, teoría analítica del calor de Fourier, teoría de la conducción eléctrica de Ampère, etc., etc., de tal manera que se creyó, ciertamente, en la *matematicidad* de la Naturaleza, de toda la Naturaleza,... al menos la correspondiente al ámbito de la Física.

2.15.
LA POSTMODERNIDAD (1900-1930): LAS REVOLUCIONES RELATIVISTA Y CUÁNTICA

1. Notas introductorias

a) La Modernidad ($\approx$1600-$\approx$1900) es la época de la cultura de Europa, de la aportación original de Europa a la humanidad, de la 'ciencia exacta' de la naturaleza, de la Física que es considerada por Ortega como la «ciencia por excelencia».

b) A finales del siglo XIX, el desarrollo del electromagnetismo y las dificultades de la interpretación en términos mecánicos de diferentes fenómenos producen un estado extraño en la Física, una situación de crisis de pensamiento, de concepciones teóricas; no todos los 'hechos' se explican con las teorías, no concuerdan con los resultados de las deducciones matemáticas.

c) La Modernidad ha creado y/o establecido las ideas, entre otras, de **mecanicismo, continuismo, determinismo e infinitismo**; y no solo en Física (Mecánica), sino que desde esta se han pretendido trasladar estos conceptos a otras ramas de la ciencia y del saber.

d) Este edificio del pensamiento construido a partir de la revolución científica de la Modernidad en la Física entra en crisis precisamente en la Física de comienzos del siglo XX y desde ella y/o sobre ella, por su causa y/o causándola, se extiende paulatinamente al resto del pensamiento del siglo XX.

e) **Discretismo, probabilismo y finitismo** inundan el saber del siglo XX.

f) En la Física, en el primer tercio del siglo XX, tuvieron lugar dos grandes revoluciones conceptuales (aparte de grandes descubrimientos científicos observacionales y experimentales): la revolución cuántica y la revolución relativista. Dos grandes logros de la inteligencia humana que han elevado notablemente la preeminencia intelectual y social de la Física y de los físicos. En la segunda mitad del siglo, quizá la Física, a pesar de sus continuos e impresionantes éxitos, ha ido perdiendo el rumbo y cediendo el puesto de honor del pensamiento, de la cultura y de la ciencia a la biología (bioquímica, biología molecular, ingeniería genética, etc.). Lo enaltecido de sus conceptos, la belleza y complejidad creciente de sus teorías no han servido para explicar, como sería de desear, al mundo del siglo XX con la 'exactitud' alcanzada en la Modernidad, los fenómenos y los hechos que actualmente se conocen o se creen conocer.

2. Cronología básica de los descubrimientos y de las concepciones novedosas y revolucionarias de la época de crisis de la Modernidad y construcción de la Postmodernidad

Los años finales del siglo XIX y comienzos del siglo XX han dado lugar a numerosas 'revoluciones' concretas, así como, sobre todo, a unas revoluciones radicales del pensamiento general, y consecuentemente de la visión del Universo. Ha sido una época prodigiosa por el número impresionante de extraordinarios descubrimientos que hacen que la física haya ofrecido un conjunto acumulativo de investigadores de relieve, primero individuales y después progresivamente de equipos de número creciente de componentes.

Haremos unas brevísimas referencias con objeto de expresar claramente esta idea de la multitud de aportadores de novedad y, por tanto, de participantes en la construcción de una nueva imagen física del Universo[114].

1887 Se pensaba a finales del siglo XIX en la existencia de un 'éter lumínico' como medio para la propagación de la luz. El experimento de Albert Michelson (1852-1931) y Edward Morley (1838-1923) demostró que la Tierra no se desplazaba a través del considerado 'viento de éter'. Este descubrimiento facilitaría la aceptación de la teoría de la relatividad de Einstein. Se presenta, a modo de re-novedad, la cuestión del *vacío* entre los astros del Universo.

---

114. Aquí el Universo sigue siendo solo, o tanto como, el Universo objeto de estudio por la Física, de ninguna manera la Creación de Dios, perspectiva central de la Tercera Parte.

1895 Descubrimiento de los *rayos X* por Wilhelm Röntgen (1845-1923).

1896 Descubrimiento de la *radiactividad* por medio de la fosforescencia de sales de uranio por Antoine Becquerel (1852-1908). La materia no siempre es 'estable', se desintegra.

1897 Descubrimiento del *electrón* por Joseph J. Thomson (1856-1940), partícula elemental y unidad natural de carga eléctrica.

1899 La ley de Max Planck (1858-1947) de la radiación del cuerpo negro. La introducción del 'cuanto' de energía. La Naturaleza es discreta en carga y en energía y en masa. En la actualidad se considera al Universo primitivo como un cuerpo negro casi perfecto inmediatamente después del *Big Bang*.

1904 La transformación de Hendrik Lorentz (1853-1928), que se utilizaría en la teoría de la relatividad, sugiere la contracción de longitudes con la velocidad, la ralentización del proceso (o dilatación del tiempo) y el aumento de la masa.

El tercer principio de la Termodinámica, "la inaccesibilidad del cero absoluto", enunciado por Walther Nernst (1864-1941), constituye un límite para el enfriamiento, por ejemplo, del Universo en un posible final. En este caso la entropía S, o el desorden, se aproxima a una constante S_0.

1905 La teoría especial de la relatividad, uno de los grandes logros de la inteligencia humana: la velocidad de la luz en el vacío es la misma para todos los observadores con independencia del movimiento de estos y de la fuente de luz. Esta característica de la luz llevó a Albert Einstein (1879-1955) a deducir la *relatividad* de la *simultaneidad*: dos sucesos que ocurren al mismo tiempo según las mediciones de un observador situado en el sistema de referencia de un laboratorio pueden suceder en distintos momentos para un observador que se mueva respecto a ese sistema. Como el tiempo está relacionado con la velocidad del movimiento, no puede existir un único reloj en el centro del Universo con el que puedan sincronizarse los demás. Se presenta como extravagante a nuestro entendimiento, pero esta teoría describe con precisión la conducta de la Naturaleza.

La ecuación $E = mc^2$, consecuencia formal matemática de los principios prioritariamente filosóficos de la Relatividad especial, expresa que la masa de un cuerpo es una 'medida' de su contenido energético; de aquí que se considere como "ecuación de la equivalencia masa-energía". En el sentido hacia la izquierda indica el funcionamiento de una bomba atómica, la radiactividad, el brillo del Sol (por la fusión de dos átomos de hidrógeno en uno de helio con la disminución de masa que proporciona energía).

1910 Descubrimiento inicial de rayos cósmicos por el sacerdote jesuita y físico alemán Theodor Wulf (1868-1946) con un electrómetro en la base y en la cúspide de la torre Eiffel para detectar si su procedencia era del suelo o del espacio. Víctor Hess (1883-1964), en un globo aerostático, comprobó que la radiación se incrementa con la altura.

1911 Ernest Rutherford (1871-1937) descubre el núcleo atómico, como lugar de alta densidad en el interior de los átomos y carga positiva, y sugiere el 'modelo atómico': núcleo muy pequeño rodeado de electrones, de modo que domina el vacío.

1912 Henrietta S. Leavitt (1868-1921) descubre la relación entre el brillo de las estrellas cefeidas variables y su período.

1913 Niels H. Bohr (1885-1962) completa su 'modelo atómico' de manera que los electrones están obligados a moverse en unas determinadas órbitas 'permitidas' muy concretas, pudiendo saltar de unas a otras mediante absorción o emisión de un fotón (estados de energía de los átomos). La idea cuántica se manifiesta explícita.

1915 Formulación de la Teoría general de la Relatividad, por la que la gravedad no es una fuerza (según concepto newtoniano), sino resultado de la curvatura del espacio-tiempo provocada por las masas. Sugiere también que los efectos gravitatorios se propagan a la velocidad de la luz.

1919 La teoría de Theodor Kaluza (1885-1954) acerca del 'hiperespacio', con un mayor número de dimensiones espaciales, introduciendo la primera 'teoría de cuerdas' que más adelante se actualizaría con nuevas propuestas.

En 1921 se le había concedido el Premio Nobel a Einstein, alcanzando el cenit de la fama y dejando (así parecía)

LA POSTMODERNIDAD (1900-1930)

cerrado el edificio 'personal' (último de estas características individuales) de una nueva concepción de la Realidad. A partir de aquí los momentos estelares corresponderán a los cimientos de la otra impresionante revolución, la cuántica, en cuyo marco se sitúan los acontecimientos que citamos como más relevantes a partir de 1924.

1924 La hipótesis de Louis de Broglie (1892-1987) acerca de la dualidad de conducta de las partículas de materia que también podían comportarse como ondas[115], hipótesis que comprobarían con electrones Davisson y Germer en 1927.

1925 El Principio de exclusión de Wolfgang Pauli (1900-1958) establece que no puede haber dos fermiones con todos sus números cuánticos idénticos (esto es, en el mismo estado cuántico de partícula individual) en el mismo sistema cuántico ligado[116].

Werner Heisenberg, Max Born y Pascual Jordan inician la *mecánica cuántica matricial* por la que pueden interpretarse determinadas propiedades de las partículas en términos de matrices.

1926 La ecuación de onda de Erwin Schrödinger (1887-1961) describe la realidad en términos de funciones de onda y de probabilidad permitiendo hacer predicciones sobre el comportamiento de la materia. Da origen a la *mecánica cuántica ondulatoria*.

1927 Werner Heisenberg (1901-1976) establece el *principio de incertidumbre* que afirma que la posición y la velocidad de una partícula no pueden conocerse simultáneamente con precisión, como propiedad de la Naturaleza y no por deficiencias de precisión de nuestros aparatos y métodos de medida.

1928 Niels Bohr (1885-1962) enuncia el *principio de complementariedad* en la búsqueda de sentido a los 'misterios' de la física

---

115. Esta hipótesis la estableció en su tesis doctoral, pero se trataba de una cuestión tan extraña que el tribunal dudó en concederle el aprobado. Años después recibiría el premio Nobel.
116. Formulado inicialmente como principio, posteriormente se comprobó que era derivable de supuestos más generales: de hecho, es una consecuencia del teorema de la estadística del espín.

cuántica que sugería, por ejemplo, que la luz se comportaba a veces como onda y a veces como partícula.

Con sensatez –decimos con él– expresaba[117] que se trataba de una 'creencia'[118] ya que tanto onda como partícula eran "abstracciones, cuyas propiedades solo pueden definirse y observarse por medio de interacciones con otros sistemas".

La ecuación de Paul Dirac (1902-1984) en la idea de (para mejor comprensión de la realidad) encontrar una versión de la ecuación de Schrödinger que fuese coherente tanto con la mecánica cuántica como con los principios de la relatividad especial. La ecuación predice la existencia de antipartículas (antimateria) pronosticando su hallazgo experimental.

1929   La ley de expansión del Universo de Hubble (1889-1953). Con ella puede considerarse que se cierra una época, o, quizá mejor, que se abre otra complementaria de la Relatividad de Einstein. Suele estimarse como el descubrimiento cosmológico más importante de todos los tiempos y constituye uno de los pilares de la cosmología física actual, iniciándose así la época de los modelos cosmológicos dinámicos y la exigencia de la consideración de la existencia de un origen del tiempo. Con esta 'crisis de éxito' comenzaremos el siguiente capítulo.

3. En torno a la revolución relativista

3.1. Introducción

A modo de resumen de "El Universo de la Modernidad" conviene recordar, por lo que respecta a esta, dos cuestiones de interés.

Primera. En tanto que etapa histórica, se inicia 'en torno a Galileo' (1600) y se cierra 'en torno a Einstein' (1900-1920).

Segunda. La posible identificación pedagógica de determinadas acepciones de los términos siguientes: a) Modernidad, en cuanto era histórica; b) Racionalidad (científica, método), en cuanto elemento más característico y determinante de la era anterior; c) Ciencia

---

117. Conferencia en Como (Italia) frecuentemente referida.
118. No debe olvidarse la expresión –más bien, convicción y concepto– de Ortega acerca de que "la ciencia es una forma especial de creencia".

LA POSTMODERNIDAD (1900-1930)

(moderna), como concepto 'sustantivo' y fundamental manifestación de la racionalidad; d) Física (clásica), «ciencia por excelencia», espejo en el que se miran las demás disciplinas intelectuales; y e) Europa, en cuanto civilización 'singular' de una época en la historia universal de los pueblos.

Un texto en español considerado como de sumo interés para el objeto que perseguimos es el breve ensayo *El sentido histórico de la teoría de Einstein* de Ortega (1923). Este texto sirve de buena referencia para este capítulo introductorio general del siglo XX.

3.2. El 'sentido histórico' de la teoría de Einstein

Primero. «La Teoría de la Relatividad es el hecho intelectual de más rango que el presente puede ostentar». En tanto que teoría podrá ser «verdadera o errónea», pero constituye un cuerpo de pensamiento(s) nuevo(s).

Segundo. Pero, por encima de ser teoría tiene un 'sentido histórico', es manifestación de un fenómeno histórico. Sus peculiaridades manifiestan unas «tendencias nuevas» específicas del alma que la ha creado.

Tercero. No es obra de un hombre solo, sino resultado de la colaboración indeliberada de muchos.

Cuarto. La orientación de esas tendencias marcará el rumbo de la historia occidental. El triunfo de la teoría influirá sobre los espíritus, ¡claro!, es evidente y trivial. Pero lo importante es lo inverso: «Porque los espíritus han tomado deliberadamente una ruta, ha podido nacer y triunfar la Teoría de la Relatividad».

¿Cuáles son las «tendencias generales» que han actuado en la invención de la Teoría de la Relatividad? Ortega sugiere un tipo de procedimiento o método para prolongar las líneas de la Teoría de la Relatividad «más allá de la Física» (aún la «ciencia por excelencia») y, en este caso, se detecta según él una 'sensibilidad nueva' antagónica de la reinante en los últimos siglos.

He aquí unas posibles objeciones a lo anteriormente expresado.

Primera. El 'procedimiento' no es correcto, dado que: a) Uno, la Teoría de la Relatividad no es la única teoría física que manifiesta revolución, novedad radical; y b) dos, la Teoría de la Relatividad no es la única teoría física que nace a principios del siglo XX (también la cuántica, la atómica, la nuclear, la mecánica de fluidos, la de medios continuos, la mecánica ondulatoria, etc.) aunque, sin ninguna duda, fue la más relevante.

Segunda. La 'sensibilidad nueva' habrá que detectarla en sí misma y, a continuación, en todo caso, buscar sus raíces, y en conjunto, no deducirla de la Teoría de la Relatividad porque, entre otras muchas razones, no toda la novedad de una 'nueva sensibilidad' tendría que tener cabida nada menos que en una teoría física, concebida como nuevo instrumento de interpretación de la Naturaleza 'física'.

Tercera. La Teoría de la Relatividad no es, ni mucho menos, antagónica en los aspectos básicos de la teoría de Newton, imperante en los siglos anteriores. Solo es parcialmente antagónica o si se quiere parcialmente novedosa o revolucionaria. En concreto: a) es una teoría determinista (noción fundamental de la física moderna); b) es una teoría 'del continuo' (noción también fundamental de la modernidad); c) no es, formalmente al menos, una teoría 'de lo infinito' (la velocidad de la luz es finita y el Universo "finito aunque ilimitado"); y d) el espacio 'es' no euclídeo y se inserta en una nueva concepción de espacio-tiempo tetradimensional.

Pero este ensayo de Ortega, a nuestro juicio, tiene unos cuantos éxitos que conviene destacar.

Primero. Ha detectado 'algo revolucionariamente nuevo'.

Segundo. Ha captado el cambio profundo que se produce a principios de siglo. Tercero. Lo ha situado, ¿intuición?, en la Física (aunque lo haya limitado a Einstein y no haya interpretado a este correctamente).

Ha nacido otra 'era' a principios de este siglo porque ha cambiado algo fundamental, algo radical en el pensamiento (no la revolución rusa, no los fascismos, no la bomba atómica, no las naves espaciales, no la llegada a la Luna); 'no', o a lo sumo 'sí' parciales.

A nuestro juicio, parece más correcto afirmar que se ha acabado la Modernidad, el sistema de pensamiento newtoniano-kantiano, pero no se ha alumbrado otro 'a la altura de los tiempos' «todavía», si preciso fuera disponer de un 'sistema'.

Las tendencias de la 'nueva sensibilidad' que señala Ortega pudieron ser más o menos bien detectadas pero no bien deducidas (ni interpretadas) de la Teoría de la Relatividad.

3.3. Análisis de las tendencias generales (según Ortega)

Primera. Absolutismo

En la historia de la Física la Teoría de la Relatividad es (constituye, significa) 'una' (adjetivo numeral) revolución, y como tal trastorna el edificio clásico de la Mecánica. Es 'una', entre otras, no 'la' revolución en la Mecánica del siglo XX; conceptualmente ni siquiera la más importante.

La 'fe' de Newton en la existencia de un espacio absoluto, de un tiempo absoluto y de un movimiento absoluto permite considerar las ubicaciones, colocaciones o lugares, las duraciones y los movimientos como relativos. Esta Física es relativa; nuestro conocimiento es, por tanto, relativo.

La 'fe' de Einstein es de signo diferente. No existe una 'realidad absoluta' (al menos, es inasequible). La realidad es relativa (la que percibe el observador desde el lugar que ocupa); es la única que hay, es, por tanto, la verdadera, la absoluta.

El relativismo de Einstein no se opone al absolutismo, sino todo lo contrario, se identifica con él. La Física de Einstein es relativista, no relativa, y, por ello, adquiere una significación absoluta.

Unas consideraciones, comentarios de naturaleza filosófica, parecen convenientes. El 'relativismo filosófico' afirma que nuestro conocimiento es relativo porque aspirando a conocer la realidad tempo-espacial que es absoluta no se consigue. La Física de Einstein afirma que nuestro conocimiento es absoluto (aunque) la realidad es relativa. La Teoría de la Relatividad manifiesta una «tendencia absolutista en el orden del conocimiento. Esta es la significación filosófica de la genial innovación de Einstein».

La caracterización capital de la nueva concepción de las leyes de la Teoría de la Relatividad respecto de la Física clásica es que «las leyes físicas son verdaderas, cualquiera que sea el sistema de referencia usado» (no cualquiera que sea el lugar de observación).

Dice Ortega: «Este nuevo absolutismo se diferencia radicalmente del que animó a los espíritus racionalistas en las postreras centurias». Según él, Descartes, Newton, etc., creían «que al hombre le era dado sorprender el secreto de las cosas, sin más que buscar en el seno del propio espíritu las verdades eternas [...] verdades que no proceden de la observación, sino de la pura razón, tienen un valor universal, no las aprendemos de las cosas, en cierto modo las imponemos a ellas: son verdades 'a priori'». «La pura razón, previamente a toda experiencia [...] resuelve [...]». Einstein acaba con todo esto.

Ortega resulta demasiado extremista en estas valoraciones. Cabe afirmar que las actitudes, los comportamientos y las intenciones de Galileo, de Newton, etc., y de Einstein son 'idénticas': a partir de los 'datos de la experiencia' (cada uno en su época) intentan 'construir', crear, inventar unas teorías que den explicación adecuada (Inercia, Gravitación Universal, Relatividad).

Finalmente, este absolutismo podría ser cierto, lo es, en medida importante, en Relatividad, no en toda la Física, no en todo el pensamiento científico físico. La Teoría de la Relatividad es 'relativa' (se refiere) a los fenómenos del Cosmos (Macrofísica), y no a la materia (Microfísica). Por ello, no es una 'tendencia general' de la física del siglo XX; este área del conocimiento es múltiple o plural y cada una de sus parcelas 'relativa a' el estudio de determinados fenómenos[119].

Segunda. Perspectivismo

El espíritu provinciano es una torpeza, un error de óptica y «la ciencia moderna [...] padecía un agudo provincianismo». «La geometría euclídea que solo es aplicable a lo cercano [...] era proyectada sobre el Universo». La pregunta ¿qué suceso fue anterior? exige otras, ¿para quién?, ¿desde dónde? Una de las cualidades propias de la realidad consiste en tener una perspectiva: organizarse de diverso modo para ser vista desde uno u otro lugar. Espacio y tiempo (debería decir, en esta visión, lugar y momento) son ingredientes objetivos de la perspectiva física y varían según el punto de vista. «Para ser absoluto el espacio tiene que dejar de ser real, espacio lleno de cosas, y convertirse en una abstracción».

Es preciso distinguir entre las nociones de 'Universo espacio' y 'Universo materia', conceptos (no necesaria realidad) que permitirían compatibilizar el sistema newtoniano-kantiano concebido como macro referente y el sistema einsteiniano de 'Universo finito pero limitado'.

---

119. No existe 'una' (adjetivo numeral) física, sino un extenso conjunto de teorías físicas. La 'unificación' ha sido siempre un deseo, una aspiración, una meta.

«Tiempo y espacio vuelven, contra la tesis kantiana, a ser formas de lo real». Hay una permanente confusión en Ortega, por identificación frecuente, entre los conceptos de 'espacio referente', 'posición' o lugar y 'espacio recorrido', como ocurre en otros muchos autores, incluso físicos, con demasiada frecuencia.

Las confusiones de 'espacio' (referencia) con 'espacio ocupado' (volumen, cuerpo, lugar) y con 'espacio recorrido' (cinemática) y de 'tiempo' (referencia) con 'momento' o instante, lapso o 'duración' (variable cinemática) son causas de graves y continuos errores.

Para Kant, espacio y tiempo son 'formas a priori' del conocimiento. También, de alguna manera, para Newton; también de alguna manera, ¡qué duda cabe!, para Minkowski; también parece razonable pensar que en algún sentido lo eran para Einstein. Habría que distinguir entre 'Espacio geométrico de referencia' (Universo geométrico) y 'Universo físico conocido o intuido'; sin esta diferenciación es difícil comprender incluso desde la abstracción formal la hipótesis (hoy considerada bastante más que tal en la Física) del 'Universo en expansión', sea esta indefinida o cíclica.

Quizá, en síntesis, esta sea la visión de Ortega: la 'realidad' solo puede 'observarse' desde 'algún sitio'; la perspectiva de la Eternidad (de lo absoluto) –dice él– es ciega, no ve, no existe.

Tercera. Antiutopismo o antirracionalismo

He aquí, a continuación, un interesante conjunto de ideas expresadas por Ortega para un ejercicio de reflexión y crítica ante temas tan interesantes del pensamiento.

a) La concepción utópica se crea 'desde ningún sitio' y pretende valer para todos.

b) La propensión utópica ha dominado en la mente europea toda la época moderna (contrapesada por el afán de dominar lo real).

c) Lo más grave del utopismo no es que dé soluciones falsas, sino que no acepta el problema real como se presenta y le impone una caprichosa forma.

d) La desviación utopista de la inteligencia es consecuencia de la exacerbación del racionalismo. La razón pura construye un mundo ejemplar (sea Cosmos físico, sea cosmos político) con la creencia de que es la verdadera realidad y debe suplantar a la efectiva.

e) La divergencia entre las 'cosas' y las 'ideas puras' originan un conflicto. ¿Quién debe ceder? Para el racionalista, lo real. La 'realidad' (los hechos) tiene 'dureza' probada contra las ideas. El racionalismo busca, entonces, salidas (una de las más repetidas por Ortega es la del 'proceso infinito' o el 'recurso al infinito').

En resumen, para Ortega, «no se comprende que la ciencia, cuyo único placer es conseguir una imagen certera de las cosas, pueda alimentarse de ilusiones».

Para Kant la experiencia no es solo un montón de datos, sino que también es una ordenación a priori del sujeto. La experiencia física es observación y experimentación (datos, faena de los sentidos) pero también geometría (sistema de razón pura). Pero ¿en qué relación? ¿En caso de conflictos, cuál cede? Ante el problema capital suscitado en la Física en el cambio de siglo (conflicto entre mecánica y electromagnetismo) caben dos actitudes que manifiestan –según Ortega– dos 'castas' de hombres.

Primera actitud. La materia cede a la geometría (la realidad ante la razón). Lorentz interpreta la 'contracción de la materia' como manifestación del 'viejo racionalismo'.

Segunda actitud. La geometría cede a la materia (la razón ante la realidad). Einstein interpreta 'la geometría se curva'. Podría decirse que la 'razón pura' cede a la 'realidad', para buscar otra 'razón más pura'.

Como síntesis de este interesantísimo tema puede decirse que:

«La Ciencia se hace de una mutua selección, en conflicto permanente, entre las ideas puras y los puros hechos».

Cuarta. Finitismo

Ortega: «No quiero terminar esta filiación de las tendencias profundas que afloran en la teoría de la Relatividad sin aludir a la más clara y patente». La tendencia más clara y evidente de la modernidad es el 'recurso al infinito' en el espacio y en el tiempo.

Einstein 'acota' el Universo, cerrado y finito, y 'persigue' lo infinito: la velocidad de la luz es constante y finita. En resumen, considera Ortega:

Una doctrina científica no nace, por obvios que parezcan los hechos donde se funda, sin una clara predisposición del espíritu hacia ella.

No se descubren más verdades que las que de antemano se buscan. Las demás, por muy evidentes que sean, encuentran ciego al espíritu.

En el nuevo siglo XX (Postmodernidad) existe una marcada preferencia por lo finito, un gran desamor a lo infinito, incluso en la Física y en la Matemática.

En la época griega, romana y medieval predominaba el horror al infinito, se buscaba la mesura. En la Modernidad se concibe un 'Universo ilimitado' con 'infinitos mundos'. En la Postmodernidad se manifiesta una propensión al finitismo, existe una clara voluntad de limitación, aunque no pueda hablarse, de ninguna manera, de nuevo clasicismo.

Quinta. Discontinuismo

En nota final a pie de página, no sustituida ni modificada en ediciones sucesivas (lo que invita a pensar que no ha sido leída por 'entendidos' o que estos no lo han comentado con el autor o que habiéndolo hecho alguno, el autor no lo haya tenido en cuenta), se refiere Ortega de pasada a otras dos tendencias que, sin embargo, desde el punto de vista físico, son fundamentales: el discontinuismo y la supresión de la causalidad.

Aquí Ortega manifiesta estar al día en los temas capitales de la Física, pero no sabe dónde se plantean y quiénes lo hacen. Tiene una deficiente información, quizá mejor falta de precisión, sobre Einstein y la Teoría de la Relatividad, ya que: a) la Teoría de la Relatividad es continuista y determinista; y b) Einstein se opuso (ciertamente en 1927 de forma radical) a las 'ideas cuánticas' y a la renuncia al determinismo (y/o a la causalidad).

El 'discontinuismo' en lo real es una característica del pensamiento de nuestro siglo XX: en Física (teorías cuánticas), en Matemática (teoría de las catástrofes, discontinuidades) en Historia ('revoluciones', incluso en las 'historias de las ciencias'), en Biología (mutaciones, saltos genéticos). En la Modernidad domina el prurito de lo continuo, del 'continuismo'.

Sexta. Tendencia a suprimir la causalidad

Según Ortega esta es la «más grave de todas» y «opera en forma latente dentro de la teoría de Einstein».

Es correcto afirmar que el principio de causalidad, en parte importante de la Física, entra en crisis en el siglo XX. Dicho principio coexiste con el probabilismo, pero no es correcto atribuírselo a Einstein y no puede apreciarse en la Teoría de la Relatividad[120].

Parece como si Ortega hubiera supuesto lo siguiente.

Primero. Que toda la 'nueva sensibilidad' tenía que estar presente en la 'obra más genial y representativa' del pensamiento de la primera mitad de nuestro siglo (la Teoría de la Relatividad).

Segundo. Que en la Teoría de la Relatividad 'afloraban' todas las nuevas tendencias de la nueva época que nace «bajo nuestros pies».

Tercero. La identificación de la Teoría de la Relatividad con todas las novedades teóricas de la Física de principios del siglo XX.

Ortega se convierte, de alguna manera, en un epígono de Einstein en una primera etapa (1917-1923). 'Loa' al 'genio', al 'mito'. Más tarde surgirá en Ortega una cierta 'bronca' a Einstein[121].

4. En torno a la revolución cuántica

4.1. Introducción

La 'revolución relativista' puede denominarse 'revolución einsteiniana' ya que es obra prácticamente en solitario de un hombre, Albert Einstein; ambas expresiones son identificables, pueden considerarse sinónimas. Esta revolución está orientada hacia el Universo, hacia "*El* TODO lo que existe" (a veces suele considerarse también, a efectos lingüísticos populares, Macrofísica).

La 'revolución cuántica' ha sido fruto del trabajo y de la creatividad de muchos hombres y está orientada a la constitución de la Materia (en principio: moléculas, átomos, partículas subatómicas, radiación, es decir, el ámbito de la Microfísica).

---

120. La expresión «Dios no juega a los dados» de Einstein es significativa de su determinismo, de su no aceptación del probabilismo. Con esta expresión se titula el capítulo correspondiente de la Tercera Parte, prioritariamente de carácter religioso.

121. Puede verse en nuestros pre-textos de los cursos acerca de "La Física del siglo XX en la filosofía de Ortega".

LA POSTMODERNIDAD (1900-1930)

En 1900, fecha clave y redonda, Max Planck introduce como hipótesis que «el intercambio de energía entre la radiación de frecuencia v y la materia tiene lugar mediante unidades elementales, siendo h una constante». Esta mera hipótesis significa y produce una ruptura drástica con la posición continuista del hombre moderno. Las leyes del mundo macroscópico continuas no sirven, a partir de este momento y en absoluto, para el mundo microscópico (Newton había realizado la gran proeza de la síntesis del mundo terrestre Galileo con el mundo celeste Kepler, la primera 'gran unificación'). Einstein como tantos otros buscaría otras y sucesivas unificaciones, poniendo en ello todo su entusiasmo, en el múltiple espectro de las teorías físicas del siglo XX. Pero Planck había roto radicalmente lo que desde entonces se intenta componer.

Analizaremos de manera similar a la 'revolución relativista', el 'sentido histórico' de la(s) teoría(s) cuántica(s), destacando las 'tendencias' o novedades que ella aporta y que en ella se reflejan.

4.2. Análisis de las tendencias que afloran en la Física cuántica

Primero. Discontinuidad en la energía

En 1900, fecha más fácil de recordar que la de 1899, Max Planck (1858-1947) introdujo su ya clásica hipótesis relativa a que el intercambio de energía se produce de forma discreta. Tiene lugar, así, una ruptura brusca con el continuismo de la Modernidad.

En 1905 es el propio Einstein quien radicaliza dicha hipótesis en su pequeño trabajo: "Sobre un punto de vista heurístico acerca de la producción y transformación de la luz" conocido como el 'artículo sobre el efecto fotoeléctrico' (por el que oficialmente le dieron el Premio Nobel tres lustros más tarde, en 1921). Su idea es bastante sencilla: «No solo se intercambia energía en 'paquetes', sino que la radiación está ella misma compuesta por 'paquetes de energía' o 'cuantos de luz'». Desde una perspectiva histórica puede hablarse de que Einstein resucita la 'teoría corpuscular' de la luz (de Newton), abandonada en el siglo XIX como consecuencia de los experimentos favorables a la 'hipótesis ondulatoria' (Fresnel).

Esta idea de los 'cuantos de luz' puede considerarse conceptualmente tan importante como la Relatividad General y más aún desde un punto de vista práctico (como el caso del efecto Compton).

Segundo. Dualismo onda-corpúsculo

En 1909, Einstein examina fluctuaciones en la densidad de energía de la radiación electromagnética en una cavidad suponiendo que obedece a la ley de Planck y comprueba que es suma de dos términos interpretables como: a) fluctuación de una onda, y b) gas de corpúsculos; de tal manera que: 1) a altas frecuencias domina el 'término corpuscular', y 2) a bajas frecuencias domina el 'término ondulatorio', sin que nunca se anule ninguno. La consecuencia es determinante: «La radiación se comporta (simultáneamente) de forma dual, como onda y como partícula».

Esta visión de Einstein constituye el primer enunciado del dualismo onda corpúsculo (que 14 años después L. de Broglie aplicaría a los electrones) y puede considerarse como un compromiso entre las dos tradiciones de la Mecánica de Newton y del Electromagnetismo de Maxwell, y se difunde por todo el pensamiento físico del siglo XX. Representa un durísimo golpe al racionalismo moderno: «No es ni lo uno ni lo otro, sino las dos cosas simultáneamente».

En 1923-1924 de Broglie propuso la extensión del dualismo onda-corpúsculo de la luz hasta las 'partículas'.

En 1926 Heisenberg enuncia su 'principio de incertidumbre' (imposibilidad de medir simultáneamente la posición y la velocidad) que: a) puede considerarse como una consecuencia inmediata del dualismo; y b) implica una limitación para el conocimiento (supone una limitación crucial para la teoría del conocimiento).

Tercero. Discontinuidad en la microfísica

En 1913 Niels Bohr, en la idea de átomo nuclear de Rutherford, modelo de átomo de hidrógeno, señala que el conjunto de niveles energéticos del electrón es característico de cada átomo.

En 1917 Einstein y Sommerfeld estudian el proceso de emisión y absorción de luz, e introducen la idea de probabilidad en la Física cuántica.

Cuarto. Interpretación estadística

La Física cuántica afirma que las predicciones que pueden hacerse en el mundo atómico: a) son de naturaleza intrínsecamente estadística, y b) solo pueden expresarse mediante probabilidades.

Esta concepción supone una ruptura, también radical, con el punto de vista clásico.

En la Física clásica (puede incluirse la Relatividad) rige el principio de causalidad (es decir, en síntesis, que conocido el estado de un sistema en un momento determinado puede conocerse su evolución temporal en los dos sentidos); impera el determinismo.

En la Física cuántica rige el probabilismo (es decir, conocido el estado actual de un átomo o molécula solo puede hablarse de probabilidad en su evolución futura; y esto no porque la teoría sea incompleta o provisional, sino por la naturaleza intrínseca de la realidad material). En la Física cuántica no se puede distinguir con absoluta nitidez entre el observador y lo observado.

La tesis de Heisenberg: «En la afirmación: "si conocemos el estado actual podremos predecir el futuro" lo que es falso no es la conclusión, sino la premisa», resume esta revolución histórica en el pensamiento de la Física. Trasciende a la Filosofía, a la que coge por sorpresa y desarmada.

Quinto. Complementariedad

En 1927, Bohr en un intento de dar estructura lógica a las nuevas ideas, establece el principio que puede expresarse, en síntesis, así: "En la descripción de ciertos procesos en todos los órdenes del conocimiento es preciso utilizar a la vez conceptos que son excluyentes pero complementarios", que se ha denominado de *complementariedad* y que ha trascendido, como tantos otros, de la Física a la Filosofía.

4.3. Notas complementarias

Einstein esperaba una vuelta al determinismo, a la causalidad. Aunque ha sido uno de los creadores más fecundos de las teorías cuánticas, no las aceptaba. Parece como si en la larga etapa del 25 al 55 (e incluso, después) no interesara reflexionar sobre los fundamentos, sino limitarse a aplicar la Física cuántica a los casos presentados (¿éxito?, ¿fracaso?, opiniones divergentes).

Del diálogo de Einstein con Bohr destacamos dos ideas importantes para aquel.

Primera. La Física cuántica podría considerarse solo como una aproximación a otra teoría por descubrir. No es incorrecta, sino incompleta.

Segunda. «Tú crees en un Dios que juega a los dados y yo en la ley y el orden en un mundo que existe objetivamente y que intento capturar».

Como interesante nota final y a modo de esquema caracterizador podría decirse que Einstein es *realista materialista* ("La realidad consiste en substancias que poseen propiedades independientemente de sus relaciones con otras substancias y del hecho de ser observadas") y que Bohr es *idealista* ("La realidad no es más que una relación entre esas substancias siendo la observación un caso particular de dichas relaciones").

4.4. El principio de incertidumbre

En 1925, el alemán Werner Heisenberg (1901-1976), descubre el llamado Principio de incertidumbre, basándose en un experimento pensado: si se desea medir la posición exacta de un electrón, lanzándole un rayo gamma, y detectando a este, luego de su interacción con el electrón, la medida de su impulso mecánico, p, se hace más imprecisa, debido a que el choque de ambos, desvió al electrón de su posición original, cambiando su impulso.

En 1926, formulaba su Principio de incertidumbre a partir del cual se pondrían definitivamente en cuestión los valores de verdad y completud modernos. Según este principio, ciertos pares de variables físicas, como la posición y el momento (masa por velocidad) de una partícula, no pueden calcularse simultáneamente con la precisión que se quiera. Así, si repetimos el cálculo de la posición y el momento de una partícula cuántica determinada (por ejemplo, un electrón), nos encontramos con que dichos cálculos fluctúan en torno a valores medios. Estas fluctuaciones reflejan, pues, nuestra incertidumbre en la determinación de la posición y el momento. Según el principio de incertidumbre, el producto de esas incertidumbres en los cálculos no puede reducirse a cero. Si el electrón obedeciese las leyes de la mecánica newtoniana, las incertidumbres podrían reducirse a cero y la posición y el momento del electrón podrían determinarse con toda precisión. Pero la mecánica cuántica, a diferencia de la newtoniana, solo nos permite conocer una distribución de la probabilidad de esos cálculos, es decir, la Naturaleza es intrínsecamente estadística.

En síntesis, se puede describir que el principio de incertidumbre postula que en la mecánica cuántica es imposible conocer exactamente, en un instante dado, los valores de dos variables canónicas conjugadas (posición-impulso, energía-tiempo, etc.) de forma que una medición precisa de una de ellas implica una total indeterminación en el valor de la otra. Matemáticamente, se expresa para la posición x y el impulso p en la siguiente forma:

$$\Delta x . \Delta p \geq h/2\pi$$

donde Δx es la incertidumbre en la medida de la posición, y Δp la incertidumbre en la la medida del impulso.

Para la energía, E, y el tiempo, t, se tiene análogamente:

$$\Delta E . \Delta t \geq h/2\pi$$

En ambas relaciones el límite de precisión posible viene dado por la constante de Planck, h.

En 1927, Werner Heisemberg, uno de los grandes estructuradores de la mecánica cuántica (había desarrollado el método matricial de esta), dedujo, a partir de las ecuaciones de la mecánica cuántica, las relaciones de incertidumbre expuestas anteriormente y enunció, de manera 'definitiva', el principio de incertidumbre, que establece la imposibilidad esencial de determinar con certeza la realidad última de las cosas, a escala subatómica. Einstein se sintió extremadamente afectado por este principio; le parecía que estas nuevas teorías sugerían un universo absurdo y enloquecido, y se enfrentó apasionadamente, una y otra vez, a quienes, como Bohr, profundizaron y probaron el enfoque de Heisenberg.

En 1932, Karl Werner Heisenberg obtiene el premio Nobel de Física.

5. Una referencia a Prigogine

Ilya Prigogine (Moscú, 1917; Bruselas, 2003): 1) Escribiría sobre Estructuras disipativas, Mecánica estadística y Termodinámica;

2) Haría interesantes investigaciones filosóficas acerca de la complejidad de las entidades biológicas; y 3) prestaría una especial atención al problema del tiempo (creatividad e irreversibilidad).

En 1959 sería Director del Instituto Internacional de Solvay (Universidad Libre de Bruselas) y Premio Nobel de Química en 1977.

Interesa aquí referir su obra *El fin de la certeza, o de las certidumbres* (1997) destacando algunas de sus ideas.

a) El determinismo no es una creencia científica viable: "Cuanto más sabemos acerca de nuestro Universo, más difícil es creer en el determinismo".

b) El determinismo pierde su poder explicativo en los ámbitos de la irreversibilidad y la inestabilidad.

c) En física determinista todos los procesos son reversibles en el tiempo.

d) El determinismo es una negación de la flecha del tiempo.

e) La inestabilidad se resiste a explicaciones deterministas: los sistemas inestables –lejos del equilibrio– (meteorología, organismos,...) solo pueden explicarse en términos de probabilidad.

f) En resumen, la física newtoniana, en el siglo XX se ha abierto en tres direcciones: a) la introducción del espacio-tiempo; b) la función de onda en mecánica cuántica; y c) el indeterminismo de los sistemas inestables.

2.16.
EL UNIVERSO DE ALBERT EINSTEIN
(1879-1955)

1. Introducción

El Universo de Albert Einstein (1879-1955) es, como el de Newton, un Universo plenamente matematizado, más aún, se destaca por su extraordinaria –impresionante– expresión matemática.

A modo de introducción pueden recordarse algunos acontecimientos 'revolucionarios' y algunas ideas claves en el cambio del siglo XIX al XX y primeras décadas de este a los efectos de la visión científica acerca del Universo, como propios de la Astrofísica y de la Cosmología.

a) En 1896 A. Henri Becquerel (1852-1908) descubrió la **radiactividad natural** mediante la constatación de que los compuestos de uranio eran fuentes de radiación muy energética. Poco a poco fue perfilándose como fuente de energía mucho mayor que la de las reacciones químicas o la contracción gravitatoria. Las estrellas, a su vez, eran fuentes de radiactividad y, por tanto, expresaban que tenían 'vida', consumiendo su materia.

b) En 1897 Joseph J. Thomson (1856-1940) descubre el **electrón** como partícula elemental y como unidad natural de carga eléctrica. Así, la carga eléctrica se presenta como discreta y, dado que se asienta sobre la materia, se anticipa, análogamente, que lo debe ser la materia.

c) En 1900 Max Planck (1858-1947) introduce la idea de los cuantos y la fórmula:

$$E = h\nu$$

que expresa la relación energía-frecuencia de una onda electromagnética, en el contexto revolucionario de que «La energía es una magnitud física discreta, se produce a saltos».

Así, la 'continuidad' de la Física clásica moderna se quiebra, ya definitivamente. Frente al continuismo tradicional, la Naturaleza se presenta –carga, materia, energía– como discreta, discontinua: el referente del 'número real' debe sustituirse por el del 'número natural'[122]. Pero más aún.

d) En 1905 Albert Einstein (1879-1955) publica la teoría especial de la relatividad y con ella, en el marco de estas pinceladas introductorias: i) la equivalencia masa-energía, como consecuencia matemática de los nuevos principios:

$$E = mc^2;$$

ii) la constancia de la velocidad de la luz, que 'se hace' finita, con lo que se cuartea la noción de 'infinitud' en este punto y que, además, por ser límite de todo desplazamiento en el Universo, se constituye en elemento que codeterminará el funcionamiento de este junto a la Gravitación.; y c) la innecesariedad del éter (o regreso 'definitivo' (¿) a la aceptación del *vacío* espacial).

e) En 1911 Ernest Rutherford (1871-1937) demuestra que el átomo no es una 'partícula indiferenciada', sino un complejo formado por un 'núcleo central' que contiene casi toda la masa y un conjunto de partículas ligeras que 'rodean' al núcleo. A partir de aquí se produce un gran desarrollo de la física atómica y posteriormente de la física nuclear. En todo caso, la materia se presenta definitivamente como 'atómica' aunque el concepto de 'átomo de la física actual' no tenga ningún parecido con el del 'átomo griego' salvo el uso del mismo sustantivo.

En este marco podría sorprender –y, ciertamente, sorprende– que se construyera todo un sistema cosmológico fuertemente matematizado haciendo uso de variables continuas y funciones continuas, con diversos órdenes de diferenciabilidad. En esta tesitura estamos ahora dándole la bienvenida al singular edificio relativista. Idea básica de este capítulo con la perspectiva del Universo: la *matematicidad*, que, por otra parte, constituirá el trasfondo teórico de la cosmología física actual.

---

122. Los adjetivos que definen ambos conjuntos de números no resultan nada claros en tanto que tuvieran relación, respectivamente, con la Realidad supuesta o con la Naturaleza supuesta.

EL UNIVERSO DE ALBERT EINSTEIN (1879-1955)

2. Notas biográficas

Albert Einstein nace en Ulm (Alemania), el 14 de marzo de 1879, y fallece en Princeton, New Jersey, USA, el 18 de abril de 1955.

En cuanto a las notas distintivas caracterizadoras pueden señalarse las siguientes: físico, alemán, judío, nacionalizado primero suizo y finalmente estadounidense, científico más popular de la historia.

En 1905, entonces empleado de la Oficina de Patentes de Berna, publicó *Sobre la electrodinámica de los cuerpos en movimiento*[123] en los *Annalen der Physik*, considerada como *Teoría de la relatividad especial o restringida*. En un nuevo marco teórico, establece dos postulados: Postulado R (de relatividad restringida) y postulado L (de constancia y límite universal de la velocidad de la luz). Y entre las consecuencias que deduce de ellos, destaca la ecuación de la equivalencia masa-energía, $E = mc^2$. En este mismo año, también en los *Annalen der Physik* publica otros dos trabajos conocidos como «Efecto fotoeléctrico» (por el que formalmente le concederían el Nobel en 1921 una vez 'comprobado' el éxito observacional de su teoría general -1919-) y «Movimiento browniano», artículos capitales para la mecánica cuántica y para la física estadística, respectivamente.

En 1915, durante la Primera Guerra Mundial, concluye sus estudios sobre la formulación matemática de la *Teoría de la relatividad general*, nueva teoría de la Gravitación, con la que se revoluciona la concepción del fenómeno gravitatorio. Desde el punto de vista del Universo que aquí interesa, como consecuencia de ella, se planteará con ella –en contra de lo creído y previsto por Einstein– el problema del origen y de la evolución del Universo y, finalmente, la constitución de la cosmología física con la fundamentación relativista.

En 1919, tras la expedición científica dirigida por Eddington para comprobar o rechazar la teoría de Einstein, que permitió afirmar sus predicciones acerca de la desviación de la luz por la gravedad de un gran cuerpo cósmico, se hizo mundialmente famoso.

En 1921 obtuvo el Premio Nobel, como se ha indicado, por su trabajo sobre el "efecto fotoeléctrico" dado que la teoría de la relatividad independientemente de que se entendiera mejor o peor, y se aceptara o no, presentaba –y presenta en tanto que teoría– el riesgo de no ser 'verdadera' y de no ser 'completa'.

---

123. Versión española de González de Posada y Trujillo (2005).

En 1923 visitó España, acontecimiento que hemos tenido la oportunidad de glosar en diferentes ocasiones[124], con motivo de nuestras biografías sobre Blas Cabrera[125], Julio Palacios y Ángel del Campo, así como en nuestros textos y cursos relativos a Ortega y Zubiri.

En 1932, temeroso del nazismo, abandona Alemania. Recibe diferentes ofertas, entre otras una cátedra de nueva creación para él en la Universidad Central de Madrid. Opta por instalarse en los Estados Unidos, como profesor investigador en el Instituto de Estudios Avanzados de Princeton.

En 1940 se nacionaliza estadounidense. No han sido suficientemente claras sus posturas (actitudes, creencias, manifestaciones) acerca de cuestiones religiosas –ejemplo, el problema de Dios–, políticas –casos de la bomba atómica, del estado de Israel– e incluso de fundamentación científica –no aceptación de la física cuántica, ni de las ideas en torno a las fuerzas nucleares fuerte y débil–.

En los últimos años estuvo buscando una «Teoría de Campo Unificada» integradora de la gravitación y del electromagnetismo[126].

Fallece en 1955 en Princeton.

3. Apuntes sobre la obra relativista de Einstein

1. Está integrada por las siguientes publicaciones iniciales:

1905. *Teoría especial de la relatividad*.

1915. *Teoría general de la relatividad*.

1917. *Sobre la teoría especial y general de la relatividad* (para dar una idea lo más exacta posible de la teoría de la relatividad pensando en aquellos que, sin dominar el aparato matemático de la física teórica, tienen interés en la teoría desde el punto de vista científico o filosófico general).

1921. *El significado de la relatividad*.

2. Esta teoría produce una general y profunda y revolución conceptual en la Física, que se extiende desde esta a todo el pensamiento científico y filosófico contemporáneo. Con ella, Einstein,

---

124. González de Posada y Trujillo (2005): *En torno a Einstein: la Teoría de la Relatividad y el pensamiento español en 1923. En el Año Internacional de la Física*.
125. Cf. especialmente (1995d): *Blas Cabrera ante Einstein y la Relatividad*.
126. Las 'actuales', vivas como intentos, Teorías de cuerdas y Teoría M, son manifestaciones posteriores de los mismos intereses científicos de unificación.

EL UNIVERSO DE ALBERT EINSTEIN (1879-1955)

sociológicamente hablando y no solo científicamente, desbanca a Newton del pedestal de figura cumbre de la intelectualidad mundial de todos los tiempos.

3. No es 'un descubrimiento' crucial o importante, es 'bastante más', consiste en una conceptualización radicalmente nueva, es, como se ha dicho, auténticamente revolucionaria.

4. Einstein rechaza la hipótesis del éter. [El éter, fluido imponderable, estacionario, elástico, que inunda el espacio, concepto 'parcial' del Newton 'no gravitatorio' y en concreto del de la Óptica y en el que se propagan las ondas luminosas]. Fresnel y Michelson (1788-1827), en su famoso 'experimento', compararon la velocidad de la luz en distintas direcciones y no pueden confirmar el desplazamiento de la Tierra respecto del éter. [Una consideración marginal nos atrevemos a hacer: las conclusiones y consideraciones de este problema, a nuestro juicio, suelen plantearse de modo incorrecto ya que se confunde, por identificación, el éter (materia, aunque hipótesis) con el espacio (referencial geométrico)].

5. Establece el 'principio de velocidad constante de la luz en el vacío' ($c \approx 300.000$ km/s). En la Modernidad, 'era' infinita.

6. Las formulaciones de la física clásica asumían un espacio y un tiempo absolutos, el espacio con una geometría tridimensional euclídea. Para Einstein no es posible determinar por medios físicos el movimiento de ningún objeto perceptible con respecto al espacio. Las mediciones de espacio (desplazamiento, longitud, distancia) y de tiempo (duración) son relativas. El movimiento, como todo, tiene lugar en el Universo. Asume un espacio tiempo tetradimensional como modelo matemático válido para interpretar el Universo cerrado (finito pero ilimitado) físico.

4. El Universo de Einstein: consideraciones conceptuales

De la contribución de Einstein, y con lenguaje filosófico, puede caracterizarse su visión del Universo, lo que hemos titulado el 'Universo de Einstein', de acuerdo con los puntos y notas que se desarrollan a continuación mediante expresiones filosóficas. Más adelante se utilizarán expresiones matemáticas.

Pero, antes de concretar, debe reiterarse que la contribución de Einstein es prioritariamente de formalización matemática y de concepción filosófica, no propiamente de física en el sentido tradicional de observación y experimentación. Es física fundamental, **es matemática y filosofía, o bien filosofía y matemática**, tanto monta. Otra cuestión es la asociada a las ideas explícitas o implícitas en las formalizaciones y en las concepciones que puedan comprobarse o rechazarse experimentalmente, como ha sucedido con éxito en numerosas 'predicciones' de la teoría, independientemente de las creencias del propio Einstein. Casi todo lo demás relativo al Universo, conseguido tras el 'establecimiento' de la Relatividad, de carácter prioritariamente observacional, puede considerarse complementario y confirmatorio de las teorías de Einstein

4.1. En torno a los conceptos tradicionales de espacio y tiempo

Para Einstein, con el complemento que aporta Minkowski, y con referencia básica primera en la *relatividad especial*, las ideas clásicas de 'espacio' y de 'tiempo' se integran en otra, novedosa, que puede caracterizarse por las siguientes notas.

Primera. Espacio y tiempo constituyen una estructuralidad única. No son entidades independientes. Constituyen un 'algo', en cierta manera único, que no es 'ente' ('ser' o 'cosa'; aristotélico, tomista, newtoniano), sino más bien 'estructura'.

Segunda. Espacio y tiempo constituyen una *relacionalidad intrínseca*. Son notas de la estructuralidad, de la unidad esencial, a la luz de la *relatividad especial*.

Tercera. Están en *relacionalidad extrínseca* con el resto de la realidad (materia y energía), a la luz de la *relatividad general*.

Cuarta. Así, el Universo se presenta como tetradimensional.

4.2. En torno a los conceptos tradicionales de materia y energía

Primero. Son 'entidades' (y conceptos) diferentes.

Segundo. Pero son entidades 'equivalentes' (y sus conceptos son relacionables). Establece la fórmula capital y trascendental ya citada de la equivalencia formal entre ambas:

$$E = mc^2$$

La más famosa de las ecuaciones físicas.

Tercero. Materia y energía, en tanto que notas estructurales de la Naturaleza, están en respectividad con el espacio-tiempo, condicionando su naturaleza matemática.

4.3. En torno al problema finitud-infinitud

Primero. La infinitud o el 'recurso al infinito' de la Modernidad implicaba un Universo carente de límites. Por lo que respecta al marco, la tesis einsteiniana puede parecer híbrida: el Universo (tetradimensional) es finito pero ilimitado.

Segundo. Por lo que respecta a las acciones (fuerzas), con relación al tema de la 'acción a distancia' (hasta el infinito), la gravitación clásica de todo cuerpo (ente material) sobre todos los demás cuerpos, desaparece como concepto. La gravedad no es propiamente una fuerza; la gravitación es manifestación de la estructura del Universo, que representa y se manifiesta por la curvatura del espacio-tiempo en las proximidades de los cuerpos.

Tercero. La velocidad de la luz es finita.

4.4. Universo unitario

Como consecuencia de las consideraciones anteriores en torno a las tradicionales categorías, entidades fundamentales o sustantividades del Universo, el Universo de Einstein se presenta como *unitario*, dejando de ser, por tanto, *trinitario*. En la Tercera Parte, de carácter prioritariamente religioso, se analizarán más a fondo estas cuestiones.

4.5. Consideraciones complementarias

a) En torno a la referencialidad (existencia) y medibilidad

El espacio-tiempo, para el Einstein interpretado por Minkowski (1908), es algo que 'existe' y que, en alguna medida, podría considerarse como referencial, como marco en el que tienen lugar los fenómenos y, en concreto, el aparentemente al menos más sencillo: el movimiento. El movimiento 'se da', 'tiene lugar', pero es 'relativo' en sí mismo porque no existe ni espacio absoluto ni tiempo absoluto. Su medibilidad sería, siempre, esencialmente, relativa (podría hablarse en plural: la de los 'desplazamientos geométricos' y la de los 'intervalos de tiempo' o 'duraciones').

b) Generalidades

Las hipótesis de Einstein son grandiosas y bellas, además son plausibles para 'nuestro Universo' (materia), y han resistido importantes pruebas predictivas sobre acontecimientos ya estudiados. No obstante, no está tan claro que Einstein haya 'enterrado', definitivamente por completo, a Newton y a Kant.

Desde el conocimiento actual es posible decir que fuera del 'Universo materia' en expansión, o respecto del posible 'Universo espacio' no inundado por la materia, pueden seguir concibiéndose las nociones newtoniano-kantianas. A nuestro juicio, podrían coexistir los conceptos absolutos geométricos (prefísicos) referenciales de espacio y tiempo de Newton-Kant con los conceptos físico-matemáticos de espacio- tiempo-materia de Einstein; serían compatibles. La 'expansión espacial' en el tiempo de 'nuestro Universo materia' [y todo esto es 'clásico'; y, además, así se concibe el 'Universo inflacionario primitivo']: ¿dónde tiene lugar? [aceptando que tenga sentido esta pregunta], ¿en un 'Universo espacio geométrico' libre de materia, *vacío* preexistente?, ¿a costa de otro u otros 'Universo materia' en compresión?; o en otro caso, la expansión de 'nuestro Universo materia': ¿crea, por sí misma, nuevo 'espacio' o 'el espacio'? ¿Cómo sería el 'Universo espacio'?, ¿tendría límites?, ¿sería infinito?, ¿no existirían posibles elementos de referencia absoluta?

Pensamos que, por el momento al menos, dado el nivel actual de conocimiento cósmico, la 'verdad' (hipótesis) 'física' de Einstein referida a 'nuestro Universo materia' es compatible con los conceptos referenciales de espacio y tiempo newtoniano-kantianos más comprensibles para la mente humana. La idea de 'universo finito ilimitado en expansión' construida sobre la teoría de la relatividad es, sobre todo, expresión de naturaleza matemática y con contenido físico-matemático, es decir, es un modelo de formulación matemática; aunque, por supuesto, no puede olvidarse que su ámbito propio es la Física, la Naturaleza, el mundo natural, así como que ha supuesto una revolución física y conceptual de mayor espectro con consecuencias importantes para la filosofía y para todo el pensamiento.

Finalmente, en resumen: conviene destacar que la perspectiva de Newton es radicalmente física, la de Kant es básicamente filosófica y la de Einstein fundamentalmente físico-matemática; son puntos de vista diferentes que no permiten la confrontación (o complementación) más que en el territorio común de dichas perspectivas, fuera de él prácticamente carece de sentido.

5. La Relatividad Especial o Restringida[127]

Esta primera teoría, expuesta en 1905 en el artículo "Sobre la electrodinámica de los cuerpos en movimiento", se basa en unas nuevas concepciones básicas y en dos principios.

Por lo que afecta a las concepciones básicas, en síntesis, puede afirmarse lo siguiente: a) El espacio absoluto no tiene significado para el físico, pues sus lugares no se pueden determinar. El físico tiene que fijar un sistema de coordenadas con respecto al cual pueda determinar lugares; b) El tiempo es el que miden los relojes; c) No hay simultaneidad absoluta; d) No hay una medida absoluta de las distancias; e) Las medidas espaciales y temporales no son independientes. El físico, en un lugar y en un instante, observa y mide acontecimientos que ocurren en un lugar y en un instante.

Primer principio. Principio R o de relatividad: "Todas las leyes físicas deben expresarse de forma que tengan validez para todos los observadores inerciales", es decir, cualquier ley física debería tener una forma matemática invariante bajo transformaciones de Lorentz.

Segundo principio. Principio L o de la luz: "La velocidad de la luz [cualquier onda electromagnética] en el vacío es constante, independientemente del estado del observador, y límite de todo posible movimiento en el Universo".

De esta teoría se deducían tres importantes consecuencias con respecto a las categorías fundamentales:

a) La masa y la energía son aspectos de una misma realidad como ponía de manifiesto la ecuación

$$E = m.c^2$$

b) Las reglas de medir se contraen con el movimiento.

c) Los relojes se atrasan con el movimiento (dilatación del tiempo).

Hermann Minkowski (1864-1909), que había sido profesor de Einstein en Zurich, completó esta teoría de la relatividad especial

---

127. Pueden verse Einstein (1905) y González de Posada y Trujillo (2005).

dándole un marco referencial espacio-temporal apropiado a las consecuencias métricas de espacio y tiempo, construyendo un **espacio-tiempo tetradimensional, M⁴, euclidiano pero pseudoeuclídeo**. La matematización del Universo de Einstein-Minkowski permite caracterizarlo de la siguiente manera, desde perspectivas prioritariamente filosófica, física y matemática respectivamente.

Perspectiva prioritariamente filosófica: El espacio-tiempo M^4 es 'algo' (sustantivo, referencial) en sí, por sí y desde sí (independiente de todo lo demás); (y con perspectiva, además, matemática) incluso espacio (absoluto, clásico) y tiempo (absoluto, clásico) son independizables, en tanto que subespacios de M^4, subespacios ortogonales.

Perspectiva prioritariamente física: Entidad física (es decir, existencia real), que se describe matemáticamente en su realidad física como de cuatro dimensiones, infinito, cartesiano (rectilíneo, plano), pseudoeuclídeo, y constante: igual en todas partes (homogéneo) siempre (permanente, estable).

Y en la *perspectiva intrínsecamente matemática* (ya se ha visto, por otra parte, la necesidad de la matemática para unas aceptables caracterizaciones filosófica y física), este tipo de espacio se describe mediante la métrica elemental:

$$ds^2 = g_{ij}dx^i dx^j; \quad i,j \in I_4 = \{1,2,3,4\}$$
$$ds^2 = dx^2 + dy^2 + dz^2 - c^2 dt^2$$

y, en consecuencia, mediante el tensor métrico fundamental en coordenadas cartesianas:

$$\left[g_{ij}\right] = \begin{bmatrix} 1 & 0 & 0 & 0 \\ 0 & 1 & 0 & 0 \\ 0 & 0 & 1 & 0 \\ 0 & 0 & 0 & -1 \end{bmatrix}$$

6. La transición hacia la Relatividad General

En 1908 Minkowski 'resuelve' finalmente el problema del referencial necesario para interpretar la relatividad especial mediante su concepción de espacio-tiempo M^4. La respuesta satisface tanto a Einstein que se centra, a la luz de este logro, en la tarea de la búsqueda de una teoría más completa que dé respuesta al problema de la gravitación, o al problema del nuevo Universo, consecuencia de las nuevas concepciones y de los nuevos principios relativistas.

Así, Einstein inicia el proceso que le conducirá a la generalización de la relatividad. Afirmaría que la mejor idea que tuvo en su vida fue la de asociar la generalización del principio de relatividad a las leyes que rigen el fenómeno de la gravitación. Centra su atención sobre la influencia del peso en la propagación de la luz.

En 1912 aparece el primer ensayo sistemático de una teoría de la gravitación.

En 1913 escribe un artículo con el matemático, y compañero, Grossman en el que se utilizan ya los recursos de la geometría de Riemann.

Dos importantes novedades le fueron precisas: 1) La generalización a sistemas no inerciales del principio R; y 2) El principio de equivalencia, que, en síntesis, puede expresarse: "un campo gravitatorio homogéneo es equivalente a una aceleración constante".

El 25 de noviembre de 1915, en plena Primera Guerra Mundial, quedaría definitivamente formulada la Relatividad General.

La teoría de Einstein deduce el movimiento del perihelio de mercurio, que era un escollo en la teoría de Newton.

Dos predicciones de la teoría tendrían especiales relevancias: a) el desplazamiento espectral de la radiación en un campo gravitatorio; y b) la desviación de los rayos luminosos al atravesar un campo gravitatorio.

En 1916 demuestra que la teoría de Newton vale como una primera aproximación.

7. El Universo de la Relatividad General

El Universo de Einstein de la Relatividad General, en perspectiva de base matemática como venimos afirmando, es una *variedad diferencial riemanniana tetradimensional variable*. Procediendo de manera análoga al caso anterior puede describirse de la manera que se hace a continuación.

Perspectiva prioritariamente filosófica: El Universo se concibe como "un único TODO total siendo-funcionando". Es *unitario*, es único, y consiste tanto o más en funcionar que en ser, es intrínsecamente dinámico. El espacio y el tiempo, o quizá mejor el espacio-tiempo, no son sustantividades ni siquiera referenciales, solo son constituyentes-propiedades-'notas de' el Uno único.

Perspectiva prioritariamente física: solo tiene entidad física (real, propia) el Universo como un Todo; ni el espacio ni el tiempo tienen entidad, ni tampoco radicalmente la materia. La descripción matemática (propiedades) de esta realidad física, el Universo, por lo que afecta a sus propiedades espaciales y temporales puede describirse como: 1) Cuatro dimensiones; 2) Finito. En expansión o variable en su espacialidad; 3) Naturaleza de variedad diferencial riemanniana, curvilíneo; 4) Incógnita de su naturaleza estricta matemática (ya que no se establece previamente con carácter general –no se impone–, sino que se tiene que calcular) expresada mediante funciones 'desconocidas' de punto y tiempo; 5) Distinto (en general) en todas partes (heterogéneo) y en todo momento (inestable); y 6) Las ideas de espacio y tiempo quedan como 'notas-de' del Universo, de modo que ya no son separables, no independizables.

Como resumen de estas perspectivas puede contemplarse el siguiente cuadro que presenta la evolución desde la concepción newtoniana hasta la relativista general.

Concepciones científicas fundamentales: de Newton a Einstein

NEWTON, 1687	EINSTEIN, 1905 MINKOWSKI, 1908	EINSTEIN, 1915
Tiempo	Espacio-tiempo	Espacio-tiempo-materia-fenómeno
Espacio		
Materia	Materia	
Fenómeno	Fenómeno	

Perspectiva intrínsecamente matemática: El Universo se describe –mejor, se define– mediante la métrica elemental

$$ds^2 = g_{ij}(u^k)\, du^i\, du^j; \quad i,j,k \in I_4 \equiv \{1,2,3,4\}$$

En la expresión anterior las coordenadas u^i son curvilíneas y los elementos g_{ij} son funciones desconocidas de las variables curvilíneas.

El tensor métrico del Universo es funcional y desconocido:

$$[g_{ij}] = \begin{bmatrix} g_{11}(u^1,u^2,u^3,u^4) & g_{12}(u^1,u^2,u^3,u^4) & g_{13}(u^1,u^2,u^3,u^4) & g_{14}(u^1,u^2,u^3,u^4) \\ g_{21}(u^1,u^2,u^3,u^4) & g_{22}(u^1,u^2,u^3,u^4) & g_{23}(u^1,u^2,u^3,u^4) & g_{24}(u^1,u^2,u^3,u^4) \\ g_{31}(u^1,u^2,u^3,u^4) & g_{32}(u^1,u^2,u^3,u^4) & g_{33}(u^1,u^2,u^3,u^4) & g_{34}(u^1,u^2,u^3,u^4) \\ g_{41}(u^1,u^2,u^3,u^4) & g_{42}(u^1,u^2,u^3,u^4) & g_{43}(u^1,u^2,u^3,u^4) & g_{44}(u^1,u^2,u^3,u^4) \end{bmatrix}$$

El Universo queda 'definido' mediante las 'ecuaciones de campo' de la Relatividad General, sistema de diez ecuaciones diferenciales en derivadas parciales sin que se conozcan las condiciones de contorno, siguientes:

$$\underbrace{R_{ij} - \frac{1}{2} g_{ij} R}_{geometría} = K \underbrace{T_{ij}}_{impulsión - energía}$$

Estas ecuaciones diferenciales en la variedad diferencial riemanniana, mediante integración, permitirían conocer el espacio-tiempo (la métrica) en cada suceso en función de la cantidad de impulsión-energía.

8. Resumen de la naturaleza matemática de los Universos de Newton y Einstein

Con objeto de centrar la idea más determinante (que, a nuestro juicio, es la de naturaleza matemática) en cuanto a la distinción de las concepciones del Universo de Newton y Einstein, pueden resumirse estas por medio de las expresiones de los tensores métricos, respectivamente, del espacio de Newton, el espacio-tiempo de Minkowski y del Universo de Einstein.

A) Espacio de Newton:

$$[g_{ij}] = \begin{bmatrix} 1 & 0 & 0 \\ 0 & 1 & 0 \\ 0 & 0 & 1 \end{bmatrix}$$

Es decir, espacio tridimensional euclidiano estrictamente euclídeo tridimensional: igual en todas partes (homogéneo) siempre (estable, permanente).

B) Espacio-tiempo de Einstein-Minkowski:

$$[g_{ij}] = \begin{bmatrix} 1 & 0 & 0 & 0 \\ 0 & 1 & 0 & 0 \\ 0 & 0 & 1 & 0 \\ 0 & 0 & 0 & -1 \end{bmatrix}$$

Es decir, espacio-tiempo euclidiano pseudoeuclídeo tetradimensional: igual en todas partes (homogéneo) siempre (estable, permanente).

C) Universo de Einstein de la Relatividad General:

$$[g_{ij}] = \begin{bmatrix} g_{11}(u^1,u^2,u^3,u^4) & g_{12}(u^1,u^2,u^3,u^4) & g_{13}(u^1,u^2,u^3,u^4) & g_{14}(u^1,u^2,u^3,u^4) \\ g_{21}(u^1,u^2,u^3,u^4) & g_{22}(u^1,u^2,u^3,u^4) & g_{23}(u^1,u^2,u^3,u^4) & g_{24}(u^1,u^2,u^3,u^4) \\ g_{31}(u^1,u^2,u^3,u^4) & g_{32}(u^1,u^2,u^3,u^4) & g_{33}(u^1,u^2,u^3,u^4) & g_{34}(u^1,u^2,u^3,u^4) \\ g_{41}(u^1,u^2,u^3,u^4) & g_{42}(u^1,u^2,u^3,u^4) & g_{43}(u^1,u^2,u^3,u^4) & g_{44}(u^1,u^2,u^3,u^4) \end{bmatrix}$$

Es decir, variedad diferencial riemanniana tetradimensional funcional desconocida que exige la resolución de un sistema de diez ecuaciones diferenciales en derivadas parciales, las 'ecuaciones de campo':

$$\underbrace{R_{ij} - \frac{1}{2} g_{ij} R}_{geometría} = \underbrace{KT_{ij}}_{impulsión-energía}$$

para obtener las funciones incógnitas, los 10 potenciales gravitatorios einsteinianos $g_{ij}(u^k)$.

9. Consideraciones cosmológicas einsteinianas en torno al año 1920

a) En 1917 Einstein cree que ha culminado su investigación. Introduce la idea de una constante que se opondría a la fuerza de la gravedad (la constante cosmológica que tanto juego daría a lo largo del último siglo y hasta el presente).

b) El Universo sería básicamente homogéneo y estático.

c) El espacio tetradimensional estaría curvado cerrándose sobre sí y formaría una hiperesfera.

d) El Universo sería finito, pero ilimitado.

e) La distancia más corta entre dos puntos no sería la recta, sino la geodésica de la variedad diferencial riemanniana que los une.

f) Las masas (con su energía) modificarían la curvatura del Universo en sus proximidades.

10. Impacto y desarrollo de la Relatividad General: tres personajes significativos

Las teorías de la relatividad produjeron un gran impacto en los tres ámbitos primordiales considerados: físico, matemático y filosófico, y en los tres de manera sumamente importante.

En el interés propio de este trabajo, el Universo, conviene situar, a modo de prólogo del próximo capítulo, las dos orientaciones principales: a) el desarrollo matemático, tarea que emprendería de manera excepcional el ruso **Alexander Friedman** (≈1922) prescindiendo en las ecuaciones de campo de la constante cosmológica introducida por Einstein (como hemos hecho nosotros en las formulaciones precedentes); y b) las comprobaciones observacionales (como la expedición de **Arthur Eddington**) y los descubrimientos astronómicos (tarea singular de **Edwin Hubble**) que condujeron al conocimiento de la expansión del Universo (≈1929).

2.17.
COSMOLOGÍA FÍSICA ACTUAL: ORIGEN Y EVOLUCIÓN DEL UNIVERSO, EL MODELO DEL *BIG BANG*

1. Introducción

Parece conveniente señalar unos hitos (como más) significativos de la transición de la visión del Universo basada en las teorías de Newton a la cosmología actual, de naturaleza física, que hunde sus raíces en la revolución de Einstein tratada en el capítulo anterior. Esta transición y/o primera etapa de la construcción de la cosmología del siglo XX, en tanto que avance de nuestra comprensión del Universo, puede caracterizarse, en una primera síntesis, por los siguientes acontecimientos.

1. **Albert Einstein**: con sus teorías del tiempo, del espacio, de la materia, de la energía, de la gravitación y de la luz, integradas en sus teorías de la relatividad especial y general.

2. **Henrietta Swn Leavitt**, que facilitó medidas en el Universo a partir de las cefeidas.

3. **Alexander Friedmann**, que estableció los primeros posibles tipos de modelos matemáticos de evolución del Universo consecuentes con la relatividad general.

4. **Edwin Hubble**, que constató observacionalmente la expansión del Universo.

5. **Georges Lemaître**, que intuyó-dedujo la idea del átomo primigenio, después, *Big Bang*, de las ecuaciones de Einstein.

Así, consideraremos *actualidad* a la época que se inicia, una vez asumida –más o menos– la Relatividad, y concebida básicamente la *nueva física cuántica* –aunque no se entienda ni se aplique con facilidad–, con la aceptación del descubrimiento de Hubble acerca de la expansión del Universo y de la sugerencia del origen del Universo por Lemaître como fruto de la explosión de un 'átomo primigenio'. Y en esta época estamos. Tras dichos inicios el desarrollo de la cosmología ha sido extraordinario, numerosos los descubrimientos de importancia, creciente el número de problemas enfrentados, muchas las teorías parciales para el estudio de diferentes fenómenos cósmicos, considerables las instituciones creadas para el estudio del Universo, diversas las concepciones alternativas totales y parciales.

En síntesis, la *cosmología actual*, que es de naturaleza prioritariamente física, nace en los años 20 del siglo XX, tras el imperio intelectual que logra establecer la Relatividad General de Einstein. Se titularía más tarde, denominación actual preferente, 'modelo estándar del *Big Bang*'.

2. Acontecimientos básicos en la década de los 20

Tras la 'primera comprobación' (¿) de la validez de la Relatividad General de Einstein por la expedición científica de Eddington ("la luz pesa", "Einstein tiene razón"), la década de los años 20, a los efectos del conocimiento científico del Universo, puede representarse por tres nombres propios: Friedmann, Hubble y Lemaître, sin que discutamos acerca de los problemas actualmente planteados sobre la prioridad. A partir de la siguiente década, en los años 30, ya establecida la Astrofísica como denominación sustitutiva de la Astronomía, las tareas serán prioritariamente colectivas en centros de investigación.

2.1. *Alexander Friedmann* (San Petersburgo, 1888; Leningrado, 1925)

Físico-matemático ruso, 'aislado' tras la revolución comunista en la URSS, está considerado como pionero (escritos, sobre todo, de 1924, que quedaron entonces inéditos) de las soluciones matemáticas de las *ecuaciones de campo* de Einstein, sin la constante cosmológica, que presentaban una singularidad en el origen de tiempos, y, una consecuente expansión del Universo, cuestión que evitaba Einstein, precisamente, con la introducción de la constante cosmológica. Sus soluciones analíticas se denominan *ecuaciones de Friedmann* y sus representaciones *modelos de Universo de Friedmann*.

2.2. Edwin Hubble (1889-1953)

Astrónomo estadounidense que trabajaba desde 1919 en el entonces nuevo observatorio del Monte Wilson, donde tenía acceso al telescopio de 254 centímetros, el más potente del mundo. Alcanzó la fama, sobre todo, por la creencia general en 1929 de que había demostrado la expansión del universo midiendo el corrimiento al rojo de galaxias distantes.

Descubre, así, el alejamiento generalizado de las galaxias, estableciendo la ecuación que se denomina como *ley de Hubble*:

$$v = H\,d$$

y en esta, H es la constante de Hubble, que, en primera aproximación, representa la 'edad del Universo'.

De todas maneras, el hecho del descubrimiento de la expansión del Universo, le corresponda o no a él, y lo fuera, en su caso, total o parcialmente, puede considerarse como el más importante de la Cosmología de todos los tiempos. Se le ha considerado como 'padre' de la cosmología observacional.

2.3. *Georges Lemaître* (1894-1966)

Sacerdote católico y astrónomo, belga, que desde su análisis matemático de las ecuaciones de Einstein, concibe la expansión del Universo y sugiere la idea del origen de este como la explosión de un 'átomo primigenio', hipótesis que posteriormente recibiría el nombre de *Big Bang*.

* * *

En resumen, he aquí las radicales novedades, para el tema objeto de estudio, a la altura de 1930: 1) queda patente, como 'hecho', la **evolución del Universo**, es decir, su dinamicidad, frente a la estaticidad de absolutamente todas (las que tenían algo de científicas) las cosmologías anteriores, el **Universo está en expansión**; y 2) se plantea, científicamente –en la Física– el **problema del origen del Universo**.

* * *

He aquí otras escuetas referencias de interés complementario sobre estos temas.

1950. Georg Gamow (1904-1968), discípulo de doctorado de Alexander Friedmann en Leningrado (San Petersburgo), exiliado en Estados Unidos, ofrece un enunciado de la hipótesis del *Big Bang* ("gran explosión inicial") sobre el origen del Universo con la predicción teórica de la existencia de un 'remanente' del mismo -la radiación cósmica, radiación de fondo o radiación fósil detectable en la actualidad como microondas correspondiente a la temperatura de unos 3 K–.

1964. Arno Penzias (1933) y Robert Wilson (1936) descubren de manera accidental esta radiación de fondo cósmica, como "ruido isótropo" de microondas que proviene de todas las direcciones del espacio.

1992. George Smoot (1945) descubre (detecta, deduce), por medio del análisis de los datos del satélite COBE, una propiedad de la radiación de fondo cósmica: fluctuaciones de temperatura de la radiación cósmica.

3. Descubrimientos y realizaciones relevantes desde 1930

Como se ha descrito en la caracterización de la Postmodernidad, salvando la singularidad *personal* de Einstein, los nuevos tiempos son prioritariamente colectivos, en ellos se realizan tareas institucionales programadas, que integran numerosos científicos y colaboradores, a la búsqueda de descubrimientos concretos, de modo que cada autor, o mejor cada grupo de investigadores en cada ocasión, contribuye de una manera parcial, muy pequeña si se quiere, al edificio conjunto.

Desde un punto de vista general, quizá lo más significativo de la actualidad haya sido el *encuentro* del estudio de lo más grande, del Todo –el Universo– y de lo más pequeño –las partículas elementales– en los instantes iniciales de la vida del Universo.

Parece conveniente dejar constancia de un conjunto, siempre necesariamente incompleto aunque se presente como suficiente, de descubrimientos y realizaciones relevantes para la construcción de la cosmología actual. He aquí una aceptable relación seleccionada de los mismos establecida cronológicamente.

1929 Ernest Lawrence (1901-1958) concibe el *ciclotrón* para acelerar partículas atómicas o subatómicas cargadas en trayectorias circulares por medio de un campo magnético constante y un campo eléctrico oscilante de frecuencia constante con objeto de que alcancen alta energía y realizar colisiones de unas con otras[128].

1931 Subrahmanyan Chandrasekhar (1910-1995) calcula la masa máxima (1,4 veces la masa del Sol, *límite de Chandrasekhar*) que puede tener una estrella para que a su colapso se transforme en enana blanca no rotatoria (de tamaño menor que la Tierra).

1932 James Chadwick (1891-1974) descubre el neutrón, partícula subatómica que forma parte de los núcleos atómicos, salvo el del hidrógeno (el isótopo protio, que posee solo un protón). En los núcleos son estables, libres sufren desintegración beta.

1932 Carl Anderson (1905-1991) descubrió el *positrón*, antipartícula del electrón, cuya existencia predecía una ecuación de Dirac de 1928. Entra en juego la *antimateria*[129].

1933 Fritz Zwicky (1898-1974) proporciona 'pruebas' de la existencia de *materia oscura* a la luz de sus estudios de los movimientos de las estrellas exteriores de las galaxias, que sugerían la existencia de una gran cantidad de masa indetectable.

1946 Fred Hoyle (1915-2001) describe teóricamente el mecanismo de formación de núcleos de elementos pesados (por ejemplo, hierro) –*nucleosíntesis estelar*– en el interior de las estrellas, por su elevada temperatura, generando átomos pesados (por ejemplo, oro) que lanzan al espacio en sus explosiones finales.

1956 Hugh Everett (1930-1982) en su tesis doctoral esboza una teoría en la que el Universo se bifurca de manera continua en *universos paralelos*. Con ello surge la idea de *Multiverso*.

---

128. En 1939 se construiría el de Berkeley y Lawrence obtendría el premio Nobel. El *sincrotrón* utiliza campos magnéticos y eléctricos variables.

129. En 1955 se produciría el antielectrón en el *Bevatrón* de Berkeley, y en 1995, en el CERN se 'crearía' el primer átomo de antihidrógeno.

Frederick Reines (1918-1998) y Clyde Cowan (1919-1974) detectan *neutrinos* por primera vez en un reactor nuclear de California del Sur[130].

1961 Robert Dicke (1916-1997) trata el *principio antrópico* que más tarde desarrollaría Brandon Carter (1942-)[131].

Se introduce por Murray Gell-Mann (1929-) el sistema de clasificación de las partículas elementales que daría lugar al establecimiento del actual *modelo estándar de partículas*.

1963 Maarten Schmidt (1929-) descubre que las líneas espectrales de estas fuentes de radio cuasiestelares –*cuásares*– eran las del hidrógeno, pero exageradamente desplazadas al rojo, de modo que debían ser parte de galaxias antiguas y lejanas, es decir, objetos cósmicos desconcertantes por su pequeño tamaño e impresionante emisión de energía.

1964 Robert Brout (1928-2011), Peter Higgs (1929-) y François Englert (1932-) sugieren la idea de que inmediatamente después del *Big Bang* ninguna partícula tenía masa; el «bosón de Higgs» y su campo asociado aparecieron a medida que el Universo se enfriaba y en este campo quedan atrapadas las que adquieren masa que reciben de él[132].

Murray Gell-Mann (1929-) y George Zweig (1937-) proponen de forma independiente la existencia de los *quarks*[133].

James Cronin (1931-) y Val Fitch (1923-) descubren que ciertas partículas, denominadas kaones neutros, no obedecen la conservación CP –de simetría de conjugación de carga y de paridad–, por la que se formaría el mismo número de partículas que de antipartículas, sino que la violan. En el *Big Bang* la *violación CP* y otras interacciones de momento desconocidas desempeñaron un importante papel en el predominio de la materia sobre la antimateria.

John Bell (1928-1990) enuncia el denominado *teorema de Bell*, o desigualdades de Bell, que se aplica en mecánica cuántica

---

130. En la actualidad se conocen tres clases de neutrinos que son capaces de oscilar entre las tres clases al atravesar el espacio.
131. Puede verse el capítulo 3.14 dedicado a dicho principio.
132. Parece ser que el «bosón de Higgs» se ha encontrado en julio de 2012 en el CERN.
133. En 1995 los aceleradores de partículas habían aportado pruebas de la existencia de seis clases de *quarks*, integrantes de protones y electrones.

para cuantificar matemáticamente las implicaciones planteadas teóricamente en la paradoja de Einstein-Podolsky-Rosen y permitir así su demostración experimental. Es un metateorema que muestra que las predicciones de la mecánica cuántica no son intuitivas, es un teorema de imposibilidad, que afirma que: «Ninguna teoría física de variables ocultas locales puede reproducir todas las predicciones de la mecánica cuántica». Afecta a temas filosóficos fundamentales de la física actual. El problema del *entrelazamiento cuántico*, o de la *no localidad* del mundo físico, expresa también que es posible que las partículas no posean valores determinados (definidos antes de su medida).

1965 Arno Penzias (1933-) y Robert Wilson (1936-) descubren la *radiación de fondo de microondas*, radiación electromagnética que llena todo el Universo, como resto de la explosión del *Big Bang*, tal que a medida que el Universo se expansionaba y enfriaba, esta radiación aumentaba su longitud de onda (por ejemplo de la zona del espectro de rayos g y X hacia la de las microondas). [Gamow había predicho, en torno a 1948, la existencia de esta radiación asociada a una temperatura de unos 3 K][134].

1967 Descubrimiento de *erupciones de rayos gamma*, radiaciones de alta energía emitidas de manera extraordinariamente intensa y repentina, que se cree se liberan durante la explosión de supernovas y tales que se supone que todas las observadas son exteriores a la Vía Láctea.

Gerald Feinberg (1933-1992) sugiere la posibilidad de existencia de *taquiones*, partículas subatómicas hipotéticas que viajan a velocidades superiores a la de la luz, que no estarían, en caso de existir, en contra de la relatividad especial ya que esta lo que afirma es que la velocidad de la luz no la pueden alcanzar objetos que viajen a velocidades inferiores a ella porque alcanzarían masa infinita.

1971 Bruno Zumino (1923-), Bunji Sakita (1930-2002) y Julius Wess (1934-2007) construyen la *teoría de supersimetría* (SUSY) según la cual cada partícula del modelo estándar tiene una

---

134. George Smoot, en 1992, estudiando la exploración del satélite COBE, comprobó estos asertos.

gemela supersimétrica más pesada. Constituye una característica crucial de la teoría de cuerdas.

1974 Hawking (1942-) concluye que los agujeros negros deben crear y emitir térmicamente partículas subatómicas, proceso denominado *radiación de Hawking*.

1980 Alan Guth (1947-), para dar cuenta de acontecimientos inmediatos al *Big Bang* y características cósmicas observadas, que no explica la teoría estándar por lo que esta queda incompleta, propuso que a los 10^{-35} segundos el naciente Universo se expandió durante 10^{-32} segundos desde un tamaño inferior a un protón hasta uno de tamaño pomelo (crecimiento del orden de 10^{50} veces). Esta idea explicaría por qué el Universo se nos presenta casi "plano". La inflación acabaría a los 10^{-30} segundos después del *Big Bang*.

1984 Michael Green (1946-)[135] y John Schwarz (1941-) logran eliminar unas anomalías en la *teoría de cuerdas* mediante el desarrollo del denominado Mecanismo Green-Schwarz que provocó la primera revolución de *supercuerdas*. Estas consideraciones se enmarcan –en el plano teórico– en una supuesta *teoría del Todo* como marco capaz de explicar todas las características fundamentales del Universo, así como las propiedades de las partículas fundamentales y de las fuerzas por las que interaccionan unas con otras. Esta teoría unificaría teóricamente las consideradas como 'las cuatro interacciones –tradicionales *fuerzas*– fundamentales de la Naturaleza': 1) la *interacción nuclear fuerte*; 2) la *interacción electromagnética*; 3) la *interacción nuclear* débil; y 4) la *interacción gravitatoria*[136].

1987 Hans Moravec (1948-) introduce el concepto de *inmortalidad cuántica* por el que sostiene que cada vez que el Universo se enfrenta a una decisión en el nivel cuántico sigue todos los caminos posibles por lo que se divide en múltiples universos. En esto se fundamenta la teoría de los universos paralelos.

---

135. Michael Boris Green (22 de mayo de 1946) es físico británico y uno de los pioneros de la teoría de cuerdas. Desde el 1 de noviembre de 2009 es Profesor Lucasiano en la Universidad de Cambridge donde ha sucedido a Stephen Hawking.

136. Una candidata a teoría del todo es la denominada teoría M que postula que el Universo tiene diez dimensiones espaciales y una temporal.

1990 Lanzamiento del *telescopio espacial Hubble* con el que comienza propiamente la observación espacial sin la distorsión generada por la atmósfera terrestre mejorándose la calidad de las imágenes obtenidas. Con él se han hecho numerosas observaciones que han facilitado importantes descubrimientos astrofísicos: determinación de la edad del Universo, mediciones precisas de distancias a estrellas variables cefeidas, identificación de cuásares, planetas extrasolares, convicción de la existencia de materia oscura, agujeros negros gigantes en los centros de las galaxias, discos protoplanetarios, galaxias en diferentes etapas de su evolución, etc.

1998 Se constata que el Universo evoluciona de modo que está en expansión acelerada, como consecuencia de observaciones astrofísicas de ciertos tipos de supernovas (estrellas en explosión) lejanas que se distancian con velocidad creciente. Michael Turner acuña la expresión *energía oscura*. Por nuestra parte, el año 1998 lo hemos considerado de trascendental importancia en nuestros cursos de Cosmología, utilizando la idea de *revolución cosmológica del 98*[137], ya que en él: 1) se constata, como se ha dicho, la expansión acelerada del Universo; 2) se observa que (al menos uno de los tipos de) los neutrinos tienen masa; y 3) se acepta que el Universo es prácticamente "plano". La idea de la aceleración de la expansión del Universo conlleva –si no solo fuera idea, sino fenómeno real orientado al futuro– a la del *desgarramiento cósmico*, hipotético *final* de destrucción de todas las formas de materia.

1999 Lisa Randall (1962-) y Raman Sundrum (1964-) mediante la *teoría de branas* (modelo de Randall-Sundrum) afrontan el denominado *problema de la jerarquía* en física (el por qué la interacción gravitatoria se presenta mucho más débil que las restantes interacciones fundamentales de la Naturaleza y, consecuentemente, la existencia de los gravitones, de momento, al menos, no descubierto), en relación con el

---

137. Paralelamente, y antes de nada en el desarrollo de la primera lección de este período actual, entre seriedad y broma, hay que decir que no se refiere obviamente al *Desastre del 98* español con la pérdida de Cuba, Puerto Rico y Filipinas en la guerra hispano-norteamericana de 1898.

problema de dimensiones adicionales a las cuatro tradicionales de espacio y tiempo.

2009 Puesta en funcionamiento del LHC, el gran colisionador de hadrones (al principio: colisiones protón-protón), en el CERN, institución europea para la investigación en física de partículas elementales con unos primeros retos expresos: 1) detección, en caso de existir, del «bosón de Higgs», supuesta partícula que explicaría por qué tienen masa las partículas; 2) análogamente el descubrimiento de las partículas predichas por la teoría de supersimetría; 3) pruebas de la existencia de dimensiones espaciales adicionales a las ordinarias.

2012 El CERN anuncia el descubrimiento del «bosón de Higgs», la 'partícula de Dios'.

4. Cosmología actual: los fundamentos del modelo del *Big Bang*

La teoría cosmológica más ampliamente difundida, y asumida por la comunidad científica en la actualidad, es la conocida como modelo del *Big Bang*. Esta teoría descansa en cuatro hechos observacionales.

Primero. El desplazamiento de las galaxias. Estas se alejan unas de otras a enormes velocidades. Fenómeno descubierto observacionalmente en 1929 por Edwin Hubble e interpretado como "evidencia" de la expansión del Universo, y, posteriormente, como de su nacimiento 'explosivo'.

Segundo. La concordancia de las respectivas edades del Universo y de la Tierra en el marco de la evolución del Universo. La edad de este calculada a partir de la velocidad a la que se distancian las galaxias entre sí mediante la constante de Hubble. La edad de la Tierra medida por la desintegración radiactiva del uranio.

Tercero. La radiación cósmica de fondo, en la banda de microondas, pronosticada como necesario remanente de un universo más joven y caliente, descubierta en 1965.

Cuarto. La abundancia relativa de elementos ligeros en el Universo. La composición química general del Universo –aproximadamente un 75% de hidrógeno y un 25% de helio– proporción que puede explicarse en términos de procesos atómicos en el Universo recién creado.

Esta teoría se fundamenta en tres ámbitos.

Uno. El denominado *Principio cosmológico*. A gran escala: a) homogeneidad o uniformidad de la distribución de la materia en el espacio; y b) isotropía de la distribución.

Dos. La Teoría de la Relatividad considerada en el capítulo anterior.

Tres. Los principios de la Termodinámica[138].

A modo de consideraciones críticas puede señalarse que lo que sostiene el modelo es: a) condición de teoría; b) por tanto, suposición; y c) fruto de inferencia. Tanto como esto, pero solo esto.

5. Descripción básica del modelo

El modelo concibe, y expresa, al Universo por su historia, consecuencia de su dinamicidad, no por su constitución actual (o permanente, estática). Y en esta perspectiva se distinguen principalmente tres aspectos: 1) el origen; 2) la evolución; 3) el destino. Y todo ello desde la Física, ámbito en el que aquí estamos.

5.1. *En torno al origen*

El Universo, al menos 'nuestro Universo', tuvo origen. A ese instante inicial se le denomina *Big bang*, concebido como una 'gran explosión'. Esto constituye en la actualidad una 'creencia científica' prácticamente generalizada.

El *Big Bang* es una hipótesis concreta, *hipótesis harto plausible* –me gusta decir–, mejor o peor fundamentada, con más o menos pruebas a su favor, pero ella sola, en el contexto del modelo, no es propiamente una teoría física. (Otra cuestión sería denominar 'teoría del *Big Bang*' en el marco de las 'teorías sobre el origen del Universo, pero nótese aquí que ahora se utiliza el término 'teoría' y no la anterior expresión 'teoría física').

Esta hipótesis más otros conjuntos de hipótesis de diversas naturalezas da origen a diferentes teorías físicas (o modelos matemático-físicos).

Mediante las precedentes consideraciones pretendo solo diferenciar tres niveles: primero, el de la creencia científica; segundo, el de

---

138. Puede verse González de Posada *et al.* (2007).

la naturaleza científica de dicha creencia, una hipótesis plausible; y tercero, el de la teoría científica, que supone un conjunto diverso y complejo de hipótesis acerca de los objetos físicos, de las propiedades de los objetos físicos, de los procesos que tienen lugar en los objetos y entre los objetos y de las leyes que regulan (hipotéticamente también) dichos procesos.

Aceptado el *Big Bang*, o simplemente la existencia de un origen para el Universo, una primera pregunta surge imperiosa para la reflexión propiamente física (aunque podamos decir que está mal hecha, que es improcedente, etc.): ¿Dónde explosionó el pre-Universo? La pregunta es genuinamente física aunque la respuesta se le escape a la Física, al menos de momento. Y el problema inherente a ella: ¿de qué naturaleza es dicho origen?, ¿religioso?, ¿metafísico?, ¿físico? Digamos que problema humano, del hombre. Pero la física, sin ningún género de dudas, lo considera problema suyo y busca *respuestas* con la intención de encontrar la *solución*.

En la búsqueda de algunas posibles respuestas pueden hacerse diferentes nuevas preguntas con algunos atisbos de respuestas. Veamos algunas.

a) ¿En ningún sitio?... porque carece de sentido hablar en términos de existencia acerca de lo que no existía.

b) ¿En el seno de otro "algo"?, ¿contra este hipotético otro "algo"?

c) ¿En y desde la nada? Y los efectos del propio *Big Bang* crean espacio, inician el tiempo, originan la materia y la radiación, generan fenómenos, etc.

Esta última es la visión actual predominante de la Física.

De manera complementaria, parece conveniente tener presentes otras consideraciones.

Una, a modo de hipótesis: al Universo no le importa ni la existencia del Hombre ni el pensamiento de los hombres; hipótesis plausible y programa sensato para que dejemos de creernos tan importantes. Ha existido durante unos 14.000 millones de años y los hombres, como mucho, si somos generosos con nuestros próximos antecedentes, unos 2 millones de años.

Dos, la necesidad de distinguir entre el saber descriptivo (cómo son, aparentemente al menos, las cosas, y cómo suceden, aparentemente, los acaecimientos) y el saber comprensivo (por qué suceden los acaecimientos tal como suceden).

Tres, la Naturaleza se manifiesta a los hombres: se expresa por medio de sus fenómenos. Los hombres se enfrontan con la Naturaleza: la analizan, la estudian, la describen.

5.2. En torno a la evolución

El descubrimiento de la recesión de las galaxias constituyó la 'prueba' de que el Universo estaba en expansión, permitiendo la construcción del modelo estándar de la historia del Universo que ha evolucionado de forma tal que desde el origen hasta el presente ha crecido de forma continua, presupuestamente de manera retardada (hasta 1998, como se verá cuando se avance), es decir, con disminución de la pendiente de la curva tamaño-tiempo.

Hoy la evolución se concibe como de expansión acelerada.

5.3. En torno al destino

Pero, ¿cómo se concebía el futuro del Universo? Se intuían –elaboraban, construían– diversas posibilidades que se fundamentaban en conocimientos parciales y en creencias o gustos personales. Básicamente, se disponía de dos concepciones.

Primera. El modelo de *expansión indefinida* concebido como consecuencia de que las 'fuerzas expansivas'[139] (supuestamente impresas desde el *Big Bang*) superasen a las fuerzas de atracción gravitatorias, o bien que estas no fueran capaces de frenar la expansión. Esta concepción implicaba un Universo progresivamente menos denso de materia, menos denso de energía y más frío.

Segunda. El modelo de *expansión-contracción* concebido como consecuencia de que las fuerzas gravitatorias primero detendrían la expansión, alcanzándose volumen máximo, y, a continuación, producirían la contracción creciente del Universo hasta su reducción a "un punto" (*Big Crunch*).

A modo de consideración complementaria, en esta concepción de expansión- contracción, parece conveniente indicar la posibilidad de conjeturar que el *Big Crunch* (gran contracción o colapso gravitatorio) podría concluir con un nuevo *Big Bang*, lo que invitaría a considerar que 'nuestro' hipotético *Big Bang* no tendría necesariamente la

---

139. No se hablaba de *energía oscura*.

consideración genesíaca de surgir de la Nada, sino que podría considerarse consecuencia de un colapso (*Big Crunch*) anterior. De esta manera pudo concebirse, desde esta perspectiva, un *Universo pulsante* tal que los sucesivos *Big Crunch-Big Bang*, colapsos-explosiones, se interpretarían como unas singularidades matemáticas y como unas catástrofes físicas en un marco de comportamiento cíclico.

6. La 'confirmación' del modelo del *Big Bang*: George Smoot, 1992

El jueves 23 de abril de 1992, se produce una gran noticia cosmológica: la (hipotética) "detección del eco del Big Bang" por George Smoot (1945-)[140] mediante el satélite artificial COBE. La noticia, por su relevancia histórica mundial, se presenta y se difunde en los medios de comunicación con párrafos y juicios como los siguientes[141]:

> Se trata de una auténtica revolución. Hemos encontrado la prueba de cómo nació el universo y cómo ha evolucionado (George Smoot. Astrofísico. Universidad de California. Berkeley).
>
> Si se confirma, este es uno de los mayores descubrimientos de todo el siglo. De hecho es uno de los principales descubrimientos de la ciencia (Joel Primack. Físico. Universidad de California en Santa Cruz).
>
> No se trata de exagerar su relevancia. Hemos encontrado el Santo Grial de la cosmología [...] Si es realmente cierto, este hallazgo merece un Premio Nobel.
>
> La teoría del *Big Bang* vuelve a recuperar su exitosa brillantez (Rowan Robinson. Universidad de Londres).
>
> Estos resultados abren una nueva era de la astronomía (Martin Rees. Astrofísico. Universidad de Cambridge).
>
> Este descubrimiento supone el triunfo de la teoría del *Big Bang*, que consigue de esta forma salir de un período de estancamiento que duraba desde 1964, al tiempo que se libera de sus numerosos detractores.
>
> Este no es solo el descubrimiento del siglo, sino el descubrimiento de todos los tiempos (Stephen Hawking).

---

140. Premio Nobel de Física, 2006.
141. *El País*, 25 de abril de 1992.

COSMOLOGÍA FÍSICA ACTUAL

Parece lógico, en este capítulo de contenido 'radicalmente revolucionario' (¡qué poca revolución tenía realmente la de Copérnico!) con el expresivo título (subtítulo) de 'Origen y evolución del Universo', hacer estas referencias sociales, no hurtando unos comentarios, aunque sean breves, a un acontecimiento difundido como de capital importancia. Veamos más impactos por medio de algunos titulares de la prensa de difusión nacional de los siguientes días.

Big Bang: Hawking califica el hallazgo como el mayor descubrimiento del siglo. La comunidad científica mundial acoge con satisfacción este avance (ABC, 25 abril).

Así fue el primer día del Génesis. Los últimos descubrimientos explican «cómo nació el Universo» (El Mundo, 25 abril).

Astrofísicos de California detectan el eco del *Big Bang* (El País, 25 abril).

Un satélite envía pruebas decisivas del *Big Bang*. Cosmólogos y astrofísicos declaran que es uno de los mayores descubrimientos del siglo (El País, 26 abril).

Los suspiros del *Big Bang*. El origen de las galaxias y de las estrellas, observado por los científicos a 15.000 millones de años luz de la Tierra explica la historia del Universo tal y como se concibe en el siglo XX (El País. Futuro, 29 abril).

Un triunfo del *Big Bang* (El País, 30 abril).

Resumamos, sin más análisis numérico ni crítico, haciendo dos afirmaciones que, aproximadamente, pueden ser referenciales básicos.

Primera: Concreción temporal. Se ha detectado algo que "sucedió" hace unos 14.000$_1$000.000 de años (terrestres) cuando aún no había estrellas ni galaxias, cuando el Universo comenzaba a hacerse material.

Segunda: Concreción espacial. Se ha detectado algo que "estuvo/sucedió" a la enorme "distancia" de $1'5 \times 10^{26}$ m.

Sorpresa y admiración causan estas concreciones, también a los científicos. ¿Son manifestaciones de la grandeza y de la gloria de la Física, de los físicos, del Hombre?, o bien ¿lo son de la osadía, de la ensoñación, de la capacidad de ficción de los seres humanos? Probablemente confluyan ingredientes de los dos ámbitos.

La Física, la "ciencia por excelencia", la "esencia de la modernidad", el "fundamento de la europeidad" que decía el primer Ortega, que entrada en crisis según nuestro pensador en torno al año 30, crisis analizada en su ensayo *Bronca en la Física*, ciertamente, se atreve con seguridad, aunque no lo haga con certeza, a hacer afirmaciones de este calibre en el sentido de confirmar predicciones teóricas hacia atrás, creyendo/verificando profecías hacia el pasado. Estos aconteceres no solo recuerdan, sino que superan con creces la predicción de futuro del cometa Halley que apareció de nuevo a los ojos de los humanos con la meticulosidad del cálculo derivado de la dinámica newtoniana.

7. La 'revolución del 98'

Como se ha indicado en la cronología de los acontecimientos relevantes en el apartado 3, en 1998 se constata que el Universo evoluciona de modo que está en *expansión acelerada*, conclusión que se alcanza como consecuencia de observaciones astrofísicas de ciertos tipos de supernovas (estrellas en explosión) lejanas (es decir, muy antiguas) que se distancian con velocidad creciente (es decir, con aceleración). Michael Turner acuña la expresión *energía oscura* para explicar la posible *causa* del proceso. Por nuestra parte, este año de 1998 lo hemos considerado de trascendental importancia en nuestros cursos de Cosmología, utilizando la expresión, como se ha indicado, de *revolución cosmológica del 98*, ya que en él: 1) se constata, como se ha dicho, la expansión acelerada del Universo; 2) se observa que (al menos uno de los tipos de) los neutrinos tienen masa; y 3) se acepta que el Universo es prácticamente "plano" en las regiones intergalácticas. La idea de la aceleración de la expansión del Universo conlleva –si no solo fuera idea, sino fenómeno real orientado al futuro– a la del posible *desgarramiento cósmico*, hipotético *final* de destrucción de todas las formas de materia.

No obstante la importancia de estos descubrimientos para la cosmología en general, es decir, para el conocimiento científico y para la construcción completa del modelo, no lo es tanto, sin embargo, para la cuestión objeto de la tesis sí.

8. Algunas preguntas al modelo estándar

La *cosmología actual*, modelo del *Big Bang*, es –quizá, puede y debe ser– lo que su nombre indica: la visión que tiene la física acerca del Universo en la segunda mitad del siglo XX y principios del siglo XXI.

Puede afirmarse, a la luz de la historia del pensamiento y de la propia Cosmología, que será completada y/o sustituida por otra(s) y/o reelaborada y/o fundada sobre otros principios y/o etcétera. Y todo esto cobra validez teniendo como espejo el 'impresionante' bagaje de conocimientos que poseemos en la actualidad, pero como horizonte la 'profunda ignorancia' del pasado; bastaría situarse en el futuro convirtiendo el presente en pasado.

Mientras llega otro futuro, quizá radicalmente diferente, en su caso, podemos hacernos numerosas preguntas de muy diferentes tipos. Entre las más elementales (sin necesidad de escarbar en las interesantes cuestiones que se plantean ya, propiamente en la ciencia, como se verá, al menos parcial aunque intensamente en el próximo capítulo), pueden considerarse, por ejemplo, las siguientes, pendientes absolutamente de respuesta, entre otras muchas, y relativas exclusivamente al punto principal –por primero– del modelo, y todo ello con independencia de que a la luz de la propia física actual estén mejor o peor concebidas, sean o no procedentes.

1ª. ¿QUÉ explosionó?

2ª. ¿Cómo estaba 'allí' lo que "explosionó"?, ¿cómo surgió?, ¿de dónde aparece?, ¿por qué ese ALGO pre-inicial?

3ª. ¿A qué se debió la explosión?, ¿cuál fue el DETONANTE?

4ª. ¿DÓNDE explosionó?

5ª. Y, en su caso, ¿CONTRA QUÉ explosionó?, ¿contra qué se está expansionando?

Desde un punto de vista racional científico físico, para este primer conjunto de preguntas capitales, prácticamente no hay ningún tipo de respuesta en ningún sentido propiamente, puede insistirse, físico.

Quedan otras muchas preguntas pendientes, quizá demasiadas. Probablemente casi todas las fundamentales, las radicales y casi las mismas y formuladas casi análogamente desde los albores de la Humanidad por los hombres de diferentes culturas. Queda mucho camino por recorrer.

Cambiemos, final y aparentemente, de tercio. El capítulo IV del ensayo *Misión de la Universidad* de Ortega[142], dice así:

---

142. A esto he dedicado la conferencia del Aula Ortega y Gasset 2013 de la Universidad Internacional Menéndez Pelayo, 19 de agosto de 2013, Santander: "La imagen física del mundo", que se ofrece grabada por la UIMP.

"Lo que la Universidad tiene que ser "primero".

Aplicando estos principios nos encontramos con los siguientes lemas:

A) La Universidad consiste, primero y por lo pronto, en la enseñanza superior que debe recibir el hombre medio.

B) Hay que hacer del hombre medio, ante todo, un hombre culto, situarlo a la altura de los tiempos. Por tanto la función primaria y central de la Universidad es la enseñanza de las grandes disciplinas culturales.

Estas son:

1ª. Imagen física del mundo (Física).

2ª. Los temas fundamentales de la vida orgánica (Biología).

3ª. Historia, cuyo contenido explica con detalle.

En este capítulo se ha ofrecido, pues, la "imagen física del mundo" a la altura de los tiempos presentes.

2.18.
EL UNIVERSO EN PERSPECTIVAS CIENTÍFICAS ABIERTAS AL FUTURO

1. Consideraciones introductorias

Cuando se habla de futuro en clave intelectual y cultural, en la hipótesis de que se tiene un poco de conocimiento acerca del pretérito, puede –y debe– adoptarse una actitud que se funda en dos consideraciones básicas. Lo aplicaremos a la Cosmología, aunque la reflexión es de validez prácticamente general en el ámbito de la ciencia, en la que no hay propiamente oscilaciones (como pueden presentarse, más o menos, en literatura o filosofía).

Primera. Si desde el *presente* se mira hacia el *pasado*, puede concluirse que es muy poco de lo que constituye el presente (conceptos, procesos, leyes, teorías, modelos, etc.) lo que pudiera haberse podido concebir, intuir, esperar con las luces de cada pasado anterior. El presente no estuvo escrito –proféticamente, predictivamente– en el pasado.

Segunda. Si desde el pasado se mira al presente, o, en su caso, desde cada pasado al siguiente, se comprueba que prácticamente nada de lo, en cada caso, por venir estaba preconcebido y mucho menos prevenido.

La historia nos permite hacer una afirmación rotunda: "**El futuro no está escrito**". No obstante, parece conveniente, obviamente sin ninguna pretensión profética, exhibir un panorama de perspectivas en marcha, de ideas en elaboración, de intentos de comprensión, de catálogo de problemas a la búsqueda de respuestas, etc. Y este es el objetivo de este capítulo último, diríamos en la perspectiva utilizada, de momento, porque dentro de 'unos años' (con indeterminación) habría que escribir otros.

Panorama, pues, o exhibición, de cuestiones en marcha, sin mayor trascendencia.

Y unas ideas básicas a modo de preámbulo.

a) Las investigaciones observacionales son *necesariamente* colectivas, y además muy numerosas, dependientes de grandes medios puestos al servicio de un equipo concreto con un director de programa. Se realizan de ordinario en centros de investigación y mediante proyectos internacionales en los que, de ordinario, solo se aporta un ápice más –aunque no sea poco–. En este sistema, no obstante, se valora, quizá en demasía, la contribución del nombre propio del director, o colaboradores principales.

b) Las concepciones teóricas, las elaboraciones intelectuales, suelen ser *personales*. La época actual dispone de arsenales de arsenales de 'datos'. Podría decirse que haría falta un nuevo Newton o un nuevo Einstein.

c) En la actualidad se conjuga un conocimiento desbordante con una ignorancia abrumadora. Baste la afirmación aceptada con generalidad acerca de la constitución de 'nuestro Universo' con el carácter de aproximación que se utiliza: 5% de materia conocida; 25% de materia oscura; 70% de energía oscura.

Tampoco debe olvidarse que el Universo "es lo que es, es como es, funciona como funciona". Dicho con cierta brutalidad y a modo de hipótesis: al Universo no le importa ni la existencia del Hombre ni el pensamiento de los hombres sobre él, las cosmologías que estos construyan. El problema del Universo es de los hombres, los problemas del Universo son de los hombres, no del Universo.

2. A modo de catálogo de los grandes problemas pendientes clásicos

a) El Universo como tal, que fue, supuestamente, el primero de los problemas fundamentales del pensamiento humano, ha sido problema a todo lo largo de la historia humana. El hombre ha buscado la solución, pero solo –que no es poco– ha encontrado respuestas con validez relativa para algunos períodos históricos en culturas locales o regionales. El Universo sigue siendo problema, problema de suma importancia. Y probablemente (… más que probablemente…) será problema siempre, porque no solo el problema humano –las ganas de conocer, saber, …– está "abierto", sino que es "abierto" el propio Universo, no ha debido dar de sí todo lo que potencialmente puede dar de sí (basta situarse en momentos precedentes de su historia). Conocer el Universo hoy (si fuera posible y en la medida que lo fuere) no sería conocer el Universo, solo una descripción del mismo historizada con las distancias-antigüedades.

b) El problema de Dios-no Dios en cuanto al origen temporal.

c) El problema de la unicidad: ¿Universo o Multiversos?

d) El problema del origen.

e) Los problemas de su evolución.

f) Los problemas relacionados con el "centro" y los límites.

g) Los problemas relativos a las nociones de vacío y de nada.

h) El problema de la vida en el Cosmos.

i) El problema de la inteligencia, del Hombre.

De esta breve relación básica puede extraerse una primera elemental conclusión: el Hombre –los hombres, las personas– no se va a librar de bregar con problemas.

3. Panorama sintético de problemas cosmológicos desde la perspectiva propiamente física

Los temas objeto de estudio por la Cosmología, la Astrofísica y la Física de Partículas o de Atas Energías en la actualidad son numerosos y diversos. Con ellos seguirá creciendo el conocimiento futuro del Universo. Se expone a continuación un breve catálogo de los mismos.

a) Modelo estándar de partículas elementales.

b) Relación y naturaleza de partículas exóticas.

c) Antimateria: extensa problemática.

d) Materia oscura: existencia, naturaleza, distribución.

e) Energía oscura: existencia, naturaleza, distribución.

f) El bosón de Higgs.

g) La constante cosmológica: existencia, naturaleza, valor.

h) Agujeros negros.

i) Naturaleza geométrica del espacio, del espacio-tiempo, del Universo: curvatura (plana, positiva, negativa).

j) Neutrinos cósmicos: existencia, propiedades actuales en su caso.

k) Inflación primigenia.
l) Destino del Universo: ¿gran desgarro?
m) El problema del origen. Etc., etc., etc.

En resumen, la Física –la Cosmología– no ha muerto. Hay trabajo para siglos y siglos.

Para una mejor intelección de los temas tampoco conviene olvidar lo siguiente:

Uno, la necesidad de distinguir entre el saber descriptivo (cómo son, aparentemente al menos, las cosas, y cómo suceden, aparentemente, los acaecimientos) y el saber comprensivo (por qué suceden los acaecimientos tal como suceden).

Y dos, la Naturaleza se manifiesta a los hombres: se expresa por medio de sus fenómenos. Los hombres se enfrentan con la Naturaleza: la analizan, la estudian, la describen.

4. Teorías[143] básicas sobre el origen del Universo

El objetivo de esta tesis impele a tratar de manera especial el problema del origen del Universo. Y en esta Segunda Parte, hacerlo desde el punto de vista de la física, propiamente desde las concepciones de los físicos que se enfrentan con este problema.

Uno de los objetivos primordiales de la ciencia consiste en descubrir –y/o construir– una explicación coherente sobre el funcionamiento del Universo, y de manera singular, su origen (si es que el Universo no fuera atemporal).

Se han hecho grandes esfuerzos para conocer el Universo, para desvelar las respuestas a la gigantesca cantidad de fenómenos que tienen lugar en él. En los últimos años, no obstante, los avances se consideran limitados, por falta, se cree y se afirma, de una teoría unificada que concilie el microcosmos (los sucesos a niveles atómico y subatómico) y el macrocosmos (el funcionamiento de los cuerpos celestes). Así, muchos científicos han tenido la pretensión

---

143. La palabra que usualmente se utiliza es la de 'teoría'. Desde mi condición de 'filósofo de la ciencia' y de profesional de los 'fundamentos de física' me cuesta trabajo aceptar este término –digamos aquí 'literario'– para esta cuestión, que constituye solo un 'punto' –un aspecto, un instante– de una, en todo caso, 'teoría de la historia del Universo' con una 'hipótesis inicial'.

de desarrollar una teoría de la "gravedad cuántica" que tratara de conciliar la mecánica cuántica con la relatividad general, pero los numerosos esfuerzos no han alcanzado éxito.

Pero el problema del origen del Universo es solo un subproblema del general y, para él, se han elaborado numerosas concepciones consideradas comúnmente como 'teorías', algunas de las cuales con la pretensión de extenderse al funcionamiento de todo el Universo.

Se consideran a continuación, como exhibición sin pretensiones de explicación profunda, algunas de estas 'teorías'.

4.1. Teoría del Big Bang

Es la constituida como *cosmología actual* que hemos descrito en el capítulo anterior. El Universo era una singularidad infinitamente densa, matemáticamente paradójica, que en un momento dado explotó –el *Big Bang*– y liberó una gran cantidad de energía y materia. El *Big Bang* es, pues, el origen del Universo, representa el instante inicial en el que apareció toda la materia y la energía que existen actualmente. Esta *hipótesis harto plausible*, como la consideramos, o bien este postulado, se acepta con generalidad en la ciencia actual, que considera que tuvo lugar hace unos 13.700 millones de años.

4.2. Teoría inflacionaria

Alan Guth y Andrei Linde propusieron en los años ochenta esta teoría, complementaria de la teoría o modelo del *Big Bang*, que pretende explicar los primeros instantes del Universo. En la *singularidad espaciotemporal* del proto-Universo, concebido como un punto de densidad infinita en el que estaba concentrado todo –espacio, tiempo, materia, energía– (cierta analogía con la concepción de los agujeros negros) una 'fuerza inflacionaria' actuando durante un brevísimo tiempo, unos 10^{-32} segundos, origina el *Big Bang* y aumenta de manera gigantesca el tamaño del Universo en sus inicios. Tras esta inflación inicial el Universo progresivamente se expande, se enfría y se estructura.

4.3. Teoría del estado estacionario

El modelo del *Big Bang*, en el que ciertamente no encajaban a la perfección todos los sucesivos descubrimientos astrofísicos de los años 1930 a 1950 y necesitaba continuas correcciones y complementos, no satisfacía a todos los físicos (como trasfondo para el rechazo estaba, también, la gozosa aceptación 'religiosa' de dicho modelo concebible como instante creacional). Los cosmólogos Hermann Bondi, Thomas Gold y Fred Hoyle desarrollaron en 1948 esta *teoría del estado estacionario* como alternativa, que desde entonces tuvo muchos seguidores, y permaneció paralelamente vigente a la anterior, hasta que las 'pruebas' aportadas por el satélite artificial COBE (acontecimiento al que hemos dedicado una atención especial en el capítulo anterior) sobre la radiación de fondo cósmico la han relegado (aunque no completamente descartado) a la condición de teoría marginal.

La teoría del estado estacionario se basa en el *principio cosmológico perfecto* que considera que el Universo es homogéneo e isótropo (es decir, que un observador situado en cualquier lugar del espacio e instante del tiempo ve el mismo Universo ya que sus propiedades son constantes en todas partes siempre). No se precisa de un *Big Bang* (nombre utilizado peyorativamente, y que se impone sustituyendo al 'átomo primigenio') porque el Universo siempre fue así; ni tuvo principio ni tendrá fin. Estos heterodoxos –vistos desde la actualidad– consideraron que la materia se está creando continuamente a partir del vacío. Aceptando el 'hecho' de la expansión suponen que desde un hipotético "campo C", la materia se filtra hacia nuestro Universo e impulsa la expansión cósmica prevista por la ley de Hubble.

4.4. Teoría del universo oscilante

Richard Tolman, en 1948, y también con el trasfondo de reducir la singularidad exclusiva del *Big Bang*, en cierta relación con la teoría del universo estacionario, niega la existencia de '*una* explosión inicial' (*una*, una sola, adjetivo numeral), considerando la contracción de 'nuestro Universo' hasta un punto de enorme densidad (que denominó *Big Crunch*) por la acción de la fuerza de atracción de la gravedad, de modo que se produciría –mediante conversión en fuerza repulsiva– una nueva expansión de la materia (otro *Big Bang*) y así sucesivamente. Este acontecimiento, *Big Crunch-Big Bang*, se produciría como sucesión cíclica e infinita del mismo Universo aunque este no tuviera las mismas condiciones en los distintos ciclos.

En 2010, el físico Roger Penrose, al que (precisamente en relación con esta cuestión) dedicaremos el capítulo 3.21, afirma[144] haber encontrado en la radiación cósmica de fondo unos patrones circulares que indicarían (a su juicio) remanentes de un universo preexistente, sugiriendo un ciclo continuo de nacimiento y muerte del Universo, supuesto único pero cíclico, denominando eón a cada uno de los ciclos.

5. Teorías actuales y en elaboración sobre el Universo

En la línea de apertura hacia el futuro intelectual cosmológico, además de las anteriores, que pueden considerarse como clásicas en el contexto de la relatividad y la aceptación de la expansión del Universo, parece conveniente dejar constancia de algunas nuevas concepciones concebibles bien como sugerencias, bien en elaboración, bien como nuevos intentos. Pero sin olvidar que el *modelo cosmológico vigente* en la actualidad es el denominado *Big Bang*.

Todas las nuevas orientaciones y los nuevos intentos, de cierta relevancia, poseen un trasfondo científico común: compatibilizar –unificar– la dos grandes revoluciones del siglo XX: la Relatividad y la Cuántica.

Nos limitaremos a dejar constancia de algunas de las más significativas.

5.1. Teorías de cuerdas

Hasta el momento las *teorías de cuerdas* son las más relevantes para llegar, en su caso, al conocimiento del Todo; y también son las más estudiadas hasta el momento. Estas teorías sugieren que las partículas esenciales que observamos no son realmente partículas, sino que son pequeños filamentos de energía o 'cuerdas' que se presentan como partículas, puesto que son muy pequeñas. Se trata, pues, de un modelo fundamental de la física que considera que las partículas materiales, aparentemente puntuales, son en realidad 'estados vibracionales' de un objeto extendido más básico llamado 'cuerda' o 'filamento'.

---

144. Penrose (2010).

Con objeto de ofrecer una explicación sencilla, suele utilizarse como referencia la partícula elemental electrón, que desde esta no sería un 'punto' sin estructura interna y de dimensión cero, sino un complejo de 'cuerdas minúsculas' vibrando en un espacio-tiempo de más de cuatro dimensiones (por ejemplo, 10). Un 'punto' en un espacio tridimensional no podría hacer nada más que moverse. Pero en esta teoría, a nivel 'microscópico' se constataría que el electrón no es un 'punto', sino una 'cuerda' con forma de lazo, y una cuerda, además de moverse, puede, por ejemplo, oscilar de diferentes maneras. Según la forma de la oscilación, 'macroscópicamente', se vería un electrón, un fotón, un quark, o cualquier otra partícula del modelo estándar.

Esta teoría, ampliada con otras como la de las 'supercuerdas' o la *Teoría M*, pretende alejarse de la concepción del 'punto-partícula'.

Estas teorías infieren además que existen otras dimensiones espaciales a las que no se tiene acceso. Están integradas por muchas variantes. Una de las más aceptadas es la denominada *Teoría M* que unifica algunas de estas teorías de cuerdas. Sin embargo, es muy complicado establecer propiamente una ley que permita hacer predicciones concretas y por tanto falsarlas.

5.2. Gravedad cuántica de bucles

La *gravedad cuántica* constituye un ámbito de la física teórica que tiene la pretensión de unificar la *teoría cuántica de campos* con la *relatividad general* en la esperanza de establecer una matemática unificada, *teoría del campo unificado*, que describa la conducta de las cuatro fuerzas conocidas de la Naturaleza: fuerza nuclear fuerte, fuerza nuclear débil, fuerza electromagnética y fuerza gravitatoria.

Con la consideración de teorías y/o de proto-teorías de gravedad cuántica han sido muchas las propuestas, tales como: supergravedad, las ya citadas teorías de supercuerdas y Teoría M, la teoría de twistores de Penrose, la gravedad cuántica de Hawking y Hartle, etc., etc.

La *gravedad cuántica de bucles* o de lazos (*LQG*, por Loop Quantum Gravity), o de recurrencias, es una teoría de gravedad cuántica, que fue formulada por Abhay Ashtekar en 1986, y compendia las teorías consideradas de momento incompatibles de la mecánica cuántica y la relatividad general. Como teoría de la gravedad cuántica, es la 'competidora' principal de las teorías de cuerdas, que poseen más aceptación en el presente.

Esta teoría considera que el espacio puede tratarse como una fina 'red' tejida con un número finito de lazos o bucles cuantizados denomina red de espín. La incorporación del tiempo a estas redes las convierte en una 'espuma' de espín. Es decir, la *LQG* supone que a escalas muy pequeñas (a distancias de Planck), el espacio-tiempo está formado por una red de lazos entretejidos en una especie de espuma, de modo que el espacio no es continuo, sino que está formado por partes indivisibles de unos 10^{-35} metros de diámetro (o lado) que constituyen una especie de 'átomos' de espacio-tiempo (tales que con la tradición de los términos independientes de 'topón' y 'cronón' podría denominárseles 'cronotopón' o 'topo-cronón'). Estos 'átomos' del espacio-tiempo forman una especie de malla muy densa en permanente evolución que, en condiciones normales, no puede apreciarse, ya que dada la pequeñez de la malla se presenta como un continuo.

Puede considerarse como teoría en elaboración. Con sus ideas se ha intentado incluso caracterizar el estado previo al *Big Bang*. Al menos de momento, esta teoría no tiene el predicamento de las teorías de cuerdas.

6. Los temas primordiales que presenta la cosmología actual

La comprensión del Universo en la actualidad tiene cinco cuestiones principales pendientes de estudio, dos relativas a la constitución –materia oscura y energía oscura–, otras dos relativas a los primeros instantes de la historia del Universo según se concibe en el 'modelo del *Big Bang*' –los 'mensajeros cósmicos': radiación cósmica de neutrinos primigenios y radiación de ondas gravitacionales del *Big Bang*– y un tema crucial que se refiere con frecuencia, también, específicamente al momento previo al *Big Bang*: el vacío cuántico.

A) Problemas relativos a la constitución del Universo

6.1. *Materia oscura*

Para una adecuada interpretación de algunos fenómenos cósmicos se necesita la existencia de una cantidad de materia adicional a la conocida (o vista, y más propiamente detectada) por el hombre. Numerosos cálculos han demostrado que toda la materia y la energía que conocemos es muy poca en relación a la que debería existir para que el 'modelo del Big Bang' sea adecuado para la interpretación de lo conocido del Universo. Para ello se postuló la existencia de una materia hipotética que se llamó *materia oscura* ya que no interactúa con ninguna de las fuerzas nucleares (fuerza débil y fuerte) ni con la electromagnética, y sí solo con la fuerza gravitacional. Pendientes, pues, el problema de su existencia y no solo el problema de su naturaleza.

6.2. Energía oscura

El descubrimiento, en 1998, de la 'expansión acelerada' del Universo introdujo la necesidad, en su marco, de introducir un nuevo concepto con objeto de facilitar algún tipo de explicación del *nuevo* fenómeno cósmico: *energía oscura*. Y es de tal relevancia que, como ya se ha dicho, supondría del orden del 70 % del total de materia-energía que constituye el Universo.

En la actualidad este problema constituye uno de los retos principales de la ciencia. No solo se conciben explicaciones teóricas del fenómeno, sino que se diseñan nuevas estrategias de observación del cielo para obtener los datos que ayuden a la comprensión del, de momento, misterio.

Así, se recibe la noticia de que "Un proyecto internacional, liderado por EE.UU. y con participación de científicos e ingenieros de otros cinco países (incluida España), acaba de abrir los ojos al cielo tras una década de preparación. Se trata de una nueva cámara astronómica (DECam) de 570 megapíxeles que, instalada en un telescopio de Cerro Tololo (en Chile), obtendrá imágenes en color de 300 millones de galaxias y 100.000 cúmulos de galaxias a distancias de hasta 8.000 millones de años luz de la Tierra. El Dark Energy Survey (DES), como se denomina el proyecto, empezó a operar oficialmente el 31 de agosto de 2013, según han informado las instituciones españolas participantes. La DECam, construida en el laboratorio Fermilab (junto a Chicago), cartografiará de forma sistemática una octava parte del cielo "con un detalle sin precedentes", señalan los responsables"[145].

---

145. FUENTE: *El País Digital*, 04/09/2013.

Esta, por ahora, hipotética *energía oscura* se pretende explicar por la mayoría de los físicos especialistas mediante la propuesta de Einstein de una 'constante cosmológica', especie de presión negativa, con efecto de repulsión frente a la atracción gravitatoria.

B) Problemas relativos a los instantes iniciales del Universo

Con la consideración de *mensajeros cósmicos* se trata del análisis de *existires* –reales o posibles– que informen acerca de los primeros instantes del Universo. La *radiación cósmica de fondo de microondas*, principal mensajero cósmico hasta el presente, tratada en el capítulo anterior, ha constituido la 'prueba' básica para el 'establecimiento' del 'modelo del *Big Bang*'. Análogamente se considera como otro tipo relevante de *mensajero cósmico*, los denominados *rayos cósmicos* (de alta energía), también objeto de importantes estudios desde la década de los 30 del pasado siglo[146].

Con vistas a un futuro próximo se pretende disponer de detectores adecuados de suficiente precisión tales que, en caso de existir como se supone las radiaciones cósmicas de neutrinos y de ondas gravitacionales del Big Bang, permitan su detección y estudio. Incluso se prevén fechas, respectivamente, años no posteriores a 2020 y 2030.

6.3. Radiación cósmica de neutrinos primigenios

El *fondo cósmico de neutrinos* (en inglés *Cosmic Neutrino Background*, o CNB) sería, en caso de existir, una radiación de fondo de partículas, de neutrinos. Pero estos son elementos de muy baja energía, y, en consecuencia, muy difíciles de detectar debido a que interactúan de manera muy débil con el resto de la materia.

De manera análoga a la CMB, *radiación de fondo de microondas*, y en este caso más aún, se trataría de una radiación fósil reliquia del *Big Bang*. La CMB se data como procedente del Universo cuando este tenía unos 380.000 años. La CNB se formaría presupuestamente cuando el Universo tenía unos 2 segundos como consecuencia de

---

[146]. Hemos tratado de ellos en diversas ocasiones, casi siempre en relación con el recuerdo del físico español Arturo Duperier. Puede verse nuestra biografía (1996): «Arturo Duperier: mártir y mito de la ciencia española». Institución Gran Duque de Alba. Ávila. (Tres ediciones).

que los neutrinos dejarían de interactuar con la materia bariónica y se estima que en la actualidad este fondo cósmico de neutrinos tiene aproximadamente una temperatura de 1.95 K.

6.4. Radiación cósmica de ondas gravitacionales

El *Big Bang*, en tanto que 'hecho' concebible –o *hipótesis harto plausible*– concebido y creído, fue un proceso sumamente violento que debió generar un fondo de ondas gravitacionales que, en su caso, podría ser detectado en un futuro próximo mediante los observatorios Advanced-LIGO (actualmente en construcción), LISA (un satélite que sería puesto en órbita dentro de una década), DECIGO o el Big Bang Observer (propuestos recientemente).

Estas ondas gravitacionales contienen información fundamental (mediante su amplitud y forma del espectro) sobre la evolución del universo primitivo.

C) Vacío cuántico

El 'descubrimiento' del vacío cuántico, en tanto que es considerado por la visión cosmológica física actual, se une a las incógnitas –a los problemas vigentes– de la física moderna. He aquí unas ideas contextuales.

Primera idea. Todo lo que 'existe sustancialmente directa o indirectamente' es **materia o energía** (espacio y tiempo, o espacio-tiempo, 'existen sustantivamente' pero no sustancialmente; son entes físicos –de la física– pero no son materiales ni materializables). Además son convertibles, de determinadas maneras y en determinadas condiciones, entidades de una en entidades de otra y con unas 'equivalencias' en sus respectivas cuantías conocidas (Einstein, relatividad especial).

Segunda idea. Toda realidad subatómica, **elemental**, sobre la que se asienta toda la realidad física –el Universo, nuestro mundo y el hombre mismo– se presenta, a la luz de nuestros conceptos, bajo la forma de 'Onda energía' o de 'partícula materia', desde las concepciones cuánticas de Niels Bohr y Max Planck. Por esta vía de persecución progresiva del conocimiento de lo más pequeño se ha llegado a quarks y electrones. Estas entidades elementales o básicas no son en realidad ni totalmente onda ni totalmente partícula, sino una especie de mezcla de ambas, de modo que la onda tiene una dimensión de partícula y la partícula una dimensión de onda y resulta –según nuestros conceptos– una u otra en función de su predominio. Esta entidad conjunta, onda-partícula y energía-materia, no permite un análisis simultáneo (principio de indeterminación de Heisenberg). Esto se debe a la *naturaleza dual* de la realidad física que es desde sí misma indeterminada y de carácter probabilístico. Si predomina la dimensión partícula (materia) se consideran *fermiones*, si predomina la dimensión onda (energía) se consideran *bosones*. Los *bosones* son energía de relación ('partículas' de intercambio o canje, fuerzas) y los *fermiones* la materia relacionada.

Tercera idea. El **campo energético**, lugar en el que interaccionan partículas y energías, formado por ondas y partículas.

Y *cuarta idea*. El **vacío cuántico**. Entidad presupuestamente 'última' de la que todo procede y a la que todo retorna. Y no se puede hablar de lo que existiría, en su caso, más allá de él. No es en realidad un 'vacío' como sugiere el nombre, lo que emerge de él es bien onda bien partícula. Se concibe como continente de los contenidos que pueden acaecer, pero su existencia no es perceptible por ningún instrumente físico, pero se conoce por la interacción con el campo energético.

7. Consideraciones finales

A modo de resumen final de esta Segunda Parte, en este capítulo último de perspectivas hacia el futuro, pueden recordarse algunas ideas consideradas relevantes.

1. El futuro no está escrito.

2. El Universo es dinámico.

3. El Universo es abierto, no ha dado de sí todo lo que potencialmente puede dar de sí.

4. El conocimiento humano del Universo es también abierto.

5. La historia del pensamiento humano invita a no dogmatizar el conocimiento presente, en la 'certeza' de que en el futuro el conocimiento no solo será cuantitativamente mayor, sino que será *seguramente* distinto.

TERCERA PARTE: EL *PROBLEMA* DE LA RELACIONALIDAD DIOS-UNIVERSO

1. Introducción

En la Primera Parte se ha caracterizado a Dios –al Dios de la Teología cristiana– por sus *atributos cósmicos*. En este ámbito el 'Dios de los cristianos' puede considerarse *el mismo* que el 'Dios de los judíos' y que el 'Dios de los musulmanes' ya que está constituido por los mismos atributos. ¡Solo faltaba que los *monoteístas* tuviéramos *dioses* diferentes en el primer –primero, en sentido cronológico, no necesariamente fundamental– aspecto religioso, el de la existencia de un Ser Supremo Creador de TODO lo existente! ¡Y más aún si los tuviéramos para el tema capital de la Teología, si esta es "ciencia acerca de Dios", cuya Creación es su acto primero! Pero ocurre que la Teología, de hecho, es, y no solo primordialmente, una "ciencia del hombre".

En la Segunda Parte se ha descrito el proceso histórico de las sucesivas cosmologías, las concepciones acerca del Universo, poniendo especial interés en las propias del conocimiento científico, y sobre todo en los descubrimientos más recientes, como corresponde a la visión de un científico *profesional*[147].

En esta Tercera Parte se aproximan ambas corrientes, el pensamiento sobre Dios y el conocimiento científico sobre el Universo, a lo largo de la historia, para: 1) analizar los problemas religiosos de la Creación y de la *relacionalidad* de Dios con el Universo según se ha planteado y respondido en las diferentes cosmologías; y 2) conocer la respuesta que puede darse en la actualidad a estos problemas; y hacerlo a la luz del conocimiento científico actual.

---

147. Dr. Ingeniero de Caminos, Canales y Puertos, en el Laboratorio de Hidráulica del Ministerio de Fomento; Licenciado en Físicas, Catedrático de Física en las Universidades de Santander-Cantabria y Politécnica de Madrid; autor de numerosos textos científicos; y profesor de Cosmología durante unos 25 años.

2. Naturaleza prioritariamente religiosa

En esta Tercera Parte se trata, pues, del Universo, se refiere al Universo, pero no prioritariamente desde una perspectiva propiamente científica, sino fundamentalmente desde la perspectiva religiosa que ha permeado la historia de la Cosmología. Esta perspectiva religiosa, a lo largo de la historia humana hasta momentos presentes, se ha basado poco –casi nada– en la ciencia, mucho en la religión, y esta más o menos, según época y fuente, adornada de filosofía.

En esta consideración prioritariamente religiosa, en el sentido de finalidad con el objetivo de responder al problema de la relacionalidad Dios-Universo, parece conveniente destacar que debemos utilizar, en aseveraciones, el "creemos" en lugar del "sabemos", el "se cree" en vez del "se sabe", y así en diferentes tiempos y número.

Y las preguntas –quizá más propio las respuestas que a lo largo de la historia se han dado–, desde esta perspectiva, en esta Tercera Parte, serán, en síntesis, y como más importantes. Primera: El Universo, 'TODO lo que existe', ¿es obra de Dios?, ¿cómo?, ¿directamente?, ¿inmediatamente?, ¿en 7 días? Y segunda: ¿Actúa Dios en el Universo o este una vez creado –puesto en marcha– continúa por sí mismo?

En las respuestas que se han dado a estas cuestiones básicas, de naturaleza religiosa, pero con implicaciones indudables científicas y filosóficas, se relacionan con el hecho de que se las plantean los hombres, que existen en el propio Universo y que, en esta perspectiva religiosa, también han sido creados por Dios, y que se plantean, también en este ámbito, otros numerosos problemas: ¿cómo?, ¿directamente?, ¿independientemente?, ¿fruto de la evolución natural?

En todo caso, e insistiendo en que 'desde la perspectiva prioritariamente religiosa', "aceptamos" (¡debemos aceptar!, ¡deberíamos haber aceptado!), como tareas del ser humano, el **deber de conocer la "obra de Dios"**, el Universo, en tanto que **"tarea divina"** impuesta al **hombre** por Dios, al haber sido dotado por Este de: **inteligencia, libertad y afán de saber (curiosidad científica)**.

Por nuestra parte, de acuerdo con Ortega y Gasset, entendemos que la Ciencia en general y la Física en particular son una "forma especial de creencia", ciertamente más fundamentada, en tanto que conocimiento, que la religión.

En la perspectiva del conocimiento humano del Universo en relación con la perspectiva religiosa, que implica una caracterización extrínseca de Dios, en su relacionalidad con el Cosmos, se 'renueva' un catálogo de preguntas fundamentales clásicas que se 'completa' con otras nuevas, tales como: 1) ¿Por qué existe este ALGO en lugar de NADA? (Leibniz); 2) ¿Qué es?... este 'TODO lo que existe'; 3) ¿Cómo es?, ¿cuáles son sus características metafísicas?: ¿emergente?, ¿estructural?, ¿dinámico?; 4) ¿Cómo funciona?, ¿conforme a leyes?, ¿leyes matemáticas?; 5) Y con mi lenguaje, a falta de otro: ¿Cómo es-funciona el Universo? o ¿cómo funciona-es el Universo?

3. El Universo: primer *problema* de la filosofía-ciencia

Se ha anticipado en la Segunda Parte, y expuesto en síntesis apretada, que los "problemas" fundamentales de la Filosofía y de la Ciencia, es decir, del pensamiento, tal como la humanidad se ha enfrentado con ellos, en tanto que problemas intelectuales, han sido los siguientes[148].

Primero. El problema de la Naturaleza (s. VII a.C.) con dos aspectos primordiales: a) Cosmología; y b) Materia.

Segundo. El problema del Hombre (Sócrates, Aristóteles, Platón).

Tercero. El problema de Dios (san Agustín, Concilios de Nicea I, Constantinopla I, Calcedonia).

Cuarto. El problema del conocimiento (Galileo, Descartes, Newton, Kant).

Quinto. El problema de la vida (Darwin, Ortega, existencialismo).

En la actualidad, el "Primero" sigue siendo hoy primero y fundamental, y de suma actualidad, en tanto que "problema", pero de tal manera que los dos aspectos que integra –Cosmología y Materia– (el TODO y lo más pequeño) están unidos en el estudio del origen –primeros momentos– del Cosmos. Pero en la actualidad, el estudio del Universo es un problema de los científicos, solo de los científicos, en tanto que estudio 'novedoso' y campo de investigación. La filosofía y la teología, en este tema, deben estar a la escucha de la ciencia, para a su luz realizar sus funciones intelectuales, sin pretensiones de 'recuperación' de un ámbito que tuvieron, pero que intrínsecamente nunca debieron tener, en su basamento, como propio.

---

148. Cf., Capítulo 0.1, artículo 5.3.

En los cuadros-diagramas que se construyen a continuación se resumen unas ideas básicas de las relaciones Hombre-Universo-Dios: 1) El Universo como fuente y como objeto, simultáneamente, del conocimiento humano; y 2) El Universo, en tanto que Creación de Dios, como medio para un más adecuado conocimiento de Dios.

4. El Universo: fuente y objeto de conocimiento

En los cursos y conferencias, como en los libros, me gusta introducir cuadros-síntesis que faciliten las explicaciones bien mediante relaciones entre conceptos filosóficos o bien mediante variables físicas, así como entre cuestiones de diverso nivel que presentan algún tipo de respectividad. En el problema objeto de estudio estos diagramas pueden multiplicarse. Analicemos el primero, diagrama A, que se reproduce a continuación, que integra una conexión Ciencia-Filosofía como representación gráfica, al modo de la teoría de conjuntos y de las aplicaciones entre estos.

El elemento de referencia es el Universo (físico) o la Naturaleza (perspectiva filosófica) que se integra en el nivel lógico de la Realidad [Ya hemos expresado la parcial sinonimia de los términos Universo, Cosmos, Naturaleza, Realidad escritos con mayúsculas. El Universo se presenta como lo *inmediato*, lo *próximo*, lo de *general* aceptación y comprensión.

CIENCIA-FILOSOFÍA
Representación gráfica con referencia en el Universo
A) Lo *inmediato* y *general*: el Universo (próximo)

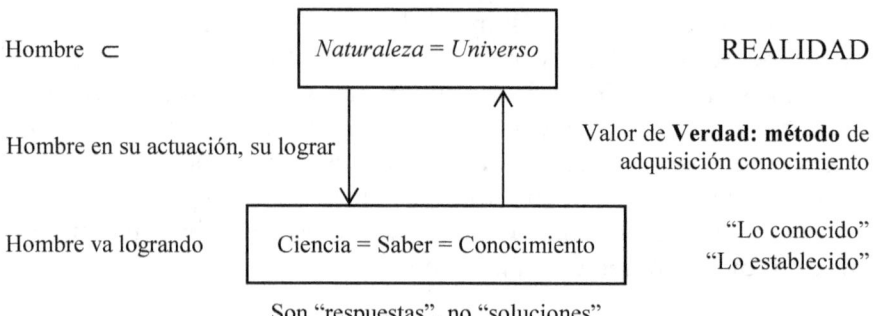

El hombre, como consecuencia de la impresión de realidad (flecha de aplicación descendente), va logrando paulatinamente conocimiento, incrementando su saber, construyendo una ciencia, de tal manera que formaliza en cada momento histórico "lo conocido", que puede, incluso, adquirir una situación generalizable como de "lo establecido". Pero debe indicarse inmediatamente que tanto lo conocido como lo establecido han sido siempre, de hecho, 'respuestas' concretas aunque en cada momento y situación se hayan considerado como la 'solución'.

Pero, además, el hombre, desde su conocimiento acumulado, a la luz de su saber se enfrenta con el Universo (flecha ascendente), le (es decir, se) plantea preguntas, hace experiencias con objeto de incrementar o modificar su 'ciencia'.

La conexión entre los dos niveles, mediante las dos aplicaciones, permite pulir el valor de 'verdad' de 'lo conocido' con respecto a la Realidad y mejorar el método de adquisición de conocimiento.

Permanece una cuestión tradicional, siempre insalvable: el hombre, sujeto receptor de la impresión de realidad y ejecutor de la metodología de adquisición de conocimiento, forma parte del propio Universo, está inmerso en la Realidad.

Pero, en resumen, el Universo, obra cósmica de Dios, la Creación, es *fuente* de conocimiento a la vez que *objeto* fundamental del conocimiento humano.

5. El Universo: *medio* para un más adecuado conocimiento de Dios

En esta tesis, plano religioso en el que estamos, se parte de dos presupuestos: 1) Aceptación de la existencia de Dios; y 2) Dios Creador de 'Todo lo que existe', el Universo. Y desde la relación del ámbito de la Ciencia-Filosofía con el de la Religión, a la luz del siguiente diagrama, puede apreciarse que se considera al Universo como elemento mediador, intermediador, entre Dios y el Hombre. Dios creador del Universo en el que se encuentra el Hombre, y este, con sus instrumentos intelectuales de la filosofía y, sobre todo, de la ciencia, reflexiona sobre el Universo, obra de Dios, conocimiento –expresión correcta– que le permite 'modular' el conocimiento –expresión no tan correcta– que posee o puede poseer –por la fe y la razón– de Dios. Estas consideraciones quedan reflejadas en el siguiente diagrama B que incorpora, con respecto al anterior, el nivel de Dios.

CIENCIA-FILOSOFÍA-RELIGIÓN
Representación gráfica con referencia en el Universo
B) Lo *mediato*: el Universo (próximo), el *problema* de Dios

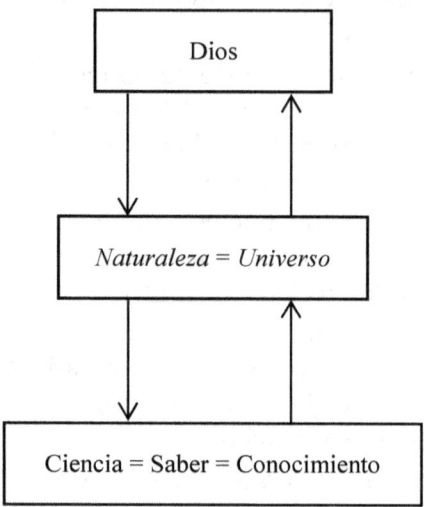

Los descubrimientos científicos modulan la "visión" de Dios

Dios (mediante la imagen que ofrecen las flechas descendentes) es creador del Universo que impresiona su realidad en el sujeto de conocimiento, el hombre, que construirá su pensamiento filosófico y establecerá su saber científico.

El hombre (mediante la imagen que ofrecen las flechas ascendentes) desde su sabiduría, con sus preguntas y sus métodos interpelará al Universo y desde este se aproximará a su Creador.

En síntesis, **el estudio científico del Universo**, desde esta perspectiva prioritariamente religiosa, **colabora en la obtención de una respuesta más acorde al problema de Dios**, que nunca alcanzará entre humanos –aunque constituya certeza religiosa para muchos– la categoría de *solución*[149].

---

149. De acuerdo con las concepciones de *problema*, *solución* y *respuesta* expuestas en la Introducción, Capítulo 0.1, artículo 5.

Así, el Universo se constituye en marco obvio, aunque no expreso de ordinario y tal que no puede soslayarse, para el conocimiento de Dios.

Dios, que habla de muchas y variadas maneras, habla en la Creación, y aquí propiamente de manera idéntica –objetiva– para todos los seres inteligentes del Universo de todos los tiempos. La Creación –el Universo, en tanto que 'TODO lo que existe'– es fuente, primera y general, para el acceso a Dios. Además es –sería– universal, en el caso de existencia, posible e incluso probable, de otros seres inteligentes en el Universo.

La 'revelación divina' (Torá, Sagradas Escrituras, Corán), tal como la consideran las religiones monoteístas, las' religiones de libro', se refieren, y aplican: a) para los seres humanos, es decir, en el planeta Tierra; y b) desde Moisés, y/o desde Jesús, y/o desde Mahoma, es decir, en el contexto de la especie de *homo sapiens*[150]. Y en este marco hay que situar las teologías cristianas.

La Creación, lo creado por Dios, el Universo, hipótesis religiosa, por el Dios uno único, adquiere así no solo el carácter de fuente, sino el de fuente primicial, primordial, general y universal, fundamental para nuestra inteligencia y para el acceso a Dios. El progresivo conocimiento del Universo, que aporta nuevas visiones del mismo, con características diversas en las sucesivas etapas del desarrollo científico, ofrece nuevas cuestiones y, en consecuencia, nuevos retos, acerca de la obra de Dios, e indirectamente sobre Este, en su aceptación y construcción filosófica.

Así, por ejemplo, se afirma[151]: "Un criterio de teología católica es que debería estar en constante diálogo con el mundo. Eso debería ayudar a la Iglesia a leer los signos de los tiempos iluminada por la fe que proviene de la revelación divina, y a beneficiarse en su vida y misión". Tres aspectos significativos: diálogo con el mundo –con la ciencia–, lectura de los signos de los tiempos, beneficio para la religión. Aquí radica, a nuestro juicio, sin miedo, y

---

150. Un problema de especial envergadura que tienen pendiente las diversas teologías es el referido al concepto de *hombre*, en tanto que 'ente religioso' (es decir, dotado de 'alma', culpable de 'pecado original', objeto de 'redención', etc.): ¿Solo el *homo sapiens*?, ¿y el *neandertal*?, ¿y el *antecesor*?, ¿y el *homo habilis*?, ¿y el *australopitecus*? Problema de especial envergadura pendiente de tratamiento.

151. Comisión Teológica Internacional, nº 58.

con cierta radicalidad dada la actitud histórica no por completo superada, la importancia del estudio de todas las cosmovisiones y entre ellas las actuales de Hawking y de Penrose a las que dedicaremos especial atención crítica en los capítulos finales de Tercera Parte de la tesis[152].

El diálogo ciencia y fe no solo es posible, sino que es conveniente y, sobre todo, necesario. La unidad de la verdad debe encontrarse tras la variedad de sus diferentes aspectos, ya que la realidad es poliédrica. El perspectivismo como nota caracterizadora de la realidad, por una parte, y el perspectivismo también del conocimiento humano –característico de la razón–, por otra, hace que las verdades aceptadas en la fe y las verdades descubiertas por la razón no pueden ni puedan, en último término, contradecirse unas a otras puesto que proceden de la misma fuente, la misma verdad de Dios, el creador de la razón y el dador de la fe. Así se afirma también que la teología católica está interesada, en todo caso, en el diálogo sobre la cuestión de Dios y la verdad con todas las filosofías contemporáneas[153]. Para nuestro problema del Universo convendría explicitar, sobre todo, la ciencia y no reducirlo a las filosofías.

6. El puesto del hombre, sujeto del conocimiento

El hombre, integrado en el Universo, pero eso sí, ¡cuidado!, en un concreto momento de la historia cósmica, intervalo muy reducido[154], y en un lugar espacialmente vulgar dentro de una vulgar galaxia. Aunque en un lugar concreto, la Tierra, auténtico "paraíso" para la Vida y en particular para el Hombre.

Y el hombre reflexiona sobre el Hombre, sujeto, religiosamente, constituido en clave y fin primordial de la Creación. Antropología, Psicología, Espiritualidad, etc., según el siguiente diagrama C.

---

152. Capítulos 3.19 y 3.20.
153. Comisión Teológica Internacional nº 71.
154. De nuevo, presupuestamente al menos, solo unos 150.000 años –*homo sapiens*– frente a 13.800.000.000.

CIENCIA-FILOSOFÍA-RELIGIÓN
Representación gráfica con referencia en el Hombre
C) Lo también *inmediato* y *general*: el Hombre (próximo)

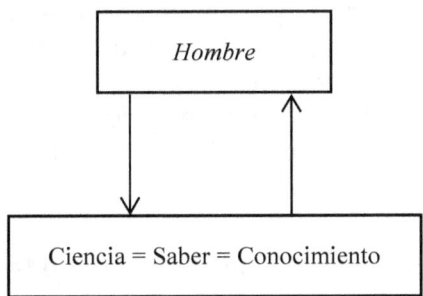

El Hombre, como anteriormente el Universo según el diagrama A, se presenta como *fuente* de conocimiento y como *objeto* de conocimiento, siendo además el hombre *sujeto* de conocimiento. Sí, pero nótese la diferencia entre Hombre (género, especie) y hombre (persona individual concreta, aunque sean muchos y de distintas épocas y lugares).

Y esto de tal modo que también la reflexión de los hombres sobre el Hombre le conducen a la reflexión sobre Dios, su creador, como puede comprender más fácilmente con el diagrama D.

CIENCIA-FILOSOFÍA-RELIGIÓN
Representación gráfica con referencia en el Hombre
D) Lo también *mediato*: el Hombre (próximo)

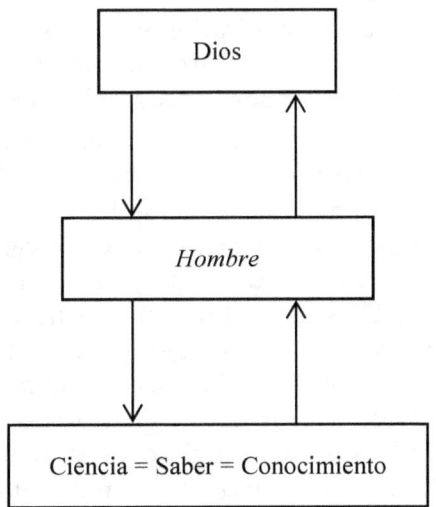

En este ámbito del Hombre, y también en perspectiva religiosa, debe decirse que Dios se manifiesta a los hombres: a) directamente: si quiere, cuando quiere, a quien (es) quiere, como quiere y cuanto quiere; y b) indirectamente (por inteligencia, sentimiento, del propio hombre), mediante Sagradas Escrituras, Universo, etc. Pero hay que tener cuidado con "presumir" sobre el "conocimiento" de Dios, ¡grave peligro!, como sobre "conocimiento" religioso del Universo, aspecto que tendremos oportunidad de señalar con profusión en próximos capítulos.

7. Los *problemas concretos* desde la relacionalidad Dios-Universo

Los temas propios –y fundamentales– del *problema de Dios*: 1) *Existencia*; y 2) *Esencia* o *naturaleza*, se trataron en la Primera Parte. Por lo que respecta a la relación con el Universo se pusieron de manifiesto en ella los denominados *atributos cósmicos* que, en resumen, son: a) con palabras tradicionales religiosas, apropiadas por su funcionalidad desde el Cosmos: Creador, Todopoderoso u Omnipotente, y Omnisciente; y b) con palabras filosóficas, por su posición lógica (no geométrica), Ultimidad (nada más atrás), Primordialidad (primero), Principialidad (principio), Eternidad, Perfección (idéntico a sí mismo siempre, "SER" Supremo). La *respuesta religiosa* que considera a Dios como Creador 'resuelve' el *problema de la Creación*, pero queda como gran "problema" de Dios el de su *relacionalidad con* o *"funcionalidad" en* el Cosmos, en síntesis: ¿Actúa o solo observa?

El *problema del Universo*, prioritariamente desde la perspectiva de la ciencia, se trató en la Segunda Parte, siguiendo el curso de la historia humana, con un conocimiento progresivo acerca del mismo.

En esta Tercera Parte hemos de centrarnos primordialmente en el *problema de la Creación* y en el *problema de la relacionalidad Dios-Universo*. Y estos problemas tal como se han planteado, deducido y/o enfrentado en las manifestaciones históricas humanas. Han sido fundamentalmente los siguientes: 1) Creación del Universo por Dios; 2) Atención de Dios a su obra (en nuestro caso, la obra es el Universo –renunciando a la Vida en general en este y al Hombre en especial, también en este–); y 3) Cómo sea y/o cómo funcione, desde perspectivas religiosas, el Universo. La historia de las respuestas a estos problemas, deducidas, al principio, de la imagen recibida o interpretada de las Escrituras, que consideramos como 'imposiciones' al Universo, que 'tenía que ser' según ellas y no ser tal como de hecho sea. Posteriormente han sido muchas las concepciones y las consecuencias de diferentes tipologías de estas concepciones.

La relación Dios-Cosmos en la historia del Universo, según se ha construido a lo largo de la historia humana, presenta un conjunto de hitos, de entre los cuales se destacan especialmente en capítulos concretos, los debidos a: Génesis, cosmología hebraica, sistema aristotélico-ptolemaico-escolástico, Lutero, Calvino, Copérnico, Bruno, Galileo, Newton, Kant, el ateísmo moderno, Einstein, Lemaître, Zubiri, la cosmología física actual, y finalmente –por razones de actualidad que no deben obviarse– Hawking y Penrose.

Esta Tercera Parte ha resultado extensa, a pesar de que se trata en ella de una relación escogida de autores en los que centrar las problemáticas históricas. Extensa, sí, pero, quizá también, pueda parecer sintética. En todo caso, suficiente para iluminar las ideas fundamentales que se pretenden exponer, analizar, criticar y utilizar como base para la reflexión teológica personal.

3.1.
EL *GÉNESIS*: ORIGEN, PRINCIPIO Y REFERENTE

En este capítulo se hace un breve *análisis intrínseco* del *Génesis*, a modo de comentario de texto personal, desde la luz que aporta el conocimiento del Universo posterior a su escritura primera desde esta hasta nuestros días y en la línea propia de los elementos significativos de esta tesis.

1. Introducción

El *Génesis* constituye, desde la perspectiva religiosa, el **origen** del problema objeto de estudio: la existencia de Dios, el Universo –es decir, la Creación– y la relación Dios-Universo.

El Génesis es el ***principio***, el primer libro, el comienzo, de las Sagradas Escrituras, en el que, presupuestamente al menos, se describe el 'acto' o 'proceso' de la Creación de '*El* TODO lo que existe' por Dios, en nuestro lenguaje científico, del Universo. Este principio tiene dos connotaciones: *principio* del comienzo del Universo y *principio* de comienzo de las Escrituras, conexión relevante para la relacionalidad Dios-Universo.

Pero constituye también un **Principio**, lógico, religioso, sobre la concepción de fe acerca de la Creación.

En consecuencia, *principio* (con doble acepción referida al Universo y a las Sagradas Escrituras) y *Principio*, por su contenido –fundamento–, de fe religiosa y consecuencias científico-filosóficas. De estas principialidades deriva su radical importancia.

Por ello, el *Génesis* se convierte, además, en primer *referente* de esta Tercera Parte. Ha sido objeto de estudio, de reflexión, de análisis, de sometimiento intelectual literal, de crítica, de asunción irreflexiva, de rechazo. De casi todo, de mucho; por eso, referente, trasfondo como elemento-pilar en la construcción del mundo intelectual judeo-cristiano-occidental.

2. El texto del *Génesis*

No ha lugar a discusiones en torno a la edición que se utiliza, a los efectos de los temas que aquí se estudian, pues son todos independientes de la edición. Por tradición personal se reproduce como trasfondo para los comentarios posteriores, la versión más utilizada a lo largo de mi vida[155].

Pero sí conviene, fuere la edición que fuere, reproducir íntegramente el 'principio' –Capítulo 1 y comienzo del Capítulo 2–, versículos más importantes de la Biblia relacionados con el tema. Así lo hacemos.

La creación del Universo

1 ¹ Al principio creó Dios los cielos y la tierra. ² La tierra estaba confusa y vacía y las tinieblas cubrían la haz del abismo, pero el espíritu de Dios se cernía sobre la superficie de las aguas.

³ Dijo Dios: "Haya luz"; y hubo luz. ⁴ Y vio Dios ser buena la luz, y la separó de las tinieblas; ⁵ y a la luz llamó día, y a las tinieblas noche, y hubo tarde y mañana, día primero.

⁶ Dijo luego Dios: "Haya firmamento en medio de las aguas, que separe unas de otras"; y así fue. ⁷ E hizo Dios el firmamento, separando aguas de aguas, las que estaban debajo del firmamento de las que estaban sobre el firmamento. Y vio Dios ser bueno. ⁸ Llamó Dios al firmamento cielo, y hubo tarde y mañana, segundo día.

⁹ Dijo luego: "Júntense en un lugar las aguas de debajo de los cielos, y aparezca lo seco". Así se hizo; ¹⁰ y se juntaron las aguas de debajo de los cielos en sus lugares y apareció lo seco; y a lo seco llamó Dios tierra, y a la reunión de las aguas, mares. Y vio Dios ser bueno.

¹¹ Dijo luego: "Haga brotar la tierra hierba verde, hierba con semilla, y árboles frutales cada uno con su fruto, según su especie, y con su simiente, sobre la tierra". Y así fue. ¹² Y produjo la tierra hierba verde, hierba con semilla, y árboles de fruto con semilla cada uno. Vio Dios ser bueno; ¹³ y hubo tarde y mañana, día tercero.

¹⁴ Dijo luego Dios: "Haya en el firmamento de los cielos lumbreras para separar el día de la noche, y servir de señales a estaciones, días y años; ¹⁵ y luzcan en el firmamento de los cielos, para alumbrar

---

155. Nácar-Colunga (1963).

la tierra". Y así fue. [16] Hizo Dios los dos grandes luminares, el mayor para presidir el día, y el menor para presidir a la noche, y las estrellas; [17] y los puso en el firmamento de los cielos para alumbrar la tierra [18] y presidir al día y a la noche, y separar la luz de las tinieblas. Y vio Dios ser bueno, [19] y hubo tarde y mañana, día cuarto.

[20] Dijo luego Dios: "Hiervan de animales las aguas y vuelen sobre la tierra aves bajo el firmamento de los cielos". Y así fue. [21] Y creó Dios los grandes monstruos del agua y todos los animales que bullen en ella, según su especie, y todas las aves aladas, según su especie. Y vio Dios ser bueno, [22] y los bendijo, diciendo: "Procread y multiplicaos y henchid las aguas del mar, y multiplíquense sobre la tierra las aves". [23] Y hubo tarde y mañana, día quinto.

[24] Dijo luego Dios: "Brote la tierra seres animados según su especie, ganados, reptiles y bestias de la tierra según su especie". Y así fue. [25] Hizo Dios todas las bestias de la tierra según su especie, los ganados según su especie y todos los reptiles de la tierra según su especie. Y vio Dios ser bueno.

[26] Díjose entonces Dios: "Hagamos al hombre a nuestra imagen y a nuestra semejanza, para que domine sobre los peces del mar, sobre las aves del cielo, sobre los ganados y sobre todas las bestias de la tierra y sobre cuantos animales se mueven sobre ellas". [27] Y creó Dios al hombre a imagen suya, a imagen de Dios lo creó, y los creó macho y hembra; [28] y los bendijo Dios, diciéndoles: "Procread y multiplicaos, y henchid la tierra; sometedla y dominad sobre los peces del mar, sobre las aves del cielo y sobre los ganados y sobre todo cuanto vive y se mueve sobre la tierra". [29] Dijo también Dios: "Ahí os doy cuantas hierbas de semilla hay sobre la haz de la tierra toda, y cuantos árboles producen fruto de simiente, para que todos os sirvan de alimento. [30] También a todos los animales de la tierra, y a todas las aves del cielo, y a todos los vivientes que sobre la tierra están y se mueven les doy para comida cuanto de verde hierba la tierra produce". Y así fue. [31] Y vio Dios ser muy bueno cuanto había hecho, y hubo tarde y mañana, día sexto.

2 [1] Así fueron acabados los cielos y la tierra y todo su cortejo. [2] Y rematada en el día sexto toda la obra que había hecho, descansó Dios el séptimo día de cuanto hiciera; [3] y bendijo al día séptimo y lo santificó, porque en él descansó Dios de cuanto había creado y hecho. [4] Este es el origen de los cielos y la tierra cuando fueron creados.

3. La concepción genesíaca del Universo

Parece conveniente destacar, a la luz de la 'historia genesíaca de la Creación', aunque de forma sintética, unas ideas fundamentales relativas al Universo.

Primera. El Universo **tuvo origen**: "Al principio" se refiere al Universo –no al propio Dios–, lo primero que hizo Dios. El Universo –"los cielos y la tierra y todo su cortejo"– 'tuvo origen', es decir, un principio 'en el tiempo'.

Segunda. Dios creó **'un solo objeto cósmico'**: el Universo.

Tercera. Este objeto cósmico era **dual**, estaba integrado por "cielos y tierra". Dos mundos, no; dos ámbitos de un solo mundo, sí (estos cielos son los del Universo, no los de la 'otra vida').

Cuarta. La **Tierra es un lugar especial**; en ella Dios crea **vida**: vegetal, animal y al Hombre. [El Génesis presenta al Universo como geométrico-descriptivo, no de la naturaleza material de los cielos y de la tierra; por ello, lo *especial* en esta descripción es la Tierra, no la naturaleza material de los cielos, que será construcción posterior como se verá más adelante].

Quinta. El **Hombre creado a imagen y semejanza de Dios**.

El Génesis sugiere tanto como todo esto pero solo esto.

4. La concepción genesíaca de Dios

A la luz de los versículos iniciales de la Sagrada Escritura, Dios, respecto a lo fundamental, y de momento solo a esto, es decir, en relación con los *atributos cósmicos* de Dios descritos en la Primera Parte, puede afirmarse lo siguiente.

Primero. Dios es el **Creador** "de los cielos y de la tierra" [sin que en esta visión hubiera, ciertamente, que utilizar mayúscula para la Tierra –objeto cósmico que no existía en esa visión, ya que el único objeto cósmico era el 'pequeño Universo naciente' con partes, como la tierra (en singular) y los cielos (en plural)–]. Sí, indiscutible Creador de este Universo así concebido.

Segundo. Dios es **omnipotente**. Sí, muestra que hace lo que quiere, como quiere y cuanto quiere. En él radica la todopoderosía con respecto a la creación de su obra.

Tercero. **La omnisciencia no se presenta tan clara.** La obra precisa de algunas correcciones sucesivas, de retoques, de ajustes.

5. La concepción genesíaca de la relación Dios-Universo

También en síntesis extrema, y de manera casi apodíctica, pueden seleccionarse unas ideas fundamentales relativas a este problema.

Primero. **Dios es anterior al Universo.**

Segundo. **Dios es el hacedor del Universo,** Creador de la Creación.

Tercero. La Creación es un **proceso,** de una "duración de seis días", no un 'acto puntual'.

Cuarto. Decide crear –también indiscutiblemente– 'ese Universo' (la Tierra y lo aparente visible desde ella) **para el hombre.** El proceso concluye con la creación –*ex novo*– del Hombre "a su imagen y semejanza". Hombre que se enfrenta al *problema de Dios* y al *problema del Universo*, como estamos haciendo aquí.

Quinto. Dios manifestó su **satisfacción con su obra:** "vio Dios ser muy bueno cuanto había hecho". El Universo, y en él, la Tierra, la Vida y el Hombre, que constituirán, con Dios, los problemas fundamentales de la Filosofía y de la Ciencia, a lo largo de sus respectivas historias. (Esta manifestación de Dios, según el Génesis, como "muy bueno", invita a considerar que debe y puede ser objeto de conocimiento por el hombre, y también motivo de satisfacción para este).

Sexto. Cuestión capital: ¿Actúa Dios en el Universo? El **"descansó"** de esta lectura del Génesis puede interpretarse de dos maneras básicas.

a) Las expresiones "acabados los cielos y la tierra y todo su cortejo", "rematada en el día sexto toda la obra" y "Descansó Dios", llevan a la idea de que **Dios no actúa en el Universo** desde su puesta en marcha. [Esta es la perspectiva ordinaria y común de la ciencia, compatible con la acción creadora aunque esta tuviera que ser 'puntual' y no propiamente un largo 'proceso'].

b) Entendiendo, desde la luz del conocimiento presente, que el *proceso* de creación –los seis días simbólicos– ha durado desde el origen –"al principio"– hasta la creación del hombre, debería afirmarse que **Dios ha estado actuando en todo el proceso**.

c) Las expresiones "Descansó el séptimo día" y "porque en él descansó", no suponen necesariamente que descansara todos los siguientes hasta 'el fin de los siglos', ya que en todo caso **Dios se relacionó**, después, con frecuencia, **al menos con los hombres**, que constituyen en este relato parte de la Creación.

6. Algunos problemas complementarios

Son muchas las afirmaciones que hace el Génesis como se ha podido comprobar en las relaciones de los catálogos destacados en cada uno de los apartados precedentes. Pero esta narración de la Creación invita a plantear algunas otras cuestiones, como las siguientes, en las perspectivas clásicas primeras de la consideración del Universo como conjunción de materia, espacio y tiempo, que han sido elementos primordiales de las construcciones cosmológicas a lo largo de la historia como ha quedado de manifiesto en la Segunda Parte.

a) Perspectiva material. ¿*Ex novo*?, ¿de la Nada?, ¿desde Nada? El Génesis expresa con claridad que Dios crea materialidad: cielos y tierra y sus constituyentes.

b) Perspectiva espacial. ¿Dónde? ¿En la Nada? [Cabe aquí señalar que el problema del espacio o de la espacialidad apenas se ha tratado desde perspectiva religiosa].

c) Perspectiva temporal. ¿Cuándo? "Al principio" (debe referirse obviamente al principio de la creación del sistema tierra-cielos). Implica la existencia anterior e independiente del tiempo en el que se sitúa ese 'principio'. [También cabe señalar que el problema del tiempo apenas se ha tratado desde perspectiva religiosa]. En todo caso la Creación se presenta en el Génesis como *proceso*, no como *momento*.

Del Génesis parte la tradición elaborada en la civilización judeo-cristiana **occidental**, base de la cultura actual, la intelectualmente predominante en el mundo de hoy. El Génesis desempeña, pues, el papel de **punto de partida, origen y fundamento** de la teología cristiana relativa, en concreto, a la visión del Universo.

3.2.
EL COSMOS HEBRAICO[156]

1. Introducción

El capítulo anterior se ha dedicado a un texto no solo *primario* en sí, sino, además, con la condición de *primero* en el desarrollo histórico desde la consideración de Dios como Uno Único. Por ello, para la visión cosmológica hebraica, el Génesis constituye documento *primario* y *primero*.

Este nuevo capítulo constituye una elaboración personal, ciertamente, pero sobre textos *secundarios*, ajenos, entre los que puede citarse especialmente a Schiaparelli[157].

La cultura occidental en su generalidad y de modo especialmente singular en todo lo que respecta al tema tríádico que nos ocupa: Dios, Universo y relación Dios-Universo, tiene sus raíces en la tradición judeo-cristiana; y toda la cultura –y, en ella, la religión– cristiana [en cuyo seno se hace este trabajo de teología] tiene sus raíces en las Sagradas Escrituras y por ellas en la tradición hebraica.

En consecuencia, la visión del Universo de más relevancia en la construcción de la cultura occidental, en la Antigüedad, por tanto, es la representada por la Cosmología hebraica, directamente heredera de la descripción del Génesis expuesta en el capítulo anterior. Y no solo de más relevancia religiosa, sino también la más significativa porque su 'núcleo cultural' (de carácter religioso) derivaría, en la construcción medieval de la Iglesia, a la consideración de hecho como *dogmática* proclamando como *herejías* las creencias diferentes.

---

156. Preparado para un Curso de Cosmología dictado en la isla de La Palma en 1994, como ampliación del libro González de Posada (1994): *Curso de Cosmología: Física, Filosofía, Religión*, Universidad de La Laguna.

157. Schiaparelli, G. (1925): *Scritti sulla storia della astronomia antica* (3 vols.), Bologna, Reimpresión: Milan, Mimesis, 1997. Schiaparelli (1835-1910) fue astrónomo relevante y buen historiador de la ciencia.

2. Notas culturales contextuales relevantes

A modo de notas contextuales relevantes pueden considerarse las siguientes.

a) El pueblo hebreo, en la construcción y desarrollo de su cultura, en el conjunto de los pueblos primitivos, no aportó 'ciencia' a la humanidad; no creó principios científicos ni introdujo descubrimientos de esta naturaleza; tampoco contribuyó en absoluto al progreso tecnológico.

b) No obstante, la cultura hebraica sí contribuyó, y de una manera harto significativa, a una purificación, e incluso **elevación, del sentimiento religioso**, de las creencias; preparó y marcó el **monoteísmo**. Uno de los aspectos integrados en este libro, como parte de la Cultura, se refiere a la actitud y a las convicciones religiosas del ser humano; la Religión es una parte de la Cultura; la religiosidad, en el sentido más amplio, es una parcela, además entrañable, del ser, del pensar y del creer del hombre; difícilmente este se libera –en caso de proponérselo– de concepciones de esta naturaleza. El ámbito de las creencias religiosas y de las actitudes religiosas ha influido e influye en la contemplación, en la experimentación y en la concepción del hombre sobre el Universo. Ciertamente las 'religiones' (en el sentido más amplio, como las lenguas), a lo largo de la más reciente historia de la humanidad, se reducen en número y, sobre todo, reducen su poder sobre las mentes y sobre los espíritus, al menos en lo que atañe al estudio del Universo; limitan su influencia en la misma medida en que se independiza y se acrecienta el poder intelectual de la ciencia física. A la luz de estas ideas, destacamos en este estudio la **visión hebraica, profundamente religiosa**.

c) El pueblo hebreo tuvo básicamente *una* concepción única y unitaria del mundo. Los fundamentos religiosos de su cosmogonía les condujeron a *una* cosmografía; **la ciencia constituyó un ingrediente cultural secundario para ellos**.

d) La influencia literaria y cultural de los textos hebreos y la presencia y condicionamientos en el pensamiento, frutos de su expansión espacial en época precristiana y posteriormente con el cristianismo en el que se integra, hizo de la cultura hebraica parte del patrimonio intelectual de la cultura 'más inteligente' del género humano: la europea u occidental. Esto ha permitido estudiar mejor los conocimientos astronómicos y las concepciones cosmológicas de los hebreos que las, por ejemplo, de babilonios, egipcios, fenicios y pueblos árabes primitivos a los que, por otra parte, aluden los textos bíblicos. La importancia y la influencia histórico-cultural del pueblo hebreo en la cultura occidental no ha sido menor que la de los pueblos griego y romano. Es interesante remarcar el papel de su proyección cultural compatible con la afirmación de la nula aportación científica e incluso de la inferioridad científica o retraso respecto de otras culturas previas y simultáneas.

e) La Astronomía de los hebreos alcanzó, a lo sumo, los niveles de las culturas primitivas de América y de Polinesia; no obstante, un punto de superación en el marco global de las culturas colectivas correspondientes no debe despreciarse. Los textos hebreos más recientes critican a las naciones de Mesopotamia porque han ido pasando –usamos terminología actual– de la Astronomía a la Astrología y de esta a la Astrolatría.

3. Fundamentos cosmogónicos y cosmológicos

a) Los hebreos no fueron indiferentes ante los fenómenos de la Naturaleza y, como otros pueblos, buscaron explicaciones; puede decirse, en alguna medida, que adoptaron una actitud abierta a la observación. No obstante, la *interpretación* que dieron a los fenómenos naturales, en general, como en todas las cosmologías (en *acepción filosófica*) primitivas *es más fantástica que racional, más mítica que científica.*

b) Yavé, omnipotente, es el creador del **Mundo**, y este es **cambiable según el arbitrio de Dios**. *No se admite la posibilidad de que la naturaleza, material, respondiera a unas normas o leyes invariables, definidas.* La generación del Mundo corresponde a un 'acto' –proceso– Creador de un Dios personal; las causas últimas de todos los fenómenos naturales radican en Yavé; la Cosmogonía y la Cosmología hebreas se refieren a Dios, su fundamentación enraíza con la divinidad. Así, pues, **Dios actúa en el Universo, según su arbitrio**; en lenguaje humano: "si quiere, cuando quiere, cuanto quiere, como quiere".

c) La Cosmología hebraica es simple y diáfana, **fruto de la imaginación y del sentimiento religioso** mucho más que de análisis crítico de los hechos. Se fundamenta en la contemplación, más aún en la admiración y en el entusiasmo, que en la reflexión. Se acepta el principio de que el Cosmos –con *cielos y abismos*– es recóndito, inabarcable e inescrutable para los hombres (solo Salomón por un don especial de Yahvé, tuvo 'conocimiento'); no hay dudas, no hay crítica, se asume la noción de misterio.

d) Una consecuencia del monoteísmo hebraico de suma importancia es la concepción del mundo físico como 'UN TODO', lo que *permite construir una cosmografía*, es decir, una descripción geométrica del Universo, en cuanto sistema único. Es interesante reproducir la cita de Alejandro Humboldt recogida por Schiaparelli[158]:

> Uno de los caracteres que distinguen la poesía de la naturaleza entre los hebreos es este: que como reflejo del monoteísmo, ella abarca siempre el mundo como una imponente unidad, en la cual se encuentran siempre comprendidos el cuerpo terrestre y los espacios luminosos, del cielo. Raramente se limita a fenómenos aislados, y gusta de la contemplación de las masas. La naturaleza no está representada como teniendo una existencia aparte y digna de respeto por su propia belleza, a los poetas hebreos se muestra siempre en su relación con la potencia superior que la rige desde lo alto. Para ellos la naturaleza es una obra creada y ordenada, la expresión viva de un Dios por doquier presente en las maravillas del mundo sensible. Por lo tanto, aun juzgándola solo por su objeto, la poesía lírica de los hebreos debía de resultar imponente y majestuosa.

4. Objetivos astronómicos

a) El desarrollo de las ideas cosmológicas hebreas se complementa con la prosecución de dos objetivos astronómicos principales: uno, la construcción de un **'mapa del cielo'** –cuyo resultado puede catalogarse como cosmografía de las apariencias– que incluye una descripción del 'cielo', con identificación de astros –estrellas, planetas, etc.– e incluso constelaciones; otro, la 'ciencia de los tiempos', la búsqueda de la noción de medida de los tiempos humanos mediante el movimiento de los astros Sol y Luna. Los viajes siderales sirvieron como ideas de referencia principales para la **ordenación del tiempo**; las estaciones, el origen y la división del día, se convirtieron en urgente necesidad por motivaciones, a su vez, religiosas; la **fijación del calendario**, tan fundamental para una religión tan

---

158. Alejandro Humboldt: *Cosmos, Essai d'une description phyisique du Monde*, Milán 1846-1865, 2ª parte, p. 35-36.

compleja en fiestas y sacrificios, condujo, finalmente, al establecimiento del 'año hebreo'.

b) En líneas generales, puede afirmarse que la cultura predominante y oficial de los hebreos quedó inmune o superó después de diversas etapas de crisis las supersticiones astrológicas y la astrolatría de las culturas que los rodeaban.

5. Cosmografía hebraica

a) Las concepciones cosmológicas hebraicas permitieron una *construcción cosmográfica del Universo*; el mundo físico es un *sistema único*, es *un todo*. Los hebreos 'reprodujeron' –así lo creyeron– mediante las apariencias que percibieron con sus sentidos y la actitud religiosa en que basaban sus creencias, el 'gran edificio del Cosmos'.

b) El Cosmos es un conjunto –'objeto cósmico– integrado por la *Tierra, los abismos y el firmamento*. Este conjunto se encuentra suspendido en el espacio, físicamente se apoya en la nada, en nada. Sus dimensiones son inabarcables para el hombre, aunque es finito y encerrado por unos *límites claros*; es *inmóvil* por voluntad divina.

c) La *Tierra* es una superficie aproximadamente plana que integra continentes, océanos, mares; tiene forma de disco y su destino es servir de morada a los hombres. Está fija sobre sus fundamentos pero no necesita base ni apoyo exteriores. Divide el Universo en dos partes: una, superior, y, otra, inferior, de modo que ella se constituye en una especie de plano ecuatorial del Cosmos.

d) El *cielo* –los cielos– está en la parte alta. El sistema de los cielos está referido, como elemento básico, a una gran cúpula –'bóveda celeste'– apoyada en la corona exterior –borde o límite– del disco de la Tierra. Es el reino de la luz. En la parte exterior, más alta, se mueven los astros; en la inferior está el aire.

e) El *firmamento* es una cúpula esferoidal ('bóveda') sólida, *transparente*, que deja pasar la luz de los astros situados más altos y que *sostiene las aguas superiores*. Unas 'cataratas' –compuertas–, movidas por Yahvé, permiten la lluvia, granizo, nieve; una segunda cúpula concéntrica con la del firmamento cierra un espacio –sector de corona esférica– que sirve de depósito de aguas superiores. Las partes laterales de esta 'corona esferoidal' sirven de depósitos de los vientos que se generan según las zonas de apertura de compuertas que marcan la orientación de procedencia. De esta manera el *firmamento* se concibe como lugar de distribución de vientos, lluvias, nieves y granizos (algunos textos hebraicos permiten deducir una concepción diferente, así, por ejemplo, las nubes sustituyen los 'depósitos' de agua).

f) Debajo de la superficie de la Tierra –con continentes y mares– se encuentra la *parte inferior* del Cosmos –oscura, desconocida, reino de las tinieblas–, las *profundidades*, los *abismos*. Hasta un primer nivel existen las aguas inferiores –mares, fuentes, ríos– que se comunican entre sí mediante cavernas y conductos constituyendo una única masa de agua, diferenciada de las aguas superiores. En un segundo nivel está el limbo y, en un tercero, más profundo aún, el infierno.

g) El *cielo* y el *abismo* son finitos pero no abarcables, no medibles por el hombre. El conjunto *Tierra-cielo-abismo* constituye un *cuerpo cósmico*, parte central e inmóvil del Universo. (Los terremotos son sacudidas de Yahvé).

h) Esta cosmografía la condensa Schiaparelli en la representación gráfica adjunta (figura 1).

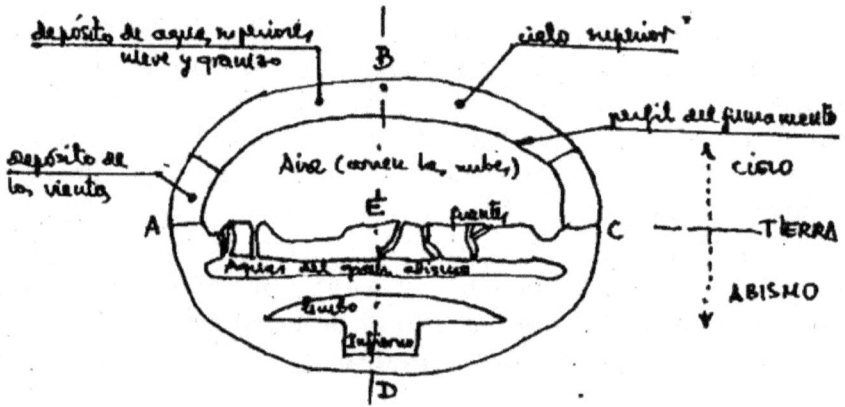

Figura nº 1. Construcción basada en la representación de Schiaparelli de la Cosmografía hebrea.
Sección meridiana del Sistema o cuerpo cósmico.
ABC: cielo superior.
AEC: superficie de la Tierra –continentes y mares–.
ADC: contorno del abismo [159]

---

159. Nota: generalmente se concibe Jerusalén como centro del disco de la Tierra por donde pasa un eje de simetría del cuerpo esferoidal cósmico.

i) Los astros se mueven alrededor del sistema cósmico tierra-cielo-abismo, parte central e inmóvil del Universo; en primer lugar, más próximos, el Sol y la Luna. Se integran en un *cielo astronómico superior*, situado sobre el firmamento exterior, que envuelve al cuerpo cósmico inmóvil, bajo el cual está el *cielo meteorológico inferior*.

j) Los astros tienen tres funciones: a) función iluminadora de la Tierra a través del firmamento transparente; b) función reguladora del tiempo –días, meses, años– facilitando su determinación; y e) función instrumental de manifestaciones prodigiosas de Yahvé –eclipses, cometas, meteoritos–.

k) Más allá del cielo astronómico superior está la morada de Dios.

* * *

En la Antigüedad existieron numerosas culturas y en ellas muy diversas cosmologías, aunque irrelevantes a los efectos de esta Tercera Parte, directa y propiamente teológica en la relación diádica Dios («Uno único 'personal'»)-Universo ("*El* TODO lo existente"). Por muy importantes que fueran, por ejemplo, las culturas griega y romana, en sí mismas, por sí mismas, para sí mismas e incluso desde sí mismas, por su condición de paganas nada tendrían que ver con el tema objeto de estudio. Pero a pesar de la colección de preposiciones expuestas delante de los 'sí mismos', algo de estas culturas sí podría integrarse, de alguna manera, modulando o incluso condicionando la tradición religiosa; este sería el caso de la presencia –e integración– del pensamiento de Aristóteles en la *cosmología medieval escolástica* que se trata en el siguiente capítulo.

3.3.
COSMOLOGÍA *CRISTIANA*: EL *SISTEMA* ARISTOTÉLICO-PTOLEMAICO-ESCOLÁSTICO

1. Introducción

Se usa aquí la expresión *cosmología cristiana*, desde el título del capítulo, en la convicción de que es el más apropiado para el mismo; no obstante, se subtitula con el usualmente considerado (también por mí en numerosas ocasiones anteriores) de *sistema aristotélico-ptolemaico-escolástico*. Solo faltaría añadir, en nuestra cultura occidental, que el adjetivo *cristiana* se refiere, claro está, a la Iglesia latina o romana.

Pues bien, en la perspectiva histórica que ahora se señala, esta cosmología o este sistema ha desempeñado unos papeles importantes en la historia del pensamiento como los que se indican a continuación.

1º. Punto de llegada, de confluencia y síntesis de tres corrientes fundamentales desde muy diversas perspectivas: a) la astronomía, empírica, de Ptolomeo; b) la filosofía de Aristóteles; y c) la teología, impregnada de filosofía, de Tomás de Aquino.

2º. Valor de *nueva* cosmología, de 'sistema' completo, que se establece, se afinca en las creencias y en las sapiencias.

3º. Construcción intelectual firme que asoma en los albores de la Modernidad, siglo XV, Renacimiento, y que recibirán, entre otros, aquellos a quienes dedicaremos capítulos especiales, como el pre-científico Copérnico, los religiosos Lutero y Calvino, el metafísico Bruno, y el ya propiamente astrónomo Tycho Brahe.

4º. Sistema que mostrará su enorme influencia en el 'caso Galileo', en el que se producirá una radical escisión socio-político-religiosa entre ciencia y creencia, entre razón y fe, entre el mundo de la sabiduría y el mundo del conservadurismo trasnochado, representado en el siglo XVII por la Iglesia, o, mejor, por las Iglesias.

En ese contexto adquiere una especial relevancia este capítulo. Pero aquí, en esta Tercera Parte, interesa prioritariamente la componente religiosa –y los elementos Religiosos– de este sistema aristotélico-ptolemaico-escolástico, expuesto en la Segunda Parte[160] desde una perspectiva prioritariamente científico-filosófica.

En la historia del pensamiento, ante esta *cosmología cristiana*, frente a ella y contra ella se levantaría una primera *cosmología científica*, que se establecería 'definitivamente' con Isaac Newton[161].

2. La componente *filosófica*: Aristóteles (384-322 a.C.)

Los aspectos más relevantes del pensamiento aristotélico sobre el Universo, que impregnarán la concepción del mismo elevada en el siglo XIII a categoría religiosa, y, de hecho, al nivel de 'dogma de fe', en la filosofía y en la teología cristiana medieval, pueden ser los siguientes.

Uno. La concepción aristotélica es **cualitativa** y no cuantitativa, es metafísica y no propiamente científica.

Dos. La **Tierra**, el mundo habitado, no puede ser matematizada porque es territorio de la descomposición, de los cambios, es **esencialmente heterogénea**; se manifiesta como diversa, siendo así su intrínseca realidad.

Tres. El **cielo**, los cielos, presenta **armonía y orden**, donde los cambios que suceden son predecibles, regulares, estables. Por ejemplo, el Sol sale todos los días y los ciclos lunares se repiten incansablemente sin variación.

Cuatro. La cosmología aristotélica distingue dos regiones del cosmos irreductibles entre sí: el 'mundo sublunar' y 'el mundo supralunar'.

Cinco. En el mundo sublunar está la **Tierra** (que no es un planeta para Aristóteles) que ocupa el **centro** necesariamente, por su naturaleza de 'tierra', siendo el centro su 'lugar natural'. Ofrece, por tanto, una **concepción geocéntrica** del Universo.

---

160. Capítulo 2.
161. Galileo, Kepler y Newton fueron tratados en la Segunda Parte desde la perspectiva científica y en próximos extensos capítulos, 6 al 10, serán tratados Galileo y Newton desde la perspectiva religiosa.

Seis. El mundo supralunar, abarca la Luna y todo lo que está más allá: el Sol, los planetas ('errantes') conocidos –Mercurio, Venus, Marte, Júpiter y Saturno– y las estrellas. Este mundo será considerado '**perfecto**': armonía, orden, regularidad; constituye el ámbito del éter, una materia incorruptible con unas características 'físicas' singulares: transparencia, imponderabilidad, sutileza, eternidad, homogeneidad, todo ello en contraste con lo que constituye la Tierra. Todos estos cuerpos están sujetos a unas superficies –en realidad, coronas– esféricas que giran y a las que están sujetos los cuerpos. (A fin de cuentas, en este punto meramente descriptivo, el modelo geométrico de Eudoxo).

Siete. Los seres que componen el Cosmos están jerarquizados según diferentes categorías: a) *seres inmateriales inmóviles*: el primer motor inmóvil y los motores inmóviles de las esferas; b) *seres materiales móviles*, pero eternos e incorruptibles, que constituyen el mundo supralunar (esferas, planetas, estrellas); y c) *seres finitos y móviles*: el mundo sublunar de los cuatro elementos[162].

Pero hay otros aspectos que no son propiamente descriptivos de su geometría y naturaleza de los cuerpos, entre los que pueden citarse, por la influencia que han de ejercer, los siguientes.

Primero. La característica *teleológica* que presenta la cosmología. El Cosmos tiene una finalidad inmanente a los cuerpos que lo integran que es intrínseca a la materia, que determina, a modo de causa, su comportamiento, su desarrollo y su destino.

Segundo. Constituye un 'cuerpo cósmico' que es el Todo. No está 'dentro' de un espacio exterior, él es 'todo lo que existe'.

Tercero. Tiene consideración de eterno, ha existido siempre (ni ha tenido principio ni tendrá fin).

Cuarto. En relación con lo anterior, es un Ser: idéntico a sí mismo siempre.

Por otra parte, a modo de conclusión, pueden destacarse, con expresiones sintéticas, los elementos más significativos que relucirán en las disputas científico-religiosas posteriores.

---

162. Los 'cuatro elementos' de Empédocles: tierra, agua, aire y fuego. Aristóteles añadiría la categoría de las *cualidades*: húmedo-seco, caliente-frío (pero más bien como 'sensaciones' que como 'variables físicas').

— La **concepción geocéntrica** acerca del Universo: la Tierra se encuentra en el centro del Universo.

— La estaticidad de la Tierra, que implica una **concepción geoestática** del Universo.

— Universo **finito**.

— Universo **eterno**.

— Universo **dual**: cielos 'perfecto'; tierra imperfecta.

— Universo **lleno de materia**. En él no existe el vacío, sino cinco elementos que constituyen los cuerpos y las diferentes regiones: tierra, agua, aire, fuego –los cuatro elementos de Empédocles– y éter –celestial–.

3. La componente *científica*: Claudio Ptolomeo (c. 100 – c. 170)

Se trata aquí, en esta perspectiva prioritariamente religiosa, solo de dejar constancia del apoyo astronómico científico que también utilizaba esta *cosmología cristiana*.

Claudio Ptolomeo vivió y trabajó en Egipto, según se piensa, en la famosa Biblioteca de Alejandría. Y se considera que fue autor del *Almagesto*, tratado astronómico preservado, como todos los tratados griegos clásicos de ciencia, en manuscritos árabes (de ahí su nombre). Como tantos otros textos de la antigüedad llegaron a Europa en el entorno del siglo XII.

Conocedor de la concepción del Universo de Aristóteles –como de la de Platón–, a Ptolomeo se le puede catalogar como *empirista*, como auténtico *astrónomo*. Estudió los datos existentes así como los obtenidos por él sobre el movimiento de los planetas, y elaboró un *modelo geométrico* que explicase las posiciones en el pasado y con el que se pudiera predecir las posiciones futuras de los astros.

Construyó –concibió–, como aportación fundamental, un **modelo de Universo geoestático y geocéntrico**, con su *creencia* de que la Tierra estaba inmóvil y ocupaba el centro del Universo, y que el Sol, la Luna, los planetas y las estrellas giraban a su alrededor.

Pero por su condición de astrónomo conocía los modelos de 'epiciclo-deferente', cuya invención se atribuye a Apolonio, y trató de resolver geométricamente los dos grandes problemas del movimiento planetario: 1) La retrogradación de los planetas y su aumento de brillo mientras retrogradan; y 2) La diferente duración de las revoluciones celestes. Estas cuestiones no casaban con la 'perfección' de los cielos del sistema aristotélico.

4. La componente propiamente *religiosa*: Tomás de Aquino (1225-1274)

Las visiones filosófica (Aristóteles) y astronómica (Ptolomeo) descritas anteriormente se integrarán, junto a las consideraciones del Génesis, en la elaboración que se construirá, y defenderá, desde Tomás de Aquino y que se conocerá como 'sistema aristotélico-ptolemaico-escolástico' y que, aquí, hemos titulado como *cosmología cristiana*.

4.1. Tomás de Aquino O.P.

Se le considera máximo representante de la tradición escolástica. Suelen destacarse en su vida filosófica y teológica dos etapas bien definidas. Una primera etapa (1245-1259), de supuesta síntesis de influencias platónicas (por las vías de Avicena y Alberto Magno) y neoplatónicas (por línea de Agustín de Hipona). Y una segunda etapa (1259-1273), de nítido pensamiento aristotélico, en la que supuestamente logra otra especie de síntesis ahora entre platonismo y aristotelismo. Y se considera también que sistematiza la filosofía y la teología, y esto de tal manera que su obra se establecería como pensamiento oficial de la Iglesia durante siglos; de aquí la expresión utilizada, a los efectos del tema del Universo, de *cosmología cristiana*.

4.2. *La tradición teológica y la concepción de Tomás de Aquino*

En torno a la tradición teológica y el tomismo, sin necesidad de ningún aporte de novedad, pueden recordarse algunas cuestiones[163] con la finalidad exclusiva de dejar constancia de ellas por su relevancia histórica, sobre todo en cuanto *rupturas* con la tradición recibida.

a) Santo Tomás se encontraría con un relativamente amplio desarrollo del pensamiento filosófico (escrito al servicio de la fe) integrador del platonismo y con una nueva explicación de la 'realidad' (según el aristotelismo) que se difundía en Europa desde poco antes y se conocía como "averroísmo latino". Hasta entonces

---

163. Pueden verse las numerosas referencias que se ofrecen en *Wikipedia*.

la filosofía occidental se había mantenido en el marco de la tradición platónica, en un intento continuado de fusión del platonismo con el cristianismo, mediatizado por la versión dada en su tiempo por San Agustín. Tomás de Aquino romperá parcialmente con dicha tradición con la adopción del **aristotelismo** como **base de su pensamiento filosófico**.

b) Tomás rompe también, al menos parcialmente, con la tradición teológica al adoptar una nueva postura respecto a las relaciones entre razón y fe. La filosofía (ámbito al que aquí se refiere como propio de la razón, ya que no existe 'ciencia' en el sentido moderno) no será concebida ya como la simple «criada de la teología». Es cierto que la verdad es una, pero para él no es menos cierto que **la razón tiene su propio ámbito de aplicación**, autónomo, dentro de esa verdad única, al igual que ocurre con la fe. Y, cada una en su dominio, es soberana. Establece, pues, una distinción aparentemente clara entre razón y fe, entre filosofía (dominio de la razón) y teología (dominio de la fe), tanto en virtud de su método, como por su objeto de estudio y su ámbito de aplicación. Pero tampoco excluye la colaboración entre ambas, presentada como una cierta sumisión de la razón a la fe en las cuestiones en que la razón no pudiera definirse.

c) Con la adopción del aristotelismo y su concepción acerca de la naturaleza de la relación entre razón y fe, Tomás de Aquino construirá una especie de "realismo filosófico" en el que trata de un modo nuevo, que se establecerá como referente en la Iglesia, numerosas cuestiones que hasta entonces se habían considerado decididas.

4.3. En torno al problema de la existencia de Dios: las cinco vías

Quizá, por lo que respecta al objeto de esta tesis, la cuestión más relevante del pensamiento de Tomás de Aquino, sea la formulación de sus famosas cinco vías para la 'demostración' de la existencia de Dios. En sí mismas han sido tan divulgadas que solo merecen su enunciación, para recuerdo y constancia, y, en todo caso, una brevísima consideración de análisis crítico global. Pero a modo de contexto teórico de las mismas sí pueden hacerse unas consideraciones por su relación con nuestros iniciales postulados.

1. La **existencia de Dios**, dice, **es evidente considerada en sí misma**.

2. Pero afirma claramente que **no es una verdad evidente para la naturaleza humana**, para la razón, dada la naturaleza finita y

limitada de esta. Constata como hecho que las diversas culturas tienen diferentes ideas de Dios (judaísmo, islamismo, cristianismo, politeísmo...) e, incluso, que las personas pertenecientes a una misma cultura poseen distintas ideas de Dios, hechos que no admiten discusión.

3. **Quienes afirmen la existencia de Dios deberán probarla.** Con este criterio se auto-obliga a la búsqueda de 'probación' o 'demostración'. Así manifiesta, por una parte, la importancia del tema, y, por otra, la búsqueda de garantía de la razón, independientemente de lo que afirme la fe. Dado que la existencia de Dios no es una verdad evidente para la razón es necesario que sea demostrada de un modo racional, en el que no intervengan elementos de la fe.

4. Y ¿qué **tipo de demostración** se ha de elegir? Dado que no puede partirse de la idea de Dios, ya que es precisamente lo que se trata de demostrar, y desde la perspectiva necesariamente *determinista* de la época, tampoco cabe el recurso a una demostración "a priori", puesto que esta partiría del conocimiento de la *causa*, y de él se llegaría al conocimiento del *efecto*; pero esta línea carecería de sentido ya que Dios no tiene causa. Solo queda, pues, **partir del conocimiento que proporciona la experiencia humana**, de los seres que conocemos, considerados como *efectos*, y remontarse, a través de ellos, a su *causa*, es decir, argumentando "a posteriori". No parece necesaria aquí una reflexión crítica acerca del uso de los "a priori" y "a posteriori" ya que nos desviarían del objeto de reflexión.

5. Complementaria y consecuentemente Sto. Tomás critica el denominado *argumento ontológico* de San Anselmo rechazando su validez. El argumento anselmiano tomaba como punto de partida la idea de Dios como ser perfecto, pero tal idea, dice Tomás, procede de la creencia, de la fe, y no tiene por qué ser aceptada por un no creyente; y, además, contiene un paso ilegítimo de lo ideal a lo real: pensar algo como existente no quiere decir que exista en la realidad; la existencia pensada no tiene más realidad que la de ser pensada, la de estar como tal en nuestro entendimiento, pero no fuera de él. Para el dominico la única existencia indudable para el hombre es la existencia sensible. Por ello sus cinco 'pruebas' de la existencia de Dios parten de la experiencia sensible.

Tras estas consideraciones sobre la doctrina tomista acerca de la existencia de Dios, puede reiterarse que es suficiente un escueto recuerdo, mediante enumeración, titulación y brevísima exposición en su caso, de las cinco vías clásicas de Tomás de Aquino, ya que son sobradamente conocidas[164]. Desde nuestro punto de vista el esfuerzo intelectual del dominico, sin duda impresionante y de extraordinaria belleza, es baldío en su formulación básica, por la pretensión de logro de 'demostración'. No se trata aquí de la pretensión de un científico –'pretensión' supuestamente análoga– de que para ser 'demostración' debería ser propiamente científica. No es eso, el problema radica en que el punto de apoyo de Tomás para la 'solución' del problema no es la fe, en el sentido religioso, sino la creencia en la posibilidad de encontrarla en un sentido racional, al modo de la ciencia, aunque fuera solo reflexión filosófica. Es preciso dejar absolutamente claro que en el ámbito del análisis del *problema de Dios* **el punto de partida** no es –no puede ser– la razón, sino que **ha de ser la fe**, no puede ser otro. Otra cuestión es que, **además, por su inteligencia, el hombre racionaliza**, piensa, construye, elabora concepciones –por ejemplo, las cinco vías– que pueden constituir un **apoyo racional a lo que se cree por fe**, y entonces puede adquirir la condición de 'justificación', pero de ninguna manera de 'demostración'.

Enumeremos, pues, como recuerdo, las cinco vías de Santo Tomás.

Primera vía. *Movimiento*. (Con Zubiri puede afirmarse que no parte del hecho del movimiento, sino de una interpretación del mismo como tránsito de la potencia al acto).

Segunda vía. *Causa eficiente*. (No parece propiamente un dato de la experiencia, sino más bien una interpretación de esta, ya que la percepción nunca percibe la causalidad).

Tercera vía. *Contingencia*. (La destrucción de cosas no significa que sean contingentes, no se tiene experiencia de percepción de la contingencia).

Cuarta vía. *Grados del ser*. (Análogo).

Quinta vía. *Finalidad*. (Análogo).

Sí parece de interés hacer un breve juicio complementario sobre la naturaleza de estas *vías cósmicas* de la filosofía escolástica, en línea con el pensamiento –y la crítica– de Zubiri[165]. El punto de partida de estas vías clásicas, vías cósmicas, no son los *hechos*, aunque lo pre-

---

164. Habrá referencias a ellas al tratar de Kant (capítulo 3.12) y de Zubiri (capítulo 3.16).
165. Zubiri (1984): *El hombre y Dios*; y (1961): *Trascendencia y física*. Tema tratado en A. González (2005).

tendan, sino las *teorías*. Es decir, no parten de hechos físicos, sino de concepciones construidas sobre el análisis de los hechos; son interpretaciones metafísicas de la realidad sensible; son, pues, de naturaleza metafísica. Por tanto, al menos científicamente, no demuestran nada, aunque sí justifiquen.

5. La *cosmología cristiana*: su caracterización

El *sistema del mundo aristotélico-ptolemaico-escolástico* construido con los elementos expuestos alcanzará paulatinamente la consideración, de hecho, de 'doctrina teológica' (canónica) como se verá en la 'condena' por herético del *sistema copernicano*, en la exigencia de retractación a Galileo y en la condena final de este. Las condiciones de geocentrismo y geoestatismo, por muy sorprendente que pueda parecer, adquirieron rango canónico de dogma de fe, aunque formal y expresamente no se le considerara así.

Esta cuestión no parece que presente un especial interés en la problemática actual, pero conviene fijar bien unas ideas, tras muchos siglos de cristianismo y de Cristiandad, para que los análisis del presente no padezcan de males pretéritos. Y esto teniendo en cuenta que directamente surgirá con más extensión en los capítulos relativos a Galileo.

El **'problema de Dios'**, tal como se viene recordando, integra, con carácter general, dos subproblemas: 1) el problema de la *existencia*; y 2) el problema de la *esencia*; independientemente de que, de alguna manera y desde alguna perspectiva, los dos problemas, en el caso de Dios, confluyan o signifiquen un único problema ya que la esencia está integrada en la existencia o viceversa.

El problema de la existencia recibe un tratamiento de singular importancia en sí, y de relevancia histórica en la Teología, con las denominadas *vías de demostración* ('prueba', 'acceso'; obviamente, en todo caso, supuesta *demostración*[166]) de la existencia de Dios de Tomás de Aquino. Y el problema de la esencia se supone con respuesta plena tras las definiciones de los concilios trinitarios y cristológicos.

---

166. Desde la perspectiva de la ciencia –conviene insistir– cuesta demasiado trabajo denominar a esto *demostración*. Sería más apropiado considerarlas, por ejemplo, como *reflexión, justificación, soporte*.

Estas cuestiones se han expuesto rigurosamente, aunque sin extensión, en la Primera Parte.

Lo que interesa destacar en esta Tercera Parte es el problema de la *relacionalidad* Dios-Universo a la luz de la cosmología aristotélico-tomista-escolástica establecida como *cosmología cristiana*, describiendo la perspectiva teológica de "los cielos".

Sin llenar páginas, que a estas alturas resultaría intrascendente, la visión medieval aristotélico escolástica del Cosmos puede resumirse, con un punto de vista histórico, mediante las siguientes notas, con la consideración, aunque no lo parezca, de perspectiva prioritariamente religiosa.

Primera idea básica. **La Tierra, que constituye 'mundo único', es el lugar de la vida y del hombre.** [Desde el punto de vista de la ciencia el proceso universal progresivo ha dado lugar a Universo, Tierra, Vida, Hombre].

Segunda idea básica. **La Tierra constituye el centro del Universo y está quieta.**

Tercera idea básica. El Universo está integrado por una **dualidad Tierra-Cielos**, tal que **los cielos son inmutables**, de forma que los cuerpos celestes son de substancia diferente a la Tierra.

Cuarta idea. El Universo es **finito**. En él los astros están y se mueven donde tienen que estar y como tienen que moverse, según la estructura expuesta en la Parte Segunda.

Quinta idea. Los cielos se caracterizan por la idea de **perfección**, que se expresa no solo en las consideraciones propiamente *geométricas* de los cuerpos celestes, sino también en la homogeneidad de sus *constituciones*. Así: los astros son esféricos y homogéneos; las superficies (mejor debería decirse coronas) sustentadoras esféricas. Pero también en las condiciones propiamente *cinemáticas*, de modo que las trayectorias deben ser circunferencias (?) y los movimientos circulares y uniformes (?).

Independientemente del carácter que hoy se le diera a estas notas, pueden dividirse, en perspectiva actual, no sin dificultad, en dos grupos.

Un primer grupo englobaría las de naturaleza prioritariamente física: Universo finito, geoestático, geocéntrico, con la Tierra constituida en mundo único; Universo estructurado en capas

—coronas esféricas— móviles en las que los cuerpos ocupan el lugar que les corresponde.

Un segundo grupo englobaría otras de naturaleza filosófico-religiosa tales como la inmutabilidad de los cielos o incluso la consideración de que los cuerpos celestes son eternos (hacia el futuro).

Y en la bruma de consideraciones híbridas físico-religiosas se presentan las tres preguntas fundamentales que estarían 'vivas' durante mucho tiempo: 1) ¿Qué mantiene 'colgados' en el cielo a los astros?; 2) ¿De qué están constituidos?; y 3) ¿Por qué se mueven?

Este sistema se considerará como antecedente primero –el segundo sería el sistema copernicano– en la pugna galileana y desempeñará el papel de 'lo establecido', con la condición de Universo precopernicano y la denominación primordial de Cosmovisión aristotélica-ptolemaica-escolástica (prioritariamente filosófica).

6. Consideraciones críticas complementarias

Pueden hacerse, a la altura presente, unas consideraciones críticas con naturaleza de *problemas.*

Primero y principal. **Se "impone" al Universo cómo tiene que ser**, o cómo se ha decidido que sea, en función de una determinada interpretación de la Escritura. Este es el **gran pecado contra la humanidad**, dotada de inteligencia, de curiosidad y de anhelo de verdad, de búsqueda de verdad. (En la condena a Galileo, como justificaciones en diferentes momentos de la larga historia, se buscarán otras causas, otras razones de diferentes tipos, cuando, sin duda, esta, y solo esta, es razón base de todo lo demás, y que fundamenta cómo se actúa, se interpreta, se razona).

Segundo. El **Universo es 'cosmos'**, es orden, está 'hecho', y bien hecho por Dios. Esta idea, la *estaticidad filosófica*, permanecerá como concepción también en el ámbito de la ciencia hasta casi nuestros días[167].

* * *

---

167. Por ejemplo, aunque resulte paradójico, el Universo estático 'ateísta' de Fred Hoyle en su enfrentamiento con el modelo estándar del *Big bang* por presentar este apariencias de instante creacional religioso.

Aunque sea solo a título anecdótico parece conveniente señalar que a lo largo de la historia, y sobre todo en las construcciones con referencias históricas, se han venido utilizando diferentes expresiones respectivas tales como *cosmografía* (para la cosmovisión hebraica), *cosmología* (según acabamos de introducir para la cosmovisión medieval cristiana), *sistema* (aristotélico-ptolemaico-escolástico o aristotélico-tomista y para el copernicano); *imagen física del mundo* (Ortega y Gasset) y hoy *modelo* (para la cosmovisión del *Big Bang*), pero, de este caso referido al presente, con la consideración actual de *cosmología física*.

3.4.
MARTÍN LUTERO (1483-1546): SUS *REFERENTES*

1. Introducción

El problema de la Creación del Universo no preocupa en el Renacimiento. Tampoco el que denominamos problema de la relación Dios-Universo. La *cosmología cristiana* establecida en el panorama medieval escolástico no se verá perturbada en absoluto ni por la revolución científica y silenciosa de Copérnico (1473-1543) ni por las revoluciones religiosas de la Reforma y de la Contrarreforma durante el siglo XVI. La importancia socioreligiosa de la revolución copernicana se pondrá de manifiesto tras la muerte en la hoguera de Giordano Bruno (1600) y el primer proceso a Galileo (1612-1616), ya en el seiscientos.

No obstante, dada la especial trascendencia en las historias del Cristianismo y de Occidente (y, por tanto, con relevancia en la relación con la ciencia), debe prestarse alguna atención, de alguna manera, a las figuras principales de la Reforma: Martín Lutero y Juan Calvino.

Por lo que respecta a Lutero, considero de sumo interés, en esta perspectiva prioritariamente religiosa, realizar un análisis, aunque sea somero, de su trascendental mensaje en la difícil situación en que se encontró en los comienzos de su trayectoria rebelde frente a la Iglesia romana, destacando sus convicciones y, por tanto, su compromiso intelectual consecuente con ellas. Y por lo que respecta a Calvino, en el próximo capítulo, se realizan unos comentarios a su obra teológica. Es decir, en conjunto, respecto a la Reforma, una actitud de compromiso humano y un estudio doctrinal, correspondientes a la situación del siglo XVI.

2. El *alegato* de Lutero de 1521

En la Dieta de Worms, el 17 de abril de 1521, Martín Lutero (1483-1546) pronunció su famoso *alegato* del que se ofrecen dos versiones en castellano:

A menos que sea convencido por las Escrituras y la razón pura, no aceptaré la autoridad del Papa ni de los concilios pues ellos se contradicen unos a otros. Mi conciencia es cautiva de la Palabra de Dios y no me retractaré, pues ir contra la conciencia no es correcto ni seguro. Esta es mi posición. No puedo hacer otra cosa. Dios me ayude. Amén.[168]

El consejero Eck le pidió a Lutero que respondiera explícitamente: «Lutero, ¿rechaza sus libros y los errores que en ellos se contiene?», a lo que Lutero respondió: «Que se me convenza mediante testimonios de la Escritura y claros argumentos de la razón –porque no le creo ni al Papa ni a los concilios, ya que está demostrado que a menudo han errado, contradiciéndose a sí mismos–; por los textos de la Sagrada Escritura que he citado, estoy sometido a mi conciencia y ligado a la palabra de Dios. Por eso no puedo ni quiero retractarme de nada, porque hacer algo en contra de la conciencia no es seguro ni saludable». De acuerdo con la tradición, Lutero entonces dijo estas palabras: «¡No puedo hacer otra cosa; esta es mi postura!

¡Que Dios me ayude![169]».

Aquí ofrece Lutero tres referentes clarísimos, tres fuentes, tres pilares para la conducta de un cristiano, para su compromiso público y consigo mismo: Escrituras, Razón y Fe. Hasta ahí Lutero. Analicemos críticamente el tema.

3. Características del momento histórico 1521

Como contexto para facilitar la intelección del *alegato* de Lutero considero conveniente señalar algunas notas caracterizadoras del momento histórico 1521.

a) El Renacimiento estaba implicando unas revoluciones sociales, políticas, comerciales, culturales, artísticas,… y religiosas. Nuevos modos de pensar y de vivir, nuevos órdenes en muchos aspectos.

b) La iglesia jerárquica, en su gobierno, organización, administración y forma de vida, se encontraba en una etapa histórica de notable corrupción. Se plantea la necesidad de 'revolucionar' también

---

168. Versión española de la Materia de la Facultad Teológica Cristiana Reformada *Teología de la Reforma (Estudio sobre las 5 Solas)*, p. 5.
169. Versión de Wikipedia de 3 de mayo de 2013.

la Iglesia, de reforma: de doctrinas, de vida cristiana y de gobierno. En este ámbito se originará –definitivamente– y se establecerá la Reforma (mejor, las Reformas, entre ellas, tarde, la considerada como Contrarreforma en y por la Iglesia católica romana, en y desde Trento).

c) El Emperador a la sazón era Carlos V, jovencito de unos 21 años, aún no bien establecido en las Españas y ya enfrentado a numerosos otros problemas: la Francia de Francisco I, el imperio turco, el poder pontificio, y las tensiones con los príncipes alemanes que cobrarán especial significación precisamente con el 'caso de Lutero'.

4. El contexto próximo al *alegato*

a) El 31 de octubre de 1517, según la tradición, Martín Lutero clavó, en la puerta de la Iglesia del Palacio de Wittenberg, las famosas 95 tesis contra la venta de indulgencias, documento que constituía un intento de debate y en el que se condenaban la avaricia y el paganismo en la Iglesia.

b) Tras unas primeras y fuertes tensiones, el Papa advirtió a Lutero, el 15 de junio de 1520, mediante la bula papal *Exsurge Domine*, de que se arriesgaba a la excomunión, a menos que en un plazo de sesenta días repudiara 41 puntos de su doctrina seleccionados de sus escritos. En octubre de ese año 1520, Lutero envió el escrito *En la Libertad de un Cristiano al Papa*, añadiendo la frase significativa: "Yo no me someto a leyes al interpretar la palabra de Dios".

c) El 3 de enero de 1521 fue publicada en Roma la bula papal, *Decet Romanum Pontificem*, por la que León X excomulgaba a Lutero.

d) La ejecución de la excomunión, sin embargo, fue evitada por la relación del Papa con Federico III de Sajonia y por el nuevo emperador Carlos V, quien, conociendo la actitud papal y la posición de la Dieta, consideró, en esos momentos, contraindicado apoyar las medidas contra Lutero.

e) El emperador Carlos V inauguró la Dieta imperial de Worms el 22 de enero de 1521. Lutero fue llamado a renunciar o reafirmar su doctrina y le fue otorgado un salvoconducto para garantizar su seguridad.

f) Lutero se presentó ante la Dieta el 16 de abril. Johann Eck, un asistente del Arzobispo de Tréveris citado anteriormente, presentó a Lutero una mesa llena de copias de sus escritos. Le preguntó si los libros eran suyos y si todavía creía en lo que esas obras enseñaban. Lutero pidió un tiempo para pensar su respuesta, que le fue concedido. Se dice que Lutero oró, consultó con sus amigos y mediadores y se presentó ante la Dieta al día siguiente. Cuando se trató el asunto en la Dieta, el consejero Eck le pidió a Lutero que respondiera explícitamente, y el monje agustino pronunció su *alegato*.

g) El emperador redactó el *Edicto de Worms* el 25 de mayo de 1521, declarando a Martín Lutero prófugo y hereje, y prohibiendo sus obras.

Conocidos básicamente el contexto histórico y la aproximación a los acontecimientos inmediatos puede procederse al análisis del *alegato*.

5. El primer referente: las Escrituras

La cuestión se plantea en el ámbito religioso, y centrado en la cuestión de la autoridad de manera concreta en dicho ámbito. El **primer referente** de Lutero, en cuestiones propiamente religiosas, de Iglesia cristiana, lo constituyen **las Escrituras**. En estas radica la suprema autoridad, no en el Papa, no en los concilios; y la razón es concluyente: a lo largo de la historia se han manifestado notables contradicciones tanto entre papas como entre concilios. Pero ni siquiera en asuntos de fe y moral las Escrituras hablan de manera apodíctica, precisa, clara, independientemente de lo que deseáramos. Es fuente, pero solo fuente. El lema –principio teológico de la Reforma– *Sola Escritura* es preciso en su expresión, pero obviamente no lo es en cuanto a su propósito: en términos clásicos del lenguaje matemático diremos que se presenta como 'condición necesaria pero no suficiente'. No todos los textos de la Escritura son claros, no todos son coherentes entre sí, las interpretaciones posibles son múltiples (solo hay que constatar la existencia de tantas tradiciones, de tantas denominaciones, de tantas doctrinas, de tantas creencias en ellas basadas, y, formalmente, de tantas *Confesiones de Fe*).

Hay, pues, que distinguir entre una interpretación *intrínseca* de la *Sola* y una interpretación *extrínseca* o *respectiva*.

Desde la perspectiva *intrínseca* es, sin duda, insuficiente, y no precisa que le demos más vueltas. Las Escrituras, en sí mismas, no son suficientes, no se explican *por sí mismas*, precisan de interpretación. Y tampoco es suficiente el que ellas se explican *desde sí mismas*. La revolución luterana supone no solo un movimiento de protesta contra Roma (la de principios del siglo XVI), sino una clara intención de regreso a la iglesia primitiva y, sobre todo, destacar el papel fundamental de la Biblia, la *Sola Escritura*, sobre las interpretaciones de 'los poderes': Papado y Concilios.

Desde una perspectiva *respectiva* a sus contextos próximos es otra cuestión. Frente a la 'autoridad' del Papa, de los Concilios y, en general, con palabras propias del lenguaje católico actual, de la Tradición y del Magisterio, puede afirmarse, puede optarse por el seguimiento del lema *Sola Escritura* como regla de fe y práctica, como autoridad. Es una *Sola* que se fundamenta frente a Roma, frente al Papado.

6. El segundo referente: la razón

No hay la menor duda de que el tema objeto de tesis, la Creación, es asunto –al menos también, además de la Física en especial y de las ciencias en general– de Teología. Y tampoco hay la menor duda de que con la Biblia no hay suficiente para su establecimiento.

En 1521 aún no se ha planteado en la Filosofía con un mínimo de claridad el *problema del conocimiento*, que se ha indicado en la Introducción de la tesis. Descartes, Galileo, Newton y Kant entre otros aún no han nacido. De aquí la importancia y el valor de las palabras de Lutero, "convencido por las Escrituras y la razón pura". Qué sea, exactamente si fuera posible saberlo, la 'razón pura' para Lutero no es fácilmente explicable, pero no precisa mayor hermenéutica que la impresión primera y, si se quiere, popular. La razón aquí significa un valor universal, refiere a la racionalidad del ser humano en general, la razón que se armaría en la Modernidad con un enriquecimiento de la metodología de adquisición de conocimiento y con conocimiento científico concreto. Obviamente, Lutero, buen conocedor de las Escrituras, no pudo disponer, por ejemplo, del *Discurso del Método para conducir bien la propia razón y buscar la verdad en las ciencias* (1637) de Descartes, especie de prólogo a tres ensayos, *Dióptrica, Meteoros y Geometría*, agrupados bajo el título conjunto de *Ensayos filosóficos*, ni de los *Principia* (1687) de Newton, ni de la *Crítica de la razón pura* (1781) de Kant.

El uso por Lutero de la razón a principios del siglo XVI refiere a un concepto de la misma *generalizable*, en tanto que capacidad del ser humano. La razón, aún no entronizada por la Ilustración, aún no independizada culturalmente como *diosa* por la filosofía del siglo XVIII, pero ya sí necesaria, alumbra él, junto a la *Escritura* que esta *Sola* no es suficiente.

A los efectos de nuestro tema –El Universo–, la razón colectiva, inteligible para los oyentes de su alegato, la racionalidad humana, se manifiesta, ante todo y sobre todo, como ciencia. El segundo referente luterano en Worms adquiere dimensiones extraordinarias en una cuestión teológica fundamental para la cual las Escrituras, como iremos viendo, dicen poco y en ocasiones de manera un tanto extravagante. Con Lutero, un siglo antes de Galileo, se dispone de un preciso criterio para enfrentarse al problema del Universo tal como se presentará a principios del siglo XVII en el 'caso Galileo' aún hoy no definitivamente resuelto. Los jueces del pisano actuaron conforme al *Sola Escritura* en sentido estricto y radical. No quisieron, no supieron, no pudieron, no tuvieron suficientes luces para hacer uso del 'segundo referente', necesario en todo, pero de manera singular en el problema del Universo.

7. El tercer referente: la conciencia

Pero Lutero aún introduce otro referente, el tercero, la conciencia. Las Escrituras constituyen el trasfondo *formal* para los creyentes, que son seres humanos dotados por su naturaleza humana de inteligencia, de razón, que comparten todos, y que, en principio, todos poseemos como *razón natural universal*. Esta razón, en el ámbito propio de la ciencia, por su intención de *objetividad*, puede ser participada con generalidad, como ha venido sucediendo progresivamente con las cuestiones propiamente científicas.

No sabemos exactamente el concepto de Lutero sobre la conciencia pero también puede construirse sin demasiada lejanía. La conciencia supone el conocimiento que se tiene de sí mismo y de su entorno y se refiere especialmente a la moral. Se trata, pues, del saber de sí mismo, del conocimiento que el espíritu humano tiene de su propia existencia, de sus estados anímicos y físicos y de la realización de actos. La propia conciencia, en el sentido más usual, se aplica a lo ético, a los juicios sobre el bien y el mal de nuestras acciones. El *alegato* de Lutero se hace aún más fuerte con el recurso a *su* conciencia, que le exige mantenerse firme a pesar del peligro que corre, porque la actuación en contrario, primero, "no es correcta", y, segundo, "no es segura".

En resumen, primero, las Escrituras para todos los creyentes, como regla de fe y de conducta vital, como norma de autoridad. Segundo, la razón, plano de la ciencia, del conocimiento científico general, en tanto que característica de uso común de todos los seres humanos, sin que ninguno, nunca, tenga necesariamente que renunciar a ello. Y, tercero, lo individual, lo personal, la conciencia, que Lutero, en aquel difícil trance, no olvida.

3.5.
CALVINO (1509-1564): TEOLOGÍA DE LA CREACIÓN SEGÚN LA *INSTITUCIÓN DE LA RELIGIÓN CRISTIANA*

1. Introducción

Juan Calvino (Noyon, 10 de julio de 1509 – Ginebra, 27 de mayo de 1564), publicó su obra capital, *Institución de la Religión Cristiana*, originalmente en latín en 1536, y fue traducida por él al francés en 1541 (y por Cipriano de Valera al español en 1597). Por tanto, es de fecha posterior a la referencia utilizada de Lutero, 1521, pero anterior a la definitiva obra de Copérnico, *De revolutionibus orbium coelestium*, 1543, y por supuesto previa a las de Bruno, Galileo y Newton.

En la doctrina de Calvino interesan el *problema de Dios* –existencia y esencia o naturaleza–, el *problema del hombre* y el *problema de la relación Dios-Hombre*. En general no interesarían en absoluto ni el *problema del Universo* ni el *problema de la relacionalidad Dios-Universo*. En su época, el conocimiento del Universo sigue siendo 'impuesto' por la concepción teológica que se ha denominado *cosmología cristiana*. Pero a nuestros efectos, en la construcción histórica de las respuestas humanas a dichos problemas sí son relevantes las respuestas de Calvino.

Por lo que afecta al propio Universo –físico, incluso filosófico– no puede pensarse en ninguna novedad, pero sí es de todo punto necesario fijar las notas de naturaleza teológica, que están en consonancia con el sentido cristiano de la época en este tema.

Desde puntos de vista epistemológico y metodológico puede constatarse con satisfacción que hay una fuerte consistencia con nuestros postulados de fe. En el capítulo VIII.1 Calvino afirma: "La fe precede a toda demostración", postulado (en lo respectivo a Dios) antecedente de todo proceso intelectual en el *problema de Dios* como en el *problema de la Escritura* (en tanto que Palabra de Dios, en tanto que 'autoridad', problema al que se refiere la expresión calviniana). La frase anterior se completa con esta otra afirmación: "Es una gran providencia de Dios el que los grandes misterios y secretos del Reino de los cielos nos hayan sido en su mayor parte revelados", donde 'los cielos' (expresión física) y 'los cielos' (reino del más allá) se presentan confundidos, no distinguidos.

Este capítulo pretende, por tanto, señalar la perspectiva del tema de la relacionalidad de Dios con el Universo en la teología de Calvino para dejar constancia expresa de ella. Será, pues, casi una transcripción de su doctrina[170], según su orden, con algunos comentarios críticos.

2. En torno a Dios: Creador y Gobernador del Mundo

EL título del Libro Primero de la *Institución* es harto significativo: "Del conocimiento de Dios en cuanto es Creador y Supremo Gobernador de todo el Mundo". En él se establecen directa e inmediatamente dos *atributos cósmicos de Dios*, desde la fe: 1°. **Creador**; 2°. **Supremo Gobernador**. Pero, como es tradicional hasta su época, "el Mundo" tiene una referencia exagerada como 'Mundo del hombre', aunque el "todo" refiere también, indiscutiblemente, al Universo.

A continuación se destacan unas consideraciones, con breves análisis, organizadas según avanza el texto.

El *Capítulo Primero* trata del Conocimiento de Dios, directa y precisamente en su relación con el conocimiento del hombre sobre sí mismo, con unas interesantes reflexiones relativas al sujeto cognoscente en las que manifiesta el sentido fuertemente negativo y peyorativo acerca del hombre: "El sentimiento de nuestra ignorancia, vanidad, pobreza, enfermedad, y finalmente perversidad y corrupción propia", "impulsados por nuestra miseria", "sentir descontento de nosotros", "arraigado en nosotros el orgullo y la soberbia", "convencidos de nuestra injusticia, fealdad, locura y suciedad", "por nuestra naturaleza inclinados a la hipocresía", etc.

El *Capítulo Segundo* "En qué consiste conocer a Dios..." ofrece algunas ideas de interés para nuestro relato. Veamos algunos puntos destacando con negritas los *atributos* expresos de Dios.

---

170. Se utiliza la versión española que puede leerse en Internet.

(II.1) Dios "es conocido en un principio simplemente como **Creador**". ("Después... como Redentor en la persona de Jesucristo"). Es claro que Calvino no hace propiamente, no pretende hacer, teología de la creación del Universo.

"Hay **un Dios**".

"Habiendo creado una vez el **mundo lo sustenta con su inmensa potencia, lo rige con su sabiduría, lo conserva con su bondad**".

"Todas estas cosas proceden de Él y Él es la **causa** de todas ellas".

(II.3) Dios "es **único** y verdadero" (existe).

Para Calvino Dios está "al cuidado del mundo, no vive en el ocio y el placer". Con esta tesis manifiesta: a) que con el vocablo 'mundo' está refiriéndose al hombre (lo que parece obvio); o b) que no le interesa el proceso de evolución del Universo hasta la aparición del hombre. Opta por una visión del Universo que necesita del cuidado, de la providencia, del gobierno de Dios... (digo yo) porque la Creación no fue perfecta y, en consecuencia, no puede descansar. Es la *interpretación –visión– pesimista* del Universo deducida de la lectura del Génesis: la Creación no fue perfecta, no se sostiene con leyes impresas, propias de la omnisciencia de Dios, sino que necesita de la omnipotencia de Este para su gobernación. Yo participo, a la luz de la ciencia –o por mor de mi naturaleza profesional y magisterial de científico–, de la *interpretación optimista* del Universo, deducida también del Génesis, "vio Dios que todo era bueno –estaba bien hecho– y descansó", donde se destaca la omnisciencia del Creador.

(II.4) "Del conocimiento de Dios como **soberano**", que "lo gobierna todo"[171]. Se está refiriendo, sin duda, al 'mundo del hombre', pero puede considerarse también como perspectiva más general. Desde esta se manifiesta como precursor teológico de la concepción científico-teológica de Newton, pero este sería antitrinitario –o arriano–.

Dios también es "bueno y misericordioso [...] su clemencia [...] Padre [...] Juez justo [...]".

El *Capítulo Quinto* rubrica las ideas anteriores. "El poder de Dios resplandece en la Creación del Mundo y el continuo gobierno del mismo".

---

171. Esta teología será 'rubricada' por Newton, "el mayor genio de la humanidad", en su *teología cosmológica newtoniana* que describiremos en el Capítulo 10.

(V.1) Dios es... **omnipotente**... **Creador** y **Gobernador continuo** (ha de estar pendiente ya que la todopoderosía no está 'adornada', como hecho radical, tal como se ha expuesto anteriormente, por la omnisciencia). El gobierno no es 'de una vez por todas, por completo y para siempre' (referido a la finitud espacial y temporal de existencia del Universo), que entendemos como *visión optimista*, sino que precisaría –referido al Universo (13.700$_1$000.000 años), o a los hombres (2$_1$000.000)– de un *continuo*, permanente, estar presente en la gobernación. Calvino, hombre de su época, está anclado en la concepción entonces clásica, no en la aquí considerada tan plausible, o más, ya repetida, del "y vio que era bueno, y descansó", que pone de manifiesto más claramente la 'sabiduría infinita' –expresión esta que no me gusta[172]– que puede expresarse mejor con la palabra 'omnisciencia'.

(V.2) "Infinitas son las pruebas, así en el cielo como en la tierra, que nos testifican su admirable **sabiduría** y poder. No me refiero solamente a los secretos de la naturaleza que requieren particular estudio, como son la astrología, la medicina y toda la ciencia de las cosas naturales [...] para investigar los movimientos de los planetas, para señalar su posición, para medir sus distancias, para notar sus propiedades, es menester arte y pericia más exquisitas de las que comúnmente tiene el vulgo [...] considerar la gloria de Dios, cuanto más abundantemente se despliega su providencia".

(V.6) Hace frente al panteísmo: "... que Dios es Naturaleza. Pero porque esta manera de hablar es dura e impropia, pues **la Naturaleza es más bien un orden que Dios ha establecido**, es cosa malvada y perniciosa en asuntos de tanta importancia, que se deben tratar con toda sobriedad, mezclar a Dios confusamente con el curso inferior de las obras de sus manos".

(V.7) "... el poder de Dios nos sirve de guía para considerar su **eternidad**. Porque es necesario que sea eterno y **no tenga principio**, sino que **exista por sí mismo**. Aquel que es **origen y principio de todas las cosas**."

---

172. El concepto de *infinito* no es unívoco, existen numerosos diferentes *infinitos* en matemáticas, y, por ende, como posibilidades geométricas y propiamente físicas. Para mayor extrañeza soporto en los viajes a Santander la lectura del tan absurdo como vacío eslogan turístico *Cantabria infinita*.

(V.8) Habla de la "administración y gobierno del género humano", es decir, del 'mundo del hombre'.

(V.9) De nuevo, la **providencia** de Dios, referida, como a mi juicio es apropiado, a los hombres.

El *Capítulo Sexto* manifiesta que "Es necesario para conocer a Dios en cuanto Creador, que la Escritura nos guíe y encamine". Para conocer a quien es Creador del Universo "los textos no pretenden probar otra cosa sino que Dios, Creador del mundo, nos es **manifestado en la Escritura**, y qué es lo que debemos saber de Él" (esto refiere cómo es Dios, no a cómo es el Universo).

En el *Capítulo Décimo* se desarrolla lo que se debe procurar saber de Dios en las Escrituras fijando algunas de estas ideas.

(X.1) Dios creador soberano del mundo: a) potencia de Dios en cuanto **Creador**; y b) **Providencia** en conservar las cosas en el orden y armonía que las creó [el sentido de 'orden', de 'cosmos', estático, de 'ser Universo' prevalente en la cultura judeo-cristiana]. En conjunto, "baste saber de qué manera Dios, siendo el Creador del cielo y de la tierra, gobierna esta obra maestra que Él creó".

Pero las referencias a la bondad y a su severidad refieren directamente a los hombres. Y todo el capítulo, como toda teología tradicional, está en Dios y en la relación de Dios con los hombres, los atributos edificantes o morales: misericordia, juicio, justicia, bondad, Padre.

(X.5) "No existe más que un solo Dios verdadero".

3. En torno a la Creación

El "Capítulo XIV: LA ESCRITURA, POR LA CREACIÓN DEL MUNDO Y DE TODAS LAS COSAS, DIFERENCIAN CIERTAS NOTAS AL VERDADERO DIOS DE LOS FALSOS DIOSES" refiere, en principio, directamente a la Creación. Destaquemos algunos puntos.

3.1. Acerca del Dios creador

"Ha querido Dios que se escribiese la historia de la creación, para que apoyándose en ella la Iglesia, no buscase más Dios que el que en ella Moisés describió como autor y creador del mundo". Con este trasfondo de aceptación de la literalidad del Génesis, pueden destacarse y analizarse, aunque sea fugazmente, algunas cuestiones de interés.

a) La primera cosa que se señaló fue el tiempo, la sucesión de los años, para que los fieles llegasen al origen primero del género humano y de todas las cosas. Su juicio interesa: "Este conocimiento es muy necesario, no solamente para destruir las fábulas fantásticas que antiguamente en Egipto y en otros países se inventaron, sino también para que, conociendo el principio del mundo conozcamos además más claramente la eternidad de Dios y ella nos transporte de admiración por Él". La referencia a la Escritura, en lo que respecta al proceso que se describe de la Creación, sin duda es 'otra fábula'. Y no se le dé más vueltas a este tema. Otra cuestión es la 'enseñanza' acerca de la divinidad y de la eternidad del Creador. Y otra la admiración de Dios por mediación de la creación (que a medida que avanza el conocimiento científico del Universo este se presenta cada día como más espectacular, más impresionante, más complejo).

b) Su creencia explícita, manifestación lógica de ignorancia, en que "no han pasado más que seis mil años, y no completos, desde la creación del mundo", y, por si fuera poco, continúa: "y ya está declinando hacia su fin y nos deja ver lo poco que durará". El problema radica, insisto de nuevo, en considerar que el Universo debe ser y debe funcionar como queramos 'imponerle' que sea y que funcione. Y lo diga quien lo diga, y se apoye en lo que se apoye –en este caso, en la literalidad de las Sagradas Escrituras– carece de sentido real: **el conocimiento del Universo es ámbito de la ciencia y el acceso a él es por medio de la inteligencia, fruto esta en el hombre del plan general de la creación** (y no de lo concretamente creado en un instante 'de hace seis mil años').

c) Llama la atención también la consideración de Calvino acerca de: "no nos es lícito, ni siquiera conveniente, investigar la causa por la cual Dios lo ha diferido tanto" (desde un infinito en el tiempo – eternidad hacia atrás– hasta el momento de la creación –hace solo seis mil años–). El problema con los 13.7001000.000 de años que nos ofrece el *Big Bang* es *el mismo* en la respectividad de la eternidad, pero no se parecen nada porque existe la gran diferencia de la larga existencia del Universo sin presencia del hombre en ese extensísimo período. No existía durante este el *problema de la relacionalidad hombre-Dios* y sí durante mucho tiempo, muchísimo tiempo, aunque no infinito, el *problema de la relacionalidad Dios-Universo*.

d) Su referencia –mejor 'ocurrencia'– a la 'ocupación' –los haceres– de Dios en el período anterior a la existencia del Universo tuvo y sigue teniendo éxito social: "un buen anciano respondió muy atinadamente a uno de esos burlones, el cual le preguntaba con sorna de qué se ocupaba Dios antes de crear el mundo: en hacer los infiernos para los curiosos. Esta observación –continúa Calvino– no menos grave que severa, debe refrenar nuestro inmoderado apetito, que incita a muchos a especulaciones nocivas y perjudiciales". Pero no puede negarse que el hombre tiene ciertamente un 'inmoderado apetito de conocimiento' –científico– lo que es muy positivo, si se orienta al Universo, y por su mediación se alcanza a Dios, se confirma a Dios, se satisface la necesidad de Dios, pero sería absurdo –con Calvino– si se pretendiera conocer lo que hacía Dios. Y este ha sido el problema construido por el hombre: desde una aparente humildad considerar que Dios ha 'hecho' el Universo como territorio del hombre, con sentido solo por él y para él. No obstante, aún no hemos aprendido suficiente, serán –lógicamente– muchas más las sorpresas que el Universo nos depare. Continúa Calvino: "En la misma locura y desvarío caen los que murmuran y hablan mal de Dios por haber estado ocioso y no haber creado el mundo, según el deseo de ellos, una infinidad de siglos antes. [...] ¡Cómo si después de seis mil años no hubiera mostrado Dios suficientes testimonios!".

e) Con Calvino puede afirmarse que "La Escritura nos pone en el recto camino del conocimiento de Dios", pero de ninguna manera que ella nos pone en el camino recto del conocimiento de su obra –la Creación– ni de su relacionalidad con ella. **El camino recto para el conocimiento del Universo es la ciencia.** Hasta dónde se llegue en este conocimiento es otro problema.

3.2. Los seis días de la creación

a) "Dios terminó su obra, **no en un momento, sino después de seis días**"[173], según lo que cuenta Moisés, y reafirma Calvino: "repartió su obra en seis días", en acuerdo con la literalidad de la Escritura. A Dios y al Universo en su origen, en el momento de la Creación, le traen absolutamente sin cuidado en qué consiste el 'actual' día

---

173. El uso de negritas es nuestro.

terrestre utilizado como referencia de tiempos para la creación del Universo. Ni qué decir tiene que todo esto es absurdo. Dios, autor de la Vida y en esta del Hombre, nos ha hecho inteligentes y curiosos, pero estamos frente a su obra, tal como Él ha querido que sea y funcione. El Universo, obra de Dios, tiene la palabra, la Escritura en esto no tiene nada que decir. El principio *Sola Escritura* no es que carezca de valor en este ámbito, sino que no tiene sentido en él; pertenece al ámbito de la religión, no de la ciencia.

b) "En el orden de la creación de las cosas hay que considerar diligentemente el amor paterno de Dios hacia el linaje humano por no haber creado a Adán mientras no hubo enriquecido el mundo con toda clase de riquezas". El punto de partida de Calvino vuelve a ser, lógicamente, la literalidad del Génesis, que en este asunto es camino errado. Veamos algunos precipicios: 1) El 'orden de las cosas' no lo establece el Génesis, no lo establece Moisés, no ha querido Dios que lo aprendamos por la Escritura, sino por el estudio de su obra con libertad, con inteligencia, con voluntad, con verdad; y 2) *el problema de Adán* también necesita un 'repaso' en la Cristiandad toda a la luz de los conocimientos antropológicos ya que el razonamiento, al hilo de la narración genesíaca, acerca del momento de la creación del hombre en el contexto general, parece apropiado en relación con la bondad de Dios hacia los hombres de ofrecerles un paraíso, pero el hombre que aparece súbitamente en Adán, como actuación coyuntural concreta de Dios no es coherente con el conocimiento científico acerca de la evolución biológica.

3.3. Lo que nos enseña la creación del mundo (nº 20)

a) "No desdeñemos deleitarnos con las obras de Dios que se ofrecen a nuestros ojos en tan excelente teatro como es el mundo".

b) "La **obra de Dios es la primera enseñanza de nuestra fe**, según el orden de la naturaleza [–aunque no sea la principal–] comprender que cuantas cosas vemos en el mundo son obras de Dios y contemplar con reverencia el fin para el que Dios las ha creado".

c) "Para aprender lo que necesitamos saber de Dios, conviene que conozcamos ante todo la historia de la creación del mundo [hasta aquí completamente de acuerdo], como brevemente la cuenta Moisés y después la expusieron más por extenso otros santos varones, especialmente san Basilio y san Ambrosio [esto en clara disconformidad, ya que ninguno de los tres 'sabe' nada, estando fuera de sitio en este tema, tanto ellos como sus exposiciones].

d) "Dios creó el cielo y la tierra de la nada".

e) "No es mi intento hacer la **historia de la creación del mundo** [...] pues es preferible, como he advertido antes, que el que desee instruirse más ampliamente en esto, lea a Moisés y a los demás que han escrito fiel y diligentemente la historia del mundo".

Sí, ha sido nuestra intención exponer, aunque en síntesis, en la Segunda Parte, basado en los conocimientos que ofrece la física, en la *cosmología física actual*, la historia del Universo, creado por Dios.

f) "Reconocemos las virtudes de Dios en sus criaturas, cuando consideramos cuán grande y cuán excelente ha sido el artífice que ha dispuesto y ordenado tanta multitud de estrellas como hay en el cielo, con un orden y concierto tan maravillosos que nada se puede imaginar más hermoso y precioso (¡Qué contraste en el pensamiento de Calvino con la tanta 'maldad' que habita en el hombre!); que ha asignado a algunas –como las estrellas del firmamento– el lugar en que permanezcan fijas, de suerte que en modo alguno se pueden mover de él; a otras –como los planetas– les ha ordenado que vayan de un lado a otro, siempre que en su errar no pasen los límites que se les ha asignado; y de tal manera dirige el movimiento y curso de cada una de ellas, que miden el tiempo, dividiéndolo en días, noches, meses, y años y sus estaciones. E incluso la desigualdad de los días la ha dispuesto con tal orden que no hay desconcierto alguno en ella. De la misma manera, cuando consideramos su potencia al sostener tan enorme peso, al gobernar la revolución tan rápida de la máquina del orbe celeste, que se verifica en veinticuatro horas, y en otras cosas semejantes. Estos pocos ejemplos declaran suficientemente en qué consiste el conocer las virtudes de Dios en la creación del mundo".

3.4. *"Dios ha creado todas las cosas por causa del hombre" (n° 22)*

Esta cuestión, afirma Calvino, "con mayor propiedad pertenece a la fe y consiste en comprender que Dios ha ordenado todas las cosas para nuestro provecho y salvación".

"Pues no sin causa dividió la creación de las cosas en seis días (Gn 1,31) bien que no le hubiera sido más difícil hacerlo todo en un momento que proceder como lo hizo". Así, el Universo, no solo la Tierra, todo para y por el hombre.

4. En torno al Gobierno del Universo: la Providencia de Dios

El "Capítulo XVI. DIOS DESPUÉS DE CREAR CON SU POTENCIA EL MUNDO Y CUANTO HAY EN ÉL LO GOBIERNA Y MANTIENE TODO CON SU PROVIDENCIA" ofrece un conjunto de ideas harto significativas del pensamiento de Calvino respecto al *problema de la relacionalidad de Dios con el Universo*. Veámoslo mediante un conjunto de notas significativas, asombrosamente claras.

4.1. Dios Creador y Gobernador perpetuo del mundo

"Sería vano y de ningún provecho hacer a Dios Creador por un poco de tiempo, como si de una vez para siempre hubiera terminado su obra" y "considerar la potencia de Dios no menos presente en el curso perpetuo y en el estado del mundo, que en su primer origen y principio". Estas expresiones son manifestaciones claras de lo que rechaza Calvino y que, no obstante, venimos considerando como *visión positiva* ("descansó porque vio que era bueno", fruto de su omnisciencia sin necesidad de recurso continuo a la omnipotencia ya que al finalizar el sexto día según el Génesis estaba bien hecho).

Pero, a continuación, Calvino defiende que "La fe [...] debe reconocer por **gobernador y moderador perpetuo** al que confesó como creador de todas las cosas; y esto no solamente porque Él mueve la máquina del mundo y cada una de sus partes con un movimiento universal, sino también porque tiene cuidado, mantiene y conserva con una providencia particular todo cuanto creó", situándose en la denominada *visión negativa* que implícitamente niega la tarea científica tal como esta concibe el Universo con leyes objetivas 'impresas'.

4.2. "Nada es efecto del azar; todo está sometido a la providencia de Dios"

En la visión de Calvino no están presentes ni el *determinismo* propio de las leyes clásicas ni asomo de posibilidad de la hoy *probabilidad* cuántica, solo la Providencia de Dios.

"En cuanto a las cosas inanimadas debemos tener por seguro que, aunque Dios ha señalado a cada una de ellas su propiedad, no obstante ninguna puede producir efecto alguno, más que en cuanto son dirigidas por la mano de Dios. No son, pues, sino instrumentos, por los cuales Dios hace fluir de continuo tanta eficacia cuanta tiene a bien, y conforme a su voluntad las cambia para que hagan lo que a Él le place".

(¡Bueno!, afirmarían los científicos, "menos mal que a Dios no le place nada", ya que en caso contrario no habría necesidad de ciencia y no tendríamos trabajo ni diversión).

"El Sol no es sino un medio al servicio de la providencia".

4.3. "Dios no es solo causa primera; también lo gobierna y lo dirige todo"

"Hace todo cuanto quiere" (Omnipotencia). "Es principio y causa de todo movimiento".

4.4. "La providencia de Dios no es presciencia; es algo actual"

"Es el piloto de una nave que gobierna el timón para ordenar cuanto se ha de hacer".

"No solo es universal la providencia, sino también particular".

"Dios rige el mundo, no solo porque mantiene en su ser el curso de la naturaleza tal como lo ordenó al principio, sino porque tiene cuidado particular de cada una de las cosas que creó".

4.5. "La providencia de Dios se ejerce incluso en la naturaleza"

* * *

Como se puede observar, la *Institución* está rebosante del substrato prioritariamente religioso de la *cosmología cristiana*, quizá expuesta con más claridad y radicalidad. Solo implícitamente puede suponerse la aceptación de las componentes propiamente filosóficas, geométricas y cinemáticas de dicha cosmología cristiana ya establecida a principios del siglo XVI.

3.6.
EL UNIVERSO, CUESTIÓN TEOLÓGICA: LA CONDENA DEL COPERNICANISMO (1616)

1. Notas generales

En el capítulo 2.5 de la Segunda Parte, dedicado a la 'revolución' introducida por Copérnico, se ha expuesto su biografía y su concepción del Universo. Aquí, desde una perspectiva prioritariamente religiosa, solo se precisan unas notas de encaje en la historia del pensamiento cristiano. Pero, en todo caso, debe decirse que no puede faltar en esta Tercera Parte, de estudio de la relacionalidad Dios-Universo, una nueva referencia, aunque sea escueta a Nicolás Copérnico. He aquí, pues, unas breves notas, preludio de los capítulos que se dedican a Giordano Bruno y a Galileo Galilei.

a) Nicolás Copérnico (1473-1543), entre otras muchas manifestaciones de su condición de polímata –hombre del renacimiento–, fue clérigo católico, canónigo en la catedral de Frauenburg en 1500 y administrador de la diócesis de Warmia desde 1522. La biografía de Copérnico está toda ella relacionada con la Iglesia.

b) Se considera que en 1533 el papa Clemente VII y varios cardenales mostraron especial interés en conocer las ideas de Copérnico –el asunto primordial era el *movimiento de la Tierra*– que poco a poco fueron conociéndose, de modo que, por una parte, unos deseaban la publicación de su obra, y, por otra, otros lo consideraban sospechoso de herejía.

c) Escrito el *De revolutionibus orbium coelestium* muchos años antes, acepta su publicación en 1543, año de su muerte. Como idea común entre historiadores de la ciencia se considera que padece una grave situación psicológica de miedo ante *su* Iglesia romana, que se encuentra en el difícil trance –frente a Lutero y la difusión de la Reforma– del período previo y largo anterior al Concilio de Trento, y ante las nuevas Iglesias de la Reforma. Solo daría autorización en el lecho de muerte y para que se editara en Holanda, y, además, 'justificando' su sistema meramente como hipótesis matemática y no necesariamente como 'real'.

d) Parece interesante recordar las fechas relevantes que se están considerando en estos capítulos: a) *Alegato* de Lutero, 1521; b) Primera edición latina de las *Instituciones* de Calvino, 1536; c) Publicación del *De revolutionibus* de Calvino, 1543;d) Inicio del Concilio de Trento, 1545.

e) Socialmente el *problema del Universo* no presenta ninguna dificultad: existe una *respuesta*, que se impone como *solución*, prioritariamente religiosa: la *cosmología cristiana*, que desde una perspectiva integradora de los conocimientos astronómicos se considera como *sistema aristotélico-ptolemaico-escolástico*. La *solución cristiana* satisface con generalidad a todas las iglesias y por ende a todos los hombres del occidente cristiano. En este marco surge la *individualidad* de Copérnico con su *respuesta* astronómica como 'hipótesis matemática'. Y con la consideración de tal se difundirá en algunos ámbitos intelectualidades sin mayores consecuencias.

f) Sin embargo, no debe olvidarse que el *problema del Universo* a la altura del siglo XVI es –sociológica y eclesiásticamente hablando– de índole especialmente religiosa, presupuestamente teológica, es decir, fundamental. No preocupa propiamente la astronomía, siendo el caso de Copérnico bastante singular y personal, y además manifestando una actitud intelectual en la que predomina lo filosófico sobre lo científico, aunque lo que constituiría finalmente la 'revolución copernicana' será precisamente su concepción geométrica y cinemática.

g) Su obra no recibe una aceptación mínimamente significativa por astrónomos y astrólogos de la época.

h) Hará falta que aparezcan en la escena intelectual el astrónomo Tycho Brahe (1546-1601) ofreciendo un *sistema híbrido* simultáneamente geocéntrico y heliocéntrico, y el metafísico teólogo Giordano Bruno aportando una *cosmología metafísica* fundada en la 'revolución copernicana', para que la obra de Nicolás Copérnico adquiera trascendencia con una relevancia histórica descomunal a partir del año 1600 en que Bruno fue llevado vivo a la hoguera de la Inquisición en Roma, aunque no fuera ni específica ni principalmente por su parcial referencia copernicana como se verá en el próximo capítulo.

EL UNIVERSO, CUESTIÓN TEOLÓGICA

i) Puede afirmarse que en este año 1600 no existía aún una postura oficial de la ya Iglesia Católica (romana postrentina) sobre el *sistema copernicano*, de modo que este, entonces, no constituía herejía. Por ello, la condena a Bruno no se debió a su defensa, solo muy parcial, de la tesis de Copérnico.

j) En síntesis, en el **siglo XVI se considera el Universo más como problema religioso que científico** y en este marco concibe Copérnico el *Universo heliocéntrico*, revolución que además de ser, en su caso, científica, se considera como propiamente religiosa. Y él teme las reacciones de las Iglesias, en plural. Y, en consecuencia, no se atreve a publicar su obra.

2. La consideración del sistema heliocéntrico por la Iglesia católica en el siglo XVII

La cuestión copernicana, de distintas maneras y en diversos momentos, afectó, como se ha dicho, a todas las iglesias cristianas durante el siglo XVI. Pero finalmente, como consecuencia de los casos de Giordano Bruno y Galileo, alcanzó importancia capital en el de la Iglesia católica, como se verá en los próximos capítulos.

Hay noticias sobradas documentadas acerca de la inicial aceptación, moderada y de modo formal matemático y como hipótesis –al modo de Copérnico–, del sistema propuesto por él.

Como cuestiones principales de discusión, debate y condena posterior pueden considerarse las siguientes.

Primera cuestión relevante. La Iglesia católica entiende que el estudio del Universo –la Cosmología– pertenece al ámbito teológico (como venía considerándose desde tiempo atrás) y trata como si fueran 'dogmas de fe' el geocentrismo y el geoestatismo.

Segunda cuestión relevante. Por lo que respecta a otras cuestiones concretas, el dualismo de los mundos terrestre y celeste sería suprimido, no por concebir 'celeste' a la Tierra, sino porque dejarían de serlo los demás.

Tercera cuestión relevante. La condena expresa del copernicanismo como herejía junto a la admonición a Galileo, 1616, para que se abstenga de predicar y escribir sobre él.

Cuarta cuestión relevante. El "sostenella y no enmendalla" que perduró durante los siglos XVII y gran parte del XVIII y alcanzó en las Españas al comienzo del siglo XIX.

3.7.
GIORDANO BRUNO (1548-1600): UNA CONCEPCIÓN METAFÍSICO-TEOLÓGICA DEL UNIVERSO

1. Breve introducción contextual

La aparición de Giordano Bruno en la escena intelectual europea se produce en un mundo cultural –religioso y científico– caracterizado y condicionado –en su caso, casi determinado– por tres circunstancias: post-Reforma, post-Copérnico y post-Trento. Y en esta etapa histórica tan compleja constituirá un referente humano de singular importancia. Con respecto a la Reforma se han hecho consideraciones relevantes en los capítulos 3.4 (Lutero) y 3.5 (Calvino) y con respecto a Copérnico en los capítulos 2.5 (prioritariamente de sesgo científico) y 3.6 (prioritariamente de sesgo religioso).

El **Concilio de Trento** (1545-1563), que tantos esfuerzos –y sufrires– costó a Carlos V que se convocara, se desarrolló durante la niñez y juventud de Bruno. Sus conclusiones habían significado, de alguna manera, algo contrario a la 'reforma' que –frente a la Reforma protestante– exigían o esperaban unos auténticos cristianos desde hacía siglos, contra la creciente degeneración de la Iglesia, de tal modo que consideraron que este Concilio estableció un rechazo de la religiosidad y de la fe realmente evangélicas en pro de la codificación de una férrea ortodoxia prioritariamente administrativa y muy jerarquizada. En este marco, y por lo que se refiere a doctrina, ámbito intelectual, el Concilio había elevado el *tomismo* a la categoría de filosofía ortodoxa por excelencia. Tampoco es baladí recordar que históricamente los dominicos dominaban el aparato represivo inquisitorial de la Iglesia, que mantuvieron tras dicho Concilio, aunque los recién aparecidos jesuitas se fueron haciendo de modo pragmático progresivamente con el poder eclesial. Estas brevísimas pero precisas consideraciones pueden aportar luz sobre la situación que se ha descrito en la Segunda Parte entre los albores de la Modernidad (Copérnico, Brahe, Bruno) y el establecimiento de esta (Galileo, Newton).

Como ideas, también contextuales, que enmarquen este recuerdo de Bruno, para el tema que aquí interesa, pueden destacarse las siguientes.

Primera. Sus obras denominadas en conjunto «Diálogos metafísicos», editadas en Londres en 1584 en italiano: *La cena de las cenizas* (*La cena de le ceneri*), *Sobre la causa, el principio y el uno* (*De la causa, principio e uno*) y *Sobre el infinito universo y los mundos* (*Del infinito universo e mondi*), son de tal importancia que el primero y el último de estos libros ocupan lugar de honor en las reflexiones de carácter astronómico de todos los tiempos. Su naturaleza es de índole propiamente metafísica y no científica: son discusiones filosóficas en torno a la Naturaleza, pero, ¡qué discusiones!

Segunda. El título *Sobre el infinito universo y los mundos*, unido a otra publicación de 1591 *Sobre lo inmenso y los innumerables*, anticipan, en el ámbito de la filosofía, con claridad meridiana, lo que siglos más tarde se elaborará como espacio puntual euclídeo tridimensional, triplemente infinito, que había sido para Newton "absoluto, verdadero y matemático". Y junto al *infinito espacial* o de la extensión que acabará siendo el de los números reales, une el *infinito natural* que aplica a los mundos, astros, planetas: la innumerabilidad, el infinito numerable, el de los números naturales.

Y tercera. El punto de partida científico es la tarea de Copérnico, en la que hinca sus raíces.

2. Notas biográficas[174]

Giordano Bruno (Nola, Nápoles, 1548 – Roma, 17 de febrero de 1600) nació con el nombre de Filippo Bruno. Fue hombre renacentista y se le considera religioso y filósofo e incluso astrónomo y poeta.

En 1565, con 16 años, ingresó en la Orden de los Dominicos, donde se dedicó, como era usual, al estudio de la filosofía aristotélica y de la teología de Santo Tomás de Aquino (tomismo)[175].

---

174. En la actualidad, para una más extensa e inmediata información biográfica, es recomendable utilizar la vía que se ofrece por Internet. Con una condición: solo a modo de primer contacto, de visión superficial, pero con la consideración obvia de instrumento magnífico.

175. Ese mismo año cambió su nombre por el de Giordano.

Sus 'problemas religiosos' comenzaron durante su preparación como fraile. A consecuencia de su rechazo a tener imágenes de santos, con aceptación exclusiva del crucifijo, en fecha tan temprana como 1566 (¡18 años!, lo que indica una fuerte personalidad) se inició contra él un primer 'proceso' por sospechas de herejía, en el seno de la Orden, aunque no prosperó.

En 1572 fue ordenado como sacerdote dominico en Salerno. Estudió en Santo Domingo Mayor recibiendo en 1575 el título de Doctor en Teología.

En 1576 se le acusa de 'desviación' de la doctrina religiosa establecida en la Iglesia, por lo que tuvo que abandonar la Orden huyendo a Roma, asilándose en el Convento de Santa María en Minerva.

Viaja por Italia y Francia y se establece en Ginebra donde abandona los hábitos dominicos y se adhiere, en principio, a la doctrina calvinista. Pronto se manifestaría públicamente en desacuerdo con 'unos errores' del calvinismo, a mi juicio básicamente como expresión de la enorme dificultad que para un 'intelectual' implica el sometimiento a cualquier tipo de disciplina. La 'república protestante calvinista' de Ginebra lo llevó a prisión y tuvo que retractarse. Abandona el calvinismo y se desplaza a Francia, donde, tras el furor de las guerras religiosas, sería aceptado en 1581 por el rey Enrique III como profesor de la Universidad de París. Sus doctrinas y su espíritu inquieto harían corta su estancia en la capital francesa.

En 1583 se desplaza a Inglaterra y en 1584 publicaría en italiano en Londres tres relevantes libros de carácter prioritariamente metafísico: *Sobre la causa, el principio y el uno*, *Sobre el Universo infinito y los (innumerables) mundos* y *La cena de las cenizas*, obras que en sus consideraciones cosmológicas son de raíces copernicanas aunque descaradamente superadoras de la misma. Este año 1584 es, pues, una fecha importante en el marco de una 'visión histórica acerca del ser humano ante el Cosmos'. Estas tres primeras obras filosóficas, por otra parte las más importantes a nuestro juicio, han recibido el nombre de "diálogos metafísicos". En el primero y en el tercero de los diálogos abundan las conversaciones y discusiones de carácter propiamente astronómico. En lo referente a las cuestiones cosmológicas, la naturaleza de los textos, tanto por el modo de discurrir como por la razón del discurso, es filosófica y no física. Las discusiones son puramente metafísicas como metafísico es el corpus doctrinal de la denominada 'física aristotélica' contra la que arremete Bruno en su propio ámbito y a la que desea sustituir. Inicia en estos textos una *polémica antiaristotélica*, que continúa posteriormente: ciento veinte artículos sobre 'la naturaleza y el mundo' contra los peripatéticos, 1586; ciento sesenta artículos contra los matemáticos y filósofos de esta época, 1588; *Sobre lo inmenso y los innumerables*, o sea, sobre el universo y los mundos, 1591.

En 1585 regresa a París, para desplazarse poco después a Marburgo donde difundiría sus obras londinenses y se enfrentaría en debate público a los profesores aristotélicos, siendo ridiculizado y expulsado de la ciudad. Vivió unos cinco años por diferentes países protestantes y católicos escribiendo artículos y dictando conferencias (Sorbona, Wittenberg, Praga).

En 1590 regresa, presupuestamente protegido por Giovanni Mocenigo, a Italia para impartir una cátedra particular en Venecia, pero sería traicionado y entregado a la Inquisición por su protector en 1591, y encerrado a principios de 1593 en el Palacio del Santo Oficio en el Vaticano.

Por lo que respecta a nuestro objeto de estudio puede decirse que expresó en escritos y conferencias sus ideas acerca de la pluralidad de los mundos y sistemas solares, el heliocentrismo de 'nuestro mundo', la infinitud del espacio y el Universo y el movimiento de los astros, cuestiones todas estas que le acarrearían persecuciones y tensiones en su contra por parte de la iglesia católica, especialmente por la Inquisición, hasta ser encarcelado (1593), durante ocho años, acusado de blasfemia, herejía e inmoralidad, para finalmente ser condenado[176] por herético, impenitente, pertinaz y obstinado, a la hoguera en la que murió quemado vivo el 17 de febrero de 1600 en *Campo dei Fiori*, Roma.

Las acusaciones concretas que se le hicieron se referían principalmente a sus opiniones contrarias a la fe católica sobre la Trinidad, la divinidad de Cristo, la encarnación, la virginidad de María, la transubstanciación y la misa, así como hablar en contra de la fe, de la Iglesia y de sus ministros. Por lo que se refiere directamente a

---

176. El proceso de la Inquisición contra Bruno fue dirigido por el jesuita Roberto Belarmino (1542-1621). Este había sido profesor en la Universidad de Lovaina de teología, filosofía, matemáticas y astronomía. También presidiría el proceso que concluiría con la condena del copernicanismo y la admonición a Galileo en 1616.

nuestro tema en la relación de acusaciones se destaca su afirmación de que existen múltiples mundos.

Como se ha dicho, Bruno acabaría su vida, tras muchos años de cárcel, quemado *vivo* en la hoguera (lo 'usual' –en estos casos de condena a la hoguera– era proceder a la quema del cuerpo después de ajusticiado) de la Inquisición romana.

Su muerte tuvo un efecto disuasorio en el avance intelectual y científico de la civilización, particularmente en las naciones católicas, pero a pesar de esto, sus observaciones continuaron influenciando a otros pensadores, y se le considera uno de los precursores de la Revolución científica[177].

* * *

Pasemos, tras estas introducciones, al tema propio: la cosmología bruniana. Para ello se harán, en primer lugar, unas referencias a la crítica que ejerce Giordano Bruno sobre la obra de Copérnico y a la más intensa que dedica al aristotelismo, para expresar, a continuación, de manera precisa, las notas caracterizadoras de su visión del Universo, y concluir con unas consideraciones complementarias. Y todo ello con nuestro modo preferido: enumeración y densa, pero clara, caracterización.

3. Análisis crítico de la obra de Copérnico

a) Bruno elogia a Copérnico por unas cuantas razones.

Primera. Su juicio sobre la Naturaleza, que lo sitúa en un plano superior, en cuanto astrónomo, a Ptolomeo, Hiparco, Eudoxo, etc.

Segunda. Su liberación de varios presupuestos de la filosofía vulgar aristotélico-escolástica, aunque no se apartara totalmente de ella.

Tercera. Su sabiruría, mejor de la matemática que de la Naturaleza. Por esto solo ha sugerido o iniciado el camino para profundizar

---

177. En la tesitura actual de búsqueda de vida extraterrestre cobra especial significado el recuerdo que se merece Giordano Bruno. La cruel sentencia de cremación en vivo, en la hoguera de la Inquisición romana, el 17 de febrero del año 1600, constituyen un acontecimiento y fecha que marcan, a mi juicio (juicio cimentado en consideraciones de naturaleza intelectual frente a las usuales, propias de hechos más bien guerreros), el fin del medioevo y el albor de la Modernidad.

en el conocimiento de la Naturaleza y para liberarse del peso del pasado.

Cuarta. La concepción heliocéntrica constituye una fundamental contribución histórica, aunque Copérnico no extrajera las consecuencias cosmológicas consiguientes.

b) Defiende como interpretación correcta de Copérnico la de que la Tierra se mueve realmente (plano o ámbito de la Física) y refuta la consideración de aquellos que suponen que se trata solo de una hipótesis de cálculo matemático o de un modelo matemático cómodo. Puede afirmarse que Bruno diría que Copérnico no solo es matemático, sino también físico.

Critica la jerarquía de la distribución copernicana de los astros en el espacio, sobre todo el mantenimiento por Copérnico de la 'octava esfera': el cielo de las estrellas fijas. Para Bruno no existe este cielo o esta esfera, las estrellas no son equidistantes del 'centro solar'.

4. Actitud ante la 'filosofía vulgar' (aristotélico-escolástica)

a) El 'saber académico' está aferrado a la concepción aristotélico-escolástica contra toda argumentación y toda experiencia, elementos básicos en Ciencia y Filosofía. La 'filosofía vulgar', plagada de errores, mantiene una posición rígida, intransigente, acrítica que hay que superar y demoler.

b) Bruno rompe con el Cosmos clásico construido con "las opiniones de vanos matemáticos y la ciega visión de vulgares filósofos", atraviesa las esferas celestes, traspasa los límites del mundo, libera a los astros de los fantásticos móviles y motores. Y se pregunta "¿Por qué el movimiento de la Tierra es ilógico e imposible?".

c) Sustituye la imagen del mundo físico vigente en su época, cuyas raíces están en Aristóteles, por otra con raíces en Copérnico y en la filosofía presocrática.

5. La concepción cosmológica bruniana

Alcanzamos el punto básico de este capítulo que se presenta como generador de numerosas nuevas ideas que fueron adquiriendo actualidad posteriormente y en torno a algunas de las cuales se discute también en el presente.

GIORDANO BRUNO (1548-1600)

La concepción cosmológica del Nolano es fundamental y principalmente de naturaleza metafísica, cuestión que debe resaltarse previamente, con independencia de que algunas de sus tesis tuvieran, hayan tenido hasta la fecha o tengan en el futuro mayor o menor ratificación por la Física. Sus afirmaciones son apriorísticas. Sus aserciones, las fundamentales desde la perspectiva de la Física, son la infinitud del Universo y la innumerabilidad de los mundos; pero no se basan en el testimonio de los sentidos, sino que se presentan como exigencias de la razón, aunque esta no esté necesariamente separada de la sensación. Desde la visión actual de la Filosofía de la Física podríamos decir que Bruno formula un conjunto de meras hipótesis; así es su concepción cosmológica, que la experiencia confirmaría o no. El cuadro, más o menos sistemático, de esta concepción se describe a continuación.

a) El Universo es **infinito**. Bruno no ve, no aprecia, no intuye sensible ni racionalmente fin o límite alguno al Universo; hay un solo Cielo inmenso en el que se mueven los astros. [Queda preludiada la noción newtoniana de espacio infinito en el que los cuerpos (mundos, astros) ocupan lugares y pueden desplazarse. Es, en esta capital perspectiva, como en otras, precursor de Newton].

b) El Universo **no tiene centro**. Consecuencia o inferencia lógica de la aserción 1 es la imposibilidad de existencia de un centro. Por tanto, tampoco tienen sentido ni las jerarquizaciones celestes de Aristóteles y Copérnico ni los órdenes de simetría centrales.

c) El Universo es **uno e inmóvil**, además de infinito. Comenta Cappelletti en el prólogo del libro de Bruno[178]:

> «Este uno es infinito y, en consecuencia, no puede moverse, porque no tiene ya lugar alguno adonde dirigirse; no nace ni se corrompe, porque no hay, fuera de él, nada de lo cual pueda hacerse o en lo cual pueda resolverse; no disminuye ni aumenta, porque nada se le puede quitar o añadir al que es infinito; no se altera en ningún sentido, porque no hay fuera de él nada que lo pueda afectar; no es materia, porque no tiene ni puede tener figura o límite; no es forma, porque no confiere a otro forma y figura, ya que es Todo, Uno, Universo; no es medible ni es medida; no comprende ni es comprendido en otro,

---

178. Bruno (1584). ¡Cuánta materia ofrece Cappelletti para la reflexión desde la actualidad!

porque no tiene mayor o menor que él; no se compara porque no tiene término de comparación; no tiene partes y no es compuesto, porque es uno e idéntico a sí mismo».

Es un preludio del concepto de espacio clásico de la modernidad caracterizado por Newton en el que se sitúan los cuerpos; en 1584 no existen 'históricamente' sistemas de referencia, ni siquiera el cartesiano, para el concepto de espacio euclídeo tridimensional. El Universo además de ser uno es inmóvil; los innumerables mundos que alberga se mueven todos, sin excepción, libremente.

d) Existen **innumerables mundos**, es decir, innumerables soles con sus planetas girando perpetuamente y habitados por seres vivos e inteligentes. [Desde los elementales pero revolucionarios conocimientos científicos que alumbró socialmente Nicolás Copérnico y con una portentosa imaginación y solidez intelectual, Giordano Bruno se convirtió en el profeta de la vida extraterrestre: el primero que fundamentado en ciencia y con libertad de pensamiento se atrevió a hablar de ella con naturalidad y con convicción. Y no solo de vida, sino de vida inteligente. Ciencia (poca, pero la más solemne que existía), Filosofía (exuberante y profunda) y concepto de Dios (novedoso) se unían en él, para -contra la ciencia, la filosofía y la religión imperantes en su época– sugerir las condiciones que debía ofrecer el Cosmos para la vida unas décadas antes de que Galileo (1609) descubriera unos primeros cambios que tenían lugar en los cielos y un siglo antes de que Newton (1687) estableciera la cosmología vigente durante más de dos siglos].

e) El **vacío absoluto no existe** en los espacios intersiderales; el Universo está lleno de una substancia ('aire líquido'), sutil, llamada éter (pero no mueve los astros, máquinas tan grandes y densas).

f) **Solo existe una clase de materia** en el Universo, de la que están formados todos los astros y la Tierra. Defiende el monismo de la materia frente a la dualidad aristotélica de la materia terrestre o sublunar y de la astral o celeste. La materia es, en sí misma, una y absoluta, aunque las formas pueden variar de infinitas maneras.

g) Los **astros tienen vida y alma**. Los astros constituyen una 'especie'; cada cuerpo celeste es un 'individuo' de la especie, es un ente dotado de vida en sí mismo, de un principio intrínseco de movimiento en su naturaleza y de su propia alma, sensitiva y racional o intelectiva; se mueven hacia las cosas y lugares que les corresponden (no existen motores extrínsecos que muevan esferas soportes en las que estuvieran fijados). [En Giordano Bruno el concepto de 'principio' se refiere a algo inmanente que produce un efecto desde dentro; el concepto de 'causa' se refiere a algo trascendente que produce un efecto desde fuera]. Su concepción es pampsiquista.

h) La **Tierra es uno de los planetas del sistema solar**. Tiene varios movimientos distintos y simultáneos, igual que otros cuerpos semejantes a ella.

i) El **Universo es imagen de Dios**, más aún, realidad en el fondo idéntica a Dios. El Universo constituye un conjunto, un todo animado, dotado de un alma única, el ser de su ser: Dios. **Entre el Universo y Dios no hay distinción real**, menos aún separación (Universo y Dios son conceptualmente diferentes, prácticamente idénticos).

j) El **Universo es inmortal** como inferencia lógica de la afirmación anterior. La forma del Universo y la materia no pueden perecer ni tener fin; perecen los seres particulares que son accidentes de la única substancia y no verdaderas substancias. Nada se pierde ni se aniquila excepto las formas accidentales; la **materia es inaniquilable**, es imperecedera (establece así, metafísicamente, el principio físico de conservación de la materia).

k) Todos los **cuerpos** celestes están sujetos a una **perpetua mutación**. Los cuerpos continuamente pierden partículas y reciben otras de fuera, pero mantienen su identidad (para Aristóteles los astros, los cielos, son inmutables).

6. Notas complementarias

a) La Cosmología de Bruno supone la superación del aristotelismo y preanuncia metafóricamente, entre otras, las grandes obras de la Física y la Filosofía modernas: las de Newton y Kant.

b) Conviene destacar la 'presencia' o permanencia en la modernidad y en la Postmodernidad de gran parte de las ideas básicas metafísicas de Bruno, compatibles con los conocimientos de la Física moderna.

c) Existe cierta confusión parcial en la obra de Bruno relativa a las ideas de 'Universo espacio' y de 'Universo mundos-materia' que se sigue arrastrando hasta nuestros días; aún perdura.

d) Bruno 'diviniza' el Universo y la materia.

¡Bien! Pero hay más. En esa infinitud del Universo destaca Bruno la "existencia de innumerables mundos", es decir, de innumerables soles con varios planetas cada uno. Y tales que esos infinitos mundos del Universo están habitados, en ellos existen seres vivos e inteligentes.

La Cosmología de Bruno, se reitera, anuncia a Newton y a la Física moderna y en algunos puntos a la actual.

Conviene recordar, por otra parte, que las dos afirmaciones fundamentales acerca de la infinitud del Universo y de la existencia de innumerables mundos habitados, no se basan en constataciones o impresiones de los sentidos (propiamente científicas en su época), sino que las presenta como exigencia de la razón fundamentada en el conocimiento científico (entonces incipiente), razón que no está separada necesariamente de la sensación. Y así fue el primero en hablar de vida extraterrestre.

Pero como se ha recordado murió en la hoguera hace poco más de 400 años. Impresiona lamentablemente lo que es capaz de hacer el hombre, y, sobre todo, que lo haga utilizando el nombre de Dios. ¡Pobre segundo mandamiento! ¡Cuánta perversión!

Han cambiado tanto los tiempos, aunque a veces parezca que lo hacen tan poco, que yo –por razón del tema que traigo a vuestra consideración– no tengo ningún riesgo de condena vital, ni siquiera de proceso penal, ni incluso, ¡espero!, de rechazo intelectual. Más bien todos ustedes, creyentes o no, recibirán con benevolencia y quizá con alegría el tratamiento de este tema crucial incluso para la propia existencia humana: ¿Estamos solos en el Universo?

3.8.
GALILEO: LA REVOLUCIÓN TEOLÓGICA.

I. EN TORNO AL PAPEL DE LAS SAGRADAS ESCRITURAS

1. Una referencia a Ortega y Gasset: la ciencia como forma especial de creencia

En la 'Nota de Presentación' del ensayo *En Torno a Galileo* dice Ortega:

> Al descender por debajo del conocimiento mismo, por tanto, de la ciencia como hecho genérico y descubrir la función vital que la inspira y moviliza, nos encontramos con que no es sino una **forma especial de otra función más decisiva y básica, la creencia**[179].

Así, desde la perspectiva orteguiana puede considerarse que ambas, ciencia y religión, comparten un trasfondo de creencia, y quizá esto explique el hecho de que con harta frecuencia, en sus relaciones, haya más debate que diálogo.

En los temas objeto de esta tesis, Creación (u origen) del Universo y Relacionalidad Dios-Universo, se ha puesto de manifiesto a lo largo de la historia (o debe ponerse más aún) que es necesario entender, primero, las bases de la ciencia y las imágenes que esta ofrece del Universo para abrir la senda de la religión. Entre creencias anda el juego intelectual de la búsqueda de verdad, del predominio general de la razón sobre la fe, de la asunción por bastantes de la fe como creencia más fortalecida, de la necesaria y conveniente conjunción de ciencia y religión, de razón y fe.

---
179. El uso de negritas es nuestro.

En esta Tercera Parte se están describiendo, y se continuará por este camino, las tensiones entre estas dos formas de creencias a lo largo de la historia, en el marco del desarrollo de la civilización occidental, desde la aceptación literal del Génesis (y conjunto de libros de la Biblia), fundamento de fe judeo-cristiana, hasta la actual consideración por algunos relevantes científicos 'desde la cosmología física', desde la ciencia, de que el Universo se ha generado solo, por sí mismo, de la Nada. Pero tanto, puede considerarse que tanto lo 'antiguo' como lo 'moderno' se insertan en el ámbito de las creencias.

En esta historia de tensiones, los descubrimientos científicos han ido ocupando el lugar que les corresponde: son determinantes y deben aceptarse con generalidad; pero al mismo tiempo la ciencia –y con ella, los científicos– debe dejar claro, distinguiendo lo conocido de lo imaginado, lo sabido de lo creído, lo que debe establecerse de lo que debe plantearse para continuar escudriñando la Naturaleza. **La fe tiene un extenso campo que no debe traspasar**; y, desde esta perspectiva, la razón no es su enemiga, sino solo –o tanto como– un apoyo y la marcación de unos límites.

En la caracterización de la Modernidad, como etapa histórica, se decía que una de las expresiones tradicionales para caracterizar el cambio fue el tránsito del "Dios es la verdad" y de la teología como instrumento para alcanzarla, del Medioevo, a "la verdad es la ciencia" y el método científico el instrumento para alcanzarla. Así, pues, en torno al problema de la verdad nos encontramos en este capítulo, y además, en concreto, en torno a la verdad, la realidad, del Universo.

En la Parte Segunda[180] se analizó la síntesis biográfico-científica de Galileo Galilei (1564-1642) señalando de manera especial sus contribuciones al conocimiento científico del Universo. Ahora interesa estudiar con cierto detalle la perspectiva religiosa de la vida y del pensamiento del pisano, así como sus tensas relaciones de índole religiosa con la jerarquía eclesiástica católica.

2. La revolución intelectual galileana

El momento crucial de la biografía de Galileo Galilei se produce en el año 1609 cuando utiliza el anteojo (hoy telescopio) para mirar

---

180. Capítulo 2.8.

a los cielos y comienza el descubrimiento de un conjunto de sorprendentes 'novedades' respecto de la observación visual. Como se ha descrito en la Segunda Parte, en síntesis: a) multitud de estrellas; b) montañas y valles en la Luna; c) manchas en el Sol; d) satélites en Júpiter; y e) fases de Venus. A este conjunto de descubrimientos astronómicos observacionales unirá Galileo unas concepciones y unos razonamientos filosóficos que le conducirán no solo a la aceptación como realidad, como verdad física, del *sistema copernicano*, sino que completará la concepción del canónigo polaco generando la *revolución* pendiente desde Copérnico. La parte de la revolución galileana aceptada con generalidad como innovación científica, en los ámbitos de la ciencia, de la filosofía y también parcialmente ya en el ámbito de la Iglesia Católica, se ha tratado en la Segunda Parte, donde quedaron establecidas las consideradas como dos primeras manifestaciones: la *revolución observacional instrumental* y la *revolución filosófica*. Pero, de acuerdo con nuestro punto de vista, la revolución de Galileo, es una única revolución que presenta diversas notas estructurales o diferentes manifestaciones en distintos ámbitos de nuestras disciplinas intelectuales.

La *primera manifestación* de la revolución galileana considerada es la **astronómica observacional con instrumentación óptica** dando así inicio a una **nueva era de la astronomía**.

La *segunda manifestación* de la revolución galileana se refiere a la **concepción *filosófica*** con la que reafirma sus convicciones previas antiaristotélico-escolásticas relativas ahora especialmente a las preconsideraciones o presupuestos filosóficos cosmológicos que, desde su convicción copernicana en la naturaleza heliocéntrica y geodinámica del Universo, se encierran básicamente en estos dos supuestos: 1) la *no dualidad* de materia celeste-terrestre; y 2) la *no perfección* (homogeneidad y esfericidad) de los astros; aspectos de raíces propiamente metafísicas, pero que, por ello, también podrían considerarse de carácter religioso.

La *tercera manifestación* de la revolución galileana es de naturaleza prioritariamente ***teológica***. Desde su pertenencia, satisfactoria y fiel, a la Iglesia Católica Romana, la encierra en tres postulados, que se comentarán en próximos apartados, cuyos enunciados básicos pueden ser: 1º) "El Universo ha sido creado por Dios", y, en consecuencia, en tanto que 'obra de Dios' es "expresión de Dios"; 2º) "Las Sagradas Escrituras, aunque reveladas, han sido escritas por el hombre"; y 3º) "Las Sagradas Escrituras deben interpretarse a la luz del conocimiento del Universo". De esta *manifestación* surge la revolución religiosa que debe tratarse en este capítulo. Se refiere, nada menos, que al valor de las Escrituras.

Y, finalmente, a mi juicio, la revolución galileana ofrece una *cuarta manifestación* que denomino **filosófico-científica**, acerca de la **naturaleza matemática del Universo**, que tendrá, como se verá en el próximo capítulo, una importancia capital, determinante, en el problema de la relacionalidad de Dios con su obra, por lo que se le dedica un capítulo específico.

3. Trasfondo de creencias de Galileo

Galileo Galilei cree en el Universo que observa, y, partiendo de las observaciones, lo interpreta, pero desde el propio Universo, no desde instancias ideológicas exteriores al mismo (aunque obviamente sea heredero de una tradición y miembro de unas generaciones críticas), sino que, inserto en una sociedad en transición, ocupa la cabeza de la revolución.

Interesa destacar que Galileo, al menos en el entorno de 1610 y desde entonces hasta el final de su vida, manifestó tres creencias religiosas básicas, que constituirán un trasfondo firme de sus pensares y actuares, de tal manera que sin ellas no se entendería su conducta. Estas *creencias*, que no *saberes*, fueron:

1ª) Cree en Dios, en el 'Dios de los cristianos', y en perfecta armonía con la Iglesia católica. Fe en Dios Uno Único, creador, omnipotente, omnisciente.

2ª) Cree que el Universo es obra de Dios; y

3ª) Cree, aunque no sea con tanta fuerza, en los hombres, en su sensatez, en su apertura a la verdad, en su inteligencia, en su capacidad de comprensión, en su buena voluntad (a pesar de su experiencia de discusiones intelectuales en Padua) y, por ello, al regresar a Florencia y acercarse a Roma no teme a la Iglesia. Desde esta creencia muestra también elevadas dosis de ingenuidad y de utopía en su visión del hombre, aspectos estos que, según pienso, no han sido tenidos suficientemente en cuenta.

A la luz de estas creencias, luz imprescindible para el análisis y la crítica –de las concepciones y actitudes galileanas y de las correspondientes de sus críticos y jueces–, pretendemos tratar, en este capítulo, de la tercera manifestación de su revolución, de naturaleza teológica, relativa a la hermenéutica de las Sagradas Escrituras, por lo que también podría denominarse *revolución bíblica*.

4. Los postulados de la *revolución teológica bíblica*

Como se ha anticipado, la *tercera manifestación* de la revolución galileana, según nuestra consideración, es de naturaleza **teológica**. Galileo, con la luz de sus conocimientos científicos, de su capacidad filosófica y de su fe cristiana, asume con firmeza, en el ámbito religioso que nos ocupa, tres creencias básicas firmes, que le permiten establecer, a nuestro juicio, tres postulados teológicos, de expresión clara y fácil intelección. Galileo, desde su pertenencia a la Iglesia Católica Romana (al menos desde el entorno de su encumbramiento, 1610), la encierra en tres principios o *postulados* que se exponen de nuevo, con sus definiciones escuetas, y a los que damos especial relevancia en este trabajo. Los postulados son los siguientes.

1º. El Universo ha sido creado por Dios y es expresión de Dios en tanto que es obra de Dios. El Universo conduce a Dios, e invita, pues, a su conocimiento directo.

2º. Las Sagradas Escrituras, aunque reveladas por Dios, fueron escritas por el hombre, y no son obra científica.

3º. La Naturaleza y las Sagradas Escrituras proceden de Dios, y no pueden ofrecer contradicciones; por tanto, las Escrituras deben interpretarse a la luz del conocimiento del Universo adquirido por observación y razonamiento demostrativo.

5. En torno al primer postulado: "El Universo ha sido creado por Dios"

Este primer postulado, en su primera parte, es de aceptación general en el mundo cristiano, y como cuestión primera: Dios es el autor del Universo, su Creador. Y ha hecho el Universo porque ha querido y lo ha hecho como lo ha hecho, tal como es, como ha querido.

Pero el contenido de la segunda parte se presentó problemático. Ofrecía muy diferentes lecturas. En el Universo Dios ha situado al hombre, hecho a su imagen y semejanza. El hombre, curioso e inteligente, libre y responsable, para Galileo: a) no solo puede, sino que debe asomarse al Universo, gustar del Universo, estudiar el Universo, precisamente por tratarse de una obra de Dios; b) Dios se nos muestra –también– por mediación de su obra, que adquiere la condición de *medio* para el conocimiento de Dios, de su grandeza; c) no debe tenerse miedo en la observación y en el estudio del Universo, tal como este sea, sino justamente lo contario, debe estudiarse sin imponerle condiciones externas. Los hombres deben mirar –y admirar– la obra del Creador, el Universo, sin prejuicios, sin trabas, tal como es. Pueden y deben. Y estudiarla. Y comprenderla: obra maravillosa.

6. En torno al segundo postulado: "Las Escrituras no son obra científica"

El segundo postulado, tal como lo hemos expresado, consta de tres partes.

Primera. Las Sagradas Escrituras han sido reveladas por Dios, han sido inspiradas por el Espíritu Santo, *creencia* que explicita Galileo con firmeza, en acuerdo con todo el cristianismo de su época, Reforma y Contrarreforma; y conviene reiterar, *creencia* firme.

Segunda. Las Sagradas Escrituras fueron escritas por el hombre, algo obvio, pero según se interprete –o quiera interpretarse y/o valorarse– podría alcanzar tinte peligroso. No obstante: a) por una parte, debe inscribirse como complemento de la afirmación primera –"inspiradas por Dios"–; y b) estar sobre aviso de la interpretación *literalista* de la Biblia, predominante en el ámbito católico y con una visión más acentuada en los ámbitos de la Reforma. Por estar *inspiradas* por Dios serían infalibles, por estar *escritas* por el hombre serían falibles. ¿Dónde se pone el acento? Gran problema. Pero aquí se tiene como referente, en versión científica, el Universo, y, en versión religiosa, la Creación. ¿Cuál es la respuesta de Galileo?

Tercera. Las Sagradas Escrituras no son obra científica. Galileo así salva los dos problemas, los inherentes a las dos problemáticas visiones del tema: a) la infalibilidad corresponde a las cuestiones religiosas, finalidad de las Escrituras, objeto de la inspiración divina;

b) la falibilidad, posible, corresponde a las cuestiones científicas, tarea de los hombres, no objeto de inspiración. La afirmación de que no son obra científica constituye una respuesta adecuada para la solución del problema.

Pero esta es la *teología de Galileo* –a nuestro juicio exquisitamente correcta– en torno al ámbito y valor de las Sagradas Escrituras, no la teología imperante en las Iglesias cristianas a principios del siglo XVII. En este contexto intelectual de interpretación de la relación entre conocimiento del Universo y Sagradas Escrituras, que conduciría, primero, a la admonición (1616), y después a la condena de Galileo (1633) por la Iglesia Católica, exige también matizar el principio protestante de *Sola Escritura*.

7. En torno al tercer postulado: "Las obras de Dios no pueden ser contradictorias"

Este tercer postulado también integra varias afirmaciones.

Primera. Reiteración del primer postulado: La Naturaleza procede de Dios, el Universo es obra de Dios, su Creador.

Segunda. Las Sagradas Escrituras proceden de Dios; aunque obra de hombres, están inspiradas por Dios, son de origen divino.

Tercera. Nueva *creencia*: "Las obras de Dios no pueden ofrecer contradicciones"; no es concebible que Dios se contradiga, que por su obra cósmica manifieste una cosa y por su inspiración manifieste otra distinta; por tanto, debe rechazarse la posibilidad de contradicción.

Cuarta. Fundamental en la revolución teológica galileana: "**Las Escrituras deben interpretarse a la luz del conocimiento del Universo adquirido por observación y razonamiento demostrativo**". Las Escrituras, en lo que se refiere a asuntos de naturaleza científica, no pueden –ni deben– interpretarse ni por la *Tradición* de padres, concilios y papas, al modo de la Iglesia Católica, ni por la lectura estricta de la *Sola Escritura*, que se interpreta desde sí misma. ¡No! La *interpretación* de la Biblia, en el tema capital y primero de la Creación del Universo y de la relacionalidad Dios-Universo, debe hacerse a la luz del conocimiento del Universo adquirido por: a) la observación; y b) el razonamiento; es decir, por la ciencia, tarea humana de descubrimiento de la obra de Dios.

8. Consideraciones complementarias a los postulados

A lo que la Naturaleza presenta con claridad no puede oponerse una *interpretación* de la Biblia, escrita esta frecuentemente en lenguaje figurado para una fácil intelección.

El problema *humano* se había planteado, con referencia a Belarmino, desde un trasfondo común: ciencia y escritura son separables, pero con dos orientaciones antagónicas. Para Belarmino: los astrónomos deben dedicarse solo a la consideración de *hipótesis matemáticas* y no concluir sobre la Naturaleza, ámbito este, para él, propio del razonamiento filosófico y teológico. Para Galileo, el conocimiento de la Naturaleza –*hechos físicos*– se obtenía por la experiencia (por ejemplo, con anteojos) y razonamiento lógico-matemático. No era posible el diálogo entre ambos, todo intento tendría que ser superfluo. Dos frentes que representaban, ante este tema, respectivamente, la inteligencia libre y la soberbia de la (hipotética) sabiduría[181]. A esta cuestión, digo yo, no se le debería dar más vueltas (en la Iglesia católica, bastaría *definitiva* y *claramente* reconocerlo).

Galileo ciertamente *desafía* la autoridad de la teología (mejor, de los teólogos) como instancia última capaz de definir y caracterizar la *realidad* de la Naturaleza.

Estos argumentos serían utilizados con insistencia por Jorge Juan y José Celestino Mutis respectivamente, en el segundo tercio del siglo XVIII y tercer tercio de este y principios del XIX, en sus contenciosos con la Inquisición española[182].

Galileo quería difundir sus ideas, ideas científicas e ideas teológicas, sin duda, como se pone de manifiesto en las famosas cartas a Benedetto Castelli y Cristina de Lorena. Desde su perspectiva científica pretendía cambiar la cosmovisión heredada pero también, si se quiere denominar así, dar lecciones de teología.

En los tres postulados expuestos se condensa una parte importante de lo que aquí interesa, pero también pueden recordarse, sin

---

181. En cuanto a las actitudes humanas, quizá, pero solo quizá, podrían cambiarse los papeles: la 'soberbia' de Galileo apoyada en su conocimiento y la 'humildad' de Belarmino que se somete a la doctrina establecida.
182. Pueden verse las obras ya referenciadas González de Posada (2008) y (2009) y específicamente (2009): *José Celestino Mutis ante la Inquisición*, en Ribas Ozonas, B. (ed.), (2009): *José Celestino Mutis en el Bicentenario de su fallecimiento (1808-2008)*, Madrid: Real Academia Nacional de Farmacia.

mucha extensión, dado todo lo escrito sobre el 'caso Galileo', algunos acontecimientos, de relaciones propiamente religiosas –con papas, cardenales, inquisición, etc.– en las que se encontró envuelto. Se ha escrito mucho sobre Galileo y su caso. Por nuestra parte también hemos colaborado a su conocimiento, actualización y difusión de diferentes maneras[183]. Aquí basta un resumen con la intención de actualizar fugazmente la historia sin darle mayor trascendencia.

9. El 'caso Galileo' en su trama histórica personal: notas escuetas

Este apartado, de naturaleza propiamente histórica y desarrollo narrativo, se considera aquí de poca relevancia teológica, filosófica y científica, aunque sigue teniendo un interés de especial curiosidad ante la permanencia en el tiempo del considerado 'caso Galileo', aún, a mi juicio, no concluido. Precisamente por este carácter narrativo no le prestamos una especial atención, pero sí conviene, al menos, una lectura rápida para mejor seguir el hilo de las reflexiones básicas en el conjunto de los ámbitos citados. A pesar de la extensión de estas notas, obviamente tienen solo este carácter de 'notas', tomadas de diferentes fuentes que han tratado el 'caso', pero sin que sea necesario un absoluto acuerdo con ellas en la coherencia general del texto presente.

1. Galileo, en 1599, se encontró con Marina Gamba, joven veneciana con la que mantuvo una relación hasta 1610, sin casarse ni vivir juntos, pero con la que tuvo tres hijos: 1600, Virginia; 1601, Livia; 1606, Vincenzo. Esta relación terminaría en 1610 de manera pacífica asumiendo él la responsabilidad de los tres hijos, enviando a las chicas a un convento y encargándose del chico, que sería legitimado.

2. A mediados de 1609 comenzaría la fabricación de anteojos, en general de poca calidad. En el otoño, observando la Luna, descubre que no posee una superficie esférica perfecta, sino que presenta montañas y valles, en contra de la 'filosofía aristotélica' del mundo supralunar y, consecuentemente, de la cosmología cristiana.

3. En enero de 1610 descubre los satélites de Júpiter, nuevo 'centro' en el Universo, con las exigencias de: a) inexistencia de las

---

183. Entre otros: González de Posada, F. (ed.), (1993a): *Cosmología: en torno a Galileo*; (1993c): *Reflexiones en torno a Galileo desde la actualidad: Física, Filosofía y Religión*; (2010): *El principio galileano de matematicidad de la Naturaleza*; (2009) *Galileo, Mutis, Duperier*.

superficies esféricas sustentantes de los planetas concebidas por Aristóteles; y b) fuerte corrección del sistema copernicano heliocéntrico en sentido estricto.

4. En marzo de 1610 publica en Florencia el *Sidereus nuncius* (*El mensajero de las estrellas*) con los resultados de sus primeras observaciones astronómicas.

5. Galileo, en sus últimos años de Padua, en sus frecuentes disputas intelectuales, parece ir de triunfo en triunfo y convenciendo a 'casi' todo el mundo. Como consecuencia, los partidarios de la teoría geocéntrica, según la cosmología escolástica construida con basamento en Aristóteles, se convierten en enemigos encarnizados y los ataques contra él se recrudecen con la aparición de la obra citada *Sidereus nuncius*; no pueden permitirse el perder su autoridad considerando como afrenta la ya revolución galileana. Pero los métodos de Galileo están basados en la observación y la experiencia en vez de en la (supuesta) 'autoridad' aristotélica de la que hacían gala los partidarios de las teorías geocéntricas, de tal manera que Galileo rechaza el compararse con ellos.

6. En julio de 1610 abandona Venecia para trasladarse a Florencia en condición de Primer matemático y Primer filósofo del gran duque de Toscana, Cosme II de Médicis.

7. En agosto de 1610 descubre las manchas solares y en septiembre las fases de Venus, fenómeno de fácil interpretación según el sistema heliocéntrico e 'imposible' de encajar en el geocéntrico.

8. En marzo de 1611 el cardenal Maffeo Barberini (futuro Urbano VIII) invita a Galileo a presentar en Roma sus descubrimientos al Colegio Pontificio permaneciendo en la capital una temporada y recibiendo honores de la Accademia dei Lincei que lo admite como miembro. Clavius, eminente científico jesuita, comunica al cardenal Belarmino (que había condenado a la hoguera a Giordano Bruno) que las observaciones de Galileo son correctas. Esto supone la confirmación 'científica' –astronómica– por el Colegio Romano, y, en consecuencia, los ataques, a partir de ahora, serán prioritariamente de naturaleza religiosa, de interpretación de la Biblia, y con diversos frentes.

9. En 1612 entabla una discusión con «Apelles latens post tabulam» (seudónimo del jesuita Christopher Scheiner), astrónomo

alemán, sobre las manchas solares. Apelles defiende la incorruptibilidad del Sol con el argumento de que las "manchas son estrellas entre el Sol y la Tierra". Galileo 'demuestra' que las manchas están sobre la superficie misma del Sol, o al menos tan próximas que no se puede medir su altitud. La Academia de los Linces publicará esta correspondencia el 22 de marzo de 1613 con el título de "Istoria e dimostrazioni intorno alle marchie solari e loro accidenti". Scheiner terminará por adherirse a la tesis galileana.

10. La polémica tomará un cariz especial tras una carta de Belarmino a Foscarini de 12 de abril de 1614 en la que condena la tesis heliocéntrica bajo el supuesto de que no existe una refutación concluyente –definitiva– del sistema geocéntrico.

11. En abril de 1615 Galileo escribe a Cristina de Lorena una carta con sus argumentos a favor del sistema copernicano, donde se exponen los textos de la Escritura que se presentan como problemáticos desde la perspectiva cosmológica.

12. Se obliga a Galileo a presentarse en Roma, lo que acepta: a) para defenderse de los ataques y calumnias; y b) para evitar la prohibición del copernicanismo. Cuando llega a Roma, el Santo Oficio ha iniciado una instrucción contra él y por más gestiones que realiza no logra paralizar el proceso.

13. El 16 de febrero de **1616** es convocado por el Santo Oficio para examinar las propuestas de censura. El sistema copernicano se condena como "una insensatez, un absurdo en filosofía y doctrina formalmente herética". El 25 de ese febrero la censura es ratificada por la Inquisición y el día 26 por el Pontífice. Esta cuestión se interpreta, como casi todo, de diferentes maneras, como si el dictamen, reproducido entre comillas, y en el ámbito religioso la declaración de 'doctrina herética', no fuera suficiente muestra de la tan radical como absurda situación para todos los implicados: a) Galileo no es directamente condenado; b) se le pide que su tesis la conciba solo como hipótesis; c) se le conmina para que no escriba ni hable sobre ella; y d) queda profundamente afectado, con incremento de sus enfermedades y reducción de actividad científica. Sorprende que algunos intelectuales justifiquen la resolución afirmando, nada menos, que "la actitud de Roberto Belarmino [inquisidor que había presidido anteriormente el tribunal de condena de Giordano Bruno] fue al menos tan científica como la de Galileo, siguiendo criterios

modernos"[184]. Estas cuestiones han pasado a la historia como **admonición a Galileo** y como condena del copernicanismo como herejía.

14. Las tensiones (principalmente con los astrónomos jesuitas, a estas alturas foco de conformismo intelectual) continúan, la controversia no se detiene, enemigos y discípulos mantienen la disputa. El cardenal Maffeo Barberini y la Accademia dei Lincei están de su parte.

15. En 1622 Barberini es elegido Papa con el nombre de Urbano VIII y en 1623 se le autoriza y publica *Il saggiatore* que dedica al nuevo Papa.

16. Parece que a sugerencia de Urbano VIII, al menos según Galileo interpreta, comienza a escribir su *Diálogo sobre los dos sistemas del mundo* (el sistema aristotélico-ptolemaico-escolástico y el sistema copernicano). Y en estos años es recibido en diferentes ocasiones por el Papa.

17. En 1631 concluye el *Diálogo*, que intenta sea admitido por la censura, de tal manera que se imprime en 1632.

18. El 21 de febrero de **1632**, Galileo, supuestamente protegido por el papa Urbano VIII y por el gran duque de Toscana Fernando II de Médicis, publica en Florencia su ***Dialogo de los Massimi sistemi*** (*Diálogo sobre los principales sistemas del mundo*), donde se burla implícitamente del geocentrismo de Ptolomeo. La obra constituye ciertamente una clara manifestación de revolución intelectual, en tanto que procopernicano, y, consecuentemente, produce un verdadero escándalo; en él se ridiculiza la interdicción de 1616[185].

19. El Papa, que se considera burlado por Galileo, al que había pedido una presentación objetiva de los dos sistemas, se sitúa del lado de los adversarios al considerar que la obra es un alegato por Copérnico. Galileo es convocado de nuevo por el Santo Oficio, el 1 octubre 1632. Enfermo, no puede acudir a Roma hasta febrero de 1633. Los interrogatorios prosiguen hasta el 21 de junio donde la amenaza de tortura es evocada bajo órdenes del papa; y Galileo

---

184. Texto de la voz "Galileo Galilei" de Wikipedia en página "modificada por última vez el 7 abr 2013, a las 10:51".

185. La condena del copernicanismo no se levantaría formal y efectivamente hasta 1812, año especialmente difícil para la Iglesia católica, bajo el dominio del Emperador Napoleón como toda la Europa occidental y septentrional, y en el que se proclamaría la Constitución de Cádiz.

cede. El 22 de junio **1633**, en el convento dominicano de Santa María, se emite la sentencia: **Galileo es condenado a prisión perpetua** (con pena que le conmuta Urbano VIII por la de fijación de residencia de por vida) y **prohibida su obra** y **obligado a abjurar de sus conocimientos**. Pronuncia la fórmula de abjuración que el Santo Oficio había preparado[186].

20. El texto de la sentencia se difunde con profusión: el 2 de julio en Roma, y el 12 de agosto en Florencia. La noticia llega a Alemania a finales de agosto y a Bélgica en septiembre. Los decretos del Santo Oficio no se publicaban en Francia, pero, no obstante, René Descartes, como precaución, renuncia a la publicación de su obra sobre el *Mundo*, en un contexto en el que se piensa que Galileo era víctima de una confabulación de los Jesuitas en venganza por la afrenta sufrida por Horazio Grassi en *Il Saggiatore*.

21. Galileo permanece confinado en su casa de Florencia desde diciembre de 1633 a 1638. Recibe algunas visitas, lo que le facilitó que algunos de sus escritos en curso pudieran cruzar la frontera y aparecer publicados como libros en Estrasburgo y en París, en traducciones latinas.

22. En 1636, Luis Elzevier recibe un boceto de los *Discursos sobre dos nuevas ciencias*, el último libro que escribiría Galileo, en el que se establecen los fundamentos de la mecánica en tanto que *nueva* ciencia, con el que se cierra la época de dominio de la física aristotélica y se inicia la física moderna.

23. Galileo, en julio de 1637 pierde el uso de su ojo derecho y en enero de 1638, pierde definitivamente la vista. La obra completa aparecerá en julio de 1638 en Leiden (Países Bajos) y en París.

24. El 8 de enero de 1642, Galileo muere en Arcetri a la edad de 78 años. Su cuerpo es inhumado en Florencia el 9 de enero.

25. Hasta 1736 no se erigiría un mausoleo en su honor en la iglesia de la Santa Cruz de Florencia.

Las fechas-hitos más significativas del 'caso Galileo' son las siguientes.

1616 Condena del copernicanismo y admonición de Galileo.

---

186. Se escribe con frecuencia que Galileo pronunció tras la lectura de abjuración el famoso «Y sin embargo se mueve» ("Eppur si muove"), cuestión que no está suficientemente documentada.

1633 Proceso y **condena de Galileo**. La sentencia afirmaba que Galileo era culpable de: a) Desobediencia a un precepto de 1616; b) defender una teoría falsa y herética; y c) haber actuado con engaño y deshonestidad.

10. El 'caso Galileo' en la trama histórica de la relación ciencia-religión

A modo de resumen del devenir histórico del denominado 'caso Galileo', modelo de la difícil relación entre ciencia y religión, entre razón y fe, entre Iglesia y mundo de la ciencia, los 'optimistas' intraeclesiales católicos consideran que se ha transitado de la incomprensión de los científicos hasta el homenaje de la Iglesia. El problema de estas relaciones en vida de Galileo, por muy complejo que quiera verse –y puede verse así–, en su radicalidad era de muy sencillo planteamiento: los principios teológicos escriturísticos de Galileo –que ocupan el lugar central de este capítulo– frente a los principios teológicos escolásticos. No estaba la discusión en el territorio propiamente científico, ya que si así hubiera sido, y así fuera, el problema de dicha relación, como el histórico 'caso Galileo', hubiera terminado prontamente, y en todo caso se hubiera debatido en el ámbito científico. Diciéndolo de manera un tanto brutal, la discusión –y con ella, el proceso y la condena– tiene como trasfondo, en la referencia a la Naturaleza, si el Universo es como es –si tiene derecho a ser como es– o tiene que ser como se decida que 'debe ser', a la luz en aquellos momentos de una determinada interpretación de las Sagradas Escrituras. Durante el tiempo que ha transcurrido desde entonces aquí el 'caso Galileo' se ha centrado en si este tenía, entonces o después, *razón científica* definitiva y determinante o no, si su *criterio científico* era suficientemente concluyente para la negación del geocentrismo y geoestatismo. Y no se trata, en lo fundamental, de si Galileo tenía o no suficiente razón científica, aceptable conocimiento científico, dado que la otra parte, en todo caso, tenía muchísimo menos. Por mi parte, no suelo olvidar, de acuerdo con Ortega y Gasset, que *la ciencia es una forma especial de creencia*. En los credos científicos (personalizándolos en las figuras significativas) de Galileo y Belarmino, estaba notablemente más cerca de la verdad Galileo (credo heliocéntrico) que Belarmino (credo geocéntrico). Pero básicamente no se trataba de esto, aunque se tratara entonces y desde entonces mucho de ello, sino que se trataba y se ha seguido tratando de algo de mayor trascendencia cultural en la historia de occidente, y esta es la cuestión principal: **en el ámbito de las creencias religiosas, el credo de Galileo era más correcto que el credo de Belarmino**, Galileo ganó y ha continuado ganando la *razón teológica*, razón que no adornaba a Belarmino, en su contenido fundamental, aunque tuviera un dechado de erudición histórica y de conocimiento formal de las Sagradas Escrituras. Esta era –y ha seguido siendo– la batalla intelectual primordial, la del papel de las Escrituras en el tratamiento del Universo, aunque el 'caso Galileo' se haya querido situar en el terreno de la ciencia, en cuyo marco la cuestión se resolvió de inmediato con el triunfo de las tesis de Galileo. Digámoslo de nuevo: los postulados teológicos de Galileo triunfarían, necesariamente, sobre la concepción teológica tradicional.

El proceso y condena de Galileo (1633), especialmente por su obra *Diálogo sobre los principales sistemas del mundo*, sacudió las bases sobre las que se fundaba la ciencia de la época –que tenía bien poco de ciencia en el sentido actual– como consecuencia de la irrupción del denominado 'método científico'. Suele decirse, con razón, que también afectó, y fue mucho, a la historia de la filosofía, donde aparecerían nuevas corrientes de pensamiento en relación con la nueva situación impuesta por Galileo: el racionalismo cartesiano y el empirismo inglés. Por lo que respecta al ámbito de la propia ciencia, tras él y con Kepler se iniciaría el proceso de matematización que culminaría en los *Principia* de Newton, como se vio en los capítulos 9 y 10 de la Segunda Parte.

Una vez señalado lo relevante para esta tesis, parece conveniente indicar algunos aspectos significativos, sin mayores comentarios, que en torno al 'caso Galileo', han tenido lugar a lo largo de la historia moderna.

El papa Benedicto XIV autoriza la edición y lectura de obras sobre el heliocentrismo, a mediados del siglo XVIII, con dos decisiones significativas:

1. En 1741, cuando tras la prueba óptica de la órbita de la Tierra, hizo que el Santo Oficio diese al impresor la primera edición de las obras completas de Galileo.
2. En 1757, autorizando la lectura de obras favorables al heliocentrismo por un decreto de la «Congregación del Index», que retira estas obras del *Index Librorum Prohibitorum*.

Con Pío XII, por la proximidad de George Lemaître, gran astrónomo del que hablaremos en su momento[187], se comienza a rendir homenaje a Galileo. En 1939, en su primer discurso a la Academia Pontificia de Ciencias, a los pocos meses de su elección, describe a Galileo como "el más audaz héroe de la investigación [...] sin miedos a lo preestablecido y los riesgos a su camino, ni temor a romper los monumentos". (Referencia directa a la ciencia, no al pensamiento, menos a la teología).

Juan Pablo II, en 1979 propone una comisión de estudio [según se afirma con frecuencia] de la 'controversia Ptolomeo-Copérnico de los Siglos XVI-XVII', para una "revisión honrada y sin prejuicios". (Una vez más se sitúa el problema en el ámbito estricto de la ciencia, de modo que seguiremos teniendo 'caso Galileo'). Nombra la comisión en 1981, y esta dio por concluidos los trabajos en 1992.

Suele recordarse que el cardenal Ratzinger, entonces prefecto de la Congregación para la Doctrina de la Fe, expresó en 1990: «En la época de Galileo la Iglesia fue mucho más fiel a la razón que el propio Galileo. El proceso contra Galileo fue razonable y justo».[188]

El 31 de octubre de 1992, Juan Pablo II rinde homenaje a Galileo en su discurso en la sesión plenaria de la Academia Pontificia de las Ciencias, en el que reconoce que se habían producido algunos errores por algunos teólogos en los procesos de aquella veintena de años 1613-1633 y pidió perdón por los que hubieran cometido los hombres de la Iglesia a lo largo de la historia. Y erre que erre, repitió la tesis de que "Galileo carecía de argumentos científicos para demostrar el heliocentrismo y sostuvo la inocencia de la Iglesia como institución y la obligación de Galileo de prestarle obediencia y reconocer su magisterio, justificando la condena y evitando una rehabilitación plena". Por nuestra parte, tras unas conferencias públicas,

---

187. Capítulo 3.15.
188. El 20 de enero de 2008, se suscita una controversia presentada por 6721 profesores de la Universidad de Roma «La Sapienza» apoyados por los estudiantes, para considerar al papa Benedicto XVI "persona non grata", al punto que debió renunciar a participar de la ceremonia de inauguración del año universitario a la que había sido convidado y él aceptó. El Claustro no olvida y le reprocha al Papa su posición medieval sobre el affaire Galileo, y que está publicado en su discurso pronunciado por él en Parma en 1990, en la que él cambia la interpretación de la Filosofía de la Ciencia, y Paul Feyerabend juzga la posición de la Iglesia más racional que la mantenida en la época de Galileo. Una manifestación en sostén del Papa reúne 100.000 fieles en la plaza de San Pedro el 20 de enero de 2008.

escribimos bastante sobre esta cuestión[189] que no consideramos necesario reproducir, ya que parece de mayor interés la realización de comentarios críticos de lo escrito posteriormente por otros.

11. El Vaticano ante el 'caso Galileo' 400 años después

La ocasión del IV Centenario de la creación del Archivo Secreto Vaticano, coincidente con el declarado 'Año Internacional de la Astronomía, 2009', IV centenario también para el recuerdo del uso por Galileo en 1609 del telescopio, invitaba a unas especiales dedicatorias por la Sede romana a la figura del padre de la ciencia moderna.

1. La Agencia EFE[190] realiza una entrevista, que puede considerarse de sumo interés y por ello hacemos una especie de reproducción comentada, al prefecto del Archivo, el obispo Sergio Pagano, en la que este afirmó, entre otras cuestiones:

a) La Iglesia corre el riesgo de comportarse en temas como el de las células madre, la genética y los descubrimientos científicos con "los mismos prejuicios" que tuvo hacia Galileo, y ha pedido "prudencia". Y completa con una *primera* relevante afirmación: "El caso Galileo enseña a la ciencia a no presumir de maestra ante la Iglesia en materia de fe y Sagrada Escritura y enseña a la Iglesia a acercarse a los problemas científicos, entre ellos los relacionados con las investigaciones sobre células madre y genética con mucha humildad y prudencia". "Pienso en células madre, en eugenesia, en la investigación en estos campos. A veces tengo la impresión de que se les condena por los mismos prejuicios que usaban en los tiempos de la teoría copernicana", afirmó. El prelado insistió en que el proceso a Galileo "nos debe enseñar a todos a no cometer los mismos errores". Pagano recordó que el origen del juicio contra Galileo Galilei (Pisa 1564-Florencia 1642) está en los malentendidos.

b) Galileo en su *Diálogo sobre los principales sistemas del mundo* "parecía que quería enseñar a los teólogos a interpretar la Biblia y al Papa cómo tener que ser un Papa. Galileo no conocía a la Curia, igual que ahora los científicos modernos no la conocen. En Roma (el Vaticano) las cosas llevan su tiempo".

---

189. González de Posada, F. (1993).
190. Fuente: Agencia EFE 03/07/2009.

c) El "comportamiento" de los teólogos de la época "pudo haber sido más comprensivo y elástico" y Galileo también cometió algunos errores. "En una cultura dominada por la visión de Ptolomeo, la irrupción del sistema copernicano, que venía a contradecir sistemáticamente las Escrituras, entonces leídas sin interpretaciones, exigía de parte de Galileo un comportamiento menos apodíctico (irrefutable)".

d) Destaca que fue **'rehabilitado' por el papa Juan Pablo II**. El 31 de octubre de 1992, a los 350 años de su muerte, Juan Pablo II lo rehabilitó solemnemente y criticó los errores de los teólogos de la época que dieron pie a la condena, sin descalificar expresamente al tribunal que lo sentenció. En un discurso de 13 páginas, leído en la Sala Regia del Palacio Apostólico, el Papa Wojtyla le calificó de "físico genial" y "creyente sincero", "que se mostró más perspicaz en la interpretación de la Escritura que sus adversarios teólogos".

Lo cierto era que Galileo no había tenido ningún interés propiamente teológico. Sus intereses habían sido, como constante vital, la investigación científica, la búsqueda de la verdad, y la transmisión de la verdad encontrada. En consecuencia, tenía necesariamente que encontrarse con otros buscadores o poseedores de la verdad que pretendían imponerla.

2. Pero si el acontecimiento anteriormente citado, aunque con la referencia de una 'mediana' autoridad eclesiástica, mejora la relación de la Iglesia romana con Galileo –a mi juicio–, fue lamentable la celebración de la 'primera misa' que se ofrecía después de casi 400 años por el sabio florentino. A estas alturas del 'caso' no parece que precisara, religiosamente hablando, tras sus lamentables condenas de purgatorio en vida, de una misa, pero si esta se hace: ¡cómo no hacerlo con el Papa de celebrante! Pues esto no fue así. Y llovieron, como parece lógico, innumerables críticas desde todas las partes del mundo. El Papa Ratzinger seguía alejado del tema, es decir, dentro del problema.

12. En torno a la religiosidad de Galileo

Tomaremos ahora como referente por su indudable interés el documentado y profundo libro de Beltrán Marí[191], pero solo como

---

191. Beltrán Marí, A. (2006): *Talento y poder. Historia de las relaciones entre Galileo y la Iglesia católica*, Pamplona, Laetoli.

referente, no necesario seguimiento como podrá comprobarse. En él se afirma, capítulo 1, que tradicionalmente se destaca el "catolicismo" de Galileo, apreciación que comparto, como hace Poppi[192] que escribe "la profunda religiosidad y el sentido de la fe que permean las obras más importantes de Galileo". Pero sus obras, dice Beltrán, fueron escritas después de la condena del copernicanismo y la admonición personal por parte de Belarmino y que estuvo bajo la más estricta vigilancia de las autoridades eclesiásticas y a veces con contenidos teológicos impuestos expresamente. A nuestro juicio, en la historia personal de Galileo existen, ciertamente, dos grandes etapas separadas precisamente por el momento de la condena del copernicanismo y su admonición, y, sobre todo, en su vivencia religiosa.

Las manifestaciones que suelen repetirse son del tenor de las siguientes: "Expresión de su religiosidad", "sentido de la fe", "ferviente católico", "hijo de la Santa Romana Iglesia", "fue un ferviente católico, fuerte en su fe y obediente a los dogmas de la Iglesia Católica". A ellas pueden añadirse las anteriormente citadas de Juan Pablo II como "creyente sincero" y "que se mostró más perspicaz en la interpretación de la Escritura que sus adversarios teólogos", ¡nada menos!

Pero se presentaron unos hechos básicos incuestionables: Galileo fue primero amonestado y finalmente condenado por la Iglesia católica. Pero aunque haya que decir que lo fue por unos hombres concretos, en una época concreta y con unos criterios concretos, la amonestación y la condena se han ido perpetuando. (¡Cuántos que serían declarados santos –obviamente después de fallecidos– fueron más o menos análogamente perturbados, condenados, expulsados, etc., en vida!).

Conviene, pues, fijar la atención siguiendo la trayectoria vital.

En la primera parte de su vida, se sabe que su madre había actuado contra él en Florencia ante el Santo Oficio. Y también se sabe del testimonio de Silvestro Pagnoni (que había convivido en su casa año y medio) en la denuncia de Galileo ante el Santo Oficio de Padua, que afirma: "No le he visto ir nunca a misa excepto una vez", "no sé que se haya confesado y comulgado mientras he estado en su casa", "en lugar de ir a misa iba a casa de Marina, su puta veneciana", "es

---

192. Peppi (1993), pág. 11.

un mal cristiano, pero en las cosas de la fe creo que él cree", "da por seguro su dictamen en los horóscopos".

Al menos hasta aquí, respecto a la que hemos considerado primera etapa de su 'historia personal', parece apropiado afirmar que Galileo: a) no era un católico practicante; b) era creyente y su fe se enmarcaba sin especiales problemas en la Iglesia católica; c) vivía su religiosidad y su moral al margen, con desapego, de la Iglesia y de sus directrices (seguía sus creencias sencillas, pero no las burocráticas disposiciones tridentinas); d) nunca sintió la tentación de distanciarse de la Iglesia católica; y e) mostraba un cierto anticlericalismo, propio en Venecia como oposición a la curia romana y a los jesuitas, adversarios con su Colegio de la Universidad pública de Padua. Esta consideración de "irreligiosidad" parece más acertada que las atribuciones entusiastas de intensa religiosidad.

Pero, ¡ojo!, hay que analizar toda la historia personal de Galileo, y en él hay, como en casi todas las personas, distintas etapas, que hay que saber caracterizar para no unificar lo dual, ni identificar lo diverso.

Una nota importante de su personalidad, para la época, es la de su escepticismo a lo largo de toda su vida respecto de los fundamentos de la astrología, cuestión que está perfectamente documentada.

En 1610 (tiene 44 años), con el traslado de Padua a Florencia, se inicia, según mi impresión, una fase de transición que durará hasta 1616 con la condena del copernicanismo y la admonición que recibe de Belarmino. En los momentos iniciales de esta etapa: a) Renuncia al alto grado de 'libertad' político-intelectual factible en la 'aristocracia democrática veneciana' por la posible 'dependencia' en la 'dictadura florentina'; b) Renuncia asimismo a la liberalidad religiosa paduana para enfrascarse en la lucha contra la Inquisición romana; c) Renuncia a la vida completada con Marina Gamba para iniciar una vida de soledad casi monacal; y d) Con gozo deja casada a 'su pareja' (con lenguaje actual) en Venecia, asume el cuidado de sus hijos, ingresa a sus dos hijas en un convento y está en intensa relación con ellas. En esta 'etapa de transición', los problemas teológicos, que en principio no le interesan en absoluto, se van entretejiendo con sus intereses científicos, y no los puede aparcar. Reflexiona sobre ellos. Las disputas con obispos, cardenales y papas no le alejan de la Iglesia, más bien lo introducen en ella y en su problemática.

Con respecto al inicio de la *segunda etapa* de su vida, en el proceso contra el copernicanismo puede afirmarse que los intereses intelectuales de Galileo fueron siempre gravitando en torno a la ciencia y que las cuestiones religiosas aparecieron como subproducto no deseado. Como asunto central de esta cuestión se ha ido elaborando la tesis de que junto al aspecto teológico se había tratado básicamente de una discusión filosófica y científica y que la condena tuvo lugar tras una seria y atenta reflexión científica. Complementariamente se ha venido afirmando que el cardenal Belarmino y el papa Urbano VIII habrían tenido, respectivamente, gran protagonismo en la reflexión teórica que habría dado coherencia y fundamento a las condenas del copernicanismo (1616) y de Galileo (1633). Tras la consolidación de la teoría copernicana a principios del XIX, la Iglesia reformaría su versión aduciendo que la anulación de la condena del copernicanismo se lleva a cabo con la misma pulcritud científica con la que había sido condenado en el XVII[193].

En esta etapa de su vida puede apreciarse la mostración de dos aspectos harto significativos: 1) Por lo que se sabe, a la libertad de pareja en Padua-Venecia, parece que le sucedió una vida ordinaria constituida en largo celibato, en la atención primordial a sus hijos; 2) Una actitud de obediencia excepcional, absoluta, total, contra natura y contra conocimiento (observacional y matemático); más aún, de sumisión al Papa y a los cardenales e inquisidores; y 3) Una esperanza continua en la conducta de los hombres de Iglesia, en su rectificación. En síntesis, contra soberbia, al menos formal, de los inquisidores, Galileo se comporta obediente. ¡Muchos años!

A finales del siglo XIX se publican materiales de documentos de los que algunos historiadores[194] denuncian la "existencia de un fraude procesal", y afirma Beltrán Marí (2006): "Creo haber demostrado

---

193. Puede leerse en Wikipedia: Joël Col reconsidera la última fase del juicio del astrónomo: su nueva tesis contradictoria a los versículos de la Biblia sostenidos por la Iglesia. En su libro *Entre Galilée et l'Église: la Bible* (*Entre Galileo y la Iglesia: la Biblia*) el autor demuestra a través de un profundo estudio semántico que en los Textos hebreo y griego el Sol no da la vuelta alrededor de la Tierra, al contrario de lo que afirman las versiones de la Biblia. Concluye que si las traducciones de la Biblia hubieran sido fieles a los Textos originales, Galileo no habría sido condenado por "haber sostenido y creído una doctrina falsa y contraria a la Divina y Sagrada Escritura". Como resultado de este estudio se clarifican las numerosas discusiones llevadas a cabo a lo largo de los siglos. Él trabaja para obtener la conformidad de las traducciones de la Biblia con sus Textos originales y obtener, también, la rehabilitación oficial de Galileo.

194. Beltrán Marí, p. 10.

que ni la tesis general –según la cual la Iglesia llevó a cabo una seria reflexión filosófica y científica que fue el fundamento teórico de las condenas– ni el papel de interlocutores de Galileo que habitualmente se atribuye al cardenal Belarmino y a Urbano VIII resisten un serio análisis".

Entre afirmaciones e interrogaciones podemos situar nuestra respuesta al tema de la religiosidad de Galileo, en su madurez, con las siguientes consideraciones.

1) Su religiosidad era conocida suficientemente. Al menos es cognoscible. Y por supuesto por mí.

2) ¿Era reconocida? ¿Lo es suficientemente? En general, no lo parece. Por mí sí.

3) ¿Es reconocida como 'fe en grado sumo'? Obviamente, no, pero a mí sí me lo parece. ¿Cómo, si no, puede aceptar, una persona con su conocimiento y con una doctrina científica elaborada –independientemente de que fuera más o menos consistente en su respectividad con la realidad–, el sometimiento a una Iglesia, a una fe social, a unos hombres que, al menos desde su perspectiva, hacen alarde de vacua superioridad, por medio de la más absurda que injusta 'condena' de una concepción cósmica, fuere la que fuere, y la admonición de Belarmino con la exigencia de la renuncia al ejercicio de su razón y al de difusión de sus saberes? ¿Cómo si no soportar su condena personal sin apostasía ni rebeldía alguna, con total humildad social desde el convencimiento de un trato radicalmente injusto?

Más aún, y de nivel más fuerte en el plano religioso:

1) ¿Fue perseguido por su fe –científica y religiosa–? Esta es mi respuesta: también por su fe, sin duda. Básicamente por celos, por envidia, de algunos.

2) Más fuerte aún: ¿Su fe es la de la Iglesia católica actual? o ¿La Iglesia en la actualidad es galileana? Aunque todavía la Iglesia romana no se ha manifestado formal y expresamente así, con referencia explícita a Galileo, sin duda –ni siquiera matices de primer grado– los postulados galileanos relativos a las Sagradas Escrituras están reconocidos desde el Concilio Vaticano II, en la *Gaudium et spes*, e incluso por el Papa Benedicto XVI en la encíclica *Caritas in veritate*.

3) Y en esta línea, ¿es suficiente la "petición de perdón de Juan Pablo II"? A mi juicio, no. En consonancia con su piropo de "creyente

sincero" y la convicción expresa, como corresponde, de "que se mostró más perspicaz en la interpretación de la Escritura que sus adversarios teólogos", se precisa el inicio de su proceso de beatificación. ¡Cómo puede aceptar hoy una persona normal, que sea mínimamente sensata, creyente o no, eclesiástica o laica, que Roberto Belarmino (formalmente el responsable más directo de la muerte en la hoguera de Giordano Bruno, de la condena del copernicanismo como herejía, y de la admonición a Galileo) haya sido elevado a los altares mientras Galileo seguía estando condenado! No basta con la 'solicitud de perdón', hace falta una auténtica conversión de la Iglesia católica en el reconocimiento de la fe 'en grado sumo' de Galileo. ¿Camino de los altares?

En la Iglesia también hay una larga tradición político-diplomática de lenta rectificación. También la "madre y maestra" lo ha sido, en numerosas ocasiones, en reconocer que en épocas anteriores no solo sucedía lo que de hecho sucedía, sino que también sucedían más cosas y que la Iglesia, obviamente, era plural y que existía lo uno y lo otro. Ciertamente. De momento no presume de Copérnico ni de Galileo. Es una pena porque podría y debería hacerlo. En casos más complicados, por tratarse propiamente de temas que podríamos considerar solo o al menos prioritariamente teológicos o pastorales, lo ha hecho a todo lo largo de la historia. La Iglesia católica ha sabido justificar en ocasiones a considerados en principio disidentes o incluso herejes. Ha sabido rectificar, aunque, casi nunca, con reconocimientos explícitos de culpa propia. (Ciertamente el caso Galileo ha venido siendo paradigmático del "sostenella y no enmendalla"). Ha sabido integrar a algunos entre lo mejor suyo (caso de Pablo y Agustín) y enaltecerlos y elevarlos a los altares. Y esto aunque haya sido mucho después, muy a posteriori. A Galileo aún no le ha llegado y ¡cuánto haría, en su caso, de justicia! ¡Cuánto haría de bien para la propia Iglesia!

Galileo hacia los altares, sí, porque: 1) Estaba en lo cierto; 2) Indicó el camino científico a todos (véase Newton), y, me gusta señalar, el científico-religioso de manera especial a los científicos españoles Jorge Juan y José Celestino Mutis (que trataremos en un punto posterior[195]); 3) Sufrió injustamente; 4) Fue fiel a su fe hasta el final; y 5) Su fe fue la de la Iglesia Católica.

---

195. Capítulo 3.11.

El proceso a Galileo tuvo demasiados fallos procesales y numerosas deficiencias de conducta humana de algunos de sus jueces. El sistema represor eclesial de la época –centrado en la Inquisición– es condenable y aún no se ha hecho. Por otra parte, la Iglesia aún no ha condenado la pena de muerte. Bastaría esto, quizá, para que sin condenarse por tantas condenas como ejecutó, quedase autocondenada y, por tanto, liberada.

Galileo no se enfrentó a ninguno de los dogmas formales de la Iglesia. Permaneció fiel al Credo a pesar de lo que lo hicieron sufrir. Fue obediente (quiera decirse lo que quiera decirse y como quiera decirse) hasta la muerte. Obedeció siempre y ¡qué difícil era que lo hiciera!

Virtud en grado sumo, la fe. Virtud en grado sumo, la obediencia. Debe ofrecerse como ejemplo de fe y como ejemplo de obediencia. A pesar de tener razón, de poseer verdad, de saber que la poseía, obedeció, siempre ¡claro está!, ¡qué menos!, con la esperanza de que se abriera la luz. Luz que aún no ha iluminado suficientemente a la Iglesia y con la que la Iglesia aún no ha iluminado al mundo. ¿Soberbia? Quizá, pero, en todo caso, menor que la de los juzgadores, y alguno está en los altares. Se enfrentó a la Iglesia "pecadora", que además pecó, gravemente en su caso, y aún purga socialmente su pecado, con su proceso y condena, que lo fue a la ciencia, al pensamiento, al hombre.

13. Notas sobre el quehacer científico en la Modernidad

La Iglesia, las iglesias cristianas, llegaba a la Edad Moderna con una tan larga como penosa tradición de lucha contra lo que en cada época unos u otros consideraban herejía. Desde el cristianismo primitivo ha caído con reiteración en la tentación del integrismo, de la posesión de la verdad que, supuestamente, se conoce de manera perfecta, como absoluta y prácticamente total, y se impone, o pretende imponer, incluso con la máxima violencia: tortura, condena y muerte. Como casos más significativos o señalados en la historia pueden considerarse: la violencia entre las corrientes del siglo IV bajo dominio de los emperadores, con continuas excomuniones y destierros, la persecución de los cátaros por la inquisición medieval romana, las condenas, católica y protestante, sufridas por Miguel Servet y su muerte por el calvinismo, los autos de fe de la inquisición española contra el protestantismo, y la hoguera de Giordano Bruno vivo.

En 1633, la Iglesia romana condenó a Galileo por razones bíblicas y científicas. Pero, poco a poco, la ciencia demostró la veracidad de la creencia científica de Galileo.

La Iglesia católica podría presumir de que habían sido católicos, Copérnico y Galileo, los descubridores del Universo (tal como este era posible conocer en los siglos XVI y XVII), de la creación de la ciencia moderna, en cuyo seno nace la nueva visión del Universo, concebida inicialmente por católicos y no por ningún miembro de alguna confesión de la Reforma, que ciertamente, como hemos visto en el capítulo dedicado a Calvino, lo tenían más difícil. Galileo constituye un 'modelo' ejemplar que la Iglesia puede presentar a la sociedad. Hay que acabar con una situación en la que el mundo –en consecuencia, con razón– lo presente como suyo contra la Iglesia. El nacimiento de la ciencia moderna tuvo lugar en su seno, en su ámbito, por un católico romano.

¡Bien! La revolución de la ciencia moderna, es cierto, tuvo lugar contextualmente en el seno del catolicismo, y por creyentes de primera línea. Pero, son también verdades: 1) que sus creadores principales fueron condenados por la jerarquía; y 2) que una vez iniciada se desarrolló no solo prioritariamente en los países protestantes (más la cristianísima Francia que tanto jugó a lo uno como a lo otro en casi todas las situaciones), sino casi exclusivamente. ¿Por qué no había científicos –de talla y suficientes– en España, Portugal e Italia? Una respuesta plausible, poco original, es la siguiente: eran países católicos, bajo el dominio intelectual del Papado, y de las respectivas inquisiciones.

3.9.
GALILEO: LA REVOLUCIÓN TEOLÓGICA

II. EL *PRINCIPIO DE MATEMATICIDAD* DE LA NATURALEZA

1. A modo de introducción: las *manifestaciones* de la revolución galileana

La revolución intelectual que introduce Galileo en la historia, ofrece, a nuestro juicio, como se ha indicado en el Capítulo 2.8 de la Segunda Parte y en el anterior de esta Tercera Parte, diversas manifestaciones, situadas cada una de ellas en un distinto ámbito intelectual. En el considerado propiamente como teológico, también a nuestro juicio, en acuerdo con los postulados básicos establecidos para este trabajo de teología –*principialidad, relacionalidad* y *totalidad*– hay dos aspectos de importancia excepcional: a) el relativo a la consideración de las Sagradas Escrituras, que, en cuestiones que tienen que ver con la ciencia, deben interpretarse a la luz del conocimiento adquirido, cuestión tratada en el extenso capítulo anterior; y b) el relativo a la funcionalidad del Universo, que he denominado "Principio galileano de matematicidad de la Naturaleza"[196] que se trata en este, cuestión a la que se ha prestado poca atención, sobre todo en su dimensión teológica, y ocupa, a mi juicio, lugar de excepción en el problema de la relacionalidad Dios-Universo.

Por su importancia en esta tesis puede reiterarse, aunque sea mera repetición, que la consistencia de la *revolución galileana* se expresa en cuatro *diversas manifestaciones*. Fue consecuencia, primero, de su trayectoria intelectual, y, segundo, del uso del anteojo, y presenta diversas perspectivas constitutivas de adjuntas revoluciones. Podríamos decir que *una* revolución *estructural* integrada por un conjunto de revoluciones dado el panorama abierto de los saberes

---

196. Puede verse, entre otras publicaciones, en González de Posada (2010).

humanos. Galileo es uno, como cualquier persona, pero son múltiples los ámbitos del pensamiento.

A mi juicio la **revolución galileana** integra *cuatro* revoluciones, o se manifiesta especialmente en cuatro ámbitos diferenciados del *saber* humano, de modo que pueden denominarse respectivamente: revolución instrumental, revolución filosófica destructora del pensamiento precedente, revolución teológica y revolución filosófico-científica constructiva que abre una nueva era en la que aún estamos.

La *primera manifestación* de la revolución galileana es la **astronómica observacional con instrumentación óptica** (anteojo, hoy telescopio), dando inicio a una **nueva era de la astronomía**. Por lo que respecta a esta *manifestación instrumental* supone el cambio de era de la astronomía debido al salto asociado a la transición de la *observación visual* a la era de la astronomía óptica o de *observación instrumental óptica*. Galileo construyó numerosos anteojos de los que algunos se conservan. Así, revolución instrumental y revolución observacional. Contempla multitudes de *nuevas* estrellas (que no se apreciaban a simple vista), montañas y valles en la Luna, manchas en el Sol, cuatro satélites en Júpiter y (según cree) dos (apariencia de los anillos) en Saturno. Y publicaría inmediatamente sus descubrimientos en 1610 en la obra *Sidereus Nuncius*. Esta revolución astronómica observacional, contemplando lo que nadie antes que él había visto, le permitió intuir que el camino de Copérnico era correcto.

La *segunda manifestación* de la revolución galileana se refiere a la **concepción** *filosófica* que reafirma sus convicciones previas antiaristotélico-escolásticas relativas ahora especialmente a las preconsideraciones o presupuestos filosóficos cosmológicos que, desde su convicción copernicana en la naturaleza heliocéntrica y geodinámica del Universo, se encierran básicamente en estos dos supuestos: a) la aceptación de una única clase de materia, es decir, la negación de la dualidad Tierra-Cielos; y b) la negación de la idea de perfección de los cielos que implicaba la concepción de que los cuerpos celestes habían de ser perfectamente esféricos y homogéneos. En síntesis, supo interpretar sus primeras observaciones astronómicas como confirmación de la *realidad* del sistema heliocéntrico [hasta entonces asumible solo como método (matemático) útil de cálculo]. Esta interpretación realista implicaba una nueva cosmovisión consecuencia del cambio de presupuestos conceptuales filosóficos.

La *tercera manifestación* de la revolución galileana es **teológica**. Desde su pertenencia a la Iglesia Católica Romana, la expresa en tres principios o postulados fundamentales, a cuyo análisis y crítica se ha dedicado el capítulo anterior.

1º. El Universo ha sido creado por Dios y es expresión como obra de Dios.

2º. Las Sagradas Escrituras, aunque reveladas por Dios, fueron escritas por el hombre, y no son obra científica.

3º. La Naturaleza y las Sagradas Escrituras proceden de Dios, y no pueden ofrecer contradicciones; por tanto, las Escrituras deben interpretarse a la luz del conocimiento del Universo adquirido por observación y razonamiento demostrativo. A lo que la Naturaleza presenta con claridad no puede oponerse una *interpretación* de la Biblia, escrita frecuentemente en lenguaje figurado para fácil intelección.

Galileo ciertamente *desafía* la autoridad de la teología (mejor, de los teólogos) como instancia última capaz de definir y caracterizar la *realidad* de la Naturaleza. Quería difundir sus ideas, ideas científicas e ideas teológicas, sin duda, como se pone de manifiesto en las cartas a Benedetto Castelli y Cristina de Lorena. Desde la perspectiva científica pretendía cambiar la cosmovisión pero también dar lecciones de teología.

Estas tres manifestaciones revolucionarias en los ámbitos de la astronomía, la filosofía y la teología no constituyen objeto directo de reflexión en esta ocasión, solo se reiteran como trasfondo de referencia de otra dimensión de la revolución galileana. Hemos de centrarnos en la considerada *cuarta manifestación*, propiamente de naturaleza *filosófico-científica*, pero de una importancia capital para la respuesta al *problema de la relacionalidad Dios-Universo*. Se trata de cómo es el Universo, de cómo es el Universo en su *funcionar*, pero de un Universo que ha sido creado por Dios, y por tanto se hablará de la respectividad entre Dios y su obra.

He aquí la cuestión central: si el Universo está escrito en lenguaje matemático, *funciona por sí mismo, desde sí mismo, sin necesidad de acciones exteriores coyunturales, circunstanciales, concretas,* sin necesidad del cuidado ni de la atención de Dios.

Visto desde el presente puede afirmarse que Galileo sabe poca matemática (prácticamente nada de los actuales campos de topología y álgebra; de análisis matemático, teoría de funciones, cálculo infinitesimal e integral; de probabilidades, estadística; de geometrías euclidianas y no euclidianas;... nada). Digamos que suficiente de geometría, trigonometría y aritmética y, eso sí, una gran sensibilidad acerca del poder y valor de las disciplinas matemáticas.

El "caso Galileo", lo hemos dicho en reiteradas ocasiones[197], permanece aún *abierto* por la persistencia de la Iglesia, tras cuatro siglos y en contra de lo que cree, en permanecer parcialmente *cerrada* en la interpretación de lo entonces sucedido y en la consideración del problema básico subyacente. Se está escribiendo mucho, desde muy diversas perspectivas, sobre el conjunto de temas complejos e imbricados que concurrieron en torno al "caso Galileo"[198]. Nuestro punto de vista en esta ocasión es radicalmente diferente a la exuberante bibliografía actual, fruto sobre todo de los sucesivos nuevos documentos, de tal manera que, a fin de cuentas, son reiteraciones de los mismos tradicionales temas.

En esta ocasión se trata de un *ensayo* relativo a la *creencia* galileana en el *carácter matemático* de la Naturaleza. *Problema*, pues, de raíz filosófica que se elabora sin prescindir del aparato matemático necesario con el que se justificó históricamente. Y se destaca su constitución en *horizonte* de referencia para toda actividad científica moderna y postmoderna. Complementariamente, como no puede ser de otro modo en cuestiones básicas cosmológicas, aparece el *problema* de la "relación ciencia-religión" (ya que es incorrecto, a mi juicio, considerarlo "relación ciencia-fe").

2. La preparación intelectual de Galileo. En torno a la datación del *Principio*: 1604-1611

El objeto de este capítulo es el *problema* que denomino –recuérdese el título– **principio galileano de *matematicidad* de la Naturaleza**.

---

197. Escrito, por ejemplo, a partir de González de Posada, F. (1993): *Reflexiones en torno a Galileo desde la actualidad. Física, Filosofía, Religión*, en González de Posada, F (Coord.), *Cosmología: En torno a Galileo*, Madrid: Amigos de la Cultura Científica.

198. Por ejemplo, recientemente, en Martínez, R. A. (2009): *Ciencia, filosofía y teología en el proceso a Galileo*: Investigación y Ciencia 394(julio 2009) 60-67; y Reen, J. (2009): *La revolución de Galileo y la transformación de la ciencia*: Investigación y Ciencia 394 (julio 2009) 50-59, revista de gran difusión. Debe destacarse la importante obra Beltrán Marí, A. (2006): *Talento y Poder*, Pamplona, Laetoli.

Dedicaremos unos párrafos a la datación de los orígenes del mismo en la mente de Galileo.

Desde los comienzos de su carrera, en sus investigaciones personales, Galileo mantenía ideas "heterodoxas" ya que sus orientaciones se fundaban en: a) Teoría del movimiento; y b) Filosofía natural en general. Y esto estaba contra la jerarquía de las disciplinas dominantes desde hacía siglos que establecía el siguiente orden: 1º. Teología; 2º. Filosofía; y 3º. Matemáticas.

En **1604**, cuando es denunciado a la Inquisición en Venecia, ya es un destacado catedrático de Matemáticas en Padua. Está desarrollando la idea de que **la naturaleza está escrita con caracteres geométricos y es abordable únicamente mediante la matemática**. A Galileo le eran totalmente extraños: a) el trasfondo astrológico (la naturaleza como trama de fuerzas y poderes ocultos capaz de igualar en sus prodigios naturales los milagros sobrenaturales, accesible exclusivamente mediante la magia), y b) la filosofía aristotélica. "Ya ha empezado a leer el libro matemático de la Naturaleza"[199].

La nueva perspectiva científica de Galileo estaba aún en gestación, no había trascendido al ámbito de lo público y no había puesto de manifiesto su ruptura con la cosmología tradicional. La denuncia lo presentaba como determinista astral, hereje y de tener una licenciosa vida privada.

La Universidad de Padua era famosa por la libertad de que gozaba y que defendía, con un control, poco habitual, de los laicos y de las autoridades civiles sobre las instituciones eclesiásticas, y celosa de defender su autonomía y de favorecer un clima de libertad filosófica y religiosa, actitud tolerante que no era del agrado de Roma. En la Universidad de Padua los estudios de Filosofía constituían un fin en sí mismo.

Los jesuitas regentaban el Colegio Romano, fundado en 1552 por Ignacio de Loyola, que era la sede central y el modelo de su red educativa. En el contexto intraeclesial postrentino podían considerarse como *progres*. No obstante, al modo tradicional, tenían organizados los estudios de filosofía como mera preparación para los de teología. Y, en concreto, Roberto Belarmino había expuesto con detalle su teoría de la superioridad del poder espiritual y temporal del Papa respecto a cualquier rey o príncipe secular. Los jesuitas consideraban

---

199. Beltrán Marí (2006), p. 23.

que la Universidad de Padua era un nido de herejes y viciosos, y fueron expulsados de la República de Venecia en 1606.

Galileo representaba emblemáticamente muchos de los valores que Venecia defendía celosamente frente a Roma. La Universidad de Padua duplicaba las cátedras para estimular la competencia en beneficio de la docencia y la investigación (por utilizar expresiones tan propias del actual léxico). La inquisición veneciana, en contraste con el resto de la Iglesia católica, también constituía un caso especial.

A finales de 1609 y principios de 1610 Galileo realizó sus importantes descubrimientos astronómicos con el anteojo y declaró por primera vez públicamente su *copernicanismo*. Galileo luchará toda la vida contra la obstinación del aristotelismo dogmático. Parece, en una primera instancia, como que se establece una cierta alianza entre algunos jesuitas y Galileo, unidos frente al aristotelismo recalcitrante. Galileo mantuvo correspondencia con jesuitas del Colegio Romano, especialmente con Cristophoro Clavio, destacado matemático. Tras sus descubrimientos astronómicos y el inicial desarrollo de la *nueva física* se lanza abiertamente en defensa de la verdad del copernicanismo, y 'arrolla' a aquellos que se atreven a discutir.

Puede afirmarse que para Galileo la investigación científica constituyó el centro de gravedad de la organización de su vida personal, profesional y social. El protagonismo lo tiene la investigación científica. **Reivindica la independencia intelectual, condición indispensable para la búsqueda de la verdad, que para él es la única finalidad de la investigación: un fin en sí mismo.** No concibe la investigación como un servicio a la religión ni como actividad puramente recreativa. Aunque pueda resultar placentera y gratificante, la investigación científica –la búsqueda de la verdad– constituye un fin en sí mismo.

Decide marcharse de Padua donde, al margen de su obligación docente, afirmaría "soy sumamente libre y dependo por completo de mí mismo" (Opere, X, pág. 30). Pero para la opción profesional y vital –las grandes obras que quería escribir– consideraría: "Ni siquiera me basta la libertad que tengo aquí".

En síntesis muy apretada puede expresarse que **Galileo propone un nuevo tipo de conocimiento a partir de la experiencia y el razonamiento lógico-matemático frente a la tradicional interpretación filosófico-teológica de la realidad.**

Así, en torno a Galileo [como fijó Ortega y Gasset en su ensayo *En torno a Galileo*] tendría lugar el tránsito de la Edad Media a la Edad Moderna de la ciencia y por ende del pensamiento occidental. "En torno a" quiere decir también que tiene naturaleza de *proceso de transformación científica e intelectual*, de modo que puede afirmarse que la vida y obra de Galileo tuvieron un "sentido histórico" [como según Ortega tendría la de Einstein, *El sentido histórico de la teoría de Einstein*, 1923] ya que los espíritus estaban preparados para el cambio, anhelaban el cambio –diríamos hoy– de paradigma.

3. Galileo, hombre de fe

Este punto ha de tratarse aquí de manera fugaz, puesto que se ha desarrollado en el capítulo anterior, pero se hará, aunque se presente como reiterativo, con terminología suficientemente clara, de modo que más que análisis, según considero, se expresan conclusiones.

El científico pisano –propiamente desde un punto de vista social actual el *primero*, el *pionero*– fue un hombre de fe. El territorio intrahumano de la fe se refiere a las creencias. Aquí estamos ahora.

Primero. Galileo, a mi juicio, fue un **hombre de fe**. En este ámbito la referencia primordial, y de ordinario usual, es la adjetivada con *religiosa*. Es conocida suficientemente su condición de *no practicante* en la primera mitad de su vida (denunciado a la Inquisición[200], relación de compañera con Marina de la que tuvo tres hijos, etc.), pero en tránsito paulatino a una *firmeza en la fe religiosa cristiana católica* a medida que fue avanzando en el lamentable acontecimiento de la condena del copernicanismo, de la prohibición de difundirlo –obligado al silencio–, del proceso y de la condena. Y además, contra natura y una clara convicción personal, obediente. Auténtico testimonio incomprensible en el contexto europeo de principios del siglo XVII.

Segundo, por profesión, hombre de **fe científica**. No debe olvidarse –basta conocer superficialmente la historia de la ciencia– que esta es, nueva referencia reiterada a Ortega, una "forma especial de creencia". Este aserto constituye el trasfondo de las aceptaciones humanas –por los científicos y las sociedades tras ellos– de concepciones, postulados, leyes, constantes, etc. Valgan como referencia:

---

200. Véase Beltrán Marí, A. (2006), pp. 15-25.

Universo espacial y temporalmente infinitos, éter, determinismo, continuismo, sucesivas familias de "partículas elementales", etc., etc. La creencia básica de Galileo fue nada menos que la encerrada en el lema "La Naturaleza está escrita en lenguaje matemático", que denominamos *principio galileano de matematicidad de la Naturaleza*, objeto primero de un breve ensayo y ahora de este capítulo. ¡Menuda fe entonces con la concepción posible de la tan reducida matemática de comienzos del siglo XVII!

Y tercero, por actitudes, **fe en el hombre**, en la inteligencia humana, frente a la soberbia, la envidia y demás pasiones. Su creencia en el hombre se pone especialmente de manifiesto: 1) En su *viaje triunfal* a Roma de 1611-1612 con la esperanza cierta de que se le van a rendir con alegría ante la novedad que les va a presentar; 2) Durante su estancia de 1615-1616 en Roma con la seguridad de que el Santo Oficio entenderá sus criterios científicos (y, por ende, filosóficos y teológicos); y 3) cuando decide publicar sus *Diálogos* en la certeza de contar con el beneplácito de Urbano VIII. Pecó, al menos en estos casos, reiteradamente de ingenuo.

4. ¿*Normatividad* en el Universo o *actuación* (actuaciones coyunturales, concretas) de Dios?

Un *problema* que podría considerarse tanto previo como concluisvo para el desarrollo del *principio galileano de matematicidad* se expresa brevemente (en el terreno de las creencias) en la elección de senda o en la respuesta que se da a la cuestión del funcionamiento del Universo: a) si está sometido a normatividad, funcionamiento legaliforme, reglado; respuesta que desde la perspectiva religiosa podía concretarse en la expresión del Génesis: "Vio Dios que era bueno, y descansó" y así contempla su obra; o bien, b) si Dios actúa *en* y *sobre* él más o menos arbitrariamente. Es decir, en cualquier caso, el *problema de la relacionalidad Dios-Universo*.

En tanto que *problema filosófico* no tendría *solución* pero sí recabaría una(s) *respuesta*(s) más o menos firme y explícita acerca de su normatividad, de procesos (no solo movimientos) reglados o regulados.

Está latente, pues, el *problema* del *ejercicio o no* de la *omnipotencia* de Dios en tanto que *atributo cósmico* en la relación con su obra: el Universo. En síntesis, desde esta perspectiva teológica: ¿Actúa o solo contempla?

5. La *naturaleza filosófica* del principio de *matematicidad*

La lectura del libro de la Naturaleza, presupuestamente –según Galileo– escrito en lenguaje matemático, puede (y debe) hacerse al margen de la Biblia mediante observación rigurosa y consecuente proceso intelectual racional.

Veamos algunas de sus notas:

— Es una **concepción filosófica**, un presupuesto. ¿Intuición? ¿Ilusión? ¿Creencia? Esto último ciertamente. Recordemos de nuevo a Ortega: "La ciencia es una forma especial de creencia".
— Concepción filosófica que se refiere a una real o hipotética **propiedad de la Naturaleza**.
— Y esa propiedad, su *matematicidad*, supone que el funcionamiento del **Universo es** *matematizable*, que puede expresarse y conocerse mediante la matemática.

Puede afirmarse, así, que Galileo manifiesta una profunda *fe científica* paralela a su *fe religiosa*. Deseo dejar constancia clara de que este presupuesto galileano se inserta en el territorio de las creencias, de sus creencias. Lo denominamos *Principio galileano de matematicidad de la Naturaleza*.

Ofrece, por otra parte, nuevos significados, tales como los siguientes: a) La estructura y el funcionamiento del Universo están constituidos mediante relaciones matemáticas; b) Confianza extrema en el valor de las matemáticas para el conocimiento del Cosmos; y c) Necesidad de razonamiento matemático a partir de los fenómenos físicos.

Puede presentarse este principio en dos versiones que pueden considerarse límites y que al modo de las *ideas* en la tradicional teoría sociológica denominaremos *versión débil* (la de mínimo compromiso) y *versión fuerte* (la de máximo compromiso).

6. Enunciado del principio en *versión débil*

El enunciado del principio galileano en *versión débil* puede ser este:

"El Universo (es decir, en su tiempo, el funcionamiento del Sistema Solar, los movimientos planetarios) está escrito en lenguaje matemático".

Haría referencia exclusiva (así, mínima) al movimiento de los astros (entonces conocidos). En todo caso dada su naturaleza de creencia, de presupuesto filosófico y del estado de la matemática de su tiempo (poco más que Geometría euclídea y Aritmética) la hipótesis podía considerarse como algo atrevida.

Al tránsito desde la creencia en la *matematicidad* hasta el logro de una adecuada formulación matemática lo denomino *proceso de matematización*, proceso humano histórico de descubrimiento de dicha conducta cósmica en términos matemáticos. Este proceso puede resumirse en tres fases unidas a tres relevantes figuras de la ciencia: Kepler, Newton y Laplace.

Como se ha visto en la Segunda Parte, la primera fase del *proceso de matematización* se concentra en Kepler (1571-1630) y la Segunda fase de dicho *proceso de matematización* en Newton (1642-1727). Con ellos, y tras Newton, quedaron establecidas las dos primeras grandes teorías científicas, matematizadas: la *Dinámica newtoniana* y la *Teoría newtoniana de la gravitación universal*.

7. Enunciado del principio en *versión fuerte*

La *versión fuerte* del principio galileano de *matematicidad* puede expresarse así:

"La Naturaleza (toda, no solo la dinámica planetaria) está escrita en lenguaje matemático".

A mi entender esta era la creencia de Galileo. Conviene insistir en que se trata de una *creencia*, de un *presupuesto* de naturaleza filosófica, no propiamente científica, y en ningún caso en la época del pisano. Así, por ejemplo (Renn, 2009)[201]: "según el historiador de la ciencia Alexandre Koiré, si [Galileo] fundó las ciencias naturales matematizadas fue porque seguía la filosofía platónica" (?).

Salvada, pues, la 'indiscutible' creencia en la *normatividad* de los fenómenos, esta regulación quedaba en todo caso inmersa en el marco de los presupuestos filosóficos de la ciencia moderna caracterizados primordialmente por las concepciones filosóficas de *continuismo* y *determinismo*.

---

201. Renn, J. (2009): *La revolución de Galileo y la transformación de la ciencia*: Investigación y Ciencia 394 (julio 2009) 50-59.

El *continuismo* filosófico tenía como *correlato matemático* el campo de los números reales, presupuestamente *reales* en tanto que servían para la representación de la Realidad (≈ Naturaleza ≈ Cosmos ≈ Universo) de modo que la matematicidad cósmica y en general de toda la física clásica se expresa mediante variables reales y funciones reales de variable o variables reales (que más adelante podrían incluso ser diferenciables de diferentes órdenes de diferenciabilidad). El correlato propiamente físico, los *constructos magnitudinales*, en la denominación de la física clásica, serían las *magnitudes*, con los conceptos de *cantidades*, *unidades* y *medidas*[202].

El *determinismo* filosófico –*determinismo causal*– (fundamento de las leyes físicas clásicas, que expresan relaciones entre magnitudes diferentes, es decir, condiciones o ligaduras entre ellas en los respectivos fenómenos de la Naturaleza que presupuestamente gobiernan) tenía como *correlato matemático* que el efecto debía ser proporcional a la causa (o diversas causas), y, en su caso, también a la propiedad determinante del medio objeto de estudio de la correspondiente teoría física del fenómeno en cuestión, relación de proporcionalidad que se iría generalizando con el enriquecimiento algebraico (escalares, vectores, tensores) de las formulaciones de las diferentes teorías físicas. El correlato propiamente físico serían los *constructos legaliformes*, con la denominación de *leyes* en la física clásica[203].

A fin de cuentas y en resumen, la física clásica asumió prácticamente de modo general el principio galileano de matematicidad de la Naturaleza en versión fuerte, tanto que "sin matemáticas no había física" (y aún hoy, en perspectiva social, nos encontramos por aquí en las clases usuales de la disciplina académica).

8. El estado actual de la Física

El impresionante desarrollo del análisis matemático en el siglo XVIII, y después además del álgebra, de la topología y de las geometrías no euclídeas en el XIX, así como del cálculo de probabilidades, complicaron el panorama al disponerse de otras matemáticas no necesariamente utilitarias para la física sino, en principio al menos,

---

202. González de Posada, F. (1994): *Teoría Dimensional*, Madrid: Universidad Politécnica de Madrid.
203. *Ibid.*

con absoluta independencia. La física, en todo caso, podría acudir a ellas sacándolas de archivos y bibliotecas si fuera necesario.

Pero de nuevo: ¿la Naturaleza –¡toda!– está escrita con lenguaje matemático? Parecía que al menos en la Física sí y casi exclusivamente. Pero... ¿la Naturaleza? Esto obliga a plantearse la esencia de la Física en su relación con la Naturaleza[204].

Primero. La Física es una *representación* de la Naturaleza. Representación *ideal, parcial, matemática* e *histórica*.

Y segundo. La Física *se refiere* a la Naturaleza. Y en esta *referencia* los creadores de teorías físicas las hacen, sean conscientes o no, con unos determinados *trasfondo filosófico* y *trasfondo matemático*.

Tras la crisis finisecular del siglo XIX y las sucesivas revoluciones, por una parte, en la *microfísica* –Física atómica, Física Nuclear, Física de partículas elementales o de Altas energías– y, por otra, en la Cosmología –Expansión del Universo, *Big Bang*, Fondo cósmico de microondas, Materia oscura, Energía oscura, etc.– o si se quiere tras las revoluciones teóricas *relativista* y *cuántica* con sus diversas variantes puede afirmarse que la Física actual no está suficientemente matematizada, aunque pudiera seguir creyéndose que la Naturaleza toda es matematizable. Nos faltarían quizá nuevos capítulos de la Matemática que en todo caso se nos presenta hoy como enormemente compleja. Sí, hay matemática en la física actual y mucha, pero, al menos de momento, no toda ni lógicamente la que correspondería a los fenómenos que podrían considerarse como más importantes: el Cosmos en su totalidad y la naturaleza dinámica intrínseca de la materia.

9. En torno a las restantes disciplinas científicas: Química, Geología, Biología, Medicina

La Naturaleza no está constituida exclusivamente por la realidad y los fenómenos que estudia la física. Existe un conjunto de disciplinas que integran el ámbito de las ciencias de la Naturaleza, como, por ejemplo, las tradicionales química, geología, biología, así como amplios campos de la farmacia, veterinaria y medicina. El principio debería abarcarlas a todas. Está por ver.

---

204. *Ibid.*

Y si la Física actual no se encuentra suficientemente matematizada, ¿qué podríamos decir de la **Química**, de hipotéticas *leyes matemáticas* correspondientes a los existires y procesos de la Naturaleza que la humanidad ha establecido en el territorio de las estructuras y de los fenómenos químicos? ¡Qué poca *matematización*, si es que hay alguna, hemos alcanzado en este ámbito! La matematización debe referirse, ¡claro está!, a matemática explicativa de los fenómenos, no al uso de proporciones, estadísticas o probabilidades de mezclas, reacciones o resultados.

Por lo que respecta a la **Geología** los intentos matematizadores, que los ha habido y los hay, están muy lejos de cumplir con los requisitos mínimos de consideración matemática intrínseca por una parte y de representación acorde con la Naturaleza por otra. A esto debe unirse que, de momento, al margen de las consideraciones de naturaleza geológica sobre otros planetas del Sistema Solar, esta ciencia se refiere al planeta Tierra.

La **Biología** –con referencia a sus procesos, en general– está también muy lejos de la presupuesta –por nosotros– matematicidad galileana, pero, por lo que conozco, es harto significativo el hecho de la concesión de algunos premios Nobel recientes de Medicina y Fisiología a estudios sobre diferencias de potenciales eléctricos en las superficies exterior e interior de las membranas celulares para conocer las corrientes iónicas de Na, K, Ca, etc. Estas cuestiones, por el momento, podrían considerarse mejor como intentos relevantes de *fisización* (perdónese la palabra) de la Biología y, en consecuencia, de matematización.

Y en esta consideración fugaz de las disciplinas científicas formalmente clásicas podemos aterrizar en la **Medicina** (y paralelamente en la Veterinaria, y con ellas, unidas a la Biología, a la Farmacia). Puede afirmase que en estos ámbitos se está muy lejos de atisbar una matematización de los procesos.

En resumen, el **principio galileano de matematicidad en su versión fuerte**, sin ninguna duda, **ha penetrado en la civilización occidental**, y se ha asumido en todo el planeta de manera subconsciente, tanto que quizá pudiéramos afirmar que en la actualidad se cree firmemente en él –una vez más: "la ciencia es una forma especial de creencia"–. El Principio galileano es trasfondo impelente del ejercicio de la ciencia tal como nace con Galileo y alcanza una primera plenitud con Newton.

En todo caso no se plantea ninguna duda acerca de la *normatividad* (no arbitrariedad, no milagrerismo aunque sea mistérica) *matemática* (determinista o no, conocida o por conocer, fuera cognoscible o incognoscible por los seres humanos) de la Naturaleza.

Conviene precisar la naturaleza de este principio de matematicidad.

10. En torno al papel del Principio

Hasta aquí hemos considerado el principio galileano de *matematicidad* de la Naturaleza, en una u otra versión extremas, por las siguientes *notas* que podríamos denominar intrínsecas o de *significado* y/o de *contenido* o incluso de *esencia*.

1. **Carácter de *fe* –ciertamente *científica*,** en tanto que su objeto y su finalidad se refieren a la ciencia–, prioritariamente para la Física, la "ciencia por excelencia" (en expresión referida a la galileano-newtoniana) que decía Ortega. Principio o presupuesto que se establece como "forma especial de creencia", tanto en su *versión débil* –"El Universo está escrito en lenguaje matemático"– como en su *versión fuerte* –"La Naturaleza está escrita en lenguaje matemático"–.

2. **Propiedad de la Naturaleza** toda o del dinamismo del Universo: la matematicidad.

3. **Impulsora de la ciencia** (en tanto que tarea humana), motivadora del proceso de *matematización* en la búsqueda de la *verdad* de la Naturaleza.

Pero ahora queremos plantearnos la naturaleza del principio de *matematicidad* desde el **papel que representa** en tanto que *Principio*. Estas serían sus *notas*, a modo de mera enumeración, con referencia especial lógicamente a la Física[205].

A) *Principio metafísico*, en tanto que *presupuesto filosófico* acerca de la Naturaleza, del Universo.

B) *Principio meta-físico*, panfísico, suprafísico, general, absoluto, es decir, con referencia a todos los fenómenos físicos –extensible con generalidad a todos los fenómenos científicos– de la Naturaleza.

---

205. En algunos aspectos presenta características comunes con el *Principio Antrópico* del que hemos hablado y escrito en diferentes ocasiones, pero conviene distinguir *radicalmente* entre ellos. Con respecto al *antrópico* puede verse: González de Posada, F. (2004): *El principio de los primeros principios: el principio antrópico*, en Anales de la Real Academia Nacional de Medicina, 1-23.

C) *Principio primicial*, ya que ocuparía lugar primero, primario, básico, inicial en el conjunto de los principios de la Física.

D) *Principio principial*, en tanto que principio sustentante de los principios formales concretos de la Física. Es decir, Principio precedente de todos los 'Principios' de la Física. En la actualidad, los principios de la Física serían, en un fugaz y sintético intento de clasificación –tipificación–, con algunos ejemplos de importancia, los siguientes:

a) Principios-"leyes"

1) *Relativos a fenómenos: "principios legaliformes fenomenológicos"*

   Principios de la Termodinámica

   Principio de conservación de la energía

   Principio de degradación de la energía o de incremento de la entropía

   Principios de la Relatividad

   Principio de relatividad

   Principio de la constancia y límite de la velocidad de la luz

   Principio de equivalencia

2) *Relativos a estructuras: "principios legaliformes estructurales"*

   Principios de la Física cuántica

   Principio de indeterminación o incertidumbre

   Principio de complementariedad

b) Principios-"constantes universales"

   Las constantes universales (en sentido tradicional): G, c, h

c) Principios-"realidades existentes fundamentales"[206]

   Carga del electrón

   Masas del electrón y del protón

Valores concretos de las fuerzas electromagnéticas, gravitacionales y nucleares, y, en consecuencia, de las relaciones entre ellas.

Etc., etc., etc.

---

206. Hoy también las 'numerosas constantes universales' según la IUPAP y la IUPAQ.

Para determinar con algo más de precisión el carácter científico del *principio galileano de matematicidad de la Naturaleza* pueden señalarse otras notas significativas, tales como las siguientes.

a) No es un principio usual o típico de la Física, aunque obviamente no sea ajeno a ella ya que constituye parte fundamental del *trasfondo filosófico-matemático* de las teorías físicas en su *referencia* a la Naturaleza.

b) No constituye formalmente una teoría física, ni siquiera una hipótesis física.

c) Está propiamente vacío de contenido formal matemático.

d) No produce por sí nuevo conocimiento.

e) No es específicamente predictivo, y, por tanto, en sí es intrínsecamente incontrastable.

11. A modo de consideración final

Desde el punto de vista del conocimiento humano, en resumen, puede afirmarse que el *principio galileano de matematicidad de la Naturaleza*, por una parte, ha constituido un importante **logro**, y, por otra, continúa constituyendo una **esperanza**. En todo caso puede reconocerse que **es abrumadora la tarea científica pendiente**: a pesar del impresionante conocimiento que en la actualidad poseemos, puede afirmarse que *casi todo* está aún por descubrir.

Y desde el punto de vista concreto que aquí interesa, la cuestión está al rojo vivo: desde la ciencia, si se acepta la normatividad implícita en la concepción del principio de matematicidad de la Naturaleza, y dicho con expresión teológica, puede afirmarse que "Dios descansó" y que, en consecuencia, el Universo funciona por sí mismo y desde sí mismo, en tanto que es intrínsecamente dinámico.

3.10.
TEOLOGÍA COSMOLÓGICA NEWTONIANA

1. Introducción

Este capítulo, singularmente original, presenta un interés especial, como podrá comprobarse, por el valor que se supone a la reflexión de Isaac Newton, debido a su triple condición de: a) 'genio universal', considerado como máxima expresión de la inteligencia humana de todos los tiempos (incluido Einstein); b) físico estudioso del Universo y constructor del primer 'sistema del Mundo' (todo) propiamente científico; y c) elaborador de una teología, un tratado de Dios, desde su conocimiento del Cosmos, teología construida desde la 'razón' (científica) enraizada en una concepción personal de cristianismo con claras connotaciones arrianas en un contexto oficialmente anglicano. Conviene advertir que se da por supuesto el conocimiento de la *física cosmológica* newtoniana básicamente expuesta en la Segunda Parte[207].

De manera análoga a nuestro objeto, en su teología trata Newton del problema fundamental y primero de Dios en su relacionalidad con el Universo: la Creación; y del segundo: en su caso, de la actuación de Dios en el Universo. Newton dedicó muchos esfuerzos a la teología en general, especialmente al tema principal del cristianismo, la Trinidad, desde una posición antitrinitaria, pero estos temas no interesan aquí.

Este capítulo puede considerarse como relevante en esta tesis doctoral. Se construyó inicialmente para un Curso de Cosmología en la Universidad de La Laguna en 1993[208] cuando aún no se habían difundido suficientemente los documentos newtonianos de carácter religioso que han ocupado la atención preferente de los

---

207. Capítulo 2.10.
208. González de Posada, F. (1994): *Curso de Cosmología: Física, Filosofía, Religión*, Universidad de La Laguna: Secretariado de Publicaciones. Serie Informes, nº 36, pág. 71-80.

historiadores de la ciencia en años recientes. El capítulo, de construcción especialmente original, desempeña un papel primordial en este estudio, ya que presenta una orientación análoga [hacer teología a la luz de la cosmología, en tanto que ciencia física, vigente] a la de esta tesis doctoral.

2. En torno al título de este capítulo

Parece oportuno y conveniente comenzar por unas reflexiones, aunque sean breves, en torno al título de este capítulo: "Teología cosmológica newtoniana". ¿Qué queremos decir?, ¿de qué pretendemos hablar? Analicemos la expresión término a término.

Primer término: Teología. Constituye el sustantivo de la expresión. Significa, en síntesis, tratado de Dios, estudio de Dios o 'ciencia' de Dios en el sentido aristotélico-tomista de 'ciencia'. (Para Aristóteles, ciencia es explicación de una cosa mediante la presentación de las razones que la justifican, o sea, el conocimiento de las cosas en sus causas o principios. Para Tomás, los principios de la revelación y de la fe son principios intrínsecamente evidentes). En consecuencia, trataremos de DIOS (referente) y construiremos (según Newton) un concepto de "Dios" usando el término lingüístico 'Dios'[209].

Segundo término: cosmológica. Es el primer adjetivo que caracteriza el sustantivo teología en la expresión conjunta. El tratado de Dios o la concepción de Dios, en el caso de Newton, se deduce, se construye, se interpreta, se induce, se sugiere y se establece con las siguientes notas.

1ª) Se elabora desde el estudio del Cosmos.

2ª) Es consecuencia de la concepción del Cosmos y del conocimiento del Cosmos en que se fundamenta, del funcionamiento del Cosmos, de los fenómenos cosmológicos.

3ª) Es, por tanto, una teología que puede considerarse como positivista, construida, al menos en parte importante, desde la realidad concebible (Cosmos) de una manera concebida (una determinada cosmología) y también, en alguna medida, empiricista.

---

209. Estos DIOS, "Dios" y 'Dios' significan en el lenguaje de Mario Bunge (Bunge, M. [1967]: *Scientific Research*, Springer-Verlag, New York) [Ed. Castellana: *La investigación científica*, 1969, Ariel, Barcelona, 2ª ed. corregida, 1985. Trad. Miguel A. Sacristán], respectivamente, realidad, concepto y término.

Tercer término: newtoniana. Es el segundo adjetivo que caracteriza al sustantivo teología por las notas siguientes.

1º) Concepción de Dios según Newton.

2ª) Concepción elaborada por Newton a partir de su visión del Universo [La muestra, sobre todo, en su 'Sistema del Mundo' (lo implícito y lo explícito)].

Tercera. Nuestra construcción se fundamenta básicamente en los *Principia*[210].

Pretendemos, en consecuencia, reconstruir o elaborar académicamente la concepción newtoniana de Dios a partir de su concepción del Universo (que es previa, lógicamente) y a la luz de los *Principia*.

Una pregunta brota espontánea: ¿Dónde hace Newton Teología? Podría responderse que en toda su obra[211], a la manera de que toda Cosmología (y no solo toda Cosmogonía) lleva impresa positiva o negativamente una noción de Dios (o, si se quiere, de 'no Dios', cuestión análogamente integrada en el 'problema de Dios'). En particular y explícitamente Newton hace Teología en el "Escolio General" que puede considerarse como epílogo de los *Principia*, situado al final del "Libro III. Sistema del Mundo (Matemáticamente tratado)" que constituye el cierre de la trascendental obra. Aquí expresa Newton un conjunto de ideas relevantes para el objeto de nuestro trabajo, de forma que puede considerarse como un «breve ensayo de teología positivista, apoyado en un hilo lógico más sólido de lo que en principio parece»[212].

3. El punto de partida: "es procedente hablar de Dios en física"

El punto de partida de esta *Teología cosmológica newtoniana* (construcción humana) quizá lo constituya la consideración de Newton relativa a que a partir de los fenómenos (y aunque sean inaccesibles a nuestro conocimiento las substancias o esencias de las cosas) es posible hacer no solo declaraciones racionales sobre el Universo, sino también sobre Dios. "Es procedente hablar de Dios en Física"

---

210. Newton, I. (1687): *Philosophiae Naturalis Principia Mathematica* [Versión castellana de Escohotado, A. (1982): *Los Principios Matemáticos de la Filosofía Natural y su Sistema del Mundo* (Editora Nacional, Madrid)].

211. Más adelante se harán otras referencias a la dedicación de Newton a diferentes temas de teología, disciplina a la que se dedicó con especial interés.

212. O. c., pág. 117.

es una auténtica manifestación de fe en Dios y la más explícita confesión de relacionalidad entre Dios y su obra: el Universo, versión científica, o la Creación, versión religiosa.

Para Newton, a la luz de los *Principia*, pueden establecerse dos principios fundamentales.

Primero: el ya referido, **procede hablar de Dios en Física**. Es decir, podría, quizá con algo de extrapolación, afirmarse que Dios es, en la perspectiva newtoniana, cuando menos un posible 'objeto' (ente) de esta ciencia.

Segundo: procede hablar, sí, pero además, **partiendo de los fenómenos**.

> «[...] por lo que concierne a Dios, de quien procede ciertamente hablar en filosofía natural partiendo de los fenómenos»[213].

Esta afirmación, con la actitud implícita de la creencia newtoniana, difícilmente se aceptaría en la Física actual[214].

Newton explica los fenómenos («que tienen lugar tanto en los cielos como en el mar») por la fuerza gravitatoria, pero sin asignar 'causa' a esa fuerza, aunque sí la caracteriza mediante las siguientes notas sustantivas:

a) es seguro que procede de una causa que penetra hasta los centros mismos del Sol y de los planetas sin sufrir la más mínima disminución de su fuerza;

b) no opera de acuerdo con la cantidad de las superficies de las partículas sobre las que actúa (como suele acontecer con las causas mecánicas), sino de acuerdo con la cantidad de materia sólida contenida en ellas;

c) se propaga en todas direcciones;

d) y hasta inmensas distancias;

e) decreciendo siempre como el cuadrado inverso de las distancias; y

---

213. *Filosofía natural* es la expresión correspondiente en la época newtoniana a la actual Física.
214. Puede verse González de Posada, F. (1993) «Y... Dios: ¿qué?, ¿dónde?, ¿cuándo?», en González de Posada, F. (ed.) (1993), *Cosmología: Física, Filosofía, Religión* (Amigos de la Cultura Científica, Madrid). Este tema se desarrollará en el Capítulo 3.17.

f) la gravitación hacia el Sol está formada por la gravitación hacia las diversas partículas que componen el Sol.

Pero dice Newton:

> «[...] hasta el presente no he logrado descubrir la causa de esas propiedades de gravedad a partir de los fenómenos y no finjo hipótesis.
>
> Y es bastante que la gravedad exista realmente, y actúe con arreglo a las leyes que hemos expuesto, sirviendo para explicar todos los movimientos de los cuerpos celestes y de nuestro mar».

4. La existencia de Dios: su necesariedad

Para Newton Dios existe porque detecta en el Cosmos su necesariedad y no solo como Creador inicial de la materia y de las leyes que la rigen sino, sobre todo, como **Agente actuante «siempre y en todo lugar»**. El 'sistema del Mundo' newtoniano precisa «por necesidad» la existencia de un Dios, cuya actuación es necesaria para que no se produzca un cataclismo apocalíptico.

Veamos algunos textos de Newton:

> «Una ciega necesidad metafísica idéntica siempre y en todas partes, es incapaz de producir la variedad de las cosas. Toda esa diversidad de cosas naturales, que hallamos adecuada a tiempos y lugares diferentes, solo puede surgir de las ideas y la voluntad de un ente que **existe por necesidad**[215]».
>
> «Se reconoce que un dios supremo existe necesariamente, y por la misma necesidad **existe siempre y en todas partes**».

El rasgo de las cosas según Newton es tal que todo se encuentra siempre y en todo lugar regido por una voluntad dominadora, que **delata la existencia** de un ente divino.

5. Dios 'dominador'

El carácter radical del Dios newtoniano puede construirse mediante las siguientes consideraciones.

---

215. El uso de negritas en las citas, como se ha reiterado, es nuestro.

Primera. **Dios es "dominio".** El análisis del comportamiento del Cosmos, según Newton, como hemos destacado en el último párrafo del punto anterior, delata la necesidad (de existencia) de un ser ente divino dominador, de un 'Amo'. El dios newtoniano se concibe, pues, nuclearmente, como 'Dueño' absoluto, como regidor de todas las cosas. El Cosmos en su totalidad y diversidad está sujeto al dominio de Uno. Dios es el 'regidor de todas las cosas'.

Veamos algunos textos significativos que nos aproximan directamente a este fundamental concepto newtoniano:

> «Este elegantísimo sistema del Sol, los planetas y los cometas solo puede originarse en el consejo y dominio de un ente inteligente y poderoso. Y si las estrellas fijas son centros de otros sistemas similares, creados por un sabio consejo análogo, los cuerpos celestes deberán estar todos sujetos al dominio de Uno [...]».
>
> «El dios supremo es un ente eterno, infinito, absolutamente perfecto, pero un ente así perfecto y sin dominio no es el señor dios».
>
> «La voz dios suele significar dueño, si bien no todo dueño es dios. La dominación de un ente espiritual constituye a dios, verdadero si es verdadera, supremo si es suprema, ficticio si es ficticia. Y de su dominio verdadero se sigue que el verdadero dios es un ente vivo, inteligente y poderoso; y de las restantes perfecciones que es supremo o supremamente perfecto».
>
> «[...] le veneramos y adoramos debido a su dominio, pues le adoramos como siervos».
>
> «Y un dios sin dominio, providencia y causas finales nada es sino hado y naturaleza».

El dominio constituye, además, para los hombres la razón o el motivo para la adoración.

Segunda. **El dominio de Dios no es como «alma» sino como «Dueño».** El dominio se constituye, como se ha visto en el párrafo anterior, en la nota sustantiva más característica de Dios en la teología newtoniana. Pero ¿cuál es el tipo de dominio o la caracterización del dominio?, ¿cómo se manifiesta ese dominio?, ¿cómo se ejerce? «No como alma del mundo», no como algo inmanente al Cosmos, no como algo inherente a él o parte de él, no como dominio sobre el propio cuerpo, «sino como Dueño de los Universos», siendo algo exterior a él, trascendente, dominador, amo universal, amo del Cosmos que es 'otra cosa' distinta de Él; no es *anima*, sino que es *dominator*.

Tercera. **El dominio es perfecto.** Para Newton el dominio de Dios es perfecto ya que la perfección del dominio reside en que se hace «sin pasión recíproca», es decir, sin afectación, sin pasivación del uno sobre el otro ni del otro sobre el uno: «dios nada padece por el movimiento de los cuerpos, y estos no hallan resistencia en la omnipresencia divina».

Dios es Dios supremo, sobre todo dominador, poderoso, señor sobre siervos, amo sobre esclavos. Es *dominus pantocrator*.

6. Notas caracterizadoras de Dios

La primera y radical, al menos desde la perspectiva cosmológica, es la tratada en el parágrafo anterior: *dominator*, dueño, amo de todas las cosas. Complementaria de esta, caracterizadoras de esta, definidoras de un dios conceptualmente más completo, son las notas sustantivas que sintéticamente desarrollamos en este punto relativas a: eternidad, infinitud, omnipresencia, omnipotencia y omnisciencia. Especialmente importantes en, desde y para la Cosmología son las tres primeras.

Primera. **Dios es (sustantivamente) eterno.** En relación con su concepción del «tiempo absoluto» afirma Newton que Dios «dura desde la eternidad hasta la eternidad» pero «no es eternidad» ya que es ajeno a esta (propiedad del tiempo), «sino eterno», sustantivamente eterno. Así: Dios no es duración pero dura y dura siempre y, además, funda la duración; Dios es siempre[216].

Segunda. **Dios es (sustantivamente) infinito.** En relación con su concepción del «espacio absoluto» afirma Newton que Dios «está presente desde lo infinito hasta lo infinito» pero «no es infinitud» (propiedad caracterizadora del espacio), sino que «es infinito». Así: Dios no es espacio... pero está presente... y está presente en todas partes (y siempre... y simultáneamente) y, además, funda el espacio; Dios es ubicuo. Para Newton, Dios es necesaria y absolutamente

---

216. 'Duración' es un 'intervalo de tiempo', es una variable física, magnitud que tradicionalmente se denomina, en física, también, 'tiempo', término este que debería reservarse para el referencial, la recta real del tiempo, de 'instantes' y 'duraciones'.

infinito y eterno. El espacio y el tiempo son infinitos en virtud de su causa, como efectos emanativos de la naturaleza divina.

Tercera. **Dios es (y está) omnipresente.** Esta tercera nota completa y clarifica las dos precedentes, concebidas como relacionadas con las nociones newtonianas de tiempo y de espacio absolutos. Esas notas de ser siempre y ser ubicuo, «Dios es uno y el mismo Dios siempre y en todas partes», se completa, y se complica, con la afirmación:

«su omnipresencia no es solo virtual, sino substancial, pues la virtud no puede subsistir sin substancia».

No obstante, el Universo y Dios son concepciones independientes, son entes nítidamente separables, son cosas de diferente naturaleza.

> «Todas las cosas están contenidas y movidas en él, pero uno y otras no se afectan mutuamente».
>
> «Dios nada padece por el movimiento de los cuerpos, y los cuerpos no hallan resistencia en la ubicuidad de dios».

Cuarta. **Dios es omnipotente.** Rige todo cuanto es o puede ser hecho.

Quinta. **Dios es omnisciente.** Conoce todo cuanto es o puede ser hecho, aunque «carecemos nosotros de idea sobre el modo en que el dios sapientísimo percibe y entiende todas las cosas».

7. En torno a la naturaleza íntima de Dios

Conviene conocer también el pensamiento de Newton en lo que respecta a la naturaleza íntima, a la esencia, a la substancia de Dios. Tres aspectos del pensamiento newtoniano pueden destacarse en esta cuestión.

Primero. La **imposibilidad de conocer la esencia de Dios**. Newton destaca la imposibilidad de poseer alguna idea acerca de la naturaleza íntima de Dios, en torno a la naturaleza divina[217]. En general, las substancias son inaccesibles al entendimiento humano; los atributos y los accidentes sí son accesibles.

---

217. Un tema de especial tratamiento por Newton sería el de la Trinidad, como se destacará más adelante.

«Tenemos ideas sobre sus atributos, pero no conocemos en qué consiste la substancia de cosa alguna. En los cuerpos solo vemos sus figuras y colores, solo escuchamos los sonidos, solo tocamos sus superficies externas, solo olemos los olores y gustamos los sabores. Sus substancias íntimas no son conocidas por ningún sentido o por acto reflejo alguno de nuestras mentes. Mucho menos podremos formar cualquier idea sobre la substancia de dios».

Segundo. **La cognoscibilidad de atributos o propiedades.**

«Solo le conocemos por propiedades y atributos, por las sapientísimas y óptimas estructuras de las cosas y causas finales, y le admiramos por sus perfecciones; pero le veneramos y adoramos debido a su dominio, pues le adoramos como siervos».

Tercero. **La no corporeidad de Dios.**

«Está radicalmente desprovisto de todo cuerpo y figura corporal, con lo cual no puede ser visto, escuchado o tocado; y tampoco debería ser adorado bajo la representación de cualquier cosa corpórea».

«[...] es todo similar, todo ojo, todo oído, todo cerebro, todo brazo, todo poder para percibir, entender y obrar, pero de un modo para nada humano, para nada corpóreo, radicalmente desconocido para nosotros».

Estas afirmaciones de Newton implicarían, entre otras consecuencias, de alcance sociorreligioso, una clara manifestación iconoclasta.

8. La proximidad del pensamiento de Newton al de Calvino

En un capítulo anterior, el 3.5, se ha expuesto la "Teología de la Creación según la *Institución de la religión cristiana*", dedicado a Calvino, con una referencia singular al problema "Del conocimiento de Dios en cuanto es Creador y Supremo Gobernador de todo el Mundo", en el que decíamos que se establecen directa e inmediatamente dos atributos cósmicos de Dios, desde la fe: 1°. Creador; 2°. Supremo Gobernador. Esto se sitúa absoluta y coherentemente en el terreno de la fe, y por ello, decíamos, que, como es tradicional hasta su época, "el Mundo" tiene una referencia exagerada como 'Mundo del hombre', aunque el "todo" refiera también, indiscutiblemente, al Universo.

Desde el terreno de la ciencia, en el que reflexiona Newton, llega este a consideraciones análogas, con palabras próximas: 1º. Creador; 2º. Dominador. En el encuentro de ambos criterios puede encontrase la Providencia.

No sé, ya que no he encontrado documentación, si, tras el impresionante éxito social de Newton, y desconocida su creencia antitrinitaria, los calvinistas se lo apuntaron, pero no parece que así fuera, y en este caso se perdió una solemne oportunidad, al margen de lo que pudiera haber sucedido con estos temas hasta el presente. Pero, en todo caso, debe dejarse constancia de esta cuestión anecdótica.

9. Un poco más acerca de Newton y su concepción de Dios

Por otra parte, y a modo de síntesis elemental, pueden hacerse las siguientes afirmaciones acerca del pensamiento de Newton.

1) Cree, tras la senda galileana y de alguna manera –aunque resultara solo parcial–, en la matematicidad de la Naturaleza.
2) Descubre el funcionamiento matemático del Universo –aunque no fuera suficientemente perfecto–, mediante la ley de la 'gravitación universal', reconociendo explícitamente la ignorancia de la causa de la gravedad.
3) 'Descubre' la existencia de Dios, desde la razón, por necesidad cósmica, recurriendo a Él a partir de los fenómenos.
4) Cree en Dios, en el 'Dios de Newton', que caracteriza suficientemente por su relacionalidad con el Universo, por los atributos cósmicos con los que lo adorna, teniendo en cuenta que es imposible conocer su esencia, de acuerdo con la consideración de 'Dominador' que se ha expuesto.

10. Consideraciones complementarias acerca del *teólogo* Newton

Dada la importancia científica de Newton, en y para la historia de la humanidad y no solo de la ciencia, parece conveniente enmarcar las reflexiones anteriores relativas al científico inglés [1) las científicas de la Segunda Parte (capítulo 2.5); y 2) las propias de la teología cosmológica precedente] en un contexto más amplio.

TEOLOGÍA COSMOLÓGICA NEWTONIANA

En su intenso trabajo intelectual, Newton no dedicó tanto tiempo a la ciencia como a otros ámbitos tales como la alquimia, los profetas y la teología en general. Dejó a su muerte muchos escritos a los que se ha dado difusión en épocas más recientes, tras un largo trasiego de sus papeles, heredados por su sobrina Catherine Barton, tras su muerte en 1727, en los que puede conocerse de forma más completa el mundo intelectual del 'genio'. No predominaban en ellos los de naturaleza física y matemática, sino que sobresalían –como se ha dicho– los dedicados a la alquimia, las profecías bíblicas y otros muchos asuntos teológicos. El estudio de estos papeles presenta a Newton como un heterodoxo, bastante distante de la visión racionalista construida por biógrafos y científicos del siglo XVIII y siguientes.

Newton es considerado como el padre de la ciencia moderna, la figura más impresionante de la historia de la humanidad y como apóstol del método científico. Sus contribuciones a la considerada física clásica, determinista –las teorías Dinámica newtoniana y gravitación universal tratadas en la Segunda Parte–, han sido superadas en el siglo XX por Einstein, Planck y toda la física cuántica no determinista, pero se le sigue considerando la mente científica más portentosa de todos los tiempos.

Este hombre de Ciencia, que en esta alcanzó la cima en la que permanece, se caracterizó por ser un buscador de la verdad en su radicalidad última y, por ello, sus reflexiones en torno a la Naturaleza fueron simultáneamente matemáticas y filosóficas, y, en el mundo barroco preilustrado de fuertes tensiones religiosas en el que vivió, se planteó junto al problema de la Naturaleza, de la Realidad, del Universo, el problema de Dios. Propiamente no tuvo maestros, no los necesitó, ejerció de galileano: el Universo es escuela matemática y filosófica, a él hay que preguntarle y desde él acercarse a Dios. Hacerlo a través de las Escrituras era lo común, pero Newton, siendo del común humano no era solo un humano común, era lo que de ordinario denominamos genio.

En su historia personal, en un estadio muy joven, años de 1664 a 1667, período considerado por el propio Newton como *anni mirabili*, genera unos conceptos y unas teorías físicas trascendentales: el cálculo diferencial e integral, las primeras leyes de la óptica geométrica, el descubrimiento de las leyes que rigen el movimiento de los cuerpos –*Dinámica newtoniana*– y de la gravedad –*Teoría newtoniana de la gravitación universal*–, teorías que hemos descrito sucintamente en sus fundamentos y leyes en la Segunda Parte. Junto al 'sistema del mundo', o más bien en línea con el 'sistema del mundo', había creado también la *filosofía mecanicista*, el *determinismo filosófico*. Y, se dice que por impulso de Edmund Halley, escribió entre 1685 y 1687 la aún considerada como más importante obra científica de la historia, *Philosophiae Naturalis Principia Mathematica*, publicada unos 20 años después de su 'descubrimiento' de la teoría de la gravitación universal. Parece ser que en ese tiempo se dedicaba ya también a la alquimia y a la teología, de las que escribió mucho pero no publicó nada, como se ha puesto de manifiesto tras el conocimiento de sus numerosos 'papeles'. Su descubrimiento de la fuerza de la gravedad no constituyó para él una explicación final, ya que buscaba una progresiva concatenación de causas y efectos, no estando satisfecho nunca, suele decirse, con una sola vía de conocimiento.

El estudio de los manuscritos ha revelado otro Newton, dedicado, como se ha indicado, a la alquimia y a la teología, 'disciplinas' a las que arrancó, se dice, métodos y sobre todo *motivaciones* para la elaboración de los *Principia*. Ellas constituyeron para él un medio de entendimiento y de exploración de la Naturaleza que le facilitaron: 1) concebir el **Universo como proyecto cósmico de Dios**; y 2) considerar el **Universo como nexo de unión entre la ciencia y la religión**. De esta manera se plantea el *problema de la Religión* en su conexión con el *problema de la Naturaleza*, en ambos, al profundizar, se encontraba el mismo único Dios.

Con su dedicación a la alquimia buscaba descubrir las causas que gobiernan todo lo existente, ya que no había encontrado la causa de la gravitación. Por otra parte, según se afirma de forma reiterada, creemos que con razón, Newton estaba seguro de que Dios había guardado la llave de la sabiduría que da a conocer los secretos de la naturaleza en textos antiguos, entre ellos y de modo singular, en los textos proféticos del Antiguo Testamento. Y también se piensa que practicaba ritos propiciatorios en los equinoccios y los solsticios, de tal manera que, como otros científicos anteriores y posteriores, mostró escarceos astrológicos. Más aún, se constata como otra fijación de Newton, el estudio de la cultura egipcia antigua en la creencia de que los templos expresaban una clara posesión de grandes conocimientos astronómicos ya que, según él, los sacerdotes egipcios leían con acierto el "libro de las obras de Dios", esto es, la Naturaleza[218].

---

218. Bajo esta hipótesis ha defendido en 2008 –y difundido con profusión– su tesis doctoral «La Gran Pirámide, clave secreta del pasado. La Atlántida o los orígenes de la Civilización Occidental» nuestro compañero arquitecto Miquel Pérez-Sánchez, en la

En tanto que hombre religioso, a la luz de lo actualmente conocido, puede caracterizarse por las siguientes notas:

a) Teólogo, teólogo libre, por sí mismo, en sí mismo, desde sí mismo y para sí mismo; sin escuela ni maestros.

b) Sus pilares: la fe personal y la Naturaleza.

c) Su estudio del Universo lo hizo con trasfondos tanto científicos como religiosos, relacionando, como hemos visto, a Dios con el Universo.

d) De cultura judeo-cristiana, como las personas de su tiempo y lugar, fue monoteísta. Su visión histórica del fenómeno religioso la interpretaba de modo que había existido una fe inicial en un solo Dios creador pero que se había corrompido por la tendencia natural de los hombres a la idolatría. Consideraba al pueblo hebreo como pueblo elegido por Dios para el regreso al monoteísmo, enviando a Moisés. De tal modo que la recaída en la idolatría hizo necesario que Dios enviara un nuevo mensajero, Jesucristo, que para Newton era eso: un mensajero, como Moisés.

e) Su cristología concebía a Jesús como enviado por Dios, pero de modo que no era consustancial con Dios; enviado por Dios, sí; de naturaleza divina, no.

f) Suele destacarse su condición de profesor del Trinity College para reforzar la afirmación de que, tras estudiar la evolución del cristianismo en el Bajo Imperio Romano, negaba la Trinidad. Había estudiado con interés el Concilio de Nicea (325), los problemas del establecimiento de la divinidad de Jesús en este concilio convocado por el Emperador Constantino, la doctrina de Arrio de que Jesús no era consustancial con Dios y la declaración conciliar de esta doctrina como "herética". Newton quedaba convertido automáticamente en *hereje*. También estudió con notable interés la historia del cristianismo a lo largo del siglo IV hasta el Concilio de Constantinopla (381)

Universitat Politècnica de Catalunya (UPC), en la consideración de que si hay un monumento en la tierra que ha levantado la admiración de cuantas civilizaciones lo han contemplado, este es, sin duda, la Gran Pirámide de Guiza, la única de las siete maravillas de la antigüedad que todavía se alza majestuosa a pesar de los contratiempos que ha sufrido a lo largo de los milenios; por ejemplo, ha perdido su revestimiento original e incluso el vértice que la culminaba. En la tesis ha puesto fin a estos agravios reconstruyendo informáticamente la que fuera la última morada del faraón Keops. Pero su tesis doctoral va mucho más allá de recuperar la forma original del monumento, también desarrolla una serie de teorías, cuanto menos, sorprendentes.

convocado por el emperador Teodosio y los problemas para el establecimiento de la divinidad del Espíritu Santo, y, en consecuencia, de la fijación canónica del dogma de la Trinidad.

g) Respecto a la Biblia, Newton: i) le prestó una especial atención, cuestión que debe destacarse aquí, como complemento del reconocimiento y validez de su pensamiento; ii) considera que es la fuente documental más antigua y fiel que existe, a pesar de las muchas corrupciones que el tiempo y los hombres han introducido en ella; y iii) afirma que Dios quería que se reconociese su mano en los textos pero no hacer posible el predecir sucesos futuros, ya que el plan maestro sobre el mundo no podría desvelarse hasta el apocalipsis; por tanto, no creía que fuera posible leer el futuro en la Biblia, pues iría en contra de los designios divinos. Se interesó especialmente por la historia del Templo de Salomón, concebido como lugar de misterio, ya que el pueblo solamente podía acceder al patio exterior mientras se celebraban en el interior los rituales por la élite sacerdotal. Elaboró varios escritos, que no publicó porque serían considerados heréticos, analizando con detalle la geometría del edificio y procediendo a determinar numerosas medidas, con las consiguientes elucubraciones.

En resumen, Newton mantuvo este conjunto de consideraciones lógicamente ocultas, ya que en el Trinity College no podía presentarse como antitrinitario (ni tampoco en su cargo 'oficial' de director de la Casa de la Moneda). Así, pues, desde el concepto de la relación de Dios con el Universo, Dios dominador, que actúa en el Universo por necesidad, hemos visto que se aproxima al pensamiento de Calvino; pero, respecto al concepto de *Dios en sí*, se apartó, en secreto, del dogma de la Trinidad, que compartían las diferentes tradiciones del cristianismo. Se convirtió, pues, en hereje, ya que, desde esta perspectiva, era arriano. Para Newton, Jesús era verdaderamente el divino Hijo de Dios, pero ni mucho menos igual al Padre[219].

---

219. Este ámbito, en tanto que doctrina próxima al arrianismo, lo ocupan en la actualidad los Testigos de Jehová.

3.11.
UNAS NOTAS CIENTÍFICO-RELIGIOSAS POSTNEWTONIANAS EN LA CIENCIA DE LOS SIGLOS XVIII Y XIX: EL *NEWTONIANISMO*.

JORGE JUAN, MUTIS, LAGRANGE Y LAPLACE

1. Introducción

El siglo XVIII, en la historia de la ciencia, se considera principalmente como de 'establecimiento' de las teorías de Newton, en su concepción científica, por el gran desarrollo que adquiere el cálculo diferencial, y también por su método intelectual, que se difundirá como *mecanicismo*, con la imposición del determinismo, condicionando todo pensamiento filosófico nuevo.

Pero, aquí y ahora, no interesan sus teorías científicas en sí mismas; tampoco, por supuesto, sus creencias, que socialmente –como se ha dicho– se desconocían. Pero sí sus construcciones teológicas en relación con el Universo, precisamente, las dos cuestiones objeto de reflexión en esta tesis: a) el Universo como obra de Dios, cuyo conocimiento conduce a Dios y modula la concepción de Dios; y b) la relacionalidad Dios-Universo.

Y con ello, la impronta religiosa que la confirmación del movimiento de la Tierra alrededor del Sol 'obligará' a la aceptación del *copernicanismo*, aunque este sea notablemente superado, si se quiere por completo, por el *newtonianismo*, una nueva visión del Cosmos.

Esta influencia newtoniana, ahora solo en la *perspectiva religiosa*, en los siglos XVIII y XIX, se singularizarla en los siguientes referentes: 1) La situación del copernicanismo en las Españas, con las contribuciones –y problemas– de Jorge Juan, y con la extensión de la problemática a la América española puesta especialmente de manifiesto en el caso de José Celestino Mutis; 2) La culminación de la filosofía en Kant, consecuencia, a mi juicio, del pensamiento newtoniano; 3) La coronación de Newton por Lagrange y singularmente por Laplace en su *Mecánica Celeste*; y 4) El lamento de Darwin.

Dedicaremos en este capítulo solo unas breves notas a los científicos físico-matemáticos citados, el próximo capítulo al filósofo Kant y en el siguiente, en su marco temporal, una referencia a Darwin.

2. La inquisición española contra Copérnico, Galileo y Newton en el pensamiento de Jorge Juan y Celestino Mutis

Hemos tenido varias ocasiones para tratar de la situación intelectual en las Españas postgalileanas en el tema de las nuevas visiones cosmológicas, las revoluciones de Copérnico, de Galileo y de Newton, rechazadas por la Inquisición española, incluso muchos años después del levantamiento teórico por la Santa Sede, 1741, cuando Benedicto XIV autoriza la edición y lectura de obras sobre heliocentrismo. En este año 1741, tras las expediciones geodésicas organizadas por la *Acadèmie des Sciences* de París, a Ecuador y Laponia, el mundo científico es *newtoniano* y nadie duda ya de que la Tierra orbita alrededor del Sol, pero España "es diferente".

Y nuestra atención se ha centrado en los dos más grandes científicos españoles del siglo XVIII: Jorge Juan y José Celestino Mutis. De manera especial debo citar las obras *La ciencia en la España ilustrada*[220] y *José Celestino Mutis y la ciencia fundamental de su época en la América española*[221] con objeto de no reproducirlas, haciendo solo una fugaz referencia a los aspectos capitales relacionados con el tema de la tesis; en concreto, de la recepción o rechazo del newtonianismo, integrador del copernicanismo, por la Inquisición española. Y aquí solo unas brevísimas notas remitiendo a los libros editados. Y unas palabras de especial cariño conmemorativo a la excepcional figura de la ciencia española, Jorge Juan y Santacilia, en el año tricentenarial de su nacimiento.

2.1. *El alegato-testamento de Jorge Juan* (1713-1773)

Jorge Juan, caballero de la Orden de Malta, comendador de Aliaga, fue uno de los primeros científicos *newtonianos*. He aquí, sin más, y a modo de testimonio de la situación religiosa de España en

---

220. González de Posada, F. (Coord.), (2007): *La ciencia en la España ilustrada*, Madrid: Instituto de España.
221. González de Posada, F. (2008): *José Celestino Mutis y la ciencia fundamental de su época en la América española*, Madrid: Instituto de España.

el tema que nos ocupa, su testamento intelectual, su *alegato* (1771, publicado en 1773 tras su muerte[222]) con referencia a Newton, al científico y a su ciencia, frente a la represión establecida por la 'Inquisición española':

> ¿Será decente con esto obligar a nuestra Nación a que, después de explicar los Sistemas y la Filosofía Newtoniana, haya de añadir a cada fenómeno que dependa del movimiento de la Tierra: pero no se crea este, que es contra las **Sagradas Letras?** ¿**No será ultrajar** estas **el pretender que se opongan a las más delicadas demostraciones de Geometría y de Mecánica?**[223] ¿Podrá ningún Católico sabio entender esto sin escandalizarse? Y cuando no hubiera en el Reyno luces suficientes para comprehenderlo ¿dejaría de hacerse risible una Nación que tanta ceguedad mantiene?
>
> No es posible que su Soberano, lleno de amor y de sabiduría, tal consienta: es preciso que vuelva por el honor de sus Vasallos; y absolutamente necesario, que se puedan explicar los Sistemas, sin la precisión de haberlos de refutar: pues no habiendo duda en lo expuesto, tampoco debe haberla en permitir que la Ciencia se escriba sin semejantes sujeciones.

Uno de los síndromes de las religiones, muy grave, ha consistido –y consiste– en negar los descubrimientos y avances de la ciencia desde creencias religiosas. Esto conduce, precisamente, a lo contrario de lo que se pretende, ya que negar la ciencia es propiamente negar a Dios –autor de la Naturaleza según Él ha querido que sea– y además negar al hombre –dotado de razón para conocer la obra de Dios aunque no alcance a conocer la esencia de Dios– y, en consecuencia, negar la ciencia es negar intrínsecamente a la propia religión, la religación del hombre a Dios.

Por lo que afecta a la religión cristiana los postulados galileanos deben asumirse con absoluta claridad: **las Sagradas Escrituras no**

---

222. Recuérdese: El papa Benedicto XIV autoriza la edición y lectura de obras sobre el heliocentrismo, a mediados del siglo XVIII, con dos decisiones significativas: 1) En 1741, cuando tras la prueba óptica de la órbita de la Tierra, hizo que el Santo Oficio diese al impresor la primera edición de las obras completas de Galileo; y 2) En 1757, autorizando la lectura de obras favorables al heliocentrismo por un decreto de la Congregación del Index, que retira estas obras del *Index Librorum Prohibitorum*.

223. El uso de negritas es nuestro.

explican en absoluto el Universo –ni su constitución, que es esencialmente dinámica, ni su funcionamiento según leyes–, y deben interpretarse a la luz del conocimiento del Universo. Lo contrario es, precisamente, como afirma Jorge Juan, ultrajar a las Sagradas Escrituras, cuyo objeto y objetivo son de otra naturaleza. Y esto no debe olvidarse. Hay que estar abiertos a recibir 'conocimiento', que es conocer la Naturaleza, y por su mediación, conocer a Dios, conociendo su obra, obra que remite, directamente al Creador.

Esta cuestión debe destacarse siempre, con ocasión y sin ella, y, en términos teóricos teológicos, más aún en las Confesiones protestantes, dado que el principio *Sola Escritura*, que debe referirse exclusivamente a los ámbitos de fe y conducta moral, se extrapola con demasiada frecuencia.

2.2. *El sacerdote-astrónomo-botánico José Celestino Mutis (1732-1808)*

En la ocasión del bicentenario de su fallecimiento (1808-2008) dedicamos una atención especial a este ilustre gaditano, médico, cirujano, sacerdote, botánico, matemático y astrónomo, destacando, entre otras cuestiones ajenas al tema actual: 1) su sorprendente condición de *apóstol* físico-matemático[224] del newtonianismo; y 2) su consecuente persecución por la Inquisición española en el Virreinato de Nueva Granada.

a) Por lo que respecta a su condición de físico de la Naturaleza, imbuido del "principio galileano de matematicidad de la Naturaleza" pueden recordarse las siguientes consideraciones.

1. Recién llegado a Bogotá, 1762, fundó y asumió la Cátedra de Matemáticas en el Real Colegio del Rosario, disciplina tal que su estudio "siempre es necesario para inquirir la verdad en todo lo que se ofrece y es permitido a la curiosidad del hombre". Y así escribiría también: "Los sublimes estudios de matemáticas, que ciertamente me deleitan, y por el oficio de instruir a la juventud americana en los sólidos conocimientos de la física y matemáticas".

---

224. González de Posada (2009): "José Celestino Mutis: *apóstol* físico-matemático", pp. 35-57.

2. Defendió el sistema heliocéntrico de Copérnico en tanto que deducible de las leyes de Newton. Haría dos proposiciones fundamentales tras asumir las enseñanzas de física en su cátedra de Matemáticas, en 1766: 1ª) "La Tierra se mueve alrededor del Sol"; y 2ª) **"El sistema copernicano en nada se opone a las Sagradas Escrituras"**. Para ello se basa en **"el universal consentimiento de los astrónomos, a quienes toca averiguar esta cuestión"**[225], "la Filosofía moderna [...] lleva a la experiencia por guía, se hermana con las observaciones y se ilustra con razonamientos puramente matemáticos", "el sistema copernicano, aquella invención divina perseguida por la ignorancia".

3. Se convirtió en divulgador del pensamiento científico de la época: "Dedicado desde mi llegada [en 1762, y ha de escribir al virrey nada menos que a la altura de 1802 ante un nuevo ataque inquisitorial] a esta capital a propagar las ciencias matemáticas y físicas, con la importante mira de habilitar a la juventud en sus estudios filosóficos".

4. Apela con reiteración a la legitimación de la ciencia en clave religiosa: **"La observación de la Naturaleza revela la perfección del Creador"**.

5. Y recurre, desde su doble condición de sacerdote y científico a la autoridad de Jorge Juan, considerado por Mutis como "el mayor peso de autoridad y razón" y "el Newton español, de inmortal memoria entre los sabios de todas las naciones y siglos", "respetable autoridad del mayor físico español", y "respetable autoridad del mayor filósofo español", reproduciendo el *alegato-testamento* del marino científico.

b) Y por lo que respecta a la 'Inquisición española', ejerciendo en la entonces 'nuestra América', pueden, análogamente, extraerse unas breves consideraciones de lo ya escrito en otro lugar[226]. Consecuentemente con las dos tradicionales notas que se expresan mediante los dichos "sostenella y no enmendalla" y "más papista que el Papa", actuó la Inquisición contra Mutis en varias ocasiones, siendo las más significativas las que hemos considerado como *Querella* con

---

225. El uso de negritas es nuestro.
226. González de Posada, F. (2009b): "José Celestino Mutis ante la Inquisición", pp. 95-121.

los Padres Dominicos (1774) y *Conclusiones* de los Padres Agustinos (1801). ¡Aún en 1801! ¡Trascurridos más de doscientos cincuenta años del fallecimiento de Copérnico! ¡Doscientos años de la hoguera de Bruno y casi tantos de los problemas de Galileo! Le fue necesario, reproducir el *alegato* de Jorge Juan.

3. La 'coronación' de Newton en Francia: Lagrange y Laplace

El desarrollo de la matemática durante el siglo XVIII había facilitado una mejor intelección de las leyes de Newton, de tal modo que bajo el prisma del conocimiento posible del Universo en este siglo, según instrumentos de observación y dispositivos de cálculo, las leyes de la Dinámica y de la Gravitación newtonianas eran suficientes, por sí mismas, para explicar la estructura y el funcionamiento del mismo, entonces solo referido a Sistema Solar.

3.1. *Joseph-Louis de Lagrange (1736-1813)*

A la valoración del sistema de Newton –y de este– realizada en el entorno de 1740 por la Academia de Ciencias de París tras las expediciones geodésicas, cuando aún no se había desarrollado suficientemente el cálculo infinitesimal, interesa, por su relevancia, destacar aquí la consideración, aunque sea solo *supuesta* en los términos siguientes, de Lagrange, gran continuador matemático de la obra newtoniana, sobre el científico inglés, en el marco de la Academia de Ciencias de París, reflejo de la consideración alcanzada: "Newton, no solo es el hombre más destacado de la historia, lo que es obvio, sino el más afortunado, porque Universo solo hay uno y él lo ha descubierto de una vez por todas, por completo y para siempre". Con este trasfondo, conviene destacar la situación *científica* del problema del Universo a finales del siglo XVIII: 1) El Universo es un único trino (espacio, tiempo y materia); y 2) Se expresa y se conoce mediante las leyes (matemáticas) de Newton.

3.2. *Pierre Simon de Laplace (1749-1827)*

Esta *nueva* situación de la Astronomía, *autosuficiente*, echaba por tierra la *Teología cosmológica newtoniana* fundada sobre el principio de la *necesariedad* de Dios, expuestos en el capítulo precedente, para explicar los fenómenos. "Esa hipótesis [Dios] no ha sido necesaria" se cuenta que contestó Laplace a Napoleón cuando este, recordándole a Newton tras la lectura de la *Mecánica Celeste* –obra capital de Laplace, en cinco volúmenes– le preguntó –se supone que sorprendido– por qué no citaba a Dios en toda su obra.

En consecuencia, a las notas anteriores: 1) El Universo es un único trino (espacio, tiempo y materia); y 2) Se expresa y se conoce mediante las leyes (matemáticas) de Newton; debe añadirse otra: 3) Es autosuficiente, no *necesita* de Dios para su funcionamiento.

El Universo, pues, desde la ciencia del momento, principios del siglo XIX, funcionaba por sí mismo sin necesidad de providencia, de gobierno, de dominio; las leyes eran suficientes. Se puede prescindir de Dios en el funcionamiento de los astros. Y así transcurriría todo el siglo XIX, desde la perspectiva científica, hasta sus finales, cuando se detectan cuestiones importantes que no se explican con la Física de Newton.

3.12.
LOS 'ARGUMENTOS' DE LA EXISTENCIA DE DIOS Y LA TEOLOGÍA DE INMANUEL KANT (1724-1804)

1. Introducción

Hay que citar a Kant, suficientemente conocido y tratado, aunque sea sucintamente. Un hecho resulta evidente a la crítica de sus *Críticas* y restantes obras –y vida–: la reflexión kantiana sobre Dios –así como sobre la religión– produce la impresión de ser incongruente y, a veces, contradictoria, entre distintos periodos de su vida, y, por tanto, en sus obras. Kant mantiene posiciones distintas respecto a su concepción de Dios. Desde la perspectiva de su propia vida (se considera como de ateísmo práctico) el Dios (o los sucesivos posibles diferentes 'dioses') de Kant sería un ejemplo irreconciliable con su posición vital como agnóstico. Pero en Kant hay mucho Dios, mucho de Dios; y se ha reflexionado con harta frecuencia sobre ello. Como se ha dicho, no puede negársele un lugar en esta tesis, aunque no tenga especial relevancia para su objeto.

En el capítulo anterior se ha tratado de la asombrosa continuación del legado de Newton en el ámbito de la ciencia, propiamente de la ciencia física, y en concreto de la mecánica celeste. La difusión del newtonianismo, como se ha indicado en él, fue de gran calado intracientífico pero también inundó todos los campos del saber. En el de la filosofía, tan ligado tradicionalmente a la teología, a Newton se le considera 'coronado' en y por Kant, de tal modo que en las caracterizaciones de espacio y tiempo clásicos, en mis textos de física, con harta frecuencia, yo prefiero hablar, por ejemplo, de las que denomino 'concepciones newtoniano-kantianas' de espacio y de tiempo.

Galileo, Descartes y Newton, personajes capitales en la historia de la ciencia y de la razón, han 'construido', entre y con otros, un mundo diferente al que recibieron: el de la Modernidad, caracterizado básicamente por el relevante papel concedido a las matemáticas, con el trasfondo del valor supuesto por el que he denominado *Principio galileano de matematicidad de la Naturaleza*. Este mundo, concluido el *proceso de matematización* en la ciencia física por Newton, sería supuestamente cerrado en la filosofía por Kant, el mundo de la razón, el de la Ilustración.

El Newton científico traspasaría gloriosamente todo el siglo XVIII y prácticamente también todo el XIX, como hemos intentado poner de manifiesto en las referencias a la España de Juan y Mutis y al mundo europeo, significado entonces principalmente por Francia, con referencias básicas a Lagrange y Laplace. Pero no solo en el ámbito propiamente científico, sino también acompañando como firme cimiento todas las 'revoluciones filosóficas' que marginarían rápidamente a Kant: Hegel, Feuerbach, Marx, Freud y Nietzsche.

En resumen justificativo: no podemos cerrar estas páginas al 'difícil' Kant. Tras Newton, científico y teólogo, se precisan unas posiciones filosóficas. Kant, por una parte, se ha considerado como 'establecedor' de un sistema, y, por otra, como el probablemente más confuso de los pensadores. En todo caso, y aceptando que nos situamos en su glosa sobre cuestiones problemáticas, Kant, que inició su vida intelectual como matemático y físico, se ocupó y preocupó por los temas de la existencia de Dios –argumentos o 'pruebas'–, los atributos de Dios y la esencia de Dios. Sin alta convicción, destaquemos –para, al menos, dejar constancia formal– algunas de sus ideas[227].

2. Argumentos o 'pruebas' de la existencia de Dios

El planteamiento kantiano, en contenido y terminología[228], distingue *cuatro pruebas clásicas de la existencia de Dios*, que suelen utilizarse desde entonces como referentes[229], que son:

a) *Argumento cosmológico*. A partir del movimiento, del cambio, por el principio de causalidad se concluye, dado que una regresión sin fin carece de sentido, en una *causa primera* (Dios).

---

227. Pueden verse en Internet: «Kant. Metafísica y existencia de Dios», de Sebastião Jacinto dos Santos, y «El Dios de Kant», de Alfonso Fernández Tresguerres.
228. Küng (2005), pág. 585.
229. A ellas haremos referencia más adelante al tratar de Zubiri.

b) *Argumento teleológico* (físico-teológico). A partir del orden y de la teleología, con ayuda del principio de finalidad, que afirma una orientación intencional hacia el fin, excluyendo la pura casualidad, se deduce un creador y ordenador del mundo (Dios).
c) *Argumento ontológico*. A partir del concepto de Dios como ser 'perfecto y necesario' (de elaboración supuestamente innata en todo hombre), se concluye su existencia.
d) *Argumento moral*. A partir de la necesidad de armonizar la moralidad (en tanto que *imperativo categórico*) con el anhelo de felicidad del hombre, se puede postular como necesidad práctica Dios.

Küng escribe: "Ahora bien, si todos estos argumentos –o al menos los tres primeros– son lógicamente convincentes, ¿por qué ninguno de ellos es universalmente aceptado? ¿Tal vez porque no constriñen a la razón de la misma manera que las pruebas del teorema de Pitágoras o del hecho de que la Tierra gira alrededor del Sol?". Ya hemos dejado escrito nuestro criterio en capítulos precedentes, de manera directa en Tomás de Aquino. Estos argumentos no son de ninguna manera convincentes, y no lo son, porque no pueden serlo; la metafísica no puede 'demostrar' la existencia de Dios, ya que Este no es objeto, de ninguna manera, de ella. Estas 'pruebas', tras la teología de Newton expuesta en el capítulo anterior, por sí solas, carecen de fuerza, no demuestran nada. Permanecen en el marco de la filosofía, no de la Naturaleza –en su caso, de la Creación–, incluso el primero, aunque denominado *cosmológico*, es también propiamente metafísico. El 'argumento newtoniano' es, *en sí*, meridiano, obvio, recurriendo a Dios por *necesidad*, ya que sin Él no es explicable el funcionamiento, la existencia del Universo tal como este es; y puede, por tanto, considerarse 'demostrativo', aunque diríamos –en terminología prioritariamente matemática– que 'por reducción al absurdo', solo que, por ser principalmente de basamento científico, era falsable, y se 'demostró' más adelante –transcurridos más de cien años– su 'falsedad': la no necesariedad de Dios porque el Universo funcionaba correctamente de acuerdo con las leyes newtonianas (teoría científica que sobreviviría otros cien años más).

En conjunto, se trata de *argumentos metafísicos* y, a lo sumo, servirían de complemento del newtoniano, en el caso de que este, u otro de su naturaleza, tuvieran lugar.

3. En torno al *problema* del conocimiento de Dios

a) Para Kant, Dios no es un *objeto* encontrable en la experiencia.

b) Sobre el *problema de Dios*, en el sentido tradicional kantiano cabrían dos caminos: 1) Partir del *concepto* de Dios, como ser necesario y absolutamente perfecto, por tanto, *a priori*; pero desde aquí no puede 'deducirse' la *necesariedad* de Dios, ya que se trataría de un *realismo* sin sentido; 2) Partir de elementos de la experiencia, *a posteriori*, haciendo el tránsito de lo inmanente a lo trascendente, de lo material a lo inmaterial, de lo natural a lo sobrenatural, en alguna manera del modo de los argumentos cosmológico y teleológico. En todo caso, debe afirmarse que no hay –no puede haber– una 'demostración' racional convincente. Los argumentos son 'razonables' y pueden servir como complemento –ayuda– a la fe, a modo de sustentación, de justificación, pero no pretender que tengan valor de demostración. **Dios no es 'demostrable' racionalmente**, con carácter de generalidad o universalidad. O bien, Dios es, por tanto, indemostrable.

c) Pero Kant intentó otras excursiones en su nueva *teoría del conocimiento*: el punto de partida no es el objeto como tal, sino el entendimiento humano, que imprime activamente sus formas puras (*categorías*) en el dato sensible, constituyendo así el objeto de su propio conocimiento. Es decir, sienta unas nuevas bases para ofrecer nueva respuesta al problema del conocimiento de Dios. Apoyándose en Newton –para él, la personificación de la ciencia– expone sus argumentaciones teleológica y ontológica, considerando esta como única de validez posible.

d) En el pensamiento de Kant transparecen influencias de la concepción calvinista de Dios y de la Creación –que hemos señalado en un capítulo anterior– y de la concepción científica (y también teológica) de Newton. Estas concepciones llevaron a Kant, a pesar de las consideraciones de agnosticismo encubierto que expresó con su vida –o ateísmo práctico–, a la defensa de la existencia de Dios, aceptando la fe en Dios, con una convicción formal ético-religiosa.

e) Para Kant, Dios es: i) entidad trascendente; y ii) causa del mundo. Pero tal que no se puede propiamente conocer su existencia, aunque sí pueda postularse a partir de la reflexión filosófica, y esto desde una perspectiva moral.

f) En la *Crítica de la Razón Pura* criticó los 'argumentos' mostrando que escondían errores que los hacían inaceptables. Y afirma que no es posible una demostración científica de la existencia de Dios, pero sí un tipo de "conocimiento" denominado "fe racional".

g) Transitando de la *razón pura* a la *razón práctica*, la idea de Dios se trata como si fuera un concepto límite teórico necesario, de modo que por la *razón práctica* se alcanza lo que 'debe ser' Dios, y así entre *razón*, *moral* y *necesidad* establece que "es moralmente necesario aceptar la existencia de Dios". En esta perspectiva sitúa los considerados como "postulados de la razón práctica": 1) la libertad humana; 2) la inmortalidad del alma; y 3) la existencia de Dios. Y llega a afirmar: "Es bueno que no sepamos, sino creamos que Dios existe"[230]. En todo caso, la existencia de Dios no puede ser demostrada, pero tampoco puede ser rebatida, no puede ser conocida teóricamente, pero sí creída prácticamente. Este carácter indirecto de la aceptación de la existencia de Dios pone de manifiesto la peculiaridad del conocimiento de la existencia de Dios.

4. Acerca de la teología

Kant concibe la teología como el sistema de nuestros conocimientos acerca del Ser Supremo; de modo que podría decirse con cierta propiedad, sistema de conocimientos de Dios *en sí mismo*. Y este conocimiento de lo que tiene lugar en Dios, como solo tiene lugar en Él, para y por nosotros es un conocimiento muy deficiente, es decir, la totalidad de todo conocimiento posible acerca de Dios es muy limitado para el hombre. Sin embargo, puede considerarse como condición más digna del hombre el ver hasta dónde puede llegar nuestra razón en el conocimiento de Dios.

Kant establece una especie de 'teología racional' de carácter *especulativo*, basada en un saber teorético o *moral*, con el conocimiento práctico como objetivo. Y esta teología podría dividirse en: a) trascendental; b) natural; y c) moral.

La *teología trascendental* piensa a Dios solo por conceptos trascendentales, es decir, como Ser Originario que no proviene de otro ser y es raíz de toda posibilidad, por tanto, Dios como *Causa* del Mundo.

230. Küng (2005), p. 597.

La *teología natural* piensa a Dios por medio de conceptos físicos –¿reales?–, como creador de todos los seres posibles, es decir, como productor del mundo; por tanto, Dios como *Autor* del Mundo, pero, conviene insistir, del 'Mundo del hombre', del Mundo para el hombre.

La *teología moral* piensa a Dios como Sumo Bien, fundamento del conocimiento y del sistema de fines, por tanto, como *Soberano y Legislador*. Este pensar a Dios como autor de nuestras leyes morales es la 'auténtica teología' que sirve de fundamento de la religión. Las obligaciones morales presuponen así el concepto de Dios que determina todos los deberes. El hombre tiene en la moralidad el fundamento seguro para edificar su fe en Dios, en la esperanza de alcanzar una felicidad duradera. Así se construye esta teología de la moral, según 'evidencia' práctica, no por el saber, sino por la fe. Y de esta manera, al modo calvinista, se postula la existencia de un sabio gobernador del Mundo como exigencia de la razón práctica.

Conviene que afirmemos, tras lo escrito hasta aquí, que casi todo Kant queda prácticamente al margen de nuestra concepción de la 'Teología de la Creación del Universo y de la relación de Dios con su obra cósmica'. Kant permanece en el 'Mundo del hombre' y en el conocimiento teórico y/o práctico del hombre, pero, de hecho –y esto puede sorprender por sus primeras situaciones de físico y matemático– exclusivamente desde razones metafísicas y/o morales, no desde la realidad física.

En todo caso, el punto de partida, la referencia y la raíz de todo conocimiento –sea del Mundo, sea de Dios– es el hombre, pensante y práctico, y no la Naturaleza.

Las extensas reflexiones de Kant sobre la(s) Religión(es) no interesa(n) aquí.

3.13.
ATEÍSMO POSTNEWTONIANO Y POSTKANTIANO

1. Introducción

Cuatro son los referentes principales, hoy ya tradicionales, del ateísmo: Feuerbach, Marx, Nietzsche y Freud, cuyas doctrinas expondremos en síntesis –mediante sus expresiones más significativas socialmente–, tales que solo afectan directamente al *problema de Dios*, a su negación, y consecuentemente no presentan conexión propia con el *problema de la relacionalidad Dios-Universo*, que precisamente por su negación resultaría carente de sentido. Junto a ellos, desde la perspectiva histórica, pero con un significado diferente al de este capítulo[231], habría que situar a Darwin.

Estos pensadores han sido suficientemente historiados y sus doctrinas analizadas profusamente. A nuestros efectos bastan, pues, unas simples notas para la continuación cronológica y lógica del análisis de los procesos históricos de religiosidad acerca de Dios y de su Creación. Dada la negación por ellos del Ser Supremo, se trata exclusivamente de señalar las perspectivas que estos significativos ateos ofrecen sobre el papel y uso de la religión, o de las religiones, en cuyo marco se situaría la existencia de Dios, que es negada, careciendo, pues, de sentido la pretensión de algún tipo de respuesta, como ya se ha dicho, al problema de la relacionalidad Dios-Universo. Pero sus pensamientos se dirigen prioritariamente –y de ordinario directamente– a la religión, al hombre religioso, al papel social

---

231. Cuestión que quedaría pendiente para unos hipotéticos trabajos posteriores relativos a otros problemas de la teología. En nuestro esquema de historia de la Creación, de historia del Universo, los pasos a considerar son: Universo todo conjunto, Tierra, Vida, Hombre. El problema de Darwin se refiere a la Vida y al Hombre en la Tierra. Aquí, como venimos repitiendo, permanecemos en la Creación del Universo y el funcionamiento de este en su totalidad.

de la religión, y más bien solo indirecta –aunque constituya el fundamento radical– a Dios.

La dedicación de un apartado a cada uno de ellos es simbólica, de presencia en el índice, y para dejar constancia expresa de su trascendencia en la historia del pensamiento, así como su importancia en el proceso histórico de la fe, referida prioritariamente al pensamiento cristiano occidental.

Hasta aquí, siglo XIX, el ateísmo –la negación de todo tipo de Dios y de todo lo divino– había sido asunto de minorías, la cultura y la inteligencia tradicional eran religiosas. Los representantes aquí considerados son 'figuras' de máxima consideración, genuinos representantes de una nueva época. La radicalización de la Ilustración francesa, por una parte, y la actitud de la(s) Iglesia(s) en su confrontación contra las ciencias naturales, por otra, constituirán apoyos para la construcción y la difusión del ateísmo.

Debe repetirse que los problemas relativos a la cristología, mariología, eclesiología, etc., no son objeto de tratamiento en esta tesis. Solo lo es Dios, y solo en su respectividad con su obra cósmica, es decir: "Teología de la creación del Universo y de la relación de Dios con su obra cósmica".

2. Ludwig Feuerbach (1804-1872)

Feuerbach, en sus obras *La esencia del cristianismo* (1841) y *Principios de la filosofía del futuro* (1843), expone a modo de tesis centrales las siguientes: a) la naturaleza existe independientemente de toda filosofía; b) los hombres somos productos de la naturaleza; c) nada existe fuera de la naturaleza y del hombre; y d) los 'seres superiores' que hemos considerado históricamente no son más que reflejos fantásticos de nuestro propio ser. Realiza así una asombrosa entronización del materialismo, que constituirá un tránsito considerable del *idealismo* de Hegel hacia el *materialismo* de Marx.

Con una mirada más directa a la cuestión religiosa, Feuerbach, según Küng, había evolucionado desde la teología al ateísmo, camino que el autor explica con diferentes expresiones: "Dios fue mi primer pensamiento; la razón, el segundo; y el hombre, el tercero y el último", "¡no teología, sino filosofía!", "¡no creer, sino pensar!"[232].

---

232. Citado por Küng (2005), pp. 228-229.

Con este trasfondo, ataca las ideas de un Dios personal y de la fe en la inmortalidad, y, consecuentemente, rechaza de manera radical la religión cristiana y, con ella, la teología, manifestando expresamente la no conciliabilidad de la filosofía y la fe. Por tanto, afirmará que se precisa sustituir el concepto de Dios por otro, en su caso, por el de 'género humano', constituyéndose en la historia como precursor de Marx.

A modo de síntesis del pensamiento prioritario de Feuerbach se recuerda que "Dios es una proyección del hombre", "Dios es un reflejo del hombre". Construye, pues, una especie de *materialismo antropológico* tal que este, desde sí mismo y por sí mismo, pretende explicar el mundo y el hombre, hombre que se constituye en el punto de partida, pero el hombre no individual, sino el hombre como comunidad, como género, el 'hombre universal', de manera que lo divino, en todo caso, es solamente 'lo universal humano' proyectado al más allá, y Dios solo la proyección del corazón humano, de la voluntad humana, y no un ser autónomo, inteligente, omnipotente, personal, que existe fuera e independientemente del hombre; Dios no existe.

La idea de 'naturaleza' (Realidad, Cosmos, Mundo, Universo), con más o menos precisión y caracterización, refiere, sin duda, a la realidad, al menos a una realidad; la 'esencia humana universal' de Feuerbach se presenta más próxima a una abstracción, a un concepto, a una proyección más o menos objetivable. Su concepción se presenta, pues, como una especie de culto a la naturaleza humana universal. Pero puede considerarse como cierto que la crítica atea de la religión, iniciada formalmente por Feuerbach, se impondría durante prácticamente un siglo.

3. Carlos Marx (1818-1883)

El concepto de 'género humano', elaborado en el ámbito de la abstracción por Feuerbach, lo transformaría Marx en otro más 'realista', más próximo, el de 'sociedad'. Marx nació judío, se educó cristiano protestante y vivió como ateo. Con él, el *ateísmo humanista* se transforma en un *ateísmo político,* y su enfrentamiento con la religión será radical, desde su condición de 'científico analítico' y de 'luchador político'. Sus obras principales serían: *Manuscritos económico-filosóficos* (1844), *Manifiesto del partido comunista* (1848) en colaboración con Engels, *Crítica de la economía política* (1859) y *El Capital* (volumen I, 1867).

La religión –Dios–, como había afirmado Feuerbach, es 'proyección' del hombre, sí, pero también, añade Marx, 'alienación' del hombre. A este hay que comprenderlo desde la Naturaleza, sí, pero sobre todo desde la realidad de las relaciones sociales, es decir, desde la historia, no desde la filosofía. La emancipación humana, de la alienación en que se encuentra, es una cuestión social, de modo que no interesa propiamente la relación del hombre con la naturaleza extrahumana, sino la 'política práctica'. Aspira a la transformación social de la sociedad mediante una revolución radical, la 'revolución comunista', la 'lucha de clases', con la finalidad de establecer la *dictadura del proletariado* –concepto, proletariado, que introduce él–. El punto de partida y objeto de referencia, pues, no es el hombre abstracto, sino que lo constituyen las relaciones sociales concretas.

La religión queda considerada como una concepción fantasiosa de la humanidad, que actúa como sedante, como narcótico, siendo, pues, "el opio del pueblo". El pasado 'revolucionario' de Alemania, para Marx, fue la Reforma, pero se trató de una revolución 'teórica', la emancipación del hombre exige 'cambiar el mundo' mediante una nueva revolución, de la que él se considera un *nuevo Lutero*. En el *Manifiesto* se fundamenta el programa revolucionario de la clase trabajadora.

Tras él, el ateísmo se presenta como una nueva visión del mundo. Pero, ¡ojo!, de acuerdo con la expresión que se ha establecido, del 'Mundo del hombre', sí, pero del 'Mundo del hombre' ahora sin referencia alguna a Dios, que no existe. Y así, la visión marxista del mundo –visión radicalmente materialista–, de hecho, sirve de sustituto ateo de la religión o, incluso mejor, de religión atea de recambio[233]. Dada la naturaleza de Dios, del *problema de Dios*, las declaraciones de Marx tienen, lógicamente, carácter de proclamas, de modo que se presenta más bien como 'revolucionario utópico' que como 'científico analítico y realista'. La crítica marxista a la religión no debe menospreciarse pero tampoco constituye objeto de nuestra presente reflexión.

Por otra parte, conviene indicar que hasta 1891 no se publicaría la primera encíclica pontificia social, la *Rerum novarum* de León

---

233. *Ibid.*, p. 278.

XIII, teniéndose en cuenta, por primera vez en el marco religioso de máxima relevancia, el problema social –obrero– destacado por Marx y ofreciendo una respuesta alternativa, netamente diferente.

4. Friedrich Nietzsche (1844-1900)

Suele ser frecuente situar a Nietzsche, saltando la cronología, tras Freud, bajo la tesis de que este sigue la senda del ateísmo mientras que aquel inicia un nuevo camino: el *nihilismo*. Para nosotros, parece más conveniente seguir la senda cronológica porque, además, Nietzsche tiene referencia principal filosófica como Feuerbach y Marx y en Freud la referencia principal se sitúa más próxima al marco científico.

Lo más singular, a nuestro juicio, es que Nietzsche, por encima de todo lo demás, que es bastante, manifiesta un claro escepticismo frente a la idea del progreso, que constituye *una* clave interpretativa –quizá, *la clave*– del siglo XIX. El *mito del progreso indefinido* pudo concluir su imperio intelectual con este filósofo.

Se considera que en *Humano, demasiado humano* (1878) se inicia el Nietzsche que se hará clásico, ya 'liberado' del idealismo y del cristianismo, comenzando su singularidad. Seguirían *Aurora. Reflexiones sobre los prejuicios morales* (1882) y *La gaya ciencia* (también 1882) en la que proclama los famosos: "¡Dios ha muerto!", "¡Dios está muerto! ¡Y nosotros lo hemos matado!".

Su ataque abarca al cristianismo entero que, según él, se basa en tres suposiciones básicas: 1) la existencia de Dios; 2) la inmortalidad; y 3) la autoridad de la Biblia. Y así se manifestará no solo como ateo sino, quizá sobre todo, como anticristiano. Predomina en él la negatividad, el pesimismo y, si se quiere, también cierta irracionalidad; no encuentra razón, sentido ni fin a la vida. Pregona la negación de todo Dios, de todo tipo de Dios, y se ceba en el Dios cristiano. *Así habló Zaratustra* (1883-1885) constituye una especie de *antibiblia*, de *antirreligión*. Y, más adelante, *El Anticristo* (1888).

La idea, quizá obsesión, que puede considerarse como primera es esta: el hombre debe ser superado por el *superhombre* –fuerte y sabio–, que ocuparía el lugar de sustituto de Dios. Y, junto a ella, una segunda: el *eterno retorno* de lo mismo, pensamiento este de justificación un tanto ambigua, pero que se manifiesta claramente como 'ciclo' de existencia que gira eternamente.

Su doctrina –o ideología–, el *nihilismo*, supone la ruptura con todo lo que había significado la civilización europea: Sócrates, Platón, Aristóteles, el cristianismo, Galileo, Descartes, Newton, Kant. Crítica de todo, crítica de la Modernidad, incluida la ciencia. Con respecto a la ciencia, que aquí consideramos como elemento básico de apoyo de realidad y de verdad, y en concreto la física, no presenta para Nietzsche valor de *explicación* del mundo, sino solo de *exposición*, por tanto de escaso valor. Perdida la fe en la civilización y en el progreso, la Modernidad se derrumba, queda la nada, el *nihilismo*, que para él significa convencimiento de inanidad y sinsentido de la realidad, de modo que ni siquiera los valores e ideales firmemente establecidos –verdad, justicia, amor, moral, religión– tienen sentido por sí mismos y en sí mismos, sino que son meros inventos del hombre. Y, quizá, lo más característico de Nietzsche no sea la radicalidad de su pensamiento, sino el complemento de praxis: el nihilismo hay que imponerlo y sostenerlo, a la fuerza, para hacer retroceder el poder del espíritu, para exterminio de la moral por la acción.

5. Sigmund Freud (1856-1939)

En un mundo, en el que se han difundido ya las visiones ateas consideradas, visiones de naturaleza prioritariamente filosófica y política, se presenta una nueva visión atea, por Freud, que ofrece ciertas raíces científicas, acorde con el conocimiento médico fundado en algunas disciplinas sanitarias ya establecidas como anatomía, histología, fisiología y patología, interpretadas de manera mecanicista, con intenciones de newtonianismo, que parecen llevarle, también, a la aversión, previamente difundida, de las doctrinas y prácticas religiosas. De tal manera que el psicoanálisis reduciría –según Freud– todo proceso psíquico a un *determinado* juego de fuerzas que se estimulan o reprimen. En síntesis extrema, el 'remedio universal' ha de encontrarse en la *ciencia natural* y no en la religión, no en la política, no en la filosofía.

Freud genera ciertamente una revolución en la medicina, y lo hace en una época en la que ya, unida a la cirugía, tenía un reconocido predicamento científico. De aquí la trascendencia de la novedad de su ateísmo, su fundamentación en la ciencia, como consecuencia de sus estudios, descubrimientos y concepciones acerca de la histeria, la hipnosis, la psicopatología, el método de la catarsis, la interpretación de los sueños, los fenómenos neuróticos, las perturbaciones sexuales, los procesos inconscientes, etc. *La interpretación de los sueños* (1900), *Tres ensayos sobre la sexualidad* (1905), y *Lecciones de introducción al psicoanálisis* (1916-1917) se convierten en obras de referencia, traspasando notoriamente los límites de la medicina para inundar todo el pensamiento postmoderno.

Por lo que respecta de manera directa a la religión, tras un análisis histórico del fenómeno religioso, considera que ella constituye una 'neurosis obsesiva universal' y Dios una 'ilusión infantil', y, en concreto, el Dios personal un 'padre sublimado'. Y, en conjunto, todas las ideas religiosas como ilusiones y manifestaciones de los más antiguos y apremiantes deseos de la humanidad: la inmortalidad en el más allá, cuestión que expresa deseos infantiles. Para él, pues, todas las doctrinas religiosas son ilusiones, y, por tanto, puede decirse que indemostrables e irrefutables.

Como causas del proceso de secularización de la sociedad en la segunda mitad del siglo XIX, de la disminución progresiva de la impronta religiosa, se destacan el espíritu científico de la sociedad y las contribuciones de la ciencia, de tal modo que se considera que la razón y la experiencia conducen a la *fe en la ciencia*. Y, para Freud, la religión es el mayor enemigo de la nueva visión del mundo, que es científica. No cabe la menor duda de que factores psicológicos, inconscientes, influyen en la religiosidad y, en concreto, en la idea de Dios, pero de esto no se deduce nada acerca de la existencia o no de Dios. Su ateísmo es pura hipótesis, postulado, sin pruebas, con pretensión dogmática. No se trata, pues, de una construcción propiamente científica. En síntesis, sustituye la fe en Dios por la fe en la ciencia, que, para él, "no es una ilusión".

6. Consideraciones complementarias: Charles Darwin (1809-1882)

Estos ateísmos constituyen hipótesis, ¡qué duda cabe!, y, como tales, no están rigurosamente fundamentadas. Cuestionan, ciertamente, la existencia de Dios, pero no demuestran la no existencia de Dios. El *problema de Dios* es de otra naturaleza y no puede 'resolverse', menos aún en territorio ajeno; a él hay que dar 'respuesta' y cuanto más racionalizada sea esta tanto mejor en y para la perspectiva intelectual, en consecuencia para la teológica.

El *ateísmo antropológico* de Feuerbach, el *ateísmo sociopolítico* de Marx, el *ateísmo psicoanalítico* de Freud y el *nihilismo* de Nietzsche son manifestaciones singulares y relevantes del tránsito de la Modernidad a la Postmodernidad. Y este panorama ateísta se había agrandado, tras Feuerbach y Marx, con *El origen de las especies* (1859) de Darwin, "segundo caso Galileo", que levantaría la protesta de todo el espectro cristiano por presentar una *teoría* (supuestamente) contraria a la Biblia y a la tradición[234]. Con ella, la 'hipótesis Dios' no se necesita para la aparición del hombre, y, propiamente, aunque esto de momento es discutible, tampoco para la aparición de la vida. Se introduce una nueva concepción del mundo, una concepción evolutiva del mismo. Y en esta hay que situar, como venimos señalando: a) una comprensión de Dios más adecuada a la realidad, a su Creación, que se va conociendo progresivamente por la senda de la ciencia, y no por la persistencia en una fe fuera de su propio ámbito; b) un conocimiento progresivo de la Creación, que ahora debe verse no como contraria a la evolución –puesto que esta es hecho, realidad–, sino precisamente como posibilitadora de esta evolución, fuere la que fuere con tal de que fuere; y c) la naturaleza histórico- científica del hombre y su papel respecto a sí mismo y respecto a Dios. En todo caso, el dogma –¿teológico?, ¿bíblico?– de la inmutabilidad de las especies quedaba *en sí* destrozado, arrumbado por el conocimiento científico, aunque todavía hoy se *combata* en su defensa, por supuestas razones religiosas, de manera incomprensible, combate que se desarrolla ciertamente desde creencias 'religiosas' pero obviamente no por 'razones'. El *dinamismo* de la realidad biológica quedó perfectamente 'demostrado'. Pero aún no se conocía el *dinamismo* (intrínseco) de la realidad cósmica, de toda realidad cósmica, salvo el tradicional problema del movimiento.

Desde el punto de vista del *enfrentamiento* ciencia-religión se trataba de una casi reproducción, actualizada, del 'caso Galileo'. Pero desde el punto de vista de la ciencia se había producido una auténtica revolución: la *dinamicidad intrínseca* de la vida frente al *fixismo* tradicional. El 'golpe' a la Biblia –según yo, quiero suponer que, obviamente, entre muchos, a una determinada interpretación– fue ciertamente muy fuerte. Y por obsesión incomprensible de algunos, de bastantes, se mantiene el "sostenella y no enmendalla".

---

234. En esta tesis estamos mostrando, sugiriendo, afirmando, refiriendo que no se trata de la Biblia en sí, sino de unas determinadas interpretaciones tradicionales de la Biblia.

Las teologías católica, protestante y ortodoxa, todas además en sus pluralidades reales, necesitan conocer mejor la ciencia, superar el miedo a ella y reducir el campo impositivo de la Biblia a lo estricto –sí, lo estricto– de fe y conducta, y, además, con una interpretación acorde con la capacidad humana de conocimiento de la realidad, desde la aceptación de que **la inteligencia es un don de Dios y el Universo se ha creado para gloria de Dios y disfrute** (también intelectual) **del hombre.**

3.14.
ALBERT EINSTEIN (1879-1955): "DIOS NO JUEGA A LOS DADOS"

1. Introducción

En el ámbito de la filosofía, a lo largo del siglo XIX, se han producido, qué duda cabe, numerosas 'revoluciones' intelectuales, sobre todo en relación con la religión, como se ha visto en el capítulo anterior. El fundamento de todo, como venimos reiterando, es el newtonianismo científico, despojado de la imperfección del escaso conocimiento matemático que obligaba a Newton a recurrir a Dios. El ateísmo desarrollado en ese siglo, como se ha analizado en el capítulo anterior, constituye una nota caracterizadora de una nueva sociedad, pero, como se ha indicado, no es que no haya resuelto ningún *problema*, sino que, de hecho, no ha introducido ninguna novedad relevante para el estudio de la "teología de la Creación del Universo y de la relación de Dios con su obra cósmica", objeto de nuestro estudio. Se limitaron, a nuestros efectos, a negar la existencia de Dios. No dijeron nada acerca del Universo que permaneció 'siendo' a los ojos humanos como lo había construido Newton.

La auténtica 'revolución' se produciría en el ámbito de la ciencia, el *nuevo Galileo* –o *segundo Galileo*–, aunque mejor el *nuevo Newton* –o segundo Newton–, sería Albert Einstein. "En torno a Galileo" –diría Ortega– se inicia la Modernidad, y "bajo nuestros pies" –es decir, "en torno a Einstein"– se estaba produciendo el inicio de una nueva edad. A Ortega, aunque filosóficamente muy germanizado, no le hicieron mella los *filósofos alemanes ateos* glosados críticamente en el capítulo anterior, aunque no se manifestara como religioso.

La revolución de Einstein, como hemos tenido oportunidades diversas de poner de manifiesto[235], tuvo lugar en la interpretación

---

235. Entre otros varios: González de Posada (1994): *Curso de Cosmología: Física, Filosofía, Religión*, Universidad de La Laguna; (1995d): *Blas Cabrera ante Einstein y la Relatividad*,

del Universo, en la obra de la Creación, como se ha descrito en la Parte Segunda. Y, como consecuencia, tendría efectos en la consideración de Dios como creador y en la relación de Dios con su obra cósmica. Y todo ello independientemente de lo que considerara el propio Einstein acerca de Dios, y acerca de la relación Dios-Universo, aunque sean estos aspectos lo que interesen, más o menos, en este capítulo.

2. El Universo de Einstein (1905-1923), perspectiva religiosa

Descrito el Universo de Einstein en la Segunda Parte[236], desde la perspectiva prioritariamente científica, se trata aquí de expresarlo, en síntesis apretada, pero para manifestar sus características en relación con los elementos religiosos tradicionales. Sus notas caracterizadoras pueden ser las siguientes.

a) El Universo es **finito** (aunque ilimitado en un marco tetradimensional). Esta condición facilita enormemente la diferenciación de un Dios infinito y de su obra finita. Esta nota supone una especie de vuelta al pasado –*cosmología cristiana*: aristotélico- ptolemaica-escolástica–: Dios infinito, Universo finito.

b) El Universo es '**Uno único**', no trinitario (espacio, tiempo y materia). Estas sustantividades tradicionales aristotélicas, newtonianas y kantianas son ahora solo adjetividades. El Universo es espacioso, el Universo es tempóreo, el Universo es matérico.

c) El Universo es **dinámico** según expresan las 'ecuaciones de campo' de la Relatividad general, aunque el propio Einstein las modificara inicialmente por su creencia en la estaticidad del mismo. Es decir, el Universo consiste en *funcionar* y no propiamente en *ser*. En todo caso un *ser-funcionante*. Dios no habría hecho el Universo de una determinada forma 'estática' para siempre, permanente.

d) El Universo dinámico, a pesar de su larga historia y de su extraño funcionar, se describe mediante una concepción filosófico-matemática, confirmadora de que está **escrito en lenguaje matemático**, según revelan las dichas 'ecuaciones de campo' de Einstein que

---

Madrid: Amigos de la Cultura Científica; (2001): *La física del siglo XX en la metafísica de Zubiri*, Madrid: Instituto de España.
236. Capítulo 2.13.

sustituyen a la de la gravitación de Newton. De este modo formalmente no se necesitan actuaciones divinas concretas, el Universo funciona solo, de acuerdo con unas leyes 'determinadas'.

3. Análisis de la transición

La cosmología del siglo XX, en cuyo marco nos encontramos aún, ha dado un vuelco descomunal. ¡Qué poco ha quedado de la cosmología precedente! ¡Qué lejos el 'bello, sencillo y perfecto' Universo newtoniano!

A principios del siglo XX el Universo 'era' estático e inmanente, y 'estaba constituido' solo por nuestra actual galaxia, la Vía Láctea. El Universo actual, por lo que vamos 'sabiendo' –creemos saber– tiene unos 400.000 millones de galaxias ocupando el 'universo observable'. Por otra parte, frente a la estaticidad de la visión precedente se encuentra en una fase de expansión acelerada que no se sabe hacia –o hasta– dónde, qué, cómo lo conducirá... hasta la (hipotética) muerte. También 'sabemos' que tuvo un origen (es decir, que no es eterno, ya que tuvo principio en el tiempo), aparecido hace casi unos catorce mil millones de años. ¿Cómo? ¿Por qué? ¿Para qué? Son preguntas sin *solución* a las que se dan diferentes *respuestas*. A la primera, aunque sea solo parcialmente, ha dado una respuesta-solución la ciencia: el *Big Bang*. Y esta explica por medio de la cosmología física actual su evolución, su historia, de una manera bastante aceptable y comprensible en el ámbito científico. Este proceso intelectual del siglo XX es el que debe seguirse aquí en su relación con los problemas de la Creación y de la relacionalidad Dios-Universo.

3.1. La concepción tradicional de Universo

La primera cuestión *problemática*, que exige en la actualidad profunda y sensata reflexión[237], sería la *respuesta* a las preguntas: ¿*A qué* se denomina Universo? y/o ¿*qué* es Universo? (Para mayor claridad, no se pregunta ¿qué es *el* Universo? –para un contexto prioritariamente filosófico–, ni tampoco ¿cómo es *el* Universo? –

---

[237]. Palabras motivadas por la proliferación actual de 'elucubraciones' de los más diversos tipos bajo las formas de: hipótesis presupuestamente científicas (o para la ciencia), libros y artículos de *divulgación*, de *ciencia-ficción*, etc.

para un contexto prioritariamente físico–. Las preguntas iniciales son más radicales y *anteriores* lógicamente a estas otras. Nótese en estas últimas preguntas el uso del artículo determinado *el* escrito en cursiva).

Tradicionalmente Universo podría significar "*El* TODO lo que *existe*", de modo que, al menos en pricipio, constituía una definición nítida a lo largo de la historia del pensamiento. Y TODO era 'todo'. Permanecían de manera problemática, si quiere verse así, los aspectos complementarios en torno al verbo *existir*. Pero a los efectos actuales, la *existencia* debiera ser *real* o *física*, considerando estas voces como términos sinónimos. (Pero, por otra parte, se hablaba y se sigue hablando, y muy bien, por ejemplo, de la *existencia* de Dios, del alma, de la espiritualidad, etc., y de la *realidad* de Dios, del alma, de los sueños, etc. Así se hablaba de 'existencia real' o 'existencia física' antes de que hoy se disparate con el uso tan frecuente de los pleonasmos *físicamente real* o *realmente físico*, sin acuerdos previos, en todo caso, para distinguir matices científicos de los filosóficos en estos compuestos gramaticales).

Y este "*El* TODO lo que *existe*", precisamente por ser 'todo', era además ÚNICO, no existía –no podía existir– 'otro', ni 'lo otro'. La concepción tradicional de Universo para todos los ámbitos del pensamiento humano lo determinaba, en primer lugar y radicalmente, como EL TODO ÚNICO. Además, esta visión tradicional de

Universo ÚNICO implícitamente supone que NADA existe *fuera* del Universo, pues este integra todo lo que *existe*.[238]

Pero de manera complementaria, en esta perspectiva tradicional, el Universo estaba constituido, o integrado, por tres *categorías fundamentales* –espacio, tiempo, materia– y una idea –la de proceso o fenómeno– que expresa las *modificaciones* que puede sufrir una de ellas y solo esta, la materia. El Universo, se dice que *establecido* así desde Aristóteles, en expresión conjuntista, puede definirse de la manera siguiente:

Universo = {Espacio, Tiempo, Materia; fenómenos}

---

238. En lo expuesto hasta aquí se usan términos con acepciones tradicionales. Hoy, en Física, tanto TODO como NADA exigen consideraciones novedosas, pero no parece este ni lugar ni momento para una extensión en ello.

Así pues, el Universo 'era' (estaba constituido por) el conjunto de tres *entidades* o *sustantividades* –espacio, tiempo y materia[239]– radicalmente diferentes e independientes entre sí, de modo que quedaban constituidas en *primicialidades* (constituyentes básicos del Universo) y *ultimidades* (en el hipotético proceso de búsqueda de fundamentación del mismo). En síntesis, en el plano filosófico, estos integrantes del Universo pueden denominarse, por ser ciertamente *fundamentales* en esta concepción, *categorías fundamentales*. Y con una particularidad bastante singular: a la materia, y solo a la materia, le ocurrían (o podrían ocurrirle) *procesos* (cambios, acaecimientos, fenómenos) que no podían tener lugar en el espacio ni en el tiempo (que eran en todas partes y siempre iguales, constantes, independientemente de lo que le ocurriera a la materia que se encontraba *necesariamente* en los referenciales de lugares, *espacio*, y de instantes, *tiempo*).

En síntesis, la concepción tradicional de Universo, la *respuesta* a las preguntas *¿a qué* se denomina Universo? y/o *¿qué* es Universo?, el "TODO lo que *existe*", queda caracterizado, nada menos que desde Aristóteles hasta la revolución de Einstein (1879-1955), como *EL TODO ÚNICO* **TRINO**.

1. "TODO lo que *existe*" (se repite, con existencia *física* o *real*) precisa de un *EL* (artículo determinado) y rechaza el *un* (que es, en tanto que artículo[240], indeterminado).

2. Y ese "TODO lo que *existe*" lo integra *todo*, no existe *nada* fuera de él, es *EL TODO*.

3. Y, además, es ÚNICO, no hay, no *existe*, otro. Por tanto, es *EL TODO ÚNICO*.

4. Pero, más aún, es TRINO porque está integrado por tres sustantividades, categorías fundamentales, que se presentan como *existires*

---

239. En esta concepción, cuando trato en Física el *problema de la materia*, la primera cuestión que se plantea consiste en determinar *a qué* se llama *materia*. La respuesta primera de la *física*, en su prehistoria aristotélica, es nítida y contundente: *materia* era todo lo existente que no era *espacio* ni *tiempo*. Luego, históricamente, se irían dando respuestas a otros numerosos subproblemas: el de la precedencia entre materia y fenómeno, el de la naturaleza atómica o continua, el de la tipología de la materia, los asociados a la caracterización intrínseca de la misma (masa inercial, masa gravitatoria, capacidad calorífica, calor específico, conductividad térmica, etc., etc.), los asociados a la caracterización respectiva (en tanto que función de la velocidad, en la transmutación en energía, etc.), y finalmente todos los relativos a materia oscura, antimateria, partículas elementales, etc., etc.

240. La acepción de adjetivo numeral –uno–, fortalecida, está integrada en el ÚNICO.

físicos distintos con caracteres de ultimidad, de primicialidad, de homogeneidad, de continuidad y siendo radicalmente independientes entre sí.

La concepción tradicional del Universo puede expresarse, pues, como EL TODO ÚNICO TRINO.

Esta concepción tradicional, paralelamente a las consideraciones tratadas, se presentó como FINITO hasta que Giordano Bruno (1548-1600) e Isaac Newton (1642-1727) lo concibieron INFINITO, filosóficamente el primero y física y matemáticamente el segundo. Así se ha perpetuado EL TODO ÚNICO TRINO como FINITO primero y como INFINITO después hasta Einstein.

3.2. ¿*Universo* **trinitario o unitario?** *La revolución de Einstein*

Otra cuestión básica se refiere precisamente al tránsito en la historia del pensamiento de la concepción *trinitaria* tradicional referida en el parágrafo precedente a la hoy prioritariamente vigente concepción *unitaria* del mismo. Aquí, con el uso de las voces *trinitaria* y *unitaria*, se trata exclusivamente de utilizar términos descriptivos precisos y apropiados[241].

La concepción tradicional *trinitaria* del Universo permea toda la historia intelectual desde una aceptable expresión mediante ideas filosóficas por Aristóteles, pasando por Newton con loables construcciones físico-matemáticas que concluyeron en precisos conceptos físicos (bien matematizados), hasta Einstein, quien alumbrará la concepción *unitaria* de momento solo referida nominalmente.

El tránsito, en la Física, de la concepción *trinitaria* a la *unitaria* tuvo lugar muy rápidamente como puede verse en el cuadro adjunto, de 1905 a 1915, considerándose 'establecida' desde 1919 tras la expedición científica organizada por Arthur Eddington (1882-1944) para una primera comprobación observacional de la Relatividad General de Einstein y su manifestación pública en la *The Royal Society* de que "Einstein tiene razón". ("La luz pesa", la luz se curva en las proximidades de una gran masa)[242].

---

241. Obviamente se utilizan con radical independencia de su uso en las confesiones cristianas trinitarias.

242. Einstein recibiría el Premio Nobel en 1921, pero por el "efecto fotoeléctrico" (trabajo también de 1905) y no por sus teorías de la Relatividad.

NEWTON, 1687	EINSTEIN, 1905 MINKOWSKI, 1908	EINSTEIN, 1915
Tiempo	Espacio-tiempo	Espacio-tiempo-materia-fenómeno
Espacio		
Materia	Materia	
Fenómeno	Fenómeno	

Cuadro en el que se historiza la rápida transición intelectual físico-matemática de la concepción de Universo trinitario *a* Universo unitario.

En su trabajo de 1905 "Sobre la electrodinámica de los cuerpos en movimiento"[243] formula los dos primeros y famosos postulados (prioritariamente filosóficos en sí mismos, aunque de ellos deduciría unas extraordinarias consecuencias matemáticas para su contraste con la Naturaleza) de la Relatividad: primero, el postulado R (de relatividad; en este momento 'restringida' a los sistemas de referencia inerciales o galileanos); y segundo, el postulado L (sobre la constancia y la naturaleza de límite en el Universo de la velocidad de la luz, tal que su valor c codeterminaría junto a la constante de la gravitación newtoniana G el funcionamiento del Universo).

Entre las consecuencias matemáticas de esta Relatividad restringida (denominada usualmente 'especial') pueden destacarse, en primer lugar, la necesaria interconexión de las medidas de *longitudes* (distancia espacial) y de *duraciones* (intervalo temporal) asociadas a un cuerpo en movimiento respecto a distintos sistemas de referencia, magnitudes que tanto en la tradición filosófica como en la científica eran absolutamente independientes. Aparecen, así, conjuntamente en escena las expresiones *contracción de longitud*, expresión esta que ya había utilizado H. A. Lorentz (1853-1928), y *dilatación del tiempo*.

Otra importante consecuencia en expresión matematizada de la relatividad restringida se manifiesta en la posibilidad de transformación, biyectiva, entre las magnitudes masa y energía mediante la que se hizo tristemente la famosa ecuación $E \Leftrightarrow mc^2$. ('Bombas nucleares' en Hiroshima y Nagasaki en 1945).

---

243. Título en español de la versión castellana de Einstein, A. (1905): "Zur Elektrodynamik bewegter Körper", en *Annalen der Physik*, 17, 891-921, en González de Posada, F. y Trujillo, D. (2005): *En torno a Einstein: la Teoría de la Relatividad y el pensamiento español en 1923. En el Año Internacional de la Física*, Écija (Sevilla): Real Academia de Ciencias, Bellas Artes y Buenas Letras "Luis Vélez de Guevara".

Pero en 1905, estas consideraciones teóricas –'elucubraciones'– de un, por decir algo sustantivamente positivo sobre Einstein, joven *pensador*, carecían de sentido para la Física de la época, a pesar de que el *pensador* en el mismo año publicara otros dos históricos trabajos, uno sobre el *efecto fotoeléctrico* (por el que le otorgarían el premio Nobel en 1921) y otro sobre el *movimiento browniano*, que sí presentaban características propiamente científicas. Pero, sin embargo, no solo Max Planck (1858-1947) accedió a su publicación en los *Annalen der Physik*, prestigiosa revista de la que era director, sino que al menos H. Minkowski (1864-1909) lo leyó, lo estudió y elevó de rango la *respuesta* dada entonces por Einstein al movimiento de las partículas cargadas. La conexión, la interdependencia entre *medidas de longitudes* y *medidas de tiempo* tenía un trasfondo básico: no eran independientes las *categorías* tradicionalmente supuestas *fundamentales* de espacio y tiempo, 'perfectamente' matematizadas tras las ideas newtonianas. Y desde su dominio geométrico, Minkowski conceptualiza (cualitativa y matemáticamente) el espacio tetradimensional (espacio-tiempo de Minkowski, espacio euclidiano no propiamente euclídeo, sino pseudoeuclídeo), también con las propiedades de *absoluto, verdadero, matemático* e *infinito*, como 'eran' el espacio y el tiempo newtonianos. Así se construye la segunda columna del cuadro precedente en el que desaparece la frontera existente en la primera columna, la de Newton (tomado presupuestamente desde Aristóteles), entre espacio y tiempo. La *realidad cósmica*, el Universo tiene en la visión de Minkowski un solo *referencial*, el espacio-tiempo (concebido como geometría, pero con *existir* físico) donde se sitúa la materia y tienen lugar los fenómenos en esta.

Esta concepción minkowskiana (1908) agrada a Einstein que la asume críticamente y dedica sus esfuerzos intelectuales durante los años 1909 a 1915 a la construcción de otra concepción harto más compleja, que se refleja en la tercera columna del cuadro y que publica Einstein a finales de 1915[244] y que ha pasado a la historia del pensamiento con el título de Relatividad General. Esta nueva teoría, *definitiva*, estará integrada por tres postulados: el postulado *R* (de relatividad, ahora no restringida sino general, para cualesquiera sistemas de referencia); el postulado *L* (relativo a la velocidad de la

---

244. Europa se encuentra en esta fecha en plena Primera Guerra Mundial.

luz); y el postulado *M* (de equivalencia entre las masas de inercia y gravitatoria, que facilitaría la generalización del postulado *R*).

Pero lo que aquí interesa de la Relatividad General es el modelo que ofrece de Universo en la línea histórica que se está construyendo en este ensayo. Cuatro serán las características implícitas en la teoría de la Relatividad que integrarán la revolución de Einstein.

Primera. Las ya antiguas, tradicionales, *categorías fundamentales*, entidades o sustantividades en sí, por sí y desde sí mismas, dejan de ser *fundamentales* (es decir, primordiales, ultimidades y radicalmente independientes entre sí) y adquieren la condición de propiedades del que era *EL* TODO ÚNICO TRINO que ahora deja de ser TRINO y se presenta como UNO. Así, en este contexto y desde esta teoría (si no quiere decirse que "desde este momento de la historia científica") hay que hablar, con propiedad, de que precisamente solo existe como *fundamental*, como *sustantividad*, el Universo, que se presenta como *EL* TODO ÚNICO **UNO**.

Segunda. Coherentemente con lo anterior, no *existen* propiamente el espacio, ni el tiempo ni la materia (en tanto que todo lo que *existe* no siendo espacio ni tiempo), sino que el Universo es *espacioso*, es *tempóreo*, es *matérico* y es *dinámico*. Abusando de la terminología de X. Zubiri (1898-1983)[245] puede decirse que la *unitariedad* de la *realidad cósmica* se expresa como *estructura* de *propiedades-de* la unitariedad: *espaciosidad* o *espacialidad*, *temporeidad*, *materidad* y *dinamicidad* (pero esta última propiedad, en el proceso histórico de la concepción de la cosmovisión actual, en este momento de 1915 aún no se ha establecido con suficiente claridad). En consecuencia, tras la Relatividad General el Universo queda concebido como *EL* TODO ÚNICO UNO **dotado de ESTRUCTURA**.

Tercera. El Universo de la Relatividad General, en sus propiedades espacio-temporales, es una variedad real diferenciable tetradimensional de Riemann que implica una naturaleza curva y consecuentemente su finitud. El Universo de Einstein es FINITO, contra el carácter INFINITO del espacio y del tiempo newtonianos. Así, tras esta consideración, la concepción hoy vigente se expresaría como *EL* TODO ÚNICO UNO **FINITO** dotado de ESTRUCTURA.

Y cuarta. El Universo de Einstein consiste más bien en un 'funcionar' que en un 'ser'; es un 'siendo-funcionando' o, quizá mejor,

---

245. Se le dedicará el Capítulo 3.16.

un 'funcionando siendo'. Pero esta característica de *dinamicidad intrínseca* es una 'propiedad-de' el Universo (que aunque integrada hoy en la concepción vigente tras el proceso histórico que se está describiendo) que no se establece explícitamente en 1915, sino que habrá que esperar unos pocos años.

De modo que, en resumen, puede decirse que, tras la publicación de la teoría general de la Relatividad de Einstein, el Universo se presenta como **EL TODO ÚNICO UNO FINITO dotado de ESTRUCTURA** que 'funciona-es' o 'es-funciona'[246] de acuerdo con un sistema de diez ecuaciones diferenciales en derivadas parciales que se denominan *ecuaciones de campo*[247] que lo rigen.

4. Einstein y Dios

No parece que Einstein, el *segundo Newton*, se preocupara ni mucho ni poco del problema de Dios ni de su relación con el Cosmos. No obstante, dada la trascendencia de su contribución para el conocimiento de la obra de la Creación, resulta conveniente conocer en la medida de lo posible su pensamiento acerca de Dios y, en caso afirmativo, de su relación con la obra cósmica. He aquí –ante lo poco existente, lo disperso de lo que existe, y lo distante en el tiempo de unas y otras consideraciones– lo que puede avanzarse sin darle especial importancia ni mucho menos veracidad, salvo al aforismo "Dios no juega a los dados".

a) Por su origen judío, aunque se manifestara muy poco religioso, 'su' Dios podría ser, en su caso, el 'Dios de los judíos': «Uno único». Se conoce que en una carta a la Asociación Central de Ciudadanos Alemanes de la Fe Judía, en 1920, les escribe: «Ni soy ciudadano

---

246. Quizá lamentablemente no se haya concebido hasta el presente un término lingüístico adecuado para esta concepción verbal, infinitiva y gerundial, y en consecuencia, sustantiva.

247. En expresión tensorial el sistema de ecuaciones se escribe mediante la ecuación $R_{ij} - \frac{1}{2} g_{ij} R = KT_{ij}$. Por lo que respecta al carácter intrínsecamente *dinámico* que pone de manifiesto este sistema de ecuaciones se considera como de sumo interés la convicción de Einstein acerca de que el Universo 'tenía que ser' *estático*, lo que significaba prioritariamente que debía mantener su condición de finito con tamaño constante. Así, para contrarrestar la acción gravitacional introdujo en su sistema de ecuaciones el *término cosmológico* o la *constante cosmológica*, completando su sistema de ecuaciones de la manera siguiente: $R_{ij} - \frac{1}{2} g_{ij} R + \Lambda g_{ij} = KT_{ij}$. En estas ecuaciones el *término cosmológico* es Λg_{ij} y la *constante cosmológica* Λ.

alemán, ni hay nada en mí que pueda definirse como "fe judía". Pero soy judío y estoy orgulloso de pertenecer a la comunidad judía, aunque no los considero en absoluto los elegidos de Dios». El texto, en cuanto a Dios, admite diversas interpretaciones, pero, en todo caso y aquí, representa la aceptación de su existencia, aunque no posea ninguna característica –"nada hay en mí"– propia de la "fe judía".

b) En su concepción de Universo unitario, unida a la transición de 'estático' a 'dinámico', Einstein creía en «un Dios que se revela en la armonía de todo lo que existe, no en un Dios que se interesa en el destino y las acciones del hombre». Deseaba conocer «cómo Dios había creado el mundo». Dios 'se revela', pues, en la armonía del Universo, según Einstein. De este modo considera una especie de panteísmo, tal que Dios manifiesta cierto interés por el Universo, aunque no por los hombres.

c) El problema de la Creación del Universo sí se le presentó cuando tuvo noticia de la hipótesis del 'átomo primigenio', como se verá en el próximo capítulo. Pero no le gustaba el *Big bang*, precisamente por las connotaciones que presentaba como 'creación religiosa'.

d) En una reunión, se le preguntó a Einstein si creía o no en un Dios, a lo que respondió: «**Creo en el Dios de Spinoza, que es idéntico al orden matemático del Universo**».

e) Lo más significativo a los efectos de esta tesis es, sin duda, su expresión «**Dios no juega a los dados**» con la que manifestaba su radical opción por el tradicional *determinismo* de la física clásica frente a la indeterminación o incertidumbre de la física cuántica, que, a pesar de sus extraordinarias contribuciones al desarrollo y establecimiento de la misma, nunca aceptó en sus principios.

En línea con este aforismo: a) "Dios no juega a los dados", y así lo hemos utilizado en algunos capítulos de nuestros cursos, entre serio y broma, pudiendo recordarse los introducidos, realmente por los autores que se citarán o metafóricamente por mí; b) "Dios no solo juega a los dados, que sí que juega, sino que los tiene trucados" (Prigogine[248]), es decir, creencia en el probabilismo frente al determinismo, y, además, ampliado con el concepto de propensión

---

248. **Ilya Prigogine** (Moscú, 1917; Bruselas, 2003) fue físico, químico y profesor en la Universidad Libre de Bruselas y en el International Solvay Institute. Galardonado con el Premio Nobel de Química 1977.

de cada suceso probable –el truco–; y c) "Dios no solo juega a los dados, que sí que juega, sino que, el muy granuja, los lanza donde no podemos verlos, en los agujeros negros" (Hawking). Todas estas manifestaciones hablan de la existencia de Dios positivamente, de lo cognoscible o no del Universo y de relaciones de Dios con su obra. Con trasfondo científico, como debe ser toda mirada al Universo, constituyen elementos para la reflexión sobre el problema de la relación Dios-Universo.

3.15.
LA EXPANSIÓN DEL UNIVERSO. LEMAÎTRE (1894-1966): EL PROBLEMA DEL ORIGEN

1. Introducción

En este capítulo se pretende responder prioritariamente a las perspectivas religiosas asociadas a los acontecimientos que tienen lugar como consecuencia del descubrimiento de la expansión del Universo, la hipótesis del 'átomo primigenio', a los efectos del problema fundamental del origen del Universo, que se convierte así en problema propiamente científico. (Análogamente sucede con el problema del destino del Universo ya que, dada la dinamicidad del Cosmos, también se integra en el ámbito propio de la entonces considerada ya Astrofísica y del que se tratará en próximo capítulo)[249]. Hemos de referirnos a las consecuencias que el estudio del Cosmos, tras el establecimiento de la Relatividad general de Einstein, reporta durante la etapa 1923-1964, año este último en el que decididamente se considera el *Big bang* como origen del Universo por la detección de la radiación cósmica de fondo.

El nacimiento de una *nueva era* de la Cosmología puede caracterizarse por las siguientes notas.

a) El primer acontecimiento relevante, que tiene lugar en la Rusia soviética y no se conoce en Occidente, consistió en la integración en 1922 por **Alexander Friedmann**[250] (San Peterburgo, 1888; Leningrado, 1925), físico y matemático ruso, de las ecuaciones de Einstein sin término cosmológico o constante cosmológica. Todas las soluciones matemáticas suponían un Universo en evolución[251] y eran tales que en el origen presentaban una *singularidad*. Estas soluciones debían

---
249. Capítulo 3.19.
250. Doctorando suyo era George Gamow, que se citará más adelante.
251. A la misma conclusión llegaría Lemaître en 1927 de manera independiente mientras se mantenía desconocido el trabajo de Friedmann.

analizarse como si representaran 'verdad' acerca del funcionamiento histórico del Cosmos, y, sobre todo, el punto singular en el instante 'cero', concebible como la Creación. En 1924 escribe, también sin difusión al exterior, *Sobre la posibilidad de un Mundo con constante negativa de curvatura del espacio* donde se describen los modelos teóricos primitivos (de historia del Universo) con curvatura positiva, nula y negativa[252].

b) Paralelamente, desde una perspectiva observacional, **Edwin Hubble** (1889-1953), astrónomo norteamericano, descubre en 1924 que la entonces 'nebulosa' Andrómeda es una 'galaxia' diferente y distante de la después considerada como Vía Láctea, 'nuestra galaxia', y posteriormente el alejamiento generalizado entre galaxias, es decir, la expansión del Universo. En 1929, midiendo-calculando el corrimiento al rojo de galaxias distantes, estableció la ley que lleva su nombre, y así se difundió en los ámbitos científicos[253]. El Universo debe concebirse, pues, como 'en expansión' –*dinámico*– rompiendo todas las cosmologías precedentes.

c) Como consecuencia, se logra una especie de síntesis entre la fundamentación teórica que ofrece la Relatividad y los resultados obtenidos por vía observacional y se establece la *Astrofísica* institucionalmente y se inicia la *Cosmología física*. Empieza una nueva era.

2. Georges Lemaître (1894-1966): El 'átomo primigenio'

Considero de interés la fijación de unas notas biográficas de Georges Lemaître con objeto de afirmar algo más que su condición de sacerdote católico y astrónomo belga.

Nace en 1894 en Charleroi, Bélgica, el 17 julio.

En 1911 inicia en la Universidad Católica de Lovaina los estudios de Ingeniería Civil. Participa como voluntario en la Primera Guerra Mundial y tras ella se centra en los estudios de Física y Matemáticas.

En 1920 obtiene el Doctorado, y, por otra parte, ingresa en el Seminario de Malinas, de modo que en 1923 es ordenado sacerdote

---

252. Esto sucedería una década antes de que Robertson y Walker publicaran sus análisis.
253. Recientemente se ha planteado una controversia sobre la prelación del descubrimiento de la expansión por Hubble (1929) o por Lemaître (1927, aunque no se tuvo exacta noticia hasta 1931).

y admitido como becario de astronomía en Cambridge, Inglaterra, para trabajar con Eddington (quien en 1919 había dirigido las expediciones de "comprobación científica de la Relatividad" constatando que "la luz pesa", es decir, se desviaba al pasar por las proximidades de un gran cuerpo masivo –el Sol–).

En 1924 visita Canadá y EEUU, donde trabaja con Shapley.

El momento singular y excepcional de su biografía científica puede situarse en 1927 cuando ofrece una solución teórica de las ecuaciones de Einstein análoga a la de Friedmann de la que deduce la expansión del Universo. Esta idea parece ser que la conoció Edwin Hubble, antes de que expusiera las consecuencias de su magno descubrimiento observacional.

Y el momento más significativo socialmente tuvo lugar en 1931 cuando, en un artículo en *Nature*, expone la idea de que el Universo se originó en la explosión de un «átomo primigenio», hoy *Big Bang*.

En 1936 ingresa en la Academia Pontificia de Ciencias.

En 1946 publica el libro *L'hypothèse de l'atome primitif* (*La hipótesis del átomo primigenio*) que se editaría en 1950 en español e inglés.

En 1960 sería nombrado Presidente de la Academia Pontificia de Ciencias.

Penzias y Wilson descubrirían en 1964 la radiación de fondo de microondas, que se consideraba como una 'confirmación' del *Big Bang*, por lo que conoció en vida y pudo disfrutar de la aceptación progresivamente creciente de su hipótesis.

Falleció en Lovaina (Bélgica) en 1966.

3. El *problema* del origen del Universo

La expansión del Universo, aceptada con creciente generalidad se completaba con la hipótesis expuesta por Lemaître en "The *Cosmic Egg* exploding at the moment of the creation", en *Nature* de 1931. El *problema del origen del Universo*, problema genuinamente físico, se confunde desde entonces con el *problema de la Creación del Universo*, problema propiamente religioso. Así, no se trata ya solo de aceptar o no, por fe, si un Ser Supremo creó "El TODO lo que existe", el Universo, sino si tuvo o no un *origen* 'en el tiempo' y además *cómo*. ¿Qué podría ser el 'átomo primigenio', el 'huevo cósmico'? Se comenzaría a construir sobre la base de ese 'instante creacional' el modelo del *Big Bang* (expresión peyorativa, con carácter despectivo, que utilizaría el astrónomo Fred Hoyle, ateo que se erige en partidario del Universo estático). Llama la atención que fueran demasiados los científicos, en cuyo ámbito, tras las filosofías ateístas del siglo XIX –se había difundido notablemente el ateísmo–, que optaran por mantener, y hacerlo con una fuerza irreductible y apologética, como una especie de consigna, de fe, de proclama, la *estaticidad* del Universo ante las sucesivas y 'definitivas' pruebas de la expansión. No fue así el caso de Einstein que comentaremos a continuación.

4. La cosmología física

En esta tesitura la Cosmología se va integrando en el campo científico de la entonces Astrofísica, denominación que ha desplazado a la tradicional de Astronomía. Y la fuerte matematización, por una parte, la dificultad de las teorías físicas, por otra, y lo costoso de la investigación observacional, por otra más, hacen que la Cosmología, que desde la Edad Media se consideraba prioritaria si no exclusivamente filosófica y teológica, fuera abandonando los recintos tradicionales de la Teología. Se constituye paulatinamente en *Cosmología física*; ha cambiado de ámbito. El origen del Universo, la evolución del Universo, el destino del Universo son nuevos problemas para la ciencia. La filosofía de la Naturaleza, la Metafísica y la Teología quedan a la expectativa y a la espera. Los problemas candentes son propiamente problemas científicos. ¿Solo científicos? Al menos básica y primeramente científicos.

En general, el problema del Universo o el Universo como problema, donde se insertan los del origen, la evolución y el destino, se consideran hoy, casi con generalidad, cuestiones de la física, de modo que todo lo demás serían, en el presente, aspectos complementarios.

Así, la descripción actual del Universo, el **modelo de Friedmann-Lemaître-Robertson-Walker**, **modelo estándar del** *Big Bang,* 'describe' el Universo no mediante expresión de cómo es hoy, sino de su evolución histórica, describe la historia del Universo. ¡Y qué distinta es, absolutamente diferente, de todas las cosmologías que hemos construido los humanos a lo largo de nuestra historia! Complementariamente Alan Guth (1947) y Andrèi Linde (1948) le añadieron el período inicial conocido como 'de gran inflación' o teoría del 'Universo inflacionario'.

5. Encuentros de Lemaître con Einstein en torno al 'átomo primigenio'

Einstein, como se ha indicado, es, por una parte, la máxima figura intelectual del siglo XX, y, por otra, como también se ha indicado, acabó aceptando la expansión del Universo con la consideración de que había cometido el 'mayor error de su vida' al suprimir la constante cosmológica de sus ecuaciones. Era físico y la expansión se presenta como un 'hecho', ¡cómo no había de aceptarlo! Pero lo del 'átomo primigenio' –después *Big bang*–, que podía interpretarse como 'claro instante creacional', no era un 'hecho', sino solo una hipótesis, que no le gustaba. Veamos algunas notas relativas a los primeros años 30 del siglo XX.

Lemaître ha encontrado en 1927 una solución teórica de las ecuaciones de campo de Einstein. Con motivo de la celebración en Bruselas del VII Congreso Solvay[254] intenta una conversación con Einstein, pero parece ser que este no le hizo caso.

En 1929, se cuenta que Einstein, invitado por la reina Elisabeth en Bruselas, se sintió incómodo con la presencia de Lemaître.

En 1930, Eddington acepta la solución de Lemaître y lo felicita; análogamente la aprueba De Sitter, pero Einstein se resiste.

En el artículo titulado "El comienzo del mundo desde el punto de vista de la teoría cuántica" publicado en la prestigiosa revista *Nature*, en su edición del día 9 de mayo de 1931, Georges Lemaître sostuvo que si el Universo está en expansión, en el pasado debería haber ocupado un espacio cada vez más pequeño, hasta que, en algún momento original, todo el Universo se encontraría concentrado en una especie de "átomo primigenio".

En 1932 Lemaître se encuentra en Harvard donde explica su teoría. Lo más relevante que se difunde en estos momentos es que recibe no solo críticas, sino hostilidad, porque significa "favorecer ideas religiosas".

---

[254]. Los Congresos o Conferencias Solvay constituyeron los momentos de mayor relevancia social de la Física hasta mediados de los años 30, concluyendo su prestigio al inicio de la Segunda Guerra Mundial. Tras este VII Congreso se eligió para el Comité Científico (junto a Paul Langevin, Marie Curie, Albert Einstein, Niels Bohr) al físico español Blas Cabrera Felipe al que hemos dedicado varios libros, biográficos, de relación con Einstein y sobre su pensamiento.

Llega 1933, cuando Einstein ya ha decidido 'huir' de la Alemania nazi. Y Einstein se encuentra de nuevo personalmente con Lemaître en Estados Unidos, donde el sacerdote astrónomo había sido invitado por Robert Millikan, director del Instituto de Tecnología de California. Se sabe que Einstein se mostró muy afable y felicitó a Lemaître por la calidad de su exposición. Después, ambos se fueron a discutir sus puntos de vista. Einstein ya había admitido por entonces que el Universo está en expansión; sin embargo, no le convencía la teoría del 'átomo primigenio', ya que le "recordaba demasiado la Creación".

"Favorecer ideas religiosas" y "recordar demasiado la Creación" se presentan así, en aquellos momentos cumbres de la Física, como características de rechazo. ¡Lamentable! Pero así son, a veces, demasiadas veces, las actitudes humanas. Ahora no se trata de una *repulsa religiosa* de la ciencia —es decir, desde la Iglesia, como en el 'caso Galileo'–, sino de una *repulsa científica* de la ciencia –desde los mejores científicos– también por sustratos, de respectividad religiosa, de naturaleza antirreligiosas. Lamentable y sorprendente. La ciencia, conquista del hombre, no debe estar sometida a zarandajas de esta naturaleza. El hecho sociológico de este acontecer facilita la comprensión de nuestras tesis.

Lemaître publicó posteriormente otros artículos sobre el mismo tema, y finalmente, en 1946, se editaría el libro titulado *La hipótesis del átomo primitivo*. Sus ideas siguieron tropezando, como se indicó anteriormente, no solo con críticas, sino con una abierta hostilidad por parte de prestigiosos científicos –presupuestamente ateos– que reaccionaron, a veces, de modo violento. La propuesta de Lemaître era una *hipótesis científica* seria[255], pero, según la opinión de sus opositores, podría favorecer a las ideas religiosas acerca de la Creación, y, por tanto, había que rechazarla.

6. En torno al problema ciencia-religión

Lemaître estaba convencido de que **ciencia y religión son dos caminos diferentes y complementarios que convergen en la verdad.** Matizando un poco:

---

255. Todavía hoy, 2013, cuando el *Big bang* forma parte esencial de la cosmología aceptada, en mis cursos de Cosmología, lo considero solo, o tanto como, "hipótesis harto plausible".

"deben converger" si la ciencia es ciencia, conocimiento de la realidad, y la religión respeta a la Naturaleza siendo tal como es, por designio del Creador, sin pretensión de imponer cómo debe ser según ella interprete o desee.

En un Congreso celebrado en Malinas en septiembre de 1936, el día 10 expuso:

> El científico cristiano debe dominar y aplicar con sagacidad la técnica especial adecuada a su problema. Tiene los mismos medios que su colega no creyente. También tiene la misma libertad de espíritu, al menos si la idea que se hace de las verdades religiosas está a la altura de su formación científica. **Sabe que todo ha sido hecho por Dios, pero sabe también que Dios no sustituye a sus creaturas.** *La actividad divina omnipresente se encuentra por doquier esencialmente oculta.* **Nunca se podrá reducir el Ser supremo a una hipótesis científica. La revelación divina no nos ha enseñado lo que éramos capaces de descubrir por nosotros mismos,** al menos cuando esas verdades naturales no son indispensables para comprender la verdad sobrenatural[256].

Sin salir de este párrafo podemos destacar –y anticipar– algunas ideas que esencialmente compartimos.

Primera. La existencia de dos caminos –distintos pero no contrarios– para la búsqueda de la verdad: la ciencia y la fe. Dos caminos que son –deben ser– complementarios y convergentes, no divergentes.

Segunda. Principio de fe del creyente: Todo lo que existe ha sido hecho por Dios.

Tercera. Dios no sustituye a sus creaturas. ¿Para qué las habría creado como las ha creado?

Cuarta. Difusa y extraña, ambigua: "La actividad divina omnipresente se encuentra por doquier esencialmente oculta". Admite múltiples interpretaciones, y sobre todo, a nuestros efectos, incide directamente en el problema de la relacionalidad Dios-Universo. He aquí algunas notas: a) Dios actúa, dada la existencia de "actividad

---

256. El uso de negritas es nuestro, con objeto de destacar las principales ideas. El de cursivas –frase que encierra demasiado 'misterio' para no tener desarrollo– también es nuestro.

divina"; b) Dios está omnipresente en su actividad; pero c) Esta actividad, por doquier, permanece esencialmente oculta. Parece como si quisiera compendiar la relación de Dios con el Universo con la relación de Dios con los hombres. Para nosotros son dos problemas radicalmente disjuntos, por lo que podemos aclarar más y mejor la relacionalidad Dios-Universo: Dios no actúa directamente, coyunturalmente, concretamente, instantáneamente porque lo hizo todo bien y todo funciona bien sin necesidad de correcciones. Esta, y así, es la mayor grandeza de Dios, que se puede descubrir como 'más mayor' si cabe en la medida en que se conoce el ser-funcionar del Universo, la impresionante realidad cósmica que estamos descubriendo. La actividad divina no permanece oculta, es innecesaria, justo lo contrario de la necesariedad supuesta por Newton, tal como construimos en el capítulo de la "Teología cosmológica newtoniana"[257].

Quinta. Nunca se podrá reducir Dios a una hipótesis científica. El marco del concepto-realidad de Dios es otro del de la ciencia, tal que esta no ocupa el 'todo hombre', sino que en este coexisten diversos ámbitos –inteligencia, sensibilidad, apertura a la espiritualidad, entre otros– que integran el ser del hombre, que integran, no que dividen, las notas constituyentes caracterizadoras de la humanidad.

Sexta. "La revelación divina no nos ha enseñado lo que éramos capaces de descubrir por nosotros mismos". ¡Fuerte principio! Claro principio. Los descubrimientos del Universo los hacemos nosotros, no tiene que enseñárnoslos la Biblia, ni los Santos Padres, ni los Concilios, ni los Sumos Pontífices. La humanidad, por sí misma, desde sí misma, debe interesarse por conocer la obra de la Creación, y, por ella, conocer al Creador. Y continúa: "Al menos cuando esas verdades naturales no son indispensables para comprender la verdad sobrenatural". Sí, la verdad sobrenatural es de distinto orden que la verdad natural. La verdad natural pertenece al ámbito de la ciencia, la verdad sobrenatural al ámbito de la apertura a la espiritualidad.

Al cabo de los años, Lemaître exponía, en una entrevista concedida al periódico estadounidense *The New York Times*, que se reproduce en Wikipedia, las siguientes ideas básicas:

> Yo me interesaba por la verdad desde el punto de vista de la salvación y desde el punto de vista de la certeza científica. Me parecía que

---

257. Capítulo 3.10.

los dos caminos conducen a la verdad, y decidí seguir ambos. Nada en mi vida profesional, ni en lo que he encontrado en la ciencia y en la religión, me ha inducido jamás a cambiar de opinión.

7. Lemaître y el Vaticano

Las ideas expuestas presentan dos caras principales ante el poder eclesiástico –poder de *potestas* y poder de *auctoritas*– que explican las relaciones simultáneamente gloriosas y críticas, que se presentarán como alabanzas y rechazos. Personalidad relevante por la concepción del 'átomo primigenio' y personalidad peligrosa por su radical apertura a la ciencia, concibiendo a esta con auténtica y total autonomía desde la religión y desde la Iglesia. Así, pueden comprenderse la existencia de momentos de encuentro y de otros momentos de divergencia, según papas, curias y circunstancias en una época (Segunda Guerra Mundial en el centro) ciertamente difícil, 1930-1960, y muy variable en Europa y, consecuentemente, también en la Iglesia.

En la etapa de Pio XI (1922-1939), y Lemaître en el candelero con el tema del 'átomo primigenio' como metáfora del 'instante creacional', sería recibido en 1936 como miembro de la Academia de Ciencias.

En la etapa de Pio XII (1939-1958), tras la Segunda Guerra Mundial, los nuevos conocimientos científicos sobre el origen del Universo se presentan como 'prueba' de la existencia de la 'creación divina', y se renueva el interés por el 'caso Galileo' con intenciones de superación. Pero se produciría también un nítido desacuerdo por las ideas expuestas acerca del intento de separación radical entre las 'revelaciones de la Biblia' y los 'avances científicos'.

En la etapa de Juan XXIII (1958-1963), en línea con el carácter del nuevo Pontífice, Lemaître ascendería con notoriedad formal en la Iglesia. En 1960 recibiría el honor de dos importantes nombramientos: 1) Monseñor (Obispo); y 2) Presidente de la Academia Pontificia de Ciencias, puede decirse que «por haber acuñado la teoría del *Big Bang*».

3.16
EN TORNO A ZUBIRI (1898-1983): METAFÍSICA Y TEOLOGÍA DEL COSMOS

Alcanzado el entorno del año 1966 con una primaria aceptación del 'modelo del *Big bang*' parece conveniente considerar la *construcción metafísica* que hace Zubiri sobre la *nueva cosmología* que está elaborando la física y que Zubiri asume[258], construcción metafísica que sirve como magnífico marco lingüístico, por una parte, y como prólogo para sus consideraciones propiamente teológicas.

Sobre esta *metafísica zubiriana* del Cosmos hemos escrito bastante, desde los primeros libros de Cosmología de los años 1992 a 1994, como se refleja en la bibliografía, pero sobre todo en *La Física del siglo XX en la Metafísica de Zubiri*[259] y en nuestro *Discurso* de ingreso en la Real Academia Nacional de Medicina[260]. Aquí debe hacerse una síntesis, en una primera parte, para coronar, en la segunda, una perspectiva propiamente teológica, como nueva construcción por nuestra parte.

A) LA METAFÍSICA ZUBIRIANA DEL UNIVERSO: EL UNIVERSO DE LA *ESTRUCTURA DINÁMICA DE LA REALIDAD*

1. Notas introductorias, a modo de justificación

El tema de esta parte A) del capítulo requeriría, para un tratamiento adecuado, de un libro específico en el que se expusiera

---

258. A modo de anécdota no es baladí recordar que Zubiri se consideró *metafísico*, sin que le gustara –para él y su obra– el término *filósofo*. Tampoco es baladí recordar que Zubiri, en su madurez, quiso ser 'doctor en Teología' y serlo por la universidad católica.
259. González de Posada (2001): *La física del siglo XX en la metafísica de Zubiri*, Madrid: Instituto de España.
260. González de Posada (1998): *Consideraciones de naturaleza prioritariamente física en torno a la Protección y Prevención de los riesgos de la vida de la especie humana en un contexto cosmológico: arquitectura e ingeniería sanitarias*, Madrid: Real Academia Nacional de Medicina.

extensamente la Metafísica de Zubiri, además de la Física que conoce Zubiri y de la del Cosmos actual, postzubiriano. Pero en el contexto de esta tesis puede integrarse una síntesis, con suma precisión terminológica y conceptual, aunque sea con poca extensión.

Son diferentes las razones que recomiendan no eludir este capítulo.

Primera. Disponer de un punto de vista diferente y respetable, intelectualmente bien hecho, y, por tanto, interesante. Se trata, en síntesis, de: a) facilitar una aproximación al pensamiento de Zubiri, y b) ofrecer una exhibición final de su visión del Universo.

Segunda. El pensamiento de Zubiri es también Meta-física y no solo Metafísica. Es, sobre todo, y exclusivamente según el autor, metafísica (filosofía), pero creada por un buen conocedor de la Física de todos los tiempos y en especial de la del siglo XX. La Meta-física no solo es interesante para el quehacer de la Física, sino también es importante para bienhacer dicho quehacer; para la Física, la Metafísica puede considerarse solo como interesante.

Tercera. Difundir una metafísica, un pensamiento, escrito en español por un español. Parece no solo correcto, sino conveniente 'hacer patria'... cuando la cuestión lo merece, y esta supera con creces el listón de la calidad y de la originalidad. Se trata de un sistema que puede ponerse en relación con los más importantes que se han concebido a lo largo de la historia de la Filosofía.

El contenido de las notas que se recogen en este capítulo puede considerarse como expresiones directas de Zubiri; se ha hecho poco más que seleccionar párrafos y ordenarlos con vistas al objetivo de conocer –dejar constancia de ello en la tesis– "el Universo de Zubiri" a la luz de su *Estructura dinámica de la realidad*. Se desarrolla 'sin literatura' y casi sin continuidad; podría decirse que 'golpe a golpe', idea a idea, añadiendo –aunque no es esta ni la intención ni la esperanza–, quizá, y por tanto, más dificultad a la propia del libro de Zubiri.

2. En torno a la obra de Zubiri

El tema que se desarrolla aquí se refiere principalmente a la *Estructura dinámica de la realidad*[261], libro que el autor considera

---

261. Zubiri, X. (1989): *Estructura dinámica de la realidad*, Madrid: Alianza.

continuación de *Sobre la esencia*[262], y cuya orientación, según repite con insistencia el autor, es «Desde un punto de vista estrictamente filosófico»; insiste: «estricta y formalmente filosófico».

1. Del párrafo final de la obra, del texto y de la presentación del editor, a modo de resumen y de primera impresión, pueden destacarse como centrales las siguientes ideas.

Primera. La **realidad** como esencia es una **estructura**. Una estructura constitutiva, pero cuyos momentos y cuyos ingredientes de constitución son activos y dinámicos por sí mismos.

Segunda. El **dinamismo** compete esencial y formalmente a la **esencia**.

Tercera. (Las cosas devienen), la **realidad deviene**.

2. El objetivo expreso de Zubiri consiste en tratar el problema de la realidad 'una vez más' pero en un aspecto y desde un ángulo diferente: El problema del devenir. La realidad no es solo lo que 'actualmente es', sino que se encuentra incursa en el devenir.

3. La tesis de *Sobre la esencia* es: «lo que la realidad es actualmente»; y la tesis de *Estructura dinámica de la realidad* es: «la realidad deviene». Con otras palabras: la realidad es «de suyo» y la realidad «da de sí». El «de suyo» es constitutivamente un «dar de sí». Las realidades son estructuras que «de suyo dan de sí».

4. El libro se estructura en tres partes.

I. Qué significa «estructura dinámica de la realidad».

II. Cuáles son las estructuras dinámicas de la realidad.

III. La realidad en su dinamismo.

5. A los efectos de nuestro interés actual –el Universo– sitúa Zubiri su 'análisis y crítica a las visiones anteriores' en la Primera Parte, en el capítulo "Dinamismo y Cambio", y 'la configuración actual del Universo', inmersa en su concepción, la trata en la Segunda Parte, especialmente en dos capítulos. Su Tercera Parte, "La realidad en su dinamismo", desde nuestra perspectiva del Universo, constituye un 'tratado, meta-físico y metafísico, del tiempo'; cuyo análisis se escapa ahora de esta aproximación general al 'Universo de Zubiri'.

---

262. Id., (1962): *Sobre la esencia*, Madrid: Alianza.

3. Visiones anteriores del Universo según Zubiri

Zubiri realiza un análisis de dos «concepciones muy distintas, y naturalmente de distinta prosapia, y de distinto alcance en la historia de la Filosofía».

3.1. *Aristóteles o la visión substancial del Universo*

> "Para Aristóteles el devenir es el resultado de la naturaleza de cada una de las cosas, y de la interacción de unas cosas con otras".

En síntesis, según Zubiri, la visión aristotélica del Universo se plasma en las notas siguientes.

Primera. Cada cosa es una substancia dotada de una materia y de una forma, y en su virtud de propiedades materiales y formales, en el orden de los accidentes; accidentes que son inherentes a la substancia.

Segunda. Las substancias, en virtud de su naturaleza, tienen facultades, capacidades, potencias que brotan de la realidad misma de la substancia. Y en una o en otra medida son distintas de ella.

Tercera. El movimiento es la potencia no pura sino cuando está actuando como tal potencia, sin haber terminado de producir todo su efecto. Entonces es cuando la substancia es móvil.

Cuarta. El Universo es un sistema de substancias acoplado en un cierto orden (ταξιζ) en virtud del cual las substancias interactúan.

Pero se pregunta y responde:

> "¿Dónde está dicho ni probado que el Universo esté compuesto de substancias, cada una de las cuales empieza por ser lo que es independientemente de las demás? [...] ¿Es evidente que el mundo esté compuesto de substancias, cada una de las cuales es como es, y que lo que llamamos Universo "resulte" de un acoplamiento táxico de estas substancias? ¿Y si fuera al revés? Es justamente la otra concepción del devenir"

3.2. *El siglo XIX y la visión sistemática del Universo*

En la segunda mitad del siglo XIX, según Zubiri, surge una nueva visión radicalmente novedosa que se va constituyendo en predominante y continúa vigente en nuestros días. Como referente inicial y central puede considerarse la Teoría de Campos de Maxwell. En síntesis, para Zubiri, esta nueva visión puede plasmarse en las notas siguientes.

Primera. El Universo físico está constituido ante todo y sobre todo por un sistema de conexiones; un sistema de conexiones que tiene una cierta sustantividad en sí mismo. Esto es lo que en Física se llama campo. El Universo *primo et per se* es un campo.

Segunda. Las cosas son simplemente puntos de aplicación de este campo.

> "Lo primero y fundamental es el sistema de conexiones, es decir, el campo, y en segundo lugar, las cosas son el punto de aplicación del campo".

Tercera. El campo está dotado de ciertas leyes en su estructura que son en sí mismas dinámicas.

> "Lo que cuenta no son las cosas, sino justamente el sistema de leyes que hay en el Universo. Esto es lo primario y fundamental".

Cuarta. El devenir no es precisamente un cambio, sino que el mundo es intrínseca y formalmente procesual.

> "El cambio sería consecuencia de la procesualidad. El dinamismo sería procesualidad, algo completamente distinto de un cambio. El Universo sería, en este sentido, absolutamente dinámico en sí mismo".

Este denso análisis de las visiones anteriores del Universo se ha hecho, ¡qué duda cabe!, a la luz de un pensamiento que sintetizamos previamente a la exposición resumida de la crítica de Zubiri.

3.3. *El pensamiento de* Zubiri

a) El problema del devenir no es un problema de ser y de no ser, sino que es primariamente un problema de realidad.

b) La realidad no es formalmente un sujeto, sino que es algo distinto: es precisamente una sustantividad que está dotada de una estructura, y de un sistema constructo de notas. Sistema de notas constructo significa que cada nota es intrínsecamente 'nota-de'.

c) Este sistema tiene una unidad primaria que no es sujeto oculto tras el sistema, sino que es la unidad misma radical del sistema, unidad que se halla plasmada en el sistema constructo de notas. Esas notas son, respecto de esta unidad, un *extructum*, es decir, una estructura.

d) Las realidades son sustantividades estructurales.

e) Aquello que está en devenir no es un sujeto, sino que es una estructura. ¿Qué deviene?

> Lo que deviene es la sustantividad por la, y en la estructura que posee.

3.4. *Crítica de Zubiri a estas concepciones*

Uno. Las dos concepciones parten de un dualismo entre 'las cosas que son' y el 'devenir'. En la concepción aristotélica las cosas son sujeto «de» los que salen las acciones y a los que acontece el devenir; en la concepción maxwelliana las cosas están sujetas «a» las acciones del devenir.

Dos. Se constata en ambas un carácter subjetual de la realidad.

Dado que para Zubiri la realidad no es formalmente subjetual, sino estructura, está en condiciones de iniciar propiamente el desarrollo del tema "El dinamismo estructural de la Realidad" con el que concluye su Primera Parte.

4. El problema del dinamismo estructural de la realidad

Primer paso. La realidad es una sustantividad que está esencial y estructuralmente en condición de respectividad.

Primero. La respectividad afecta a la constitución de cada cosa: «Lo que cada cosa es, es constitutivamente función de las demás».

Segundo. La respectividad no es formalmente relación, sino intrínseca constitución. Es función de y no relato.

Tercero. Esta respectividad tiene distintas dimensiones: a) carácter de respectividad externa; b) carácter de respectividad interna, carácter constructo de un sistema; las notas de la sustantividad.

«La realidad de suyo es intrínseca y formalmente respectiva».

Segundo paso. Las cosas reales son ante todo sistemas de notas. Toda nota en su intrínseca respectividad y todo sistema sustantivo respecto de otro sistema sustantivo tiene en su respectividad física un carácter físicamente de «acción». Las notas son activas: 1°, en sí mismas; 2°, por sí mismas; y 3°, formalmente. «La respectividad es intrínseca y formalmente accional».

Tercer paso. La realidad tiene una estructura sustantiva: «Es lo que es de suyo». La realidad es en sí formalmente activa. El «dar de sí» es la expresión misma de la actividad. Dinamismo es la realidad en su constitutivo dar de sí. Pero este dar de sí no es algo distinto de la realidad misma en la cual las cosas son constitutivamente lo que son.

Cuarto paso. El dinamismo y el devenir, entendidos como un dar de sí, en primer lugar no son forzosamente un cambio. Como ejemplo extremo pone el de **Dios que da de sí todo (Creación) sin cambiar nada**. El devenir no es formalmente un cambio. Ciertamente, el cambio entra como una componente en todos los dinamismos del Universo, pero es una componente que no constituye el dinamismo, sino que resulta de él o le da su interna estructura.

«El dinamismo no es otra cosa sino la realidad en su dar de sí».

Quinto paso. La realidad es, en sí misma, por ser real, constitutiva y constitucionalmente dinamismo. El proceso es expresión del dinamismo, no es el dinamismo mismo. El dinamismo es algo formalmente constitutivo del mundo.

«Hay grados en el dinamismo así entendido y en el dar de sí. Desde la mera acción y reacción de la materia, principio de acción y reacción que figura en las primeras páginas de los *Principia* de Newton, hasta la donación en amor».

Finalmente: «El dinamismo tiene sus estructuras propias y precisas... no se puede hablar de dinamismo sin más», con lo que acaba la Primera Parte.

La Segunda Parte en la que desarrollará los tipos de dinamismos, "Las estructuras dinámicas de la realidad", comienza con un capítulo fundamental: "El dinamismo causal". Destacaremos unas ideas.

La primera idea que conviene recordar, por la insistencia de Zubiri, es que su punto de vista es «pura y formalmente filosófico».

La segunda idea clave se centra en que dicho punto de vista es el punto de vista de la causalidad. El dinamismo es causal.

Y, tercera idea: «No es lo mismo estudiar la causalidad que hacer un balance científico de las diversas maneras como se producen las cosas en el Universo».

Tres afirmaciones de Zubiri convienen señalar en este punto.

1. La realidad, en su radical unidad, es por esto dinamismo causal.

2. Existen distintos dinamismos tales que: a) son diversos, b) se encuentran organizados, y c) están fundados los unos sobre los otros.

3. Las esencias, que pueden ser cerradas y abiertas, constituyen la base de dinamismos diferentes.

5. El dinamismo de la variación

5.1. Introducción. El 'Escolio' primicial de los Principia de Newton

Newton inicia sus *Principia* con unas 'definiciones' (cantidad de materia, cantidad de movimiento, fuerza ínsita de la materia, fuerza impresa, fuerza centrípeta, cantidad absoluta de una fuerza centrípeta, cantidad acelerativa de una fuerza centrípeta y cantidad motriz de una fuerza centrípeta), definiciones que constituirán unos constructos o conceptos primitivos relativos a la materia y a la 'causa' que produce el movimiento para construir su Mecánica.

Pero, inmediatamente después de estas definiciones físicas, como 'escolio', e inmediatamente antes de los 'axiomas o leyes del movimiento' ha de caracterizar otros conceptos primitivos que pueden considerarse, desde la teoría física mecánica newtoniana, prefísica y protofísica. Son estos: I. El tiempo absoluto; II. El espacio absoluto; III. El lugar; y IV. El movimiento. El Escolio es no solo sumamente interesante, sino imprescindible para conocer el pensamiento de Newton. El espacio y el tiempo newtoniano constituyen referenciales pre-existentes y absolutos, en sí mismos y por su propia naturaleza, donde «está» la materia ocupando lugar del espacio (cuerpo) y «situada» en 'un lugar' en 'un instante'.

Precisa de unas ideas de espacio, lugar, tiempo y movimiento, tales que en su condición de conceptos primitivos deben caracterizarse tanto y tan bien como sea posible... y tales que nunca lo son suficientemente.

Zubiri también ha de caracterizar unos conceptos básicos que reciben los mismos nombres pero que son distintos. ¡Eso sí! sus referentes son los mismos, aquellos aspectos de la Naturaleza (Realidad física) que reciben, precisamente, esos nombres: espacio, tiempo, lugar y movimiento; solo que unas 'realidades' (hipotéticas) pueden conceptualizarse (en la Física, y en la Metafísica de la Naturaleza) de diferentes maneras. Este es el caso. Las conceptualizaciones de Zubiri son muy diferentes de las de Newton, y de las de Kant, y de las de Einstein.

Estos conceptos, en realidad sus referentes, se integran en el punto de vista de Zubiri en el 'Dinamismo de la Variación', el más básico de los dinamismos. Por su especial naturaleza 'zubiriana', el tiempo, además, en tanto que forma general del dinamismo, su caracterización ocupa el eje de la Tercera Parte: "La realidad en su dinamismo".

5.2. Caracterización del dinamismo variacional

a) Es el dinamismo básico montado sobre la diferencia que existe en toda sustantividad, y en toda realidad sustantiva entre las notas que le son constitutivas y constitucionales y aquellas notas que son adventicias (o inesenciales o adheridas del sistema en una u otra forma).

b) Variar es un dar de sí en la sustantividad que concierne a la capacidad de tener distintas notas adherentes.

c) El concepto de variación es el momento dinámico que afecta a las notas adherentes, es el dar de sí básico y elemental (ejemplo: nota adherente más extrínseca a un cuerpo es su lugar; sinónimo de movimiento).

d) Los tipos de variación serían aquellos que afectan a: 1) la cantidad, que constituyen los movimientos cuantitativos; 2) la cualidad, que constituyen los movimientos cualitativos; y 3) el lugar; que constituyen los movimientos locales. Esto está en acuerdo con la concepción tripartita de Aristóteles.

e) El dinamismo variacional se fundamenta en que aunque la realidad tiene como esencial el estar en alguna parte, le es adherencial el ocupar un lugar u otro, pero ha de ocupar alguno.

6. La respectividad básica. En torno al espacio

Para Zubiri, la respectividad básica o más elemental es la respectividad de las realidades materiales.

Y «El lugar es esencial, constitutiva y formalmente respectivo».

Pensando en y desde la «Metafísica general y no en un problema de Cosmología», construye su concepción del espacio que se describe a continuación.

a) *La estructura misma del espacio*

El espacio (aquí parece que adopta una perspectiva meta-matemática o metageométrica o quizá pangeométrica) posee diversas estructuras.

Primero. Estructura topológica ("estar junto a", continuidad o discontinuidad, conexión).

Segundo. Estructura afín ("estar en dirección hacia", paralelismo).

Tercero. Estructura métrica ("a distancia de").

Así, en conclusión: «La realidad tiene una métrica determinada» (una métrica determinada implica una afinidad determinada, y además induce una topología absolutamente determinada).

b) *La estructura del espacio (de la Física) como respectividad*

Pero el espacio, para Zubiri, no es el «espacio absoluto» de Newton, sino que (metafísicamente) «El espacio es una respectividad en variación local» y en la medida que fuera separable y distinguible en Zubiri (físicamente), el espacio es... el espacio que dejan las cosas para: a) «estar» las unas entre las otras; y b) «moverse» las unas entre las otras.

> «El espacio por sí mismo no tiene estructuras, no tiene más estructuras que las que le imponen los cuerpos que lo ocupan, cada uno en su lugar y además el sistema de desplazamientos: esto es de índole puramente física. Y los desplazamientos considerados en su pura respectividad es lo que constituye la estructura del espacio físico».

¿Cuáles son, para Zubiri, los factores físicos que determinan las estructuras (físicas) del espacio físico? Hay esencialmente tres: a) la luz (que determina precisamente el límite de la velocidad tope en la realidad); b) la gravitación (que determina la curvatura de la realidad): «La estructura de la gravitación es la curvatura del espacio»; c) la acción (que, en definitiva, no sabemos lo que determina, ni lo que determinará en el futuro; mecánica cuántica).

En resumen:

> «La luz, la gravitación y la acción son los grandes determinantes de lo que llamamos la estructura física del espacio. (Naturalmente, se entiende siempre que el cuerpo que se mueva en el espacio no esté sometido a la acción de fuerzas)».

7. En torno al movimiento

No existe el «espacio absoluto» de Newton. El espacio es la respectividad de unos cuerpos con otros. El movimiento envuelve esencial y constitutivamente una relatividad, un principio de relatividad. Relatividad no es el movimiento mismo; al contrario: el movimiento tiene un carácter muy absoluto. Lo que es relativo es saber quién se mueve y quién está quieto, porque esto no tiene sentido decirlo de un modo absoluto.

> «El movimiento es esencial y formalmente una respectividad variable, es decir, una estructura o parámetro que existe en la realidad».
> «El Universo entero está en movimiento».
> «El movimiento es un parámetro independiente».

La estructura del Universo es, en y por sí misma, constitutivamente dinámica.

La gravitación, para Einstein, según Zubiri, no es una fuerza, sino que como la inercia es una estructura del espacio.

Se pregunta Zubiri: ¿Cuál es la causa del movimiento? ¿Dónde está la causalidad? ¿En la fuerza? ¡No! Rotundamente no. He aquí las razones de esta respuesta negativa.

Primera. Un ejemplo claro lo constituyen los movimientos inerciales.

Segunda. Hace falta una fuerza para cambiar la velocidad del movimiento.

Tercera. El concepto de fuerza es en sí mismo y en toda su universalidad problemático dentro de la Física.

Para Einstein, dice Zubiri, no hay más que campos: la fuerza es la intensidad del campo en un punto. No es una fuerza lo que produce el campo. La gravitación es una estructura: la curvatura del Universo.

> «Toda variación es variación de realidad y en la realidad».
>
> «El Universo está en movimiento en y por sí mismo. La causa del movimiento es pura y simplemente la índole activa de la realidad [...] y la realidad tomada en su respectividad, a saber: en la totalidad del Universo».

8. En torno al tiempo

Pretendemos referirnos, y solo sintéticamente, a las consideraciones en torno al tiempo de Zubiri en este capítulo del 'Dinamismo de la variación'. (Sí puede destacarse, como parece conveniente, que Zubiri manifiesta expresamente su ruptura con la concepción de espacio-tiempo de Einstein en la Tercera Parte).

a) *Caracterización*

1. El tiempo no afecta directamente a la realidad en cuanto tal (aceptable coincidencia en lo radical con Newton y Kant).

2. El tiempo es el modo de ser del dinamismo, en tanto que transcurrente (el tiempo es el acto ulterior; un acto ulterior respecto del movimiento, la actualidad del dinamismo real y físico espacial de los cuerpos).

3. El tiempo es un modo de ser del movimiento, no es aquello que formalmente constituye el movimiento.

b) *Estructura*

El tiempo tiene una estructura muy compleja (muy paralela a las estructuras espaciales). Estas son las estructuras del tiempo:

1. Cronología (especie de Topología del tiempo, carácter de continuidad).

2. Unidireccionalidad (estructura de afinidad completamente determinada: transcurre unilateralmente en una dirección única: unidireccionalmente del pasado hacia el futuro).

3. Cronometría (estructura mensurable).

9. El dinamismo de la alteración

En una imagen newtoniana este dinamismo se referiría a la 'materia'. En Zubiri el tema adquiere otras dimensiones y presenta mayor complejidad. Se refiere a la materia, al espacio, a las leyes y a las constantes. Prácticamente a todo lo que considera la Física actual... salvo el tiempo... que es otra cosa ¡originalidad de Zubiri! cuya metafísica explica pormenorizada en la Tercera Parte.

Los dinamismos que no son pura variación:

a) Conciernen a las propias estructuras constitutivas de la realidad, de las realidades sustantivas.

b) Afectan no solo en el conjunto de sus notas constitucionales sino, además, en sus propias notas constitutivas, en su propia esencia.

c) Estas esencias constitutivas (activas no solamente en sí mismas y por sí mismas; por su propia condición intrínseca y formal) constituyen el término de un nuevo dinamismo, en una respectividad dinámica.

Todas las sustantividades del Universo presentan un conjunto de notas.

Primera. Son constitutivamente emergentes (en el sentido de "salir de").

Segunda. Esta emergencia tiene carácter substratual (no viene de la nada, está apoyado en algo anterior).

Tercera. El *substratum* no opera por sí solo aisladamente, sino que está inmerso en una cierta configuración determinada: una configuracionalidad radical y primaria.

Este dinamismo que incide sobre la sustantividad no es variación sino alteración. Produce un *alter*. El dar de sí es un *alter*, otro.

10. Tipos de alteración

A continuación explica Zubiri con detalle los distintos tipos de alteración que enumera y denomina como sigue.

Primer tipo: la transformación.

Segundo tipo: la repetición.

Tercer tipo: la génesis.

El producto es una cascada de configuraciones mediante la cual se van constituyendo las realidades más tangibles del Universo como resultados de la evolución.

Primero. La estructura de potencialidades produce cierta posición jerárquica de unas sustantividades respecto de otras. La *taxis* aristotélica es primer resultado de la evolución y no un supuesto de ella.

Segundo. Individuación (constitución progresiva de la individualidad; las partículas elementales son *singuli*, no son individuos). Es otro logro de la evolución, un producto de la evolución.

Tercero. Especiación (no solo individuos, sino individuos constituidos en especies).

Cuarto. En la evolución se constituye de manera concreta, por lo que interesa a la Física y a este curso de Cosmología, el Universo.

11. Constitución del Universo zubiriano

La constitución del Universo, según Zubiri, como resultado de la evolución ha dado lugar a distintos tipos de materia, distintos tipos de espacio, distintos tipos de leyes y a las constantes universales.

Uno. Distintos tipos de materia.

a) Materia 'molecular' (Tierra).

b) Materia 'atómica' 'ionizada' (interior del Sol).

c) Materia 'de agujero negro'.

d) Materia 'viva' (orgánica).

Dos. Distintos tipos de espacio.

Zubiri acepta, sin ninguna clase de fisuras, la hipótesis de la expansión del Universo. Es más, puede afirmarse que su Metafísica del Cosmos se fundamenta, entre otros ingredientes, en esta hipótesis.

La distinción de los tipos de espacio se apoya en la propiedad de distanciación (la expansión).

> «Esta distanciación es la que produce dentro del Universo, el Espacio. El Universo no está en el Espacio. Es espacioso porque aloja

dentro de sí al Espacio. El Espacio lo va produciendo dentro del Universo su propia, interna evolución. Va produciendo un distanciamiento, digo, y con eso el espacio. Y además lo produce con unas estructuras determinadas»

«El tipo de producción de Espacio sea tal vez una cuestión todavía muy controvertida entre astrónomos por la expansión de Universo».

Afirma Zubiri que «La expansión del Universo es relativamente clara» y hace las consideraciones que se sintetizan a continuación.

Primera. Aparece en la explosión de una primera configuración de la materia contenida en esa configuración.

Segunda. Se presenta en la dilatación misma del espacio; en virtud de la inestabilidad intrínseca de esta primera constitución, resulta un tipo nuevo de espacio muy problemáticamente curvado aún.

Tercera. Si la expansión del Universo sigue, allá en el límite, «¿tendrá una estructura euclidiana, tendrá una estructura cerrada, una estructura elíptica, o más bien parabólica e hiperbólica?». Y responde: «Es un asunto que está *sub judice*»[263].

Tres. Distintos tipos de leyes.

Considera Zubiri que las leyes vigentes son de diversos tipos, y señala las que se resumen a continuación.

En primer lugar, leyes accionales, aquellas que vinculan unos antecedentes y unos consiguientes.

En segundo lugar, leyes estructurales, más sutiles, más difíciles de detectar, como la gravitación.

«Einstein puso el dedo en la llaga: no hay fuerza de gravitación, la gravitación es la estructura de la curvatura del Universo».

En tercer lugar, leyes cuánticas, leyes estructurales pero estadísticas.

Cuatro. Las constantes universales.

«Y finalmente, y lo que es más azorante, el Universo no se compone únicamente de leyes y de configuraciones iniciales: se compone de esas cuatro o seis misteriosas realidades, que son las constantes

---

263. Es el problema del Destino del Universo, cuestión más pendiente –más lejana de tratamiento por la Física– en vida de Zubiri que en la actualidad.

universales: la constante de acción de Planck; la constante de la velocidad de la luz; la constante de la carga eléctrica de un elemento, etc. ¿Qué hacen estas constantes dentro del dinamismo causal?

Algún gran astrónomo, como Eddington, ha pensado que en la evolución se cambia también el sistema de constantes universales. En fin, no soy lo bastante técnico en la materia para poder opinar. Pero, como quiera que sea, en su forma actual, no cabe duda de que las constantes universales son un producto de la evolución».

B) TEOLOGÍA ZUBIRIANA DEL COSMOS

12. La 'vía cósmica' de Zubiri[264] para acceder a la existencia de Dios

Zubiri, en *El hombre y Dios*, expone su 'vía de la religación', argumento sobre la existencia de Dios que parte, supuestamente para el autor, de los hechos inmediatamente dados. Desde la fenomenología, pues, describe "lo inmediatamente dado en la experiencia". Y lo hace a la luz de la diferencia que establece en *Inteligencia sentiente* entre 'análisis de hechos' y 'teoría', de modo que el 'análisis de hechos' compete al *logos*, ocupado en inteligir lo actualizado en el campo de la aprehensión, y siendo la 'teoría' tarea propia de la *razón*. La religación, para Zubiri, es un hecho, "es el acontecimiento mismo de toda la realidad en el hombre y el hombre en la realidad"[265], así pues queda como un momento constitutivo de la existencia humana. No es esta la vía que tiene relación con nuestro trabajo dado que está orientada primordialmente al hombre.

En el libro citado, Zubiri considera las cinco vías clásicas de Tomás de Aquino como vías cósmicas pero tales que no parten de hechos, sino de una interpretación metafísica de la realidad sensible, como hemos puesto de manifiesto en los capítulos correspondientes[266].

La vía cósmica, expuesta en el artículo "Trascendencia y física", que es la que nos interesa, tiene su fundamento en la imagen del universo físico que ofrecen las ciencias, y, respecto de las vías cósmicas de Tomás, presenta algunas características propias, tales como:

---

264. Puede verse, para más extensión y contexto en la metafísica de Zubiri, González, A. (2005).
265. Zubiri, X. (1984): *El hombre y Dios*, p. 129.
266. Capítulos 3.3. y 3.12.

1) Punto de partida: la interpretación científica del Universo, a la luz de la imagen que ofrecen: a) la física de Einstein; b) las observaciones y ley de Hubble; y 3) la cosmología de Friedmann, Lemaître y Gamow.
2) El Universo como sistema dinámico, evolutivo, donde diferencia las sucesivas configuraciones de la materia y las leyes estructurales por las cuales cada configuración procede de otra anterior.
3) El Universo en expansión.

Zubiri parte de hechos, como en la vía de la religación, pero de hechos científicos, pero hechos 'establecidos' respecto de teorías físicas, cuya determinación como tales hechos presupone dichas teorías; de modo que, en realidad, se trata de una fusión de teorías y hechos, de hechos interpretados. En este sentido difiere de las vías tomistas en que sí se parte de hechos físicos, interpretados por teorías científicas y no por teorías metafísicas. Pero la supuesta 'mayor calidad' de lo científico sobre lo filosófico no puede conducirnos a la consideración de que los 'hechos científicos', aunque presenten rigor, son inconcusos, sino que tienen un carácter discutible y con frecuencia transitorio.

La pretensión de Zubiri consiste en "averiguar si la imagen del universo físico que se forma la ciencia actual reclama o conduce a admitir la existencia de una realidad propia en y por sí misma, distinta realmente del universo y sin la cual este no podría existir ni ser lo que es"[267]. Nada menos. Y a esa realidad, digo yo, se la llamaría Dios[268].

La concepción cosmológica de la gran explosión, en la actualidad está más sólidamente establecida que en tiempos de Zubiri, se ha consolidado con el descubrimiento de la radiación de fondo cósmica y las anisotropías en la misma descubiertas y confirmadas por los satélites COBE y WMAP.

La cosmología actual sugiere dos visiones básicas acerca del *Big bang*:

---

267. Zubiri, X. (1961): *Trascendencia y física*, c. 419.
268. A. González (2005) considera que esta pretensión, "simplemente", es más modesta que haberse preguntado por cuál debe ser el punto de partida más adecuado para abordar filosóficamente el problema de Dios o para demostrar su existencia.

1) Que postula necesariamente el comienzo temporal del Universo físico (consideración propia de los argumentos teístas).

2) Que simplemente retrotrae los distintos estadios del universo a un "estado inicial" (consideración de Zubiri), de modo que es posible que incluso la materia hubiera tenido existencia antes del *Big bang*. En esta interpretación se destaca que los posibles estados anteriores de la materia nada influyen en el estado inicial ni, en consecuencia, tampoco es determinante del estado actual; o lo que es equivalente, podrían existir otros universos preexistentes o simultáneos al 'nuestro', aunque de ellos nunca podamos conocer nada. Todo esto es mera especulación y no podría ser demostrado (y en ningún caso serían consideraciones propiamente científicas). Zubiri ha considerado la posibilidad de que el 'estado inicial' de la gran explosión no represente el comienzo temporal de la materia.

Zubiri, pues, parte del 'estado inicial' pero no lo interpreta como 'origen temporal de la materia', se limita a constatar que la imagen física del Universo conduce a un 'estado inicial' no determinado por ningún hipotético estado anterior.

El 'estado inicial', para Zubiri, tendría una primera configuración –así como unas primeras estructuras– no determinada por las estructuras del universo a partir de una configuración precedente, de tal modo que "las estructuras jamás podrían determinar por sí mismas su propia configuración inicial". En consecuencia, el estado inicial no reposa sobre sí mismo, sino que remite a algo otro. El "reposar sobre sí mismo" consiste (A. González, 2005, 98) en "no tener necesidad de ninguna otra cosa, no solo para ser como se es, sino, y sobre todo, para tener realidad". Por tanto para Zubiri el Universo no reposa sobre sí mismo ya que la configuración inicial no está determinada por ninguna hipotética configuración anterior ni tampoco por las propias estructuras. Y así concluye: el Universo no reposa sobre sí mismo, y por tanto remite a una realidad transfísica. Y más aún: un Universo que necesita de otra cosa para ser lo que es no puede ser entendido más que como un Universo que no tiene realidad por sí mismo.

El 'estado inicial' del Universo remite a una realidad transfísica distinta de nuestro Universo, de modo que el 'estado inicial' emergería a la realidad desde una raíz transfísica. **El Universo existe, pero no es existente por sí mismo**, requiere una realidad que sea real por sí misma. Esta realidad esencialmente existente es la raíz del Universo y de su evolución, pero no es parte del mismo.

13. La concepción de Dios de Zubiri, por sus atributos cósmicos

Y Zubiri, como complemento final de su vía cósmica, introduce el concepto de trascendencia y tras este caracteriza la *relacionalidad* de Dios con el Universo, mediante las siguientes notas.

1) La trascendencia no consiste en una separación radical entre Dios y el Universo.
2) El Universo está 'fundado' en Dios.
3) Dios está presente en el Universo, pero es distinto de este.
4) Dios y el Universo no son 'uno', pero tampoco son dos.
5) Dios está en el Universo como fundamento causal directo de un estado inicial.

Y, por lo que respecta a la evolución y a los restantes estados del Universo, la relacionalidad con Dios se establece mediante las notas, o *postulados*:

1) Dios no está presente directamente como causa próxima de todo proceso, sino solo como fundamento de la causalidad de las causas intramundanas. Dios "hace que estas hagan".
2) Dios no evoluciona, realidad divina sin cambio, pero hace que el Universo esté en evolución, en cambio evolutivo.
3) La realidad de Dios consiste en un "dar de sí" constitutivo, aunque sin cambio.
4) Dios es una realidad absolutamente absoluta (carácter que Zubiri alcanza por la 'vía de la religación' y no por la 'vía cósmica'); tiene un "dar de sí" que no es transitivo, pues no se hace otro, ni se hace a sí mismo, sino que se da a sí mismo, lo que ya es absolutamente suyo[269].
5) Carácter personal y libre.

---

269. Zubiri, *El hombre y Dios*, p. 168.

De la consideración de Dios como fundamento de la realidad (carácter obtenido por las dos vías consideradas) deduce que Dios es absolutamente absoluto, carácter que le sirve para postular algunos caracteres de la realidad divina: unicidad; dinamicidad, fundamentalidad respecto al mundo y autoposesión personal.

14. A modo de contraste con nuestro punto de partida

Interesa destacar que Zubiri parte, en su 'vía cósmica', presupuestamente al menos, de los 'hechos científicos' para acercarse a la *demostración* de la existencia de Dios, y que su reflexión es propiamente metafísica.

Las vías cósmicas, considerando en plural el conjunto de las de Tomás y Xavier, no conducen, porque no pueden conducir, a la demostración de lo que entendemos por Dios como realidad divina última, fuente de las posibilidades humanas y con la que podemos relacionarnos. La ultimidad de la vía cósmica se refiere al Universo y no a la vida humana, sin que, de ninguna manera, pudiera, considerarse como posibilitante e impelente de la vida humana[270]. Solo puede llegarse por estas vías cósmicas a constructos metafísicos tales como los ya considerados en ambos casos: (Tomás) primer motor inmóvil, primera causa eficiente, primer ente necesario, máximo Ser, inteligencia suprema ordenadora de todos los fines y (Xavier) realidad que reposa sobre sí misma como esencialmente existente y fundamento de un Universo en evolución.

Nuestro estudio es teológico, basado, entre otros, en el *postulado de la principialidad*, postulado de fe, que asume la existencia de Dios y busca desde esa creencia la esencia de Dios en su *relacionalidad* con el Universo para una mejor caracterización de los atributos cósmicos. No pretende demostrar la existencia de Dios desde la física –desde los 'hechos'–, sino estudiar la esencia de Dios a la luz del conocimiento de su obra, la Creación. El problema, por tanto, es de muy diversa naturaleza, y conviene destacarlo una y otra vez para su distinción nítida. Nuestro punto de partida es otro, nuestra búsqueda de los atributos cósmicos del Creador a la luz de su Creación, fundamentada en el conocimiento científico, da por resuelta, como postulado previo, la existencia de Dios, pudiendo conducir a

---

270. A. González, p. 104.

resultados próximos, solo que en nuestro caso el objetivo es conexo con el postulado establecido en el campo de la divinidad y con el conocimiento científico adquirido del estudio del Universo, sin ninguna pretensión de obtener a partir de este una demostración de la existencia (y de la esencia) de Dios.

3.17
LA COSMOLOGÍA ACTUAL EN TANTO QUE UN MODO DE CONFLUENCIA DE LA FÍSICA Y LAS RELIGIONES MONOTEÍSTAS EN TORNO AL PROBLEMA DEL ORIGEN DEL UNIVERSO

Por 'cosmología actual' se entiende en este capítulo la actualmente vigente, la 'establecida' como *cosmología física*, la que se expresa como *modelo estándar*. Está basada teóricamente en: 1) La teoría de la Relatividad General; 2) El Principio Cosmológico (homogeneidad e isotropía del Universo a 'gran escala'); y 3) Los Principios de la Termodinámica; e integra aceptablemente los numerosos y diferentes 'descubrimientos' observacionales. Con ella se ha construido la 'historia de la evolución del Universo desde el *Big Bang*. Se da cabida en este capítulo tanto al proceso de construcción, que invita a nueva reflexión conjunta sobre los capítulos precedentes, como a lo aceptablemente 'establecido' en la comunidad científica. En capítulos próximos se tratarán temas singulares de especiales significados y gran difusión: principio antrópico, el problema del Destino del Universo tras la 'convicción' de que el Universo se expansiona de manera acelerada y se considera la 'actuación' (posible) en él de una 'energía oscura', la visión 'atea' del último Hawking, y la noción 'nueva, extraordinaria y revolucionaria' sobre el Universo de Penrose.

Y todo ello, aquí, en esta Tercera Parte, con una mirada –e intención– religiosa, que sirve a la vez de síntesis de lo ya tratado y de marco establecido para lo por venir.

A) EL PROCESO HISTÓRICO

1. El *problema* de Dios

En la Introducción, en el catálogo de *problemas fundamentales* de confluencia de cuestiones en el ámbito de intersección Ciencia-Filosofía-Religión, se ha situado el *problema de Dios*, y se han citado solo dos problemas propiamente intrínsecos a la concepción de Dios: el *problema de la existencia* y el *problema de la esencia*. Ahora se ha de profundizar un poco más teniendo en cuenta la *respectividad* entre Dios y el Universo, cuestión que se ha presentado como *problemática* a lo largo de la historia humana en las diferentes cosmologías.

La *esencia de Dios*, por lo que se refiere a su *respectividad* con el Universo, en tanto que este fuera obra de Aquel, puede caracterizarse mediante unas notas estructurales que se integran en los denominables *atributos cósmicos*; y estos propiamente son: *creador*, *omnisciente* y *omnipotente*, atributos que no generan nuevos problemas (más bien se ponen de manifiesto en la aceptación de la *existencia* del Ser Supremo, como probarían las consideraciones del *principio antrópico*[271] que se tratarán en el próximo capítulo), y que *cuadran* perfectamente con la concepción cosmológica científica actualmente vigente[272].

El atributo de *creador* del Universo sitúa a este con un origen en el tiempo, y plantea, desde la ciencia y a la luz de la ciencia, el radical *problema del origen* del Cosmos, objeto de tratamiento en esta tesis. Auténtico problema que la ciencia transfiere, desde su conocimiento (aunque de momento sea solo hipotético) y como novedad radical, a la teología. Nunca, en ninguna cosmología, se había presentado con tanta propiedad la cuestión, aunque sea problemática, del origen del Universo.

Pero permanece un aspecto primordial, relativo a otro *posible* atributo cósmico, y consecuente con el de *omnipotente*, **¿actúa o no actúa Dios en el Universo?** Se trata de un subproblema del problema de la *respectividad* de Dios y el Cosmos, que se *agrava*, en tanto que *cuestión problemática*, con la aceptación del principio de *matematicidad de la Naturaleza* –la creencia básica de Galileo y tras él de toda la ciencia–: la normatividad del Universo, el funcionar de este conforme a leyes ("impuestas por el Creador"). De nuevo la pregunta: ¿ejerce Dios acciones en el Universo o este funciona por sí? La **respuesta de la ciencia** es clara, incluso desde la perspectiva de los creyentes: **Dios no actúa en el Universo**, este **funciona de acuerdo con leyes**

---

271. González de Posada, F. (2004): "El principio de los primeros principios: el Principio antrópico", en *Anales de la Real Academia Nacional de Medicina*, 1-23.

272. Estos *atributos cósmicos* –*creador*, *omnisciente* y *omnipotente*– constituyen parte principal de la intersección de las concepciones del "Dios de los filósofos" (la 'construcción positiva'), del "Dios de los hebreos", del "Dios de los cristianos" y del "Dios de los musulmanes".

precisas, matemáticas, que rigen el Cosmos sin necesidad de que Dios *coyunturalmente* esté 'actuando' *en* ni *sobre* él. El *Génesis* literariamente ofrece una expresión apodíctica nítida: "Y vio Dios ser muy bueno cuanto había hecho [...y...] descansó"[273]. No obstante, en las tradiciones de las religiones monoteístas (asumidas usualmente como creencias y no solo como leyendas), Dios *ha actuado* en el Universo, y no solo, por su omnipotencia, 'puede (o podría) actuar'. En resumen, según la física, en el Universo se le presentan a la ciencia, presupuestamente, numerosos *misterios* –aún por descubrir y describir– pero en él no tiene cabida ningún *milagro*[274] (parece que así lo ha querido el Creador).

2. La *respuesta* de los años 20: la *expansión* del Universo

Las ecuaciones *primitivas* de la Relatividad General[275] de Albert **Einstein** (Ulm, Alemania, 1879; Princeton, USA, 1955), denominadas *ecuaciones de campo*, ofrecían un Universo en expansión, que corrigió el propio físico teórico por su creencia en que el Universo debía ser *estacionario* (entre otros aspectos, finito y de volumen constante); por ello, las completó introduciendo la denominada *constante cosmológica*[276].

Estas ecuaciones, referidas al 'siendo-funcionando' del Universo como un EL TODO ÚNICO UNO, cambiarían radicalmente la cosmovisión y, complementariamente, numerosos fundamentos de la filosofía de la Naturaleza y de la filosofía toda, amén obviamente de la física. Casi paralelamente recibirán otra revolución quizá de mayores consecuencias, la física cuántica, también lógicamente en la Filosofía de la Naturaleza y con esta de manera natural para la filosofía toda. La consideración de la **finitud** como característica de la visión einsteiniana del Universo se presentaba como grata a los ojos de las religiones monoteístas aunque rompía, también, el paradigma newtoniano de espacio absoluto, verdadero, matemático e infinito.

---

273. Nácar, E. y Colunga, A. (1963): *Sagrada Biblia*, Madrid, BAC.
274. Conviene precisar, con expresiones zubirianas, que aquí solo se considera la *realidad divina* en su *respectividad* con la *realidad cósmica*, sin referencia propiamente a la *realidad humana*.
275. Las ya citadas $R_{ij} - \frac{1}{2} g_{ij} R = KT_{ij}$.
276. Las ecuaciones también citadas $R_{ij} - \frac{1}{2} g_{ij} R + \Lambda g_{ij} = KT_{ij}$.

La **expansión** sería una manifestación definitiva de la *dinamicidad intrínseca* del Universo.

Veamos sintéticamente una breve historia de los inicios de la *respuesta* que se da en la actualidad al problema del origen del Universo, integrando los estudios teóricos físico-matemáticos y los descubrimientos observacionales, según se produjeron los aconteceres en los años 20 del pasado siglo.

Por lo que respecta a los iniciales estudios matemáticos debe recordarse que las *ecuaciones primitivas* de Einstein (sin término o constante cosmológica) las estudió el matemático ruso Alexander Alexandrovich **Friedmann** (1888, San Petersburgo; 1925, Leningrado), en la Rusia soviética, observando que del estudio de ese sistema de diez ecuaciones diferenciales en derivadas parciales, con la consideración de diferentes condiciones de contorno espaciales y temporales, que el Universo tendría al menos un punto singular en un origen en el tiempo y que se presentaba en *expansión*[277]. En síntesis, en 1922 'descubrió matemáticamente' la expansión del Universo como *respuesta* de la Relatividad General. Posteriormente, en 1924[278], en su artículo "Sobre la posibilidad de un mundo con una curvatura negativa constante del espacio", también matemáticamente, demostró que las ecuaciones de campo sin el término cosmológico, permitían tres modelos, denominados posteriormente en su honor *modelos de Friedmann*, que describen, respectivamente, la caracterización del Universo con curvatura positiva, nula o negativa. En consecuencia se había obtenido, aunque no tuvieron difusión en ese momento, *respuestas posibles* al problema del Universo, *soluciones matemáticas* de las ecuaciones de campo de Einstein.

Y por lo que respecta a los primitivos *descubrimientos observacionales*, Edwin **Hubble** (1889-1953), astrónomo americano de excepcional relieve, descubrió en 1923 que la hasta entonces *nebulosa* Andrómeda (supuestamente interior a la hoy denominada Vía Láctea, que en 1923 *era* el Universo entero) se presentaba como una estructura claramente distinta: una *galaxia* separada de la *nuestra*, y a considerable distancia. A partir de ese momento tanto él como otros

---

277. Friedmann, A. (1922): "Über die Krümmung des Raumes". *Zeitschrift für Physik* 10 (1): 377-386.
278. Friedmann, A. (1924): "Über die Welt Möglichkeit einer MIT konstanter negativer Krümmung des Raumes". *Zeitschrift für Physik* 21 (1): 326-332.

astrónomos dedicaron importantes esfuerzos al descubrimiento de otras galaxias y a su catalogación.

En 1927, V. M. **Slipher** (1875-1969) y C. W. **Wirtz** (1876-1939) observaron el 'corrimiento hacia el rojo' (desplazamiento hacia mayores longitudes de onda de las líneas espectrales) de la luz procedente de galaxias espirales. Slipher se considera también como el primero que midió (mejor 'calculó' tras algunas medidas) la velocidad radial de una galaxia.

Edwin Hubble, midiendo ('calculando') distancias entre *galaxias* y desplazamientos al rojo de la luz procedente de ellas que se recibe en la Tierra, dedujo en 1929 la denominada ley de Hubble, $v = H\,d$, cuya constante de presencia matemática[279], H, se denomina en su honor *constante de Hubble,* y representa en primera instancia la inversa del tiempo de vida del Universo. Quedó matematizada la expansión del Universo de manera elemental, mediante una ley con magnitudes exclusivamente cinemáticas –distancias y velocidades– y de estructura clásica: relación de proporcionalidad entre cantidades de longitud (distancia) y velocidad (longitud y tiempo). Las velocidades de recesión de las galaxias se calculaban por los desplazamientos hacia el rojo de las líneas espectrales.

En este marco de perspectivas matemáticas y observacionales hay que situar a **Georges Lemaître** (1894-1966), sacerdote católico y astrónomo, que había estudiado un año en Cambridge (Inglaterra) con Arthur Eddington (1882-1944) y otro en Cambridge (Massachusetts) con Harlow Shapley (1885-1972) y se manifestó como conocedor profundo de las teorías de la Relatividad. De vuelta a la Universidad de Lovaina, publicó en 1927, en francés, un artículo[280] con respuestas de las *ecuaciones de campo* de Einstein (que habían sido resueltas por Friedmann sin que las conociera Lemaître) tales que según unas soluciones matemáticas, sugirió que el Universo se estaba expandiendo, lo que podía justificarse por la observación de Slipher y Wirtz del corrimiento al rojo de la luz procedente de las *nebulosas espirales*.

---

279. Véase González de Posada (1994b).
280. Lemaître, G. (1927): "Un Univers homogène de masse constante et de rayon croissant rendant compte de la vitesse radiale des nébuleuses extragalactiques", *Anales de la Sociedad Científica de Bruselas,* 47A, 41.

En síntesis, a finales de los años 20 el Universo era concebido de manera aceptablemente difundida, al margen de controversias e inercias mentales, con las expresiones filosóficas que se están introduciendo constructivamente en este ensayo, a la luz del desarrollo histórico, como EL TODO ÚNICO UNO dotado de ESTRUCTURA e intrínsecamente DINÁMICO en expansión retardada.

3. La *respuesta* de los años 30. Recuerdo especial de Georges Lemaître como pionero del *Big Bang*

Constituido básicamente así, en este lenguaje prioritariamente filosófico, se establece progresivamente la idea de que el Universo está en EXPANSIÓN y se concibe complementariamente la idea de que esta expansión ha debido ser una característica de toda la historia del Universo, llegándose a la conclusión (*hipótesis harto plausible*, me gusta denominar) de que debió tener un origen, un instante inicial.

En 1931, **Georges Lemaître** propuso la idea de que el Universo tuvo su origen en la explosión de un *átomo primigenio*[281] (o *primordial*, donde estaba concentrada toda la materia del Universo, o 'huevo cósmico')[282], acontecimiento que posteriormente recibiría el nombre que se utiliza en la actualidad: *Big Bang*.

En los años siguientes Lemaître desarrolló la teoría y participó en la *nueva controversia* entre ciencia y religión sobre el origen del Universo.

El modelo cosmológico *respuesta* de las *ecuaciones de campo* de Einstein describiendo un Universo homogéneo e isótropo se considera en física como solución de "Friedmann-Lemaître-Robertson-Walker" o con acrónimo "modelo FLRW".

---

281. Lemaître, G. (1931): *Nature* 128, suppl.: 704. En 1946 publicó *L'hypothèse de l'atome primitif* y en 1960 fue nombrado presidente de la Academia Pontificia de Ciencias.

282. Hubble, aunque no recibiera el premio Nobel, ha venido ocupando el lugar más destacado en la historia de la astronomía-astrofísica-cosmología del siglo XX en tanto que físico observacional. En el año 2011, tras un estudio de M. Livio en *Nature*, comentando una carta de Lemaître de 1931, en los Archivos de la Royal Society of London, ha creído resolver: 1) Que la expansión del Universo fue descubierta por Lemaître en 1927, dos años antes que Hubble; y 2) Que este último no fue responsable de falta de ética, ya que la traducción inglesa del artículo de Lemaître, en 1931, tenía los párrafos y cálculos omitidos por decisión de Lemaître. ¿Controversia acabada?

Baste decir en este punto que este *modelo estándar* del Universo produjo satisfacción generalizada en los ámbitos religiosos monoteístas: el *Big Bang* podía considerarse como magnífica metáfora del *instante creacional* por Dios del Universo, y con mucho más relieve cuando desde la propia ciencia se afirmaba, con generalidad, que desde la Física no podría nunca explicarse en qué consistió, en su caso, dado que las leyes de la ciencia dejarían de tener validez en el intento de aplicación a dicho momento histórico. **El acuerdo entre la ciencia física** (en su progresivo tránsito desde la autoconsideración de astronomía a la de astrofísica para concluir más recientemente en la de *cosmología*) **y las religiones monoteístas alcanzaba la mayor aproximación de toda la historia humana.** En especial, la teoría o modelo del *Big Bang* agradó al Vaticano que la acogió con gozo: el Universo tuvo un origen en el tiempo y fue obra de Dios.

Las propuestas de Friedmann y de Lemaître fueron especialmente atendidas por el cosmólogo conocido con nombre 'americanizado' como **George Gamow** (Odesa, Rusia, 1904; Boulder, USA, 1968), discípulo de Friedmann, que asume el modelo por ellos concebido aceptando la explosión del 'átomo primigenio', acontecimiento que, con tono despectivo, designaría Fred Hoyle (1915-2001) como *Big Bang*. Gamow lo asume porque explicaba la formación del helio en el Universo primitivo y, sobre todo, formula la predicción de que, como consecuencia de la *gran explosión*, debería existir una radiación de fondo cósmico de frecuencia en el rango de las microondas, que descubrirían por casualidad en 1965 Arno Penzias (1933) y Robert Wilson (1936).

El Universo se originó mediante un *Big Bang*, una *gran explosión*, constituyéndose así el denominado *modelo estándar* de la Cosmología del siglo XX: *modelo del Big Bang en expansión*, expansión tal que en todos los casos posibles, en función de la densidad de materia estimada (según tratamiento matemático de las ecuaciones de campo y según los datos observacionales) sería de *expansión retardada* (o *desacelerada*).

Así, definitivamente, a partir de los años 70 el Universo sería concebido como *EL* **TODO ÚNICO UNO FINITO dotado de ESTRUCTURA e intrínsecamente DINÁMICO en expansión retardada que había tenido un ORIGEN singular en el tiempo,** y procedería, presupuestamente, bien de la NADA física o bien de un 'instante creacional' por decisión de Dios. Por otra parte, como se ha dicho, los físicos que estudian, a partir de aquí, el origen del Universo, y no solo ellos, desean ser conocidos como *cosmólogos*, denominación hoy al uso por numerosos astrofísicos.

B) EL MODELO COSMOLÓGICO VIGENTE: FÍSICA Y FILOSOFÍA

4. Consideraciones previas

En capítulos anteriores se ha caracterizado, en primer lugar, la concepción tradicional del Universo con raíces en Aristóteles y matematizada por Newton, que puede expresarse como EL TODO ÚNICO TRINO, *finito* hasta Galileo Galilei (1609)[283] e *infinito* después de Newton (1687)[284]; y en segundo lugar, la revolución implícita en las *ecuaciones de campo* de la Relatividad General de Einstein que hace transitar la cosmovisión hacia EL TODO ÚNICO UNO FINITO dotado de ESTRUCTURA (e intrínsecamente *dinámico*, aspecto que no adquiere relevancia en los años iniciales de la teoría).

Y en el apartado A) anterior, tras una breve referencia al *problema de la esencia de Dios* en su *respectividad* con el Universo, por medio de sus *atributos cósmicos* –creador, omnisciente y omnipotente–, se ha completado el proceso posteinsteiniano de construcción progresiva de la cosmovisión actual que se completa con las ideas explícitas de *dinamismo* (expansión, retardada hasta 1998; acelerada desde 1998) y de *instante inicial*, denominado Big Bang, proceso en el que desempeñó un papel relevante el sacerdote católico y astrónomo Georges Lemaître. La concepción vigente se completa de modo que puede considerarse como EL TODO ÚNICO UNO FINITO dotado de ESTRUCTURA e intrínsecamente DINÁMICO (en *expansión*) con ORIGEN singular.

En este apartado B) se estudia de nuevo la Cosmología física actualmente establecida, el *modelo estándar del Big Bang*, pero no como proceso histórico sino desde una perspectiva *metafísica* con

---

283. Año en el que con el uso del anteojo (hoy telescopio) describió –porque descubrió– un 'nuevo' Universo. Puede verse González de Posada, F. (2010): *El principio galileano de matematicidad de la Naturaleza*: Revista de la R. Acad. Cultura Valenciana, Serie Histórica nº 31, 331-369.

284. Fecha de publicación de *Philosophiae Naturalis Principia Mathematica*, los denominados *Principia*, obra considerada cumbre del pensamiento científico.

claras raíces en la *Estructura dinámica de la Realidad* de Xavier Zubiri (1898-1983)[285].

5. Visión cosmológica actual: caracterización metafísica del Universo

La concepción actual que la Física, la Cosmología física, tiene del Cosmos lo caracteriza metafísicamente, siguiendo prioritariamente la senda sugerida por Zubiri, tras las revoluciones científicas de la Física y de la Biología (que integra en su Filosofía), mediante las cuatro notas capitales siguientes: es la Realidad por antonomasia, emergente, estructural y dinámica[286].

Primera. *Realidad* **por antonomasia**

El Universo en tanto que *El* TODO ÚNICO es *la* Realidad (con mayúsculas), 'la realidad cósmica [la realidad física] total'. La Realidad (con mayúscula) está constituida por *realidades* (con minúsculas) integradas en la Realidad en respectividad unas con otras. La Realidad –y toda realidad– no responde a ninguna de las categorías filosóficas clásicas: no es propiamente sustancia, no es ente, no es ser, no es objeto, no es sujeto. La Realidad –y asímismo cada una de las realidades– es una determinada *sustantividad* de notas constitutivas que la codeterminan como *estructura*.

Segunda. *Producto de una emergencia*

"Todo lo que *existe*", el Cosmos –la Realidad–, surgió como *emergente*. Toda realidad –la Realidad y las realidades– ha sido y es emergente. El acto de emergencia de la Realidad se denomina en la actualidad *Big-Bang* o 'gran explosión'. Heredado del lenguaje matemático se dice que ese 'instante inicial' fue una *singularidad*,

---

285. Para mayor extensión pueden verse: 1) Sobre todo, las siguientes obras de Zubiri: *Estructura dinámica de la realidad; Sobre la esencia;* y *Espacio, tiempo, materia;* y 2) González de Posada, F. (2001): *La física del siglo XX en la metafísica de Zubiri*, Madrid: Instituto de España.

286. Para mayor extensión, y sobre todo como caracterización prioritariamente física, puede verse González de Posada, F. (1998): *Consideraciones de naturaleza física en torno a la protección y prevención de los riesgos de la vida de la especie humana en un contexto cosmológico: arquitectura e ingeniería sanitarias*, Instituto de España. Real Academia Nacional de Medicina.

un 'momento' (que puede entenderse en las dobles acepciones temporal y filosófica) en el que todo, o EL TODO ÚNICO o nada o LA NADA (que desde la sabiduría/ignorancia presentes son prácticamente lo mismo en este territorio de la Física), era diferente. Lo substratual anterior, en el caso de existencia de 'algo', de lo que hubiera emergido el Universo -materia, energía, espacio, tiempo, leyes, constantes, etc., constituye, al menos hasta el presente, un misterio. Emerge, ¡qué duda cabe!, y lo hace bien desde la nada bien desde otra realidad de naturaleza ignota e incognoscible, al menos por el momento. El Cosmos surge pues de forma emergente. Metafóricamente podría decirse que a partir de un punto y a modo de un puño de Dios que se abre. Y de ninguna manera es estático en sus grandes líneas, idéntico a sí mismo, creado de una vez por todas como algo cósmico al modo de la taxiz aristotélica (ordenamiento propio).

Tercera. *Estructuralidad*

La realidad de suyo, por sí misma y en sí misma, es estructural, no substancial, no objetual, no subjetual. El Cosmos, desde las *Nuevas Físicas* del siglo XX –Relatividad especial, Relatividad general, Física atómica, Física Nuclear, Física de partículas elementales o de altas energías, Física Cuántica– es una estructura. Utilizando los términos lingüísticos clásicos de la Física, las notas fundamentales de esta estructura se denominan espacio, tiempo y materia-energía; no son tres realidades independientes, sino cuatro notas constitutivas del Cosmos –con otras concepciones distintas, agregadas en mutua respectividad–. Estas notas constitutivas del Cosmos constituyen las clásicas *categorías fundamentales* (tiempo, espacio, materia) de la Física de todos los tiempos anteriores al siglo XX. En la Física actual estas categorías forman una tétrada cada uno de cuyos polos puede entenderse por sus relaciones con los otros y de las relaciones entre estos otros. La Física puede considerarse también como ciencia de las relaciones espacio-tiempo-materia-energía.

Cuarta. *Dinamicidad intrínseca*

La visión predominante de la Física del siglo XX establece que toda realidad es en sí misma y por sí misma dinámica. En síntesis dirá Zubiri –como se ha visto en el capítulo anterior– que «toda realidad 'de suyo' 'da de sí'». La dinamicidad consiste en dar de sí, por sí y por su respectividad.

El Cosmos por sí mismo y desde sí mismo es esencialmente dinámico, intrínseca y constitutivamente dinámico. El dinamismo no consiste solo en movimiento; este es solo el más elemental o sencillo de los dinamismos. El dinamismo de la variación de lugar es solo el dinamismo básico. La dinamicidad intrínseca supone también la transformación de la realidad y en ella la alteración. En su dinamicidad el Cosmos va produciendo otros *alter*, otras realidades, nuevas configuraciones.

Todo lo existente, desde lo más efímero hasta lo considerado más estable, tiene una 'vida media', una duración, una vida; nada permanece indefinidamente. Hasta hace años se suponía que el protón era estable, hoy se sabe (se cree saber, con más precisión) que tiene una vida media muy larga, del orden del doble de la edad estimada de 'nuestro Universo'; hoy nada es estable (estático), sino que todo es esencialmente dinámico en sí y por sí mismo y por su respectividad con las otras realidades. El Cosmos sobre todo, en tanto que *la* Realidad por antonomasia, es constitutivamente dinámico.

Y esta dinamicidad le otorga el carácter más significativo de la visión cosmológica actual en contraste con todas las cosmovisiones precedentes.

Como resumen, puede aplicarse al Universo lo que Zubiri afirma para la realidad. De este modo pueden construirse, por sustitución de Realidad por Universo, las siguientes densas afirmaciones.

Una. El Universo como esencia es una estructura. Una estructura constitutiva, pero cuyos momentos y cuyos ingredientes de constitución son activos y dinámicos por sí mismos.

Dos. El Universo no es solamente lo que es actualmente; también está, en una o en otra forma, incurso en eso que de una manera más o menos vaga puede llamarse el devenir.

Y tres. El Universo es una estructura que "de suyo da de sí".

6. Los problemas del Universo

En el marco descrito hasta aquí, en perspectiva histórica sintética y en apretada expresión filosófica, conviene situar los *problemas* (subproblemas podrían denominarse) pendientes, objeto de estudios físico-matemáticos, de observación astrofísica y de reflexión filosófica.

Los problemas son numerosos. Entre los más relevantes de naturaleza física en la actualidad podrían citarse: el problema de la materia oscura, el problema de la energía oscura, el problema de la detección de los neutrinos cósmicos que presupuestamente se originaron en los primeros instantes de la vida del Universo, el problema de la detección de las ondas gravitacionales que también presupuestamente debieron generarse con el propio *Big Bang*, el problema de la continuidad o no de la espacialidad (¿existe el *topón*, como mínima cuantía de longitud?), el problema de la continuidad de la temporeidad (¿existe el *cronón*, como mínima cuantía de duración?), el problema de la naturaleza y procedencia de los *rayos cósmicos*, etc., etc. Todos ellos, como tantos otros, de singular importancia.

Desde una perspectiva prioritariamente filosófica quizá el principal problema, el más peliagudo, digo yo, se refiera a la *potencialidad* impresa en el Universo de seguir "dando de sí", en expresión zubiriana, en tanto que *realidad abierta*, con capacidad para generar novedad. Y, por supuesto, bastantes aspectos inherentes a la extensa problemática anteriormente expuesta.

Y desde la perspectiva común a las religiones (obviamente de modo singular las monoteístas), los problemas fundamentales, al margen de las respuestas que se les den, pueden enunciarse así: el problema del origen, el problema del destino, y específicamente para las religiones monoteístas, si Dios actúa o no en el proceso evolutivo del Cosmos.

Al comienzo de la tesis se reflexionó en torno al término *problema*, primero de los considerados en el título, estableciendo, a modo de introducción, unos conceptos de *problema* y de *problema fundamental* y un *catálogo* de problemas fundamentales como referencia. A continuación se ha reflexionado, en síntesis extrema, acerca de la visión actual del otro término sustantivo del título, el Universo. Y se acaba de exponer un breve catálogo de *subproblemas* relativos al estudio, observaciones y reflexiones sobre el Cosmos. ¡Bien! Pero en la ocasión presente se ha de tratar precisamente del *problema del origen del Universo*, y hacerlo a la luz de la *actualidad*, una vez que se caracterice la situación sobre la que ha incidido lo que se considera *actualidad*.

7. El *problema* del *origen* del Universo a la luz del *modelo estándar* vigente

El *problema* del origen del Universo era inexistente como tal en la tradición de la ciencia, ya que el Universo estaba ahí, *presupuestamente* siempre idéntico a sí mismo; no era problema de la física, lo era tan solo, en su caso, de la filosofía y de las religiones monoteístas.

El panorama cambiaba radicalmente tras los descubrimientos observacionales del astrónomo norteamericano Edwin Hubble: existencia de galaxias (1924), recesión generalizada de las galaxias (1928) y ley de desplazamiento de las galaxias o de la expansión del Universo (1929). En estos momentos, entorno del año 1930, como se ha recordado, un papel singular desempeñó el astrónomo y sacerdote católico Georges Lemaître para el establecimiento del considerado en la actualidad *modelo estándar* del Universo, que integra toda su historia, dada su condición dinámica, su *dinamismo intrínseco*. Carecería de sentido la pretensión de realizar una *descripción actual* del mismo, a la que no se tiene acceso posible dado que el conocimiento de lo supuestamente *lejano* (posición en el 'espacio', que hoy es *espaciosidad* o *espacialidad*) realmente es *antiguo* (instante del tiempo, que hoy es *temporeidad* o *temporalidad*) y que recibimos en la *actualidad* tras un desplazamiento desde *allí* (que hoy, en su caso, sería cuando menos 'otro' *allí*) y desde *entonces* a la velocidad de la luz.

La expansión del Universo en la etapa actual sugería la posibilidad de que hubiera sido continua desde un cierto instante inicial en el que lo *primordial* y *principial* de lo actualmente existente hubiera estado concentrado en "un punto gordo enormemente denso y caliente" que hubiera 'explotado': el *Big Bang*. Esta concepción del Universo transfería el problema del origen hacia la física. La ciencia lo asumió como problema suyo. Y en esta tesitura estamos en la actualidad.

En resumen, y a modo de reiteración e independientemente de que se haya dejado constancia de la existencia de numerosos problemas planteados, pendientes de respuestas, e insinuada la idea fácilmente asumible de que se presentarán numerosos nuevos problemas en los próximos años, que exigirán nuevas respuestas, la concepción vigente del Universo, a los efectos del tema objeto de estudio, se expresa de manera idéntica a como se expresaba ya en 1970, tras la constatación de la radiación de fondo de microondas como mensajero cósmico de los primeros tiempos de la vida del Universo: **EL TODO ÚNICO UNO FINITO dotado de ESTRUCTURA e intrínsecamente DINÁMICO con ORIGEN singular en el tiempo.**

Desde entonces hasta el presente se han realizado numerosas investigaciones teóricas (teorías de cuerdas y de supercuerdas, teorías de supersimetría, intentos de teorías cuántico-relativistas, teorías de gran unificación, etc.) y obtenidos grandes descubrimientos observacionales (agujeros negros, estrellas de neutrones, exoplanetas, neutrinos, etc.)[287] pero ninguna de las novedades teóricas ni ninguno de los grandes descubrimientos han perturbado ninguna de las ideas básicas de la visión cosmológica vigente. Lo más sorprendente, en tanto que próximo a los intereses de este ensayo, fue la que denomino 'revolución del 98', año 1998 en el que se produjeron dos grandes acontecimientos observacionales[288] –astrofísicos– que condujeron a la consideración del Universo en 'expansión acelerada'. A nuestro problema –el del origen– no le afecta el adjetivo 'acelerada', le basta, al menos de momento, el sustantivo 'expansión', aunque el hecho ahora conocido impulsa a bastantes a dedicarse al estudio del *destino* del Universo[289], otro *problema* merecedor de estudios científicos, que se realizan, y, consecuentemente –pero, esto así, consecuentemente– de nuevas reflexiones filosóficas y tratamientos teológicos.

C) CONSIDERACIONES COMPLEMENTARIAS

8. La cosmología 'atea' de Hoyle, Jordan y Bondi: cosmología del 'estado estacionario'

Hoyle, Jordan y Bondi defendieron durante muchos años una concepción rival de la cosmología de la gran explosión. Admitiendo, a regañadientes y con dificultades, la evolución del Universo y su expansión, recurrieron a un (supuesto) mecanismo de 'creación' constante de materia por el propio Universo, evitando así la consideración del retroceso hacia un estado inicial único (la gran explosión), que despectivamente Hoyle denominó *Big Bang* para

---

287. Cuestiones tratadas en los últimos capítulos de la Segunda Parte de esta tesis.
288. 1) Supernovas lejanas (antiguas) se separaban a velocidades muy superiores a las hasta entonces calculadas, indicación de que el Universo estaba en expansión acelerada; y 2) la naturaleza de *planitud* del Universo.
289. Problema que se tratará en el Capítulo 3.19.

LA COSMOLOGÍA ACTUAL EN TANTO QUE UN MODO DE CONFLUENCIA

descalificar la interpretación religiosa de la singularidad inicial del modelo que se estaba estableciendo. El 'modelo del estado estacionario' se ha venido considerando como el de la respuesta atea, 'esclava' también, ¡cómo no!, como tantas otras a lo largo de la historia, de la pretensión de 'demostrar' la existencia o no existencia de Dios, desde la perspectiva de la realidad del Universo.

9. La hipótesis inflacionaria de Alan Guth

Quizá la hipótesis de la 'gran inflación' inicial, introducida por Guth, haya sido la mayor corrección –o complemento– al modelo de la gran explosión. En síntesis extrema supone que el Universo habría crecido en sus primeras fracciones de segundo (entre 10^{-36} y 10^{-33} segundos) de manera impresionante pasando de una fracción ínfima (10^{-50}) del radio de un protón a unos 10^8 años-luz, y dado que no se pueden en la actualidad 'ver' todas las regiones del Universo que al principio debieron estar comunicadas compartiendo una misma temperatura en los primeros instantes, esta hipótesis permite explicar la uniformidad que se aprecia en la radiación cósmica de fondo.

Complementariamente, esta hipótesis de la inflación inicial, expansión impresionantemente acelerada, hace que la curvatura del espacio tienda siempre hacia una geometría plana, y por tanto hacia una densidad Ω próxima a 1, difícil de explicar en el modelo clásico.

Esta inflación, considerada en el seno del modelo clásico, tiene lugar como suceso en un Universo ya existente. Pero tras las ideas de André Linde de procesos sucesivos de inflaciones, negados por Arvind Borde y Alexander Vilenkin porque no podría ser geodésicamente completo en el pasado, en que debería existir una singularidad, la tesis la apoyaría A. Guth. En resumen, en el modelo inflacionario el Universo no reposaría sobre sí mismo, sino que tendría un 'instante inicial'.

En consecuencia, desde el punto de vista que aquí interesa, permanece el problema del origen del Universo y, en su caso, el problema de la Creación.

10. La autoorganización del Cosmos

En la actualidad, con relación al problema de la respectividad Dios-Universo, interesa señalar que se destaca la idea –quizá mejor, el término– de *autoorganización* en los diferentes ámbitos científicos.

En la cosmología actual, la 'nueva cosmología' se construye sobre la base de que las ciencias experimentales han alcanzado por primera vez en la historia una interpretación física 'rigurosa y completa', ofreciendo un cuadro global sincrónico y diacrónico, desde las partículas elementales hasta el Universo, pasando por el nivel más rico de la biología y por el de la Tierra.

Es 'nueva' porque permite comprender que la clave no son los *mecanismos*, sino la *capacidad intrínseca* de poder ofrecer nuevos niveles de organización –dinamicidad intrínseca, en tanto que potencialidad de generar novedad más compleja–, y, además, una elevada comprensión de la complejidad como irreductible.

Autoorganización aquí significa que la Realidad se organiza ella sola en su evolución. Y, en relación con el *principio galileano de matematicidad*, significa que no es necesaria la actuación concreta de Dios, ya que el Universo se organiza en su dinamismo por sí solo, en los diferentes estratos de complejidad, y fases de la evolución.

D) REFLEXIONES TEOLÓGICAS: Y... DIOS: ¿QUÉ?, ¿DÓNDE?, ¿CUÁNDO?[290]

11. A modo de presentación

Tratemos ahora directamente de la perspectiva propiamente religiosa exponiendo unas reflexiones teológicas coherentes con el conocimiento científico. No obstante, el momento presente de la visión cosmológica de la 'Física actual predominante' con (y en) su complejidad, en su problemática, y con sus saberes e ignorancias, no es de especial tensión o confrontación con las religiones, una vez acordado con práctica generalidad –superado el 'modelo del estado

---

290. Esta parte D contiene una mera actualización del capítulo "Y... Dios: ¿Qué?, ¿dónde?, ¿cuándo? (perspectiva religiosa)" del libro de González de Posada (ed.) (1992): *Cosmología: Física, Filosofía, Religión*, Madrid: Amigos de la Cultura Científica. Cuando se escribió esto por primera vez (en el libro citado) se decía: "Y a modo de 'aviso para mareantes' que sean especialmente sensibles al tratamiento intelectual de temas religiosos, es decir, para aquellos militantes religiosos o agnósticos cuya sensibilidad en estos temas tenga una especial exquisitez, que exponemos unas reflexiones teológicas coherentes con el conocimiento científico. Nuestra travesía puede resultar, ¡qué duda cabe!, tempestuosa para unos y/u otros, creyentes y agnósticos [...] Puede, por tanto, iniciarse y seguirse esta navegación, que será más o menos procelosa, con la garantía de que al final los espíritus no saldrán necesariamente, quiero decir, por mor de estas reflexiones, perturbados, o no debiera ser así al menos.

estacionario' que ya nadie sigue– que el 'modelo estándar del *Big bang*' representa básicamente la historia del Universo. **La humanidad disfruta hoy de un momento histórico que** *cosmológicamente* **es tan fructífero científicamente como pacífico sociorreligiosamente**. Puede, por tanto, iniciarse y seguirse esta navegación, que será más o menos procelosa, con la garantía de que al final los espíritus no saldrán necesariamente, quiero decir, por mor de estas reflexiones, perturbados, o no debiera ser así al menos.

Frente a la apología, tan al uso y tan mal utilizada, incluso con tanto abuso también en estos días, por unos contra otros y por los otros contra los unos, se hace un notable esfuerzo por seguir la senda de la racionalidad sin adjetivación. Una tesis se presenta en un foro de intelectualidad, de respeto, convivencial, no de proselitismo de ninguna doctrina; se expone en y para un foro de reflexión. Esta es nuestra actitud y constituye nuestra perspectiva.

Nuestro tratamiento, con notables elementos originales, va a consistir en un puro filosofar (si se quiere en pura filosofía o filosofía pura), con todo el carácter incluso peyorativo que quisiera dársele a esta expresión, que evidentemente para nosotros no tiene; pero, eso sí, desde la fundamentación física, y en esta desde el filosofismo físico. Por ello se requiere prestar una especial atención a los conceptos y a los ámbitos propios de los mismos para que esta navegación, aunque pudiera ser difícil, no resulte traumática. Lo más importante, a nuestro juicio, es la ubicación disciplinar de los diferentes ámbitos en general y de cada concepto particular en su disciplina intelectual.

Soy consciente de que se tratarán demasiadas ideas, demasiado densas y demasiado sintéticamente expresadas. Requerirían mucho más tiempo y precisarían, por otra parte, de numerosos matices. No obstante, el hilo de la reflexión y la importancia de su significado para consideraciones personales nos invitan al desarrollo integral del tema propuesto, muchas veces a modo de preguntas abiertas. Poco tiempo y poco espacio el de una tesis con tantas paradas históricas y tantas referencias científicas, filosóficas y teológicas. Se trata, en consecuencia, más de alumbrar que de resolver, de sugerir que de responder, de abrir caminos para la reflexión que de ofrecer recetas ya concluidas, más de exhibir problemas y cuestiones que dar soluciones 'definitivas', más de facilitar y estimular la reflexión personal que de ofrecer un recetario. El tema un tanto más concreto Dios-Cosmología inserto en el más amplio Ciencia-Religión ha constituido cuestión siempre abierta y de tal naturaleza que puede afirmarse, desde las concepciones clásicas, que siempre estará abierto; por ello, además, sería una vana pretensión todo intento de *respuestas* más o menos cerradas o dogmáticas, concebidas como *soluciones*. Se pretende plantear problemas a la luz del presente e incitar e invitar a nuevas reflexiones. En síntesis, tratamos de un 'viejo problema' con nuevos datos científicos, con nuevas luces físicas en un tiempo de actitudes religiosas menos beligerantes, quizá consecuencia del proceso de creciente secularización, en nuestro entorno cultural occidental.

12. El Dios de las teologías de las grandes religiones

Conviene, antes de enfrentarnos con la idea Dios desde el pensamiento físico y desde el conocimiento físico actual del Cosmos, recordar brevemente la concepción que acerca de Dios tienen las consideradas como grandes religiones (cristiana, judía, musulmana). Nos referiremos, por nuestro ambiente occidental europeo cristiano y nuestra cultura católica más específica, a la teología católica.

Se trata de hacer alguna contribución a la teología. La *racionalidad teológica* es bellísima, modélica en algunos aspectos y enormemente rica, impresionante, pero esta racionalidad teológica, ¡que sí que es racionalidad!, es de diferente tipología que la *racionalidad científica*, por eso, en estas expresiones, puede darse el salto desde la adjetividad a la sustantividad, Teología y Ciencia, aunque sin olvidar aquellas adjetividades, *teológica y científica*. Aunque Teología y Ciencia sean cosas diferentes, el creador de ambas, el difusor de ambas y el receptor de ambas es un único sujeto: el hombre, todo hombre, todos los hombres,... de todos los tiempos.

Establezcamos, en primer lugar, unos niveles organizados racionalmente, concatenados y correlativos, correspondientes al ámbito de la religión católica. Estos niveles racionales de contenido religioso de diverso rango que nos interesa exhibir y que ordenamos desde la perspectiva de la *racionalidad teológica*, pero abarcando hasta el de la actualidad sociorreligiosa operante, pueden ser, en síntesis, los del cuadro n° 1.

LA COSMOLOGÍA ACTUAL EN TANTO QUE UN MODO DE CONFLUENCIA

1	Tratado fundamental de Dios
2	Tratado fundamental de Dios: Uno y Trino
3	Tratado del Hijo: a) Jesús: encarnación, vida, muerte, resurrección y ascensión b) Redención
4	Tratados de: a) María (Inmaculada, Madre de Dios, Madre de los hombres,...) b) Iglesia c) Sacramentos
5	Devociones, Liturgia, culto.

Cuadro n° 1. Niveles racionales en la teología católica

El primer nivel destacado y separado puede considerarse común a las tres grandes religiones, puede considerarse básicamente como unitario en ellas y uniforme para ellas. Este será el nivel de relación directa Ciencia-Teología con la Cosmología. Los niveles 2 y 3 son específicamente cristianos y el cuatro peculiarmente católico. Son propiamente niveles de racionalidad de progresiva construcción; por ello puede utilizarse también el término 'Tratado'. Son niveles ordenados hacia el 5.

Este nivel 5, de las devociones, es útil, casi estrictamente necesario por razones de historicidad, actualidad y de generalidad para una más fácil comprensión de nuestro discurso. Aunque sea anécdota irrelevante puede tomarse como ejemplo el hecho de que el día en que se escriben estas líneas, precisamente 13 de mayo, probablemente en torno a las quinientas mil personas hayan peregrinado hacia el santuario de Fátima, en la creencia, en la sabiduría popular, de que allí se han producido milagros y pueden producirse otros nuevos. Puede afirmarse que incluso en este inferior nivel del 'Tratado' de racionalidad teológica la gente cree, o creemos, o se cree, que se producen milagros; es decir, que se suspenden o modifican las 'leyes naturales' impresas en el mundo y en la vida por decisión coyuntural divina directa o por mediación de la oración y de María. Más cercanamente, en estos días se nos anuncia en mi residencia habitual, Pozuelo de Alarcón, una romería del Rocío como prólogo del gran acontecimiento socio-religioso que tendrá lugar próximamente en la aldea de El Rocío, en las marismas de Almonte. Estas referencias solo pretenden que sean consideradas como datos sociales objetivos, como manifestación de creencias cristianas católicas (elemento importante de nuestra civilización cultural occidental) en tanto que respuesta vital de unos pueblos ante el hecho religioso. En resumen, este es el dato que interesa: se cree en los milagros.

Desde otras perspectivas más o menos próximas, por ejemplo, la de la teología eclesial dogmática, la ordenación, ciertamente, puede ser otra.

No obstante, desde nuestro punto de vista actual centrado en el *problema de la relacionalidad Dios-Universo*, mirado este desde la Física, la Cosmología física, solo interesa el primer nivel: Tratado fundamental de Dios, que, salvo ligeros matices, es común a las tres grandes religiones; todo lo demás aquí es superfluo, absolutamente superfluo (salvo los datos sociorreligiosos referidos). Los temas de esta tesis tienen una **clara manifestación ecuménica**. Ni siquiera, propiamente, tendría nada que ver la caracterización que nos interesa con los 'atributos edificantes' de Padre, Justo, Bueno, Misericordioso y Perfecto; o de otros tales como Uno y Trino, nivel 2, y mucho menos con los del nivel 3, también de casi referencia común cristiana (Encarnación, Transubstanciación, etc.) y nada directamente con el 4 de referencia prioritaria católica.

13. En torno al *qué* de Dios en su relación con la Física

13.1. El plano de la Física

Debemos, en primer lugar, recordar el modo intelectual de actuar de la Física. En el cuadro síntesis adjunto, que constituye una construcción basada en mi maestro en filosofía de la ciencia Mario Bunge[291], se resumen las ideas capitales que necesitamos para este objetivo.

---

291. Bunge, M. (1967): *Scientific Research* (Springer-Verlag) [Existe traducción española de Manuel Sacristán, Ariel, 1969, Barcelona]. En nuestro pre-texto *Guías de estudio del Curso de Teoría Dimensional* (1993), que sirvió de base para el libro *Teoría Dimensional* (1994b), se completa, se precisa, se amplía, se diversifica y se aplica a diferentes teorías físicas este modo intelectual clásico de actuar de la Física.

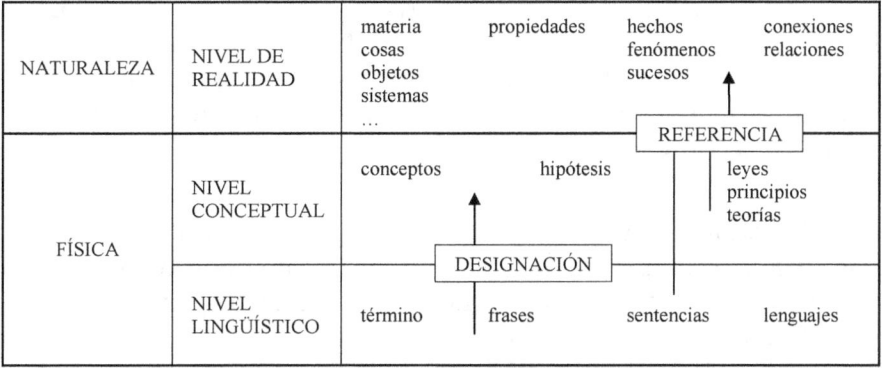

Cuadro nº 2. *El modo intelectual de actuar de la Física*

Puede explicarse, en resumen, con las siguientes consideraciones.

Primera. Naturaleza y Física son entidades netamente diferentes, sustantivamente diferentes. La Naturaleza "es lo que es, lo que existe", la Física es construcción intelectual humana. Entre ellas hay una relación de referencia tal que la Física (tanto desde el nivel lingüístico como desde el conceptual) se refiere a la Naturaleza.

Segunda. La Naturaleza constituye el nivel lógico de Realidad, donde, en síntesis: i) existen cosas que ii) tienen propiedades, iii) se producen hechos (dinamismo), tales que iv) suponen unas relaciones entre las propiedades.

Tercera. La Física integra dos niveles lógicos: el de los "conceptos" y el de los 'términos' que designan dichos conceptos. Los elementos del nivel lingüístico designan los "conceptos". Tanto los 'términos' como los "conceptos" se refieren a los elementos (supuestamente) reales, a sus correlatos reales.

13.2. El concepto "Dios"

Conocido el modo de actuar de la Física, a continuación debemos tratar de la aplicación a Dios de la estructura intelectual de la Física. Es decir, se pretendería caracterizar el concepto "Dios" al modo que lo haría la Física. Este concepto fundamental en torno al cual hemos de hablar es un concepto humano; no puede ser de otra manera en tanto que concepto, y como tal es una creación humana; no lo ha creado, no lo ha construido, no lo ha ido matizando el propio Dios.

Existen, lógicamente, diferentes y divergentes "conceptos" de Dios. Numerosísimos. Suele decirse, no absolutamente con carencia de razón, que cada hombre tiene 'su' Dios. Estudiémoslo desde la perspectiva anunciada: caracterización del concepto "Dios" al modo de la Física. En síntesis:

1. *Objeto* de estudio: Dios.

2. *Propiedades* que caracterizan el objeto, que aunque consideradas 'atributos religiosos' presentan relación con cuestiones también propias de la Física, tales como la realidad física, los fenómenos físicos, los conceptos físicos, el lenguaje físico:

a) Creador[292].

b) Todopoderoso (Omnipotente)[293].

c) Omnisciente.

d) Inmutable.

e) Trascendente[294].

f) Infinito.

g) Omnipresente.

h) Invisible.

Todas estas notas son radicales, no ordenables, absolutas, pero dado que son conceptualizables, se han ido conceptualizando de diferentes maneras, pero con contenidos prácticamente comunes. Son conceptos, por 'extremos', tal que en tanto que conceptos –otra cuestión es respecto a la realidad– son de fácil primaria construcción y aceptación general.

3. *Acaecimientos.* No son posibles sucesos en Dios ni con respecto a Dios ya que es inmutable, en Él no hay ninguna posibilidad de cambio, no puede variar nada, ninguna de estas propiedades (atributos) son o constituyen variables, ninguna puede, en consecuencia, representarse magnitudinalmente, ninguna puede medirse. En el propio Dios, por tanto, no podría acaecer nada, los hechos serían

---

292. Se han considerado numerosas posibles interpretaciones a lo largo de la historia entre física y religión: instante inicial, genesíaco, permanente, continuo, creación continua compensatoria de masa (Hoyle), trasvase de materia de uno a otro Universo (Hawking), los 'sensorios de Dios' reorganizadores del sistema planetario solar (Newton), etc.

293. Como se ha reiterado, por tratarse de una cuestión central de la tesis: ¿actuó?, ¿actúa?, ¿puede actuar?

294. (No inmanente). Esto implica la 'ajeneidad' a este Cosmos; la Física es de este mundo, que es cosa de hombres.

imposibles dada su inmutabilidad. Pero si lo son o no en el Cosmos, en la relación Dios-Cosmos o de Dios sobre el Cosmos, es problema de otra naturaleza.

4. *Relaciones.* Entre las propiedades de Dios y entre estas y las del Cosmos ¿existen relaciones? Aunque existieran, al menos en principio, no podría decirse nada. Una pregunta radical sí puede formularse: ¿serían (o son) físicas, es decir, reguladas o, en otro caso, mistéricas, o milagrosas?

Para que nuestro espíritu penetre con más facilidad en el meollo de las cuestiones que estamos solo alumbrando, considero de interés referirme al índice de un curso de diez lecciones sobre Cosmología del siglo XX que tuve la dicha de desarrollar en Vélez Málaga, en la denominada Universidad Internacional de la Axarquía (1988), curso de pensamiento científico-filosófico organizado en tres capítulos con títulos sugerentes y atractivos que nos aproximan al tema que nos reúne, en cuyos enunciados expresamos, creemos que correcta y coloquialmente, los puntos de vista de tres ilustres pensadores científicos de nuestro siglo según ya se ha citado en un capítulo anterior.

Capítulo I. "Dios no juega a los dados" (Einstein)[295].

Capítulo II. "Dios no solo juega a los dados ¡que sí que juega!, sino que los tiene trucados" (Prigogine)[296].

Capítulo III. "Dios no solo juega a los dados (¡que sí que juega!), sino que (¡el muy granuja!) los lanza donde no podemos verlos" (Hawking)[297].

13.3. *Primer nivel de reflexión: la no existencia de Dios en los diferentes planos de la física*

A la luz de las consideraciones anteriores pueden enunciarse unas primeras conclusiones formales y formalizadas.

1ª. El término lingüístico 'Dios' no pertenece al conjunto de términos de la Física (al glosario físico), $T(F)$; es decir,

$$\text{'Dios'} \notin T(F).$$

---

295. Creencia absoluta en la causalidad y en el determinismo.
296. Relación con los temas de probabilidad y propensión.
297. Problema de los agujeros negros.

2ª. El concepto "Dios" no pertenece al conjunto de los conceptos de la Física, $C(F)$; es decir,

$$\text{"Dios"} \notin C(F).$$

3ª. DIOS no es elemento del Referente de la Física, $R(F)$, no es (no tiene) naturaleza física, no es (no tiene) realidad física, no es correlato de ningún 'término' ni de ningún "concepto" físico; es decir,

$$\text{DIOS} \notin R(F) = \text{Naturaleza}.$$

Estas conclusiones pueden llenar de satisfacción a agnósticos y ateos. ¡Bien!, pero lo cierto es que también deberían llenar de satisfacción a los creyentes y, sin embargo, a muchos, cuando menos, les puede sonar extraño o contraproducente.

Al modo usual ordinario también pueden explicarse estas conclusiones de otra forma.

Primera. Desde esta perspectiva de la Física, Dios es extra-realidad o extra-naturalidad, sobre-realidad o sobre-naturalidad, o bien infra-realidad o infra-naturalidad, o bien a-realidad o a-naturalidad. Es decir, a modo de **conclusión general (I)** puede afirmarse que Dios (o no Dios) no existe en la Física, **Dios (o no Dios) no tiene cabida en la Física**. Con otro enfoque, **para la Física Dios no existe, es absolutamente innecesario**. La Ciencia se ha utilizado contra las Religiones y se utiliza; y viceversa, las Religiones se han utilizado y se utilizan contra la Ciencia y contra los científicos; ambas actitudes son, cuando menos, intelectualmente absurdas.

Segunda. Dios, por una parte, y la Física, por otra –en sus tres niveles–, se integran en planos intelectualmente distinguibles con nitidez. Constituyen ámbitos (vistos desde la inteligencia, desde la racionalidad humana) radicalmente distintos:

Teología	Ciencia
Creencia	Razón
Fe	Saber

que ponemos en paralelo, no en oposición ni confrontación.

En el siguiente cuadro puede sintetizarse la cuestión.

		Ámbitos	
		Física	Extra-Física (Al modo de la Física) Religión
N I V E L E S	Lingüístico: 'término'	—	'Dios'
	Conceptual: "concepto"	—	"Dios"
	Realidad: OBJETO/referente	—	DIOS

Cuadro nº 3

El campo correspondiente a la Física queda vacío en sus tres niveles.

13.4. Segundo nivel de reflexión: la coexistencia de Dios y de la Física en el hombre

Pero la reflexión no acaba en el parágrafo anterior. El hombre –ser humano: inteligente– es UNO aunque sus *saberes* (*y pensares, y sentires, y creeres*) sean plurales e incluso divergentes. El físico o no, el poeta o no, el religioso o no,... es UNO y solo uno. Esto invita a enunciar una nueva **conclusión general (II), la Física y Dios (o no Dios) coexisten en el Hombre** (en particular, y especialmente, en el físico).

Surge, en consecuencia, el problema de la compatibilidad de esas coexistencias en el Hombre (y, en especial, en algunos hombres). Por tanto se presenta la co-habitabilidad en el Hombre de ambas instancias: la Física y Dios (pero instancias de diferente ámbito). El hombre puede estudiar, puede interesarse, entre otros aspectos, por:

a) La esencia de esa coexistencia.

b) El contenido de esa coexistencia.

c) Las características de esa coexistencia.

d) Los límites de esa coexistencia.

e) Las condiciones de esa coexistencia.

Pero no se trata aquí de desarrollar y profundizar en estas cuestiones, es suficiente explicitar parte de su problemática.

En síntesis, afirmamos la posibilidad de compatibilizar planos intelectualmente distinguibles y nítidamente distinguidos, absolutamente. Para la Física, Dios no existe. Hasta aquí no se está escribiendo nada que tenga que ver en absoluto con un problema religiosos y/o moral, nada relacionado con la ética, tampoco con la tarea investigadora del físico (sino de la Física... y de Dios). La cuestión es exclusivamente un problema intelectual. Que ciertamente entra, o puede entrar, en colisión, mejor en relación, con el binomio CIENCIA-CREENCIA.

Hasta hoy puede decirse que (de hecho, en el nivel intelectual) de ordinario ha ganado la Física (en el hombre, en su lucha interna) y también, en principio, puede afirmarse que (presumiblemente) siempre que se pretenda 'plantear discordia' ganará la Ciencia. Pero esto en nada tendría que afectar a la conciencia moral acerca de la divinidad; solo implicaría –como ha venido sucediendo– la necesidad de pulir, de matizar, de caracterizar mejor el concepto "Dios" que se tiene, se crea, se predica, se cree, se impone.

14. En torno al *dónde* y al *cuándo* de Dios en relación con el Cosmos

14.1. El sentido de la reflexión

La pregunta **¿tiene sentido reflexionar desde la Física**, es decir, según el modo de proceder de la Física, acerca de algo que no le es propio? nos devuelve al estado inicial y casi nos deja en situación parecida; pero ahora tenemos más elementos para la respuesta.

Resuelto el QUÉ de manera tan radical, la no pertenencia, $\notin$, ¿tiene sentido preguntarse acerca del DÓNDE y del CUÁNDO de Dios? La respuesta es nítida, rotunda, sí, por dos razones principales.

Primera. Por lo dicho relativo a que el HOMBRE es UNO, arrastrando el problema de la compatibilidad en él, de coexistencia de ambas instancias: el 'hombre uno' es quien pregunta y se pregunta.

Segunda. Por las **"actuaciones"**, en su caso, de ese ALGO ≡ DIOS, extra-Física, **en/sobre el Cosmos**, que son –o pueden ser, o podrían ser– detectables por la Física (que es cosa de los hombres).

En todo caso, la historia del pensamiento humano científico y religioso invita a tener presente dos tipos de consideraciones: por una parte, se constata que pueden presentarse problemas de índoles moral e intelectual en el hombre y problemas científicos para la Física; por otra, surge, en consecuencia, la necesariedad científica de aceptar como posibilidad, o bien enunciar y considerar como HIPÓTESIS, la existencia de ese Dios, con sus atributos, en la mirada científica o en la mera reflexión intelectual sobre el Cosmos, aunque solo fuera, en su caso, para rechazarla.

14.2. *Breve análisis de las implicaciones posibles de los atributos de Dios en la Cosmología*

Un breve análisis pormenorizado de las 'propiedades' de "Dios" implicaría por sí mismo un tratado y exigiría, quizá, un curso para su desarrollo. Limitémonos en la línea indicada al principio de incitar a la reflexión personal a exhibir un abanico de preguntas en torno a uno de los atributos religiosos, por ejemplo, el de Todopoderoso u Omnipotente, en su relación con el Cosmos, objeto de la tesis. La aproximación a la cuestión central puede hacerse mediante la consideración de tres planos que creemos conveniente distinguir.

Primero. El que puede considerarse más abstracto y que denominamos conceptual o plano filosófico. Una pregunta (aunque pueden formularse muchas) es suficiente para situar el problema: ¿la omnipotencia es potencial o actual?

Segundo. En un plano con mayor perspectiva fáctica, la cuestión puede precisarse de otra manera. Cuando se afirma que Dios es omnipotente ¿se quiere decir que "lo es"... pero, entre otros, en cuál de los siguientes sentidos:

a) en el sentido de... ¿"lo fue"?

b) en el sentido de... ¿"que lo puede ser"?

c) en el sentido de... ¿"que lo está siendo"?

Tercero. En un plano más directo aún, aceptada la actuación de Dios en/sobre el Cosmos, caben básicamente dos interpretaciones radicales.

1) ¿Está o estuvo "impresa inicialmente" y solo así? Esta visión está en concordancia con la noción de Cosmos = Orden pero podría suponer (para los hombres) la concepción de un Dios 'observador', que, por ejemplo, bien se recrea en su obra o bien permanece aburrido.

2) ¿La actuación de Dios en/sobre el Cosmos se "manifiesta continuamente" con 'algo de'/cierta/radical novedad? Esta visión implica al menos cierto Caos y tiene connotaciones de misterio, de catástrofe; se corresponde con la concepción de un Dios activo, vivo, presente y operativo en el Universo.

La Física, de manera directa, no sabe 'definitivamente' nada, al menos de momento, acerca de estas cuestiones y en torno a ello puede –o mejor dicho, podría, ya que aún no tiene conocimientos ciertos suficientes– detectar, o no, Orden o Caos, permanencias o saltos, constancias o catástrofes. La Física, a la luz de su historia y en consonancia con el *principio galileano de matematicidad de la Naturaleza* piensa en un absoluto orden, pero, en todo caso, podría hablar en torno a "actuaciones" (hipotéticas), no en torno al "actor" que seguiría perteneciendo a la extra-Física, y sí podría hablar, quizá y en su caso, acerca de la existencia de 'actuaciones' divergentes (u ordenantes) del orden (supuestamente) impreso inicialmente. Recuérdense, de nuevo y por ejemplo, los 'sensorios de Dios' considerados por Newton para re-colocar en sus órbitas a los planetas propensos a desviaciones según sus previsiones. ¡Cuántas preguntas, respuestas y consideraciones, a la luz del presente, se han hecho y pueden hacerse sobre este tema!

14.3. En torno al dónde de Dios en su relación (espacial) con la Cosmología

En el Universo, para y desde la Física, hay aún muchos 'misterios' –ningún 'milagro'– en la actualidad; entre los usualmente explícitos podemos citar: asuntos de agujeros negros, materia oscura, energía oscura, vida extraterrestre, otros universos posibles, radiación fósil de neutrinos, ondas gravitacionales del *big bang*, etc., etc.

La Física actual afirma que el Universo está en expansión –y, desde 1998, que de forma acelerada– pero no sabe contestar a preguntas de este tipo: ¿contra qué?, ¿contra la Nada?, ¿contra el Vacío?, ¿contra otro Universo?, ¿contra un cielo?, etc. Cabe también, pero la impresión humana es solo esto, impresión, afirmar que se 'crea' espacio –mejor, espacialidad o espaciosidad– simultáneamente con la expansión material. Esta es la opción expresa y que podría completarse en la tratada –y extensamente referida– *Estructura dinámica de la Realidad* de Zubiri, que está muy alejada de la noción de la Modernidad de espacio absoluto e infinito concebido tanto en la perspectiva de realidad física newtoniana como en la de forma *a priori* del conocimiento kantiano.

Si se aceptaran las hipótesis de la existencia real, física, de DIOS y de su actuación en/sobre el Cosmos cabrían, al menos, cuatro preguntas fundamentales: 1ª) ¿dónde está?; 2ª) ¿dónde actúa?; 3ª) ¿desde dónde actúa?; y 4ª) ¿cómo son las 'actuaciones'?

Primera, **¿dónde está?** Desde la Física actual –con diferentes visiones religiosas– podría contestarse de muy diferentes formas, por ejemplo:

1. En un 'lugar' del Universo (en este caso sería 'objeto' y no concordante con la atribución religiosa).

2. En un 'extra-lugar' del Universo.

3. En un 'todo lugar' (y simultáneamente)... [concepto de "campo", ¿materia?, ¿energía?].

4. En 'ningún lugar' físico.

Las tres últimas visiones son, en principio, aceptables por la imprecisión actual –si quiere hablarse así– de la Teología en su respectividad con la nueva Cosmología. Posiblemente podría también afirmarse que en todas estas formas pero en ninguna en particular. Habría que recurrir a otro lenguaje y a otras expresiones; y así no se entraría en colisión ni siquiera de términos y no solo de contenidos y conceptos.

Segunda, **¿dónde actúa?** La respuesta *principial* religiosa es muy sencilla: donde quiere; la respuesta física podría ser –o sería– también sencilla (en su caso y en función de conocimientos crecientes... siempre que se consideraran actuaciones concretas, directas, coyunturales, actuales de Dios), en todo aquello que fuera 'milagroso'.

Tercera, **¿desde dónde actúa?** La respuesta lógica primaria sería elemental: desde donde esté, pero una respuesta más precisa sería enormemente compleja.

Cuarta, **¿cómo son las actuaciones concretas?** El campo se abre de modo que conceptualmente sería absolutamente inabarcable. ¿Cómo tiene lugar el fenómeno físico –real–, la manifestación de la actuación? En el ámbito de la pura física: **¿cómo actúa en el *dónde* desde el *desde-dónde*?**

¡Bien!, pero no se olvide que hemos partido de una hipótesis física: la existencia 'física' de Dios con sus atributos religiosos operante en el Cosmos.

14.4. En torno al cuándo de Dios en su relación (temporal) con la Cosmología

A modo de aviso conviene recordar la dificultad para la Física y para los físicos desde principios del siglo XX –teorías de la Relatividad de Einstein– de 'separar' radicalmente la referencia espacial –DÓNDE– y la referencia temporal –CUÁNDO–. El lenguaje físico, traducido y traspasado hoy a la Religión –también a la Filosofía–, sería difícilmente inteligible: debería hablarse con más propiedad del DÓNDE-CUÁNDO.

No obstante, la separación formal de las preguntas ¿dónde? y ¿cuándo? es posible también en la Física actual, pero habría que tener en cuenta, necesariamente, correlación entre las respuestas.

Una primera respuesta clara y rotunda ofrecen las grandes religiones. Dios actuó en el «instante creacional» generando el Universo de la NADA e imprimiéndole unas leyes. Esta perspectiva estaría en concordancia con el *Big bang*.

Otra respuesta clara y nítida ofrecen también estas grandes religiones, aunque no se exprese de manera tan rotunda: Dios actúa permanentemente (aunque la referencia se concreta de ordinario en la "vida de los hombres" que siguen siendo –seguimos siendo– vistos por ellos mismos –nosotros mismos– el centro de atención y de dedicación de Dios). Aquí podría inscribirse, al menos parcialmente, la hipótesis de 'Universo estacionario' de densidad constante con creación continua de materia *ex novo* (hoy de poca, casi nula, aceptación).

En la línea de libres actuaciones milagrosas (catastróficas), más o menos reiteradas, estas no serían consecuencia solo de lo inicialmente 'impreso'.

15. Reflexiones complementarias

La Física actual deja abierta la puerta, casi mejor que nunca, a una acción germinal, inicial, creadora. El *Big bang* de la Cosmología actual predominante es una imagen real de la creación sobrenatural de la Naturaleza. Incluso... de la Nada. Concepción sencilla aunque concepto complejo.

La grandiosidad del Universo que hoy contempla, estudia, analiza la Física es muy superior a todas las imágenes concebidas por el hombre a la largo de su propia historia, tan reciente y tan breve en el contexto de la historia del Universo que hoy se conoce –es decir, se cree conocer–. No obstante, aún queda un ancho ámbito mistérico. Incluso –y para ello solo habría que querer verlo así– tanto la *aplicabilidad* de la teoría de las catástrofes como la de las probabilidades de lo desconocido podrían interpretarse, quizá como nunca por la mayor riqueza y complejidad, como presencia-acción divina.

Palabras de tranquilidad final para los espíritus. La visión del Cosmos que tiene la Física actual no entra en absoluto en colisión ni siquiera tangencialmente con la noción (o concepto) de Dios creador –creencia religiosa, radical, primaria–; en todo caso explicaría cómo se produjo dicha Creación (y, en su caso, sin tantas inexactitudes e incoherencias como la literalidad del Génesis).

El uso de los descubrimientos (gloria humana por la que podemos y debemos felicitarnos) se convierte, en algún caso, en 'abuso' por algunos aparente o expresamente no creyentes. Esto es impresentable e indigno hablando intelectualmente. La Física, al menos hasta hoy, no tiene ninguna razón, ningún apoyo para "ir contra" la creencia religiosa radical: la existencia de un Dios creador del Universo.

Desde la otra perspectiva, estos grandes descubrimientos no tienen tampoco por qué impulsar religiosamente a conversiones. Utilícense para afianzar creencias pero no para hacer proselitismo, porque **nada niegan ni afirman, son de otra naturaleza**. No se cometan más aberraciones por los cristianos: **la fe es un don (presupuestamente gratuito) de Dios**, sean pues coherentes: crean más y mejor, tienen derecho y razones, no solo sinrazones. Los no creyentes también tienen derecho y razones; pero esta cuestión no corresponde a la Física.

La Física actual –Cosmología y Astrofísica por una parte, Física Fundamental (análisis de la materia 'microscópica') por otra– no solo no aleja racionalmente de Dios, al que religiosamente puede parecer a algunos que hemos tratado con poco respeto y demasiado familiarmente y/o fríamente, sino que, por el contrario, posiblemente nunca como ahora hayan sido más coherentes intelectualmente ambas concepciones del Universo: la de las grandes religiones basadas en la *creencia* de un Dios creador del Cosmos y la de la Cosmología actual predominante fundamentada en la hipótesis del *Big Bang*.

¿Por qué –con Leibniz– existe este "ALGO" tan maravilloso y tan sorprendente en lugar de existir "la NADA"? Parece que los creyentes –todos, los de todas las religiones– deben ser –y comportarse y manifestarse seriamente– con coherencia. Si la visión actual afianza la fe, lo que afianza es, precisamente, la fe, es decir, la creencia y no la sabiduría racional.

El *Big Bang* es perfectamente compatible con la actuación de un Dios creador, y puede considerarse, además, como una imagen bellísima y portentosa del "instante" (que así considera la Física, al menos de momento, que fue, un "instante") creacional, de un 'soplo divino'... "y vio que era bueno" y "descansó".

Pero esta compatibilidad de la visión religiosa radical con la firmeza hipotética del conocimiento físico no implica certeza. La Física tampoco obliga a la creencia religiosa, es otra cosa.

* * *

Aquí podría acabarse la tesis formalmente, con la reflexión científico-religiosa sobre la *cosmología física actual* vigente, 'establecida'. Pero, tanto desde la Física como desde la Teología, están en candelero otros *problemas actuales*, tales que, según se anunció en el preámbulo de este capítulo, no debemos ni queremos obviar. Los principales pueden ser los siguientes.

1. El principio antrópico.
2. El problema del Destino del Universo.
3. La consideración de Hawking del Universo como autosuficiente, presupuestamente desde la Física, proclamando la innecesariedad de Dios.
4. La consideración de Penrose acerca de la negación de naturaleza 'propia' de 'nuestro Universo' concebido por él como 'residuo' de otro precedente.

3.18
EL PRINCIPIO ANTRÓPICO: EL PRINCIPIO DE LOS PRIMEROS PRINCIPIOS

1. Introducción

En este capítulo[298] se sitúa el ya clásico "principio antrópico", **construido con finalidad religiosa**, en la perspectiva histórica del problema tradicional del "puesto del hombre en el Universo" y en la confluencia actual de temas científicos frontera, algunos de los cuales, en su condición problemática, son también objeto de consideración filosófica y teológica.

El título debía rezar así: "El principio de los primeros Principios: el Principio antrópico", donde se distinguen fácilmente las dos acepciones empleadas del término principio, según se escriban con o sin mayúscula. El uso generalizado de las mayúsculas en el formato del título no facilita inicialmente la comprensión.

Se relacionan, por una parte, los usos científicos del principio relativos a las condiciones iniciales y constitutivas de "nuestro Universo", supuestamente necesarias para la aparición y desarrollo de la Vida –hasta el Hombre–, y por otra, se exhibe, en síntesis, una colección organizada de los principios de la Física actual para analizar la naturaleza de este 'Principio'.

Así, el objeto inicial de este trabajo consistió en determinar la naturaleza científica intrínseca del 'Principio Antrópico' y el papel que desempeña en el marco de los principios de la Física (Astrofísica, Astrobiología y Cosmología). Ahora se orienta hacia las cuestiones religiosas objeto de estudio en esta tesis: 1) la *finalidad del Universo*,

---

298. Se trata de una adecuación y actualización del artículo de González de Posada (2004): "El principio de los primeros Principios: el Principio Antrópico", en *Anales* de la Real Academia Nacional de Medicina, donde se expuso en una comunicación leída el martes 20 de enero de 2004. Se publicó también, con otra extensión, en *Cantabria Médica* de la Real Academia de Medicina de Cantabria.

perspectiva teleológica; 2) las estrictas condiciones que impuso el Creador al Universo, en y desde su origen, para que en este surgieran la Vida y el Hombre; 3) las diferentes características muy precisas de objetos cósmicos; 4) los valores muy ajustados de constantes universales para que los procesos de evolución puedan desarrollarse y hacerlo como lo hacen; etc.

Todas estas 'casualidades' o 'coincidencias' o 'características desconcertantes' o 'valores misteriosos', conocidas como fruto del creciente conocimiento del Universo y de los procesos que tienen lugar en él, pueden interpretarse de distintas maneras. Ni siquiera entre todas ellas, a pesar de ser tantas y tan precisas, 'demuestran' la existencia de un Creador, de Dios, aunque, sin duda, facilitan la creencia en Él y, en todo caso, ayudan *racionalmente* a los creyentes para comprender mejor su obra cósmica, de tal forma que nunca como en la actualidad pudo concebirse la enorme cantidad y complejidad de fenómenos cósmicos, todos en un perfecto funcionamiento de condiciones sumamente estrictas: el Universo, la obra cósmica de Dios, se presenta como algo bastante más que grandioso.

Se cumplen unos cuarenta años del "bautizo" formal de este "principio" (Carter, 1974) que fue recibido con enorme sorpresa por la humanidad científica e intelectual. Desde entonces se ha constituido en tema recurrente de atención especial y permanente actualidad en la trayectoria cognitiva de los seres humanos; es ya una de las constantes históricas de la preocupación intelectual y religiosa. Se ha establecido, desde la sabiduría científica presente, como la manifestación de mayor calado en el pensamiento relativo al "puesto que ocupa el hombre en el Universo"; por ello, desde la ciencia, se asoma a los ámbitos de las creencias religiosas, de las convicciones metafísicas e incluso de los prejuicios científicos que están relacionados con una orientación *finalista*, teleonómica o teleológica, y/o *antropocéntrica* del Universo. Es, por tanto, un tema que, en principio, interesa a todas las personas cultas.

2. El "puesto del hombre en el Universo" a lo largo de la historia humana

Uno de los problemas significativos y constantes que se ha planteado el pensamiento occidental ha sido el del lugar que ocupa el hombre en el Cosmos. En síntesis, se han alumbrado y construido dos núcleos de concepciones que han dado lugar a la existencia de dos tradiciones bien y largamente fundamentadas, que pueden denominarse, respectivamente, *tradición judeo-cristiana*, también creacionista, finalista y teleológica, y *tradición naturalista*. Resumamos sus contenidos básicos y algunas consecuencias.

2.1. La *tradición judeo-cristiana*

Puede esquematizarse en las siguientes ideas elementalmente expuestas.

1. Dios creó el mundo (de la nada).

2. Dios creó al hombre, varón y hembra.

3. Dios les dio el mandato: "Creced, multiplicaos, henchid la Tierra,... y dominadla".

(4. Y también les comunicó: "Pero no aspiréis a ser dioses").

De este modo la coronación de la creación fue la especie humana, y la creación divina tuvo así una *finalidad* –el reino del hombre–, o, al menos, un *fin* –un acto final: el hombre–. Aquí pueden insertarse, en este breve esquema, las concepciones creacionistas, finalistas y antropocéntricas.

Esta tradición tendría dos manifestaciones o *consecuencias* en el pensamiento asumido con generalidad: a) en el ámbito de la **cosmología**: "el Hombre habita en la Tierra, centro del Universo", que gira todo él alrededor de ella; y b) como **trasfondo filosófico**: "Dios es la verdad".

Este conjunto de creencias creacionistas, finalistas y antropocéntricas predominaron en la intelectualidad occidental hasta el siglo XVII, en un ambiente caracterizado por una visión prioritariamente de naturaleza filosófica impregnada de religiosidad.

2.2. La *tradición naturalista*

Por otra parte, a principios del siglo XVII, con el establecimiento parcial del copernicanismo, se inicia una nueva tradición que, vista desde la actualidad, puede considerarse como tradición "acumulada" de pensamiento naturalista. En el terreno de las ciencias de la Naturaleza se fue tendiendo paulatinamente a no tomar en serio la posibilidad de que el hombre fuera un ser especialmente significativo en el Universo. Y surge esta nueva tradición, primordialmente, como antítesis al antropocentrismo.

Tres estadios (etapas y ámbitos científicos) pueden detectarse en este proceso.

Estadio 1. En el ámbito de la astronomía. Destacaron un conjunto de autores y obras entre los que pueden seleccionarse los siguientes.

Copérnico: *Sobre las revoluciones de los orbes celestes.*

Giordano Bruno: *Sobre el Universo infinito y los (innumerables) mundos.*

Galileo: *Diálogo sobre los dos sistemas máximos.*

Newton: *Los principios matemáticos de la Filosofía Natural.*

El antiantropocentrismo se inicia por Copérnico con la tesis de que la Tierra giraba alrededor del Sol, aunque fuera expuesta solo como hipótesis matemática; tesis construida y desarrollada metafísicamente para todo el Universo por Bruno, rubricada geométrica y cinemáticamente por Kepler y observacionalmente por Galileo en lo que respeta al Sistema Solar, y elaborada teóricamente como consecuencia de leyes universales por Newton para todo el Universo supuesto infinito. La Tierra se presenta como uno entre otro de los planetas del Sistema solar; ni ella ni, en consecuencia, el hombre ocupan el centro (supuesto lugar privilegiado) del Universo.

Estadio 2. En el ámbito de la biología. Aparecen nuevas ideas que suponen otro ataque a las creencias creacionistas, finalistas y antropocéntricas, en el siglo XIX, con la difusión de las teorías biológicas transformistas, que postulaban mecanismos naturales para explicar el orden de la vida.

Según **Darwin**, *El origen de las especies,* la especie humana es fruto de un largo proceso evolutivo a partir de formas anteriores de vida. El mecanismo determinante de este proceso no es ninguna fuerza teleológica (que haya producido las delicadísimas adaptaciones que se observan en la Naturaleza), sino la "selección natural", que actuando sobre las variaciones hereditarias que aparecen fortuitamente en los organismos, en el sentido de eliminar las menos favorables, da ocasión a que se desarrollen las más adaptativas. Esta idea se impuso progresivamente, llevando al descrédito toda otra pretendida explicación científica de la Naturaleza que apelase a causas finales, y, complementariamente, el antropocentrismo también recibiría un duro golpe: el hombre no presentaba ninguna singularidad radical, ni siquiera en su propio planeta.

Estadio 3. En el ámbito de la cosmología. **Einstein**, independientemente de sus creencias, por medio de sus teorías de la relatividad, transfiere a la ciencia la idea de la no existencia de nada absoluto, nada privilegiado en el Cosmos.

Esta tradición naturalista tendría dos manifestaciones o *consecuencias* en el pensamiento científico asumido con generalidad: a) en el ámbito de la **cosmología**: "El ser humano no ocupa ningún lugar privilegiado en el Universo"; y b) como **trasfondo filosófico**: "La verdad es la Ciencia".

El predominio de estas creencias antifinalistas y antiantropocéntricas se impone en el ámbito de las ciencias, y puede expresarse, entre otras, mediante dos "sentencias metodológicas" que pueden denominarse (Alonso, 1989): 1ª, el *principio antifinalista* o "postulado de objetividad de la Naturaleza" (Monod, 1985), que podría enunciarse: "Toda interpretación de los fenómenos dada en términos de causas finales es incapaz de conducir a conocimiento verdadero"; y 2ª, el *principio antiantropéntrico* o "principio copernicano" (Bondi, 1948), que podría enunciarse: "nuestra posición de observadores del Universo no es privilegiada ni distinta de otras posiciones", principio que alcanzará gran difusión en astronomía, astrofísica y cosmología al correr de los tiempos. De todas maneras debe advertirse que, a mi juicio, estos principios pertenecen al ámbito de las creencias –sean estas religiosas, filosóficas o científicas–, ya que no se trata solo de que no sean demostrables empíricamente, sino que no se basan en hechos (reales) ciertos o evidentes. Y, por otra parte, decir que se ha hablado de predominio, pero no de exclusividad, de ahí su naturaleza polémica, como corresponde no solo a todo aquello que se relaciona con las creencias (o increencias) religiosas o filosóficas; y entre los científicos existen personas de las distintas tendencias. Finalmente, estos dos postulados o principios serían de naturaleza, en todo caso, *metodológica* y *metacientífica* sobre la física, pero no propiamente científica.

3. El entorno actual del problema

¡Bien! Pues todo lo anterior pertenece propiamente a la historia, unas u otras tradiciones que vivieron con más o menos presencia

EL *PROBLEMA* DE LA RELACIONALIDAD DIOS-UNIVERSO

en las mentes y en las obras de los científicos de otros tiempos y que en algún sentido permanecen en algunas de los actuales. Pero hoy existe, además, un entorno de nuevos problemas (también) científicos y de ramas de la ciencia que están fuertemente ligados o relacionados con las cuestiones precedentes. Este entorno está condicionado, entre otros muchos, por los temas que solo se enuncian, que reúnen un elenco de problemas y ámbitos de capital importancia en la actualidad.

a) El hecho (cósmico) de la aparición de la vida (en el planeta Tierra).

b) El hecho de la aparición, mediante evolución biológica, en la Tierra, del hombre: inteligencia o conciencia y capacidad de observación del Cosmos y reflexión sobre él.

c) La nueva cosmología, caracterizada por la hipótesis harto plausible del *Big bang* y la expansión del Universo.

d) Los progresos de la física de partículas elementales o de altas energías y en el conocimiento de la constitución de la materia.

e) La conexión bastante aceptable entre la concepción de la primera etapa de vida del Universo y el conocimiento actual sobre las partículas elementales y las fuerzas de la Naturaleza.

f) La astrobiología, con la cuestión *débil*: ¿Existe vida extraterrestre?, o la *fuerte*: ¿Existe vida inteligente extraterrestre?

Todos estos nuevos elementos resaltan el interés por el problema tradicional del "puesto del hombre en el Cosmos", y, en consecuencia, por el principio antrópico, del que se inicia propiamente a continuación su descripción.

Y, como tema complementario y relacionado con el principio antrópico, que adquiere una significación especial, está el de los "innumerables Universos", reales o posibles, sucesivos o simultáneos[299].

4. La aparición en escena del "principio antrópico"

El principio antrópico se presenta en el ámbito de la Cosmología, y se desarrolla, todo él, con sus luces y sombras, con sus seguidores y detractores, en el contexto de la cosmología actual.

---

299. Como casos concretos, se trata de multiversos posibles en el Capítulo 3.20 y de universos sucesivos en el Capítulo 3.21.

Me limitaré aquí a dejar constancia de su nacimiento y de su inscripción formal en la literatura científica. Con aquellas tradiciones y en un momento histórico humano con el entorno referido en el punto anterior, sorprende que su nacimiento surja en un ámbito de científicos físicos y sea usado por estos, muchos de ellos primeras figuras y algunos galardonados con el Nobel. Por otra parte, siendo esto así, parecería que habría que considerarlo, necesaria y lógicamente, como algo propio y exclusivamente científico, lejos o independiente de las especulaciones filosóficas y de las creencias religiosas.

Como nacimiento puede considerarse la respuesta que da Whitrow (1955) a la pregunta *¿Por qué tiene tres dimensiones el espacio físico?*, dado que utiliza una "argumentación antrópica" (es decir, en síntesis, conocer las condiciones que ha de cumplir el Universo para que haya surgido la vida –el hombre–; o bien, dado este hecho, determinar las condiciones que impone al Universo, en forma de características o propiedades).

Como segundo momento capital, más importante intrínsecamente, puede considerarse el de la cosmología de Dirac (1938, 1961) construida sobre "los grandes números" en su relación con la edad del Universo, cuestión retomada después por Dicke (1961). La concepción de este último, la tildaron algunos cosmólogos de "intento" de *comprensión* del Universo sobre una base *teleológica*: "Restaurar al hombre en el centro del mundo".

Finalmente sería Brandon Carter (1974) quien formulara propiamente, por primera vez, y dándole nombre, el principio antrópico, y nos ofreciera dos versiones de él: las primeras formulaciones clásicas denominadas "versión débil" y "versión fuerte".

Conviene reiterar que el principio aparece en el terreno científico y se usa en este, y por científicos. Ingredientes fundamentales del principio son: 1) El hecho de la vida como producto de la evolución del Cosmos; 2) El hecho de la aparición del hombre como portador de conciencia y/o inteligencia, producto de la evolución de la vida en el planeta Tierra; y 3) La adquisición por este de un nivel de conocimiento científico-técnico que lo han convertido en "observador" del Cosmos. Esta enumeración sucinta de ingredientes es suficiente para alcanzar fáciles respuestas, a pesar de sus contradictorios sentidos, a las clásicas preguntas relativas al principio antrópico: ¿Por qué tanto interés?, ¿por qué tanta polémica?, ¿por qué la consideración de trivialidad?, ¿por qué la acusación de ser mera especulación filosófica?, ¿por qué se le concede tanta importancia?

Y también a modo de introito puede adelantarse que el problema, en su propia enunciación, en sus límites y en su intencionalidad, es, cuando menos, confuso. Ha dado origen a numerosas polémicas, que ni se acaban ni es fácil que se acaben. Manifiesta cierta equivocidad en su denominación y por las numerosas formulaciones heterogéneas que ofrece. Y también por su apariencia *finalista* y/o *antropocéntrica*, lo fuere o no, que en principio no tendría por qué serlo.

5. Intento de definición de referencia

Dejemos constancia solo de que existen numerosas definiciones, formulaciones, versiones e interpretaciones del denominado "principio antrópico" (principio antrópico en versiones débil y fuerte de Carter, principio antrópico en versiones débil y fuerte de Barrow y Tipler, principio antrópico ultrafuerte, principio antrópico participatorio, principio antrópico final, principio antrópico teleológico, etc.).

Fijemos, aunque sea fugazmente, la atención en las definiciones primeras –ya clásicas– de Carter que, en síntesis, fueron:

A) *Principio antrópico débil*: "Vemos el Universo en la forma que es porque nosotros existimos".

B) *Principio antrópico fuerte*: "Hay muchos universos diferentes (o muchas regiones diferentes de un único universo), cada uno (o una) con su propia configuración inicial y, tal vez, con su propio conjunto de leyes de la ciencia. Solamente en los pocos universos que fueran como el nuestro se desarrollarían seres inteligentes. Si hubiera sido diferente, nosotros no estaríamos aquí".

Esta versión fuerte, a su vez, iría acumulando dos interpretaciones.

a) *Interpretación filosófico-teológica*: "El universo se explica en función del ser humano".

b) *Interpretación científica*: "Las condiciones iniciales, los valores de las constantes universales y de las intensidades de las fuerzas fundamentales y las leyes de la Física son, quizá, los únicos que pudieron hacer posible que a lo largo de la evolución del Universo se hayan producido las formas complejas de materia en la que se basa la vida inteligente conocida".

Con carácter general podría afirmarse que las expresiones de las consideradas como *versión débil* sostienen que las condiciones necesarias para el desarrollo de la vida se darán solamente en ciertas regiones que están limitadas en el tiempo y en el espacio en nuestro Universo. Las expresiones de la *versión fuerte*, considerando que hay muchos universos diferentes o muchas regiones diferentes de un único universo, cada uno o cada una con sus condiciones iniciales y leyes de la física, establecen que la vida podría surgir, en cualquier época, pero solo en un tipo especial de universo o de región. Es decir, el principio antrópico débil se limita a referirse al Universo en que vivimos, el fuerte considera, al menos como posibles, muchos universos.

En la actualidad, las numerosas definiciones, formulaciones y versiones existentes manifiestan una extensa heterogeneidad. Dado que no es posible enunciarlas todas, caracterizarlas, criticarlas intrínsecamente, valorarlas históricamente, etc., me tomaré, por mi parte, la licencia de ofrecer una definición propia que utilizaré básicamente como referencia:

> "El hecho –científicamente cierto, incuestionable– de *nuestra existencia* exige *necesariamente* unos *requisitos determinados* del Universo, porque si no se hubieran dado no existiríamos".

En la definición *"nuestra existencia"* implica, a su vez, la aparición de la vida basada en el carbono, en algún lugar del Universo (planeta Tierra) en algún período (el actual), la evolución de ella hasta la aparición de la conciencia o inteligencia y la adquisición de la condición de observadores del Universo (conocimiento científico-técnico).

Y por lo que respecta a *requisitos determinados*, en el lenguaje actual de la Física, diríamos: a) *condiciones iniciales*; b) valores de las *constantes universales*; c) intensidades de las *fuerzas fundamentales*; y d) *leyes* de la física.

La definición aporta tanta claridad como poca precisión y ofrece suficiente flexibilidad en la formulación, y es tal que, a mi juicio, carecería aquí de sentido la pretensión de justificarla sin contrastarla con las precedentes, más aún dado que a los efectos de nuestro interés es casi irrelevante la formulación que se utilice del principio. Puede considerarse casi tan fuerte como las versiones fuertes, pero elude la existencia –real o posible– de múltiples universos, ofreciendo así una perspectiva de versión débil.

En otro orden de ideas, sería discutible la preferencia de la expresión más suave "argumento antrópico" sobre la de "principio antrópico", dada la naturaleza de su contenido y su no expresabilidad matemática. O incluso, si se quiere, otra quizá más suave aún, "razonamiento antrópico". Pero, a mi juicio, lo mejor es mantener la ya establecida, como se pretende mostrar.

6. Objetivo de este trabajo

Se ha escrito mucho sobre el principio antrópico, se escribe bastante y previsiblemente se seguirá escribiendo, sobre todo por sus relaciones con otros problemas de otros ámbitos del pensamiento, de los que algunos he citado, porque está integrado, como se ha intentado mostrar, en la constante histórica del "puesto del hombre en el Cosmos", objeto tradicional de reflexión filosófica y teológica.

Pero dada mi consideración de que primariamente es un principio de naturaleza científica, pretendo abordar la cuestión nada trivial del **papel que le corresponde en el plano de los principios de la física**. Por tanto, interesan aquí y ahora, más las consideraciones propiamente científicas que los aspectos indudables que *también* integra de especulación filosófica y, sobre todo, de pretensión religiosa.

En nuestra intención de aportar algo novedoso, podemos indicar ya que no es un Principio que explique concretamente el funcionamiento del Cosmos, ni siquiera el cómo es o cómo se desarrolla, específicamente, este o aquel fenómeno cósmico o físico. Avancemos que se trata de una especie de *supraprincipio físico*, ya que por él quedan, al menos, condicionados los demás, independientemente o como conjunto.

Se comenzará por exhibir una relación de "coincidencias", de "condiciones", de "casualidades" o de "características" que se conocen de la configuración del Universo, de sus condiciones iniciales, de sus leyes, de sus constituyentes y de sus procesos que hasta el presente tienen relación con el principio antrópico, tales que si no lo justifican sí manifiestan, de diferentes maneras, el *uso científico* que se ha hecho y que puede hacerse de él. Esta relación se exhibe en el próximo parágrafo siguiendo en lo posible la *historia humana* de su

EL PRINCIPIO ANTRÓPICO

descubrimiento o consideración para este fin, es decir, su uso antrópico (no la *historia cósmica*).

A continuación se expondrá sintéticamente otra relación, bajo la expresión común de "principios", del conjunto de principios, leyes, constantes universales y realidades fundamentales que conoce y aplica la física en la actualidad en su estudio del Universo.

Con estos dos ámbitos de referencia –las relaciones de "condiciones antrópicas" del Universo y de "principios establecidos" de la Física actual– estaremos en condiciones de enfrentarnos con nuestro objetivo.

7. *Condiciones* del Universo: *requisitos* para *nuestra existencia*

Nótese, desde este inicio, que en el título de este parágrafo no se utiliza "las condiciones", sino solo "condiciones", ya que, como consideración importante, conviene destacar que se trata de un *problema abierto*, múltiplemente abierto.

El análisis de estas condiciones, que se dan, ¡y de qué manera!, en la visión cosmológica actual, hace que se consideren *argumentos científicos* a favor del principio. Suelen referirse también como determinadas "características desconcertantes", "valores misteriosos" de numerosas variables físicas que no son predecibles por ninguna teoría y que parecen "seleccionadas con exquisita precisión" para permitir la vida, de tal manera que una ligera variación (en más o menos) de dichos valores negarían la posibilidad de vida.

7.1. Relación de "condiciones" o "coincidencias"

La relación siguiente, de argumentos ya clásicos, se establece a modo de recorrido histórico descriptivo (indicando el autor y fecha de su inicio), aunque podría considerarse, con razón, solo superficial y muy sintético, pero es suficiente para nuestro objeto.

1ª. La necesariedad de tres dimensiones del espacio físico (Whitrow, 1955)

Cuando aún no se había formalizado ni bautizado el "principio antrópico" surge históricamente, en el ámbito de la cosmología, y como problema, el que puede considerarse primer uso de un *argumento antrópico*. El espacio físico, que podría tener, matemáticamente hablando, cualquier número de *dimensiones*, tiene precisamente aquel número que se presenta como necesario para la existencia de la vida: tres. A esta conclusión se llega mediante *razonamientos* exclusivamente físicos: espaciales y gravitacionales. Desde el hecho de la estabilidad de la órbita de la Tierra, condición supuesta necesaria para la existencia de vida desarrollada, *deduce* la ley de la gravitación (del inverso del cuadrado de la distancia) y la dimensión *obligada* del espacio (tres), como única posibilidad.

Así se consideraría que la tridimensionalidad del espacio físico es condición necesaria para la existencia de la vida.

2ª. El tiempo de existencia del Universo es el necesario para que pueda surgir la vida humana (Dirac, 1938; Dicke, 1961; Dirac, 1961)

Se descubre que el Universo es muy viejo (unos 15.000 millones de años[300]), todo lo viejo que es necesario para que surja la vida inteligente. Esta cuestión se planteó en torno a "los grandes números", los elevados exponentes (en potencias de diez negativas y positivas) de los valores de la constante gravitacional, la edad del Universo (inverso de la constante de Hubble) y la masa (estimada) del Universo, y de la relación entre ellos.

Los cálculos demuestran que la expansión del Universo desde el *Big bang* hasta la formación de las galaxias, la creación de estrellas de primera y de segunda generación con sistemas de "tipo Sol" y planetas del "tipo Tierra" hasta reunir las condiciones necesarias para que se desarrollara la vida son sucesos que exigen unos 10.000 millones de años. Todo este tiempo se consideraba necesario para que se pudiera desarrollar el primer protozoo sobre la Tierra, lo que exigía también para nuestro planeta la temperatura necesaria para la existencia de agua en el estado líquido. Y otros 3.000 millones de años como mínimo fueron necesarios para que las leyes de la evolución biológica culminasen en el *homo sapiens*.

Análogamente a lo "viejo" que es el Universo puede reflexionarse, en el modelo vigente de la expansión desde el *Big bang*, lo

---

300. Debe entenderse de acuerdo con el conocimiento de la fecha de referencia. Hoy se piensa que la edad del Universo es de unos 13.700.000.000 de años terrestres.

"grande" que es, y sus relaciones espacio-temporales para el momento de la existencia del "observador" hombre.

Del conjunto de consideraciones utilizadas en los trabajos relatados en estos dos primeros puntos, anteriores al "bautizo" del principio, y en los con ellos relacionados, y con referencia directa al planeta Tierra, el surgimiento de la vida en ella y su evolución hasta el hombre, se constata que el hecho de la aparición de la vida y de su evolución en la Tierra, se debe, entre otras, a las siguientes condiciones físicas escuetamente expuestas:

a) La temperatura media de la Tierra es de unos 15^0 C, lo que permite que el agua exista en sus tres fases: sólida, líquida, gaseosa.

b) La constancia de la intensidad de radiación solar.

c) El radio de la órbita terrestre alrededor del Sol es tan crítico que si fuera un 1% mayor soportaríamos un frío glacial y si fuera un 1% menor la Tierra sería un horno que dificultaría el desarrollo de las formas de vida.

d) Nuestra atmósfera a lo largo de millones de años se protegió con una ligera capa de ozono para impedir el paso de la radiación ultravioleta más perjudicial para la vida.

3ª. La fuerza gravitatoria de Newton parece estar hecha de encargo (Carter, 1974)

Llamaba la atención la sorprendente pequeñez de la constante gravitacional (5×10^{-39} en unidades SI). Pero si fuese de un orden de magnitud mayor, la mayoría de las estrellas serían gigantes azules, de gran intensidad de radiación y corta vida. Y si fuese de un orden de magnitud menor solo habría enanas rojas, de larga vida y escasa radiación. En consecuencia, no podrían existir "soles" con planetas en los que fuera posible la aparición y evolución de la vida.

Y con referencia solo a lo inmediato a nosotros, y sin necesidad de precisión numérica, puede observarse lo siguiente. Si la gravedad fuera inferior, la Tierra no giraría alrededor del Sol, y si fuera mayor, todos los planetas se hubieran colapsado sobre el Sol,... y este con otras estrellas, y el resultado final serían... agujeros negros por todo el Universo. La aparición del hombre exige estrellas de larga vida y planetas con órbita estable.

Así se concluiría: el valor de la constante gravitacional no es azaroso, sino muy cuidado.

4ª. Las fuerzas nucleares (Carter, 1974): estabilidad de los núcleos atómicos

Los núcleos atómicos se mantienen estables gracias a las fuerzas nucleares fuertes cuyo origen radica en los quarks y gluones, supuestos constituyentes de los nucleones (protones y neutrones).

Si esta fuerza fuese algo más débil los núcleos atómicos serían inestables, se desintegrarían rápidamente. Así, por ejemplo, el núcleo del deuterio, que es el más simple de los compuestos (protón+neutrón), y que mantiene al protón y al neutrón unidos tenuemente por esta fuerza nuclear, no podría existir en forma estable. El Sol y las estrellas que usan el deuterio como eslabón esencial en su cadena de reacciones nucleares no podrían mantenerse encendidos, a menos que encontraran un nuevo circuito nuclear (hoy no conocido) para generar su calor.

Si las fuerzas nucleares fueran ligeramente más fuertes, diríamos, en la línea antrópica, que igualmente dramáticas serían las consecuencias. Así, por ejemplo, dos protones podrían superar su repulsión eléctrica y unirse. En la evolución primitiva del Universo, alrededor de 1 segundo después de la *era de Planck*, cuando había muchos más protones (87%) que neutrones (13%), los protones se unieron con los neutrones para formar deuterio y después helio-4. Los protones (núcleos de hidrógeno) que sobraron quedaron para formar la mayor parte de la materia prima de las estrellas. Si la fuerza nuclear hubiera sido más fuerte estos protones se podrían haber asociado en pares, y en esta asociación uno de los protones se habría desintegrado en un neutrón y un positrón dejando de nuevo núcleos de deuterio que otra vez, por pares, formarían helio. Por tanto, en un universo en el que la fuerza nuclear hubiera sido algo más fuerte no quedaría virtualmente nada de hidrógeno desde aquel primer segundo después del *Big bang*. Y, por tanto, no podrían existir estrellas estables como el Sol, ni agua.

En consecuencia, es dudoso que la vida hubiera podido emerger si la intensidad de la fuerza nuclear hubiera sido solo ligeramente distinta de la que es.

5ª. La isotropía del universo (Collins y Hawking, 1973)

Estudiando matemáticamente modelos cosmológicos homogéneos (en un conjunto infinito de universos posibles), con diferentes condiciones iniciales y distintas propiedades de diversas naturalezas posibles, comprueban que la única clase que podría dar lugar a isotropía a gran escala e inhomogeneidades a pequeña escala (galaxias) es enormemente improbable. Ella exige postular unas condiciones iniciales muy especiales. Así, la respuesta que ofrecen es de este tenor: Dado que la existencia de galaxias es una condición necesaria para el desarrollo de vida inteligente, la respuesta a la cuestión "¿por qué es isótropo el Universo?" es "porque estamos aquí", es decir, la isotropía del Universo puede considerarse *consecuencia* (?) de nuestra propia existencia.

Por otra parte, con relación a la velocidad de expansión del Universo y a la masa crítica, partiendo del supuesto de que las galaxias y las estrellas son necesarias para la vida, constataron que un Universo que comenzara con demasiada energía gravitacional sufriría un colapso antes de que se pudieran formar estrellas y si hubiera comenzado con poca jamás permitiría la condensación gravitacional en galaxias y estrellas. Por tanto de muchos universos posibles con valores iniciales de Ω muy distintos, solamente podríamos haber existido en uno en el que el valor inicial de Ω fuese casi igual a 1.

En consecuencia, la velocidad de expansión del Universo se presenta como "elegida con mucha precisión" para que todavía se encuentre muy cercana a la velocidad crítica[301].

6ª. La masa de las partículas elementales (Lawrence y Szamosi, 1973)

Lawrwnce y Szamosi se plantean el problema de determinar el valor límite para la masa de las partículas elementales que sea consistente con la existencia de la vida humana, mediante la consideración estadística de unas masas con valores distribuidos (es decir, no exactamente iguales), tales que las propiedades dependerían de los valores medios de las distribuciones, teniendo en cuenta el principio de exclusión de Pauli, la consideración de las constantes fundamentales de la física actual (h, G, c) y las características básicas del Universo (espacio, masa, edad).

La conclusión es de naturaleza análoga a las anteriores: los valores reales de las masas de las partículas elementales son los necesarios para la existencia de la vida humana.

---

301. Razonamiento en línea con el conocimiento de la expansión del Universo en 1973.

7ª. La relacionalidad entre las diversas escalas del mundo físico (Carr y Rees, 1979)

Estudiando el problema de las diferentes "escalas naturales" (universo, galaxia, estrella, planeta, hombre, célula, átomo,...) y de sus posibles relaciones, detectan que, si bien para su descripción independientemente necesitan diferentes teorías físicas, todas ellas están determinadas por unas pocas constantes físicas, que además están relacionadas entre sí, encontrando de esta manera nuevas "coincidencias" que se presentan como condiciones necesarias para la existencia de vida, tales como: a) que una estrella alcance la fase de supernova y se generen elementos pesados, necesarios para la vida; b) la existencia limitada de helio, que permite que exista el agua necesaria para la vida; c) el valor de S, relación entre el número de fotones y el de bariones en el Universo; etc, etc.; "coincidencias" que constituyen argumentos antrópicos.

8ª. Los fenómenos de resonancia nuclear: las resonancias del C^{12} y O^{16} (Fred Hoyle)

En el núcleo de las estrellas se puede producir la siguiente reacción:

$$He^4 + He^4 + He^4 = C^{12},$$

pero esta triple colisión es muy rara que se dé por lo que apenas se produciría C^{12} si no fuera por una curiosa propiedad del núcleo del carbono. Lo que ocurre, primero, es

$$He^4 + He^4 = Be^8,$$

que es mucho más probable. El Be^8, aunque inestable, es lo suficientemente estable para que se produzca la reacción

$$Be^8 + He^4 = C^{12}$$

antes de que se desintegre el Be^8, pero la reacción depende muy sensiblemente de la energía con que colisione el He^4 con el Be^8. Hay una energía muy particular (fenómeno de resonancia nuclear) a la que se produce la reacción. A energía ligerísimamente distinta no lo hace. Afortunadamente se da la "coincidencia" de que la energía térmica de los constituyentes nucleares en el interior de una estrella típica está casi exactamente en el valor correspondiente a la resonancia del C^{12}. Sin este feliz ¿accidente? la formación del carbono en las estrellas quedaría drásticamente reducida.

Pero aún hay más, el C^{12} no sobreviviría en el horno estelar si no fuera por otra feliz circunstancia. En efecto, se produciría la reacción:

$$He^4 + C^{12} = O^{16}$$

quemándose prácticamente todo el C^{12}, si no fuera porque la naturaleza ha elegido que la energía de resonancia a la que se produce la anterior reacción está por debajo de la energía térmica del He^4 y C^{12} presente en las estrellas, de modo que no se alcanza el nivel de resonancia del oxígeno.

Estas coincidencias: extraña estabilidad del berilio, nivel de resonancia favorable en el C^{12} y nivel de resonancia desfavorable en el O^{16} son, también, un conjunto de condiciones necesarias muy ajustadas para que se produzca vida basada en el carbono.

Los valores de estas resonancias dependen de las fuerzas fundamentales de la naturaleza, especialmente de la nuclear y de la electromagnética. Si estas hubieran sido ligeramente distintas, las resonancias del C^{12} y O^{16} hubieran correspondido a otros niveles energéticos de forma que la vida, en su variedad terrestre al menos, habría sido mucho menos probable.

9ª. El valor de la constante cosmológica (Weinberg, 1989)

En el problema confluente de la cantidad de repulsión cósmica producida por la energía en un espacio vacío, la aceleración de la expansión inicial del Universo ("Universo inflacionario") y el todavía en gran parte misterio de la energía oscura, surge con fuerza la *constante cosmológica, lambda* (Λ), cuyo valor aún no se ha calculado con un mínimo de garantía.

Weinberg, físico de partículas elementales, marcadamente reduccionista, premio Nobel de Física y autor del libro *Los tres primeros minutos del Universo*, utiliza el principio antrópico con la intención de delimitar los valores máximo y mínimo de esta constante compatible con la vida, de forma que no podía ser muy grande como para no permitir la formación de galaxias, estrellas y de nosotros mismos[302].

7.2. Consideraciones generales y complementarias

A la luz de los diferentes –y numerosos– usos del principio antrópico que han hecho físicos de máximo relieve para el tratamiento de problemas fundamentales de astrofísica, partículas elementales, constitución de la materia y cosmología, en resumen, pueden observarse, como han puesto de manifiesto unos autores u otros, según las respectivas perspectivas y utilizando diferentes expresiones:

a) Unas muy llamativas "coincidencias", ya que todo parece como pendiente de un hilo entre cantidades físicas, constantes cosmológicas y relaciones entre ellas, siendo así que, al menos en principio, no tendrían por qué tener esos precisos valores ni constituir esas relaciones; o bien

b) Unas "condiciones" muy precisas, muy aquilatadas, para que fuera posible nuestra existencia; o

c) Una serie de numerosas "casualidades"; o

d) Unas "características" en conjunto desconcertantes, misteriosas; o

e) El "diseño" por un ser superior: Dios.

En consecuencia: problemas físicos, discusiones filosóficas encendidas, diversos usos religiosos.

Pero... las condiciones iniciales del Universo, las constantes y las leyes permitieron, en una "increíble" serie de considerados como altamente improbables eventos que tuvieron que ocurrir, la aparición de los seres humanos sobre la Tierra.

Hemos centrado la cuestión en los capítulos de la Física y sobre todo en los referentes al inicio del Universo. También podríamos extendernos centrándonos en la Tierra, la aparición de la vida, la evolución de aquella con esta,... e incluso con temas (¿anecdóticos?)

---

302. De nuevo interesa la fijación de la fecha, anterior al descubrimiento de la expansión acelerada del Universo, y de las nuevas consideraciones acerca de la energía oscura y de la constante cosmológica.

como la extinción de los dinosaurios. Pero estas cuestiones no son propiamente de Física ni tampoco fundamentales, en el sentido de que estas condiciones lo son (nada menos, aunque aquí sin valor) de *realidad*, pero no de *posibilidad* (que aunque parezca de menor enjundia es aquí lo principal, una vez conocida, ¡claro!, la realidad –nuestra existencia–).

En conjunto, pues, se constata una extrema rareza de los eventos que llevaron a la existencia humana, mediante una sucesión verdaderamente singular de casualidades favorables.

En síntesis, y en acuerdo generalizado –¡qué remedio!–, "nuestro Universo" (sus características, los valores de las constantes, etc.) puede considerarse lógicamente posible pero altamente improbable. Pero es tal, como *necesidad*, que es compatible con la aparición de la vida, de la vida inteligente que nos convierte en *observadores* del propio Universo.

Con carácter general, el cosmólogo británico John Barrow, uno de los proponentes del principio antrópico, a la vista de circunstancias tan afortunadas para que se haya producido la vida, como las mencionadas, afirma que muchas de las observaciones del mundo natural, cuando se ven a la luz del principio antrópico fuerte, resultan comprensibles como *consecuencias* (?) inevitables de nuestra propia existencia.

De lo que no hay duda en lo esencial –o al menos no parece que deba haberlas, salvo, quizá, ligeros matices– es de que vemos el Universo de la forma que es porque si fuera distinto no estaríamos aquí para observarlo.

Caben algunas consideraciones complementarias más, tales como las siguientes:

a) La referencia a múltiples universos desde la Física (ciencia de realidades, experimentable y contrastable) habría de ser vacía, ya que presupuestamente solo podría hablarse científicamente de lo que existe. Sin embargo, la consideración (como posibilidad real y como instrumento teórico) de una multiplicidad de universos constituye un capítulo de suma importancia en la Astrofísica y Cosmología actuales.

b) Baste, en este punto, indicar, que el uso del principio antrópico constituye una *cuestión abierta* hacia el futuro; es previsible, a mi juicio, que continúen apareciendo nuevas "coincidencias", "condiciones", "características", "casualidades" y/o propiedades del "diseño".

c) El nombre de "principio antrópico" (es decir, referido al hombre, y no solo a la vida, o, por ejemplo, a los perros) puede parecer pretencioso, exagerado, antropocéntrico, etc., pero a pesar de todas las críticas de esta naturaleza, por tratarse de un problema *abierto*, como he sugerido, y porque pienso que el hombre es "más" –"otro" tipo de ser (cualitativamente)– que el resto de la vida, de los animales, llegará lógicamente, a mi modo de ver, el momento en que alcanzará su plena justificación esta denominación.

8. Los "Principios" de la Física actual

El segundo tema necesario para nuestro objeto se refiere al estado actual de la Física en lo referente al elenco de sus *Principios* (es decir, de las bases en que se apoya actualmente con la consideración de *realidades fundamentales o elementales*, de *constantes universales* y de *leyes*). La pregunta podría ser esta: ¿Cómo anda la Física de "Principios"? Haré una relación con la acepción más amplia, la ya referida, que es la de mayor contenido que del término "Principio" puede hacerse en Física.

Se exponen con una cierta estructuración, con objeto de destacar más la existencia de los grupos clasificatorios que la de los elementos concretos de cada subconjunto, el último de los cuales podría llenarnos varias densas páginas de escritura (como ha de hacer la IUPAP –Unión Internacional de Física Pura y Aplicada–). Y se hace en síntesis extrema y en forma comprensiva. Y, obviamente, según mis criterios.

A) Principios-"leyes"

a) *Relativos a fenómenos: "principios legaliformes fenomenológicos"*[303]
   Principios de la Termodinámica
   Principio de conservación de la energía
   Principio de degradación de la energía o incremento de la entropía

---

303. Para la terminología de nuevos conceptos básicos puede verse González de Posada (1994b): *Teoría Dimensional*.

Principios de la Relatividad
   Principio de relatividad
   Principio de la constancia y límite de la velocidad de la luz
   Principio de equivalencia
b) *Relativos a estructuras: "principios legaliformes estructurales"*
Principios de la Física cuántica
   Principio de indeterminación o incertidumbre
   Principio de complementariedad

B) Principios-"constantes universales"

Las constantes universales (en sentido tradicional): G, c, h

C) Principios-"realidades existentes fundamentales"

Carga del electrón y masa del electrón
Masa del protón
Valores concretos de las fuerzas electromagnéticas, gravitacionales y nucleares, y, en consecuencia, de las relaciones entre ellas.
Etc., etc.

La idea clásica de *universal* (por ejemplo aplicada a las constantes) se refiere a la constancia en todas partes (espacio) siempre (tiempo) y para todos los cuerpos (materia), y debe considerarse como un presupuesto.

Todos estos "Principios" tienen en común, a mi juicio, y de modo fundamental, las siguientes notas. Primera, que son *constructos matematizables*, bien como *constructos magnitudinales*, bien como *constructos legaliformes*. Segunda, que son precisos, bien como *datos* magnitudinales bien como *formulaciones* matemáticas, respectivamente. Tercera, que se integran en alguna (o algunas) teoría(s) física(s) concreta(s). Y cuarta, que son empíricamente contrastables (y demostrables en su utilidad científica o en su veracidad científica)[304].

Y, por otra parte, todos estos Principios son *primeros* en un doble sentido: primeros en el sentido *histórico* de *iniciales*, desde los cuasi-orígenes del Cosmos; y primeros también en el sentido *lógico*,

---

304. *Ibid.*

es decir, *primarios*, ya que de ellos pueden deducirse numerosos otros principios, consecuencias, corolarios, etc.

9. La naturaleza científica intrínseca del Principio Antrópico

La denominación "principio antrópico" puede considerarse más o menos afortunada, tanto por el sustantivo "principio" (que podría sustituirse, por ejemplo, por argumento o razonamiento) como por el adjetivo "antrópico" (que a su vez podría sustituirse –en las versiones que no explicitan al "observador"–, por ejemplo, por "cánido" o "vital"), de forma que su denominación ha dado juego también a numerosos debates y críticas. Por mi parte la considero aceptable.

Ahora se pretende analizar algunas características del principio antrópico para determinar con algo de precisión su naturaleza científica. Entre sus notas significativas se han señalado las siguientes, de muy diversos significados, entre las que se destacan, en primer lugar, las relativas a sus posibles limitaciones.

a) No es un principio usual o típico de la Física, aunque tampoco sea absolutamente ajeno a ella.

b) No constituye una teoría física, ni siquiera una hipótesis física.

c) Está vacío de contenido formal matemático.

d) No produce nuevo conocimiento, aunque sí elimina errores reales o posibles.

e) No es predictivo, al menos por el momento, y, por tanto, es incontrastable.

f) Tiene más apariencia de principio biológico tradicional (como el de selección natural), aplicado al Cosmos, que propiamente físico ya que carece de matematización y supondría así abandono de la física convencional que ha pretendido la comprensión cuantitativa del Universo basándose en leyes (matemáticas) universales.

g) Ofrece una imagen finalista y antropocéntrica.

Junto a ellas, y ahora menos extensamente, conviene precisar también las siguientes características consideradas aquí como positivas.

A) Sus bases son científicas: el conocimiento del hombre y el conocimiento del Universo.

B) Puede ser utilizado, y se ha utilizado con frecuencia, científicamente.

C) Manifiesta con evidencia que la ciencia posee un "componente" filosófico, complementario de las explicaciones puramente empiristas y de las formalizaciones matemáticas.

Estamos, pues, en condiciones de establecer la naturaleza científica intrínseca del principio antrópico, que queda, a mi juicio, caracterizado por las siguientes notas.

1ª) No es un principio más de la Física y de ninguna manera podría considerarse en el sentido usual como *ley de la física*. No es, utilizando expresiones y conceptos introducidos hace años (González de Posada, 1994b), ni *hipótesis magnitudinal*, ni *principio ecuacional*, ni *ley relacional*, ya que no ofrece ninguna condición ni relación matematizable. Más aún, y en resumen, tampoco es un *constructo matematizable*, ni *magnitudinal* ni *legaliforme*. Su naturaleza es de orden diferente a todos los principios de la física que hemos exhibido anteriormente.

2ª) Siendo todo esto así, también es cierto que el principio antrópico: a) Se presentó en el ámbito científico; b) Se desarrolló y estableció en este ámbito; y c) Ha sido aplicado por científicos en su quehacer científico.

3ª) Desde la perspectiva de la física actual (astrofísica y cosmología) es un principio meta-físico (*metacientífico físico*) además de poder considerarse como *metafísico*. Es de presencia general o de imposición general (nada puede ir en contra), un *supraprincipio* sobre los demás. En el ámbito de la realidad desempeña un papel análogo al *principio general de homogeneidad* en el ámbito formal matemático de todas las leyes de la física. En este sentido podría denominarse *principio general de antropía*.

4ª) Además, en consecuencia, es principio *metodológico* y de naturaleza *epistemológica* (en este aspecto podría considerarse de naturaleza análoga al "principio copernicano" y al "principio de objetividad", también utilizados en Física y en Cosmología).

10. El lugar del Principio Antrópico en el plano de los Principios de la Física

En el apartado anterior se ha establecido, en primera aproximación, la naturaleza científica intrínseca del principio. Con palabras diferentes que enriquecen con otros matices las notas expuestas, para una mejor expresión de las mismas, dicha naturaleza puede caracterizarse también por las siguientes notas:

1) No se integra en ninguna teoría física concreta ni genera ninguna nueva.

2) Ha inspirado, inspira, y puede seguir inspirando diferentes investigaciones científicas, apoyándolas o rechazándolas.

3) Su validez es obvia, general. El punto de partida, la premisa, es la existencia del hombre, que siendo una condición de *aposterioridad* desde la perspectiva *cosmológica histórica*, se sitúa como condición de *aprioridad* desde la perspectiva *cosmológica lógica*.

4) Puede considerarse también como meta-físico, metodológico y epistemológico.

Así, podemos ahora aproximarnos con más sentido al título de la comunicación, que se hace más inteligible, mediante la ayuda del uso de minúsculas y mayúsculas: el Principio Antrópico está al *principio*, antes –históricamente– que el resto de los Principios de la Física, y está también al *principio* –antes, lógicamente– que estos Principios. Aunque el *hecho* científico –la existencia del hombre– históricamente sea *a posteriori*, el *principio* históricamente está situado al principio, por lo que es *a priori*. De esta manera, puede afirmarse: **El Principio Antrópico se sitúa *históricamente* al principio de los primeros Principios que rigen el Cosmos y se constituye *lógicamente* en Principio de los Principios.**

A pesar de su apariencia de trivialidad y de imprecisión, no debe olvidarse que la realidad "hombre" no está bien conocida y que todo lo que falta por conocer de este habría que integrarlo en el presupuesto condicionante de todo lo físico (y biológico) en el Cosmos, por ser hecho cierto. Todos los principios de la Física –si no cada uno independientemente– que rigen todos los fenómenos físicos han de estar condicionados por (sometidos a, determinados por, en no contradicción con) el principio antrópico, que se les impone como condición *a priori*, previa, anterior a sus constituciones particulares, sus presencias, sus apariciones, sus aplicaciones a unos u otros fenómenos.

Sí, es un *principio de aprioridad*, aunque el hecho de que se utilice –por el hombre (ser pensante, observador del Cosmos)– sea una consecuencia, *a posteriori*, de la naturaleza dinámica intrínseca del Cosmos. La *aposterioridad* indudable del hecho –reitero, científicamente consecuencia de la evolución cósmica– no reduce, en absoluto, que sea una *condición de aprioridad* respecto de todos los

Principios de la Física, y ya que no creemos que la Biología sea Física[305], también de la Química y de la Biología.

Por eso, además de ser un Principio meta-físico o suprafísico o panfísico, *metacientífico físico*, **está al principio de los Principios de la Física, con anterioridad a ellos y condicionándolos** (si no originándolos y determinándolos, aunque solo fuera parcialmente).

Así, en resumen, el "Principio antrópico" es triplemente *principial*: *principio* en el orden temporal (anterior a todos los restantes actualmente conocidos y utilizados en la Física), *Principio* en el orden sustantivo científico; y *Principio supraprincipial* en tanto que Principio de Principios.

Pero hay más, que quiero destacar con objeto de precisar mi opinión con respecto a la denominación. Es verdad que *casi* lo mismo (insisto en que habría que prescindir de la consideración de "observador" que consideran algunas versiones) podría decirse denominándolo y considerándolo "principio homínido" o "principio cánido" o "principio vegetal" o incluso solo "principio vital", pero considerado *abierto* a los nuevos conocimientos que podrán adquirirse sobre el hombre (inteligencia, conciencia, neurofisiología, mente, apertura a lo trascendente), la denominación "principio antrópico" es afortunada (científicamente no conocemos ninguna otra realidad cósmica "superior" al *homo sapiens*, en cuanto estructura dinámica de mayor complejidad). También es *abierto* el conocimiento del Cosmos, es *abierto* el propio Cosmos y, en consecuencia, está *abierto*, ¡cómo no!, lo que puede dar de sí el principio antrópico.

11. En torno a los problemas correlacionados

En un bosque tan poblado y tan denso, he procurado centrarme solo en el árbol, ya demasiado frondoso, "principio antrópico", y en él fijarme en su naturaleza científica, prioritariamente en la de carácter físico, y en este carácter, como no puede ser de otra manera, sin eludir referencias a sus "componentes" matemáticos y filosóficos (sea por ausencia o por presencia en él).

Pero el principio antrópico, que esencialmente es de naturaleza científica física (por haber sido utilizado sobre todo en Cosmología), pero que análogamente lo es –y lo será más en cuanto

---

305. González de Posada (2003b).

aplicación– química y biológica, puede estudiarse también desde perspectivas prioritariamente filosófica y religiosa, ámbitos que, por otra parte, podrían considerarlo como propio.

¡Bien! Es un tema recurrente y abierto a muchas perspectivas. Entre los numerosos problemas correlacionados con el principio antrópico deseo hacer referencia a los de dos ámbitos concretos.

a) El primer problema del que he prescindido tanto como ha sido posible, y que al menos en parte se presenta como físico, incluso como muy físico por haber sido matematizable, es el de la consideración de *multiversos*, de la realidad o posibilidad teórica de innumerables universos paralelos (sincrónicos) o sucesivos (diacrónicos) en el tiempo. Esta cuestión no solo está correlacionada, sino integrada en las versiones fuertes del principio antrópico, por la consideración de concebir universos con diferentes condiciones iniciales, constantes y leyes, de modo que, prácticamente, solo un Universo con las propiedades específicas del nuestro –incluyendo los valores de ciertas constantes y determinadas condiciones iniciales– permitiría nuestra existencia.

b) Existen también, en distintos marcos, otros problemas que indudablemente están correlacionados con este, si se quiere hasta íntimamente, pero son *otros*. Entre ellos podemos recordar, y solo a título de cita, los siguientes: *creacionismo, finalismo* y *antropocentrismo*, temas que pertenecen a los territorios de la filosofía y de la religión. Precisamente por basarse en hechos científicos: la existencia del hombre y las características científicas de "nuestro Universo" que han hecho posible la existencia del hombre, el principio antrópico intrínsecamente ni afirma ni niega la existencia de Dios, ni afirma ni niega que el Universo haya sido creado por un Ser supremo, ni afirma ni niega que el Universo haya sido hecho para la aparición del hombre. Pero sí pone de manifiesto que todo sucedió y sucede con una precisión exquisita, finísima, en la que se detectan numerosas condiciones –coincidencias– enormemente singulares; tanto como esto pero solo esto. Lo demás pertenece a otros ámbitos del ser humano, no científicos, tales que, como concluye Laín, no es demostrable racional y objetivamente aunque sí sea comprensible razonablemente.

3.19
EL PROBLEMA DEL 'FIN DEL MUNDO' *VERSUS* EL PROBLEMA DEL 'DESTINO DEL UNIVERSO'

1. Introducción

En la Segunda Parte se trató el tema, *problema*, del 'Destino del Universo' desde la perspectiva que acerca del mismo ofrece la *cosmología física actual*, diferentes hipótesis de trabajo como consecuencia de los datos observacionales que han conducido al conocimiento de la 'expansión acelerada' del Universo, señalando expresamente los dos caminos de mayor aceptación en el presente como explicaciones posibles del hecho: a) la recuperación de la 'constante cosmológica' de Einstein, con reconocimiento de la existencia de la 'energía oscura'; y b) la de otro parámetro, la 'quintaesencia', como visiones de carácter más o menos estático y más o menos dinámico respectivamente. De momento el 'conocimiento' adquirido es poco consistente, aunque esté aceptablemente 'establecido' en algunos respectos.

En este capítulo se describen someramente las consideraciones de naturaleza religiosa, con la pretensión de dejar constancia de la existencia y del tratamiento que al problema del 'fin del Mundo', a lo largo de la historia humana, se ha dado desde, como se ha dicho, planteamientos religiosos.

Y esto, a modo de contraste, sin darle mayor importancia, con objeto de actualizar el pensar –es decir, el creer– religioso con el conocimiento científico actual, es decir, 'Destino del Universo' *versus* 'Fin del Mundo'.

Por lo que respecta al problema del 'Fin del Mundo', para una visión más completa del tema, aunque se considere superficial e imprecisa, dado que aquí no se pretende desarrollar propiamente este tema, puede recurrirse a Wikipedia. En todo caso debe distinguirse claramente entre el problema del 'Destino del Universo', según la Física, y el problema del 'Fin del mundo', de raíz e historia religiosa, señalando una vez más la característica primordial de cada una de las voces en juego: Universo es Universo físico, Cosmos es válido para todo, y Mundo es el 'Mundo del hombre'. Y también recordar que la Física, en su ya larga historia, no se interesó por el problema del Destino del Universo hasta mediados del siglo XX, y lo hizo como complemento del problema del origen y como consecuencia del conocimiento de la evolución del Universo.

2. El *problema* del 'Fin del Mundo'

La denominación 'Fin del Mundo', como tantas otras, es polisémica. Aunque podría referirse también al 'Destino final del Universo' esta acepción no se considera aquí, dado que la Física la ha hecho suya. Mundo es el 'Mundo del hombre' y en un sentido físico cósmico se referiría históricamente, en todo caso, a la Tierra[306].

Desde perspectivas tradicionales se refiere básicamente a los ámbitos de la mitología y de la religión, de modo que se le ha prestado especial atención como tema frecuente y trascendental de *profecías* religiosas. Existen ciertamente importantes variaciones, pero a los efectos de nuestro tema, en contraste con el del 'Destino del Universo' pueden considerarse meros matices: pueden referirse a la Tierra y lo visible visualmente en el cielo, a la extinción de la humanidad, o en el cristianismo también al 'Juicio Final' en el que la humanidad sería juzgada. En la tradición cristiana cobró un significado relevante el considerado como 'último' libro de la Biblia, el *Apocalipsis*, que recoge las visiones del apóstol san Juan sobre el fin de los días.

Con el término *Escatología* se denomina el 'tratado' acerca de las realidades 'últimas', referidas, claro, al 'Mundo del hombre' – la muerte, el juicio final, el infierno y el cielo 'celestial', no físico–, así como acerca de las teorías apocalípticas religiosas. En nuestra concepción de Dios y desde ella, los 'acontecimientos' cruciales que

---

306. En estos días en los que redacto este capítulo se me confirma la invitación a la República de Ecuador, en la primera quincena de octubre de 2013, para dictar unas conferencias en Quito y Guayaquil. Dado que estamos conmemorando el Tricentenario del nacimiento de Jorge Juan y que a él se ha dedicado la conferencia inaugural de la Universidad Valenciana de Verano en Gandía, he sugerido que una de las Conferencias en Quito debe dictarse precisamente en la 'Ciudad Mitad del Mundo' (nombre elegido por estar situada en la línea del ecuador terrestre). La denominación de 'Mundo' = Tierra es harto significativa de lo que decimos.

ocurrirían y que describen el fin del mundo son bastante similares en el judaísmo y el cristianismo, salvando obviamente grandes diferencias accidentales en cada denominación cristiana, escuela judaica o tiempo histórico. Con objeto de insistir en la característica, a nuestro juicio determinante, relativa a lo que se trata, como por otra parte es lógico, del 'Mundo del hombre', la teología cristiana se ha ocupado, sobre todo durante el Medievo y la Reforma de los denominados "novísimos", los últimos cuatro 'estados' del ser humano: muerte, juicio, infierno y gloria. En este marco de la Escatología pueden considerarse, sin mayores pretensiones de análisis y crítica, sino solo a efectos de cita de algunos elementos considerados a lo largo de la historia, diferentes aspectos, como los siguientes.

a) La *Parusía*, entendida como advenimiento glorioso, o segunda venida, de Jesucristo (la primera había tenido lugar con el nacimiento de Jesús en Belén, supuestamente, según se cree en la actualidad, en el año 6 a.C.) y con ella el "final de los tiempos" o 'Fin del Mundo'. En un momento anterior se produciría una gran Tribulación en la que desarrollaría un papel relevante un –el– Anticristo.

b) La idea de la 'resurrección de los muertos' o 'resurrección de la carne', de modo que todos los hombres resucitarían en el último día.

c) El tema de la 'escatología consumada': la 'vida eterna', ya sea en el Cielo o en el Infierno.

d) El asunto del Purgatorio, lugar, en su caso, en el que aquellas personas que no están totalmente purificadas de sus pecados purgarían sus 'deudas', como creencia particularmente católica. Las 'almas' pueden ser ayudadas por los vivos, por diferentes medios como la oración, la Eucaristía, la penitencia, la limosna.

Todo ello, y este –y solo este– es el objeto de la cita, se refiere al 'Mundo del hombre', de ninguna manera al 'Destino del Universo'.

También puede hacerse, para más claridad aún, y análogamente sin ninguna pretensión de análisis ni de crítica, una breve relación de *predicciones* o *profecías* acerca del 'fin del Mundo', reales o supuestas, aunque consideradas como tales históricamente.

1. La predicción inminente del Juicio Final por Jesús de Nazaret. Entre otras, la cita: "Se ha cumplido ya el tiempo, y el Reino de Dios está cerca; haced penitencia y creed en el Evangelio" (Mc 1:15).

2. El anuncio por Pablo de la llegada inminente del Juicio. Entre otras citas: Rom 13:11-14.
3. El anuncio por Juan en el Apocalipsis: "Porque el tiempo está cerca" (Ap 1:3).
4. Las *predicciones* antiguas, con fechas referidas concretamente y/o presupuestamente calculables, de Martín de Tours, Beato de Liébana, Inocencio III.
5. Las *predicciones* modernas relacionadas con algunas distintas denominaciones cristianas como la de Charles Taze Russell (Testigos de Jehová).
6. En las antiguas se hablaba por ejemplo de 'explosión del Sol', en las recientes, por ejemplo, de hecatombe nuclear o de fallo de computadoras.
7. En diciembre de 2012, se 'celebró' el fin del mundo anunciado por los mayas.
8. Especial relevancia social adquirieron las de San Malaquías y Michel de Nostradamus.
9. Significado relevante, por su extrañeza y 'contradicción' con la ciencia o 'marginal' a la ciencia, tiene la de Newton (cifrada para 2060, tras el estudio del libro de Daniel) en uno de sus Manuscritos.
10. Las denominadas 'profecías de los Papas' también han circulado con fruición.

Independientemente del 'fracaso' de todas las profecías anunciadoras de fechas precedentes a la actualidad y del 'seguro' disparate que representan las fechadas para el porvenir, por situarse fuera del ámbito que le sería propio al 'Fin del Mundo' si tuviera sentido físico, conviene destacar, de nuevo, que todos estos avatares se refieren al 'Mundo del hombre', y, en consecuencia, en el Universo físico solo afectaría, en su caso, a la pequeñísima porción que representa en él la Tierra.

3. El *problema* del 'Destino del Universo' desde perspectiva religiosa

Desde una perspectiva propiamente religiosa, el problema del 'Destino del Universo' como tal prácticamente no se ha tratado; aún más, puede decirse que no ha presentado ningún interés especial. La problemática religiosa se ha planteado, y se plantea, en el problema de la Creación, problema desde el que, además, se colabora en la elaboración de respuestas al problema de Dios. Puede insistirse: no se ha planteado en tanto que 'problema' y en tanto que Universo concebido como físico.

Conviene, pues, fijar algunas notas significativas aunque sea solo de manera escueta y a modo de señalar unos aspectos significativos.

a) Desde una perspectiva religiosa, y solo religiosa, puede decirse que a lo largo de la historia humana se hicieron, y se siguen haciendo, muchos cálculos –o como cada uno quiera denominarlo– sobre 'el fin del mundo', del 'Mundo del hombre', y no propiamente del fin del '*El* TODO lo que existe', del Universo físico. Las visiones apocalípticas religiosas, pues, carecen de sentido en su aplicabilidad al Universo.

b) No puede considerarse que en este marco haya existido realmente ninguna tensión a lo largo de la historia entre ciencia y religión, entre científicos e iglesias; tampoco en el presente de manera expresa y concreta. En todo caso, de ninguna manera con las características de enfrentamiento en torno al problema del "Origen del Universo-Creación".

c) Todas las 'imágenes físicas' consideradas como modos de apocalipsis –explosión del Sol, durante la vida humana, caída sobre la Tierra de las estrellas, etc.– pueden considerarse, a lo sumo, como leyendas piadosas, constituyendo científicamente un puro disparatar.

d) El Universo y su destino son básicamente problemas de la cosmología física, de la ciencia, del conocimiento, en la medida que este se vaya adquiriendo, y que, en su caso y momento, habrá que admitir para sobre él modular las creencias religiosas.

e) Las creencias religiosas básicas a los efectos de la 'Teología de la Creación y de la relación de Dios con su obra cósmica", como venimos afirmando, y ahora por lo que respecta al problema del 'Destino del Universo' son: 1) Dios existe; 2) Dios es Creador, omnipotente y omnisciente[307]; 3) Dios es el 'autor del hombre' por serlo de todo –materia, energía, fuerzas, dinamismo– en su origen; 4) Dios se relaciona con el Universo, con su obra, si quiere, cuando

---

307. Nótese que no se habla, *necesariamente*, de 'actor' –en tanto que actuante coyuntural–.

quiere, como quiere, no cuándo ni cómo decida una persona o una comunidad o unos líderes o supuestos representantes de Dios o de los hombres; 5) El hombre, "imagen de Dios", posee inteligencia y libertad y tiene el placer –¿y la responsabilidad?– de conocer el Universo; 6) El hombre, por medio de un mejor conocimiento de la obra de Dios, puede acceder también a un mejor conocimiento del propio Dios; y 7) El 'destino del Universo', para los humanos, se aprende, en todo caso, a la luz de la ciencia, aunque no se agote en ella ni se cierre con ella todo lo que pueda desear o aspirar a conocer y/o creer el hombre.

3.20
HAWKING. EL 'UNIVERSO AUTOSUFICIENTE': LA INNECESARIEDAD DE DIOS

1. Introducción

En *Der Spiegel* del 17 de octubre de 1988 había escrito Hawking: "Es posible que el modo en que comenzó el Universo esté determinado por las leyes de la ciencia [...] no sería necesario recurrir a Dios para decidir cómo comenzó el Universo. No es una prueba de que Dios no existe, solo de que Dios no es necesario".

Como se recordó en el capítulo último de la Segunda Parte, a finales del siglo XX, concretamente en 1998, se producen unos acontecimientos observacionales que fijarán la idea de Universo en *expansión acelerada*. Estas *novedades*, más los sucesivos descubrimientos concretos acerca de la constitución y funcionamiento de distintos componentes, han hecho que pueda establecerse en estos primeros años del siglo XXI la expresión *Nueva Cosmología*.

Todo el proceso de construcción de la *cosmología estándar* vigente, desde la asunción de la Teoría de la Relatividad General, se ha realizado, como trasfondo prioritariamente dominante, con una paz, excepcional en la historia moderna, entre la concepción científica y la concepción religiosa, paz –si se olvida la contumacia de la permanencia en la 'concepción estática' del Universo de Hoyle y compañeros ateos– solo alterada puntual y marginalmente por algunas personas concretas en algunos momentos concretos, pero nunca en tanto que ofrecimiento de concepciones básicas 'nuevas' desde alguna de ambas perspectivas: **la ciencia del siglo XX acerca del Universo (origen e historia) y las teologías de las religiones monoteístas podían caminar en paz.**

A finales de siglo, Hawking, como se ha señalado al comienzo de este capítulo, reinicia el enfrentamiento, que se recrudecerá con un fuerte ataque en el otoño del año 2010, por obra de dos de los físico-matemáticos que contribuyeron notablemente en la segunda mitad del siglo XX al establecimiento del actual *modelo estándar* del Universo: Roger Penrose (Colchester, Inglaterra, 1931) y Stephen Hawking (Oxford, Inglaterra, 1942), mediante la publicación de sus recientes obras *Cycles of Time*[308] y *The Grand Design*[309]. En este capítulo y en el siguiente se estudian analítica y críticamente, aunque sea en forma sintética, estas novedades[310]. La obra *The Grand Design* tiene como coautores (en la portada del libro) a Hawking (en letras gigantes) y Mlodinow (en letras pequeñas), pero a nuestros efectos de análisis y crítica, en proyección histórica, la consideramos como de Hawking.

2. Recordatorio de algunas ideas filosóficas y científicas

Para contextualizar conceptual e históricamente el contenido y la difundida como tesis central del libro de Hawking –la innecesariedad de Dios para originar el Universo–, aunque sea en síntesis muy apretada, como en tantas otras cuestiones de esta tesis, conviene recordar algunas de las ideas filosóficas y científicas del ambiente intelectual del tránsito del siglo XIX al XX y que refiere de alguna manera Hawking.

Una. El antiguo principio "*ex nihilo nihil fit*" ("De la nada, nada se hace").

Dos. El problema radical expresado por Gottfried **Leibniz** (1646-1716) como cuestión fundamental: "¿Por qué hay algo y no más bien nada?". Y rubricado por Martin **Heidegger** (1889-1976) en *¿Qué es la Metafísica?* (1929): "¿Por qué hay en absoluto un ente y no más bien nada?".

---

308. R. Penrose (2010). Edición castellana *Ciclos del Tiempo. Una extraordinaria nueva visión del Universo*, Barcelona, Debate.
309. S. Hawking y L. Mlodinow (2010). Edición castellana: *El Gran Diseño*, Barcelona, Crítica.
310. Existen otras manifestaciones de actualidad sobre temas relacionados con el que aquí se trata, entre las que pueden citarse, en sus ediciones en español, las siguientes: Gates, E. (2011): *El telescopio de Einstein*, Barcelona, Alba; Green, B. (2011): *La realidad oculta*, Barcelona, Crítica; y Randall, L. (2011): *Universos ocultos*, Barcelona, Acantilado. En general llama la atención el progresivo tránsito del territorio que sería propio de la *divulgación científica* –difusión fácil y comprensible para una mayoría culta del difícil y específico conocimiento científico adquirido– al de la *especulación*, de ordinario complementaria del conocimiento como sucede en los casos de Hawking y Penrose.

Tres. Tras la teoría de la evolución biológica de Charles **Darwin** (1809-1882) expuesta en *El origen de las especies* (1859) y rubricada y singularizada en *El origen del hombre* (1871) quedan *establecidas* científicamente las siguientes ideas, expuestas de manera concisa.

Primera. Las especies no han sido creadas.

Segunda. La afinidad de las especies y la metamorfosis de estas está constatada.

Tercera. La lucha por la vida es un (¿el?) principio de vida de la Naturaleza.

Cuarta. La historia evolutiva se ha desarrollado mediante *leyes de causalidad*, sin ninguna clase de fin u objetivo fijado previamente.

Quinta. El hombre es también variable, y descendiente de formas de vida inferiores y más antiguas.

Y por lo que respecta al contenido del presente ensayo, en la conexión del *problema* del origen del Universo con el *problema* de Dios, pueden señalarse algunas consecuencias de las ideas anteriores.

1. El dogma (científico-teológico) de la inmutabilidad de las especies está definitivamente arrumbado.

2. Se dispone de una nueva concepción evolutiva de la vida humana.

3. La *hipótesis Dios* no se necesita para la aparición de la Vida.

4. La *hipótesis Dios* no se necesita para la aparición del Hombre. El hombre, "imagen de Dios", aparece como "imagen de animal".

Cuatro. Corría el año 1882. Nietzsche escribe: "*Requiem aeternam Deo*". Con más precisión y en español: "¡Dios ha muerto! ¡Dios está muerto! ¡Y nosotros lo hemos matado!".

Pero, en todo caso, quedaría pendiente, al menos, el *problema* primicial relativo al origen del "*El* TODO lo que *existe*". El Universo: ¿Es creación de Dios?

3. Las preguntas de Hawking

A modo de introducción, de presentación y de justificación de su libro *The Grand Design*, Hawking plantea las siguientes preguntas que, colocándolas en párrafos separados y numerados, parece que cobran más fuerza.

1. ¿Cómo podemos comprender el mundo en que nos hallamos?

2. ¿Cómo se comporta el Universo?

3. ¿Cuál es la naturaleza de la realidad?
4. ¿De dónde viene todo lo que nos rodea?
5. ¿Necesitó el Universo un Creador?[311]

Un anticipo del juicio de Hawking a las respuestas que dará a estas preguntas, aunque no tenga nada de original e incluso se pueda estar parcialmente de acuerdo con él, le sirve como fundamentación extrínseca e intrínseca para su tesis: "Tradicionalmente eran cuestiones para la filosofía [...] pero la filosofía ha muerto"[312]. Suficientemente clara justificación para responder a las preguntas, según él, desde la física. Aquí será objeto por nuestra parte de un análisis crítico, de momento solo relativo a los enunciados de las preguntas formuladas.

Parece obvio señalar, en primer lugar, que en ellas las voces mundo, universo y realidad son sinónimos.

La primera pregunta –¿Cómo podemos comprender el mundo en que nos hallamos?– se refiere al *problema del conocimiento*, el considerado como 4º *problema fundamental* de la historia del pensamiento en la Introducción de esta tesis. Sin ninguna duda es problema de la filosofía, que ojalá lo siga abordando en la actualidad y en el futuro, tras los impresionantes *conocimientos* adquiridos en las ciencias, los *nuevos métodos concebidos* en las diversas ciencias, y, como más radical novedad, el conocimiento científico del (órgano humano) *ente sujetual-objetual* que centramos de ordinario en los términos *cerebro-mente-conciencia*. Pero obviamente es también problema de la ciencia, prioritariamente de las ciencias física y química.

La segunda y tercera preguntas –¿Cómo se comporta el Universo? y ¿Cuál es la naturaleza de la realidad?– se insertan de lleno en el *problema del Universo*, en dos de sus subproblemas no separables de ninguna manera en la actualidad: el del dinamismo –su evolución general y las evoluciones particulares– y el de su naturaleza (su constitución, sus propiedades, sus relaciones, etc., que también, y sobre todo, es dinámica). Estos temas, dinamismo y naturaleza del Universo, en sí mismos y en tanto que problemas, lo son, prioritaria,

---

311. Hawking, S. (2010): *El Gran Diseño*, pág. 11. Estas preguntas están tomadas de la versión española, de la que no soporto ver escrito 'universo' con minúsculas y no sé por qué he transigido con 'mundo' y 'realidad' en las acepciones implícitas en estas frases interrogativas.

312. *Ibid.*, p. 11. Recuerda a Nietzsche.

primordial y principalmente de la física, pero no está mal que la filosofía reflexione sobre ellos en tanto que filosofía, reflexión que a su vez revierta a la física para un mejor conocimiento y expresión de sentido de la propia física.

Pero las preguntas claves, a las que Hawking pretende dar respuesta desde la física, su tesis central, son la cuarta –¿De dónde viene todo lo que nos rodea?– y la quinta –¿Necesitó el Universo un Creador?–, relativas precisamente al *problema del origen del Universo* que nos ocupa. La pregunta cuarta relativa a la procedencia, en su caso, del Universo ("todo lo que nos rodea"). La pregunta quinta, última y principal objetivo del autor, se refiere directamente al *problema de Dios* en su hipotética *relación problemática* con el *problema del origen del Universo*. Aquí, a modo de crítica radical y de anticipo, puede afirmarse, sin ningún tipo de rubor, que no son preguntas para la física, y en todo caso afirmarse rotundamente que desde la física, al menos desde la física actual, no puede responderse en absoluto a ninguna de estas preguntas. Y así podría decirse, en la línea expuesta por Hawking: "Aunque la filosofía haya muerto... la ciencia *humana* que pudiera tratar de estos temas aún no ha nacido".

4. La posición intelectual de Hawking

La cuestión de la 'posición intelectual' que adopta Hawking, o bien del trasfondo filosófico en que se apoya, aunque no lo caracterice suficientemente y no lo eleve explícitamente a la condición de fundamento de un nuevo sistema, que en todo caso no desarrolla, es, no obstante, de sumo interés. Propiamente queda solo enunciado y fugazmente tratado pero merecería una atención especial de profundización filosófica monográfica. Aunque sea en síntesis extrema, como tantos otros aspectos, merece destacarse, señalándola especialmente, la que se denomina aquí 'posición intelectual' de Hawking, que podría haberse denominado 'posicionamiento filosófico'. Significa, por una parte, una especie de huida, pero, por otra, esta no está exenta de superación de los tradicionales *realismo* e *idealismo*.

La visión crítica histórica del físico inglés puede resumirse así. El conocimiento del mundo se obtenía mediante observación directa y las cosas 'eran' lo que parecían, lo percibido por los sentidos. Esta 'visión ingenua' de la realidad no es compatible con la física moderna. La física moderna está basada en conceptos que chocan con la experiencia cotidiana, creando *modelos*. Si el modelo explica satisfactoriamente los acontecimientos, entonces le atribuimos –al modelo, a los elementos y a los conceptos– la calidad de realidad o verdad absoluta. Y si dos o más teorías o modelos de una misma situación física, cada una con conceptos y elementos diferentes, predicen los mismos acontecimientos con exactitud, entonces somos libres para utilizar el modelo más conveniente.

Y a esta 'posición intelectual', 'sistema de pensamiento', 'doctrina filosófica' o como se quisiera denominar, él la llama, no exento de razón y de manera aceptablemente adecuada al hilo de la historia de la filosofía (tal como la *realidad física* –¡realidad real!– ha ido evolucionando a nuestros ojos), "Realismo dependiente del modelo". Esta es, a mi juicio, una idea filosóficamente relevante de Hawking que ofrece desde la física actual.

5. La teoría última de *Todo*: la teoría M

Una pretensión histórica, una esperanza, un objetivo tradicional de la Física ha sido disponer de una única teoría que explicara todo lo que existe, todo lo que sucede, todos los fenómenos. Siempre ha estado tras algún tipo de *unificación*[313], en todo momento tras alguna forma de *reducción*[314]. En esta tesitura se encuentra también, ¡cómo no!, la física actual. Pero, se encuentra en esta tesitura, de búsqueda, de intenciones, de deseos, de esperanzas.

Y en el caso de Hawking, aunque pueda parecer mentira, ha renunciado teóricamente a la consecución de una teoría del *Todo*, a una teoría unificadora, y, sin embargo, anuncia, carente de sentido, inconsistente e incoherentemente que existe (¡ya!) una candidata, la *teoría M*. Pero, además, esta no es propiamente 'una' (adjetivo numeral) teoría, sino que está constituida por una *familia de teorías distintas*, tales que cada una proporciona una buena descripción de observaciones solo en un cierto dominio de situaciones físicas y de tal manera que las diferentes 'versiones' –las

---

313. Ejemplos actuales de este objetivo permanente son, por ejemplo: la *unificación* de la Relatividad y la Cuántica, y la *unificación* de las fuerzas fundamentales de la Naturaleza.

314. De especial relevancia histórica puede considerarse la intención de *reducir* todas las teorías físicas al *movimiento* que explicaba 'perfectamente' la Mecánica newtoniana en el siglo XIX. Todo debía expresarse en términos mecánicos, por ejemplo, la *teoría cinética* de la materia.

distintas teorías parciales de la familia– integradoras de la *teoría M*, son aplicables, cada una de estas, tan solo en dominios limitados de situaciones físicas.

Pero más sorprendente aún es su afirmación, sin sentido, de que las leyes de la Física, desde sí y por sí solas, son capaces de generar desde la NADA el *"El* TODO lo que *existe"* caracterizado como *"EL* TODO ÚNICO UNO FINITO dotado de ESTRUCTURA e intrínsecamente DINÁMICO con ORIGEN singular en el tiempo".

6. La tesis central: la innecesariedad de Dios

Y también muy brevemente, pues no merece más extensión este punto aunque constituya, como reza su título, la tesis central del libro. Basta reproducir algunos párrafos con significativas afirmaciones.

> "Así como Darwin y Wallace explicaron cómo el diseño aparentemente milagroso de las formas vivas podía aparecer sin la intervención de un Ser Supremo, el concepto de multiverso puede explicar el ajuste fino de las leyes físicas sin necesidad de un Creador benévolo que hiciera el universo para nuestro provecho"[315].

> "Según las predicciones de la teoría *M*, nuestro universo no es el único, sino que muchísimos otros universos fueron creados de la nada. Su creación, sin embargo, **no requiere la intervención de ningún Dios o Ser Sobrenatural**, sino que dicha **multitud de universos surge naturalmente de la ley física: son una predicción científica**"[316].

> "El inicio del universo fue regido por las leyes de la ciencia"[317].

> "Nuestra imagen de la creación espontánea del universo"[318].

> "Sabemos que el origen del universo fue un suceso cuántico"[319].

Obviamente, Hawking, como cualquier ser humano, puede creer, concebir, afirmar, pensar todo lo anterior y mucho más; tiene derecho a ello. Y también a escribirlo, y a publicarlo, y a difundirlo. Pero

---

315. Hawking, S. (2010), pág. 187.
316. *Ibid.*, págs. 15-16. El uso de negritas es del autor de este ensayo.
317. *Ibid.*, pág. 155.
318. *Ibid.*, pág. 156.
319. *Ibid.*, pág. 150.

propiamente no se trata de algo que cree, concibe o piensa, sino más bien de algo que presupuestamente *concluye* desde la física y como física, introduciendo este problema –o esta parte del problema– en el ámbito de la física. Y Hawking *sabe*, quizá como pocos, que "la física (al menos la actual) sabe que no puede saber acerca de esa cuestión". Puede afirmar o creer todas esas cosas pero no puede hacerlo *desde* la física, *en nombre* de la física, como consecuencia de las leyes de la física.

En resumen: 1) Se trata de un juicio no fundado, no fundamentado correctamente; 2) Se le concede, ¡cómo no!, la libertad y el derecho para creer, pensar, afirmar, publicar, difundir aquello que considere; y 3) No puede afirmarse, en nombre de la física y desde la física, lo que en nombre de esta afirma Hawking en los párrafos reproducidos, aunque, en consonancia con el contenido de la frase anterior, pueda afirmarlo un físico.

7. La presencia humana en el Universo: "Señores de la Creación"

A modo de 'nota' se considera de interés señalar un aspecto relevante del libro de Hawking relativo al *problema del Hombre* (cuando uno se introduce en la temática presente surgen elementos de los cuatro grandes problemas fundamentales de la historia del pensamiento catalogados en la Introducción: el *problema del Universo*, el *problema del Hombre*, el *problema de Dios* y el *problema del conocimiento*). Baste también, como en el apartado precedente, la reproducción de unos párrafos en línea con la tradicional argumentación antrópica que desarrolla[320].

> "Cada universo tiene muchas *historias* posibles y muchos *estados* posibles en instantes posteriores, es decir, en instantes como el actual, transcurrido mucho tiempo desde su creación. La mayoría de tales estados será muy diferente del universo que observamos y resultará inadecuada para la existencia de cualquier forma de vida. Solo unos pocos de ellos permitirían la existencia de criaturas como nosotros. Así pues, nuestra presencia selecciona de este vasto conjunto solo aquellos universos que son compatibles con nuestra existencia.

---

320. *Ibid.*, principal y específicamente en las págs., 174-188.

Aunque somos pequeños e insignificantes a escala cósmica, ello nos hace en un cierto sentido **señores de la creación**"[321].

8. Y sin embargo... Dios permea todo el libro

Desde la perspectiva de la ciencia física, Dios (en la hipótesis de su existencia con los atributos cósmicos propios del 'Dios de los filósofos': creador de *"El* TODO lo que *existe"*, omnisciente y omnipotente) no interviene en el funcionamiento del Cosmos, funcionamiento que tiene lugar de acuerdo con unas leyes que lo rigen, puestas por Dios. En lo referente al Cosmos, en consecuencia, no existen en la ciencia problemas relacionados con la idea de *milagro*, pero sí existen muchos relacionados con las ideas de *misterio* (interpretados como desconocimiento presupuestamente 'de momento') y con las de *límites del conocimiento*.

A pesar de esto llama la atención la tradicional obsesión de Hawking por el tema de Dios, que permea todos sus libros considerados de divulgación. No tiene propiamente pretensiones teológicas, sus referencias a Dios se centran en el *problema de la existencia* y no construye, por ejemplo al modo de Newton, una 'teología cosmológica' o un tratado de Dios a la luz de su obra, el Universo, mediador este entre el hombre y Dios. Esta afirmación, como es obvio, no se refiere a *El Gran Diseño* cuya tesis central explícita consiste precisamente en (creerse) poner de manifiesto la innecesariedad de Dios como Creador del Universo porque este ha surgido desde la nada como predicción de las leyes físicas.

Las referencias a Dios son no solo frecuentes, sino permanentes en las obras de Hawking. Por no retrotraernos hasta, por ejemplo, la *Historia del tiempo*, sino que basta poner el límite en otra obra más reciente, de 2007, como *La teoría del todo. El origen y el destino del Universo*[322], de la que pueden seleccionarse algunos párrafos harto claros y suficientemente expresivos, que se toman de la versión en español.

---

321. *Ibid.*, pág. 16.
322. Hawking, S. (2007): *The Theory of Everything*, Phoenix Books and Audio. Traducción española de Javier García Sanz, Barcelona: Random House Mondadori. [Por nuestra parte, escribimos Universo y *Big Bang* con mayúsculas, aunque en la traducción aparezcan con minúsculas].

> "Se podría seguir creyendo que Dios creó el Universo en el instante del *Big Bang*. Incluso podía haberlo creado en un tiempo posterior de tal forma que pareciese que hubiera existido un *Big Bang*. Pero no tendría sentido suponer que fue creado antes del *Big Bang*"[323].

En síntesis, en el año 2007 aún manifiesta claramente la compatibilidad de las tesis del modelo cosmológico vigente y de las religiones monoteístas. Pero en 2010, en la obra que se somete a breve análisis crítico, rechaza categóricamente esa posibilidad transfiriendo a la física de manera exclusiva y precisa, la capacidad de creación del Universo desde la nada.

> "A muchas personas no les gusta la idea de que el tiempo tenga un comienzo, probablemente porque suena a intervención divina (la Iglesia católica, por el contrario, ha aceptado el modelo del *Big Bang*, y en 1951 proclamó oficialmente que está de acuerdo con la Biblia). Hubo varios intentos de evitar la conclusión de que había habido un *Big Bang*"[324].
>
> "Si el modelo del *Big Bang* caliente fuera correcto hasta el comienzo del tiempo, el estado inicial del Universo debería haberse escogido con gran meticulosidad. Sería muy difícil explicar por qué el Universo debería haber empezado precisamente de esta manera, salvo como el acto de un Dios que pretendiera crear seres como nosotros"[325].
>
> "Dios puede saber cómo empezó el Universo, pero nosotros no podemos dar ninguna razón concreta para pensar que empezó de una manera antes que de otra"[326].
>
> "El tiempo es una propiedad solo del Universo que Dios creó. Presumiblemente, Él sabía lo que Él pretendía cuando Él lo creó"[327].

---

323. *Ibid.*, pág. 23.
324. *Ibid.*, pág. 39. Se refiere a científicos no creyentes 'militantes'. Esta 'información' la expresa también, por ejemplo, en 1993, en *Agujeros negros y pequeños universos y otros ensayos*: "La ciencia podría afirmar que el Universo tenía que haber conocido un comienzo... A muchos científicos no les agradó la idea de que el Universo hubiese tenido un principio, un momento de creación".
325. *Ibid.*, pág. 94.
326. *Ibid.*, pág. 103.
327. *Ibid.*, pág. 135.

HAWKING. EL 'UNIVERSO AUTOSUFICIENTE'

Pero quizá la reflexión más precisa de Hawking en torno al *problema de Dios* en su relación, en su caso, con el *problema del origen del Universo*, con no mucha extensión pero sí claridad, sea la condensada en los siguientes párrafos.

"¿Y por qué la dirección del tiempo en la que aumenta el desorden es la misma en la que se expande el Universo? Una respuesta posible es que Dios simplemente decidió que el Universo debería estar en un estado suave y ordenado en el comienzo de la fase de expansión. No deberíamos tratar de entender por qué ni cuestionar sus razones porque el principio del Universo era la obra de Dios. Pero por la misma razón se puede decir que toda la historia del Universo es la obra de Dios.

Parece que el Universo evoluciona de acuerdo con leyes bien definidas. Estas leyes pueden o no estar ordenadas por Dios, pero sí parece que podemos descubrirlas y entenderlas. Por eso es poco razonable esperar que las mismas leyes u otras similares puedan también ser válidas en el principio del Universo. En la teoría clásica de la relatividad general, el principio del Universo tiene que ser una singularidad de densidad infinita en la curvatura espacio-temporal. En tales condiciones, todas las leyes de la física conocidas deberían dejar de ser válidas, de modo que no podrían ser utilizadas para predecir cómo debería empezar el Universo"[328].

En unas declaraciones del año 2008, Hawking parece que confiesa: "No soy religioso en el sentido normal de la palabra. Creo que el Universo está gobernado por las leyes de la ciencia. Esas leyes pueden haber sido creadas por Dios, pero Dios no interviene para romper las leyes". A fin de cuentas, participa de la creencia científica de Galileo sobre el *Principio de matematicidad de la Naturaleza*[329].

¿Qué le ha ocurrido a Hawking desde 2007 al 2010? Se había dejado abierta una puerta en 2007 para salir hacia otro camino: "Pero si el Universo es en realidad completamente autocontenido, si no tiene frontera o borde, no sería ni creado ni destruido. Simplemente

---

328. *Ibid.*, págs. 116-117.
329. González de Posada, F. (2010): *El principio galileano de matematicidad de la Naturaleza*, Santander, Real Academia de Medicina de Cantabria.

sería. ¿Qué lugar habría, entonces, para un Creador?"[330]. Esta senda lo condujo hacia *El Gran Diseño*.

Puede considerarse, con toda razón, que tantísimas referencias a Dios en libros de divulgación científica física, aunque se trate del Universo, se deben a la creencia editorial de que el uso del nombre de Dios "vende", cuestión que en el caso de Hawking parece que se ha venido verificando.

Pues bien, en *El Gran Diseño*, Dios también permea el libro, apareciendo *por todas partes* como en los precedentes de Hawking. Pero Dios no es el *genial diseñador* del *exquisito* y *preciso* Universo que aquí describe el físico inglés. El Universo ahora se ha presentado solo, desde la Nada, y por mediación de las leyes de la propia física que existieron por sí mismas, y actuaron desde sí mismas, es decir, que lo crearon y lo mantienen. El Universo aparece sin la intervención de Dios.

9. Consideraciones sobre el ateísmo de la actualidad

Parece conveniente cerrar este capítulo con unas consideraciones, aunque sea con una breve relación de afirmaciones, relativas al ateísmo en la actualidad, a modo de expresión de algunas notas caracterizadoras a mi juicio.

a) La época actual ofrece un cierto claro predominio del escepticismo.

b) El ateísmo hoy es más vivencia práctica de hecho que militancia activa.

c) El tradicional enfrentamiento Iglesia-ciencia, hostil y polémico, se ha paliado, de modo que la Iglesia se presenta, al menos formalmente, como buscadora de cooperación.

d) Desde la perspectiva religiosa, afirmo yo, el problema de esta tensión tradicional aún vigente aunque notablemente menguada, reside, radicalmente, en que de hecho, con vistas al pensamiento y al progreso de este, no se cree: i) que la inteligencia humana es 'don de Dios'; ii) que Dios ha hecho el Universo como ha querido y que nos ha indicado el camino de 'su dominio' (punto de partida, su

---

330. Hawking (2010), pág. 108.

conocimiento) y no nos ha dicho cómo es y mucho menos consiente que nadie diga (la Iglesia, por ejemplo) cómo tiene que ser.

e) El rechazo a Dios ha sido con frecuencia más bien expresión del rechazo a la Iglesia, a las iglesias, a la religión institucionalizada.

Consecuencia y manifestación de todo esto ha sido el proceso de descristianización, de secularización, de fin de la racionalidad, de fin de la modernidad.

3.21
LAS *NUEVAS* IDEAS *EXTRAORDINARIAS* DE PENROSE: *RESIDUOS* DE UN UNIVERSO PRECEDENTE

1. Introducción

Roger Penrose (1931, Colchester, Inglaterra) ha cumplido ochenta años. Su vida científica como físico teórico o físico-matemático ha sido extraordinaria por sus importantes contribuciones a la Relatividad General y a la Cosmología[331] y la ha desarrollado en las principales universidades norteamericanas e inglesas. A mi juicio completó de manera excepcional su trayectoria intelectual con la obra *The Road to Reality*, compendio matemático, físico y filosófico de lo que indica su título: *Camino a la Realidad*.

El comienzo de su nuevo libro, *Ciclos del Tiempo. Una extraordinaria nueva visión del universo*, en el Prefacio, ya es harto significativo: "Uno de los misterios más profundos de nuestro universo es el enigma de su procedencia"[332]. Destacar dos palabras: 'universo' con minúsculas (que invita a la consideración de otros universos reales) y 'procedencia' (presupuestamente de otro 'algo', no como originado de la nada). Y tras esto la autoconsideración de la nueva obra: "cuerpo de especulación propia" y "aproximación heterodoxa". Y a modo de justificación: "heterodoxo, pero está basado en ideas geométricas y físicas que están firmemente fundamentadas".

---

331. Publicaciones (de nuestro interés, en español): *Cuestiones cuánticas y cosmológicas*, Alianza, 1995 (con Hawking); *La naturaleza del espacio y el tiempo*, Debate, 1996 (con Hawking); *El camino a la realidad: Una guía completa de las leyes del Universo*, Debate, 2006; *Lo grande, lo pequeño y la mente humana*, Akal, 2006; *Ciclos del tiempo. Una extraordinaria nueva visión del universo*, Debate, 2010.

332. Penrose (2010): Se utiliza la versión castellana antes citada, de Javier García Sanz, Debate. pág. IX.

Este capítulo pretende servir como representación máxima, pero solo *representación* sin mayor trascendencia en sí mismo, actual, de los 'ataques' al Universo como entidad única; en este caso, bajo la consideración de Universos sucesivos; en otros, como simultáneos multiversos existentes o posibles.

2. La *pretendida* fundamentación científica

La *nueva, extraordinaria* y *heterodoxa* –términos aplicados por Penrose– concepción de "*el* Universo" convertido en '*un* universo' tiene, según él, fundamentación científica física y geométrica.

La *pretendida fundamentación física* se refiere, sobre todo y en primer lugar, a la "enigmática naturaleza del misterio auténticamente profundo que subyace en la segunda ley de la Termodinámica" que lo impulsa a su resolución [del misterio], lo que le llevará a áreas inexploradas de la cosmología que se resuelven con "una perspectiva nueva y muy radical sobre la historia de nuestro universo". La que denomino 'expresión entrópica' del segundo principio de la Termodinámica[333] dice: "La entropía de un sistema aislado (el Universo en tanto que EL TODO ÚNICO UNO es el sistema aislado por excelencia), en el que acaecen procesos, crece" (la 'expresión *energética*' dice: "la energía –que se mantiene constante–, se degrada"). Pues en esta ley encuentra Penrose, a sus ochenta años: a) cierta vaguedad o subjetividad en la definición del concepto de entropía, indicando que "la definición misma de entropía, para un sistema tan complicado, sigue siendo algo enigmática"[334] y el "misterio central que subyace en la profunda utilidad de esta notable noción física"[335]; b) debilidad del enunciado de la segunda ley; y c) "hay momentos excepcionales u ocasionales en los que hay que considerar que la entropía realmente *se reduce* (aunque momentáneamente) con el tiempo (en una fluctuación) pese a que la tendencia general es hacia un aumento de la entropía".

Pero hay una segunda *pretensión* de naturaleza física: "La cuestión clave es el carácter especial del Big Bang", "la naturaleza muy particular de este estado inicial", "los profundos enigmas", "aceptamos que un estado tan extraordinariamente especial dio origen al

---

333. González de Posada, F., *et al.* (2007): *Teorías termológicas*, Pearson.
334. Penrose (2010), pág. 34.
335. *Ibid.*, pág. 41.

universo que conocemos". Tras estas 'reflexiones' sobre el comienzo y la consideración de que desde este, en el Universo que conocemos, la entropía ha crecido, no obstante, "en las etapas muy tardías encontraríamos que es válida una Segunda Ley *invertida*, y la entropía *decrece* finalmente en el tiempo". Más aún: "aunque nuestra experiencia no ofrece ningún indicio de tal inversión final de la Segunda Ley, esta eventualidad no es intrínsecamente absurda". "Se nos ha presentado el *Big Bang* de una naturaleza muy especial, donde la (relativamente) extrema *pequeñez* de la entropía se manifiesta en el hecho de que sus grados de libertad gravitatorios no estaban inicialmente activados"[336].

La *pretendida fundamentación matemática* se refiere a la que denomina "representación *conforme* del plano hiperbólico" en tanto que "*representación conforme del infinito* como una *frontera* finita suave" dado que "quizá sea precisamente la estructura *conforme* del espacio-tiempo la que tiene relevancia física en las etapas finales de la expansión de nuestro universo"[337]. Este proceso, que denomina *cosmología cíclica conforme*, supone la propuesta de que "*hay* una región físicamente real del espacio-tiempo anterior a B- ['nuestro' *Big Bang*] que es el futuro remoto de alguna fase previa del universo, y que hay *también* una fase de universo físicamente real que se extiende más allá de nuestro F+ [final de 'nuestro' universo] para convertirse en un *Big Bang* para una nueva fase de universo"[338]. Así, cada fase de universo la considera bajo la denominación de *eón*, y "nuestro universo" es solo el eón presente, que empezó en nuestro –ahora con minúsculas– *big bang* y que se extenderá progresivamente hasta otro colapso.

3. En torno a las consideraciones cíclicas

La idea de una historia cíclica del Universo, o de las construcciones de cosmovisiones cíclicas, no es nueva, pero acerca de ellas pueden hacerse algunas observaciones.

Primera. La concepción cíclica de Universo no se puede probar, es inverificable desde el punto de vista científico (Penrose considera que, a la luz del mapa de la radiación de fondo de microondas,

---

336. *Ibid.*, pág. 78.
337. *Ibid.*, pág. 147.
338. *Ibid.*, págs. 149-150.

'detecta' la existencia de regiones minúsculas que interpreta como *residuos* de universos precedentes presentes en "nuestro universo").

Segunda. Ciertamente la idea, históricamente, se ha pretendido basar en la existencia de procesos periódicos tales como los movimientos de astros, las estaciones, la continua variación día-noche. E incluso desde perspectivas filosóficas, míticas y/o religiosas se ha planteado reiteradamente (en diversas culturas) la manifestación de una fe en la destrucción y creación periódica del Universo. Así, por ejemplo, frente a la concepción judeo-cristiana de la historia como acontecer pleno de sentido, coherente, progresivo, orientado a un fin, Nietzsche (1844-1900) presentaba la idea del 'eterno retorno'.

Tercera. La irreversibilidad del devenir –la flecha del tiempo, en tanto que realidad orientada hacia el futuro (aunque se haya jugado con los principios y las ecuaciones de la relatividad para hablar de viajes ficcionales)– es un principio físico firmemente establecido.

Cuarta. Esta irreversibilidad ha quedado establecida de manera análoga mediante el segundo principio de la Termodinámica: el crecimiento de la entropía.

4. La *cosmología cíclica conformal*

En resumen, la *nueva, extraordinaria* y *heterodoxa* visión del Universo de Penrose, denominada por él *Cosmología cíclica conformal*, asume el *modelo estándar* de la cosmología actual desde el *Big Bang* hasta un instante final de la expansión acelerada en que colapsa hasta otro *big bang*, período intermedio que bautiza como *eón*. Esta concepción, previa al ensayo matemático que la *justifica*, la ha basado, según afirma, en el análisis de los datos de la sonda WMAP[339], donde, según él, ciertos patrones circulares que aparecen en el fondo de microondas cósmico sugieren que el espacio y el tiempo no empezaron a existir en el *Big Bang*, sino que nuestro Universo existe en un ciclo continuo

---

[339]. La misión *Wilkinson Microwave Anisotropy Probe* (WMAP) para determinar la geometría, el contenido y la evolución del Universo ofreció en 2003, entre otros (resultados suyos que son) datos para los estudios posteriores, un mapa del análisis de la temperatura de la radiación de fondo de microondas que mejoró considerablemente el obtenido por el satélite *Cosmic Background Explorer* (COBE), "Explorador del Fondo Cósmico", primer satélite construido específicamente para estudios cosmológicos, con el objetivo primordial de investigar la radiación de fondo de microondas.

de "rebotes" que llama "eones". "Nuestro Universo" es uno de esos "eones". Hubo otros antes del *Big Bang* y habrá otros después.

En consecuencia, el Universo –EL TODO ÚNICO– independientemente de su concepción *trinitaria* o *unitaria*, creado por un Ser Supremo o existiendo por sí mismo, finito o infinito, estacionario o dinámico, ha dejado de existir siendo sustituido por 'nuestro universo', un *eón* entre dos *big bang*. Desaparece así, en esta concepción, no explícitamente Dios, sino precisamente el Universo, que de manera inmediata y única había sido creado por acción concreta de Dios, mediante intervención positiva, es decir, en esta concepción desaparece el objeto tradicionalmente propio de la creación: el Universo, "*El* TODO lo que *existe*".

CONSIDERACIONES FINALES. A MODO DE CONCLUSIONES

Los distintos capítulos de esta tesis ofrecen consideraciones específicas y conclusiones propias relativas a cada uno de los numerosos temas tratados en ella. No obstante, parece conveniente concluirla ofreciendo una especie de recapitulación de las 'señas de identidad' bajo las cuales se ha elaborado y que, desde esta perspectiva, se presentan también como 'consideraciones finales, a modo de conclusiones', organizadas según las distintas partes del trabajo.

A) EN TORNO A LA INTRODUCCIÓN GENERAL

1. La teología de la **creación del Universo y de la relación de Dios con su obra cósmica** constituye a nuestro juicio el *primer problema* de la teología. Primero tanto en el orden histórico universal como en el orden lógico consecuente con aquel.

2. Por tratarse de teología, logos en cuanto a Dios, los principios fundamentales de su construcción intelectual deben ser *postulados de fe*.

3. Se conciben, expresan, introducen y establecen tres postulados de fe que se designan, respectivamente como de *principialidad, relacionalidad* y *totalidad*. Estos postulados, en su condición de principios básicos, fundamentan y permean, implícita y con frecuencia explícitamente, toda la tesis.

4. El *postulado de **principialidad***, por el que desde la aceptación de la existencia de un Dios uno único, se expresa que "Dios se concibe como Principio de todo, sin origen"; es decir, *principio temporal* (en el sentido aristotélico-newtoniano del tiempo), en cuanto anterior al Universo, y *principio lógico*, en cuanto antecedente de todo lo existente (espacio, tiempo, materia, fenómenos).

5. El *postulado de **relacionalidad***, por el que se afirma que "Dios se relaciona con el Universo en condición de autor, de creador a partir de la Nada".

6. El *postulado de* **totalidad**, por el que "El Universo se concibe como *El* TODO lo que existe", que es obra de Dios (esto supone la integración, en su caso, en *El* TODO lo que existe de todo Universo anterior, de todos los multiversos posibles en la actualidad y de todo lo por venir, y, de nuevo en su caso, no solo 'nuestro Universo').

7. Esta tesis se refiere exclusivamente a la **creación del Universo** (aquí de 'nuestro Universo', que según la cosmología física actual tuvo lugar en el *Big Bang* hace unos 13.8001000.000 años terrestres), **no a la 'creación' del hombre** (que según el conocimiento científico actual, referido al *homo sapiens*, tuvo lugar hace unos 135.000 años terrestres). Se estudia la 'teología de la creación del Universo' no la tradicional 'teología de la Creación' que a fin de cuentas conduce a la creación del Hombre, y, en consecuencia, a la teología del pecado, la redención por Jesucristo y la salvación.

B) EN TORNO AL PROBLEMA DE DIOS

8. El *problema de Dios*, a los efectos de esta tesis, se sitúa exclusivamente en su expresión elemental de **Ser Supremo, Uno único**, construido conceptualmente o asumido como recibido por primera revelación. Contiene, pues, solo el problema de la existencia y el de la descripción de su naturaleza, esencia o sus atributos. Y solo los respectivos con el Universo que denominamos *atributos cósmicos*.

9. Los *atributos cósmicos básicos* –**creador, omnisciente y omnipotente**– hacen que este Dios sea completamente común al cristianismo, judaísmo e islam y al mismo tiempo a las construcciones consideradas como del 'Dios de los filósofos'. En consecuencia constituye un elemento de relevancia a los efectos del ecumenismo cristiano, del ecumenismo religioso y del encuentro de creyentes con no creyentes.

10. Persiste como **problemática la condición (o no) de** *actor* –actuante– en el Universo, dando por supuesta la *omnipotencia*: ¿Actúa Dios o no actúa en el Universo?, ¿es –o sería– necesaria su actuación o no?, ¿puede el Universo funcionar por sí mismo?, etc. Se presentan dos posibles respuestas antagónicas:

a) Sí actúa. Y habría que preguntarse en este caso si lo hace por necesidad, como consecuencia de que la obra creada es imperfecta, lo hace por capricho, como juego para contemplar otra realidad en sí o en su funcionar. Esta opción se encontraría más cercana a la fe de los creyentes en las actuaciones de Dios en su relacionalidad con la humanidad, pero no estaría en consonancia con el quehacer y suponer propiamente científicos en cuanto aceptación, comprensión y búsqueda de leyes (normas de descripción y de funcionamiento). Por esta vía no tendría sentido la investigación científica.

b) No actúa. El Universo funciona siempre por sí mismo, desde sí mismo. Y esto supone, desde la fe –según se manifiesta en esta tesis–, creer más en la omnisciencia de Dios, que todo lo hizo absolutamente bien y por ello el Universo funciona por sí mismo sin necesidad de que Dios se demuestre a sí mismo su dominio. Esta opción se ofrece como consistente con la imagen del mundo que ofrece la ciencia y en consonancia con el final de la descripción del Génesis de la creación: "Y vió Dios que era bueno y descansó".

Como se reitera de diferentes maneras a lo largo de la tesis, Dios creó el Universo porque quiso, como quiso y cuando quiso, y no como los hombres, fueren estos quienes fueren –científicos o teólogos, filósofos o papas, literatos o faraones– decidan en cada momento histórico, aspectos que ponen de manifiesto, a mi juicio, por una parte, falta de fe, y, por otra, soberbia.

C) EN TORNO AL PROBLEMA DEL UNIVERSO[340]

11. El **problema del origen del Universo**, que en la tradición intelectual había sido objeto de formulación y especulación en los ámbitos de la filosofía y de la teología, desde la década de los años 20 del siglo XX se convierte en un **problema primordial de la Física**, disciplina científica, que comienza a asumir la Cosmología como suya. El problema del origen del Universo es, en consecuencia y al menos, *también*, un problema de la Física.

12. El *modelo estándar* del Universo actualmente vigente, denominado *modelo del Big Bang*, describe la historia del Cosmos con un origen singular en el tiempo. Este "gran destello", concebido inicialmente, 1927, por Georges Lemaître[341], supuso un **acuerdo perfecto** entre la *respuesta* de la ciencia y la *respuesta* de las religiones monoteístas al *problema básico* del origen del Universo: el *Big Bang* de la Fí-

---

340. Se hacen aquí solo consideraciones relativas al presente, en la tesis se estudian las cosmologías a lo largo de la historia.
341. Consecuencia de unos estudios sobre las *ecuaciones de campo* de la Relatividad General de Einstein y de los primeros indicios observacionales.

sica se interpreta metafóricamente como el *instante creador* por Dios (las concepciones newtonianas de espacio y tiempo absolutos, verdaderos, matemáticos e infinito y eterno respectivamente, ofrecían un difícil lugar de encuentro a pesar de los esfuerzos de Newton en sus numerosos intentos teológicos por compaginar la 'obra de Dios' con sus teorías físicas *Dinámica* y *Gravitación*). El Universo es EL TODO ÚNICO UNO FINITO dotado de ESTRUCTURA, intrínsecamente DINÁMICO –en *expansión acelerada*– y con un ORIGEN singular en el tiempo.

13. Las obras recientes de Hawking y Penrose, que hemos situado en la actualidad, asumen en su integridad el *modelo estándar actual* al que ambos han colaborado en su elaboración y en su establecimiento: Universo nacido en el *Big Bang* y hoy en expansión acelerada. Este modelo cada uno lo completa, de hecho en el origen, exponiendo dos tesis netamente diferentes: a) Hawking, como surgiendo desde la nada por sí mismo según las leyes de la propia física; y b) Penrose detectando, según afirma, *residuos* de universos predecesores. En común: "nuestro universo" –con minúscula en ambos casos– no ha precisado de un Creador, de Dios; el primero, de manera explícita e incisiva, y el segundo, implícita, aunque sin referencia expresa próxima alguna.

14. La *novedad* introducida por Stephen **Hawking** en su tesis central acerca de "la creación cuántica espontánea del Universo", que hace, según este autor explícitamente **innecesaria la existencia de un Creador**, no está fundamentada en la Física. No existe la supuesta *teoría del Todo*, la Física cuántica no explica ni puede explicar la aparición del Universo desde la *Nada* y, sobre todo, desde la Física actual, como él ha descrito y justificado tantas veces a lo largo de su vida, "se sabe que no puede saberse" nada del entorno temporal inmediato posterior al *Big Bang* (el anterior no existe, ya que el tiempo en el modelo vigente nace con el Universo). En sus numerosas obras de divulgación científica, Hawking ha abusado del uso del término Dios, ha mostrado por Él un especial aprecio, probablemente por considerar, tanto las editoriales como él, que 'vende'. En todo caso conviene recordar que los principios negativos de la ciencia se consideran absolutos y no mera representación (naturaleza de los positivos): "se sabe que no puede saberse", al menos por el momento, y Hawking no ha demostrado nada, solo ha especulado y no científicamente, aunque pretendidamente lo haya hecho desde la ciencia.

Puede, con todo derecho e incluso si se quiere con razón, negarse la existencia de Dios, pero no, hoy por hoy de ninguna manera, hacerlo en nombre de la Física.

15. La *nueva* y *extraordinaria* visión de "nuestro universo" de Roger **Penrose** es exactamente lo que él afirma: "cuerpo de especulación propia" y "aproximación heterodoxa"[342] aunque esté, según él, "basado en ideas geométricas y físicas que están muy firmemente fundamentadas". Acepta, como referencia, el *modelo estándar vigente* del Universo en expansión acelerada, pero lo convierte en un 'eón' (un ciclo) de la 'totalidad temporal del Universo' (conjunto ¿infinito? de ciclos), y hace que 'el Universo' (*EL* TODO ÚNICO UNO) pierda su sentido de totalidad única para convertirse en un estadio (un 'eón'), constituyendo este solamente "nuestro universo" (con minúsculas ya) que no precisaría, de ninguna manera, la existencia de un Creador, del que no habla en ningún caso. Sus interesantes y bellísimas elucubraciones científicas son tanto como, pero solo eso: sustantivamente, elucubraciones; y adjetivamente, interesantes, bellísimas y con referencias científicas aunque no fundamentadas.

16. El **modelo estándar del Universo**, *modelo del Big Bang*, hoy en expansión acelerada, sigue vigente y es objeto de elaboración más precisa y más detallada a la espera de la información que continúen aportando sobre los primeros instantes los *mensajeros cósmicos*: radiación electromagnética de fondo cósmico de microondas, radiación de neutrinos cósmicos primigenios, las supuestas (esperadas) ondas gravitacionales generadas en el *Big Bang* y los rayos cósmicos. Junto a esta información, esperada y esperable, la Cosmología y la Astrofísica continuarán resolviendo nuevos problemas de la historia y la constitución del Cosmos. Quedan muchos misterios, muchos problemas pendientes y otros muchos que aparecerán. Y quizá lo más importante (que desde la ciencia aún no se ha ni siquiera vislumbrado), es que el Universo es *abierto* y aún no ha dado de sí todo lo que potencialmente pudiera 'dar de sí'.

17. El *modelo del Big Bang*, representación del conocimiento actual sobre el Universo, que presenta a este como *EL* TODO ÚNICO UNO FINITO dotado de ESTRUCTURA, intrínsecamente DINÁMICO y con un ORIGEN singular en el tiempo, es no solo **perfectamente compatible con la existencia de un Dios** (con los *atributos cósmicos*

---

342. Penrose (2010), pág. X.

de) **creador, omnipotente y omnisciente** (principio teológico común a las religiones monoteístas) que tras la creación, en expresiones bíblicas[343], "Vio Dios ser muy bueno cuanto había hecho" y "Así fueron acabados los cielos y la tierra... descansó Dios... de cuanto había creado y hecho".

D) EN TORNO AL PROBLEMA DE LA RELACIÓN DE DIOS CON SU OBRA CÓSMICA

18. Con el apoyo de la "**razón iluminada por la fe**" y de la "**fe guiada por la razón**", como deseos y como ejercicio, y con la clara convicción de que Dios es trascendente a nuestra limitada inmanencia, y que está muy arriba en el plano intelectual y muy cerca en el plano afectivo, se ha realizado el estudio expuesto en las páginas de esta tesis, **TEOLOGÍA DE LA CREACIÓN DEL UNIVERSO y de la relación de Dios con su obra cósmica.**

19. El concepto de **Universo**, en su concepción prioritariamente física, debe diferenciarse del concepto de **Mundo**, de uso este fundamentalmente religioso y referido, de ordinario en este ámbito, al 'mundo del hombre'.

20. La **teología de la creación**, aunque escasa, de hecho se ha venido refiriendo siempre a la creación del hombre, en su total generalidad (y en la línea del Génesis), y de manera concreta, a veces, en cuanto tal teología de la creación al 'mundo del hombre' (como, en principio, debe ser, dado que la Teología es 'ciencia acerca de Dios', hecha por el hombre, desde el hombre y para el hombre). Este 'mundo del hombre', desde la perspectiva cósmica, a lo sumo integra la superficie de la Tierra y la aparente visión de los cielos desde ella. La tesis se refiere a la **teología de la creación del Universo** que, de acuerdo con el conocimiento científico actual, conviene reiterar que surgió hace unos 13.800|000.000 años terrestres y el *homo sapiens* (tomándolo como referencia en el desarrollo evolutivo) hace solo unos 135.000 años terrestres. Importa separar los acontecimientos para comprender que Dios y el Universo han estado 'coexistiendo' sin presencia del hombre (en la Tierra, un lugar, en principio –a la luz del conocimiento actual– insignificante) unos 13.800|000.000 años

---

343. Nácar, E. y Colunga, A. (1063): *Sagrada Bilbia*, Madrid: BAC. Cf. Génesis, 1–31 y 2,1-3.

terrestres. El Universo ha estado, en su caso, mucho tiempo preparando la llegada del Hombre a la Tierra.

Parece que el Universo merece una específica atención desde la fe en un Creador del mismo.

21. **Dios** existe y es eterno, constituye *Principio* **de todo**; Dios se relaciona con el Cosmos en condición de Creador, y es Creador de 'todo lo que exista' en pasado, presente y futuro.

22. Dios creó el Universo con una precisión excepcional como ponen de manifiesto los diferentes aspectos que se consideran en el **principio antrópico**. Una portentosa maravilla de coincidencias, de casualidades, que invitan a reconocer la (suma) omnisciencia del diseñador, tanta que no precisaría de actuaciones posteriores y *desde* la eternidad (del ayer) supo concebir un Universo tan complejo y tan difícil *hacia* el futuro (con un supuesto fin concreto), todo ello como clara manifestación de su Omnisciencia y su Omnipotencia.

23. Persiste **el problema de la actuación o no de Dios en el Universo**. Obviamente, a la luz de sus atributos cósmicos, Dios puede actuar si quiere, cuando quiere y como quiere. Pero no parece adecuado que, una vez más, desde ámbitos ausentes de conocimiento científico, decidamos los hombres si actúa o no, y en su caso cuándo, cómo, por qué, para qué, etc. Por lo que nos es dado conocer del Universo, caben las siguientes dos hipótesis extremas, nítidas, compatibles de manera perfectamente plausible con el conocimiento científico actual.

a) **No actúa, porque no es necesario, ya que lo ha previsto todo desde el principio para siempre**, en la línea sugerida por el Génesis en la descripción del séptimo día interpretado de manera literal: "Vio que todo era bueno y descansó". Las leyes del Universo, perfectamente adecuadas para su funcionamiento, se bastan para su autoorganizacion dinámica. Esta opción es la que, de momento al menos, se presenta como más ajustada a la ciencia: en el Universo no se aprecian 'milagros', funciona de acuerdo a leyes.

b) **Actúa** porque lo considera apropiado (necesario, conveniente, caprichoso, etc.,) en el sentido de mantener el funcionamiento del Universo gobernándolo con su Providencia. La tesis de la actuación es la tradicional religiosa cristiana, manifestación ordinaria de fe. Se han introducido una serie de posibilidades justificadoras o caracterizadoras de la posible intervención divina coyuntural, pero cualquiera de ellas permitiría una interpretación que reduciría la concepción de Dios y de su actuación porque rebajaría la condición de Omnisciente sin mermar la de Omnipotente que está, más que prevista, impuesta.

24. En torno a la idea y la creencia de **finalidad humana**. Desde una perspectiva religiosa genesíaca se ha venido considerando que el Hombre, la especie humana, constituía el punto final del Universo (es verdad que las dimensiones de este en comparación con lo concebido en la actualidad eran enormemente reducidas y su tiempo desde la creación no alcanzaba siquiera al neolítico según nuestros conocimientos actuales). El Universo, según la cosmología física actual, se encuentra en expansión acelerada presupuestamente hasta muchos miles de millones de años hacia el futuro. Por lo que sabemos, y con lo que ignoramos (y al margen, por ejemplo, de holocaustos nucleares e impactos cometarios), puede considerarse que la especie humana sobrevivirá, por ejemplo, y siendo optimistas, unos millones de años. En consecuencia, desde esta perspectiva no puede asegurarse que el Universo estaba orientado *finalmente* al hombre. La idea (ciertamente muy vaga) recibida prioritariamente del Apocalipsis como final de los tiempos, con la segunda venida de Cristo, y de cierre de la Creación, como tantas cosas, concepciones primitivas, heredadas, habría de referirse al fin de la Tierra, al fin de la especie humana o al fin del 'mundo de los hombres' (identificado erróneamente tantas veces con el Universo).

25. En un Universo tan grande, en el que el planeta Tierra representa tan poco, tan poquísimo, y en un Universo tan antiguo y al que debe quedarle tanta vida, en el que la presencia del hombre es tan fugaz, tan corta, hay que replantearse la idea del **propósito de Dios**, y cobra especial relevancia en este contexto la tradicional quinta «Sola» de la tradición protestante: *Soli Deo Gloria*, para su gloria. Y en ese contexto, el ser humano puede gloriar a Dios, debe gloriar a Dios en el brevísimo intervalo tempóreo universal que le está tocando vivir.

26. Parece, incluso teológicamente, al menos prudente aceptar que el conocimiento acerca del Universo se obtiene prioritariamente, si no exclusivamente, desde el conocimiento científico del mismo, es decir, a la luz de la cosmología física.

27. El **papel de la ciencia como signo de los tiempos** merece una consideración especial desde la perspectiva de la teología (de las teologías).

CONSIDERACIONES FINALES

a) El 'caso Galileo' (raíz del tradicional problema 'ciencia *versus* religión') se ha tratado prioritariamente como 'caso de una persona' ampliado a las personas de los jueces: actitudes, conductas, celos, envidias, protagonismos, etc. No suficientemente como los trasfondos que encierra: filosóficamente, socialmente, teológicamente.

b) A modo incluso de principios teológicos básicos pueden considerarse los siguientes:

> 1. El Hombre ha sido creado "a imagen y semejanza de Dios". Esto significa que es inteligente, creador, libre; aunque todo lo escribamos con minúsculas.
>
> 2. El Hombre ha recibido el mensaje divino de "Dominad la Tierra", admirando, estudiando, descubriendo, comprendiendo la Creación de Dios.
>
> 3. El Hombre es especie, es humanidad, es comunidad. No es el hombre, cada hombre, un hombre, un individuo de la especie (sea jefe de estado, profeta, papa). A este hombre, a cada uno, a todos, se orientan las religiones. A este se le ve débil, pecador, enfermo, etc.

c) La tarea científica ha sido, y es, tarea del Hombre (al que nos referimos con mayúscula) y no tarea de un hombre (o varios).

> 1. Socialmente, los tiempos modernos y postmodernos presentan como signos condicionantes (y quizá determinantes) los propios de la ciencia: la revolución de la Modernidad, la Ilustración y la Postmodernidad –tal como las hemos considerado–, han sido, y son, tiempos de la ciencia. Y hay que estar abiertos a los *signos de los tiempos*, las religiones también.
>
> 2. Signo de los tiempos presentes, sin duda, es la ciencia. Y posiblemente no solo 'signo', sino **'el signo'**. Y hay que atenderlo desde todas las perspectivas, también desde la teología. Y más aún en un tema como el que tratamos: el Universo.

d) Y es aquí donde juegan papel relevante las dos manifestaciones de la revolución galileana que hemos denominado: 1) revolución teológica; y 2) revolución filosófico-matemática.

> 1. La *revolución teológica* implica: 1) Las Sagradas Escrituras, aunque escritas por hombres, están inspiradas por Dios; 2) El Universo

está creado por Dios; y 3) Las Sagradas Escrituras hay que interpretarlas a la luz del conocimiento del Universo.

2. El *principio galileano de matematicidad de la Naturaleza*, referido con generalidad a la ciencia, supone la normatividad general (en todo, en todas partes y siempre) del Universo. Este principio puede basarse en una concepción de Dios que lo presenta como 'más' omnisciente y 'más' omnipotente que toda aquella que exigiera *necesidad* de efectuar 'correcciones' coyunturales en su obra.

e) Por ello, a estos dos principios intelectuales debe unírseles el hecho social relevante, como signo de los tiempos, de la ciencia, que no puede quedar al margen de la teología. La reflexión teológica, sin ningún miedo –¡ninguno!–, debe tener presente la ciencia 'establecida'.

28. A modo de consideración formal final especialmente querida, creemos que la expuesta es teología válida, ortodoxa, para todas las teologías, creencias e iglesias cristianas, ya que se encuentra en el lugar común a todas ellas: el Dios Uno Único y su obra cósmica. Presenta y ofrece, en consecuencia, especial interés ecuménico.

BIBLIOGRAFÍA

AGUIRRE MARTÍNEZ, L. A. (1998): *La noción cristiana de creación y la filosofía griega: de Étienne Gilson a Giovani Reale*, Universidad de La Sabana.

AGUSTÍN DE HIPONA (2006): *Las Confesiones*, Madrid, Tecnos (Ed. Agustín Uña, colección «Los esenciales de la Filosofía»).

—— (2007): *La ciudad de Dios*, Madrid, Tecnos (Ed. S. Antuñano, colección «Los esenciales de la Filosofía»).

ALONSO, J. M. (1989): *Introducción al principio antrópico*, Madrid, Ediciones Encuentro.

ANDREWS, P. y STRINGER, Ch. (1985): *Human evolution*, London, Cambridge Un. Press.

ARANDA ALONSO, F. (2013): «El vacío cuántico. Puerta de Dios. Timón de la creación». Presentado en la VIII Jornada de Reflexión Teológica. Cofradía Internacional de Investigadores, Toledo (11.05.2013).

BARROW, J. D.: *Anthropic Definitions*: Quart. Jl. Royal Astr. Soc. 24 (1983) 146-153.

—— (1990): *Life, the Universe and the Anthropic Principle*, en TAYLOR, J. (ed.) (1990), *The Anthropic Principle*, Penguin.

—— (1992): *The Anthropic Principle*: L'Umana Avventura, Feb. issue, pp. 1-13.

—— *Anthropic Principles in Cosmology*: Vistas in Astronomy 37 (1993) 409-427.

—— (1998): "Cosmology, Design Arguments, and the Anthropic Principle", *Proc. SSQ Conference*, Berkeley, June 8th 1998, CTNS.

—— (2001): "Cosmology, Life, and the Anthropic Principle", *Annals NY Acad. Sciences* vol 950, 139-153, *Proc. AAAS* Symposium *Cosmic Questions*, april 14-16, 1999, Washinton DC, (ed.), J. B. Miller.

BARROW, J. D. y TIPLER, F. J. (1986): *The anthropic cosmological principle*, Oxford, Oxford University Press.

BARROW, J. D., TIPLER, F. J. y LESLIE, J. (1990): *Physical Cosmology and Philosophy*, New York, Macmillan.

BELTRÁN MARÍ, A. (2006): *Talento y poder. Historia de las relaciones entre Galileo y la Iglesia católica*, Pamplona, Laetoli.

BERTOLA, F. y CURI, U. (eds.) (1993): *The Anthropic Principle: The Conditions for the Existence of Mankind in the Universe*, Cambridge, Cambridge Univ. Press.

BONDI, H. y GEOLD, T.: *The Steady-State Theory of the Expanding Universe*: Monthly Notices of the Royal Astronomical Society 108 (1948) 252-270.

BREUER, R. (1991): *The Anthropic Principle*, Boston, Birkhauser.

BRUNO, G. (1584): La trilogía «Diálogos metafísicos»: *La cena de las cenizas; Sobre la causa, el principio y el uno; y Sobre el infinito universo y los mundos*, Barcelona, Orbis, 1981.

——— (1591): *Sobre lo inmenso y los innumerables*.

BUNGE, M. (1967): *Scientific Research*, Springer-Verlag, New York (Ed. cast. *La investigación científica*, Ariel, Barcelona 1969; 2ª ed. corregida, 1985. Trad. Miguel A. Sacristán).

CALVINO, J. (1988 [1536]): *La institución de la religión cristiana*, Buenos Aires, Nueva Creación.

CARR, B. J. y REES, M. J.: *The anthropic principle and the structure of the physical world*: Nature 278 (1979) 605-612.

CARTER, B. (1974): *Large Number Coincidences and the Anthropic Principle in Cosmology*, en LONGAIR, M. S. (ed.), *Confrontation of Cosmological Theories with Observational Data, Proceedings of the second Copernicus Symposium*, Dordrech, Reidel, pp. 291-298.

——— (1983): *Phil. Trans. R. Soc.* A 310, 347-363.

COLLINS, C. B. y HAWKING, S. W.: *Why is the universe isotropic?*: The Astrophysical Journal 180 (1973) 317-334.

COPÉRNICO, N. (1543): *De revolutionibus orbium coelestium*. (1982): *Sobre las revoluciones (de los orbes celestes)*, Edición de Carlos Mínguez y Mercedes Testal, Madrid, Editora Nacional.

COMISIÓN TEOLÓGICA INTERNACIONAL (2012): *La teología hoy: perspectivas, principios y criterios*, Madrid, BAC.

CRAIG, W. L.: *Hartle-Hawking Cosmology and Atheism*: Analysis 57 (1997) 291-295.

DARWIN, CH. (1859): *On the Origin of species*. (1959): *El origen de las especies*, Madrid, Austral, (ed.), J. Josa.

DAVIES, P. (1993): *La mente de Dios*, Madrid, Mc Gaw-Hill.

DEMARET, J. y BARBIER, C.: *Le principe anthropique en cosmologie*: Revue des Questions Scientifiques 152 (1981) 181-222 y 461-509.

DESCARTES, R. (1637): *Discurso del Método para conducir bien la propia razón y buscar la verdad en las ciencias*.

——— (1637): *Ensayos filosóficos: Dióptrica, Meteoros y Geometría*.

——— (1641): *Meditaciones metafísicas*.

——— (1642): *La búsqueda de la verdad mediante la razón natural*.

——— (1644): *Principios de filosofía*.

——— (2002): *Discurso del Método y Meditaciones metafísicas*, Madrid, Tecnos (Trad. M. García Morente, colección «Los esenciales de la Filosofía»).

——— (2011): Cirilo Flórez Miguel (ed.), *Obra completa*, Biblioteca de Grandes Pensadores, Madrid, Editorial Gredos.

DICKE, R. H.: *Dirac's Cosmology and Mach's Principle*: Nature 192 (1961) 440-441.

DIRAC, P. A. M.: *The Cosmological Constatnts*: Nature 139 (1937) 323.

——— *A new basics for Cosmology*: BRS A 165 (1938) 199-208.

——— *Rispota alla lettera di R. H. Dicke riportata come DICKE*: Nature 192 (1961) 441.

Discurso de Su Santidad el Papa Pío XII del 3 de diciembre de 1939 al *Solemn Audience* de la Sesión Plenaria de la Academia Pontificia de Ciencias.

Discursos de los papas, de Pío XI a Juan Pablo II, a la Academia Pontifícia de Ciencias, 1939-1986, Ciudad del Vaticano.

EINSTEIN, A.: *Zur Elektrodynamik bewegter Körper*: Annalen der Physik 17 (1905) 891-921, versión española en González de Posada, F. y Trujillo, D. (2005): *En torno a Einstein: la Teoría de la Relatividad y el pensamiento español en 1923. En el Año Internacional de la Física*, Écija (Sevilla): Real Academia de Ciencias, Bellas Artes y Buenas Letras "Luis Vélez de Guevara".

——— (1905-2005): *Sobre la electrodinámica de los cuerpos en movimiento*: Teorema. Revista Internacional de Filosofía, Vol. XXIV/2, pp., 91-119.

——— (1905-2005): *¿Depende la inercia de un cuerpo de su contenido de energía?*: Teorema. Revista Internacional de Filosofía, Vol. XXIV/2, pp. 121-124.

——— (1917): *Sobre la teoría especial y general de la relatividad* («para dar una idea lo más exacta posible de la teoría de la relatividad pensando en aquellos que, sin dominar el aparato matemático de la física teórica, tienen interés en la teoría desde el punto de vista científico o filosófico general»). (2008): *Sobre la teoría de la relatividad especial y general*, Madrid, Alianza.

—— (1921-2008): *El significado de la relatividad*, Madrid, Espasa.

—— (2000): *Mis creencias*, Buenos Aires, Leviatán

—— (2000): *Mis ideas y opiniones* (Trad. José M. Alvarez Flórez y Ana Goldar), Barcelona, Antoni Bosch.

—— (2003): *Notas autobiográficas*, Madrid, Alianza.

—— (2005): *Mi visión del mundo*, Barcelona, Tusquets.

FACULTAD TEOLÓGICA CRISTIANA REFORMADA. Materia de Estudio 1: *Teología del Nuevo Testamento I (Teología Paulina)*.

——Materia de Estudio 2: *Ateísmo y existencia de Dios*.

——Materia de Estudio 3: *Los Concilios Ecuménicos de la Iglesia Cristiana*.

——Materia de Estudio 4: *Historia, Desarrollo y Reconocimiento del Canon Bíblico*.

——Materia de Estudio 5: *Composición Literaria y Teología de los Evangelios*.

——Materia de Estudio 6: *Teología de la Reforma (Estudio sobre las 5 Solas)*.

——Materia de Estudio 7: *Los Credos ecuménicos primitivos y las Confesiones de Fe históricas de la Reforma*.

——Materia de Estudio 8: *Conociendo el Cristianismo: Iglesias Cristianas*.

FEYERABEND, P. (1984): *Adiós a la razón*, Madrid, Tecnos (Trad. José R. Rivera).

FOWLER, W. A., GREENSTEIN, J. L. y HOYLE, F. (1961): "Deuteronomy. Synthesis of Deuterons and the Light Nuclei during the Early History of the Solar Systeme", 29 (7).

FRIEDMANN, A.: *Über die Krümmung des Raumes*: Zeitschrift für Physik 10 (1922) 377-386.

——*Über die Welt Möglichkeit einer MIT konstanter negativer Krümmung des Raumes*: Zeitschrift für Physik 21 (1924) 326-332.

GALE, G.: *El principio antrópico*: Investigación y ciencia 65 (1982) 94 103.

GALILEI, G. (1589): *De Motu (Sobre el movimiento)*.

—— (1610): *Sidereus Nuncius (El mensajero sideral)*. (1995): *Diálogo sobre los dos máximos sistemas del mundo ptolemaico y copernicano* (Antonio Beltrán Marí, ed.), Madrid, Alianza.

—— (1623): *Il Saggiatore*. (1984): *El ensayador* (José Manuel Revuelta, trad. y ed.), Buenos Aires, Aguilar.

BIBLIOGRAFÍA

—— (1632): *Dialogo sopra i due massimi sistemi del mondo tolemaico e copernicano* (*Diálogo sobre los dos principales sistemas del mundo*).

—— (1638): *Discorsi e dimostrazioni matematiche intorno à due nueve scienze* (*Diálogos y demostraciones matemáticas en torno a dos nuevas ciencias*), Madrid, Editora Nacional, 1976. [Ed. cast. C. Solís y J. Sádaba].

—— (1842-1852): *Opere complete*, 15 vols., Florencia, *Alberdi*.

—— (1890-1909): *Le opere complete di Galileo Galilei*, 20 vols., Florencia, Edición nacional.

GALINDO TIXAIRE, A. (2011): *Quanta y Vida*, Madrid, Real Academia Nacional de Medicina.

GATES, E. (2011): *El telescopio de Einstein*, Barcelona, Alba.

GONZÁLEZ, A.: *La vía cósmica hacia Dios según Xavier Zubiri*: Xavier Zubiri Review 7 (2005) 91-107.

GONZÁLEZ DE POSADA, F. (ed.) (1992a): *Cosmología: Física, Filosofía, Religión*, Madrid, Amigos de la Cultura Científica.

—— (1992b): *Origen y evolución del Universo (Perspectiva actual de la Física)*, en González de Posada (ed.) (1992a).

—— (1992c): *Y... Dios: ¿qué?, ¿dónde?, ¿cuándo? (Perspectiva religiosa)*, en González de Posada (ed.) (1992a).

—— (ed.) (1993a): *Cosmología: en torno a Galileo*, 1993, Madrid, Amigos de la Cultura Científica.

—— (1993b): *El Cosmos en la perspectiva del siglo XVI. Los albores de la Modernidad: Copérnico, Brahe, Bruno contra Aristóteles, Ptolomeo y la Escolástica*, en González de Posada (ed.) (1993a).

—— (1993c): *Reflexiones en torno a Galileo desde la actualidad: Física, Filosofía y Religión*, en González de Posada (ed.) (1993a).

—— (1994a): *Curso de Cosmología: Física, Filosofía, Religión*, Universidad de La Laguna.

—— (1994b): *Breviario de Teoría dimensional*, Madrid, Publicaciones ETS Arquitectura, Universidad Politécnica de Madrid.

—— (ed.) (1995a): *Cosmología. El Sistema Solar: la Tierra, la Vida, el Hombre. Física, Biología, Filosofía*, Madrid, Amigos de la Cultura Científica.

—— (1995b): *El Cosmos: origen, evolución, configuración actual, funcionamiento*, en González de Posada (ed.) (1995a).

—— (1995c): *Una metafísica integradora de tan diversas realidades: en torno a Zubiri*, en González de Posada (ed.) (1995a).

——— (1995d): *Blas Cabrera ante Einstein y la Relatividad*, Madrid, Amigos de la Cultura Científica.

——— (1998): *Consideraciones de naturaleza prioritariamente física en torno a la Protección y Prevención de los riesgos de la vida de la especie humana en un contexto cosmológico: arquitectura e ingeniería sanitarias*, Madrid, Real Academia Nacional de Medicina.

——— (2000): "Consideraciones de actualidad en torno a la búsqueda de vida extraterrestre", *Anales de la R. Ac. Nac. Med.*, t. CXVII, 207-221.

——— (2001a): *La física del siglo XX en la metafísica de Zubiri*, Madrid, Instituto de España.

——— (2001b): "Reflexiones en torno al éter", *Anales de la R. Ac. Nac. Med.*, t. CXVIII, 43-77.

——— (2002): "Las revoluciones conceptuales acerca de la Naturaleza impuestas por la física del siglo XX", *Anales de la R. Ac. Nac. Med.*, t. CXIX, 21-39.

——— (2003a): "De la Física a la Biología: la dinamicidad intrínseca del Cosmos", *Anales de la R. Ac. Nac. Med.*, t. CXX, 31-45.

——— (2003b): *Anal. Real. Acad. Nal. Farm.*, 69: 479-512.

——— (2004a): "El principio de los primeros Principios: el Principio antrópico", *Anales de la Real Academia Nacional de Medicina*, 1-23.

——— (2004b): *La ciencia contemporánea en la obra de Zubiri*, en *Desde Zubiri* (Ed. Diego Gracia, Fundación Xavier Zubiri).

——— (2005a): *Jorge Juan y su Asamblea Amistosa Literaria*, Madrid, Instituto de España.

——— (2005b): *Horizontes abiertos por las Teorías de la Relatividad de Einstein*: Teorema. Revista Internacional de Filosofía, Vol. XXIV/2, pp. 83-90.

——— (2005c): *Blas Cabrera y Julio Palacios: pensamientos opuestos ante la Teoría de la Relatividad*: Teorema. Revista Internacional de Filosofía, Vol. XXIV/2, pp. 1-6.

——— *Ortega ante la Teoría de la Relatividad*: Teorema 22 (2005d) 9-21 (en Suplemento Limbo).

——— *El impacto de Einstein en el joven Zubiri (1923)*: Teorema 22 (2005e) 35-40 (en Suplemento Limbo).

——— (2005f): *En torno a Einstein. La teoría de la relatividad y el pensamiento español en 1923*, Écija, Real Academia de Ciencias, Bellas Artes y Buenas Letras "Luis Vélez de Guevara".

—— (Coord.) (2007): *La ciencia en la España ilustrada*, Madrid, Instituto de España.

—— (2008): *José Celestino Mutis y la ciencia fundamental de su época en la América española*, Madrid, Instituto de España. [Reproducción en (2009): *José Celestino Mutis. Otra perspectiva científica con el trasfondo de Jorge Juan*, Madrid, Fundación Jorge Juan].

—— (2009a): *José Celestino Mutis: Apóstol físico-matemático*, en Real Academia Nacional de Farmacia (2009), pp. 35-57.

—— (2009b): *José Celestino Mutis ante la Inquisición*, en Ribas, B. (ed.) (2009), pp. 95-121.

—— (2010): *El principio galileano de matematicidad de la naturaleza*, Cantabria Académica, n° 243, Santander, Real Academia de Medicina de Cantabria.

—— *El problema del origen del Universo en la actualidad*: Burgense 53 (2012) 173-214.

—— (2013a): *El concepto de Dios en la Constitución de 1812. La 'fórmula trinitaria gaditana'*, en Cofradía Internacional de Investigadores. Actas del Congreso Beresit V, pp. 275-291.

—— (2013b): *La religión católica en la Constitución de 1812: 'Única verdadera' y 'componente de la esencia de la nación española'*, en Cofradía Internacional de Investigadores. Actas del Congreso Beresit V, pp. 315-330.

—— (2013c): *La Iglesia en las Cortes de Cádiz y en la Constitución del 12*, en Cofradía Internacional de Investigadores. Actas del Congreso Beresit V, pp. 331-359.

GONZÁLEZ DE POSADA, F. Y TRUJILLO, D. (2005): *En torno a Einstein: la Teoría de la Relatividad y el pensamiento español en 1923. En el Año Internacional de la Física*, Écija (Sevilla), Real Academia de Ciencias, Bellas Artes y Buenas Letras "Luis Vélez de Guevara".

GONZÁLEZ DE POSADA, F.; REDONDO ALVARADO, Mª D.; GONZÁLEZ REDONDO, M. (2007): *Teorías termológicas*, Pearson.

GREEN, B. (2011): *La realidad oculta*, Barcelona, Crítica.

HACKING, I.: *The Inverse Gambler's Fallacy: the Argument from Design. The Antropic Principle Applied to Wheeler Universe*: Mind 96 (1987) 331-340.

HARRIS, E. E. (1992): *Cosmos and Theos: Ethical and Theological Implications of the Anthropic Cosmological Principle*, Atlantic Highlands NJ, Humanities Press.

HARRISON, J. (1978): *The Library of Isaac Newton*, Cambridge U. P.

HAWKING, S. (1988): *A Brief History of Time: from de Big Bang to Black Holes*, New York (*Historia del tiempo. Del big bang a los agujeros negros*, Barcelona, Crítica).

—— (1993): *Agujeros negros y pequeños universos y otros ensayos*, Plaza & Janés.

—— (2007): *The Theory of Everything*, Phoenix Books and Audio. (Traducción española de Javier García Sanz, Barcelona, Random House Mondadori).

HAWKING, S. y MLODINOW, L. (2010). *El Gran Diseño*, Barcelona, Crítica.

HAWKING, S. y PENROSE, R. (1995): *Cuestiones cuánticas y cosmológicas*, Madrid, Alianza, 1995.

—— (1996): *The Nature of Space and Time*, Princeton (*La naturaleza del espacio y el tiempo*, Barcelona: Debate).

HEIDEGGER, M. (1929-2003): ¿Qué es metafísica?, Madrid, Alianza.

HEIDMANN, J.: *El principio antrópico*, http://www.hispaseti.org/antropico_heidmann.php.

HOYLE, F.: *A new models for the Expanding Universe*: MNRAS 168 (1948) 372.

—— *On the Cosmological Problem*: MNRAS 109 (1949) 365.

—— (1954): "On Nuclear Reaction Ocurring in Very Hot Star. I. The synthesis of elements from Carbon to Nickel", *Ap.J.Supps*.1, 121. [Reprinted in the centennial edition *Ap.J.* 525-571 (1999) with a modern commentary by David Arnett].

—— *The Universe; Past and Present Reflection*: Engineering and Science (nov. 1981) 8-12.

JOËL, Col: *Entre Galilée et l'Église: la Bible. Une mise au point*, Étudre, AutoEdition Méguila.

KANT, I. (1762): *El único fundamento posible de una demostración de la existencia de Dios*.

—— (1764): *Investigación acerca de la distinción de los principios de la teología natural y de la moral*.

—— (1770): *De mundi sensibilis atque intelligibilis forma et principiis* (*De la forma y de los principios del mundo sensible y del mundo inteligible*, más conocida como la *Disertación*).

—— (1781-2002): *Crítica de la razón pura*, Madrid, Tecnos (Trad. M. García Morente, colección "Los esenciales de la Filosofía".

—— (1783): *Prolegómenos a toda metafísica futura.*

—— (1786): *Primeros principios metafísicos de la ciencia natural.*

—— (1786): *Fundamentos metafísicos iniciales de la cosmología.*

—— (1788): *Crítica de la razón práctica.*

—— (1791): *Sobre el fracaso de todos los intentos filosóficos en teología.*

—— (1793): *La religión dentro de los límites de la mera razón.*

—— (2007): *Crítica del juicio*, Madrid, Tecnos (Trad. M. García Morente, colección "Los esenciales de la Filosofía").

KRAUSS, L. M. (2013): *Un universo de la nada*. Barcelona: Pasado&Presente. (Postfacio de Richard Dawkins. Traducción de Cecilia Belza y Gonzalo García).

LAÍN ENTRALGO, P. (1999): *Qué es el hombre. Evolución y sentido de la vida*, Oviedo, Nobel.

LAWRENCE, J. K. y SZAMOSI, G.: *Statistical physics, particle masses and the cosmological coincidences*: Nature 252 (1974) 538-539.

LEAKEY, R. E (1981): *La formación de la humanidad*, Madrid, Óptima. LEAKEY, R. E. y LEWIN, R. (1977): *Los orígenes del hombre*, Madrid, Aguilar.

LEIBNIZ, G. (2011): Javier Echeverría (ed.), *Obra completa: Escritos metodológicos y epistemológicos; Escritos filosóficos; Escritos lógico-matemáticos; Escritos sobre máquinas y ciencias físico-naturales; Escritos jurídicos, políticos y sociales; Escritos teológicos y religiosos; Apéndice: esbozo autobiográfico*, Biblioteca de Grandes Pensadores, Madrid, Editorial Gredos.

LEMAÎTRE, G.: *Un Univers homogène de masse constante et de rayon croissant rendant compte de la vitesse radiale des nébuleuses extragalactiques*: Anales de la Sociedad Científica de Bruselas 47A (1927) 41.

——Nature 128 (1931), suppl., 704.

—— (1946): *L'hypothèse de l'atome primitif* (Traducido al español e inglés en 1950).

LESLIE, J. (1983): *Observership in Cosmology: The Anthropic Principle*: Mind 92 (1983) 573-579. LIGHTMAN, A. (1991): *Luz antigua. Nuestra cambiante visión del Universo*, Edición castellana (1997), Santiago de Chile, Editorial Andrés Bello.

LÓPEZ DE MENESES, P. U. (2004): *Creó Dios en un principio: iniciación a la teología de la creación*, Ediciones Rialp.

MARTÍNEZ, R. A.: *Ciencia, filosofía y teología en el proceso a Galileo*: Investigación y Ciencia 394 (julio 2009) 60-67.

MONARES, A.: *Modelos científicos y modelos sociales: la influencia de Newton en el Neoliberalismo*: A Parte Rei 20 (2011) 1-8.

MONOD, J. (1985): *El azar y la necesidad. (Ensayo sobre la filosofía natural de la biología moderna)* [trad. F. Ferrer Lerín], Barcelona, Orbis.

MORALES MARÍN, J.: *El misterio de la creación*, EUNSA, ²2000.

NÁCAR, E. y COLUNGA, A. (1963): *Sagrada Biblia*, Madrid, BAC.

NEWTON, I. (1687): *Phylosophiae Naturalis Principia Matematica* [*Principios matemáticos de la Filosofía natural*, (a): Tecnos, Madrid 1987, A. Escohotado (ed.); (b): Alianza, Madrid 1987, E. Rada (ed.)].

—— (1977 [1704]): *Óptica o Tratado de las reflexiones, refracciones, inflexiones y colores de la luz*, Madrid, Alfaguara.

—— (1996): *El Templo de Salomón*, Morano, C (ed.), Madrid, CSIC.

NIETZSCHE, F. W. (1878-1879): *Humano, demasiado humano* (en tres entregas)

—— (1881): *Aurora*.

—— (1882): *La gaya ciencia*.

—— (1883): *Así habló Zaratustra* (primera y segunda parte).

—— (1884): *Así habló Zaratustra* (tercera y cuarta parte).

—— (1886): *Más allá del bien y del mal*.

—— (1888a): *El crepúsculo de los ídolos*.

—— (1888b): *El anticristo*.

—— (1888c): *Ecce homo*.

—— (2003): *La genealogía de la moral*, Madrid, Tecnos (Trad. D. Sánchez Meca, colección "Los esenciales de la Filosofía").

OPARIN, A. I. (1979): *Teoría Evolutiva del origen de la vida*, Barcelona, Plaza y Janés.

ORTEGA Y GASSET, J. (1983): *Obras Completas*, 12 Vols., Madrid, Alianza.

—— (1914): *Meditaciones del Quijote*, Tomo I.

—— (1923-2002): *El tema de nuestro tiempo*, Tomo III, Madrid, Tecnos (Ed. D. Hernández Sánchez, colección "Los esenciales de la Filosofía").

—— *El sentido histórico de la teoría de Einstein*: Teorema 22 (1923-2005) 23-33 (en Suplemento Limbo), Tomo III.

—— (1929): *Kant*, Tomo IV.

—— (1929): *Misión de la Universidad*, Tomo IV.

—— (1933): *En torno a Galileo*, Tomo IV.

——— (1939): *Ideas y creencias*, Tomo V.

——— (1983): *¿Qué es filosofía?*, Tomo VII.

——— (1983): *La idea de principio en Leibniz y la evolución de la teoría deductiva*, Tomo VIII.

——— (1983): *Sobre la razón histórica*, Tomo XII.

OVERBYE, D.: *¿Hay múltiples universos o este tuvo suerte?*: El País (5.11.2003) 33-34.

PAGANO, S. (2009): *Los Documentos vaticanos del juicio a Galileo Galilei 1611-1741*, Roma.

PENROSE, R. (2006): *El camino a la realidad: Una guía completa de las leyes del Universo*, Barcelona, Debate.

——— (2006): *Lo grande, lo pequeño y la mente humana*, Madrid, Akal.

——— (2010): *Ciclos del Tiempo. Una extraordinaria nueva visión del Universo*, Barcelona, Debate.

PÉREZ DE LABORDA, A. (2002): *El mundo como creación*, Madrid, Encuentro.

PICKOVER, C. A. (2012): *El libro de la Física. Del big bang hasta la resurrección cuántica, 250 hitos de la historia de la física*, Holanda, Librero.

PRIGOGINE, I. (1997): *End of Certainty*, The Free Press [*El fin de la certeza o de las certidumbres*].

RANDALL, L. (2011): *Universos ocultos*, Barcelona, Acantilado.

RATZINGER, J. (2001): *En el principio creó Dios: consecuencias de la Fe en la Creación*, EDICEP.

REAL ACADEMIA NACIONAL DE FARMACIA (2009): *Homenaje a Celestino Mutis en el Bicentenario de su fallecimiento*, Madrid.

RENN, J. (2009): *La revolución de Galileo y la transformación de la ciencia*: Investigación y Ciencia 394 (julio 2009) 50-59.

RIBAS OZONAS, B. (ed.) (2009): *José Celestino Mutis en el bicentenario de su fallecimiento (1808- 2008)*, Madrid: Real Academia Nacional de Farmacia.

ROSS, H. (1995): *The Creator and the Cosmos: How the Greatest Scientific Discoveries of the Century Reveal God*, Colorado Springs, Navpress.

——— (1998): *Design and the Anthropic Principle*, Reasons to Believe, CA.

RUIZ DE GOPEGUI, L. (1999): *Rumbo al Cosmos*, Madrid, Temas de hoy.

RUIZ DE LA PEÑA, J. L. (1996): *Teología de la creación*, Santander, Sal Terrae.

SAYÉS, J. A. (2002): *Teología de la Creación*, Madrid, Palabra.

SCHIAPARELLI, G. (1925): *Scritti sulla storia della astronomia antica*, Bologna (3vols.). Reimpresión: Milan, Mimesis, 1997.

SPIELBERG, N. y ANDERSON, B. (1990): *Siete ideas que modificaron el mundo*, Madrid, Pirámide.

TAYLOR, J. (ed.) (1990): *The Anthropic Principle*, Penguin.

TOMÁS DE AQUINO (1996): *De Veritate*, Editorial Universitaria, Chile (traducción de Humberto Giannini y Óscar Velásquez).

——— (2001): *Comentario a los libros de Aristóteles. Sobre el sentido y lo sensible. Sobre la memoria y la reminiscencia*, Pamplona, EUNSA (traducción de Juan Cruz Cruz).

——— (2003): *El orden del ser*, Madrid, Tecnos, E. Forment (ed.), colección "Los esenciales de la Filosofía").

——— (2012): *Obra completa*, Madrid, Editorial Gredos, Eudaldo Forment (ed.).

VON RAD, G. (1985): *El libro del Génesis*, Salamanca, Ediciones Sígueme.

WATCH TOWER BIBLE AND TRACT SOCIETY OF PENNSYLVANIA (1990): *El hombre en busca de Dios*, Brooklyn, New York, U.S.A.

WEINBERG, S. (^{3}1980): *Los tres primeros minutos del universo. Una concepción moderna del origen del universo*, Madrid, Alianza [trad. N. Migues].

WESTFALL, R. S. (1982): *Newton's Theological Manuscripts*, Reidel/Dordrecht.

WHITROW, G. J.: *Why physical space has three dimensions?*: Brit. Jl. for the Phil. of Science 6 (1955) 13-31.

YATES, F. A. (1979): *The Occult Philosophy in the Elisabethan Age*, Routledge & Kegan Paul.

ZUBIRI, X.: *Teoría de la Relatividad*: Teorema 22 (1923-2005) 41- 44 (en suplemento Limbo).

——— (1961): *Trascendencia y física*, en *Gran enciclopedia del mundo*, Bilbao, vol. 18, cc. 419-424.

——— (1962): *Sobre la esencia*, Madrid, Alianza.

——— (1980): *Inteligencia sentiente. Inteligencia y realidad*, Madrid, Alianza.

——— (1982): *Inteligencia y logos*, Madrid, Alianza.

——— (1983): *Inteligencia y razón*, Madrid, Alianza.

——— (1942): *Naturaleza, Historia, Dios*, Editora Nacinal.

——— (1984): *El hombre y Dios*, Madrid, Alianza.

―――― (1986): *Sobre el hombre*, Madrid, Alianza.

―――― (1989): *Estructura dinámica de la realidad*, Madrid, Alianza.

―――― (1994): *Los problemas fundamentales de la metafísica occidental*, Madrid, Alianza.

―――― (1996): *Espacio, Tiempo, Materia*, Madrid, Alianza.

―――― (2001): *Sobre la realidad*, Madrid, Alianza.

―――― (2004): *Inteligencia Sentiente* (Edición abreviada de F. González de Posada), Madrid, Tecnos, Colección "Los esenciales de la Filosofía".

www.ingramcontent.com/pod-product-compliance
Lightning Source LLC
Chambersburg PA
CBHW071429300426
44114CB00013B/1368